国家卫生和计划生育委员会"十三五"规划教材

全国高等学校教材

供麻醉学专业用

临床麻醉学 第4版

Clinical Anesthesiology

主 编 郭曲练 姚尚龙

副主编 衡新华 王英伟 高 鸿

编 者 (以姓氏笔画为序)

于布为 (上海交通大学) 张诗海 (华中科技大学)

王英伟 (复旦大学) 张瑞林 (山西医科大学)

王国林 (天津医科大学) 金孝岠 (皖南医学院)

王俊科 (中国医科大学) 郑 宏 (新疆医科大学)

王祖谦 (青海大学) 赵 晶 (北京协和医学院)

王海英 (遵义医学院) 姜 虹 (上海交通大学)

叶军明 (赣南医学院) 姚尚龙 (华中科技大学)

叶铁虎 (北京协和医学院) 高 鸿 (贵州医科大学)

田玉科 (华中科技大学) 郭曲练 (中南大学)

刘 进 (四川大学) 黄文起 (中山大学)

刘金东 (徐州医科大学) 戚思华 (哈尔滨医科大学)

李士通 (上海交通大学) 蔡宏伟 (中南大学)

李金宝 (第二军医大学) 衡新华 (昆明医科大学)

闵 苏 (重庆医科大学)

秘 书 叶 治 (中南大学)

人民卫生出版社

图书在版编目（CIP）数据

临床麻醉学/郭曲练,姚尚龙主编.—4 版.—北京：
人民卫生出版社,2016

全国高等学校麻醉学专业第四轮规划教材

ISBN 978-7-117-22922-7

Ⅰ.①临…　Ⅱ.①郭…②姚…　Ⅲ.①麻醉学-高等
学校-教材　Ⅳ.①R614

中国版本图书馆 CIP 数据核字（2016）第 159903 号

| 人卫社官网 | www.pmph.com | 出版物查询，在线购书 |
| 人卫医学网 | www.ipmph.com | 医学考试辅导，医学数据库服务，医学教育资源，大众健康资讯 |

临床麻醉学
第 4 版

主　　编：郭曲练　姚尚龙
出版发行：人民卫生出版社（中继线 010-59780011）
地　　址：北京市朝阳区潘家园南里 19 号
邮　　编：100021
E – mail：pmph @ pmph.com
购书热线：010-59787592　010-59787584　010-65264830
印　　刷：三河市宏达印刷有限公司
经　　销：新华书店
开　　本：850×1168　　1/16　　印张：32
字　　数：860 千字
版　　次：2000 年 6 月第 1 版　　2016 年 8 月第 4 版
　　　　　2025 年 10 月第 4 版第 17 次印刷（总第 37 次印刷）
标准书号：ISBN 978-7-117-22922-7/R · 22923
定　　价：79.00 元
打击盗版举报电话：010-59787491　E-mail：WQ @ pmph.com
（凡属印装质量问题请与本社市场营销中心联系退换）

全国高等学校麻醉学专业第四轮规划教材修订说明

全国高等学校麻醉学专业规划教材，是国家教育部《面向 21 世纪麻醉学专业课程体系和教学内容改革研究》课题的重要组成部分，2000 年、2005 年和 2011 年分别出版了第一轮、第二轮和第三轮，为我国麻醉学的发展作出了重要贡献。为适应我国高等医学教育改革的发展和需要，在广泛听取前三版教材编写及使用意见的基础上，2015 年 4 月，全国高等学校麻醉学专业第四届教材编审委员会成立，讨论并确立本科麻醉学专业本轮教材种类及编委遴选条件等。全国一大批优秀的中青年专家、学者、教授继承和发扬了老一辈的光荣传统，以严谨治学的科学态度和无私奉献的敬业精神，积极参与本套教材的修订与编写工作，并紧密结合专业培养目标、高等医学教育教学改革的需要，借鉴国内外医学教育的经验和成果，不断创新编写思路和编写模式，不断完善表达形式和内容，不断追求提升编写水平和质量，努力实现将每一部教材打造成精品的追求，以达到为专业人才的培养贡献力量的目的。

第四轮教材的修订和编写特点如下：

1. 在广泛听取全国读者的意见，深入调研教师与学生的反映与建议基础上，总结并汲取前三轮教材的编写经验和成果，进行了大量的修改和完善。在充分体现科学性、权威性的基础上，科学整合课程，实现整体优化，淡化学科意识，注重系统科学。全体编委互相学习，取长补短，通盘考虑教材在全国范围的代表性和适用性。

2. 依然坚持教材编写"三基、五性、三特定"的原则。

3. 内容的深度和广度严格控制在教学大纲要求的范畴，精练文字，压缩字数，力求更适合广大学校的教学要求，减轻学生的负担。

4. 为适应数字化和立体化教学的实际需求，本套规划教材除全部配有网络增值服务外，还同步启动编写了具有大量多媒体素材的规划数字教材，以及与理论教材配套的《学习指导与习题集》，形成共 7 部 21 种教材及配套教材的完整体系，以更多样化的表现形式，帮助教师和学生更好地学习麻醉学专业知识。

本套规划教材将于 2016 年 6 月全部出版发行，规划数字教材将于 2016 年 9 月陆续出版发行。希望全国广大院校在使用过程中，能够多提宝贵意见，反馈使用信息，以逐步修改和完善教材内容，提高教材质量，为第五轮教材的修订工作建言献策。

为适应高等医学教育事业信息化、数字化步伐，进一步满足院校教育改革需求和新时期麻醉学专业人才培养需要，全国高等学校麻醉学专业第四届教材编审委员会和人民卫生出版社在充分调研论证的基础上，在全国高等学校麻醉学专业第四轮规划教材建设同时启动首套麻醉学专业规划数字教材建设。全套教材共7种，以第四轮规划教材为蓝本，借助互联网技术，依托人卫数字平台，整合富媒体资源和教学应用，打造麻醉学专业数字教材，构建我国麻醉学专业全媒体教材体系。

本套数字教材于2015年7月31日召开了主编人会，会议确定了在充分发挥纸质教材优势的基础上，利用新媒体手段高质量打造首套麻醉学专业数字教材。全部纸质教材编写团队均参与数字教材编写，并适当补充懂技术、有资源的专家加入编写队伍，组成数字教材编写团队。2015年年底前，全套教材均召开了编写会，确定了数字教材的编写重点与方向，各教材主编认真把握教材规划，全体编委高度重视数字教材建设，确保数字教材编写的质量。

本套数字教材具有以下特点：

1. 坚持"三基、五性、三特定"的编写原则，发挥数字教材优势，服务于教育部培养目标和国家卫生计生委用人需求，并紧密结合麻醉学专业教学需要与特点，借鉴国内外医学教育的经验特点，创新编写思路及表达形式，力求为学生基础知识掌握与临床操作能力培养创造条件。

2. 创新媒体形式，融合图片、视频、动画、音频等多种富媒体形式，使教材完成从纸质向全媒体转变。全新的数字教材支持个人电脑、平板电脑、手机等多种终端，在满足一般的阅读学习需求外，还可实现检索、测评、云笔记、班级管理等功能。

3. 数字教材可不断地优化及更新。数字教材具有数字产品的优势，支持内容的更新发布和平台功能的优化升级，期望紧跟时代的发展，为广大读者提供更加优质的服务及用户体验。

全国高等学校麻醉学专业规划数字教材在编写出版的过程中得到了广大医学院校专家及教师的鼎力支持，在此表示由衷的感谢！希望全国广大院校和读者在使用过程中及时反馈宝贵的使用体验及建议，并分享教学或学习中的应用情况，以便于我们进一步更新完善教材内容和服务模式。

国家级医学数字教材

国家卫生和计划生育委员会"十三五"规划数字教材

全国高等学校本科麻醉学专业规划数字教材

临床麻醉学

Clinical Anesthesiology

主　编 郭曲练　姚尚龙　于布为

副主编 王英伟　高　鸿　郑　宏　赵　晶　戚思华

编　者（以姓氏笔画为序）

于布为	上海交通大学	刘　毅	第二军医大学	郑　宏	新疆医科大学
于春华	北京协和医学院	刘金东	徐州医科大学	赵　晶	北京协和医学院
王　钊	遵义医学院	刘艳秋	贵州医科大学	思永玉	昆明医科大学
王　宏	上海交通大学	安　珂	中山大学	姜　虹	上海交通大学
王　颖	哈尔滨医科大学	许爱军	华中科技大学	姚尚龙	华中科技大学
王英伟	复旦大学	孙　义	内蒙古医科大学	贾　珍	青海大学
王国林	天津医科大学	李　虹	北京协和医学院	高　鸿	贵州医科大学
王俊科	中国医科大学	李士通	上海交通大学	郭文俊	皖南医学院
王祖谦	青海大学	李金宝	第二军医大学	郭曲练	中南大学
王海英	遵义医学院	吴　震	华中科技大学	黄文起	中山大学
叶军明	赣南医学院	余　琼	复旦大学	戚思华	哈尔滨医科大学
叶建荣	新疆医科大学	闵　苏	重庆医科大学	崔　湧	中国医科大学
叶铁虎	北京协和医学院	张诗海	华中科技大学	程智刚	中南大学
田玉科	华中科技大学	张瑞林	山西医科大学	蔡宏伟	中南大学
任　飞	中南大学	陈　丽	赣南医学院	薛庆生	上海交通大学
刘　进	四川大学	陈志峰	上海交通大学	衡新华	昆明医科大学
刘　斌	四川大学	邵建林	昆明医科大学	魏　珂	重庆医科大学
刘　瑶	中南大学	金孝岷	皖南医学院		

秘　书 叶　治（中南大学）
　　　　 王　洁（华中科技大学）

全国高等学校麻醉学专业第四轮规划教材目录

规划教材目录

序号	书名	主编		副主编		
1	麻醉解剖学(第4版)	张励才		曹焕军	马坚妹	
2	麻醉生理学(第4版)	罗自强	闵 苏	曹 红	刘菊英	张 阳
3	麻醉药理学(第4版)	喻 田	王国林	俞卫锋	杨宝学	张 野
4	麻醉设备学(第4版)	连庆泉		贾晋太	朱 涛	王晓斌
5	临床麻醉学(第4版)	郭曲练	姚尚龙	衡新华	王英伟	高 鸿
6	危重病医学(第4版)	邓小明	李文志	袁世荧	赵国庆	缪长虹
7	疼痛诊疗学(第4版)	郭 政	王国年	熊源长	曹君利	蒋宗滨

规划数字教材目录

序号	书名	主编			副主编			
1	麻醉解剖学	张励才	曹焕军		马坚妹	宋焱峰	赵志英	马 宇
2	麻醉生理学	罗自强	闵 苏		曹 红 顾尔伟	刘菊英 张良清	张 阳	汪萌芽
3	麻醉药理学	王国林	喻 田		李 军	张马忠	董海龙	
4	麻醉设备学	连庆泉	李恩有		贾晋太 阮肖晖	朱 涛	王晓斌	赵仁宏
5	临床麻醉学	郭曲练	姚尚龙	于布为	王英伟 戚思华	高 鸿	郑 宏	赵 晶
6	危重病医学	李文志	袁世荧	邓小明	赵国庆 张 蕊	缪长虹 思永玉	刘克玄	于泳浩
7	疼痛诊疗学	郭 政	傅志俭		熊源长	曹君利	蒋宗滨	冯 艺

学习指导与习题集目录

序号	书名	主编			副主编		
1	麻醉解剖学学习指导与习题集(第3版)	张励才			赵小贞	王红军	
2	麻醉生理学学习指导与习题集	闵 苏	张 阳	罗自强	曹 红	刘菊英	王凤斌
3	麻醉药理学学习指导与习题集	喻 田	王国林		俞卫锋	杨宝学	张 野
4	麻醉设备学学习指导与习题集	连庆泉	李恩有		贾晋太 赵仁宏	朱 涛 阮肖晖	王晓斌
5	临床麻醉学学习指导与习题集	郭曲练	姚尚龙	刘金东	郑 宏	李金宝	戚思华
6	危重病医学学习指导与习题集	李文志	朱科明	于泳浩	刘敬臣	思永玉	徐道妙
7	疼痛诊疗学学习指导与习题集	王国年	曹君利	郭 政	杨建新	王祥瑞	袁红斌

郭曲练

男,医学博士,教授,一级主任医师,博士生导师。1958年10月出生于北京市。现任中南大学湘雅医学院麻醉学系主任、湘雅医院麻醉与重症医学教研室主任,麻醉手术部主任。中国医师协会麻醉医师分会副会长,中华医学会麻醉学分会顾问,全国麻醉教育学组副组长。湖南省麻醉医师协会会长,湖南省麻醉质控中心主任。《中华麻醉学杂志》和《国际麻醉学与复苏杂志》副总编。中南大学首届湘雅名医,湖南省医学学科领军人才。被评为第二届"中国杰出麻醉医师"。

从事麻醉学医教研工作34年,获"中南大学教学名师"称号。主持的课程临床麻醉学被评为国家精品课程、国家精品视频公开课和国家精品资源共享课,中南大学麻醉学专业被评为省重点专业和特色专业。主编全国麻醉学专业规划教材《临床麻醉学》第3版和第4版,副主编全国教材6本。主持国家自然科学基金面上项目4项、教育部博士点基金1项,获省部级科技成果奖8项,其中主持获二等奖2项、三等奖2项。获国家专利3项。发表论文200余篇,其中SCI收录论文50余篇。培养博士、硕士研究生90余人。

姚尚龙

男,教授,主任医师,博士研究生导师。1956年3月出生于安徽省。现任华中科技大学同济医学院附属协和医院副院长,麻醉与危重病医学研究所所长兼麻醉科主任。中华医学会麻醉学分会副主任委员;中国高等教育学会医学教育专业委员会麻醉教育学组副组长;全国高校麻醉学专业教材编审委员会副主任委员;全国卫生专业技术资格考试麻醉学专家委员会主任委员;湖北省麻醉学会主任委员;湖北省麻醉质控中心主任;世界疼痛医师学会中国分会副主任委员。

从事教学工作近30年,培养博士生50余名。主要从事麻醉机制、ARDS重症治疗、疼痛治疗、心肺脑复苏和体外循环损伤机制研究工作。先后承担10项国家自然科学基金(其中1项国家自然科学基金重点项目)和10余项部省级课题,发表论文300余篇,其中30余篇被SCI收录。获湖北省科技进步一等奖、中华医学会科技进步三等奖、原卫生部优秀教材二等奖、教育部提名科技进步二等奖和湖北省科技进步三等奖。主编和参编专著30余部,担任《现代麻醉学》(第4版)、住院医师规范化培训教材《麻醉学》、原卫生部"十二五"规划教材《临床麻醉学》(第3版)、《介入手术麻醉学》《临床麻醉基本技术》主编。

衡新华

女,主任医师,教授,硕士研究生导师,1960年11月出生于山东省。现任昆明医科大学麻醉学专业主任。云南省临床麻醉质控中心常务副主任和云南省医院协会麻醉管理专业委员会主任委员等职。担任《中华麻醉学杂志》《临床麻醉学杂志》等杂志的编委,云南省政协委员。历任昆明医科大学第一附属医院麻醉科主任、麻醉学教研室主任,云南省医学会麻醉学分会主任委员,中华医学会麻醉学分会委员,中国医师协会麻醉医师分会常委。

从事麻醉学临床和教学工作33年,主持和参与国际和国家级研究项目3项,主持和参与多项省级和校级教研教改项目。

王英伟

男,教授,主任医师,博士研究生导师。1970年7月出生于黑龙江省。现任复旦大学附属华山医院麻醉科主任。中华医学会麻醉学分会青年委员会副主任委员、中国麻醉医师分会常务委员、中国心胸血管学会器官保护分会副主任委员、全国神经外科麻醉学组副组长、中国药理学会麻醉学分会委员。《中华麻醉学杂志》等杂志常务编委,多部SCI杂志审稿专家。

从事麻醉学医教研工作23年,已发表SCI论著30余篇,获得国家级和省部级课题10余项。曾获教育部"新世纪优秀人才",上海市"启明星""曙光学者""银蛇奖""优秀学科带头人"等荣誉。

高 鸿

男,教授、主任医师,硕士研究生导师,1965年2月出生于贵州省。现任贵州医科大学麻醉学院院长。中国高等教育学会医学教育专业委员会麻醉教育学组常务理事、中国医师协会麻醉医师分会委员、贵州省麻醉学会副主任委员、贵州省口腔医学会麻醉学专业委员会主任委员。《中华麻醉学杂志》和《国际麻醉学与复苏杂志》等杂志编委。

从事教学工作27年,1999年开始在贵州医科大学开展麻醉学专业本科教育工作,2004年在贵州省率先开展麻醉科住院医师培训工作。主要研究方向为麻醉药物对心脏电生理功能的影响,承担多项省部级及市级科研项目,获多项省级科研成果奖。

　　临床麻醉学是麻醉学的重要组成部分。它将麻醉学的理论与技术应用于消除手术所致疼痛与不适、进行围术期监测、调控病人生理功能，为各种手术和诊治技术提供良好条件，并保障病人围术期生命安全和促进术后康复。

　　临床麻醉学是麻醉学专业学生临床主干课程之一，其任务是通过学习使学生掌握临床麻醉学有关的基本理论、基本知识和基本技能。在教育部和国家卫生计生委的领导下，按照面向21世纪课程教材的要求，从2000年至2010年已经修订编写了3版。现今，随着医疗技术迅速发展，新装备、新技术、新疗法不断涌现，广大医务人员需要不断更新自己的知识和技能，第4版《临床麻醉学》就是在这样的背景下编写的。我们力求使该版教材内容更新，能够涵盖目前临床麻醉工作常用的监测和治疗技术，同时通过介绍临床麻醉理论与技术的最新进展，使该版教材具有更强的实用性。本书的编写采用大量图片描述具体的操作步骤，强调相关注意事项，并配有数字化教材、学习指导与习题集，使学生能更方便地学习并掌握该版教材内容。本书主要适用于全国高等医学院校麻醉学专业本科生、接受规范化培训的麻醉学住院医师，也可以供进修医师和相关学科医师参考。

　　由于年龄、健康及工作等方面的原因，有些第3版教材的编者未参加本版修订工作，对于他们在第3版教材的编写工作中作出的贡献表示诚挚的感谢。对关心、指导与大力支持此次修订工作的徐州医科大学、第二军医大学、中南大学及华中科技大学等单位领导，表示衷心的感谢。对本教材中的不当或错误之处，敬请使用本教材的读者和同道提出宝贵的建议及意见。

郭曲练　姚尚龙
2016年5月

目录

目录

目录

目录

目录

目录

目录

目录

1846 年 Oliver Wendell Holmes 首先创用麻醉(anesthesia)一词,anesthesia 源于希腊语 an 和 esthesis,前者意为"没有",后者意为"知觉",其含义是失去知觉或感觉,特别是痛觉,使得病人能接受外科手术或其他有创操作。一般认为,麻醉是由药物或其他方法产生的一种中枢神经系统和(或)周围神经系统的可逆性功能抑制,这种抑制的特点主要是感觉特别是痛觉的丧失,随着医学的不断发展,麻醉学的领域已经远远超出麻醉一词所能涵盖的范围。

人类对疼痛的控制可以追溯到几千年以前,但从止痛演变到麻醉,从麻醉发展成为麻醉学,却是近代的事。从 19 世纪 40 年代起,现代麻醉学的发展经历了 100 多年的发展历程。在这一阶段中,麻醉工作者所面临的任务是解决手术创伤所致的疼痛,注重麻醉药物和麻醉方法的开发、创新和临床使用。通过百余年的积累,麻醉学(anesthesiology)已经形成了自己的技术特征,在不断完善的过程中初步形成了自身的理论体系。从 20 世纪 50 年代末至今,麻醉学汲取了基础医学、临床医学、生物医学工程以及多种边缘学科中与麻醉学有关的理论与技术,形成了麻醉学自身的理论与技术体系,包含临床麻醉、重症医学和疼痛诊疗的临床医学二级学科,也成为临床医学的一个重要分支学科。麻醉学随着整个医学的发展而前进,麻醉学的发展又促进了整个医学的发展。

第一节 麻醉学发展简史

一、古代临床麻醉发展

自古以来,人类始终与疼痛不断地斗争,并试图寻找手术时止痛的方法。石器时代人们应用砭石、骨针或竹针来进行镇痛治病。《列子·汤问篇》和《史记·扁鹊列传》就有春秋战国时期(公元前 770 年—公元前 221 年)进行外科手术的记载,古典医书《黄帝内经》在针灸方面从经络穴、针灸法到针灸理论做了比较系统的论述,有针刺治疗头痛、牙痛、耳痛、关节痛和胃痛等记载。《史记》中有名医扁鹊使用"毒酒"施行麻醉和手术的描述。《神农本草经》(公元 2 世纪)收录了多种具有镇痛或麻醉作用的药物如莨菪子、大麻、乌头、附子、椒等。后汉名医华佗(公元 145 年~公元 208 年)使用麻沸散施行全身麻醉后进行剖腹手术,其后唐、宋、明、清各朝代都有用洋金花(曼陀罗花)、草乌、闹羊花等作为全麻药的记载。

19 世纪中叶以前,西方外科手术是在没有麻醉的情况下进行的。在古埃及开展截肢术、睾丸切除术等手术,但没有发现有减轻疼痛方法的记载。公元前 400 年古希腊已对鸦片有所了解,但没有用于减轻手术疼痛。在西亚古国阿西利亚曾经用压迫颈部血管引起病人昏迷的方法,实施包皮环切术。1562 年法国医生 Pare 用绑扎四肢的方法压迫神经血管减轻手术疼痛。1595 年 Costa、1661 年 Severing 等应用冷冻的方法止痛。有人采用放血的方法使病人产生脑缺血引起意识丧失而进行手术。古代的印度、巴比伦、希腊等国,采用大麻、曼陀罗、阿片酒、酒精等使人丧失神志等方法来施行外科手术。古埃及人将罂粟(吗啡)与莨菪(莨菪碱与东莨菪碱)合用作为麻醉药。美洲印加人可能是最早采用局部麻醉方法的人,其外科医师咀嚼古柯叶,然后将唾液(可能含有可卡因)吐在病人创口内以产生麻醉作用。直到 18 世纪中叶,采用鸦片、大麻、曼陀罗等化学麻醉药解除伤病和手术所产生的疼痛,结束了麻醉的启蒙状态。

二、近、现代麻醉学的发展

(一)吸入麻醉的发展

乙醚麻醉第一次成功的实施是医学发展史上具有里程碑意义的重要事件之一。1540 年乙醚(diethyl ether)问世,1818 年 Faraday 发现乙醚的麻醉作用。1846 年 10 月 16 日美国牙医 William T. G. Morton 在哈佛大学麻省总医院给病人施行乙醚吸入麻醉,术者成功地切除病人下颌部肿瘤。事实上,1842 年 3 月 30 日,美国医生 Crawford Williamson Long 为一位摘除颈部肿块的患者成功实施了世界上第一例乙醚全麻,但是他的工作直到 1848 年才被报道。从此以后,在病魔面前人类的尊严、人性得到了切实的保障,同时也标志着现代麻醉学的开端。

1772 年 Pristley 和 Joseph Black 发现氧化亚氮(笑气),1799 年英国建立气体治疗疾病中心,吸入氧化亚氮以缓解疼痛。1800 年 Humpluy Davy 发现笑气可以缓解拔牙时的疼痛。1844 年,美国人 Gardner Colton 在纽约求学期间也发现了笑气的麻醉作用。1884 年 12 月 10 日美国牙医 Horace Wells 在吸入笑气后要求 Gardner Colton 为自己拔除一颗正常牙齿,Wells 未感觉到疼痛。由于氧化亚氮麻醉效能不强,Wells 在一次示范中失败并导致病人死亡,以致临床较少应用。直至 1868 年 Edmund Andrews 将氧化亚氮与 20% 氧混合使用后,氧化亚氮才又重新引起人们的兴趣,至今仍在临床应用。1847 年英国麻醉医师 John Snow 编写了第一本麻醉学专著《乙醚吸入麻醉》,同年英国产科医师 James Y·Simpson 为产妇施行乙醚进行分娩镇痛,特别是他给维多利亚女王施行氯仿麻醉生下王子,从此进一步确立了吸入麻醉的地位。

1920 年 Guedel 发表了乙醚麻醉临床征象的论文,至今仍有参考意义。同年 Magill 介绍了应用气管内插管进行吸入麻醉以解决呼吸道管理问题。1927 年 Ralph Waters 发明应用钠石灰吸收二氧化碳,开始了紧闭式麻醉法的应用。在乙醚、氯仿、氧化亚氮进入临床后,吸入麻醉的发展较为缓慢。氯仿因其易致心律失常、呼吸抑制和肝毒性而渐被弃用。随后氯乙烷(ethyl chloride)、环丙烷(cyclopropane)、三氯乙烯(trichloroethylene)、氟烷(halothane)、甲氧氟烷(methoxyflurane)、恩氟烷(enflurane)、异氟烷(isoflurane)、七氟烷(sevoflurane)、地氟烷(desflurane)等吸入麻醉药相继问世。由于具有燃烧、爆炸性、增加心肌对肾上腺素敏感性而致心律失常、肝中毒、肾毒性等问题,大部分在临床已经弃用。目前临床常用的吸入麻醉药为氧化亚氮、恩氟烷、异氟烷、七氟烷和地氟烷(desflurane)。氙气(xenon)麻醉由于价格昂贵尚未在临床推广使用。

(二)静脉麻醉的发展

血液循环的发现(1628 年英国生理学家 William Harvey)以及注射针头和注射器的出现奠定了静脉麻醉的基础。

1665 年 JohannSigmmund Elsholtz 采用静脉注射鸦片溶液用于镇痛,他是首个试图进行静脉内麻醉的人。1872 年 Gre 曾用水合氯醛(chloral hydrate)做静脉注射产生全身麻醉。1903 年 Fischer 和 Mering 合成巴比妥,1904 年 Einhon 采用静脉注射普鲁卡因局部麻醉,1909 年 August Bier 正式将此法用于临床。1932 年 Wease 和 Scharpff 开始用环乙巴比妥钠静脉麻醉,同年合成硫喷妥钠。1933 年 Lundy 报告用硫喷妥钠(thiopental)静脉麻醉。1957 年美索比妥(methohexital)用于临床。随后地西泮(diazepam,1959)、劳拉西泮(lorazepam,1971)、咪达唑仑(midazolam,1976)等苯二氮䓬类药(benzodiazepines)、羟丁酸钠(sodium hydroxybutyrate,1960)、氯胺酮(ketamine,1970)、依托咪酯(etomidate,1972)、丙泊酚(propofol,1983)等先后在临床应用。咪达唑仑广泛用于麻醉前用药、全麻诱导、镇静或复合麻醉;丙泊酚起效和苏醒均很迅速,作用时间短,可控性好;依托咪酯对呼吸与循环的影响相对较轻。氯胺酮、咪达唑仑、丙泊酚和依托咪酯在临床麻醉中得到广泛应用。

20 世纪 50 年代,我国开始将普鲁卡因用于静脉全身麻醉。普鲁卡因全麻性能很弱,临床上常将其与麻醉性镇痛药、肌肉松弛药及某种静脉麻醉药复合使用,称之为普鲁卡因静脉复合麻醉。但普鲁卡因静脉复合麻醉产生麻醉作用的实质可能是普鲁卡因的中枢神经系统毒性作用,临床现已弃用。1968 年我国开展中药麻醉,该种麻醉系以现知的麻沸散配方为基础,制成静脉用制剂使用。但其麻醉效果不理想,可控性差,副作用多,费时费力。

阿片类镇痛药(opioids)镇痛效果确切,不像吸入麻醉药那样抑制心脏,在临床广为应用。临床使用的阿片类镇痛药有吗啡(morphine)、芬太尼(fentanyl),舒芬太尼(sufentanil)、阿芬太尼(alfentanil)和瑞芬太尼(remifentanil)等。至于 1969 年 Lowenstein 重新引起人们对阿片类药的兴趣的大剂量吗啡麻醉,现已很少应用。瑞芬太尼是一种由非特异性血浆和组织酯酶迅速代谢的阿片类药物,其消除半衰期约为 9 分钟,应用日益广泛,但瑞芬太尼导致的痛觉过敏也引起临床重视。

肌肉松弛药的出现和应用,进一步改善了全身麻醉的效果。1935 年 King 从箭毒中分离出右旋筒箭毒碱(d-tubocurarine),1942 年 Griffiths 和 Johnson 将箭毒(curare)用于临床,从此改变了需用深麻醉来获得肌肉松弛的局面,是麻醉发展的里程碑之一。1857 年 Bernard 阐明了箭毒对神经肌肉传导的阻滞作用。1951 年 Bovet 和 Ginzel 证明琥珀胆碱(succinyl choline)为短效肌松药,同年 Theolaff 等将其用于临床获得良好效果。琥珀胆碱的副作用如血钾增高,使眼压和胃内压增高,术后肌痛,以及在某些病人可诱发恶性高热等导致目前临床较少使用。陆续问世的肌松药有米库氯铵(mivacurium)、潘库溴铵(pancuronium)、维库溴铵(vecuronium)、阿曲库铵(atracurium)、罗库溴铵(rocuronium)、顺式阿曲库铵(cisatracurium),对增强全身麻醉的肌松作用和控制管理呼吸发挥了重要作用。目前临床常用的肌松药有维库溴铵、阿曲库铵、顺式阿曲库铵和罗库溴铵。现已有罗库溴铵的拮抗剂 Sugammadex 上市。

(三) 区域(部位)麻醉的发展

1860 年 Nieman 发现了可卡因,Vasili von Anrep 是第一个建议手术时将可卡因用作局麻药的人。1884 年 Koller 证实可卡因滴入眼内产生的麻醉作用可用于眼局部手术,次年 William Halstead 将其用于下颌神经阻滞,是神经阻滞的开端。1885 年 Corning 发明了硬脊膜外阻滞。1898 年 August Bier 在动物及人成功实施可卡因蛛网膜下腔阻滞(腰麻);1908 年他又第一个描述了静脉区域麻醉,称为 Bier 阻滞法。1901 年 Ferdimand Cathelin 及 Jean Sicard 介绍了骶管内麻醉。1920 年 Fidel Pages 描述了腰部硬膜外麻醉,奠定了施行硬膜外麻醉的基础。1940 年 Cleland 首先经硬膜外腔插入细导管行连续硬膜外阻滞。1949 年 Cordello 等推广应用 18 号 Tuochy 针置入导管,行连续硬膜外阻滞。

1904 年 Alfred Einhorn 合成普鲁卡因(procaine)以替代可卡因,继之新型局部麻醉药不断涌现,如地布卡因(dibucaine,1930)、丁卡因(tetracaine,1932)、利多卡因(lidocaine,1932)、氯普鲁卡因(chlorprocaine,1955)、甲哌卡因(mepivacaine,1957)、丙胺卡因(prilocaine,1960)、丁哌卡因(bupivacaine,1963)、依替卡因(etidocaine,1972)、罗哌卡因(ropivacaine)、左布比卡因

（levobupivacaine）等局麻药相继进入临床。加之穿刺技术的不断提高，椎管内神经阻滞得以在临床广泛开展。Heinrich Braun 首次将肾上腺素加入局部麻醉药液以延长其作用。目前常用的局麻药为：利多卡因、罗哌卡因、丁哌卡因和左布比卡因。

（四）我国的针刺"麻醉"与针刺镇痛

针灸治疗疼痛可追溯到砭石时期。不论是古医书的记载或现代的医疗实践以及人体和动物实验都说明，针刺可缓解慢性疼痛，减轻急性疼痛。对多数人针刺可以减轻疼痛。针刺镇痛（acupuncture analgesia）的机制是针刺激活身体痛觉调制系统，在中枢各级水平控制伤害信息的感受和传递。针刺麻醉（acupuncture anesthesia）是指用针刺止痛效应或加用辅助药物预防手术中的疼痛及减轻生理功能紊乱的一种方法。针刺麻醉始于 20 世纪 50 年代，1958 年开始我国将针刺麻醉用于各种手术，在 20 世纪 60 年代至 70 年代末达到极盛，自 20 世 80 年代以来渐趋衰微。针刺麻醉时病人意识清楚，针刺产生镇痛作用，称之为针刺镇痛可能更为确切。针刺具有镇痛作用、免疫调节作用和对脏腑器官功能的调整作用。针刺麻醉存在镇痛不全、肌松不良、内脏牵拉反应三大缺陷，单纯针刺麻醉难以满足现代手术的要求，但仍可以作为复合麻醉的组成成分，临床可开展针刺辅助麻醉（acupuncture-assisted anesthesia）。

三、蓬勃发展的当代麻醉学

自 20 世纪 80 年代以来，新的技术革命席卷全球，自然科学的飞速发展促进了医学的巨大进步。当代麻醉学进入了一个蓬勃发展的阶段，这是整个医学发展的组成部分，同时又有麻醉学的自身发展。随着新设备、新药物、新技术的不断涌现，麻醉医师有了更多的选择余地。临床麻醉学正朝着麻醉与围术期医学（perioperative medicine）的方向发展。

1. 麻醉技术和方法进展 麻醉学科的发展依赖新技术的不断改进与推广。目标靶控输注（target controlled infusion，TCI）技术的应用和发展，使静脉全身麻醉有效实施。TCI 是将群体药代药效动力学模型与计算机技术相结合而产生的静脉麻醉方法。病人自控镇痛（patient controlled analgesia，PCA）是一种经医护人员根据病人疼痛程度和身体情况，预先设置镇痛药物的剂量，再交由病人"自我管理"的一种疼痛处理技术。程控硬膜外间歇脉冲注入技术（programmed intermittent epidural bolus technique，PIEB）和 PCA 合用用于分娩镇痛，可以减少麻醉镇痛药物用量、缩短第二产程、提高产妇满意度。患者自控自动镇静系统（PCS）大大降低了镇静药物的使用量，缩短了恢复时间，减少了镇静相关不良反应。

硬膜外阻滞麻醉在我国一直应用很广泛，其适应范围包括头部以外的全身所有部位手术。蛛网膜下隙-硬膜外间隙联合阻滞麻醉（combined spinal and epidural anesthesia，CSE）应用日益广泛，连续蛛网膜下腔阻滞用于下腹部及其下肢会阴部手术取得良好临床效果。区域（部位）麻醉复合全身麻醉在手术的应用日益广泛，部位麻醉可以阻滞手术刺激的向心传导，防止了应激反应的发生，减少了全身麻醉药的用量，增加了手术及麻醉的安全性。

超声、视频喉镜等可视化技术在临床应用日益广泛。超声引导的动、静脉穿刺和神经阻滞可提高穿刺成功率，减少并发症。传统神经阻滞利用解剖标志定位进行穿刺，超声引导下的神经阻滞是利用超声显像分辨出局部组织结构，实时引导直观地将穿刺针准确地置于靶神经。围术期使用经食管超声心动图（TEE）和经胸超声心动图（TTE）可用于了解心脏结构、心脏功能和重症病人的容量评估。

2. 麻醉监测技术进展

（1）循环监测：除常规监测外，超声波测压法使得监测无创动脉血压变得准确与方便，动脉插入导管直接测压法用于连续监测病人平均动脉压,可以了解病人动脉血压的瞬间变化。中心静脉穿刺置管技术的进步使得中心静脉压测压容易开展。三腔或四腔漂浮导管(Swan-Ganz 导管)临床用于心排血量(CO)、肺动脉压(PAP)及肺动脉楔压(PCWP)的监测。混合静脉血氧饱和度(oxygen saturation of mixed venous blood;SvO_2)和心脏指数、每搏指数及左心室每搏指数之间相关性良好,SvO_2 对严重心肺疾病的监测具有重要价值。

(2) 呼吸监测:连续无创监测血氧饱和度的脉搏血氧饱和度(SpO_2)技术和连续无创呼吸末二氧化碳分压($P_{ET}CO_2$)监测技术提高了麻醉的安全性。血气分析仪同时测量血液 pH 值、PCO_2、[HCO_3^-]、标准碱(SB)、剩余碱(BE)及缓冲碱(BB)等指标,对于呼吸功能异常和酸碱失衡的判断与治疗有重要指导意义。无创肺功能(通气功能和换气功能)监测用于心肺疾患病人术前评估有重要意义。

(3) 凝血功能监测:血小板计数、活化部分凝血活酶时间(APTT)、凝血酶原时间(PT)、纤维蛋白原(FIB)和凝血酶时间(TT)监测是临床常用的凝血功能监测指标。血栓弹力图(thromboela-stogram,TEG)可反映凝血功能动态变化。

(4) 麻醉深度监测:临床麻醉深度监测仍是未完全解决的问题。术中知晓(awareness)和全麻过深的问题愈来愈受到重视。麻醉深度监测可以一定程度地帮助麻醉医师判断麻醉深度。常用的监测方法有双频谱指数(bispectral index,BIS)分析、听觉诱发电位(auditory evoked potentials,AEP)监测、熵指数(spectral entropy)和大脑状态指数(cerebral status index,CSI)监测等。BIS 监测在临床上得到广泛应用。麻醉深度是对镇静水平、镇痛水平、刺激反应程度等的综合反映,目前的麻醉深度监测仪仍未达到理想标准。

3. 血液保护　我国目前每年血液消耗量约 1600t,血源紧张是外科临床面临的一大难题。异体血源的缺乏促进输血技术的研究。制定输血指南,严格输血适应证、科学理智的成分输血、开展节约用血技术减少了外科手术病人的输血需求。术中自体血回输、术前自身血液储备、血液稀释是目前临床常用的血液保护技术。

4. 麻醉安全与质量控制　随着医学发展和监测手段的完善以及麻醉医生水平的不断提高,麻醉死亡率和麻醉并发症逐年降低。我国围术期并发症发生率和死亡率尚缺乏全国性流行病学调查结果。

适时的连续监测使麻醉医师能发现病人情况的动态变化,有利于早期诊断和早期治疗。美国麻醉医师协会提出以麻醉中六个基本监测项目(吸入氧浓度、体温、动脉血压和脉搏,心电图、脉搏氧饱和度和呼气末二氧化碳分压)作为对麻醉中病人情况评估的参考。对使用肌松药的病人,监测肌松药作用最常用的方法是四个成串刺激(train of four,TOF);对某些心血管病人的手术,某些复杂手术病人或严重创伤病人常需进行有创血流动力学监测包括放置漂浮导管(Swan-Ganz catheter),也需进行尿量监测。

麻醉质量管理是整个医疗质量管理的组成部分,建立有效的质量管理机构和不断完善质量管理可进一步提高麻醉质量及其安全性,为此我国已经成立国家和各省市麻醉质量控制中心。中华医学会麻醉学分会、中国医师协会麻醉医师分会制定了中国麻醉学指南与专家共识,以期在麻醉结构、麻醉过程方面更为规范、合理,取得更好的结果。麻醉质量控制总的要求:①麻醉科设立科室质量与安全工作小组,定期开展麻醉质量评估,将麻醉并发症的预防措施与控制指标作为科室质量安全管理与评价的重点内容;②建立麻醉信息系统并纳入医院信息系统,并以此为麻醉科质量控制的技术平台;③麻醉科质量控制工作应涵盖麻醉及其相关的工作场所,包括手术室、手术室外实施麻醉的医疗单元、麻醉科门诊、疼痛门诊、麻醉监测治疗室或恢复室、麻醉准备室等。

此外,许多单位都在采取提高麻醉质量和安全性的措施:①重视和加强麻醉前对病人情况的评估,做好麻醉前准备工作,选用对病人影响最小、损害最轻的药物和方法,重视手术期间安全核查制度的落实;②加强监测手段,特别是无创或微创的监测手段;③重视术后恢复,注意防治麻醉并发症,加强麻醉后监测治疗室(PACU)和麻醉科重症监测治疗室(ICU)的工作;④注意加强麻醉医师的培养,提高整体素质,这是提高麻醉质量和安全性的关键。

第二节　麻醉学专业的任务和范围

麻醉学是一门研究临床麻醉,生命机能调控,重症监测治疗和疼痛诊疗的科学。麻醉科的工作任务包括麻醉学的临床医疗、科研与教学等方面。麻醉科医师工作领域涵盖临床麻醉、危重病医学与疼痛医学等,麻醉科是医院一级临床科室。在医学中心或综合性医院麻醉科向亚专科发展,主要亚专科有心脏手术麻醉(anesthesia for cardiac surgery)、血管外科手术麻醉(anesthesia for vascular surgery)、胸科手术麻醉(anesthesia for thoracic surgery)、颅脑外科麻醉(neurosurgical anesthesia)、器官移植手术麻醉(anesthesia for organ transplantation)、内分泌外科麻醉(anesthesia for endocrine surgery)、产科麻醉(obstetric anesthesia)、小儿麻醉(pediatric anesthesia)、老年人麻醉(geriatric anesthesia)、骨科手术麻醉(anesthesia for orthopedic surgery)、腹部外科麻醉(anesthesia for abdominal surgery)、创伤外科麻醉(anesthesia for trauma)、日间手术麻醉(anesthesia for ambulatory surgery)、舒适医疗(comfortable medicine)、麻醉后监测与治疗、重症医学、急性疼痛治疗和慢性疼痛诊疗等。

麻醉学专业的任务和范围比较广阔,且责任重大。其发展是一个渐进的过程。在我国,老一辈麻醉学家吴珏、尚德延、谢荣等开创了我国的现代麻醉学事业,继麻醉学科独立招收硕士、博士研究生之后,1987年国家教委在经过论证之后将麻醉学专业列入高等医学院校本科招生专业目录;1989年原卫生部12号文件明确医院麻醉科为临床科室,并提出了建设麻醉科的具体要求;2004供临床医学专业学生用的《麻醉学》出版,麻醉学可以在高等医学院校中为临床医学专业的学生单独开课。这些均说明麻醉学作为二级学科其建设与发展的过程,现今麻醉学专业的任务和范围如下:

(一) 临床麻醉

临床麻醉工作的主要任务:①参与麻醉前准备,麻醉前对病人进行评估,有条件的医院可以开设麻醉科门诊;②消除手术和某些诊疗操作时的疼痛和不适,减少手术等引起的不良反射并减轻应激反应,提供良好的手术或操作条件;③监测病人生理功能,及时发现并纠正异常情况或进行调控,以保证病人的安全和防治并发症;④促进外科病人的康复。麻醉处理及麻醉后监测治疗的优劣将直接影响病人的安危和手术的成败,临床麻醉的发展也为新手术的开展提供了必要的条件;⑤临床麻醉工作已不再局限于手术室中,很多工作是在手术室外进行的。参与众多诊疗操作和检查的麻醉、镇静和监测,开展舒适医疗工作。

(二) 急救与复苏

虽然急救与复苏各有其定义,例如狭义的复苏一般指心肺脑复苏(cardiopulmonary cerebral resuscitation,CPCR),广义的复苏则指各种危重情况被逆转而恢复正常状态,如休克、昏迷、严重心律失常、高热的复苏等。但在临床麻醉工作中,急救和复苏总是联系在一起的。在围术期病人可能出现呼吸、循环系统的各种严重异常甚至心脏停搏,需要紧急处理。在急症病人特别是严重创伤病人中可出现各种对机体生命构成威胁的情况,需要急救和复苏。由于麻醉医师在其临床工作中对维护病人的呼吸、循环功能和维持内环境稳定以及改善周身状况积累了丰富的经验,而且对心、肺、脑复苏较有经验,故由麻醉医师承担这一任务可取得较好的效果,有利于病人。至于一些涉及多学科复杂情况的急救和复苏,则以多学科医师共同协作为佳。

(三) 危重病医学

危重病医学(critical care medicine,CCM)其临床阵地为重症监测治疗病室(intensive care unit,ICU)。ICU 由 PACU 发展而来。ICU 主要收治可能威胁生命的各种危重急病人,包括严重感染、严重创伤、大手术后、多器官功能不全以及心肺脑复苏病人。麻醉医师具有气道管理、机械通气、应用强效速效药物、液体复苏、监测技术等同样适用于危重病救治的专长,且麻醉医师一贯重视从生理、病理生理以及药理学等方面综合考虑来管理病人,要求对突发的生理紊乱具有进行快速诊断和处理的能力,这些对于处理危重病都是极好的基础。故麻醉医师对于重症医学的创立和发展都起着带头和骨干作用,而且也促进了麻醉学的发展,丰富了麻醉学的内涵。

重症医学是一个多学科交叉融合、综合性极强的学科,麻醉学所涵盖的重症医学的内容事实上只是重症医学的核心部分或其基石。重症医学的发展使得 ICU 向专科 ICU 方向发展,麻醉医师一般管理和参与综合性 ICU(General ICU)和外科 ICU(Surgical ICU)的工作,而呼吸 ICU、心脏 ICU、神经内外科 ICU、小儿 ICU 等专科 ICU 一般都由其相应专科医师管理。

(四) 疼痛诊治

疼痛是多种疾病常见的或主要的症状,也是促使病人就医的常见原因。部分慢性疼痛如带状疱疹后遗神经痛本身就是一种疾病。疼痛不仅降低病人的生活质量,而且还对机体的各个系统造成不良影响,对疼痛的诊治已经越来越受到重视。由于麻醉医师熟悉麻醉学的各种镇痛技术,熟悉各种镇痛药物的使用,所以麻醉医师在疼痛诊治中一直起着组织和推动的作用。已经普遍开展创伤、手术、分娩等导致的急性疼痛的治疗工作。许多医院已建立疼痛门诊(pain clinic)、疼痛治疗病室或中心、部分医院已建立疼痛科负责慢性疼痛的诊疗工作。由于疼痛学具有多学科性质,所以疼痛诊治的参与者可以包括各相关学科的医师。疼痛诊治是麻醉镇痛的延伸和发展,麻醉学所涵盖的疼痛诊治理论和技术是疼痛科建立和发展的重要基础,故在疼痛诊治中麻醉医师常起主导作用。至于有关疼痛机制的研究,虽已取得很大成绩,仍有待进一步深入研究。

(五) 其他任务

随着上述各领域的发展,麻醉学的任务在不断拓展,为更好地完成上述任务和提高质量,进行与麻醉学各领域有关的基础和临床方面的科学研究便成为必不可少的任务。麻醉学的领域广阔,涉及的知识面宽,且往往是将新知识、新技术、新设备首先或较先应用于临床者,对麻醉医师的素质有较高的要求,麻醉医师应该具有良好的医德、医风、有强烈的责任心和高度的警觉性,善于分析;有胜任工作的知识和能力和学无止境的思想境界,且善于学习;善于与其他医护人员合作共事,相互尊重。因此,培养和训练麻醉医师也是麻醉学专业的重要任务。

世界各国都很重视对麻醉医师的培养和训练,有成熟的经验。我国已建立起麻醉学教育方面较完整的体系,包括本科生教育、毕业后教育(博士、硕士研究生教育、住院医师规范化培训、进修生教育)和继续教育。2014 年国家卫生和计划生育委员会制定《住院医师规范化培训管理办法》和《住院医师规范化培训内容与标准》,2015 年已正式在全国实施。我国的麻醉科住院医师培训走上规范化培训的轨道,必将促进麻醉学科的建设和发展。

第三节 麻醉的分类

临床麻醉工作中将麻醉按照麻醉方法进行分类。主要分为全身麻醉(generalanesthesia)和区域(部位)麻醉(regional anesthesia)(图 1-1)。

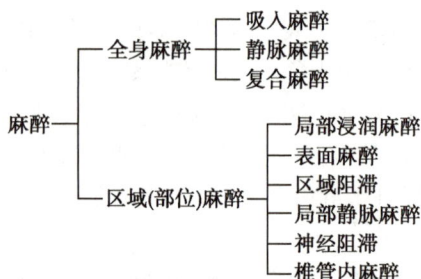

全身麻醉是指麻醉药经呼吸道吸入、静脉或肌内注射进入体内,产生中枢神经系统的暂时抑制,临床表现为神志消失、全身痛觉消失、遗忘、反射抑制和骨骼肌松弛。区域(部位)麻醉是指在患者神志清醒状态下,将局麻药应用于身体局部(如脊神经、神经丛、神经干或周围神经末梢),使机体某一部分的神经传导功能暂时可逆性阻断。局麻药施用于黏膜表面,使其透过黏膜而阻滞位于黏膜下的神经末梢,使黏膜产生麻醉现象,称表面麻醉。局部浸润麻醉将局麻药注射于手术区的组织内,阻滞神经末梢而达到麻醉作用,称局部浸润麻醉。围绕手术区,在其四周和底部注射局麻药,以阻滞进入手术区的神经干和神经末梢,称为区域阻滞。在神经干、丛、节的周围注射局麻药,阻滞其冲动传导,使所支配的区域产生麻醉作用,称神经阻滞。将局部麻醉药注入蛛网膜下隙(subarachnoid space)而产生的蛛网膜下隙阻滞和将局麻药注入硬脊膜外隙(epidural space)而产生的硬脊膜外隙阻滞在理论上均应属于局部麻醉,但由于其在临床应用上以及理论基础上均有其特点,我国习惯上将此二者合称为椎管内麻醉,成为一类独立的麻醉方法。在文献上有时也将蛛网膜下隙阻滞和硬脊膜外隙阻滞称为神经轴麻醉(neuraxial anesthesia)。

图 1-1 麻醉方法分类

临床上常将两种或两种以上的麻醉药复合应用,称为复合麻醉(balanced anesthesia);或将不同的麻醉方法联合应用,称为联合麻醉(combined anesthesia)。其目的均是发扬各自的优点,克服彼此的缺点或不足,取长补短,使麻醉易于控制,效果更为完善,而副作用减少。有时此两名词的应用并无绝对的区分,多采用习惯的用法。如应用全麻药使病人入睡但麻醉程度尚不足以施行手术或有创操作,称为基础麻醉(basal narcosis),此多用于小儿,作为施行全身麻醉的准备或局部麻醉的辅助。如通过气管内导管(endotracheal tube)施行吸入麻醉称为气管内麻醉(endotracheal anesthesia)。如通过支气管内导管(endobronchial tube)施行吸入麻醉则称为支气管内麻醉(endobronchial anesthesia)。如只作插管而不经导管给予吸入麻醉药,则称为气管内插管(endotracheal intubation)或支气管内插管(endobronchial intubation)。

现根据我国习用的分类列表如表 1-1。

表 1-1 麻醉方法分类

麻醉方法分类	麻醉药作用方式	作用的神经部位
全身麻醉(general anesthesia)		
吸入麻醉(inhalation anesthesia)	经呼吸道吸入	中枢神经系统
静脉麻醉(intravenous anesthesia)	静脉注射或静脉滴注,泵注,靶控输注	中枢神经系统
肌肉麻醉(intramuscular anesthesia)	肌内注射	中枢神经系统
直肠麻醉(per rectum anesthesia)	经直肠灌注	中枢神经系统

麻醉方法分类	麻醉药作用方式	作用的神经部位
椎管内麻醉		
蛛网膜下隙阻滞（subarachnoid block）	局麻药注入蛛网膜下隙	蛛网膜下隙脊神经
硬脊膜外隙阻滞（epidural block）	局麻药注入硬脊膜外隙	硬脊膜外隙脊神经
局部麻醉（local anesthesia）		
表面麻醉（topical anesthesia）	局麻药涂敷、喷、滴	黏膜、皮肤
局部浸润麻醉（local infiltration）	局麻药浸润注射	神经末梢
区域阻滞（field block）	局麻药注射	神经末梢、神经干
周围神经阻滞（peripheral nerve blocks）	局麻药注射	神经干、丛、节
静脉局部麻醉（intravenous regional anesthesia）	止血带下静脉注入	神经干、神经末梢

第四节　如何学好麻醉学

　　麻醉学是临床医学中一个专门的独立学科,如前所述其业务范围包含有临床麻醉学、急救和复苏学、危重病医学、疼痛诊疗学以及其他有关业务范围。这些业务范围涉及基础医学的各方面,也可以说是以基础医学及其发展作为基础的。例如与麻醉学关系密切的有:解剖学、生理学、生物化学、药理学、病理生理学、生物物理学及医学生物工程等。麻醉学又与临床医学中的其他学科有密不可分的关联。因为麻醉学的临床服务对象是病人,病人可随就诊科室、性别、年龄的不同而不同;除主要需手术或非手术治疗的疾病外,可以并存其他疾病或有严重并发症,这些说明麻醉医师必须熟悉与麻醉学相关的基础医学和临床医学的相应内容,才能真正在麻醉工作中得心应手。在某些情况下,麻醉医师应与其他学科医师密切协作共同处理和救治病人。

　　在麻醉学的临床工作中,时间是很重要的,往往"时间就是生命",必须及时作出判断、处理,没有多少时间去分析、商讨。以对危重病人施行麻醉为例,麻醉医师除应做到胸有成竹、有条不紊、周到细致、监测严密、处理及时,使麻醉的诱导和维持尽可能平衡外,在对病情变化的处理上,对脏器功能的支持与改善上,在合理用药的斟酌上,在对内环境的维护上,可以说也是危重病医师、内科医师或临床药理学工作者。这些说明麻醉医师对所掌握的知识应该做到融会贯通才能在关键时刻冷静沉着地应对。

　　在学习麻醉学中,应该注意:

　　1. 基础与临床紧密结合　对基础医学和临床医学都应该学好,对该掌握的内容应该掌握,对该熟悉的应该熟悉。在学习临床课的时候,应该回顾基础课的有关内容来加深理解。在学习各门临床课程时也应注意它们各自的特点和课程之间的联系。这样使基础医学与临床医学联系起来,逐步做到融会贯通,结合得好可以提高医疗水平,也有利于进一步学习提高与发展。有的人重临床而轻基础,这样在未来的工作中可能造成严重后果。例如有人给冠心病病人做机械通气,最终因为通气过度而导致心脏停搏,其原因就是他忽视或忘记了生理学中早就讲过的低二氧化碳分压可引起冠状动脉收缩或痉挛使心肌缺血。在学习麻醉学中还应该培养自己的临床思维能力,也就是辩证思维的能力。例如病人有心动过速,过去学其他临床课时往往只讲什么病或什么情况下可以出现心动过速,而现在需要很快确定是什么原因引起心动过速,以便及时有针对性地进行处理,这就需要对常见病因进行分析、比较、找出最可能的原因。

临床思维的好坏往往决定病人的命运,有时甚至是"差之毫厘,失之千里"。

2. **理论与实践相结合**　麻醉是一门实践性很强的科学,有自己的理论体系和技术体系。无论是治疗、处理病人或者是熟练地进行各种技术操作,都应该以理论作为指导,通过认真的实践进一步丰富与完善理论。有人说得好,"虽然知识就是力量(Knowledge is power),但如果知识不用于实践,不与实践相结合,这种知识就什么力量也没有"。只懂理论,不会技术操作的麻醉医师只能是纸上谈兵的"理论家";只醉心于操作,不会或不能用理论来指导工作,充其量只是个"麻醉匠",是很难判断病人的病情变化和进行正确处理的。

3. **不断学习、进取、创新**　麻醉学科是一个新兴而发展迅速的学科,许多新理论、新技术、新药物、新仪器设备,往往是首先或较先在麻醉学科中应用;而且医学中有许多未知数,任何一本教材或专著不可能回答所有的问题,留下了大量可以思索和创新性思维的空间,这就需要不断学习、进取、创新,进行相应的实验和临床研究。

(郭曲练)

第一节 术前访视和术前评估

术前访视和术前评估是麻醉医师在术前根据患者病史、体格检查、实验室检验与特殊检查结果、患者的精神状态对外科病人整体状况做出评估,制定麻醉和围术期管理方案的过程。术前访视和术前评估是围术期管理的基础与工作流程,可以减少并发症,缩短病人住院日期,改善临床结局,降低医疗费用。

术前访视和术前评估可以提高围术期病人安全性。需要进行手术治疗的外科患者,可能还合并内科疾病或某些特殊情况,引起机体相应的病理生理改变。病人的精神状态如焦虑、恐惧等也会影响其内环境的稳定。各种麻醉药物和麻醉方法都可影响病人生理状态的稳定,围术期各种治疗措施如某些麻醉操作、手术创伤使病人处于应激状态。麻醉和手术的风险程度主要与疾病的严重程度、手术创伤的大小、手术时间长短、失血多少等因素有关。完善的术前准备、制订最适合于病人的麻醉和围术期管理方案可降低麻醉和手术的风险。一般认为难以接受手术治疗的病人经过麻醉前检诊术可以得到适当的手术治疗,扩大了手术范围和适应证。如果麻醉前不注意或不进行对病情的评估和准备,则有可能导致临时取消手术,或由于估计不足和准备不充分而出现严重问题,甚至危及病人生命。此外,术前访视和术前评估还有助于提高病人的满意度。

一、术前访视和术前评估的目的

术前访视和术前评估的目的概括起来有以下 4 个方面:

1. 获取病史(包括现病史、个人史、既往史、过敏史、手术麻醉史和吸烟、饮酒史以及药物应用史等)、体格检查、实验室检查、特殊检查中有价值的信息。

2. 术前患者教育与面对面的访视,能减少患者对围术期麻醉过程的焦虑和恐惧,取得病人的知情同意,指导病人配合麻醉。

3. 根据病人的具体情况,就围术期风险和围术期管理方案与外科医师取得共识。

4. 术前充分评估,优化术前准备和围术期管理方案,将病人风险降至最低。

二、术前访视和术前评估的基本内容

麻醉医师在麻醉前访视病人,进行术前评估。麻醉前访视一般在麻醉前一日进行,对一些病情复杂的病例往往在麻醉前数日进行会诊,以便有时间完善麻醉前准备。麻醉术前评估门诊可以降低手术取消和延期的概率,提高手术室使用效率,降低住院费用。不论采取何种方式,麻醉医师在术前应该检诊或再次检诊病人。

传统的术前访视和术前评估模式对日间手术(ambulatory surgery)病人已不适用。日间手

术病人的评估、选择和准备,可以采用电话访诊(telephone interview)或麻醉门诊,以表格或问卷方式进行。根据我国目前的实际情况,将在第三十七章讨论,本节只介绍传统的术前访视和术前评估。

1. 获得病史、体格检查和化验结果以及特殊检查的结果,拟施行的手术情况、处方药和非处方药的使用情况。发现漏检或尚未报告结果的必须检查的项目,以便能予以弥补。访视病人,和病人交谈,询问某些重要而病历无记载的病史,亲自重复一些重要的体格检查(如心血管系统、呼吸系统、脊柱等),注意观察病人的全身情况和精神状态,判断病情的轻重。必要时需作进一步的检诊。

2. 根据所获资料,分析病人病理生理情况、对其进行术前评估。首先进行粗略评估(通常用病情和体格分类法)。一般将手术分为择期手术和急症手术,急症手术无充裕的麻醉前或术前准备时间,麻醉难度及风险增加。然后对器官系统的疾病或功能做出评估。

美国麻醉师协会(ASA)根据病人健康状态将病人健康状态分为六级,急症手术在评定的级别后加注字母 E,如 ASA Ⅱ E 代表 ASA Ⅱ 级行急症手术。急症手术是指延迟治疗显著增加威胁病人生命或身体部位风险。美国麻醉医师协会健康状态分级(ASA Physical Status Classification System)见表 2-1。

表 2-1　美国麻醉医师协会健康状态分级

ASA 分级	定　义	举例,包括但不仅限于举例
ASA Ⅰ	体格健康病人	身体健康,不吸烟,没有或很少饮酒
ASA Ⅱ	合并轻度系统性疾病病人	轻度疾病但无实质性功能障碍。例如(但不限于:正在吸烟者,社交型饮酒者,怀孕,肥胖(30kg/m² <BMI< 40kg/m²),控制良好的 DM/HTN,轻微的肺部疾病
ASA Ⅲ	合并严重系统性疾病病人	实质性功能障碍;一个或多个中度到重度的疾病。例如(但不限于:控制不良的 DM/HTN,慢性阻塞性肺病,病态肥胖(体重指数≥40kg/m²),活动肝炎、酒精依赖或滥用,植入起搏器,中度射血分数降低,ESRD 接受定期透析,早产儿 PCA<60 周,3 个月以上的心肌梗死,CVA,TIA,或 CAD/支架
ASA Ⅳ	合并严重威胁生命的系统性疾病病人	例如(但不限于):最近(<3 个月)CVA,TIA,或 CAD/支架。进行心肌缺血或严重瓣膜功能障碍,重度射血分数降低,败血症,DIC,ARD 或 ESRD 不需要接受定期透析
ASA Ⅴ	预计不接受手术不能存活的垂死病人	腹/胸动脉瘤破裂,巨大的创伤,颅内出血出现容积效应、严重心脏疾病或多器官功能障碍合并肠缺血
ASA Ⅵ	确证为脑死亡,其器官拟用于器官移植手术	

Ⅰ、Ⅱ级病人麻醉和手术耐受力良好,麻醉经过平稳。Ⅲ级病人麻醉有一定危险,麻醉前准备要充分,对麻醉期间可能发生的并发症要采取有效措施,积极预防。Ⅳ级病人麻醉危险性极大,即使术前准备充分,围术期死亡率仍很高。Ⅴ级为濒死病人,麻醉和手术异常危险,不宜行择期手术。

在我国,根据临床实践经验将病人的病情和体格情况分为两类四级,详见表 2-2。

3. 根据评估结果,制订合适的麻醉方案。

表2-2　手术病人病情及体格情况分级

类级		评级依据			
		全身情况	外科病变	重要生命器官	麻醉耐受估计
I	1	良好	局限,不影响或仅有轻微全身影响	无器质性病变	良好
	2	好	对全身已有一定影响,但易纠正	有早期病变,但功能仍处于代偿状态	好
II	1	较差	对全身已造成明显影响	有明显器质性病变,功能接近失代偿,或已有早期失代偿	差
	2	很差	对全身已有严重影响	有严重器质性病变,功能已失代偿,需经常内科支持治疗	劣

注:只要符合评级依据相应类级的两项可评为该类级

第二节　全身情况和各器官系统术前评估

一、全身情况

　　全身状态检查是对患者全身健康状况的概括性观察,包括性别、年龄、体温、呼吸、脉搏、血压、发育、营养、意识状态、面容表情、体位、姿势、步态、精神状态、对周围环境的反应和器官功能综合评估。应注意病人的发育、营养、体重等各个方面。单纯依赖体重判断肥胖准确性较低,身体质量指数(body mass index,BMI)是世界公认的一种评定肥胖程度的分级方法,与较单纯以体重评估相比,BMI用于评估因超重面临心脏病、高血压等风险准确性较高。$BMI(kg/m^2)=$体重$(kg)/$身高$(m)^2$。中国人BMI正常值为$18.5\sim23.9kg/m^2$,BMI $24\sim27.9kg/m^2$为超重,BMI大于或等于$28kg/m^2$为肥胖。超重和肥胖是冠心病和脑卒中发病的独立危险因素。BMI增加预示气道问题。BMI每增加2,冠心病、脑卒中、缺血性脑卒中的相对危险分别增加15.4%、6.1%和18.8%。肥胖使肺-胸顺应性和肺泡通气量降低,肺活量、深吸气量和功能余气量减少,肺泡通气/血流比值失调,麻醉后易并发肺部感染和肺不张等。肥胖者血容量和心输出量均增加,左心室容量负荷增加,又常伴高血压、冠心病、糖尿病、肝细胞脂肪浸润等,需认真予以对待。对体重过轻者,麻醉剂量需适当减少。在近期内体重显著减轻者,对麻醉的耐受一般均较差。

　　营养不良者对麻醉和手术的耐受力均低。对贫血、脱水等术前均应适当纠正。成人血红蛋白不宜低于80g/L。对血红蛋白含量过高者,应分析原因予以放血或(和)稀释以改善微循环和避免出现梗死。血细胞比容以保持在30%～35%较有利于氧的释放。对年龄小于3个月的婴儿,术前血红蛋白宜超过100g/L,大于3个月的婴儿其术前血红蛋白也不应低于90g/L。如病人有急性炎症,对麻醉的耐受能力降低,急性炎症愈严重,对麻醉的耐受愈差。基础代谢率(basal metabolic rate,BMR)是指人体在清醒而又极端安静的状态下,不受肌肉活动、环境温度、食物及精神紧张等影响时的能量代谢率。BMR异常可明显影响病人对麻醉的耐受性。BMR可用Gale公式作粗略计算,BMR(%)=(脉率+脉压)−111。正常值为−10%～+10%。

二、呼吸系统

　　近期2周内有呼吸道感染病史患者,即使麻醉前无任何症状和体征,病人呼吸道黏膜的应激性也增高,麻醉药物可引起腺体分泌的分泌物增多,引发气道平滑肌收缩的自主神经的兴奋阈值降低,气道敏感性增高,容易发生气道痉挛,围术期患者呼吸道并发症发生率比无呼吸道感染病史者显著增高。呼吸道感染(包括感冒)患者,择期手术宜在呼吸道疾病临床痊愈后2~4周施行;如系急症手术,术前充分评估和准备,加强抗感染治疗,避免使用吸入麻醉,将围术期风险降低到最低。正常人群气道高反应性(airway reaction higher,AHR)发生率为10%,儿童哮喘发生率为1.7%~4.7%,成人为2.0%~6.2%,麻醉期间支气管痉挛发生率为0.16%。对肺结核(特别是空洞型)、慢性肺脓肿、重症支气管扩张症等,还应警惕在麻醉过程中感染沿支气管系统在肺内扩散或造成健侧支气管堵塞,或出现急性大出血而引起窒息。对这类病人施行全麻时一般均采用双腔导管行支气管内插管将健、患侧肺分开,以进行有效的呼吸管理。

中国40岁以上人群中慢性阻塞性肺疾病(chronic obstructive pulmonary disease,COPD)的患病率达8.2%。COPD是一种常见的以持续气流受限为特征的可以预防和治疗的疾病,气流受限进行性发展,与气道和肺脏对有毒颗粒或气体的慢性炎性反应增强有关,以不完全可逆性气流阻塞为特征。COPD可导致全身不良反应,包括全身炎症反应和骨骼肌功能不良,并促进或加重并发症的发生。全身炎症表现有全身氧化负荷异常增高,循环血液中促炎症细胞因子浓度异常增高及炎症细胞异常活化,骨骼肌功能不良表现为骨骼肌重量逐渐减轻,COPD全身不良反应可使患者的活动能力受限加剧。COPD外周气道狭窄、引起固定性气道阻塞,中央小叶型肺气肿,有效呼吸面积减少,肺活量减少,功能余气量增加,最大通气量和用力肺活量降低,肺泡通气/血流比值失调,病人易有$PaCO_2$升高(二氧化碳蓄积)、PaO_2降低、$A\text{-}aDO_2$增大。此类病人常有不同程度的肺动脉高压,持续和日益加重的肺动脉高压,使右心负荷加重,可导致肺源性心脏病。慢阻肺所致肺血管阻力增加、肺动脉高压在肺心病的发病机制中,功能性因素(如缺氧、高二氧化碳血症、前列腺素、白三烯等)比解剖因素更为重要。例如在缺氧和高二氧化碳血症得到适当纠正后,肺动脉压常可明显降低。这类病人的麻醉处理应注意合理的呼吸管理,适当地控制或不加重肺动脉高压,维护心功能。从麻醉角度看,已发展至肺心病者较只限于呼吸功能改变者更严重,如已发生右心力衰竭则极为严重,处理上的难度很大(表2-3)。

表2-3　COPD临床严重程度的肺功能分级

级别	特征
Ⅰ(轻度)	$FEV_1/FVC<70\%$,FEV_1占预计值百分比≥80%
Ⅱ(中度)	$FEV_1/FVC<70\%$,FEV_1占预计值百分比≥50%
Ⅲ(重度)	$FEV_1/FVC<70\%$,FEV_1占预计值百分比≥30%
Ⅳ(极重度)	$FEV_1/FVC<70\%$,FEV_1占预计值百分比<30% 或 FEV_1占预计值百分比<50%,或伴有慢性呼吸衰竭

哮喘为一种异质性疾病,常以慢性气道炎症为特征,包含随时间不断变化的呼吸道症状,如喘息、气短、胸闷和咳嗽,同时具有可变性呼气气流受限。麻醉、手术中的应激因素易引起哮喘发作或导致严重支气管痉挛。单纯为过敏性者较易处理,伴有炎症者处理较为困难。气道炎症使气道反应性增高,遇到扳机性刺激因素时即可产生包括气道水肿、分泌物增加和气道平滑肌收缩等复杂反应,使气道阻力明显增高,可致PaO_2降低,严重时可伴有$PaCO_2$升高。应重视其引起的潜在因素,在麻醉前控制呼吸道感染至关重要,应停止吸烟,降低气管、支气管的反应性,此外还应适当使用解除支气管痉挛的药物作为麻醉前准备。对此类病人应选择合适

的麻醉方法和药物,还应准备处理可能出现的危象。白三烯受体拮抗剂和茶碱不再作为哮喘一线推荐药物,联合使用吸入激素/长效支气管扩张剂(ICS/LABA)治疗可以发挥抗炎和扩张支气管双重作用,在改善患者肺功能和生活质量、减少急性加重等方面均优于联合制剂中的单一药物成分,是临床治疗哮喘一线用药选择。临床常用的 ICS/LABA 复方制剂包括福莫特罗/布地奈德、福莫特罗/莫米松、沙美特罗/氟替卡松、维兰特罗/糠酸氟替卡松。

需要根据临床症状、肺功能异常程度和并发症情况对呼吸系统疾患病人进行综合评估。肺功能是评估病人的呼吸系统状态的一项重要的内容。特别是病人原有呼吸系统疾病或需进行较大的手术或手术本身可以进一步损害肺功能时更为重要。目前呼吸功能评估主要测量肺通气功能和换气功能,虽尚无成熟技术直接测氧的利用水平,肺功能评估仍是围术期呼吸管理重要依据。肺活量低于预计值的 60%、通气储量百分比<70%、第 1 秒用力呼气量与用力肺活量的百分比($FEV_1/FVC\%$)<60% 或 50%,术后有发生呼吸功能不全的可能。当 FVC<15ml/kg 时,术后肺部并发症的发生率明显增加。最大自主通气量(MVV)也是一项有价值的指标,MVV 占预计值>80% 为正常,一般以 MVV 40L 或 MVV 占预计值的 50% ~60% 作为手术安全的指标,低于 50% 为低肺功能,低于 30% 者一般列为手术禁忌证。对于有可能作全肺切除者最好能行健侧肺功能测定或分侧肺功能测定。动脉血气分析简单易行,可用以了解病人的肺通气功能和换气功能,如静息状态呼吸空气的情况下动脉血氧分压(PaO_2)<60mmHg 伴或不伴有动脉血二氧化碳分压($PaCO_2$)>50mmHg 提示呼吸衰竭。

临床常用简单易用的床旁测试评估病人肺功能,如:

1. **屏气试验(憋气试验)** 让病人深呼吸数次后在深吸气后屏住呼吸,记录其能屏住呼吸的时间。屏气时间在 30 秒以上为正常。如屏气时间短于 20 秒,可认为肺功能显著不全。心肺功能异常皆可使屏气时间缩短,宜根据临床具体情况予以判断。值得注意的是,有的病人尽管常规肺功能检查显示有某种程度的异常,但由于其受过屏气方面的训练(如练习过潜泳),屏气时间可在正常范围内,与肺功能检查不相符。

2. **吹气试验** 病人在尽量深吸气后作最大呼气,若呼气时间不超过 3 秒,示用力肺活量基本正常。如呼气时间超过 5 秒,表示存在阻塞性通气障碍。

3. **吹火柴试验** 点燃的纸型火柴置于距病人口部 15cm 处,让病人吹灭之,如不能吹灭,可以估计 $FEV_1/FVC\%$ <60%,第 1 秒用力呼气量<1.6L,最大通气量<50L。

4. **病人的呼吸困难程度** 活动后呼吸困难(气短)可作为衡量肺功能不全的临床指标,一般分为 5 级,详见表 2-4。

表 2-4 呼吸困难程度分级*

分级	依 据
0	无呼吸困难症状
I	能根据需要远走,但易疲劳,不愿步行
II	步行距离有限制,走一或两条街后需停步休息
III	短距离走动即出现呼吸困难
IV	静息时也出现呼吸困难

*指呼吸疾病引起的呼吸困难。根据正常步速,平道步行结束后观察

气道评估(airway evaluation)目的是判断有无困难气道(difficult airway),包括困难气管插管(difficult intubation)或困难面罩通气(difficult mask ventilation,DMV)。气道评估一般包括:

1. **病史** 了解既往麻醉史中有无困难气道情况,以及是否患有可影响或累及气道的疾病,如类风湿关节炎、肥胖、肿瘤等。许多先天性综合征可能影响呼吸道,导致面罩给氧或气管

插管困难。

2. 体格检查

（1）提示气道处理困难的体征：①张口困难；②颈椎活动受限；③颏退缩（小颏症）；④舌体大（巨舌症）；⑤门齿突起；⑥颈短，肌肉颈；⑦病态肥胖；⑧颈椎外伤，带有颈托、牵引装置。

（2）面罩通气困难是最危险的，年龄大于 55 岁、打鼾病史、蓄络腮胡、无牙、肥胖（BMI>26kg/m²）是 DMV 的五项独立危险因素。Mallampati 分级Ⅲ或Ⅳ级、下颌前伸能力受限、甲颏距离过短（<6cm）也是 DMV 的独立危险因素。当具备 2 项以上危险因素时，提示 DMV 的可能性较大。

（3）体检评估气道的方法

1）张口度：最大张口时上下门齿间距离小于 3cm 或两横指时无法置入喉镜，导致困难喉镜显露。

2）颞下颌关节活动度：颞下颌关节紊乱综合征、颞下颌关节强直、颞下颌关节脱位等可导致颞下颌关节活动受限，插管可能会困难。

3）颏甲距离（mentum-to-thyroid distance）：即在颈部完全伸展时从下颚尖端到甲状软骨切迹的距离。正常在 6.5cm 以上，小于 6cm 或小于检查者三横指的宽度，提示用喉镜窥视声门可能发生困难。

4）头颈运动幅度：正常时病人低头应能将其下颌触及自己胸部，颈能向后伸展，向左或向右旋转颈部时不应产生疼痛或异常感觉。

5）咽部结构分级：即改良 Mallampati 分级，是最常用的气道评估方法。病人取端坐位，尽可能张大口并最大限度地将舌伸出进行检查。咽部结构分级愈高预示喉镜显露愈困难，Ⅲ~Ⅳ级提示困难气道。改良 Mallampati 分级与其他方法联合应用，如与颏甲距离合用可提高预测率。

Ⅰ级：可见软腭、咽腭弓、悬雍垂。

Ⅱ级：可见软腭、咽腭弓、部分悬雍垂。

Ⅲ级：仅见软腭和悬雍垂根部。

Ⅳ级：仅见硬腭。

6）喉镜显露分级：Cormack 和 Lehane 把喉镜显露声门的难易程度分为四级。该喉镜显露分级为直接喉镜显露下的声门分级，Ⅲ~Ⅳ级提示插管困难。

7）检查有无气管造口或已愈合的气管造口瘢痕、面、颈部的损伤，颈部有无肿块，甲状腺大小、气管位置等，评价其对气道的影响。

8）对某些病人则可能还需作一些辅助性检查，如喉镜（间接、直接的或纤维喉镜）检查、X 线检查、纤维支气管镜检查等。

三、心血管系统

我国心血管病患病率处于持续上升态势，心血管病占居民疾病死亡构成的 40% 以上。估计全国有心血管病患者 2.9 亿，其中高血压患者 2.7 亿，卒中患者至少 700 万，心肌梗死患者 250 万，心力衰竭患者 450 万，肺心病患者 500 万，风湿性心脏病患者 250 万，先天性心脏病患者 200 万，每 5 个成人中有 1 名患心血管病。心血管疾病患者非心脏手术的年手术量逐年增加，将从现在的 600 万/年增加到 1200 万/年，心血管疾病患者的手术病死率比其他疾病患者高 25% ~50% 。因此麻醉与手术能否实施需要考虑：手术的必要性与迫切性、病人的耐受和是否具备安全保障。充分的术前评估与相关处理是极为重要的安全措施，可有效降低患者围术期病死率。掌握病情、重要器官功能、手术创伤大小与时间长短等临床资料，对围术期风险作出科学预测。评估风险性很大且经治疗可使其降低的患者,除急症救命手术外均应暂缓实施,在进行非心脏手术前,请心内科医生会诊,对心脏病人常需根据其病理生理情况作进一步的检测评估患者能否耐受手术,采取适当干预措施以减小麻醉和手术的危险性后方行择期手术。

（一）心功能测定

心脏功能的评定对某些疾病如冠心病的辅助诊断、疗效评定和围麻醉期间评估具有重要价值。测定心功能的方法很多,心脏功能检测方法分为创伤性和无创伤性两大类,创伤性检查对人体有损伤,不能作为术前常规心功能检查方法。根据心脏对运动量的耐受程度而进行的心功能分级是临床简单实用的心功能评估方法。随着仪器和检测技术的发展,无创性心功能检测方法在临床得到广泛应用。

1. 纽约心脏病协会心功能分级 1928 年纽约心脏病协会（NYHA）提出 NYHA 心功能分级方法,NYHA 心功能分级是按照诱发心力衰竭症状的活动程度将心功能受损状况分为 4 级。1994 年对 1928 年 NYHA 心功能分级进行了修订,根据心电图、运动负荷试验、X 线检查、心脏超声波检查、放射学显像等客观检查结果进行第二类分级,并将心绞痛列入功能状态分级的内容。NYHA 心功能分级优点在于简便易行,几十年来仍为临床医生所用。但其缺点在于仅凭患者主观陈述,有时症状与客观检查有很大的差距,同时患者个体之间的差异也较大。现将该分类法介绍于表 2-5,以供参考。

表 2-5 NYHA 心功能分级与麻醉风险

级别	功能状态	客观评价	麻醉耐受力
I	体力活动不受限制,一般的体力活动后无过度疲劳感,无心悸、呼吸困难或心绞痛	A 级:无心血管病的客观证据	心功能正常
II	体力活动稍受限制,休息时觉舒适,一般的体力活动会引起疲劳、心悸、呼吸困难或心绞痛	B 级:有轻度心血管病变的客观证据	心功能较差。处理恰当,麻醉耐受力仍好
III	体力活动明显受限,休息时尚感舒适,但轻的体力活动就引起疲劳、心悸、呼吸困难或心绞痛	C 级:有中度心血管病变的客观证据	心功能不全。麻醉前准备充分,麻醉中避免任何心脏负担增加
IV	不能从事任何体力活动,休息时亦有充血性心力衰竭或心绞痛症状,任何体力活动后加重	D 级:有重度心血管病变的客观证据	心功能衰竭。麻醉耐受力极差,择期手术必须推迟

2. 体能状态（运动耐量）测试 代谢当量（metabolic equivalent,MET）是一种表示相对能量代谢水平和运动强度的重要指标,是以安静且坐位时的能量消耗为基础,表达各种活动时相对能量代谢水平的常用指标。日常生活中运动耐力是围术期心脏后果的重要预见因素之一,运动耐力低下可以反映潜在疾病的严重性,或反映心功能较低下。心脏功能可以用代谢当量（MET）来表示。采用 METs 来判断患者的功能状态,可分为优秀（>10METs）、良好（7<METs≤10）和差（<4METs）。≥4METs 且无症状的患者,可进行择期手术。日常生活无法达到 4METs 的患者的围术期心脏风险和长期风险增加;运动耐量好伴冠状动脉性心脏病或明显危险因素的患者,可先给予小剂量他汀类药物治疗后行择期手术。

（二）心脏风险评估

多种心脏危险指数用于评估围术期心脏风险,包括基于病史、体格检查和实验室检查的 Goldman 心脏危险指数、Detsky 心脏指数和改良的 Detsky 心脏指数,对围术期心脏风险具有一定的预见价值。

1. **Goldman 心脏风险指数** Goldman 心脏风险指数(Goldman's index of cardiac risk)是由 Goldman 等人于 1977 年提出的,用于评估 40 岁以上患者的围术期心脏并发症发生风险,包括 9 项指标:①病人术前有充血性心力衰竭体征,如奔马律、颈静脉压增高(11 分);②6 个月内发生过心肌梗死(10 分);③室性期前收缩>5 次/分(7 分);④非窦性心律或房性期前收缩(7 分);⑤年龄>70 岁(5 分);⑥急症手术(4 分);⑦主动脉瓣显著狭窄(3 分);⑧胸腹腔或主动脉手术(3 分);⑨全身情况差(3 分);下述任何一种情况均属于全身情况差:$PaO_2 < 60mmHg$, $PaCO_2 > 49mmHg$, $[K^+] < 3mmol/L$, $[HCO_3^-] < 20mmol/L$, 尿素>7.5mmol/L, 肌酐>270μmol/L, SGOT 异常, 慢性肝病。累计为 53 分,按积分多少分为 4 级:0~5 分为 I 级,6~12 分为 II 级,13~25 分为 III 级,≥26 分为 IV 级,Goldman 心脏风险指数与前述心功能分级大致相关,见表 2-6。累计分值达 III 级时,手术危险性较大,需进行充分的术前准备,使心功能和全身情况获得改善以提高麻醉和手术的安全性。IV 级病人麻醉和手术的危险性极大,威胁生命的并发症发生率达 22%,术中和术后死亡病例中的半数以上可发生于此级病人。在上述 9 个危险因素中,第①③④⑨项可通过适当的术前准备而获改善,第②项可根据具体情况暂延择期手术或经皮冠脉成形术等治疗减少麻醉和手术的危险性。

表 2-6 Goldman 心脏风险指数与心功能分级、死亡率的关系

级别	Goldman 评分	心功能分级	死亡率(%)	并发症发生率(%)
I	0~5	I	0.2	0.7
II	6~12	II	2	5.0
III	13~25	III	2	11.0
IV	>26	IV	>56	22.0

2. **围术期心血管风险的临床预测指标** 围术期心血管风险高危因素:①心肌梗死后 7~30 天且伴严重或不稳定的心绞痛;②充血性心力衰竭失代偿;③严重心律失常,如高度房室阻滞,病理性有症状的心律失常、室上性心动过速。高危病人围术期心脏事件发生率 10%~15%,其中心源性死亡率>5%。

围术期心血管风险中危因素:①不严重心绞痛;②有心肌梗死史;③心力衰竭已代偿;④需治疗的糖尿病。中危病人围术期心脏事件发生率 3%~10%,其中心源性死亡率<5%。

围术期心血管风险低危因素:①老年;②左室肥厚、束支阻滞、ST-T 异常;③非窦性节律(房颤);④有脑血管意外史;⑤尚未控制的高血压。围术期心脏事件发生率<3%,其中心源性死亡率<1%。

（三）心律失常

心律失常在麻醉前检诊中是一较常遇到的问题。其临床意义主要在于引起心律失常的原因及其对血流动力学的影响。室上性和室性心律失常是围术期冠状动脉事件的独立危险因素,无症状的室性心律失常(包括成对室性期前收缩和非持续性室性心动过速)并不增加非心脏手术后心脏并发症。应明确心律失常的原因,如心肺疾病、心肌缺血、心肌梗死、药物毒性、

电解质紊乱等。评估心律失常潜在的风险,积极治疗影响血流动力学稳定的心律失常,若心律失常未影响患者的血流动力学,常无需特殊治疗。

窦性心律不齐多见于儿童,一般无临床意义。窦性心律不齐是由于自主神经对窦房结节奏点的张力强弱不匀所致,迷走神经张力较强时容易出现窦性心律不齐,当心率增速时,心律多转为匀齐。但如见于老年人则可能与冠心病有关,或提示病人可能有冠心病。对窦性心动过缓宜分辨其原因,注意有无药物(如β-肾上腺素受体阻滞药、强心苷类药)的影响。一般多见于迷走神经张力过高,如无症状,多不需处理。如为病态窦房结所致,则宜作好应用异丙肾上腺素和心脏起搏的准备。窦性心动过缓时出现的室性期前收缩可在心率增快后消失,不需针对室性期前收缩进行处理。有主动脉瓣关闭不全的病人如出现心动过缓则可增加血液反流量而加重心脏负担。麻醉过程中宜保持窦性心律于适当水平。窦性心动过速是经常可以遇到的。其临床意义决定于病因,如精神紧张、激动、体位改变、体温升高、血容量不足、体力活动、药物影响、心脏病变等,应分析其引起的原因予以评估和处理。对因发热、血容量不足、药物和心脏病变引起者,主要应治疗病因,有明确的指征时才采用降低心率的措施。

室上性心动过速较多见于无器质性心脏病者,亦可见于器质性心脏病、甲状腺功能亢进和药物毒性反应。对症状严重或有器质性心脏病或发作频繁者,除病因治疗外,在麻醉前宜控制其急性发作,在发作控制后宜定时服药预防其发作。一过性或偶发性房性期前收缩或室性期前收缩不一定是病理异常,但如发生于年龄较大(如40岁以上)的病人,尤其是其发生和消失与体力活动量有密切关系者,则病人很可能有器质性心脏病,应注意对原发病的治疗,一般不影响麻醉的实施。如室性期前收缩系频发(>5次/分),或呈二联律、三联律或成对出现,或系多源性,或室早提前出现落在前一心搏的T波上(R on T),易演变成室性心动过速和心室颤动,需对其进行治疗,择期手术宜推迟。阵发性室性心动过速一般认为属病理性质,常伴有器质性心脏病,如发作频繁且药物治疗效果不佳者,麻醉时需有电复律和电除颤的准备。统计资料显示,房性心律失常与术后死亡率之间有一定关系,可能是因为房性心律失常与器质性心脏病关系较为密切之故。心房颤动最常见于风湿性心脏病、冠心病、高血压性心脏病和慢性肺心病等心脏疾病,可导致严重的血流动力学紊乱、心绞痛、昏厥、体循环栓塞和心悸不适。如果不宜进行或尚未进行药物复律或电复律治疗,麻醉前宜将心室率控制在80次/分左右,至少不应超过100次/分。

右束支传导阻滞多属良性,一般无弥漫性心肌病变,麻醉可无顾虑。左束支传导阻滞多提示有弥漫性心肌损害,常见于动脉硬化高血压、冠心病患者,一般在麻醉中并不致因此而产生血流动力学紊乱。双分支阻滞包括右束支传导阻滞合并左前分支或左后分支阻滞,左束支传导阻滞,多数情况系指前者。左前分支较易发生阻滞,左后分支较粗,有双重血液供应,如出现阻滞多表示病变较重。双分支阻滞病人有可能出现三分支阻滞或发展成为完全性房室传导阻滞,对这类病人施行麻醉宜有进行心脏起搏的准备,不宜单纯依靠药物。一度房室传导阻滞一般不增加麻醉方面的困难。二度房室传导阻滞Ⅰ型(或称莫氏Ⅰ型)较多见,但较少引起症状,二度Ⅱ型(莫氏Ⅱ型)几乎均属于器质性病变,易引起血流动力学紊乱和阿-斯综合征。对二度房室传导阻滞宜防止其转变为更严重的心律失常。对莫氏Ⅱ型病人和莫氏Ⅰ型其心率<50次/分者,宜有心脏起搏的准备。对三度房室传导阻滞的病人施行手术时应考虑安装起搏器或作好心脏起搏的准备。

(四) 高血压

在未用抗高血压药的情况下,非同日3次测量,收缩压≥140mmHg和(或)舒张压≥90mmHg,可诊断为高血压。患者既往有高血压史,现正在服抗高血压药,虽血压<140/90mmHg,仍诊断为高血压,中国高血压分级见表2-7。

表2-7 中国高血压分级标准

类　别	血　压
正常血压	收缩压<120mmHg 和舒张压<80mmHg
正常高值	收缩压 120~139mmHg 和舒张压 80~89mmHg
高血压	收缩压≥140mmHg 或舒张压≥90mmHg
1 级高血压(轻度)	收缩压 140~159mmHg 或舒张压 90~99mmHg
2 级高血压(中度)	收缩压 160~179mmHg 或舒张压 100~109mmHg
3 级高血压(重度)	收缩压≥180mmHg 或舒张压≥110mmHg
单纯收缩期高血压	收缩压≥140mmHg 和舒张压<90mmHg

对高血压病人首先应明确其为原发性高血压(高血压病)或继发性高血压(症状性高血压)。特别要警惕是否为未经诊断的嗜铬细胞瘤,以免在无准备的情况下于麻醉中出现高血压危象导致严重后果。临床常见的为高血压病,其麻醉危险性主要取决于重要器官是否受累以及其受累的严重程度。如果高血压病人其心、脑、肾等重要器官无受累表现、功能良好,则麻醉的危险性与一般人无异。如果病程长、受累器官多或(和)程度严重,则麻醉较困难而风险也增大。择期手术降压的目标:中青年患者血压控制<130/85mmHg,老年患者<140/90mmHg为宜。重度高血压(≥180/110mmHg)宜延迟择期手术,争取时间控制血压。如原发疾病为危及生命的紧急状态,则血压高低不应成为立即麻醉手术的障碍。高血压患者心血管危险分层标准见表2-8。1、2 级高血压(BP<180/110mmHg),麻醉危险性与一般患者相仿,手术并不增加围术期心血管并发症发生的风险。而 3 级高血压(BP≥180/110mmHg)时,围术期发生心肌缺血、心力衰竭及脑血管意外的危险性明显增加。

表2-8 高血压的危险分层

其他危险因素	血压水平		
	1 级	2 级	3 级
无其他危险因素	低	中	高
1~2 个危险因素	中	中	极高危
≥3 个危险因素或糖尿病或靶器官损害	高	高	极高危
并存的临床情况	极高危	极高危	极高危

危险因素:吸烟;血胆固醇>12.22mmol/L;糖尿病;男性>55 岁,女性>65 岁;早发心血管疾病家族史(发病年龄:女性<65 岁,男性<55 岁)。

靶器官损害:左心室肥厚(心电图或超声心电图);蛋白尿或/和血肌酐轻度升高(106~176.8mmol/L);超声或 X 线证实有动脉粥样斑块(颈、髂、股或主动脉);视网膜动脉局灶或广泛狭窄。

并存的临床情况:心脏疾病(心绞痛、心肌梗死、冠状动脉血运重建术后、心力衰竭);脑血管疾病(脑出血、缺血性脑卒中、短暂性脑缺血发作);肾脏疾病(糖尿病肾病、血肌酐升高>176.8mmol/L);血管疾病(主动脉夹层、周围动脉疾病);高血压视网膜严重病变(出血或渗出,视乳头水肿)。

(五) 冠心病

冠心病病人有不稳定型心绞痛,近期有发作,心电图有明显心肌缺血表现,麻醉的风险增大,有人报道其围术期心肌梗死发生率为 26%,应加强术前准备。对心脏明显扩大或心胸比值>0.7 的病人应视作高危病人,注意对其心功能的维护、支持,因为心脏扩大与死亡率的增加有关。左室肥厚与术后死亡率之间无明显关系,但肥厚型心肌病(一般有左室流出道梗阻、心肌缺血)的麻醉危险性却比较大。对近期(2 个月内)有充血性心力衰竭以及正处于心力衰竭中的病人,不宜行择期手术;急症手术例外,有的急症手术本身就是为了改善病人的心力衰竭而进行的,例如对有心力衰竭的妊娠高血压综合征孕妇施行终止妊娠的手术就属于这种情况。此外,需注意有些人为增加体能服用麻黄属(ephedra)药物,此类药有麻黄碱样交感兴奋作用,易致心律失常、心肌梗死和脑卒中,术前至少需停药 24 小时。

目前指南不建议冠心病病人术前常规进行冠状动脉血管造影。若患者有进行血运重建的适应证,建议在进行非心脏手术前进行冠状动脉血运重建;若仅为减少围术期心脏事件,不建议术前常规进行冠状动脉血运重建。对于进行球囊血管成形术及植入裸金属支架的患者,择期非心脏手术应分别推迟至术后 14 天和 30 天。对于植入药物洗脱支架的患者,择期非心脏手术宜延迟至术后 365 天最佳,若推迟手术的风险大于预期心脏缺血或支架内血栓形成风险,则可考虑将择期非心脏手术推迟至术后 180 天进行。现在认为不宜硬性规定心肌梗死 6 个月内不宜行择期性手术,1996 年美国心脏学会认为心肌梗死后 30 天内为最高危病人,30 天以后对危险的评估则视病人的疾病表现和运动耐量而定。如果病人原来心肌梗死的范围较小,心功能未受明显影响,或经溶栓或 PTCA 治疗后心功能较好,手术又属限期,虽未达到一般认为需间隔的时间,亦可考虑手术。对急症手术,麻醉处理要注意对心功能的维护、支持,尽可能保持氧供需平衡。

四、肝

手术对肝功能的影响往往较麻醉更为显著,特别是影响肝血流或(和)腹腔脏器血管阻力的手术。如果不是进行部分肝切除或改变肝血流(如门-腔静脉分流)的手术,这些影响多为一过性的。一般情况下,肝功能异常虽增加麻醉难度,并要求在麻醉前准备中注意对肝功能的维护和改善,但尚不致使麻醉和手术成为禁忌。重度肝功能不全者(如晚期肝硬化,有严重营养不良、消瘦、贫血、低蛋白血症、大量腹水、凝血机制障碍、全身出血或肝性脑病前期脑病等征象)则危险性极高,不宜行任何择期手术。肝病急性期除急症外禁忌手术,此类病人的急症手术极易在术中、术后出现凝血机制障碍等严重并发症,预后不佳。

目前还没有能反映全部肝功能情况的实验室检查方法。各种肝功能检查都只能反映某一方面,有的检查项目特异性不高,还必须结合临床来判断肝细胞的受损情况。肝有巨大的储备能力,即使肝细胞已有显著损害,某些肝功能检查的结果仍可正常或接近正常。从麻醉学的角度,比较关注肝的蛋白质合成、胆红素代谢、凝血机制和药物的生物转化等方面情况。血浆蛋白的测定和血清胆红素的测定都较能反映肝的损害情况,凝血机制检查对麻醉和手术都极为重要,但常规凝血机制检查并不能说明凝血机制的全部,需结合病史、临床表现等进行判断,必要时作进一步的检查。

凡有肝实质性病变、黄疸的病例,术中、术后都有可能发生凝血机制障碍。因为在肝实质性病变、肝细胞受损的情况下:①可致凝血因子缺乏而出现凝血机制障碍。除凝血因子Ⅲ、Ⅳ等凝血因子外,其余均在肝合成。首先受到肝病影响的是维生素 K 依赖性因子Ⅱ、Ⅶ、Ⅸ、Ⅹ,病变严重时凝血因子Ⅰ、Ⅴ也减少。②Kupffer 细胞的吞噬作用降低,AT-Ⅲ的合成减少,纤溶酶原的合成下降,易于发生弥散性血管内凝血(DIC)。③抗纤溶酶和抗纤溶酶原活化素的合成减少,消除纤溶酶原激活物的能力下降,可引起原发性纤溶。故对于这类病人应注意加强术前准备和围术期处理。此外应注意在血液中胆红素浓度明显增高的情况下,可使迷走神经的张力增强,易出现有害的迷走神经反射如胆道手术时的胆心反射,严重时可致心脏停搏;黄疸病人术后也较易出现急性肾衰竭。对上述可能出现的情况应采取适当的预防措施。

麻醉药、镇静药、镇痛药、安眠药等多数在肝中降解(生物转化),一些非去极化肌松弛药部分在肝中代谢或经胆汁消除,琥珀胆碱和米库氯铵均经血浆胆碱酯酶水解。肝功能不全或功能低下时,药物的降解和消除速率减慢,药物时效延长。对这类病人如果不酌减药物剂量,有可能因此造成严重后果。此外应注意,在血浆白蛋白水平低下时药物与蛋白的结合量减少而有活性的部分增多,药效增加,通常剂量甚至较小剂量可引起药物逾量反应或高敏反应。至于药物对肝功能的影响,目前常用的麻醉药一般都不至于引起肝脏器质性损害或长期的肝功能异常。

五、肾

检测肾功能的方法很多,内生肌酐清除率较能正确反映肾小球滤过率,血浆肌酐浓度可在一定程度上反映肾功能,如其浓度在 $132.6\mu mol/L$ 以下,肾小球清除率大都正常。血浆肌酐浓度上升 1 倍,则肾小球滤过率约降低一半。血尿素氮(BUN)、尿浓缩和尿稀释试验、尿比重等也有助于了解肾功能。无尿不一定就是急性肾衰竭,脱水、低血容量、应激反应、尿路梗阻、尿路损伤等均可导致无尿,需加以鉴别处理。不可遇无尿就按急性肾衰竭处理,以致将原非肾衰竭的情况变成"医源性肾衰竭"。

肾功能不全分级根据慢性肾脏疾病(chronic kidney disease,CKD)分为 CKD1 ~ 5 期。分期标准按照肾小球滤过率的损害程度,根据肾功能中的肌酐值结合年龄体重来计算出肾小球滤过率(GFR),GFR 越高代表肾脏清除毒素的效果越好。具体的分期见表 2-9。

表 2-9 CKD 肾功能不全分级

分期	特 征	GFR 水平(ml/min)
1 期	肾脏损害,GFR 正常	>90
2 期	GFR 降低	60 ~ 89
3 期	GFR 中度降低	30 ~ 59
4 期	GFR 重度降低	15 ~ 29
5 期	肾衰竭	<15 或透析

肾病病人常合并其他感染,多数在术前已进行抗生素治疗。对这类病人应特别注意避免抗生素的肾毒性所引起的损伤,必要时应及时更换抗生素或停用原来使用的抗生素。对择期手术,应待抗生素所致的肾毒性症状消失、肾功能改善后再施行麻醉和手术。对原无肾疾病,因使用抗生素而出现肾损伤者也应同样对待。

慢性肾疾病病人常伴有其他脏器、系统的病变,如高血压、动脉硬化、冠心病、贫血、心包炎、凝血机制异常、代谢和内分泌紊乱等,术前均应正确诊断,进行适当治疗。慢性肾小球肾炎与肾病综合征在临床表现上有许多共同之处,如全身总体液积滞(水肿)、血容量减少、低蛋白血症(特别是白蛋白)、钠潴留等,长期使用利尿药者更可使血容量进一步下降和加重电解质紊乱(如低钾血症)。对这类病人应衡量其体液和血浆蛋白状态并予以纠正。病情严重者则以在有监测(如中心静脉压、肺毛细血管楔压)的条件下进行处理为宜。对这类病人还需注意其使用肾上腺糖皮质激素和其他免疫抑制剂的情况,作为术中处理的参考。术前对病人的体液状态调整得当或适当水化（hydration），术中保持适当尿量，有助于防止术中、术后出现急性肾衰竭。

对慢性肾衰竭或急性肾病病人原则上忌施择期手术。但如配合进行血液净化措施如透析或（和）滤过，慢性肾衰竭可不再成为择期手术的禁忌，但病人对麻醉和手术的耐受能力仍然较低。慢性肾衰竭已发展至尿毒症时，说明健存的肾单位已经很少，且病人伴有各种代谢紊乱和尿毒症的系统症状，只宜在局麻或部位麻醉下施行急症手术。对尿毒症病人已在行血液透析而需行手术者，或为肾移植作准备而在行透析者，应了解血液透析的情况、效果、透析后的维持情况，以便术中维持适当的血容量和电解质、酸碱平衡。肾移植术后的病人需行其他手术时，应重视其所用抗排斥药物的不利影响或副作用，避免麻醉因素使之加重。

一般情况下，椎管内麻醉比全麻对肾功能的影响小，且较短暂。全麻对肾功能的影响其直接作用远较间接作用为小。直接作用包括对肾小管钠主动运转的影响和产生不同程度的氟离子浓度等。间接作用主要指由于其所致低血压、肾血管收缩等所致的肾血流量异常。至于麻醉期间的各种因素如缺氧、低血压和休克、缩血管药的应用、间歇正压通气等的影响则均与其严重程度和持续时间有关。多数情况下麻醉和手术对肾功能的影响是完全可逆的。无并发症的较短的小手术后，肾血流量和肾小球滤过率在数小时内即可恢复至术前或正常水平。大手术和长时间麻醉后则可由于神经-内分泌方面的影响而使肾的尿浓缩和尿稀释功能受损，可持续数天。如肾功能原已受损，或存在某些损害肾功能的因素如严重创伤、大量使用某些抗生素等，则麻醉和手术对肾功能的影响将更为显著、严重，甚至出现少尿、无尿。故麻醉前对病人的肾情况进行检测、评估极为重要。对老年人和伴有高血压、动脉硬化、糖尿病、严重肝病、前列腺肥大等病人应特别注意，因其较易并发肾功能不全。

肾是最重要的排泄器官，许多药物或（和）其降解产物均主要经肾排泄。有些药物的降解产物仍然具有某种程度的生物活性，故对于肾功能低下、衰竭的病人，使用药物时必须十分慎重。特别是像麻醉药、镇痛药、镇静催眠药、安定药、肌松弛药、强心苷类药以及抗生素等，在药物的选择和剂量上都需根据具体情况予以认真的考虑，否则便有可能因为药物或（和）其降解产物在体内的堆积或过度堆积，造成药效显著延长或出现某些严重副作用。

六、内分泌系统

甲状腺是所有内分泌腺中最常接受手术治疗的器官。对甲状腺功能亢进（甲亢）病人应了解其使用哪些药物来控制甲亢，注意术前对甲亢的控制是否已达到可以接受手术的水平，包括：甲状腺素（T_4）和三碘甲状腺原氨酸（T_3）在血中的浓度是否达到要求，病人情绪是否趋于稳定，心动过速、多汗、体重等是否明显改善，基础代谢率是否正常或接近正常等。如果术前准备欠妥或不够充分，未能有效控制已亢进的甲状腺功能，仓促进行手术，围术期可发生甲状腺危象。

糖尿病是全身性疾病，可引起全身性组织及器官病变，其严重程度与病史的长短及血糖升高程度有关。术前应了解其糖尿病的类型（1 型糖尿病或 2 型糖尿病）、病程的长短，血糖最高水平，现在控制血糖的方法（饮食、口服降糖药、胰岛素）及所用药物剂量。判断有无糖尿病的并发症及全身器官功能状态。择期手术的糖尿病病人，术前应有充足的时间进行术前评价和准备，尽量使病人血糖控制良好并有正常糖原储备。术前检查发现 HbA1c>9%，空腹血糖>10mmol/L，或餐后 2 小时血糖>13mmol/L 非急症手术应当推迟。如病人使用口服降糖药治疗，在术前宜改用正规胰岛素。对营养状态不佳者，应改善营养，不予限制饮食。威胁糖尿病病人生命的最严重的病理为心血管（包括微血管）病变，对病人心血管、肾、眼和神经系统的并发症应进行评估。此外,还应注意有无其他严重并发症,如酮症酸中毒、严重感染等。

对胰岛素瘤病人应了解其低血糖的发作和控制情况。此类病人多肥胖,应对其心血管功能和肺功能进行评估。这类病人的应激反应能力多半不足。还要注意是否在使用抗胰岛素药物,如二氮嗪(diazoxide),如在用应于手术前 36 小时停药。

肾上腺皮质醇增多症病人均有向心性肥胖,周身各种组织疏松、虚弱,有显著的骨质疏松。对病人不同程度存在的高血压、高血糖、低蛋白血症、高血钠、低血钾、出血倾向、皮下水肿等情况应作出评估。一般来说,此类病人对麻醉和手术的耐受能力均较差,麻醉前应注意改善其体液和电解质的紊乱,适当控制高血压和高血糖,注意防止术中可能出现的肾上腺皮质功能不全。对麻醉操作和管理上的困难应有所估计。

嗜铬细胞瘤虽属良性肿瘤,但其临床表现却很凶险,在麻醉上亦有相当难度。嗜铬细胞瘤分泌过多的儿茶酚胺而引起一系列病理生理改变,如高血压、低血容量等,病程长而未确诊者可有儿茶酚胺性心肌炎、营养代谢失调等。麻醉前应对肿物的功能、病情严重程度、手术难度进行评估,并特别注意术前准备的情况。除全身情况的改善外,术前准备的重点是控制高血压和补充恢复血容量。

肾上腺皮质功能减退根据发病机制不同分为原发性、继发性和三发性肾上腺皮质功能减退。原发性肾上腺皮质功能减退病因为肾上腺皮质病变。中枢性肾上腺皮质功能减退症包括继发性和三发性病变,由于促肾上腺皮质激素(ACTH)分泌不足或者作用障碍。继发性肾上腺皮质功能减退症主要因为垂体病变影响到 ACTH 合成和分泌,或者肾上腺对 ACTH 不反应。三发性肾上腺皮质功能减退是由于来源于下丘脑促肾上腺皮质激素释放激素(CRH)、或者去氨酸加压素(AVP)合成或者作用障碍,或者两者兼有,从而抑制了皮质醇分泌。肾上腺皮质功能减退症有潜在生命危险,肾上腺皮质功能减退症的患者应该予以氢化可的松替代治疗,继发性和三发性肾上腺皮质功能减退症患者,不需进行盐皮质激素替代治疗,但根据情况替代相对缺乏的垂体前叶激素。生理应激如手术、创伤或者合并感染可导致肾上腺皮质功能减退症患者发生肾上腺危象,临床表现为呕吐、腹痛、肌肉痛、关节痛及严重的低血压和低血容量性休克。老年人或久病衰弱者也常合并有肾上腺皮质功能不全,应注意合理使用替代治疗。

妇女在月经期间,一般认为不宜行择期手术。对所有已婚育龄妇女都应了解末次月经及有无怀孕情况,以便考虑药物对胎儿可能的不利影响。

七、中枢神经系统

1. **意识状态** 中枢神经系统是生命活动的中枢,大脑最重要的功能在于维持意识。评估病人的神志状态或意识障碍程度,临床将意识分为清醒、嗜睡、昏睡、浅昏迷、深昏迷 5 种状态。Glasgow 昏迷评分法是根据病人睁眼反应、语言行为反应及运动反应 3 项指标的 15 项检查结果来判断病人昏迷程度,GCS 的分值愈低,脑损害程度愈严重,预后愈差,而意识状态正常者为满分。瞳孔大小、瞳孔对光反应和眼球运动等也有助于对昏迷深度的判断。根据病史判断昏迷的原因,由颅内病变所致的一般有局灶性症状和体征。昏迷可伴有抽搐或惊厥,这将影响呼吸和循环并增加病人的氧耗和加重病人的脑水肿。对由于昏迷而呼吸抑制或由于呼吸功能障碍而致昏迷者,均应予以呼吸支持。此外,也应注意对其他方面的支持。昏迷病人对麻醉的耐受能力一般均较差或很差。

2. **颅内高压** 颅内高压是颅内疾病和颅脑外伤时常常可遇到的。麻醉前所见常为急性颅内高压,应根据颅压高的情况决定是否需要进行紧急处理,应避免麻醉前用药、麻醉以及血流动力学的波动使颅内高压进一步恶化。

3. 脊髓功能　外伤的病人有可能合并有脊柱损伤,特别是颈椎损伤的病人,要注意保护其脊髓功能,避免搬动和麻醉操作加重脊髓的损伤。

此外,了解病人有无惊厥、锥体外系综合征、神经衰弱等病史,解除病人对麻醉的顾虑。

八、胃　肠　道

对急症手术病人应注意有无"饱胃",应采取措施避免发生误吸以保证呼吸道通畅和防止严重肺部并发症。胃肠道疾病病人易有营养不良和水、电解质、酸碱失衡,应判断是否需要进一步处理。对正在行完全胃肠外营养(total parenteral nutrition,TPN)的病人,应了解血糖、血磷、血钾、血镁以及血渗透浓度等是否维持在正常范围。术前应中断 TPN 治疗,以免术中或术后引起高渗性非酮性昏迷。停用 TPN 时不可突然中断,最好在 24～48 小时内逐渐减少葡萄糖用量,使胰岛素分泌的调节恢复正常,以免引起低血糖。

九、水、电解质和酸碱平衡

麻醉前应了解病人的水、电解质和酸碱平衡状态,如有异常,应适当予以纠正。在处理时根据测得数据全面考虑。①应认真分析引起的原因或潜在的病情,尽可能根据病因处理。例如对饥饿或禁食引起的酸中毒就应以改善能量供应为主,而不是用化学中和的方式。如低钾血症是由于糖尿病酮症酸中毒引起的,纠正酮症酸中毒便成为当务之急。②应注意电解质与电解质以及电解质与酸碱平衡之间的关系。例如低钾血症常与低镁血症、低钙血症同时存在,补钾时常应同时补镁。低钾血症可引起碱中毒,碱中毒亦常伴低钾血症,Cl^- 与 HCO_3^- 呈彼此消长关系等。在处理时不能顾此失彼。③慢性的电解质异常不是短时间内可以纠正的,不能操之过急。例如对慢性低钠血症,一般最快的纠正速度也不应使血钠浓度增高超过 0.5mmol/(L·h),否则可能引起中枢神经系统的脱髓鞘病变。血钾浓度已纠正至正常范围并不说明全身性的低钾已充分改善。

十、血　液　病

血液病是原发于造血系统的疾病,或影响造血系统伴发血液异常改变,以贫血、出血、发热为特征的疾病。血液病临床分为三大类型:红细胞疾病、白细胞疾病、出血和血栓性疾病,病因错综复杂,立专章予以讨论。术前检诊和评估详见血液病病人麻醉一章。

第三节　麻醉和手术风险因素

手术患者的安全是围术期医学最重要的问题,也是影响外科治疗的关键因素。准确全面的术前评估和风险预测是做好术前准备、选择合适的麻醉和手术方式降低围术期并发症和病死率、提高围术期患者安全性的关键措施。手术患者风险评估需要在术前、术中、术后围术期全过程进行。麻醉医师在麻醉风险评估过程中应从患者自身因素风险、手术风险和麻醉风险三方面进行手术患者的围术期风险评估。

患者自身因素风险评估:患者的年龄、性别、身体状况,患者伴随疾病及病情的严重性、对麻醉耐受能力等是患者自身方面围术期风险主要因素。如 4 岁以下小儿麻醉所致心搏骤停发生率为 12 岁以上小儿的 3 倍,70 岁以上患者心源性死亡率高于常人 10 倍。无冠心病史的心肌梗死发生率为0.13%,有冠心病史者心肌梗死发生率约为5%。在评估患者自身因素风险时,应注意每一具体危险因素也存在着程度上的差别,同时风险因素越多、程度越重或其性质越严重则风险越大。

手术方面的风险因素:与手术大小及难易危险程度、患者手术时机选择、术中操作技术等有关。重要器官的手术、急症手术、估计失血量大的手术、对生理功能干扰剧烈的手术、新开展的复杂手术(或术者对之不熟悉、技术上不熟练的手术)、临时改变术式等有关。手术按照危险性程度分为高危手术、中危手术、低危手术三大类。术前严重贫血、高血压、甲状腺功能亢进、糖尿病、严重心律失常、电解质紊乱、呼吸道感染、哮喘、心肌梗死等合并症患者的手术时机选择十分重要,经积极术前准备后此类患者围术期风险可大大降低。

麻醉本身的风险因素:麻醉前评估和麻醉选择不当、麻醉准备不足、麻醉操作失误、麻醉管理不当、麻醉机械设备故障、麻醉者缺乏相应的经验和技术水平等因素是导致麻醉风险主要原因。

第四节　麻醉前治疗用药的评估

一、抗高血压药

利尿药、β受体阻滞药、钙通道阻滞药、血管紧张素转化酶抑制剂(ACEI)和血管紧张素Ⅱ受体阻滞药(ARB)是常用的抗高血压药。$α_1$-肾上腺素受体阻滞药常用于嗜铬细胞瘤的术前准备、控制高血压危象。利血平、胍乙啶等则多已摒弃不用。服用抗高血压药病人应弄清服用药物种类,剂量,效果,有无副作用,以便根据其药理作用以及病人的临床表现做出评估。

应该全盘考虑所用药物的药理特性,与麻醉药物的相互作用,以及病人的临床表现,亦即在麻醉中要充分考虑病人使用抗高血压药物的因素。对于已使用抗高血压药的病人,钙通道阻滞药、β受体阻滞药和ACEI不主张术前停药。目前主张术前2~3天停用利尿药,长期服用利尿药患者易发生低钾血症。高血压患者术中易发生低血压,ACEI和ARB类药物可能会加重手术相关的体液缺失,增加术中发生低血压的风险。ARB类药物氯沙坦和其代谢产物羟基酸能抑制血管紧张素Ⅱ受体和血管紧张素Ⅰ受体,且羟基酸比氯沙坦效力大10~40倍,目前推荐手术当天停用,待体液容量恢复后再服用。

二、β受体阻滞药

β受体阻滞药的主要作用机制是通过抑制肾上腺素能受体,减慢心率,减弱心肌收缩力,降低血压,减少心肌耗氧量,防止儿茶酚胺对心脏的损害,改善左室和血管的重构及功能。临床广泛用于高血压病、冠心病、心力衰竭、心律失常、心肌病等心血管疾病的治疗。长期服用β受体阻滞药的手术患者麻醉前继续服用。对于心肌缺血中高危的患者,围术期开始服用β受体阻滞药是合理的,对于有3项或3项以上RCRI危险因素(糖尿病、心力衰竭、冠心病、肾功能不全及脑血管意外)的患者,术前可以开始使用β受体阻滞药。对于有长期使用β受体阻滞药适应证但无其他RCRI危险因素的患者,围术期开始使用β受体阻滞药降低围术期风险的获益尚不得到证实。不推荐手术当天开始使用β受体阻滞药。对正在使用胰岛素治疗的糖尿病患者,使用β受体阻滞药能延缓胰岛素引起低血糖反应后的血糖恢复速度,即产生低血糖反应,故糖尿病患者或低血糖患者应慎用β受体阻滞药。

三、单胺氧化酶抑制药和三环类抗抑郁药

单胺氧化酶抑制剂（monoamine oxidase inhibitor，MAOI）是临床上用于治疗多种疾病的一类药物：单胺氧化酶 A 抑制剂主要用于治疗抑郁症，而单胺氧化酶 B 抑制剂主要用于治疗帕金森病和阿尔茨海默病。单胺氧化酶抑制药可使儿茶酚胺类药物代谢减慢，服用者在伍用儿茶酚胺类药物或间接作用的拟交感药时加压反应可增强多倍，甚至出现高血压危象。MAOI 可通过抑制肝药酶系统阻滞麻醉性镇痛药如芬太尼、吗啡等的代谢灭活，可引起严重的低血压、呼吸抑制等。安定、艾司唑仑、硝西泮等与 MAOI 合用可引起极度镇静和惊厥。术前 2 ~ 3 周应停止服用 MOAI，急症手术可选择部位麻醉，用药要慎重。

三环类抗抑郁药如阿米替林（amitriptyline）、多塞平（doxepin）、马普替林（maprotiline）、曲米帕明（trimipramine）等主要药理作用为突触前摄取抑制，减少去甲肾上腺素和 5-羟色胺的重摄取，使突触间隙 NE 和 5-HT 含量升高。突触后 α_1、组胺受体（H_1 和 H_2 受体）、乙酰胆碱毒蕈受体 M 受体阻断，导致低血压、镇静和口干、便秘等不良反应。长期使用可引起 β-肾上腺素受体（可能还有 H_2 受体）减少（下调）。其主要副作用为阿托品样作用及对心肌的影响。服用者在吸入全麻时可引起惊厥或心律失常。其引起惊厥的原因可能是抑制了依赖 GABA 的氯化物离子载体致惊厥阈值降低，吸入安氟烷最易出现惊厥。心律失常主要表现为心动过速，尤其易见于使用氟烷、泮库溴铵等有抗胆碱能作用的药物时。间接作用的拟交感药如麻黄碱也可引起血压急剧升高。这类药也有抑制肝内药酶系的作用。对服用三环类抗抑郁药者，术前也最好能停药 2 周以上。

四、抗 凝 药 物

抗凝治疗的管理是围术期经常遇到的问题，需要权衡患者继续使用抗凝药物的出血风险和停药所致的血栓栓塞风险。一般情况下，凝血功能异常患者宜采用全身麻醉，若选择区域麻醉，穿刺置管过程中发生出血并发症的风险增加，应由经验丰富的麻醉医师操作。抗凝药应用时间、椎管内穿刺技术、导管拔出时机选择是抗凝治疗的患者接受椎管内麻醉安全与否的关键因素。对正在或近期接受溶栓和抗栓治疗的患者施行椎管内麻醉，术后应持续监测神经功能。

服用阿司匹林作为卒中二级预防的患者，停用阿司匹林可能增加其卒中和 TIA 风险。血栓栓塞中危或高危风险的患者，除了心脏手术外的其他手术，可继续服用阿司匹林。单独服用小剂量阿司匹林后能否实施椎管内麻醉尚有争议，抗血小板药或口服抗凝药物与低分子肝素联合应用显著增加椎管内血肿的风险。应用纤溶或溶栓药物的患者，禁止施行腰麻或硬膜外麻醉。同时使用阿司匹林与氯吡格雷的患者接受非心脏手术时出血发生率增加，实施心脏手术也会增加失血以及二次手术的发生率，术前可单用阿司匹林治疗。术前接受治疗剂量的低分子肝素的患者，在应用低分子肝素的患者停用 24 小时后并确保凝血功能正常情况下方可行椎管内穿刺。

华法林属香豆素类口服抗凝血药，其化学结构与维生素 K 相似，在肝脏与维生素 K 竞争性抑制凝血酶原和依赖于维生素 K 的凝血因子 Ⅱ、Ⅶ、Ⅸ和 Ⅹ 的合成。INR 需要达到 2.0 ~ 3.0 华法林抗凝方才有效。使用华法林术前需停药 5 天，且 INR 恢复到正常参考值范围内方可考虑行椎管内阻滞。急症手术者宜备新鲜冰冻血浆或（和）凝血酶原复合物，亦可同时使用维生素 K。

（郭曲练）

附 1

手术病人术前必须进行的实验室和特殊检查
(供参考)

从理论上说,实验室检查或特殊检查都有其适应证,一般应根据病史及体格检查结果来选用必须进行的项目,这样可以节省费用和时间,不致造成不必要的浪费。对于术前必须进行的检查项目,有的省、市或机构已有统一的要求,但各地要求不一。现综合各方面的考虑,作如下的建议:

一、必须进行的检查项目

1. 血常规 应包括血小板计数,有条件者加作血细胞比容(HCT)。

2. 尿常规 应包括镜检及尿比重。

3. 粪常规

4. 肝功能 主要是血浆蛋白、胆红素、转氨酶测定。

5. 肾功能 主要是血尿素氮(BUN)和血肌酐(creatinine)测定。

6. 肝炎方面的检查 主要是乙型病毒性肝炎即 HBV 的相应检查,其他酌情考虑。

7. 凝血机制 主要是测定凝血酶原时间(prothrombin time,PT)、部分凝血活酶时间(activated partial thromboplastin time,APTT)和纤维蛋白原含量。

二、备选项目及适应对象

1. 心电图(ECG) 所有 45 岁以上者、心脏病病人、高血压病人、糖尿病病人、病态肥胖者、有明显肺部疾病者、可卡因滥用者。

2. X 线胸片 肺疾患、气道梗阻、心脏病、肿瘤、吸烟久或(和)量大者、所有 60 岁以上者。

3. 水、电解质酸碱平衡、血糖测定 高血压病人、糖尿病人、心脏病病人、可能有体液、电解质失调者;应用强心苷类药、利尿药、激素、血管紧张素转换酶(ACE)抑制药者。

4. 妊娠试验 已婚育龄妇女难以肯定是否怀孕者。

5. 人类免疫缺陷病毒(human immunodeficiency virus,HIV)检查 酌情考虑。

手术病人知情同意书
（供参考）
×××医院
麻醉同意书
住院号

病人姓名：_____　性别：_____年龄：_____　现住科室病床号：_____

术前诊断：_____

拟施手术：_____

拟施麻醉：_____

1. 医师术前检查病人后,告知了选择该麻醉方法及有关麻醉辅助措施的理由及必要性。

2. 施行该麻醉及手术存在的风险以及可能发生的意外和并发症

（1）输血、输液及药物过敏或相对逾量中毒,引起休克、抽搐、呼吸心搏骤停,甚至危及生命。

（2）硬膜外麻醉或腰麻麻醉范围过广致全脊髓麻痹,危及生命。

（3）硬膜外麻醉或腰麻麻醉后,头晕、头痛,腰痛。

（4）神经损伤致相应神经分布区感觉或运动障碍,甚至截瘫。

（5）颈丛或臂丛麻醉可能引起气胸、血肿、呼吸困难及声音嘶哑。

（6）全麻气管内插管可致牙齿脱落、咽喉部组织损伤、声音嘶哑、呼吸困难甚至心搏骤停。

（7）全麻后苏醒延迟、呼吸道梗阻、通气障碍,并可继发肺部感染。

（8）麻醉手术期间以及术后麻醉恢复期,可发生恶心、呕吐,甚至误吸、窒息,危及生命。

（9）侵入性的各种监测技术,如动脉穿刺测压、中心静脉穿刺、输血、输液及测压等,可能引起出血、血肿、栓塞、血气胸等并发症。

（10）麻醉手术过程中,可因手术大出血致严重休克甚至死亡,也可因严重创伤或已存在心、肺、脑、肝、肾功能障碍或代谢紊乱,导致昏迷不醒,呼吸、循环衰竭死亡。

（11）麻醉手术过程可诱发其他疾病,或使原有的并存疾病恶化,例如严重高血压或低血压、心律失常、急性心肌缺血、心肌梗死、脑梗死、高血糖及重要脏器功能不全甚至衰竭。

（12）按计划施行的麻醉方法可能失效,或可能因病情变化需改用其他麻醉方法。

（13）麻醉及手术过程中可能用到自费药物。

（14）要求术后镇痛。

（15）术后可能进 ICU（重症监护）病房。

（16）其他意外：_____

我们对以上各条款均已经了解清楚,同意接受麻醉及手术治疗,并愿意承担因此而带来的各种风险！

医师_____（签名）

谈话地点_____谈话时间_____年___月___日___时___分

签同意书人（病人或其家属代表）_____（签名）,与病人关系_____

第三章 | 麻醉前准备与麻醉前用药

第一节 麻醉前准备的目的和任务

麻醉前需根据病人病情、麻醉和手术方式做好各方面的准备工作,总的目的是使病人在体格和精神两方面均处于可能达到的最佳状态,以增强病人对麻醉和手术的耐受力,提高病人在麻醉中的安全性,避免麻醉意外的发生,减少麻醉后的并发症。良好的麻醉前准备往往需要麻醉医师和手术科室医师通力合作来完成。

麻醉前准备的任务包括:①做好病人体格和精神方面的准备,这是首要的任务;②给予病人恰当的麻醉前用药;③做好麻醉用具、设备、监测仪器和药品(包括急救药品和设备)等的准备。

麻醉前的准备非常重要,有一些麻醉不良事件就是由于准备欠妥而发生的。例如病人病情严重而未做充分的准备,麻醉器材在使用中失灵或存在故障而事先却疏于检查、维护,或未经仔细核对而误将其他气体当作氧气使用等。总之,掉以轻心、疏忽大意和匆忙上阵难免不出问题。如能加强责任感,认真做好麻醉前准备,则与此有关的麻醉不良事件是可以避免的。

第二节 病人体格与精神方面的准备

一、体格方面的准备

(一) 改善病人的全身情况

麻醉前应尽力改善病人状况,纠正生理功能紊乱和治疗合并的内科疾病,使病人各脏器功能处于较好的状态,增强对麻醉和手术的耐受力。具体内容如下:改善病人的营养状况;纠正严重贫血、水电解质酸碱紊乱和低蛋白血症;停止吸烟;增强体力;练习深呼吸、改善心肺储备功能等。术前病人存在生理功能紊乱与合并症可能涉及多个器官、系统,应根据其轻、重、缓、急的程度精心予以处理。有关的一些基本处理原则已在麻醉前检诊章节中谈到,可以参阅。在本书的各章节专科手术的麻醉中还将进一步加以讨论。值得指出的是,在进行麻醉前准备的过程中有可能出现意见分歧,应按照"最有利于病人"的原则协商一致,这点尤其在急诊手术时显得特别重要。例如外科所遇到的休克病人多为低血容量或感染性,均需采取适当补充血容量以及其他措施改善循环功能和组织灌注。一般需待休克得到纠正后才能进行麻醉和手术,但如果手术本身即是消除休克病因的手段或主要措施,不进行手术就难以较好地纠正休克甚至危及病人生命,在情况紧迫时就只能是边纠正休克边进行麻醉和手术;又如对于高热的急症手术病人,自然以适当降低其体温较为安全,但不应强求其降至正常,一般降至38.5℃以下即可,在术中再继续进行处理。低蛋白血症可引起机体抵抗力低下和组织水肿,容易并发感染,影响创面愈合,导致麻醉苏醒延迟。血浆蛋白在 30~35g/L 时,应该补充富含蛋白质饮食;

如果低于30g/L时,则需要通过静脉输注人体白蛋白制剂,以便在较短时间内纠正低蛋白血症,提高麻醉手术耐受力。

(二) 积极治疗内科疾病

手术病人并存内科疾病,麻醉医师应充分认识其病理生理改变,对其严重程度作出正确评价,必要时请内科专家协助诊治。

1. **心血管系统**　不管是心脏病人行心脏或非心脏手术,麻醉和手术前准备的关键是改善心脏功能,心功能的好坏直接关系到麻醉和手术的安危。术前以洋地黄维持治疗者,手术当天应停药,但是如果患者有心房纤颤并且心室率较快,则洋地黄可持续给药直至手术日晨。长期服用β受体阻滞药治疗心绞痛、心律失常者,一般应持续用药至手术当天。原发性高血压病人的麻醉安危,取决于是否并存继发性重要脏器损害及其损害程度。一般推荐严重高血压患者(收缩压>200mmHg,舒张压>115mmHg)推迟行择期手术,直至血压降至180/110mmHg以下。如果有严重的终末器官损伤,术前应尽可能将血压降至正常。但是过快或过低的降压会增加大脑和冠状动脉的缺血。因此延迟手术应权衡利弊。如果手术不能推迟,目标为勿过快降低慢性高血压患者的血压。在选择抗高血压药时,避免使用中枢性降压药或血管紧张素转化酶抑制剂,以免麻醉期间发生顽固性低血压和心动过缓。其他降压药如β受体阻滞药、钙拮抗药和硝酸酯类药物应持续用药至手术当天,避免因停药而发生血压剧烈波动。

2. **呼吸系统**　对术前有急性呼吸道感染者除非急症,手术应暂停,在感染得到充分控制一周后再手术,否则术后呼吸系统并发症明显增高。对并存慢性呼吸系统疾病如哮喘、慢性阻塞性肺疾病、支气管扩张等病人,术前应检查肺功能、动脉血气分析和X线胸片;停止吸烟至少2周,并进行呼吸功能训练;行雾化吸入和胸部物理治疗以促进排痰;术前应用支气管扩张药和肾上腺皮质激素;有效抗生素治疗3~5天以控制急、慢性肺部感染,通过完善的术前准备提高病人的呼吸储备功能。

3. **中枢神经系统**　中枢神经系统疾病多数涉及生命重要部位的功能状态,因此,必须针对原发疾病、病情和变化程度,做好麻醉前准备工作。如:急性脑梗死后应推迟4~6周再行择期手术,以等待梗死周边缺血区已消失的自动调节功能有所恢复。帕金森病病人容易出现直立性低血压、体温调节失控和麻醉期间血流动力学紊乱;同时病人因呼吸肌僵直可出现限制性肺功能改变,因此,术前需做肺功能检查、血气分析,并指导病人锻炼呼吸功能。抗帕金森病药物需一直用至手术前。最常用的药物是左旋多巴,但其可能引起心肌敏感,容易诱发心律失常、低血压或高血压,围术期应避免使用抗多巴胺类药如甲氧氯普胺(胃复安)、氟哌利多和噻嗪类等。

4. **内分泌系统**　对并存不同内分泌系统疾病的病人,依其病理生理学特点,麻醉前准备的侧重点不同。对于甲状腺功能亢进病人,麻醉前准备的关键在于手术前控制病情、有效降低基础代谢率、防止术中、术后甲状腺危象的发生。对于原发性醛固酮增多症和皮质醇增多症病人,麻醉前应注意纠正水、电解质和酸碱平衡紊乱,特别注意钾的补充。对于嗜铬细胞瘤病人,术前应尽量控制儿茶酚胺过度分泌导致的高血压,在应用α受体阻滞药扩张血管的同时应积极行液体治疗,扩充血容量,在纠正血容量不足和电解质失衡(特别是低钾血症)后手术;对于糖尿病病人,择期手术应控制空腹血糖在8.3mmol/L(150mg/dl)以下,最好在6.1~7.2mmol/L(110~130mg/dl)范围内,最高不应超过11.1mmol/L(200mg/dl),尿糖(+/-),尿酮体阴性。急诊伴酮症酸中毒者,应静滴胰岛素消除酮体、纠正酸中毒后再考虑手术。如需立即手术者,虽然可在手术过程中补充胰岛素、输液并纠正酸中毒,但麻醉的风险性明显增加。口服短效降糖药或使用正规胰岛素者,应在手术日晨停用。如果服长效降糖药应在手术前2~3天停服,改为使用正规胰岛素。

5. 肝脏功能 临床上常用的肝功能试验,大多数属非特异性,如果单凭某几项试验结果即作为判断依据,往往不可靠,还必须结合临床征象进行综合分析,方能做出较合理的诊断。有关肝功能分级可采用 Child-Pugh 推荐的标准加以评定,见表 3-1。轻度肝功能不全的病人对麻醉和手术的耐受力影响不大;中度肝功能不全或濒于失代偿时,麻醉和手术耐受力显著减退。手术前需要经过较长时间的准备,积极护肝治疗,最大限度改善肝功能和全身状态行择期手术;重度肝功能不全如晚期肝硬化,常并存严重营养不良、消瘦、贫血、低蛋白血症、大量腹水、凝血功能障碍、全身出血或肝性脑病前期等征象,则手术麻醉的危险性极高。急性肝炎病人除紧急抢救性手术外,一般禁忌施行手术。

表 3-1 Child-Pugh 肝功能不全评估分级

项　目	异常程度得分		
	1	2	3
血清胆红素(mmol/L)	<34.2	34.2~51.3	>51.3
血浆白蛋白(g/L)	>35	28~35	<28
凝血酶原延长时间(s)	1~3	4~6	>6
凝血酶原比率(%)	30	30~50	<30
腹水	无	少量,易控制	中等量,难控制
肝性脑病	无	轻度	中度以上

注:总分 5~6 分者为轻度肝功能不全(A级);7~9 分为中度(B级);10 分以上为重度(C级)

6. 肾功能 尿液分析(血、糖、蛋白)、血尿素氮(BUN)、血清肌酐值、内生肌酐清除率、尿浓缩试验和酚红试验等,是临床较有价值的肾功能测定。随着医疗技术的提高,术前血液透析的应用,肾衰竭已经不是择期手术的禁忌。术前准备应最大限度改善肾功能,如果需要透析,应在计划手术 24 小时以内进行。

7. 血液系统 对于术前有各种原因导致的血常规、出凝血异常,麻醉前应明确原因、给予相应的病因治疗并进行血液成分制品准备。一般成人手术要 $Hb>80g/L$,$PLT>50×10^9/L$。其他血液系统疾病病人的麻醉前准备请参阅第三十一章。

8. 其他 对拟行椎管内麻醉者,应常规检查脊柱和脊髓功能;对阻塞性睡眠呼吸暂停综合征病人,术前需做肺功能测定和动脉血气分析,重视静息期 $PaCO_2$ 升高(术后肺部并发症显著增高);对偶然大量饮酒而致急性酒精中毒的病人,如需急症手术,并不增加特异性,但对麻醉药的需要量可能明显减少,故应酌情合理用药,避免过量。

(三) 既往治疗用药的准备

手术病人因并存内科疾病,术前可能服用各类治疗用药,如抗高血压药、抗心律失常药、强心药、内分泌用药等,一般不主张术前停药。

术前需要停用的治疗药物是某些抗凝药和抗抑郁药。使用抗凝药已成为治疗心血管疾病和围术期静脉血栓的常规疗法。既往认为阿司匹林是血小板抑制剂,由于其抑制作用不可逆,除有特殊需要者外,一般需停药 1~2 周待新生的血小板发挥作用,以免术中可能出现的难以控制的出血。现在认为对于服用阿司匹林或含有阿司匹林药物的病人,以每天 3~10mg/kg 的剂量服用似乎并没有出血的危险。建议对于长期大剂量服用阿司匹林每天超过 2g 和术前没有尽早停用阿司匹林的患者,均应做凝血功能的检查,在凝血功能正常的情况下谨慎手术。应用肝素抗凝时,静脉注射 5000 单位(40mg),可使全血凝固时间延长 2 倍,维持 3~4 小时后,逐渐自动恢复正常。在此期间,如果需施行急症手术,术前可使用鱼精蛋白终止抗凝。华法林为维生素 K 抑制剂,术前需停药 3～5 天,必要时加用维生素 K。单胺氧化酶抑制药和三环类抗抑郁药需停药 2～3 周(参阅第二章)。

(四) 严格执行麻醉前的禁食、禁饮

择期手术前常规排空胃,严格执行麻醉前禁食、禁饮的要求,以避免麻醉手术期间发生胃内容物的反流、呕吐或误吸,以及由此导致的窒息和吸入性肺炎。近年来,术前禁食 12 小时的传统观念已经改变,因为这种方式不能确保胃部排空,而且可能造成病人不必要的脱水和应激状态。目前推荐成人麻醉前禁食易消化固体食物及含脂肪较少的食物至少 6 小时;而禁食肉类、油煎制品等含脂肪较高的食物至少 8 小时。如果对以上食物摄入量过多,应适当延长禁食时间。新生儿、婴幼儿禁母乳至少 4 小时,禁食易消化固体食物、牛奶、配方奶等非人乳至少 6 小时。所有年龄病人术前 2 小时可饮清液,包括饮用水、糖水、果汁(无果肉)、苏打饮料、清茶等。但对于特殊病人,如有食管活动性反流和做胃肠手术的病人,有必要更严格的限制。

对禁食禁饮的目的和要求,以及不进行禁食禁饮的危害,应向病人及其家属(特别是小儿的家属)解释清楚,强调其必要性,以免产生误解而未严格实施。麻醉医师在不了解其系"饱胃"的情况下实施麻醉,可能出现极其严重的情况。

(五) 饱胃的处理

对于严重创伤病人、急腹症患者和产妇,禁食时间不足或虽距末餐进食已超过 8 小时,由于其胃排空延迟,均应视作"饱胃"病人对待。在不耽误手术治疗的前提下,应抓紧时间作较充分的准备,即使在部位麻醉下也有发生呼吸道梗阻的危险,不可掉以轻心。选择全麻时,一般可考虑采用"清醒气管内插管"的方法来主动地控制呼吸道,有利于避免或减少呕吐和误吸的发生,如考虑作快速诱导气管内插管,则需要助手的妥善配合,将环状软骨压向食管。此外,麻醉前留置胃管适当减少胃内容物,术前应用止吐药、抗酸药,准备透明面罩和吸引装置,调整体位等都是有效减轻饱胃病人误吸的准备措施。

二、精神方面的准备

手术是一种有创性的治疗方法,麻醉对病人来讲则更加陌生恐惧。因此,病人在手术前大都对麻醉和手术感到紧张、焦虑和恐惧,对自己所患疾病的预后感到焦虑或忧伤,甚至悲观、绝望。这种情绪上的剧烈波动必然引起病人机体内环境的紊乱,可严重影响病人对麻醉和手术的耐受力。麻醉前对病人精神方面的准备应着重放在解除病人及其家属对麻醉手术的恐惧、焦虑和增强病人的信心上,应尊重病人的人格和知情权,适当介绍所选麻醉用于该病人的优点、麻醉过程、可靠的安全性和安全措施,指导病人如何配合,同时耐心听取并合理解答病人及其家属提出的问题,对病人多加关心和鼓励以取得病人的理解、信任和合作。病人对麻醉医师的信任将比任何镇静药都有效。麻醉医师在接触病人时应注意自己的仪表、举止、态度,言谈必须得体,有时不慎的言词可使病人更为紧张和失望,通过加强沟通技巧,让病人知情却不增加精神上的负担,避免造成不利影响。对于过度紧张而难以自控者,应以药物配合治疗。对某些严重病情如癌症扩散等,估计病人心理上难以承受,或家属不愿病人知道而不对病人告知者,应在知情同意书上注明,病人家属及麻醉医师均应签字。

第三节　麻醉选择的原则

麻醉选择包括麻醉方式的选择和麻醉药物(包括辅助用药)的选择。总的原则是在确保

麻醉效果、保障病人安全、满足手术要求的前提下选择对病人最有利的麻醉方法和药物;应结合病人的情况,手术方面和麻醉方面等因素综合考虑。

一、病人的情况

病人的情况包括年龄、拟行手术治疗的疾病及其并发症的严重程度、重要脏器功能、情绪与合作程度、病人意愿等。例如,幼儿不能配合,就只宜选择全麻或基础麻醉与硬膜外麻醉复合;病人有严重的慢性阻塞性肺病而需行上腹部手术,可能以小剂量硬膜外麻醉复合浅的全麻并行气管插管来管理呼吸较为稳妥;如病人情绪异常紧张,无疑全麻较为合适;肥胖病人如果在仰卧位就有明显通气不足的表现,则克服困难进行气管内插管全麻是较好的麻醉选择。

对病人的意愿也应充分考虑,有的病人要求全麻,而有的病人拒绝全麻,如果没有麻醉上的禁忌且没有明显增加麻醉风险性,又能满足手术要求时,则应接受病人的意见,没有必要说服病人接受他不愿意接受的麻醉方法。但如果病人有某种麻醉的禁忌证或高风险会增加麻醉的风险,则应考虑尽量说服病人接受简单安全的麻醉方式。例如有明显的睡眠呼吸暂停综合征患者实施下肢手术,且无椎管内麻醉的禁忌,但患者因精神紧张要求全麻,此时应充分考虑到全麻明显增加麻醉的风险性,应向患者解释并实施简单安全的麻醉方式。

二、手 术 方 面

手术方面的考虑包括手术部位,方式、体位、术者的特殊要求与技术水平等。例如,腹部手术需要良好的肌肉松弛,可以考虑椎管内麻醉;如果做胸腔镜内手术,需要术侧肺萎陷以便于操作,则宜插双腔支气管导管作单肺通气;术者由于手术上的需要或手术习惯而提出某些要求,只要不违反原则而又可能做到,宜尽量予以满足;对估计技术难度较大,术时较长的手术,选择全麻可能较为合适。

三、麻 醉 方 面

麻醉方面的考虑包括麻醉者的业务水平、经验或习惯,麻醉设备和药品方面的条件等。如果超越麻醉者的学识和技术水平或受到设备与药品方面的限制,则理论上最适宜该病人的方法也只是一句空话。在有多种方法可供选择时,经验和传统习惯往往起重要作用。

不能将麻醉选择绝对化,同一种手术可在不同的麻醉方法下进行,同一种麻醉方法也可用于多种手术。有时还将全身麻醉与椎管内麻醉或其他部位麻醉联合应用,或将蛛网膜下腔阻滞与硬膜外麻醉联合应用。麻醉医师应根据多方面的因素来选择最合适的麻醉方法和药物,在这方面没有硬性的规定可循,麻醉选择虽然很重要,但应该说更重要的是麻醉管理。在麻醉管理方面,应该强调,麻醉不良事件大都与低血容量(hypovolemia)、低氧(hypoxia)、低血压(hypotension)、通气不足(hypoventilation)、准备不足(inadequate preparation)、观察不细(inadequate observation)、对危象处理不当(inadequate crisis management)、气道梗阻(airway obstruction)、用药过量(overdose)或误吸(aspiration)有关。

第四节　麻醉前用药

一、麻醉前用药的目的

1. 镇静　消除病人对手术的恐惧、紧张、焦虑情绪,使病人情绪安定、合作,产生必要的遗忘(amnesia)。

2. 镇痛　提高病人痛阈,增强麻醉效果,减少麻药用量,缓解术前和麻醉前操作引起的疼痛。

3. 预防和减少某些麻醉药的副作用　如呼吸道分泌物增加,局麻药的毒性作用等。

4. 降低基础代谢和神经反射的应激性　调整自主神经功能,消除或避免不利的神经反射活动,如不良迷走神经反射。

5. 其他　如减少胃液容量和酸度,镇吐,预防或对抗过敏反应。

总的目的是通过以上相应用药使麻醉过程舒适平稳。

二、常　用　药　物

(一)镇静安定药(tranquillizers,sedatives)

1. 苯二氮䓬类(benzodiazepines)　这类药均具有镇静、催眠、抗焦虑、抗惊厥及中枢性肌肉松弛作用,有顺行性遗忘作用。其镇静催眠作用呈剂量依赖性,但个体差异很大,对局麻药的毒性反应有一定的预防和治疗效果。其对呼吸和循环影响轻微,但剂量过大或静脉注射过快可引起明显的呼吸循环抑制作用。少数病人在应用地西泮时出现高敏反应(hypersusceptibility),导致神志消失、呼吸暂停,甚至心脏停搏。苯二氮䓬类药不具有镇痛作用,但可增强麻醉性镇痛药或全身麻醉药的作用。剂量偏大时偶可引起躁动、谵妄、兴奋等反常反应。常用的药物有:

(1) 地西泮(diazepam,安定):常用剂量为成人 5～10mg 或 0.1～0.15mg/kg 于诱导前 1 小时口服,不宜肌内注射。

(2) 氟硝西泮(flunitrazepam,氟硝安定):成人 1～2mg 于诱导前 1 小时口服。

(3) 咪达唑仑(midazolam,咪唑安定):0.05～0.1mg/kg 于诱导前 1/2 小时肌注。

2. 丁酰苯类(butyrophenones)　这类药具有较强的镇静、安定、解焦虑和止吐作用。其对心肌收缩力无影响,但有轻度的 α-肾上腺素受体阻滞作用,静脉用药时可轻度降低血压,在低血容量者则可显著降压,并可出现锥体外系症状。常用药为氟哌利多(droperidol),成人一般用 2.5～5mg 肌注。

3. 吩噻嗪类(phenothiazines)　这类药具有较强的镇静、止吐和抗组胺作用(用于抗过敏性疾病),代表药物为异丙嗪(promethazine),商品名非那根(phenergan)。成人剂量为 25～50mg 于麻醉前 1 小时肌注,一般用 25mg。少数病人用药后可出现谵妄。

(二)催眠药

催眠药(hypnotics)主要为巴比妥类药(barbiturates),这类药有镇静、催眠、抗惊厥的作用,常用于预防局麻药的毒性反应。常用的有苯巴比妥(phenobarbital,长效)、戊巴比妥(pentobarbital,中效,现已少用)、司可巴比妥(secobarbital,短效)等多种。巴比妥类药过去用于预防局麻药中毒的地位已逐渐被苯二氮䓬类代替。现仍使用巴比妥类药者多以苯巴比妥钠 1～2mg/kg 于术前 1 小时肌内注射。

（三）麻醉性镇痛药物

麻醉性镇痛药物（narcotic analgesics，narcotics）也称中枢性镇痛药，由于这类药都是阿片生物碱或其半合成的衍生物，常称之为阿片类药物（opiates）。现将能与阿片受体结合并能产生不同程度激动效应的天然或合成的物质统称为阿片类物质（opioids）。

这类药物均具有较强的镇痛作用，能提高痛阈，有的还有明显的镇静作用；与全身麻醉药有协同作用，也可作为辅助药改善其他麻醉的效果，或用于术后镇痛。其缺点是可引起血压下降和呼吸抑制，有时还出现恶心、呕吐。呼吸抑制的程度与剂量有关，低血容量、衰弱、老年病人血压下降较为显著。用于麻醉前用药者均为阿片受体激动药，常用的药物有：

1. 吗啡（morphine）　一般 0.1mg/kg 于麻醉前 1 小时肌注。用于心脏瓣膜病人，建议用 0.05～0.07mg/kg。

2. 哌替啶（pethidine）或度冷丁（dolantin）　常用剂量为 0.6～1.2mg/kg，一般用 1mg/kg 于麻醉前 1 小时肌注。

3. 美沙酮（methadone）　与前两者相比，此药应用较少。成人可用 2.5～5.0mg 或按 0.035mg/kg 于麻醉前 1 小时肌注。

（四）抗胆碱药

用于麻醉前用药的抗胆碱药（anticholinergics）均为 M 胆碱受体阻滞药。其能阻滞节后胆碱能神经支配的效应器上的胆碱受体，抑制多种平滑肌，抑制多种腺体分泌，抑制迷走神经反射。由于不少麻醉药都不引起呼吸道内腺体和唾液腺的分泌增加，故不认为抗胆碱药是各种麻醉时均不可缺的药物，应根据具体情况选用，很多情况下是应用其对抗迷走神经的过度兴奋作用。常用药有阿托品（atropine）和东莨菪碱（scopolamine，hyoscine）。在扩瞳、抑制腺体分泌和中枢镇静等方面，东莨菪碱的作用均强于阿托品；在抑制迷走神经的作用方面，则阿托品的作用远强于东莨菪碱。在心脏病病人需要抗胆碱药时一般均用东莨菪碱而不用阿托品。两药均忌用于青光眼病人，东莨菪碱尤甚；如在某些特殊情况下必须用阿托品，可先在病人眼结合膜囊内滴入毛果芸香碱（pilocarpine），然后再静脉注入很小量阿托品。

格隆溴铵（glycopyrronium bromide glycopyrrolate）又名胃长宁，亦可用于麻醉前给药，其有效作用时间较阿托品长 3～4 倍。剂量为 4～8μg/kg 于麻醉前 1 小时肌注，亦可酌情使用低于 4μg/kg 的剂量。

盐酸戊乙奎醚（penehyclidine hydrochloride）对 M 胆碱受体和 N 胆碱受体均有作用，其中枢和外周抗胆碱作用均明显强于阿托品，对 M 胆碱受体的亚型（M_1、M_2、M_3）有明显的选择性，即主要选择作用于 M_1 和 M_3 受体，而对 M_2 受体作用较弱或不明显。由于这种选择性，在人体具有中枢镇静作用，对心脏作用不明显，不出现心率增快，也不出现用药后尿潴留，肠麻痹等不良反应。其半衰期（$t_{1/2\beta}$）为（10.34±1.22）小时，明显长于阿托品〔（4.20±0.8）小时〕；其代谢产物无药理活性，主要经尿、胆汁排出。肌注后吸收很快，2 分钟后血中即可检出，10 分钟血药浓度达较高水平，20～30 分钟达峰值。作为麻醉前用药时，特别适用于需避免心率增快者（如甲状腺功能亢进、心功能不全、心房颤动、心房扑动、二尖瓣狭窄等）、小儿、老年人或估计术时较长的手术病人。临床推荐剂量为：①成人，0.5～1mg，肌注；②小儿，每次 0.01～0.02mg/kg。本药还可用于救治有机磷中毒，救治感染性休克，治疗急性呼吸窘迫综合征、肺水肿和消化系统疾病等。

常用麻醉前用药见表 3-2。

表 3-2　常用麻醉前用药

药物类型	药　名	作　用	用法和用量(成人)
镇静安定药	地西泮(diazepam)	安定镇静、催眠、抗焦虑、抗惊厥	口服 0.1~0.15mg/kg
	咪达唑仑(midazolam)		肌注 0.05~0.1mg/kg
催眠药	苯巴比妥(phenobarbital)	镇静、催眠、抗焦虑	肌注 1~2mg/kg
	司可巴比妥(secobarbital)		肌注 1~2mg/kg
镇痛药	吗啡(morphine)	镇痛、镇静	肌注 0.1mg/kg
	哌替啶(pethidine)		肌注 1mg/kg
抗胆碱药	阿托品(atropine)	抑制腺体分泌,解除平滑肌痉挛和迷走神经反射	肌注 0.01~0.02mg/kg
	东莨菪碱(scopolamine)		肌注 0.2~0.4mg
	长托宁(penehyclidine hydrochloride)		肌注 0.01~0.02mg/kg

(五) H_2 组胺受体拮抗药

本药为可逆性、竞争性 H_2 组胺受体拮抗剂,能抑制组胺、胃泌素和 M-胆碱受体激动药引起的胃酸分泌,使胃液量及胃液中[H^+]下降。一般不作为常规麻醉前用药,主要用于术前准备不足有胃反流危险的病人和临产妇,可减少发生反流和误吸的危险,以及误吸的严重程度。现临床应用的有西咪替丁(cimetidine)、雷尼替丁(ranitidine)、法莫替丁(famotidine)和尼扎替丁(nizatidine)。雷尼替丁和尼扎替丁抑制胃酸分泌的作用比西咪替丁强 4~10 倍,法莫替丁则比西咪替丁强 20~50 倍。西咪替丁是最早应用的药物,有抑制细胞色素 P450 的作用,能干扰其他药物在肝中的代谢,使地西泮、咪达唑仑、苯妥英钠、苯巴比妥、普萘洛尔、茶碱、华法林等药物的药效增强。雷尼替丁的这一作用较弱,法莫替丁和尼扎替丁则无此影响。西咪替丁还降低肝血流使药物经肝的排出减慢;偶可出现精神错乱等副作用。西咪替丁口服量成人为 400mg,静脉滴注为 200mg。雷尼替丁口服量 150mg(或 300mg),肌注或静脉滴注量 50mg(或 100mg)。法莫替丁口服量为 20mg(或 40mg),静脉滴注量为 20mg。应注意这些药如静脉滴注过快可致心率减慢、心肌收缩力减弱。目前尚未见尼扎替丁用于麻醉前用药的报道,可能与其消除半衰期为 1.3 小时有关,其余三种药的消除半衰期为 2~3 小时。

三、麻醉前用药的基本原则

(一) 麻醉前用药的确定

根据以下两方面确定麻醉前用药的种类、具体药物的剂量、给药途径和给药时间。

1. **病人情况**　主要是根据病人精神状态,有无疼痛以及过去应用镇静、催眠、镇痛药物的情况,还应考虑对并存症的用药。体质较差的病人,为防搬运途中可能发生的呼吸循环抑制,麻醉前用药可在病人入手术室后给予。

2. **拟用的麻醉方法和麻醉药**　主要是考虑各种麻醉方法的特点和麻醉药物的药理特性。例如椎管内麻醉需用局麻药,可产生较广泛的交感神经阻滞;硫喷妥钠可使副交感神经的作用处于相对于优势;氯胺酮可使呼吸道内分泌物明显增加等。一般全麻病人以镇静药和抗胆碱药为主,椎管内麻醉病人以镇静药为主。

（二）麻醉前用药的方式

一般均于手术前晚给予口服催眠药或镇静安定药,消除病人紧张情绪,保证其较好的睡眠与休息。

手术当日的麻醉前用药一般用镇静安定或催眠药以消除病人紧张、焦虑及恐惧的心情,使病人在麻醉前能够情绪稳定,充分合作,如病人原有剧痛或疼痛者宜加用镇痛药,如病人将接受疼痛性操作也可给予镇痛药。吗啡常用于加强镇静作用,特别是常用于心脏病病人。M-胆碱受体阻滞药则根据具体情况给予以减少气管、支气管黏液的分泌,降低迷走神经的应激性。至于一些基于特殊考虑的用药,如 α_2-肾上腺素受体激动药、非甾体镇痛抗炎药、抗癫痫药的应用等均不属于基本的麻醉前用药。传统的用药方式一般均是在病房内给药,一般在麻醉前 30~60 分钟肌注。但从医疗形式的发展、危重病人的增多、保证麻醉前用药的效果以及用药安全等方面考虑,也可在病人到达手术室后由麻醉医师根据情况少量静脉给药。小儿口服麻醉前用药将在小儿麻醉一章内介绍。

（三）麻醉前用药的注意事项

1. 需酌情减少镇静安定药、催眠药、中枢性镇痛药等抑制性药物剂量者　一般情况差、年老体弱、恶病质、休克、甲状腺功能减退等;1 岁以下婴儿一般不用。

2. 需酌情增加抑制性药物剂量者　年轻体壮、情绪紧张或激动、甲状腺功能亢进等。

3. 禁用或慎用中枢性镇痛药者　呼吸功能不全、呼吸道梗阻、颅内压增高等禁用。对临产妇最好不用,如必须用,应考虑胎儿的娩出时间,用哌替啶以在胎儿娩出前 1 小时以内或 4 小时以上为宜。口服或肌注吗啡禁用于临产妇。

4. 抗胆碱药剂量宜较大者　施用硫喷妥钠、氯胺酮、羟丁酸钠、氟烷等麻醉药或作椎管内麻醉(低位阻滞者不一定用),或病人原有心动过缓(用阿托品),或需借助于东莨菪碱的镇静作用。小儿腺体分泌旺盛,按体重计算其剂量较成人用量为大。

5. 宜不用或少用抗胆碱药者　病人有心动过速、甲状腺功能亢进、高热等疾病,气候炎热或室温过高。如必须用抗胆碱药,以用东莨菪碱或盐酸戊乙奎醚为宜。

6. 多种麻醉前用药复合应用时,应根据药物的作用相应调整剂量。

7. 对于急症病人,必须时以经静脉用药为宜。

第五节　麻醉设备的准备与检查

为了使麻醉和手术能安全顺利进行,防止意外事件的发生,麻醉前必须对麻醉和监测设备、麻醉用具及药品进行准备和检查。无论实施何种麻醉,都必须准备麻醉机及相应气源、急救设备和药品。

一、麻醉器械的准备

全身麻醉的设备用具一般应包括:①适用的麻醉机及相应气源;②气管和支气管内插管用具、听诊器;③口咽或鼻咽通气管;④吸引装置;⑤监测血压、脉搏、心电图、血氧饱和度、体温的监护仪;⑥其他如各种输液用的液体、微量输液泵及不同粗细的动、静脉穿刺用的套管针等;⑦常用的麻醉药和肌肉松弛药、心血管药物和其他急救用药等。

麻醉前应检查各种器械、仪器,保证用品齐全,使用性能良好,对麻醉设备、器材的检查宜有序进行,以免遗漏。

（一）气源的检查

许多医院手术室内均有中心供气装置。按国际惯例对不同气体管道均用不同颜色加以区分。如氧气管道为蓝色，N_2O 管道为灰色，压缩空气管道则为黄色。其衔接管接头亦均有不同口径或构形，以防错接。如所用气源无颜色标志，应亦有其他明确标志。必须确认无误后再将气源接至麻醉机上的相应部位进行检查。

如所用为高压气瓶，其颜色区别亦如上述，或瓶上有明确标志，应确认后才能应用。瓶上所装压力表上的读数一般可代表瓶内的储气含量，即压力越高，示所含高压气体越多。N_2O 瓶上的压力表则只代表液态 N_2O 挥发所产生的压力，不能完全代表瓶内 N_2O 含量。有些麻醉机只使用电力，应一并检查电源。

（二）麻醉机的检查

应检查麻醉机的功能是否正常，有无漏气。麻醉机检查程序可遵循从上到下，从左到右的原则全面逐项检查，以免遗漏。

需特别注意：

1. 麻醉机的密闭程度与漏气。

2. 开启氧气后，气体流量表的旋转子是否活动自如？吸气和呼气活瓣是否启闭正常？气体逸出是否正常？快速充氧开关是否失灵？

3. 如还使用其他气体，应检查相应的气体流量表的旋转子活动情况。如有笑气，确认氧气、笑气的联动装置工作正常。

4. 检查报警装置，特别是低氧报警装置是否工作正常？

5. 麻醉机上的呼吸器能否正常工作？

6. 钠石灰罐内是否装有钠石灰？该钠石灰是否失效？

7. 挥发器内是否已装入相应的麻醉药？挥发器开关是否置于关闭位？可试行拨开开关，吸入微量以检验其浓度差别。

8. 麻醉机与病人气管导管相衔接的接头是否合用或是否缺如？选择与病人面部相匹配的面罩。

（三）气管内插管用具的检查

检查气管内插管用的用具是否齐全，如喉镜、气管内导管、牙垫、导管芯、空注射器、吸引用具、胶布及听诊器等。确认气管插管套囊不漏气。如拟行鼻插管应准备好液状石蜡、棉签、特殊固定胶布和插管钳。对评估存在困难气道的病人，还需进一步准备口咽通气道、喉罩、光棒、纤维支气管镜等特殊物品。

（四）监测仪器的检查

麻醉期间必须监测病人的生命体征，如血压、呼吸、ECG、脉搏氧饱和度、脉搏和体温，设置报警值。此外，还应根据病情和条件，选择适当的监测项目，如呼气末二氧化碳、直接动脉血压、中心静脉压、神经肌肉传递功能、麻醉深度等。在麻醉实施前应检查已准备好的监测设备是否正常工作，特别是应注意检查除颤器是否处于正常的备用状态。

（五）其他

针对不同手术病人准备各种输液用的液体，检查微量泵输液泵能否正常工作，不同型号的动静脉穿刺针等一次性耗材，还要检查消毒及使用有效期，如做椎管内麻醉或神经阻滞，应检查麻醉包(盒)消毒的可靠性。

二、各种麻醉及急救药品的准备

根据所选择的麻醉方法,分别准备好常用的吸入和(或)静脉麻醉药、肌松药、局麻药、镇痛药等药品,以及抗组胺药、血管活性药、抗心律失常药、止血药等急救用药。检查已抽好的药品是否贴好标签,急救药品是否备好。每次使用前应核对药名、剂量、浓度等防止发生差错。

第六节　病人入手术室后的复核

病人进入手术室后的复核至关重要,如有疏忽可导致极为严重的不良事件。麻醉科医师在任何地点实施任何麻醉(包括局麻镇静监测)前,都应与手术医生、手术护士共同执行手术安全核查制度。首先核对病人的基本情况,包括:姓名、病室、床号、住院号、性别、年龄、拟实施手术及部位(应与病历、手术通知单上一致,确认系术前访视过的病人)、确定病人及病历无误,并再次询问病人的昨夜睡眠情况以及有无需取消或推迟手术的特殊情况发生(如发热、来月经等)。检查并核对最后一次进食时间、胃管和导尿管是否通畅、麻醉前用药是否已执行及给药时间,了解最新的化验结果特别是访视时建议检查的化验项目、血型、血制品和血浆代用品的准备情况等,观察麻醉前用药效果。检查病人的义齿、助听器、贵重饰物、手表等物品是否均已取下,对有活动性义齿的病人应检查义齿是否已取出,并做好记录。对女性病人要注意指甲染色和唇膏是否已揩拭干净(或是否做过"文唇")。了解皮肤准备是否合乎要求。确认手术及麻醉同意书的签署意见。在复核后才可开始监测病人各项生理指标及建立静脉输液通道,再次核对麻醉器具和药品以便麻醉工作顺利进行。

(叶军明)

第四章 气管和支气管内插管

围术期保证病人呼吸道通畅和有效通气至关重要,呼吸功能管理是麻醉医师的重要职责。气管和支气管插管是麻醉气道管理的主要手段。气管内插管(tacheal intubation)是指将一特质的气管内导管经声门置入气管气道的技术,这一技术能为气道通畅、通气供氧、呼吸道吸引和防止误吸提供最佳条件。经喉把特制的气管导管插入气管内,如把导管插入单侧支气管即称支气管插管。气管插管术是麻醉医师必须掌握的重要临床技能。

第一节 插管前准备及麻醉

麻醉前需评估插管径路是否有阻碍及气管导管对手术是否有妨碍,以便选择适当的导管型号、插管径路及适于插管的麻醉方法。

一、术前检查和评估

术前评估气管插管的难易程度是十分重要的,应成为麻醉前访视病人的常规内容。往往因为对插管困难估计不足、麻醉不当导致窒息意外,应引起重视。美国麻醉医师协会 ASA 制订了困难气管插管临床识别原则(图 4-1)。

1. 病史 了解病史,过去有无麻醉记录,有气管插管困难病史的病人,要特别重视气道问题。有些先天性综合征可能会导致面罩通气或气管插管困难,如 Down 和 Pierre Robin 综合征

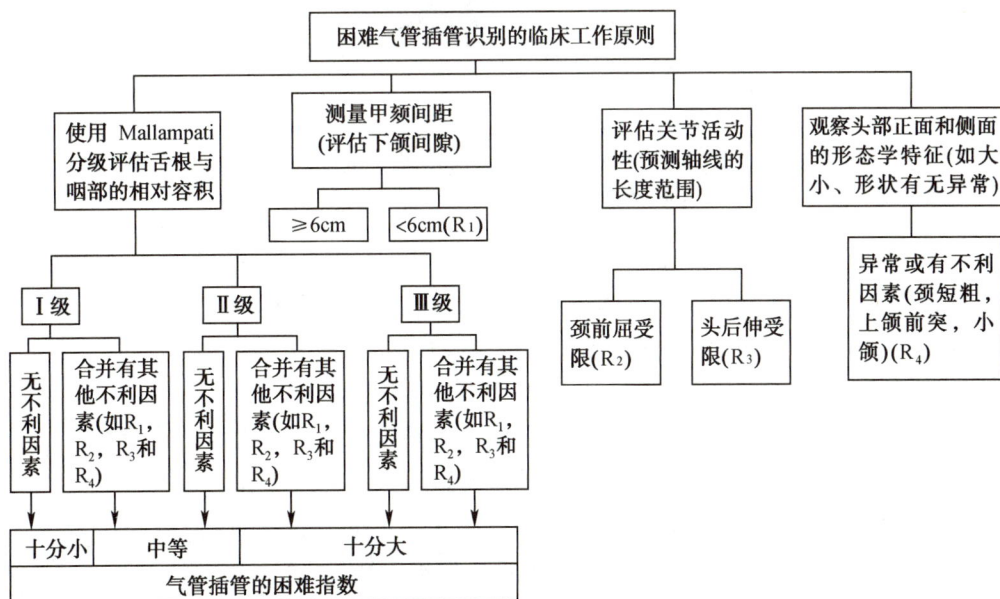

图 4-1 ASA 制订的困难气管插管临床识别原则

都是口小舌大,后者应常规选择清醒插管,即在保持自主呼吸和上呼吸道张力不减退的状态下插管;而 Klippel-Feil 综合征是颈椎融合;Goldenhar 综合征是下颌骨发育不全;Turner 综合征病人多数有插管困难。睡眠呼吸暂停综合征、病态肥胖或肢端肥大症病史也提示可能存在插管困难。颈部感染、创伤、肿瘤或炎症所致的疾病也可以显著影响气道的操作,如颈椎骨折、下颌外伤、类风湿关节炎、气道内肿瘤等。

2. **一般检查** 外貌、体形、下颌、牙齿异常,如上门齿外露过多、上下齿列错位、义齿和过度肥胖都提示有插管困难的可能。颈前短粗且肌肉发达、下颌骨退缩伴下颌角圆钝、颞颌关节和寰枕关节活动不良、长而高拱的颚骨和牙颏部间距增加等需尤其注意。

3. **头颈活动度** 检查寰枕关节及颈椎的活动度是否直接影响头颈前屈后伸,对插管所需的口、咽、喉三轴线接近重叠的操作至关重要(图 4-2)。正常头颈伸屈范围在 165°~90°,如头后伸不足 80°即可使插管操作困难,常见于类风湿性关节炎、颈椎结核、颈椎骨折脱位等;个别肥胖病人颈短粗或颈背脂肪过厚也可影响头后伸。烧伤和放射治疗导致颈胸粘连使颈部活动受限,此类病人插管时因体位限制,不能充分暴露声门,明视下插管可能出现困难。

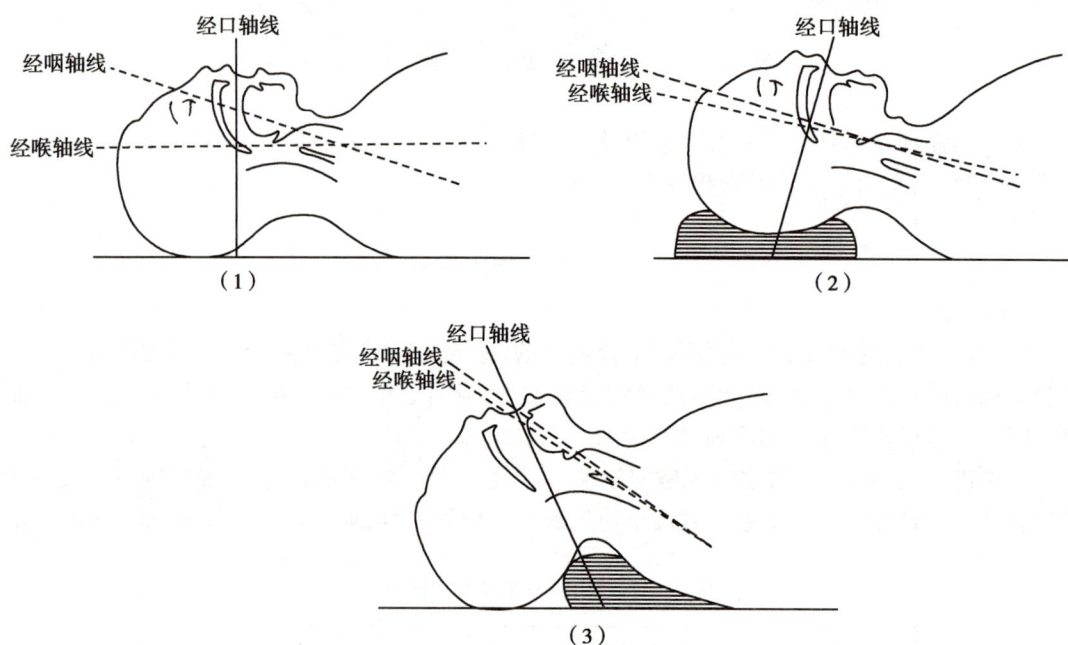

图 4-2 三轴线变化与头部位置的关系

(1)平卧时三轴线相互交叉;(2)头抬高(前屈)10cm,肩部仍靠手术台,可使咽、喉轴线重叠;(3)继而在寰枕关节处使头后仰,即可使三轴线接近重叠

还应检查甲颏距离(thyromental distance),即头在伸展位时,测量自甲状软骨切迹至下颏尖端的距离(图 4-3)。正常值在 6.5cm 以上。如果此距离小于 6cm,可能窥喉困难。也可通过测量胸骨上窝和颏突的距离(胸颏间距)来预测困难插管,正常人的胸颏间距>12.5cm,如小于此值,可能会遇到插管困难。此外测量下颌骨的水平长度,即下颌角至颏的距离来表示下颌间隙的间距,<9cm 气管插管操作困难的概率增加。

4. **口齿情况** 正常人张口度为 3 横指,舌-颌间距在正常人不少于 3 横指,而甲状软骨在舌骨下 2 横指,此即所谓 3-3-2 法则。正常成人最大张口时,上下门齿间距应为 3.5~5.5cm,如果小于 2.5cm(2 横指),常妨碍喉镜置入。上切牙

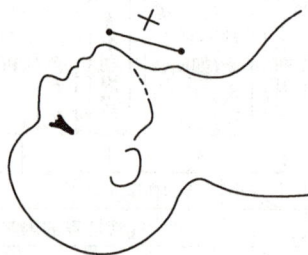

图 4-3 甲颏距离

前突、牙齿排列不齐、面部瘢痕挛缩及巨舌症均妨碍窥喉。

有活动义齿,在麻醉前取下,以防止误入食管和气道。还应检查固定义齿和松动牙齿,后者常见于有牙周炎的成人、老年人和小儿乳、恒牙交替时期。特别是上切牙,极易受喉镜片损伤脱落,必要时可先用打样膏固定,操作喉镜时应重点保护。遇到左上切牙缺损,置入喉镜后,右上切牙常妨碍导管置入,可先在插管前先用打样膏做成牙托垫于左侧牙龈上,以便在插管时承托喉镜片及保护牙龈。也可用纱布垫代替打样膏。

按舌根不成比例增大影响窥视声门的程度进行 Mallampati 气道分级(图 4-4)。Mallampati 气道分级是最常用的判断咽部暴露程度的分级方法。病人保持端坐位,最大限度张口伸舌发"啊"音,同时观察口咽部。能看到咽后壁提示插管困难可能性极小。本试验的结果还受病人张口度、舌的体积和活动度及其他口腔内结构和颅颈运动的影响。根据观察到的结构将暴露程度分为四级:I 级可见咽峡弓、软腭和悬雍垂;II 级仅见软腭、悬雍垂;III 级只能看到软腭;IV 级只能看到硬腭。越高提示喉镜暴露和气管插管的难度越大。

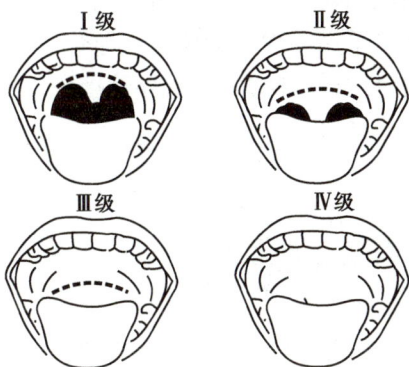

图 4-4　Mallampati 气道分级

喉镜暴露分级以 Cormach-Lehane 分级最常用。该分级描述了在喉镜暴露下所能见到的喉部结构并将其分为 4 级:I 级能完全显露声门;II 级能看到杓状软骨(声门入口的后壁)和后半部分的声门;III 级仅能看到会厌;IV 级看不到会厌(图 4-5)。I、II 级插管容易,III 级插管难度明显增加,但对有经验者并不构成困难,IV 级插管困难。Mallampati 分级为 IV 级者,喉镜几乎为 III ~ IV 级。

图 4-5　喉镜暴露分级

5. **鼻腔、咽喉**　拟行经鼻插管的病人应询问鼻腔通畅情况,并分别阻塞单侧鼻孔试行呼吸。还应询问既往有无鼻损伤、鼻出血史及咽部手术史等。咽喉部检查有无炎性肿块,如扁桃体肥大、咽后壁脓肿及喉炎等,严重时在全麻诱导时即可出现窒息死亡,应充分认识。

6. **辅助检查**　如果病人患有气道肿瘤或上呼吸道严重感染如咽后脓肿,则应行间接喉镜或纤维喉镜检查。通过颈椎正位片检查可以确定是否存在气管偏移及偏移的程度。侧位片可以发现颈椎退行性疾病、椎间盘病变、颈椎融合、颈椎半脱位等异常情况。X 线检查仅用于怀疑有气管移位以及有颈部症状的患者。

病史询问、体格检查及特殊检查,可以帮助麻醉医师初步判断在麻醉诱导前,是否需要做好困难插管的准备。

二、插管用具及准备

即使术前估计非困难插管的患者,在麻醉诱导后也有可能遇到困难插管。因此麻醉科必须备好各种型号的口(鼻)咽通气道、气管导管和喉镜片。纤维光导支气管镜、用于环甲膜穿刺的套管针或扩张导管、气管切开包以及喷射通气装置,以便困难插管时应急之用。

（一）面罩

适用于现场急救和短时间人工通气管理,有多种型号的面罩(face mask)供临床使用,目前使用最广泛的是一次性透明面罩。在保证良好的密闭和通气的前提下,应尽可能选择最小的面罩,这样可减少无效腔量。

（二）气管导管

气管导管(endotracheal tube)都是由质地坚韧、无毒性,对咽、喉、气管等组织无刺激,也不引起过敏反应的塑料或橡胶制成的管壁光滑的导管。现多采用一次性无菌塑料导管,不但使用方便,而且杜绝交叉感染的危险。气管导管一般由单腔导气管、防漏套囊、导管接头 3 部分组成(图 4-6)。

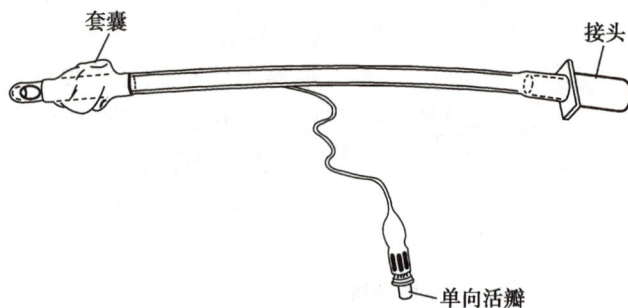

图 4-6　气管导管

1. **气管导管型号**　气管导管型号(表 4-1)通常以导管内径(ID)标号,每号相差 0.5mm。以前常用法制 F 号 = 导管外径(OD)×3.14,与 ID 的换算为(ID)×4+2=F 号。气管导管型号的选择应根据病人的具体情况来定。成年男性常用 ID 7.5 ~ 8.5,插入深度为 23cm;成年女性多用 ID 7.0 ~ 8.0,插入深度为 21cm。鼻腔插管多选用 ID 7.0 ~ 7.5,插入深度应比口插管的深度多 3cm 左右。如有气道狭窄时,需经 X 线片测狭窄内径,减去 1.5mm(因 X 线影像有所放大)即相当导管外径,依此再准备 2 根稍小型号导管,以免插管时受阻。

表 4-1　气管导管的型号及选择

年龄	导管直径		F 型号	气管导管从中切牙至气管中段(cm)
	内径(mm)	外径(mm)		
早产儿	2 ~ 2.5	3.3 ~ 4	10 ~ 12	10
足月儿	2.5 ~ 3	4 ~ 4.7	12 ~ 14	11
1 ~ 6 个月	3.5	5.3	16	11
6 ~ 12 个月	4.0	6.0	18	12
2 岁	4.5	6.7	20	13
4 岁	5.0	7.3	22	14
6 岁	5.5	8.0	24	15 ~ 16
8 岁	6.0	8.7	26	16 ~ 17
10 岁	6.5	9.3	28	17 ~ 18
12 岁	7.0	10.0	30	18 ~ 19
14 岁	7.5	10.7	32	19 ~ 20
16 岁以上	8.0 ~ 9.0	11.3 ~ 12.7	34 ~ 38	20 ~ 21

小儿导管除参考表4-1外,还可参考下列公式:F=年龄+18 或 ID=岁/4+4,导管的插入深度(cm)=年龄/2+12。5岁以下一般不用套囊,因小儿声门下呈漏斗型,插管后多不易漏气。小儿切忌选用过粗的导管,还要避免口径更小的衔接管,防止增加气道阻力及妨碍吸痰管进入。

2. 特殊用途的气管导管

(1) 带金属螺旋丝导管:管壁中夹有金属螺旋丝的乳胶或塑料气管导管,具有较强的弹性,导管弯曲受压均不使管腔变窄,特别适用于气管受压或需使导管过度弯曲时。但插管时多需管芯协助。

(2) 气管造口导管:气管造口病人,需经造口插入气管导管,常嫌导管过长,且其弧度使气管后壁受压过重,并易使导管曲折。选用气管造口导管呈"L"形类似金属气管造口套管的弯度,不致压迫气管后壁,还附带套囊及衔接管,便于接麻醉机环路或呼吸机。

(3) 抗激光导管:在喉激光显微外科手术麻醉时应用。使用激光切除声带肿瘤时有燃烧爆炸的风险。在氧气和氧化亚氮助燃气存在下,高能激光束可引起气管导管、医用敷料及组织碎屑燃烧或爆炸。直接击穿导管的燃爆将产生很强的冲气压,并可即刻烧毁导管。使用特殊的抗激光导管,有助于减少气道着火的可能性。抗激光导管除套囊外管壁为金属,为防止损伤,多为双套囊,近端套囊内注入生理盐水。即使近端套囊被激光击穿,远端套囊仍可受到保护,且流出的生理盐水可以降低局部温度并降低燃烧可能。这种导管比普通导管体积大、硬度高,使用时特别要求避免气道黏膜损伤。手术医师必须注意不让激光在金属表面形成反射,以免损伤敏感结构。

3. 套囊(cuff) 是气管导管的防漏装置,既可防呕吐物、血液或口咽分泌物流入气管,也可防止呼吸时漏气。目前所用的套囊均为高容低压套囊,标准的套囊充气方法是缓慢给气囊充气,直到正压通气时听不到漏气声为止。压力过大会引起气管表面黏膜血流量减少,造成局部缺血和黏膜损伤,因此应将套囊压力限制在20mmHg以下。长时间插管,应每2~3小时放松套囊一次或有补益。高容低压套囊充气后如遇温度升高(如体温)或麻醉气体(如 N_2O)弥散入套囊,可使套囊压力上升。定时用三通开关接压力表测套囊压可能有所帮助。

(三) 麻醉喉镜

1. 普通麻醉喉镜 简称喉镜(laryngoscope),是直接窥喉时协助气管插管的重要工具,通常由喉镜柄及不同类型的喉镜片组成。喉镜片是气管插管时置入口咽部显露声门的部分,当喉镜片与喉镜柄连接并呈直角时,喉镜片前方的小电珠即接通电源发光。根据喉镜片形状分直形喉镜(Miller)和弯喉镜(Macintosh),各型号又分大、中、小号(图4-7)。一般直喉镜片必须

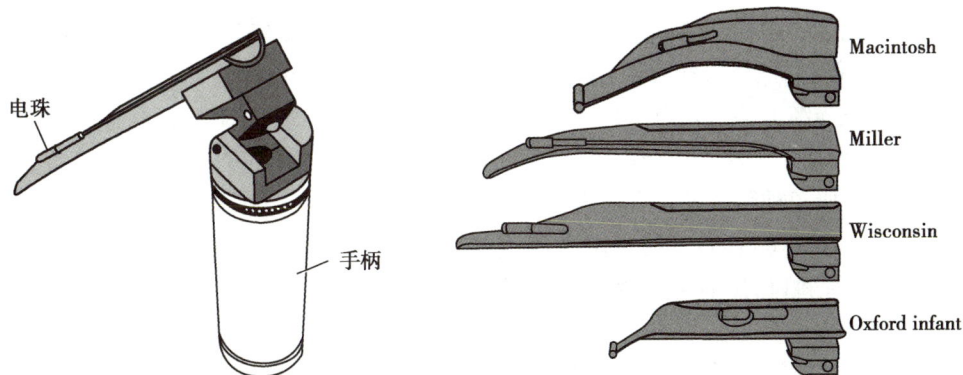

电珠

手柄

Macintosh

Miller

Wisconsin

Oxford infant

图 4-7　麻醉喉镜

挑起会厌,操作稍难,多用于婴幼儿。弯喉镜片偶尔声门显露不全,插管时需用管芯辅助。还有 McCoy 喉镜,其镜片前端可弯起,使会厌翘起,很适合于有插管困难的病人。

2. **可视喉镜** 近年来,可视化技术大量应用于气道管理。可视喉镜通过插管镜片远端的视频系统,将声门部的结构传递给操作者,以降低气道管理的难度,尤其适用于复杂气道的患者。常见的可视喉镜有视频喉镜、McGrath 喉镜、可视插管管芯及 Airtraq 喉镜(图 4-8)。McGrath 喉镜是一种便携式可视喉镜。可视插管管芯用于气道管理时对颈椎移位的要求较小。

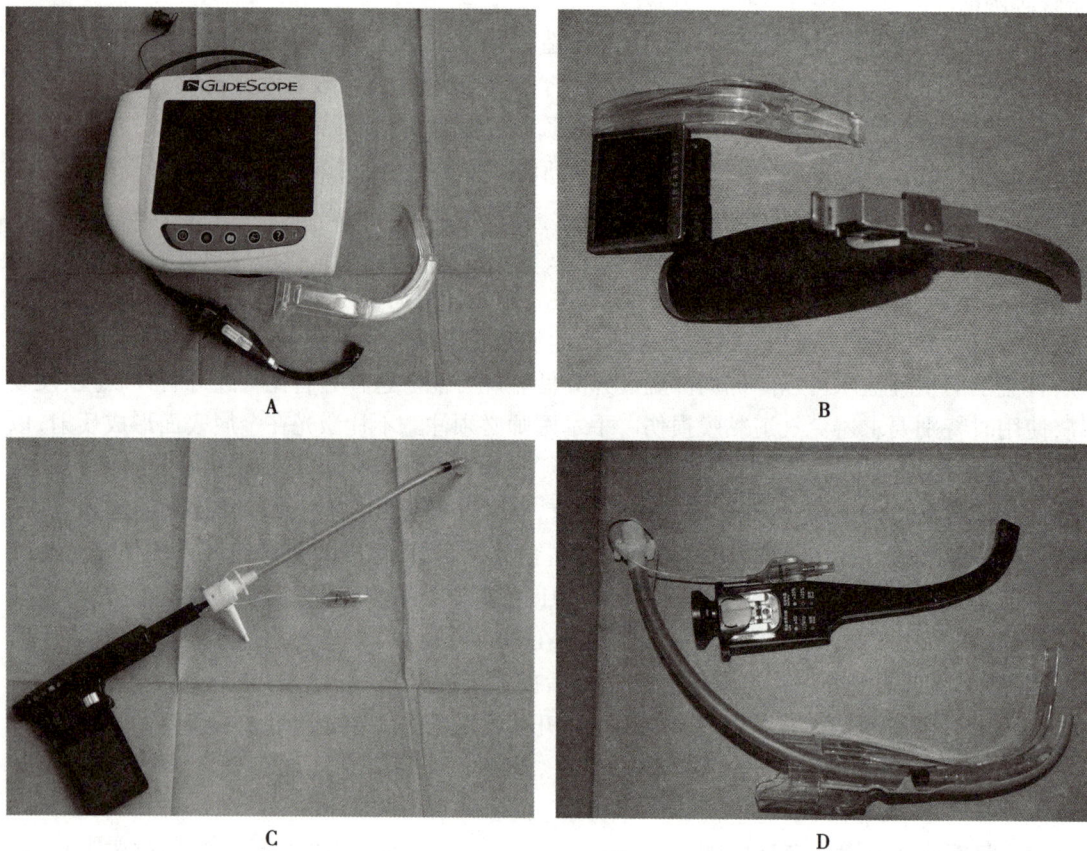

图 4-8　常见的可视喉镜
A. 视频喉镜;B. McGrath 喉镜;C. 可视插管管芯;D. Airtraq 喉镜

(四) 其他插管用具

1. 纤维光导支气管镜(fiberoptic bronchoscope) 即由光导纤维制成的细长能任意弯曲的支气管(喉)镜,简称纤支镜,配有冷光源(图 4-9)。使用时预先将气管导管套在镜杆后部,经专用口塞将内镜光缆前端送入声门,然后即可很容易的引导气管内导管滑入气管内,特别适用于鼻腔插管;还可用于无法显露声门、插管困难的病例;在判断和校正支气管内插管位置,诊断和处理麻醉中呼吸道梗阻意外等方面也具有不可替代的作用。

2. 气管导管管芯(stylet) 通常由金属或硬塑料制成直径 2mm 的细长条,置入气管导管,切勿超出导管斜口,然后与导管共同在前中 1/3 处弯成"J"字形,便于声门过高病人的插管。

3. 插管钳 主要在经鼻插管时明视下挟导管进入声门,或挟胃管进入食管。常用的有 Magill 式插管钳或 Rovenstine 式插管钳(图 4-10)。

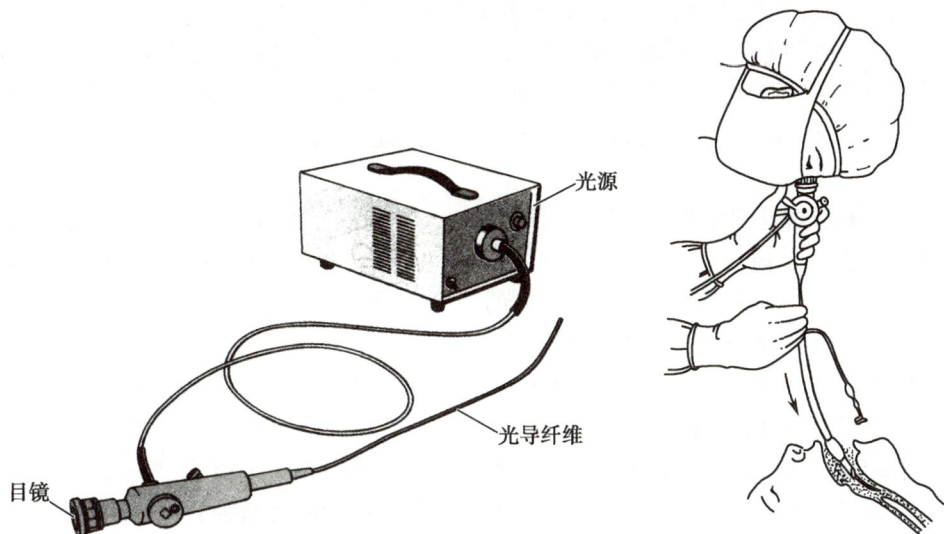

光源

光导纤维

目镜

图 4-9　纤维光导支气管镜引导插管

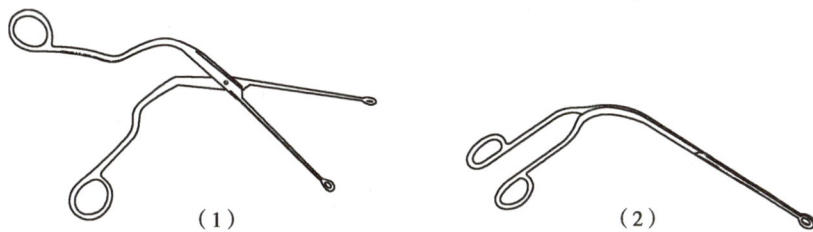

（1）　　　　　　　　　　（2）

图 4-10　气管插管钳
（1）Magill 式；（2）Rovenstine 式

4. 牙垫　气管插管后应用牙垫垫于磨牙间,防止麻醉减浅时病人咬瘪气管导管。

5. 喷雾器　常用枪式喷雾器,进行喷喉表面麻醉,但往往不易计算局麻药剂量,且不易对气管内进行表面麻醉。现有注射器式或长臂喷雾器,可深入声门内喷射。

6. 麻醉机和吸引器必须在备用状态。

三、插管前麻醉

适当的麻醉不仅消除了病人的痛苦和为插管创造了有利条件,而且还能减轻气道损伤和心血管反应。最常用的是静脉全麻诱导快速插管,但对困难气道或有窒息危险的病人,为了预防急性气道梗阻的发生,应首选表面麻醉清醒插管或辅以全麻诱导,保持自主呼吸下进行插管较为安全。

1. **预充氧**　在病人意识消失和呼吸肌麻痹之前的几分钟内持续吸入纯氧能显著延长呼吸停止到出现低氧血症的时间,这是麻醉诱导和插管前不可省略的、最重要的步骤,称为"预充氧"(preoxygenation)。预充氧使功能残气量中氧气/氮气比例增大,因此又称"给氧去氮"(preoxygenation for denitrogenation)。预充氧的重要性在完全气道阻塞和呼吸暂停期间为临床医师建立气道和恢复有效通气提供了时间。因此,在麻醉诱导前,尤其对怀疑是困难气道的病人,必须充分给氧。预充氧的方法是:氧流量大于 6L/min,用尽可能密闭的面罩吸氧,平静呼吸时间超过 3 分钟或连续做 4 次以上的深呼吸。这样可使去氮率达到 90% 以上。

2. **全麻诱导**　静脉快速诱导是非困难气道病人行气管插管的最佳选择。最普遍而安全实用的方法为插管前面罩间断正压给予纯氧 1 分钟后,静注丙泊酚(或硫喷妥钠)及琥珀胆碱,1~2 分钟肌松药起效(面罩通气阻力下降,下颌松弛)即可完成气管内插管。静脉麻醉药可以选用硫喷妥钠、丙泊酚、依托咪酯、咪达唑仑或较大剂量芬太尼。肌松药也可用短效非去极化肌松药,如罗库溴铵、阿曲库铵或维库溴铵等代替琥珀胆碱,均可在 2~3 分钟内快速完成气管插管。

如用吸入麻醉诱导代替静脉麻醉,必须加深麻醉至三期三级或并用肌松药才能完成插管。

3. 局部麻醉 清醒气管插管分为经口和经鼻两种,需要在完善的气道表面麻醉下进行,多用于困难插管、气道梗阻、有反流误吸倾向的病人,需要保持清醒状态或自主呼吸,有利于盲探插管。一旦插管失败,也不至窒息死亡。

(1)表面麻醉:将局麻药涂抹或喷洒在口腔、鼻腔、咽喉和气管黏膜的表面,可以阻断感觉传入神经,是最常用的麻醉方法。麻醉药选用 1% 丁卡因(或 2%~4% 利多卡因)用于鼻腔者加 1% 麻黄碱(或 0.5% 去氧肾上腺素)。麻醉鼻腔(经鼻插管):交替闭塞左右鼻孔,选择通气顺畅的鼻孔进行插管。将浸有麻醉药的棉签放入鼻孔麻醉筛骨前神经和蝶腭神经节并收缩鼻黏膜,然后将各个尺寸的鼻咽通气道(预先用利多卡因凝胶涂抹)从小到大逐个插入鼻腔,麻醉、扩张鼻腔。然后麻醉口咽部:在喉镜的辅助下向舌根、软腭、下咽部、会厌和声门喷入麻醉药 2~3ml。最后可在喉镜辅助下经声门向气管内喷注麻醉药或经环甲膜穿刺喷注麻醉药。

(2)环甲膜穿刺:多用于困难气道,用 7 号(20-gauge)针头连接 5ml 注射器经环甲膜垂直刺入,回抽有空气后,迅速向气管内推入局麻药 2~3ml 后拔除针头。随着病人咳嗽,麻醉药分布到气管、喉黏膜、口腔和咽后壁。

表面麻醉和清醒插管需要病人的配合,因此要向患者说明清醒插管的意义,鼓励病人安静放松、深慢呼吸、不屏气。麻醉前应使用抗胆碱药,以减少气道分泌物对表面麻醉的影响。成功的气道表面麻醉会明显减轻插管时的血流动力学和气道反应,如血压高、心动过速、ECG 改变、呛咳等,患者的不适感轻。对一些插管非常困难的病人,仅用局部麻醉病人常难以忍受,可辅以适当的镇痛药和镇静药可使患者更易接受清醒插管,也可吸入七氟烷使病人意识消失,但保持自主呼吸,有助于盲探插管。

喉镜暴露和气管插管都是强烈的伤害性刺激。实际上,抑制对喉镜暴露和气管插管的反应所需的麻醉深度要大于抑制对手术切皮反应所需要的麻醉深度。这种刺激会产生有害的呼吸、神经和心血管效应。因此,在麻醉诱导时,必须将这些效应抑制到可接受的程度,尤其是高危病人,如冠心病、哮喘、颅内压增高、脑动脉瘤等。

第二节 气管内插管

气管内插管方法根据径路可以分为经口腔(orotracheal intubation)或鼻腔插管(nasotracheal intubation),按插管时是否显露声门又可分为明视或盲探插管法。经口或经鼻均可采用明视或盲探插管法。

一、气管插管适应证与禁忌证

气管插管下进行全身麻醉非常有利,对麻醉者管理呼吸极为方便。适用于全身麻醉、呼吸困难的治疗及心肺复苏等。特殊适应证包括以下几方面:

1. 保护气道 气管导管套囊充气后可将套囊上与套囊下的气道完全分隔,可以防止口腔内的液体或固体物质进入气管,保证了呼吸道的通畅。

2. 防止误吸　饱胃或有肠梗阻的病人全麻时,必须行气管内插管。

3. 频繁进行气管内吸引的病人。

4. 实施正压通气　由于自主呼吸功能受抑制如开胸或使用肌松药,不能维持正常的通气,通过气管导管可以实施正压通气。

5. 对一些不利于病人生理的手术体位,如俯卧位、侧卧位或过度头低碎石位,应用气管导管便于改善病人通气。

6. 手术部位在头、颈部或上呼吸道难以保持气道通畅。

7. 使用面罩控制呼吸困难的病人,如无牙的病人。

8. 保证影响呼吸道通畅疾病如下颌后缩、巨舌症、声门上或声门下肿瘤及肿块压迫气道者的呼吸道通畅。

禁忌证:主要有以下几种:①喉水肿;②急性喉炎;③喉头黏膜下血肿。但当气管内插管作为抢救病人生命所必须采取的抢救措施时,均无绝对禁忌证存在。

二、经口明视插管法

所有病人在实施麻醉前都应监测 ECG、无创血压、脉搏氧饱和度以及呼气末二氧化碳等。呼气末二氧化碳监测可以准确判断气管导管误入食管或呼吸回路脱连接;脉搏氧饱和度监测显著降低了低氧血症的发生率。通过监测气道内的压力变化,可以发现呼吸环路的漏气、连接脱落或梗阻。

利用喉镜显露声门,在明视下把气管导管插入气管内,是最确切、迅速而普遍应用的方法。具体操作步骤如下:

1. **面罩通气**　在给予麻醉药的同时可面罩下给予病人纯氧通气 2～3 分钟,供氧排氮,即"预充氧"。

2. **经口插管的头位**　病人平卧,头部置于"以鼻嗅味"的位置(sniffing position),使口、咽、喉三轴重叠(见图4-2),即自切牙至声门径路近乎直线。插管前应用软枕使病人头位垫高10cm,肩背紧靠手术台,麻醉者用右手推病人前额,务使头部在寰枕关节处极度后伸,同时张口少许。如未张口,应用右手推下颌并用示指拨开下唇,防止喉镜置入时下唇卷入损伤。插管前还应调节手术台高度,使病人颜面与麻醉者剑突平齐,以便操作。

3. **喉镜置入**　操作者左手持喉镜,右手开放病人口腔,喉镜片避开门齿,轻柔地从右嘴角进入口内。喉镜片在前进的过程中逐渐移向左侧,并将舌体挡在其左侧。看到会厌后,将弯喉镜片(Macintosh)置入会厌谷并将喉镜向前上方提起,显露声门(图4-11)。切忌以上切牙为杠杆支点,将喉镜柄向后旋而损伤上切牙。此时助手可以帮助轻轻拉开右嘴唇,以免遮挡操作者的视线,妨碍导管的进入。头位不当、喉镜片进入过深或过浅,或者上提喉镜的力量不够,都可能导致声门暴露困难。使用中指轻柔地向下或侧方压迫甲状软骨可能会使咽部暴露更明显。

直喉镜片(Miller)的其他操作方法基本上都和弯喉镜片一样,只是喉镜片要放置在会厌的下方(图4-12)。对于某个病人来说,如果一种喉镜片不能满意的暴露声门,可能另一种镜片能达到满意的暴露。因此,要掌握两种喉镜片的使用方法。

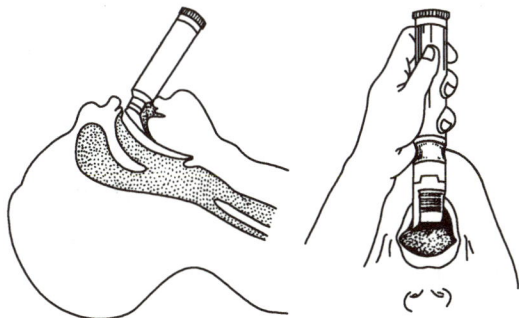

图 4-11　弯喉镜片前端达会厌谷

4. **导管插入气管**　显露声门后,右手

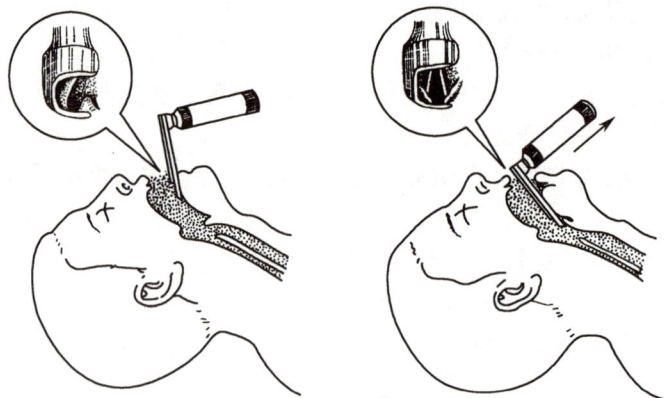

图 4-12　直喉镜片挑起会厌谷并上提暴露声门

以握毛笔状持气管导管从口腔的右侧进入，将导管前端对准声门后，轻柔地插入气管内，直至套囊完全进入声门。压迫胸壁听导管口有出气声，即可置牙垫于磨牙间，然后退出喉镜，导管接麻醉机。如为附套囊导管应使套囊充气，并加压通气证明有无漏气，同时听诊两侧呼吸音再次确认导管是否插入气管内。如声门显露不全，需借助管芯使导管前端翘起接近声门，一旦进入声门，立即拔去管芯，再使导管进入。切勿把导管向下用力，由于上切牙的杠杆支点作用，导管前端反而远离声门，甚至把管芯及导管弯成双曲形（图 4-13），更难插入气管。

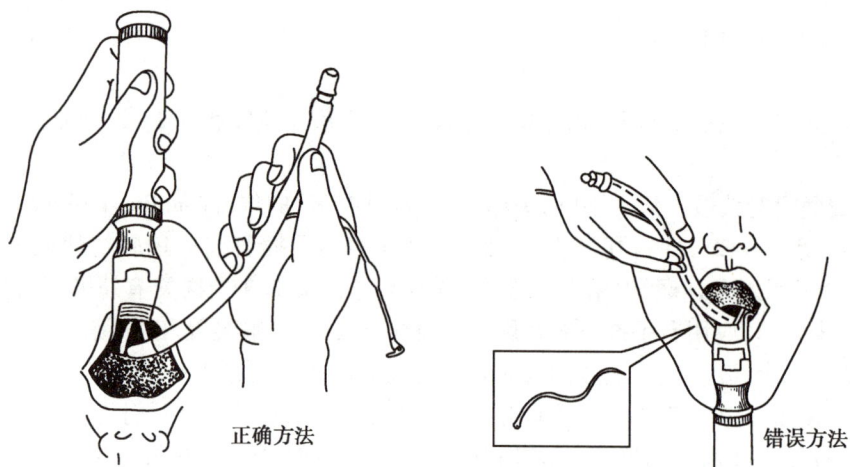

正确方法　　　　　　　　　　　　　　错误方法

图 4-13　气管插管时的持管方法

插管完成后，要确认导管进入气管内再固定。确认方法有：①直视下导管进入声门；②压胸部时，导管口有气流；③人工通气时，可见双侧胸廓对称起伏，听诊双肺可听到有清晰的肺泡呼吸音；④如用透明导管，吸气时管壁清亮，呼气时可见明显的"白雾"样变化；⑤病人如有自主呼吸，接麻醉机后可见呼吸囊随呼吸而张缩；⑥如能监测呼气末分压（$ETCO_2$）则更易判断，$ETCO_2$ 有显示则可确认无误；⑦纤维支气管镜通过导管可见到气管环及隆嵴，可确定气管导管位置；⑧气管导管位置也可通过胸部影像学检查确认。

成年男性病人，如果导管尖端位于隆突上 4cm 的位置，则从导管尖端到口唇部的距离是 23cm。这个距离在成年女性为 21cm。导管进入过深，会进入一侧主支气管（通常是右侧）；导管进入过浅，套囊位于咽部，容易造成脱管。儿童气管导管插入的深度可以通过公式计算：深度（cm）= 12+年龄（岁）/2（见表 1）。

三、经鼻气管插管法

经鼻气管插管多用于口内手术或有解剖畸形或上呼吸道疾病不能直接窥喉的病人。由于清醒病人较易耐受鼻导管,咽喉分泌物也较少,所以术后需稍长时间机械通气的病人也应选用经鼻气管插管。又因经鼻气管插管病人多用于窥喉困难的病人,常需采用盲探插管,应保持自主呼吸,利用导管内的呼吸气流引导插管。如允许喉镜置入口腔,可将气管导管送过鼻后孔后,窥喉明视下用气管插管钳协助插入气管。经鼻盲探法具体操作步骤如下:

1. 经鼻气管插管准备　首先如前述对鼻孔及气管施行表面麻醉。两侧鼻孔均可插管。经右鼻孔插管,导管斜口正对着鼻中隔,可减少对鼻甲的损伤。经左鼻孔插管,导管尖端易接近声门,容易插入气管,常首选。由于鼻径路较窄,成人导管宜选用 ID7.0 或 ID7.5 导管,导管前 1/3 应涂润滑剂。

2. 经鼻盲探插入导管　左手翻开鼻翼,右手持气管导管插入鼻孔后,即使之与面部垂直地插入鼻腔,沿鼻底经总鼻道出鼻后孔,从导管衔接管口即可听到呼吸声。继续插入导管直到呼吸音最大(一般成人 14～16cm),提示导管尖端正好位于声门的上方,在吸气时将导管插入声门。插管成功后导管口有连续呼吸气流。

如果导管没有进入声门,可后仰、前屈或左右旋转病人的头部以调节导管尖端的方向(如果病人没有颈椎疾病)。如果导管尖端向前,前屈头部可以协助导管的置入;如果导管尖端位于咽的侧方(梨状窝),则旋转导管使尖端离开这一方向;如果导管进入胃,则将病人的头后伸有助于导管进入声门。由于导管不是在直视下进入声门,并且所有判断导管位置的间接指征都可能很模糊,所以必要时可应用纤维支气管镜检查导管的位置。

如果盲探插管失败,可以采用直视的方法。采用经鼻明视气管插管法时,弯喉镜片可以为操作提供更大的空间。先将导管从鼻腔插入口咽部,然后按常规方法置入喉镜片,在直视条件下将导管插入声门,或使用 Magill 插管钳将其送入声门(图 4-14)。如果直视下不能看到声门,仍可以使用插管钳辅助,盲探引导导管进入声门。经鼻气管插管过程中导管用力不宜过大,以免损伤咽部结构或形成假性通道。

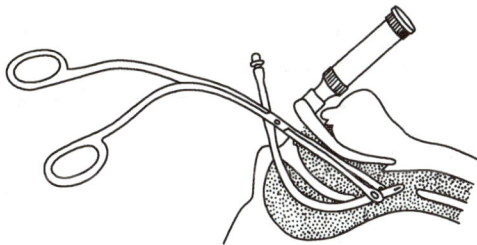

图 4-14　经鼻明视气管插管法(插管钳协助)

严重凝血功能紊乱、严重的鼻内病变、颅底骨折以及有脑脊液漏是经鼻插管的禁忌证。

四、有误吸危险病人的插管

疑有高度误吸危险的病人,术前评估高度怀疑插管困难,则首选清醒气管插管;非困难插管者,则可以采用快速诱导插管(rapid-sequence intubation)。给氧去氮完成后,给予静脉麻醉药和肌松药。肌松药选择起效快的去极化肌松药琥珀胆碱或非去极化肌松药罗库溴铵。在诱导过程中,用拇指和示指压迫环状软骨(Selliek 手法,只能在病人意识消失后实施),封闭食管。如果操作正确,加上呕吐肌的力量已经被肌松药削弱,能够大大降低误吸的危险。如果看到声门,则直接完成气管插管;如果插管失败,必须继续面罩通气并持续压迫环状软骨。压迫环状软骨,除了可以防止胃内容物的反流,还可以减少进入食管的气体量。膨胀的胃影响通气,并易于发生反流。气道分泌物妨碍对气道的观察,所以推荐在快速诱导插管前预先使用抗胆碱能药物以减少气道分泌物。

五、困难气道的识别与处理

困难气道(difficult airway)指具有 5 年以上临床麻醉经验的麻醉医师在面罩通气时或气管插管时遇到困难的一种临床情况。造成困难气道的因素很多,包括病人本身的条件、临床设施和麻醉医师的经验等。困难气道包括多种情况。

困难面罩通气(difficult mask ventilation,DMV):有经验的麻醉医师在无他人帮助的情况下,经过多次或超过 1 分钟的努力,仍不能获得有效的面罩通气,病人无法维持 SpO_2 大于 90%。

困难声门上气道通气:有经验的麻醉医师由于声门上气道(supraglottic airway)工具密封不良或气道梗阻而无法维持有效通气。

困难声门上气道工具置入(difficult supraglottic airway placement):无论存在或不存在气管病理改变,需要多次努力方可置入声门上气道工具。

困难气管插管(difficult intubation):即一个经过正规训练的麻醉医师使用常规喉镜正确地进行气管插管时,常规喉镜下插管时间超过 10 分钟或经 3 次尝试仍不能成功。

(一) 分类

为了及时地分析和处理困难气道,在困难气道定义的基础上对其进一步的分类是十分有益的。

1. 根据困难气道发生的类型分类

(1) 通气困难:一般指面罩加压时通气困难,以至于病人氧合不足或缺氧窒息。

(2) 插管困难:一般指暴露声门困难或气道有病理改变以至于不能顺利地插入气管导管,单纯的插管困难仍可进行面罩通气,因而不至于发生缺氧。

2. 根据是否存在通气困难分类

(1) 急症气道:一般指通气困难同时插管也困难的十分危急的病人(cannot ventilate and cannot intubate),需要特别紧急的措施打开气道并建立通气。通气困难常常发生在麻醉诱导后。

(2) 非急症气道:一般指病人能维持自主呼吸或在面罩辅助下能维持正常的通气和氧合,但插管困难(cannot intubate but can mask ventilate)。此种困难气道的处理就比较从容,只要维持好通气,允许选择其他的插管方法完成气管内插管。

3. 根据术前估计分类

(1) 确定的或预料的困难气道:术前的病史和检查已经确定或高度怀疑在麻醉诱导后会发生困难气道,此种情况可在困难发生前就有准备地选用安全的气道处理方法。因此,此类病人虽有困难气道但多属于非急症气道。

(2) 未能预料的困难气道:此类病人在术前评估时没能发现气道问题,或没有做术前检查就开始常规麻醉诱导,而在诱导后发生了通气困难或(和)插管困难。这是产生急症气道的常见原因。

此外,困难气道的病人是否能够与医师合作对气道的处理也有很大的影响。合作的病人可以接受清醒插管从而降低了发生急症气道的危险性。

(二) 困难气道的原因

造成困难气道的因素很多,大致有解剖生理变异、局部或全身性疾患影响、创伤后致解剖结构畸形等方面。年龄大于 55 岁、打鼾病史、蓄络腮胡、无牙、肥胖是 DMV 的五项独立危险因素。另外 Mallampati 分级Ⅲ或Ⅳ级、下颌前伸能力受限、甲颌距离过短(<6cm)等也是 DMV 的独立危险因素。当具备 2 项以上危险因素时,提示 DMV 的可能性较大。

1. 气道生理解剖变异　主要表现为短颈、下颌退缩、上颌前突畸形(龅牙)、口咽腔狭小、高腭弓、上颌骨前突、错位咬合、下颌骨增生肥大、会厌过长或过大等,这些因素均使暴露声门困难,导致插管困难。

2. 局部或全身疾病　引起困难气道的局部或全身性疾患,包括肌肉骨骼病,如颈椎强直、颞下颌关节强直和弥漫性骨质增生等;内分泌疾病,如肥胖、肢端肥大症、甲状腺肿大和糖尿病等;感染性炎症,如坏疽性口炎、口周瘢痕挛缩和颞颌关节强直,扁桃体周围脓肿、会厌炎、喉水肿;非特异性炎症,如类风湿疾病和强直性脊柱炎;肿瘤,如上呼吸道或咽喉部、会厌、口内和颌面部的肿瘤等。

3. 颌面部创伤　颌面部创伤会引起上呼吸道出血、异物阻塞、颌骨骨折甚至移位等导致困难气道,头面部手术后发生口腔、咽喉、颌面部组织缺损、移位以及瘢痕粘连挛缩等均可引起插管困难。

4. 其他　一些生理病理方面的变化如饱食、妊娠、循环功能的不稳定、呼吸功能不全等可使气道解剖发生改变或麻醉诱导药物使用受限而潜在地增加气管插管难度。

术前预测困难气道十分重要,有助于选择更为合适的麻醉诱导方法和插管技术,尽可能地降低发生困难气道的风险。困难气道的估计在本章第一节"术前检查和评估"中已经介绍。即使是最严格、周密的预测也不可能完全检测出每一例气道困难的病例,只要面罩通气顺利,声门暴露和气管插管困难不会导致病人发生缺氧。"病人只会死于通气失败,不会死于插管失败"。当遇到困难气道时要加以分析,切不可只顾反复插管而忘记了通气。

(三) 困难气道处理规则

术前已知的困难气道病人,一般可在病人清醒保留自主呼吸的状态下采用各种插管的技术。已全麻、无自主呼吸的病人插管困难时,应在面罩通气保证合适气体交换前提下选用各种插管技术。极端困难气道的病人应及时采用紧急的应急措施(如经气管喷射通气、喉罩通气等)。一个理想的气道管理计划应当预见所有可能的并发症,以及在某种技术不能奏效而插管失败时,能提供另一种方法来解决问题。不提倡用同一种方法反复插管,因为这样往往只能加重损伤和延误时间。此外,调节插管方法与麻醉诱导时程相匹配是这个计划中极重要的部分。为进一步规范困难气道处理流程,减少气道处理相关并发症的发生率,中华医学会麻醉学分会组织专家于 2014 年制订了困难气道管理指南,并归纳出困难气道处理流程图(图 4-15)。

(四) 常用困难气道插管技术

气道的建立可分为稳定性气道和过渡性气道。稳定性气道可靠安全,病人清醒状态下的自主呼吸的通道(自然气道)、气管内插管和气管切开这三种气道属于稳定性气道。其他如托下颌、口咽通气道、喉罩、食管-气管联合导管以及环甲膜穿刺等都属于过渡性气道。下面介绍几种常用的或对处理困难气道有价值的方法与辅助工具。

1. 气管导管法　是借助直接喉镜、可视喉镜或徒手,经口或经鼻将气管导管置入气管内的方法。插管方式根据能否直视声门又分为明视和盲探两种。可视喉镜不需要口、咽、喉三轴重叠,可有效改善声门显露,但一般需借助管芯,以防显露良好插管失败。

2. 管芯(stylet)　管芯是易塑形的粗金属丝,末端圆钝,略长于气管导管。使用前插入选好的气管导管内。注意确保管芯容易拔出并且不超出导管的尖端。带有管芯的气管导管易于塑形。通常将导管的尖端向前弯成钩状。喉镜暴露会厌后发现显露声门困难时,只要看到杓状软骨即可以此为标记,将导管尖端(已弯成鱼钩状)伸入会厌的下方(导管尖端指向猜测

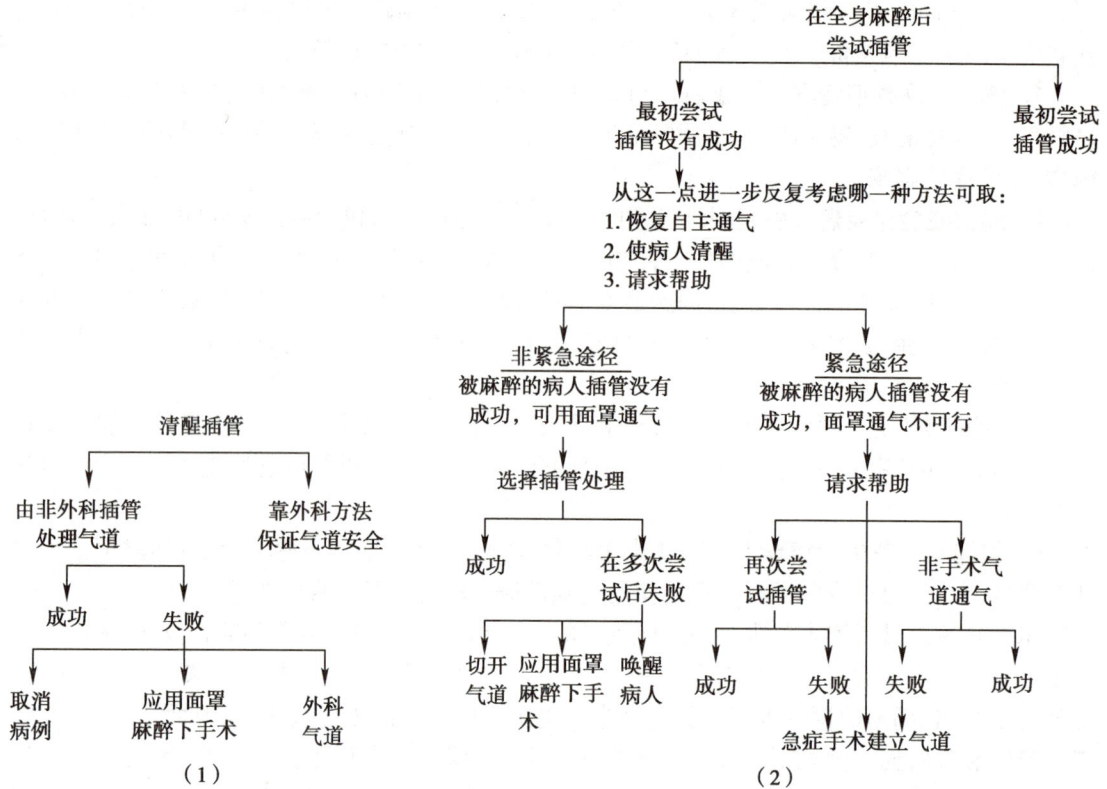

图 4-15　ASA 困难气道处理原则

的喉口方向)并向前继续推进导管,同时拔出管芯。管芯有两个功能:它使导管向前指向猜测的喉的开口方向;而且当它被移出时(导管同时向前推进)导管末端向前、向骶运动(运动方向与气管轴线一致)。如果导管向前移动无阻力并位于杓状软骨的前方,通常可以确定气管插管已经成功。切不可带着管芯插入气管过深,以免损伤气管前壁黏膜。

3. **插管探条**　树胶弹性探条(gum elastic bougie,GEB)在困难插管时和管芯一样也是重要的辅助工具。它由橡胶和丝线混合制成细长棒状,有弹性,表面光滑,末端圆钝成钩状,长度超过成人气管导管的 1.5 倍。其优点是便于引导气管插管,创伤较小。简易的也可用塑料制成,因此可以称为插管探条。使用方法是左手用喉镜暴露出会厌后,右手持插管探条将其末端的弯钩指向前方,紧贴会厌下方向声门方向置入,成功地置入气管的常见体征是当探条沿气管环推进时可听到滴答声或末端有阻挡感。在置入探条的过程中不能将气管导管套在外面,因为这样影响对探条的感觉。当探条进入气管后,仍在喉镜暴露下将气管导管套在探条的外面,在探条的引导下将导管轻轻送入声门。导管通过声门前逆时针旋转 90°,使导管尖端的斜面指向后方,通过声门后再将导管转复,并在推进导管的同时拔除探条。用听诊或 $P_{ET}CO_2$ 监测判断导管位置是否正确。

4. **喉罩的应用**　喉罩被 ASA 推荐为建立紧急气道的非手术方法,其操作方法详见第六节。插管型喉罩结合树胶弹性探条可辅助困难气管插管的完成。

5. **纤支镜引导插管**　纤支镜引导气管内插管技术是指在可弯曲的纤维支气管镜或纤维气管镜的引导下进行的气管插管。纤支镜适用于普通喉镜无法完成的气管插管,能满足某些解剖异常或有特殊病理改变病人的插管要求,如:颞颌关节融合、咽部新生物、颈椎骨折、颈部烧伤瘢痕、颈椎类风湿性关节炎等情况下的气管插管。也可用于术中检查通气障碍的原因和气管内导管的位置,以及帮助气管导管的置换;还常用于辅助双腔支气管导管和喉罩的置入和定位。

　　6. 逆行插管　逆行(经喉引导的)插管技术已经使用了几十年,是供非急症气道时困难插管病人的选择方法之一,而且只能用于清醒插管。因为逆行插管的步骤多,需时长,所以在插管的同时必须维持病人的自主呼吸。逆行插管的适应证包括:牙关紧闭症;下颌关节或颈椎的僵硬。

　　逆行插管采用硬膜外穿刺针或大口径的静脉套管针,针尖指向头侧刺入环甲膜。将一根细长可弯曲的导丝(硬膜外导管或长的中心静脉穿刺用导引钢丝,至少长70cm)经穿刺针内送入气道,直至导丝从口咳出或从一侧鼻腔出来。偶尔需要从口咽部将导丝钳夹出来。颈部导丝的远端用钳子固定,从面部导丝端穿入选好的气管导管,并将气管导管沿导丝送入喉部(图4-16)。必要时在术中保留这根穿过喉部的导丝,以便在术后紧急再插管时使用。也可先经导丝导入一根中空的塑料探条,再用探条导入气管导管。应用逆行插管技术时,存在穿刺针和导丝损伤上呼吸道和其他颈部组织的可能,因此限制了该技术的使用。

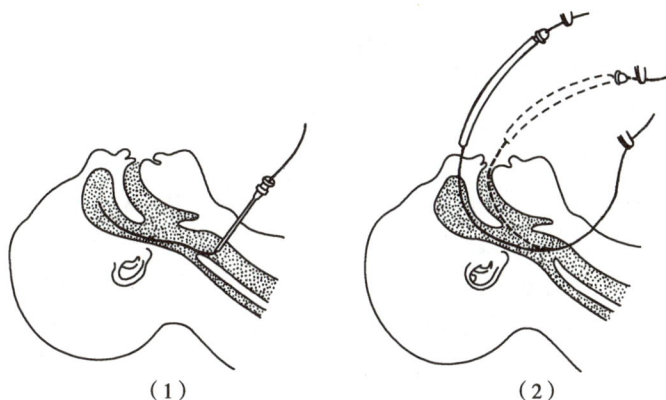

(1)　　　　　　　　　　(2)

图 4-16　引导管经环甲膜穿刺针逆行通过声门

　　7. 食管-气管联合导管　食管-气管联合导管(the esophageal-tracheal combitube,ETC)简称联合导管,是美国 FDA 在 1988 年批准使用的急症气道处理用具。适用于需要快速建立气道的病人,尤其是在喉镜暴露不佳使插管困难的情况下。

(五) 紧急通气技术

　　1. 气管喷射通气(transtracheal jet ventilation,TTJV)　在既无法插管又不能通气的极端危急的情况下,通过环甲膜穿刺行 TTJV 是一种简单、迅速、较为安全并且常常是极其有效的急救方法。TTJV 能快速短暂供氧,为进一步抢救提供宝贵的时间。此法属创伤性,并发症较多,故不宜作常规处理。

　　方法:采用大口径静脉套管针(如 G14 号),经环甲膜穿刺,针体与病人成 30°角,针尖指向病人足部,入气管后抽得空气后,退出针芯,然后连接高频喷射呼吸机行高频喷射通气,听诊两肺野,闻及清晰呼吸音则表明通气效果确实。同时,必须证实胸廓起伏及呼气通过声门逸出。如无高频喷射呼吸机,可以利用常规麻醉机上的共同开口管道,经 3mm 直径的接头与套管针连接,间断按压快速充氧按钮,进行喷射通气。

　　2. 环甲膜切开　比气管切开更为简便、迅速,并且并发症少。对于 12 岁以下的小儿,由于术后声门下狭窄的发生率较高,故被列为禁忌。快速切开套装如 Quicktrach 套装,可快速完成环甲膜切开术。操作虽然简便,但必须事先在模型上接受过训练才能迅速完成。

　　3. 气管切开术　可作为应急处理的方法。对于气管处理困难的病人,上述方法均告失败,仍无法有效实施通气者,则需作紧急气管切开,以挽救病人的生命。

六、纤支镜辅助气管内插管

纤支镜辅助气管内插管技术是目前解决困难气管插管最可靠和最有效的工具之一,具有调节角度大、直视以及直接引导插管等特点,临床应用刺激小、损伤轻、成功率高等优点。此项技术在20世纪80年代被广泛用于辅助困难气道的插管,随着纤维支气管镜外径的减小,在90年代得到进一步普及。它的使用给气管插管带来了革命性的改进。

1. **插管路径的选择** 纤支镜引导插管技术经口和经鼻均可使用。经鼻使用时由于鼻咽部弧度,可使纤支镜或气管导管自然朝向声门,比较容易获得成功。但经鼻插管时通过的导管口径较小,引起鼻腔出血的概率较高。经鼻插管的禁忌证同前面讨论过的内容。可先将气管导管推送附近后,再使用纤支镜引导插管的方法;也可直接将纤支镜放入气管,再推送气管导管。

经口插管时,由于导管的顶端不是直接朝向声门运动,会厌会成为较大的障碍,同时缺少对纤支镜的支撑结构,插管的难度明显增加。临床上可使用一些专门的口咽通气道帮助纤支镜引导气管插管,或者通过气管插管型喉罩引导插管。这样既能保障气管导管插入前的气道通畅,又能降低气管插管的难度。

2. **麻醉方式的选择** 在表面麻醉下清醒和全身麻醉状态下均可应用纤支镜辅助插管。存在面罩通气困难的病人应该进行清醒镇静插管。若可维持面罩通气,则可以在麻醉后行纤支镜插管,但是麻醉后上呼吸道软组织松弛,会出现上呼吸道梗阻引起较多的困难,必要时应使用鼻咽或口咽通气道。将舌体向前牵引有助于声门的显现。麻醉状态下行纤支镜辅助插管可以在自主呼吸或控制呼吸下使用标准面罩或内镜检查专用面罩,可以同时保证纤支镜的使用和通过麻醉环路面罩通气。

3. **插管前的准备**

(1)术前访视病人时,应对病人的气道充分评估,决定是经鼻还是经口插管,是清醒还是麻醉插管;同时与病人进行充分的交流,获得病人的理解和合作。

(2)插管前采用抗胆碱药促进气道干燥,若准备经鼻插管,需用鼻黏膜收缩药准备鼻腔。

(3)对准备清醒插管病人进行完善的表面麻醉,做到无呛咳、无恶心呕吐,减轻病人的痛苦,降低应激反应,提高插管的成功率。根据病人气道情况,可给予适当的镇静。给镇静药时必须缓慢,分次小量给予,如咪达唑仑0.5mg,异丙酚10mg分次给予。

(4)事先检查光源,并对准印刷品将纤支镜聚焦。应用前先用抗雾剂擦净管端镜面,以防水蒸气模糊镜面。镜身应充分涂抹水溶性滑润剂以帮助其顺利通过气管导管。吸引器也很重要。如果需要吹入氧气,可以把合适的氧气源接于该通道,用来吹走镜尖的分泌物、雾气,也提供纯氧。

4. **放置纤支镜**

(1)选择合适的气管导管套在纤支镜外,使用水溶性滑润剂涂抹气管导管。

(2)病人处于平卧位,若不能平卧则可处以坐位。坐位时因为重力作用分泌物引流较好,且纤支镜自然向喉部前进,对显现声门有一定帮助。纤支镜操作者可选择站在病人的头端或站在床旁。

(3)经口插管时,先将气管导管套入纤支镜的镜体并滑至其近端,在牙垫的保护下插入纤支镜。在目镜的窥视下调节方向控制杆找到会厌、声门、气管环甚至隆突,将光镜送至气管中段并把持镜体。将气管导管沿光镜向前徐徐推进,接近声门前逆时针旋转气管导管90°后再缓慢推入声门和气管内,以防气管导管的斜面在通过声门时导致损伤或脱位。一旦气管导管就位,一手稳住导管同时另一手拔除光镜并固定导管。经鼻插管时先将已选好的气管导管自鼻孔轻轻送入咽后部,再将润滑过的纤支镜沿气管导管内腔导入咽后部。

（4）操作时,由助手托起下颌,既有利于保持呼吸道的通畅,还能使会厌离开咽后壁,保持一定的咽腔容积,便于纤支镜寻找会厌和声门。

（5）纤支镜插管成功的关键包括减少分泌物;在出血和水肿前使用纤支镜;完善的表面麻醉和适当的镇静;镜头防雾化及保持纤支镜在中线位置。

5. 适应证和禁忌证　纤支镜插管技术损伤小、并发症少,最适合对已知或疑有困难气道的病人在自主呼吸的状态下行清醒插管,即适用于"不能插管,能自主通气"的非急症气道病人。

纤支镜易受损,很小的撞击就可折断光束并使视野扭曲。气道活动性出血和不透明的分泌物(如呕出的胃内容物)影响光镜的使用。对不合作的病人或表面麻醉不佳的病人也不能使用纤支镜清醒插管技术。喉或气管内、外的占位性病变已致气道严重狭窄的病人,在置入纤支镜时有发生完全性气道梗阻的危险。由于纤支镜的准备和操作需时较长,所以不适合急症气道的病人。

第三节　支气管内插管

随着胸腔手术的发展,要求术中将两肺分隔并能进行单肺通气。通常有三种器具可以为麻醉期间提供单肺通气:双腔气管导管(double-lumen endotracheal tube,DLT)、单腔支气管堵塞导管(如:Univent 单腔管系统)、单腔支气管导管(endobronchial tube)。双腔气管插管是大多数胸科手术病人首选的肺分隔技术。单腔支气管堵塞导管在成人中的应用也有逐年增多的趋势,单腔支气管导管目前已很少使用。

一、适应证及优缺点

支气管插管可以使健康肺和病侧肺的气道隔离通气,适应证包括:①大咯血、肺脓肿、支气管扩张痰量过多或肺大疱有明显液面的湿肺病人,可避免大量血液、脓汁或分泌物淹没或污染健侧肺;②支气管胸膜瘘、气管食管瘘;③拟行肺叶或全肺切除术的病人;④外伤性支气管断裂及气管或支气管成形术时,可防止患侧漏气;⑤食管肿瘤切除或食管裂孔疝修补;⑥分侧肺功能试验或单肺灌洗治疗;⑦胸主动脉瘤切除术;⑧主动脉缩窄修复术;⑨动脉导管未闭关闭术等。

支气管插管的应用可显著改善开胸条件,即开胸侧不通气,深受胸外科医生的欢迎。但麻醉者必须权衡单肺通气引起的低氧血症。因为开胸后肺内分流的大小决定于缺氧性肺血管收缩程度及手术侧肺萎陷的程度。企图升高通气侧肺泡内压以改进动脉血氧合,反而使通气侧肺血流转移至非通气侧而增加肺内分流。所以当麻醉时用双腔支气管导管使开胸侧肺萎陷容易出现低氧血症,有时对非通气侧应用呼气末正压,使其血流转向通气侧肺,才能恢复满意的动脉氧分压。此外,支气管导管内径较细,如 Carlens 双腔管 F39 及 F37 号内径分别相当于普通气管导管 F30(ID7.0)和 F28(ID6.5),明显增加气道阻力,应辅用肌松药进行控制呼吸。

同单腔支气管堵塞导管和单腔支气管导管相比,双腔气管导管更为实用。通过双腔气管导管的两个腔都能进行吸引,而单腔支气管堵塞导管只能对一侧肺进行吸引。而且双腔气管导管易于在单肺通气和双肺通气间相互转换,并在双肺隔离的同时具有多种形式的两肺分别通气功能,如开胸侧肺行高频通气,而同时健侧肺行 PEEP。这些特点明显优于单腔支气管堵塞导管。单腔支气管导管在功能上很有限,只能对单肺进行通气。

同单腔支气管堵塞导管相比,双腔气管导管也有一些弊端。首先,如果病人气管、支气管树的解剖有明显变异,可能会影响导管的放置和定位;其次,对于某些病人来说,术中或术后将双腔气管导管换为单腔管的操作存在困难或有一定风险。此外,双腔气管导管内径较细,因此吸引比较困难,气道阻力较大,且通气管理不当易产生低氧或高碳酸血症。

二、双腔气管导管

双腔气管导管是将两根导管并列连接在一起,其中每根导管只对一侧肺进行通气。双腔气管导管分左右两种。左侧双腔管的左肺导管放置在左主支气管内,右肺导管终止于右主支气管内。因此,左侧双腔管的左肺导管长于右侧。右侧双腔管正好同左侧相反。两种双腔管都有一个位于近端的气管套囊和一个位于远端的主支气管套囊。主支气管套囊的作用是分隔两肺,气管套囊的作用是将肺部与外界隔离。右主支气管很短,不能完全容纳支气管套囊及其远端导管,所以右侧双腔管的支气管套囊上有一个通气孔,为右肺上叶提供通气。双腔管有两个弯曲,分别位于两个彼此成90°角的平面上。远端弯曲便于导管尖端置入主支气管,近端弯曲适应了咽喉部的角度。

1. **双腔导管种类** 目前用于肺隔离和单肺通气的双腔管有 Carlens 双腔管和 Robertshaw 双腔管两种。Robertshaw 双腔管更常用。

Carlens 双腔导管是最早用于单肺通气的双腔导管(图 4-17),其左分支导管附有套囊斜向左侧便于进入左主支气管。它有一个隆突钩,用来辅助双腔管的放置并最大限度避免导管移位。但是隆突钩也带来了一些问题,包括增加插管难度和引起咽部损伤、隆突钩折断、由隆突钩引起的导管错位和全肺切除时影响术者操作。White 双腔导管(见图 4-17)类似 Carlens 双腔导管,但其分支导管斜向右侧,并有开口,不致阻塞右肺上叶支气管。

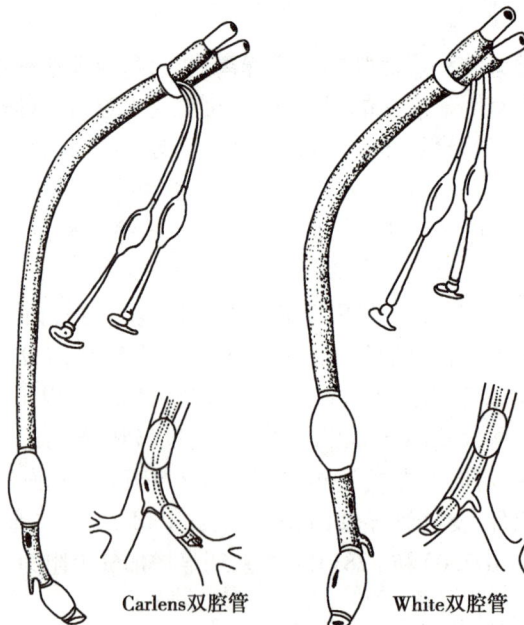

Carlens双腔管   White双腔管

图 4-17 支气管双腔导管

Robertshaw 双腔管的两个弯曲的位置和作用与 Carlens 双腔管相同,取消了隆突钩,便于插管操作。由于没有隆突钩,所以插管和定位都比 Carlens 双腔管简单,但导管位置不易固定牢靠,翻身后应再次确认导管位置。右侧 Robertshaw 双腔管的支气管套囊中有一个通气孔,可以对右肺上叶进行通气。Robertshaw 双腔管较 Carlens 双腔导管最大限度地增加了管腔的内径,从而降低了气道阻力,容易清除气道分泌物。

　　Robertshaw 导管有 41F、39F、37F、35F、28F 和 26F 六种型号,每种管腔的内径分别是 6.5mm、6.0mm、5.5mm、5.0mm、4.5mm 和 4.0mm。26F 和 28F 的 Robertshaw 双腔管只有左侧的。目前大多数麻醉医师都首选使用 Robertshaw 双腔管。

　　由于右侧双腔管的右肺上叶通气孔只有紧贴在右肺上叶开口处才能保证右肺上叶通气,加上右肺上叶开口位置的变异较多(有时右肺上叶开口于主气管),所以使用右侧双腔管有引起右肺上叶通气不足的危险。基于这些原因,对于大多数需要单肺通气的病人,较多选用左侧双腔管。如果必须钳夹左主支气管,可以将导管退入主气管,作为单腔管使用(两个管腔都对右肺进行通气)。

　　左侧双腔管的禁忌证是隆突或左支气管主干病变,包括狭窄、腔内肿瘤、气管支气管破裂、外部肿物压迫气道、左支气管主干上移,与气管几乎成 90°角,使导管置入困难或可能损伤病灶。双腔管的管径越细,支气管套囊充气越多,分泌物的吸引和通气就越困难。所以应当选用能通过声门的最大号的双腔管。一般来说,病人使用的双腔管型号随着体重和身高的增加而加大,但是身高和型号的关系更密切。

　　2. 双腔导管插管方法　在双腔支气管插管前,要先检查套囊以及管腔的连接。插管的方法基本类似气管插管,插管前充分吸氧,尽可能用喉镜显露声门。如果双腔气管导管是带隆突钩的,在导管尖端通过声带前,隆突钩的方向向后。当导管的尖端通过声带后,将导管旋转 180°,使得导管通过声门时隆突钩的方向是向前的。当导管尖端和隆突钩通过喉部后,再将导管旋转 90°,继续向前直到进入合适的支气管。

　　放置 Robertshaw 型双腔管时,远端弯曲的凹面先向前。当导管尖端通过喉部后,继续喉镜暴露。如果使用了管芯,则撤出管芯并将导管旋转 90°(此时,双腔管远端的凹面朝向拟要进入的支气管侧,近端弯曲的凹面向前),使导管能够进入拟要放置的支气管。在双腔管旋转期间喉镜持续向前用力以暴露出下咽部,使双腔管的周围留有空间以防阻碍双腔管远端自由旋转。旋转完成后,继续将导管向前推进,直到双腔管的大部分都进入口腔。当双腔管到达正确位置(即支气管套囊的上面正好位于隆突分叉的下方,见图 4-17)时,身高 170cm 的男女病人的平均深度是 29cm,身高每增加或减少 10cm,导管的深度增加或减少 1cm。病人的导管深度和身高之间具有高度的相关性($P<0.0001$)。双腔管还可以从气管切开处放置,但是应当牢记此时气管套囊可能位于气管造口处或部分位于气管外。

　　3. 双腔管定位方法　给气管和支气管套囊充气,给予正压通气,如果双腔管的位置放置正确,则双侧呼吸音正常;夹闭一侧导管后,同侧呼吸音消失,对侧呼吸音正常;胸廓的运动与呼吸音保持一致;通气侧肺的顺应性正常;没有漏气;在每一个呼吸周期都能观察到气管导管内壁水蒸气的出现和消失。另外使用胸部 X 线片可确定双腔管的位置,由于目前使用的双腔气管导管左右开口端都有不透放射线的标志线,因此可以根据胸片上隆突、支气管分叉与导管标志线的位置确定双腔管的位置是否适当。对于某些病人来说,胸片法定位的准确性优于常规的听诊和充放气法。应用纤维光导支气管镜可对双腔支气管精确定位。纤维光导支气管镜除了用于双腔管定位外,还可以辅助双腔气管插管,尤其适于解剖异常或隆突移位的病人。

　　吸痰时应预先确定吸痰管与导管同长的标记,以免插入过深损伤组织。同时应备左右吸痰管,避免交叉使用造成感染。

　　4. 双腔气管插管的并发症　除了单肺通气影响动脉氧合外,导管本身也可以引起一些严重的并发症。包括气管支气管树破裂、创伤性喉炎、肺血管与双腔管意外缝合。气管支气管树破裂的主要原因是由于支气管套囊压力过高所致。为了减少气管支气管树破裂并发症的发生,应注意:在支气管壁异常的病人中应谨慎使用双腔管;选择合适型号的塑料双腔管;保证导管位置正确;防止支气管套囊过度膨胀;转换体位时放松支气管套囊;缓慢给支气管套囊充气;吸入氧化亚氮时,选用所吸入的气体给套囊充气;转换体位过程中防止导管活动。

5. 双腔气管插管的相对禁忌证 由于插管困难或危险,有些情况下双腔管是相对禁忌的。饱胃病人;双腔管行进途中气道有病灶的患者;身材小的病人(35F 太粗,而 28F 太细);病人上呼吸道解剖提示插管困难,如内收的下颌、前凸的门齿以及颈短粗、喉前移;特别危重的病人,如已行单腔插管,不能耐受短时间的无通气和停止 PEEP;或者病人并存有上述情况,都是双腔气管插管的相对禁忌证。

三、单腔支气管堵塞导管

将单腔气管导管与支气管堵塞管结合,也可以获得有效的肺隔离。此技术可以应用于选不到合适型号双腔管的儿童。最小的双腔管是 26F,适应 8~12 岁、体重 25~35kg 的病人。单腔气管导管与支气管堵塞管联合使用,其单腔管口径大,便于吸引和通气。目前成人最常应用的是 Univent 单腔管系统,简称为"Univent 导管"。

1. 单腔支气管堵塞导管的特点 ①Univent 导管的放置容易,速度更快,同样能达到单肺通气的目的,尤其适用于困难插管和抗凝治疗的病人。②放置支气管堵塞管时病人可持续通气,侧卧位病人也很容易放置。③Univent 导管术后可以留在原位行机械通气,避免了换管(由双腔管换为单腔管)。④如果病人术中从仰卧位转为俯卧位,Univent 导管的位置不会改变。⑤由于支气管堵塞管具有可移动的特点,因此 Univent 堵塞管能够选择性地阻塞肺叶,使术侧的全肺或部分肺萎陷(如肺叶),这种选择性的肺部分阻塞对隔离肺出血尤为重要。部分与全部单肺通气相比对胸科术中低氧血症的影响截然不同。⑥支气管堵塞期间,可以通过支气管堵塞管的管腔对萎陷肺实施 CPAP。

临床应用存在的问题有:①影响全肺切除的操作,在切开结扎支气管残端前,必须将内套管回缩至呼吸道,因此在切开缝扎支气管时有漏气;②不能对任意单侧肺行间歇正压通气和吸引功能,所以不适于湿肺病人的手术;③内套管异位及阻塞不全的发生率较高。

2. 单腔支气管堵塞导管的适应证 预计术后必须行机械通气的病人[例如,肺功能差,预计术中有肺损伤,需要大量输血(或)和输液的病人,或预计手术时间长]应用单腔支气管堵塞导管进行肺隔离,可以避免术后换管带来的危险。胸椎手术的术中需要变换体位,应用单腔支气管堵塞导管可以避免导管移位。如果气道严重变形,可能会影响双腔管的放置,而对支气管堵塞导管的影响则很小。如果双肺都需要阻塞(如双肺手术,待定的手术),最好选用单腔支气管堵塞导管。

3. 单腔支气管堵塞导管插管方法 插管方法基本与单腔导管相同。插管前先将活动性套管完全回缩至导管体内,导管进入声门后向手术侧旋转 90°,也可以通过旋转病人头部来完成,然后检查导管旋转角度以及明确导管进入方向后,将导管推进至遇有阻力即可,再推动活动性内套管向下,沿着气管侧壁进入术侧支气管。内套必须深入主支气管以防止气囊压迫隆突。内套管气囊充气后,检查气囊压力,用听诊法判断阻塞肺是否完全阻塞,如阻塞侧肺呼吸音消失,气囊放气后呼吸音恢复,证明内套囊位置正确,否则需再次调整。在确定内套管位置后,把内套管外管固定帽移至外管末端,内套管固定在主管的固定带上。

四、单腔管支气管内插管

在咯血的成人,应用单腔管进行支气管插管是有效实现肺分隔的最容易、最快速的方法,尤其是对于左肺出血。由于气管的解剖特点,单腔插管成功后继续向前推进导管,即可进入右主支气管。用单腔管插入右主支气管,非常可能会堵塞右肺上叶的开口,加重发生低氧血症的可能。如果是右肺出血,将病人的头部转向右侧,气管导管进入声门后旋转180°,继续向前推进导管即可进入左主支气管,成功率约92%。另一种方法是从单腔管的接头处置入纤维支气管镜,指导单腔管进入左主支气管。有时出血量极大,即使加大吸引也看不到隆突,这时快速开胸止血是病人存活的唯一希望。在这种情况下,传统的双腔管能快速有效的分隔两肺,明显优于纤维支气管镜引导的单腔管支气管插管。因此,单腔管行支气管插管的应用受到限制,只有当条件有限又必须对小儿行单肺通气时,单腔管的支气管插管才是一种选择。

总之,双腔气管插管是大多数需要肺分隔的成年病人的首选。如果对于双腔管的位置有疑问,可以随时使用纤维支气管镜进行定位。在有些情况下,插入双腔管有困难或危险,可以单独选用单腔管或联合应用支气管堵塞导管进行肺分隔。但是将单腔管插入主支气管或单腔支气管堵塞导管都会影响到对术侧肺的吸引和供氧。另外,将单腔管插入主支气管或放置支气管堵塞导管的操作有时需要在纤维支气管镜的辅助下完成。

第四节　拔　管　术

气管导管的拔管是麻醉过程中的一个非常关键的阶段,尽管拔管相关并发症大多较轻微,但有些并发症可造成严重后果甚至致死,麻醉医生需要面临巨大的挑战。

一、拔 管 指 征

拔管可以在深麻醉或几乎完全清醒的条件下进行。术终病人通气良好,也无呕吐危险时,可在全麻三期时拔管,以减少咳嗽及喉痉挛。麻醉状态下拔管的优点是减少导管刺激引起的咳嗽、减少喉气管损伤、减轻心血管反应。拔管后要严密观察病人的生命体征,尤其是注意维持气道通畅,因为还有可能发生梗阻和误吸。另外,随着病人的清醒,也有可能发生咳嗽和喉痉挛。深麻醉拔管的禁忌证是气管插管困难、有误吸危险、手术导致气道水肿或气道难以维持。必须牢记,通过气管导管能够进行足够的通气不等于肌肉本身的力量也能保持气道通畅。

清醒拔管是在明确判断病人具有保护和保持气道通畅的能力后的拔管。拔管指征包括:①病人完全清醒,呼之能应;②咽喉反射、吞咽反射、咳嗽反射已完全恢复;③潮气量和每分通气量恢复正常;④必要时,让病人呼吸空气20分钟后,测定血气指标达到正常值;⑤估计拔管后无引起呼吸道梗阻的因素存在。利多卡因和阿片类药物可以使拔管过程平稳,但会延长清醒时间。拔管后,病人保持平卧位或侧卧位。

二、拔管注意事项

拔管需要注意的问题　所有的拔管操作都应该尽量避免干扰肺通气,保证氧供。

1. 氧储备　拔管前需建立充分的氧储备,以维持拔管后呼吸暂停时机体的氧摄取,同时可以为进一步气道处理争时间。

2. 拔管体位　尚无证据表明某一种体位适合所有的患者,目前主要倾向于头高脚低位和半侧卧位。头高脚低位尤其适用于肥胖患者,左侧卧位头低位常用于饱胃患者。

3. 吸引　口咽部非直视下吸引可能会引起软组织损伤,理想情况应该在足够麻醉深度下使用喉镜辅助吸引,特别是那些口咽部存在分泌物、血液及手术碎片污染的患者。对于气道内存在血液的患者,因存在凝血块阻塞气道的可能性,吸引时应更加小心。进行下呼吸道吸引时,可使用细的支气管内吸痰管。

4. 肺复张措施 保持一定的呼气末正压(PEEP)及肺活量呼吸等肺复张措施可暂时性地减少肺不张的发生,但对术后改善肺不张作用不大。在吸气高峰同时放松气管导管套囊,并随着发生的正压呼气时拔除气管导管,这样导管内的分泌物可以随着呼气排出。有利于分泌物的排出,并减少喉痉挛和屏气的发生率。

5. 牙垫 牙垫可防止麻醉中患者咬合气管导管导致气道梗阻。在气管导管阻塞的情况下,用力吸气可迅速导致肺水肿。一旦发生咬合,迅速将气管导管或喉罩套囊泄气,因气体可从导管周围流出,避免了气道内极度负压的产生,可能有助于防止梗阻后肺水肿的发生。

6. 拔管时仍应备有插管用具及药品,包括吸引器等,以防万一。

第五节　气管、支气管内插管的并发症

随着插管操作日益熟练,插管用具不断改进及肌松药的应用,气管插管的并发症也显著减少,其有利点远远超过很少发生的并发症。但即使有丰富经验的麻醉医师,在常规气管插管操作时也会引起气道损伤。气管插管的并发症根据发生时间的不同分为:①气管插管即时并发症;②导管留置期间的并发症;③拔管和拔管后并发症。

一、气管插管即时并发症

1. **牙齿及口腔软组织损伤** 多为操作粗暴所引起。喉镜可以引起所有接触部位软组织的损伤,通常是口唇和牙龈。这种损伤最容易发生在困难插管和为了加快插管而忽视插管要点的情况下。如喉镜置入不当,误将下唇或舌尖挤在喉镜片和下切牙之间,造成下唇或舌尖切伤血肿。喉镜置入过猛过深,可能损伤咽后壁黏膜引起出血,偶尔挑破梨状窝发生颈部皮下气肿。如上提喉镜不当,误将上切牙作杠杆支点,用力向后旋压,或存在牙齿或牙周疾病,可能会损伤牙齿。如果牙齿脱落,则要找到牙齿。如果是整个牙齿脱落,则要保护好牙根,必要时请口腔科医师会诊。如果口腔科医师不能马上到位,则将牙齿浸泡在盐水或牛奶中保存。如果不能找到折断的或整个的牙齿,就要做胸腹部的 X 线检查寻找牙齿。插管粗暴也可引起软组织损伤但极为少见,应全力避免。

有些并发症是经鼻气管插管所特有的。即使应用了血管收缩剂、导管润滑剂和精细的操作,也可能发生鼻出血。对于明确诊断患有自发性或药物性出血的病人禁用经鼻插管。如果出现严重的出血,要使用简单的工具止血,如 Foley 导管的套囊,或请耳鼻喉科医师会诊。血液流入咽部,可能会使后期的经口插管困难。经鼻气管插管可能损伤鼻和鼻咽部的黏膜,以及形成假性通道。气管和食管的损伤可以引起严重的并发症,分别是气胸和感染。

2. **高血压和心律失常** 置入喉镜、气管插管或套囊充气均可能并发一过性血压增高,尤以置入喉镜挑起会厌时显著,同时常伴有窦性心动过速,偶尔出现室性心动过速,主要为交感神经反应。儿童也可能发生心动过缓,但这时首先要考虑到是否存在缺氧。原有高血压病人,升压反应更加显著;冠状动脉粥样硬化病人常可因此使心肌耗氧量剧增,造成心肌缺血。

咽喉部及会厌追加表面麻醉可能减轻此反应,加深吸入麻醉或用大剂量芬太尼麻醉也可减少此反应,纠正这些心血管反应时不能矫枉过正,以免产生更严重的后果。$5 \sim 6\mu g/kg$ 的芬太尼能抑制插管引起的心血管反应。阿芬太尼也可应用,而且起效快。利多卡因静脉注射 $1 \sim 1.5mg/kg$ 可以减少 30% 的麻醉药用量,并且产生最小的心血管系统抑制。利多卡因表面麻醉减轻血流动力学反应的有效性不如上述两种方法,因为在气管内给予利多卡因前喉镜就已经置入。很多抗高血压药物也可以用来减轻插管反应,包括 β 受体阻滞药、酚妥拉明、硝普

钠、卡托普利、硝酸甘油和肼屈嗪,但是其有效性还不十分明确。喉镜暴露和插管过程中或随后立即出现的心律失常,通常可以通过改善通气和加深麻醉来治疗。

3. **颅内压升高** 置入喉镜及气管插管操作本身即可引起颅内压升高,通常对正常颅内压的病人,影响不大。但在颅内有占位病变的病人,颅内压本已很高,插管操作引起的颅内压进一步增高,并可诱发脑疝。有眼部开放伤、颅内压增高和颅内血管有病变的病人,要特别注意。建议静脉注射利多卡因 1mg/kg,并中等程度过度通气,有助于预防内压升高。

4. **气管导管误入食管** 气管导管滑入食管通常不难及时发现,也不致引起窒息意外。但临床上确有误插入食管未能及时发现,甚至出现窒息死亡,主要还是警惕不够。由于插管前给肌松药和纯氧吸入,呼吸消失,误入食管也不迅速出现发绀体征。尤其肥胖病人通气时胸廓运动不明显,腹壁较膨隆,误插后加腹壁听诊不清晰,从而混淆了窒息体征。除了直接看到导管通过声门、纤维支气管镜定位和监测 $P_{ET}CO_2$ 之外,其他临床的常用定位方法都不可靠,包括听诊双肺呼吸音和观察胸廓运动、压迫胸廓时导管内有气体呼出、导管内水蒸气凝结、胃部听诊、观察贮气囊的充盈和运动以及胸片等。

5. **误吸** 指胃内容物受重力作用,或因腹内压增高,胃内容物逆流进入咽喉腔及气管内。饱胃病人和预先没有估计出困难气道的病人,发生误吸的风险增加。快速诱导和清醒插管是防止病人误吸的方法。当导管放置正确,并且套囊膨胀时,仍有发生误吸的可能,但概率大大降低。

二、留置气管内导管期间并发症

全身麻醉下,用气管导管容易保持气道通畅,只有在极个别情况下出现导管梗阻、脱出等并发症。

1. **气管导管梗阻** 常见的为导管斜口被阻塞。由于肿物压迫气管、气管周围病变的牵引或脊柱严重弯曲畸形等,能使气管变形和移位,可能造成气管壁阻塞导管斜口;套囊壁薄厚不均,充气后可畸形膨胀阻塞斜口或将斜口压向气管壁。此外,导管内附着干枯黏痰、血块,均可造成导管梗阻。一旦出现完全或不全梗阻,必须寻找原因,迅速处理。可用吸痰管插入试探梗阻部位或套囊放气、移动导管等措施纠正。

2. **导管脱出** 多为术中管理不当所致,如导管固定不牢或插入过浅,变动俯卧位或头位过度后伸或前屈,呛咳动作均可能使导管脱出声门外。特别在小儿更为多见。必须妥善固定导管及抑制呛咳等。

3. **导管误入单侧支气管** 气管导管插入过深,或移动导管误入一侧支气管,特别在小儿插管更易发生,一般多进入右主支气管。有怀疑时应迅速听诊,左肺上叶呼吸音消失,而且由于将右肺上叶支气管口阻塞,使右肺上叶呼吸音减弱,应及时将导管退至气管内。

4. **呛咳动作(bucking)** 麻醉过浅,未用肌松药进行气管插管,常出现剧烈的变相的"咳嗽",称为"呛咳动作",即插管后声门不能关闭,不能使腹压升高、突然开放声门形成真正的"咳嗽",但胸壁及腹壁的肌肉仍可出现类似咳嗽的阵发性收缩动作、增加耗氧量又妨碍通气,易产生低氧血症,颅内压及血压增高和缝合创口撕裂。杓状软骨的用力内收,可引起喉创伤或使导管脱出。足量的肌松药、静注芬太尼 0.3mg 或利多卡因 50mg 均可防治呛咳动作。

5. **支气管痉挛** 气管插管可以引发支气管痉挛,这是由于麻醉状态下气道受到导管的刺激,发生了反射性的支气管痉挛。浅麻醉的病人气道反应性高,更容易发生支气管痉挛。临床上对有气道痉挛倾向的病人,可以通过预先给予抗胆碱药、类固醇、吸入 β 受体激动药、利多卡因(表麻、神经阻滞、静脉注射)、阿片类药物减轻支气管痉挛。插管后,加深麻醉并辅以静脉或吸入 β 受体激动药有助于治疗支气管痉挛。

6. **吸痰操作不当** 气管内麻醉时如导管内无分泌物及湿啰音,不宜常规用吸痰管吸痰,以免逆行感染。但术中痰量过多或肺切除血液流入气管内,必须及时多次吸引。如拖延时间,血性液体可能凝成支气管状凝块,吸出困难,必要时随吸痰管向外一起拖出。此外,切忌持续吸痰时间过长,以免引起低氧血症,导致心动过缓甚至心脏停搏。新生儿吸痰时间过久,负压过大还可发生肺萎陷及上腔静脉、主肺动脉及心脏横径增大,增加静脉回流,使缺氧心脏增加负担,有发生猝死的危险,应引起高度警惕。

三、拔管和拔管后并发症

1. **喉痉挛** 浅麻醉下拔管时偶尔并发喉痉挛而"挟住"导管,使拔管困难。在颈部可见到喉结被拽动而不能将导管拔出。应再加深麻醉,充分给氧后即可拔管,个别需要肌松药协助拔管。也有在拔管后出现喉痉挛窒息,应立即用双手托起下颌,用密闭面罩加压给氧,多能自行缓解。

2. **误吸和呼吸道梗阻** 饱食或肠梗阻病人,拔管时易发生呕吐导致误吸,应待病人完全清醒后拔管较妥。如拔管前即有呕吐,应待病人吐尽呕吐物及清除口咽呕吐物后,再放开套囊拔管,必要时可在侧卧位或俯卧位下拔管。此外,口腔颌面手术,遗留在咽喉部的血块、组织或纱布条等,如术终未清除干净,拔管后也可能阻塞声门。还有下颌手术后钢丝固定不能张口,应让术者用尼龙丝线穿透舌体牵引至口边,以防拔出鼻导管后舌后坠窒息,必要时还应插入并留置引导管再拔管,以防出现窒息时,可再用经鼻气管导管沿引导管引导插管。

3. **拔管后气管萎陷** 颈部肿瘤或胸骨后甲状腺肿压迫气管过久,容易引起气管软化。切除肿瘤后气管失去周围组织的支持,拔管后吸气时即可产生气管塌陷,出现完全窒息的意外。所以拔管时应预置引导管,以便拔管后出现窒息时重新引导插管或气管造口。

4. **咽喉痛(sore throat)** 可能发生在咽、喉或气管,即使没有气管插管也可能发生。影响咽喉痛发生率的因素包括套囊和气管的接触面积(气管炎),使用利多卡因药膏和气管导管的型号(喉炎),使用琥珀酰胆碱(咽炎)。如果套囊较长,与气管壁的接触面积大,咽喉痛的发生率增高。咽喉痛也和套囊内的压力有关。女性咽喉痛的发生率较高,这和气管导管直径与咽部直径的比例有关。咽喉痛多能在72小时内缓解。

5. **声带麻痹(vocal cord paralysis)** 可能是由于手术损伤喉返神经或导管套囊压迫引起。在一侧声带麻痹的情况下,如果再出现声带水肿,可能会引起呼吸道完全梗阻。双侧声带麻痹也会引起呼吸道完全梗阻。主要症状为声音嘶哑(hoarseness)及说话困难,间接喉镜可确诊声带麻痹。一般7~8周多可恢复声带功能或为对侧声带所代偿。

6. **杓状软骨脱位** 多为喉镜片置入过深直达环状软骨后上提喉镜所致,拔管后嘶或不能出声,持久不愈。间接喉镜可见到杓状软骨脱向侧位或后位。环状软骨脱位,受损声带外展,内收受限,使声带不能正常震颤而发声。治疗上应及早行脱臼整复,也可行环杓关节固定术。

7. **喉水肿(laryngeal edema)** 又称声门下水肿,是儿童最常见的气管插管并发症,这是由于儿童的气道细。引起成人声嘶的水肿如果发生在儿童,会使喉的横截面积显著减少。声门下水肿是儿童中更常见的并发症。因为环状软骨不可扩张,而且是气道中最狭窄的部位。水肿也可以发生在悬雍垂、声门上、后杓状软骨和声带水平。主要表现为吸气性呼吸困难并产生喘鸣(stridor),喘鸣音减弱表明气道可能完全梗阻。引起喉水肿的原因包括:导管型号过大、喉镜和插管引起的损伤、在插管和手术过程中颈部活动过多、导管存留期间剧烈的咳嗽、正存在的或近期的上呼吸道感染。如果怀疑拔管后可能出现水肿,可以在拔管前预防性使用类固醇药物。治疗包括保暖、吸入湿化氧、雾化吸入肾上腺素、静脉注射地塞米松(0.5mg/kg,最高10mg)。如果梗阻严重并持续存在,则考虑再次插管。

8. **上颌窦炎** 多发生在经鼻插管后。对于患有菌血症和颅底骨折的病人来说,前者要预防心内膜炎,后者禁忌经鼻气管插管,因为可能进入颅内引起中枢神经系统感染。鼻坏死最常见于长期鼻腔插管,也偶尔见于围术期。也有上鼻甲穿孔的报道。鼻窦炎和耳炎更常见于长期鼻插管的病人。

9. **肺感染**　不一定由气管插管引起,口咽鼻腔内细菌一般并不存在气管内,良好的口腔卫生及治好龋齿确可减少肺感染。

10. **其他**　包括声带溃疡或肉芽肿,会导致持续存在的声嘶。喉或气管狭窄是更严重的并发症,很少出现于短期气管插管的围术期。

第六节　非气管导管性通气道

一、面 罩 通 气

橡胶或塑料麻醉面罩常用于非插管病人通气。面罩的类型很多,在成人中最常用的是解剖学面罩。成人面罩分为小、中、大三种型号,儿童面罩分为新生儿、婴儿和儿童三种型号。面罩通气时,常用单手操作。手指应置于骨性表面,而不应置于软组织上,后者会导致清醒病人的不适感。通气时拇指和示指向下用力扣紧面罩,其余三指将下颌托起,防止舌后坠引起的上呼吸道梗阻。必要时,可用双手用力将下颌骨上抬,此时需要助手挤压呼吸囊通气;若无助手,可使用麻醉机进行正压通气。

肥胖、肿瘤、炎症及免疫系统紊乱的病人可能发生面罩通气困难。儿童除非有喉痉挛发生,否则很少出现面罩通气困难。对于老年无牙的病人,保持面罩的密闭性非常困难,此时可采用义齿保持原位、使用纱布垫或助手将病人脸颊上抬等方法。除了不能提供稳定的通气外,面罩通气还可能导致误吸及眼部损伤等并发症。

当托起下颌不能完全解除舌后坠时,可放置口咽通气道或鼻咽通气道,以防止舌根紧贴咽喉壁。

口咽通气道作为一种常规的通气工具,适用于紧急或非紧急状态下舌后坠引起呼吸道梗阻的病人(图4-18)。口咽通气道长度为3.5～11cm,有适合于从新生儿到成人的各种型号。新型的带气囊的口咽通气道,借助气囊充气后,不仅能封闭口咽呼吸道,还能使舌体更向前移。操作时,先将口咽通气道的弯曲面朝向腭部反向插入病人口中,当管道前端接近咽后壁时,将气道旋转180°给予复位,并继续插入直至遇到阻力。咽喉创伤、出血、炎症、肿瘤或解剖畸形的病人,禁忌使用。浅麻醉下置口咽通气道,容易引发咳嗽、呕吐、喉痉挛甚至支气管痉挛。长时间使用,可压迫黏膜引起严重的舌水肿。当放置位置不当时,可加重呼吸道梗阻。

软性的鼻咽通气道很少引起气道刺激,可在浅麻醉时使用。鼻咽通气道的长度应等于从鼻尖到外耳道的距离。插管前应使用血管收缩药如去氧肾上腺素或麻黄碱滴鼻扩大鼻腔,清醒病人还应使用利多卡因表面麻醉。操作时,将鼻咽通气道垂直病人面部插入。当病人有凝血功能异常、颅底骨折及鼻腔感染或发育异常时禁忌使用(图4-19)。

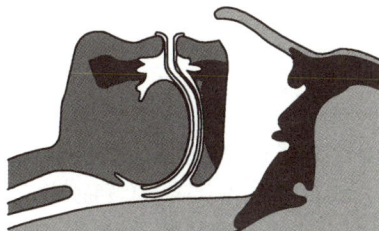

图4-18　口咽通气道

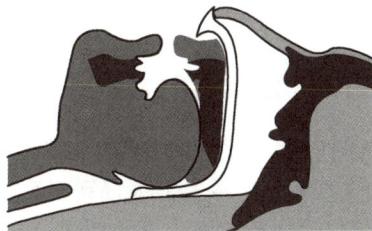

图4-19　鼻咽通气道

二、喉　罩

喉罩通气道（laryngeal mask airway，LMA），简称喉罩，是安置于喉咽腔，用气囊封闭食管和喉咽腔，经喉腔通气的人工呼吸道。20世纪80年代初由英国的麻醉学家Brain发明，随后迅速在临床普及应用，全世界范围内喉罩应用已达1亿人次。喉罩实用且独具特点，它既可选择性地用于麻醉，也可用于急症困难气道。喉罩的临床应用给麻醉管理带来了新的选择和新的思路。近年来，某些国家和地区在全麻中使用喉罩的比例已经大于气管插管，而且喉罩的应用使困难插管的比例下降。

（一）喉罩的结构和引导器

喉罩由通气导管和通气罩两部分组成，通气导管类似气管导管，用硅胶制成；通气罩呈椭圆形隆起，周边围绕气囊，通气罩近端与注气管相连，可经注气管向内注入气体使之膨胀；在通气导管和通气罩的接合部，有两条垂直栅栏，使其形成数条纵形裂隙，目的是防止会厌阻塞管腔（图4-20）。使用时根据病人年龄、体重选用不同的型号。目前喉罩有7种型号，分别用于新生儿、婴儿、儿童和成人。成年女性常用3号（30~50kg）或4号（50~70kg），男性常适合4号或5号（70~100kg）。喉罩分为普通型、加强型和可插管型（图4-21）。可插管喉罩的号码决定了气管导管的粗细。3号和4号喉罩允许内径6.0mm的气管导管通过，5号喉罩允许内径7.0mm的导管通过。

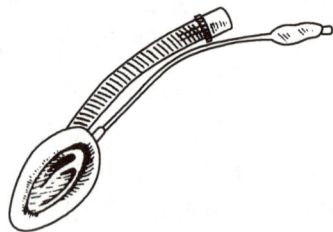

图 4-20　喉罩

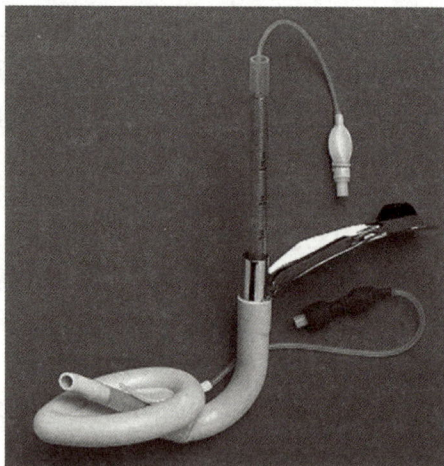

图 4-21　插管型喉罩

引导器为一条有韧性的2mm宽不锈钢条，其一端呈调羹状，在另一端切一个2~3mm孔，孔远端形成一纺锤形边缘，以便向上提会厌时，减少损伤。将引导器置于通气导管使导管弯曲，远端置于喉罩的凹陷处，退出引导器使会厌自动上提，避免插入喉罩时将会厌下推引起气道梗阻。

（二）喉罩的使用方法

首先选择适当尺寸和类型的喉罩。如果麻醉中维持自主呼吸，则选普通型喉罩；如果控制呼吸，则选加强型喉罩；辅助气管插管选择插管型喉罩。放置前润滑喉罩的背面，将气囊完全放空。用左手从后面推病人的枕部，使颈伸展、头后仰，右手示指和拇指握持喉罩，通气罩的开口面向病人颏部，紧贴上切牙的内面将喉罩的前端插入口腔内，然后向上用力将喉罩紧贴硬腭推送入口腔,用示指放在通气导管与通气罩的结合处向里推送喉罩,尽可能用示指将喉罩推送至下咽部。通常在置入的过程中可以轻轻地上下来回滑动几次,以便在插入过程中维持喉罩的自然形态。向下插入直至遇到阻力,提示套囊的尖端已经到达上段食管括约肌,然后给套囊适量充气后与麻醉机连接,评估通气的满意程度,调整后固定。此外也可借助喉镜,将病人舌上抬,使口腔空间增大,右手持喉罩沿舌正中插入喉部。喉罩的充气量初步可按(喉罩号码)×5(ml)计算,有经验者根据外端的指示气囊压力充气。过低容易漏气,过高可致咽喉痛。

　　理想的位置是喉罩末端的中心腔室罩在喉的入口处,同时喉罩套囊的尖型末端塞住食管上端的开口,而套囊的其余部分位于下咽部与两侧的梨状隐窝和会厌的喉面接触,能围绕喉的入口产生一个不漏气的密封圈,起到了密闭喉咙的作用(图4-22)。通过监测呼气末二氧化碳、听诊和观察导管内气体的运动,确定套囊放置是否正确和是否出现由于会厌向下脱位而引起的气道梗阻。位置适当时普通喉罩的密封压大于$20cmH_2O$,加强喉罩大于$30cmH_2O$。喉罩的成功置入能提供正常的自主通气和氧合,在中等水平的气道正压情况下,也能进行控制通气。择期手术中喉罩置入的成功率高达95%～99%,因此喉罩提供了第三种类型的气道以便麻醉选择。

　　为了充分利用喉罩的优势引导气管导管插管,克服常规喉罩应用中遇到的技术困难,Dr. Brain 最近推出了一种新型的插管喉罩(Fastrach TM 喉罩)。插管型喉罩(ILMA)由一宽短的不锈钢管连接 LMA 和引导把手,接口内径15mm,具有一可移动会厌提升板和引导斜坡(图4-23)。在常规喉罩孔中的两个连接杆被一个可移动的抬升会厌连接杆代替,这样当气管导管从 Fastrach TM 喉罩的金属轴通过时就会毫无阻力。Fastrach 喉罩的金属轴可以容纳最粗直径8.5mm 的气管导管插入。除此之外,轴的长度也缩短了,这样对那些颈项较长的病人就不需要加长气管导管。Fastrach 喉罩与标准型 LMA 相比,具有更好的插管特性。

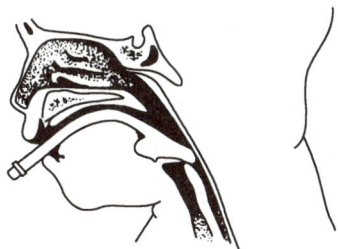

图4-22　喉罩置入的正确位置

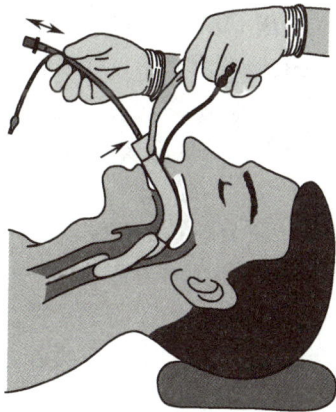

图4-23　插管喉罩示意图

(三) 优点及适应证

　　喉罩的置入不需颈部运动,不需要肌松药,不需喉镜,易学易操作,置入迅速。对病人刺激小,插管的反应轻,如心血管反应和眼压的改变较小,在恢复期病人易耐受,适合于高血压、冠心病等患者。喉罩没有气管内插管时误入食管或主支气管的问题,几乎没有术后喉痛和咳嗽,导致喉部病损的可能性很小,用喉罩替代气管导管能避免术后喉部水肿的发生。用喉罩通气代替传统的面罩通气,可以避免面罩和操作者的手影响外科操作的缺点。一种新型的、可弯曲的喉罩能在嘴部形成任何角度,防止扭曲和避免脱位。在某些情况下,可以置入喉罩建立紧急气道,如侧卧位或俯卧位时。当椎管内麻醉的阻滞效果不佳而需要联合浅全麻时喉罩是一个理想的工具。喉罩可以为气管插管困难的病人建立气道,还可以提供一个通道,加速纤维光导喉镜、橡胶弹性探条和经口盲探插管的完成。更重要的是,当同时出现面罩通气和气管插管困难时,喉罩几乎成为一种最主要的气道支持设备,是一种救命的通气措施。

(四) 缺点及禁忌证

随着喉罩应用的增多,临床报道出现的问题也越来越多。由于喉罩没有插入气管,其套囊的密封不如气管内导管的可靠性强,因而有误吸的可能。所以对误吸风险较大的人群,喉罩是禁忌的,但对于没有误吸危险因素的病人,通常是安全的。同样的原因使喉罩在通气时不耐气道高压,在肺顺应性降低或气道阻力增高的病人,由于平台压的增高引起漏气,会造成通气不足,当气道峰压大于 $20 \sim 25 cmH_2O$ 时易致胃胀气,因此喉罩更适合于自主通气的病人。由于需要有足够的麻醉深度,所以喉罩通常不适用于急诊室内有意识的病人。麻醉过浅可导致喉痉挛。对有声门上部或下咽部的损伤、重度肥大的扁桃体以及明显的喉或气管的偏移患者都不宜选用。

如果应用得当,喉罩在临床上的作用位于面罩通气和气管插管之间,它比前者更安全,但其气道的保护性和维持性不如后者可靠。在许多情况下喉罩是一种很好的过渡性气道,为气道管理提供了一种新的简便易行的方法。

三、食管-气管联合导管

食管-气管联合导管(esophageal-tracheal combitube,ETC)简称联合导管,是一种双腔、双囊导管,由维也纳 Frass 设计,并于 1987 年首次报道,此后在欧洲和美国应用于临床。食管-气管联合导管是美国 FDA 在 1988 年批准使用的急症气道处理用具。适用于需要快速建立气道的病人,尤其是在喉镜暴露不佳使插管困难的情况下。在院前急救、心肺复苏及困难插管时比老式的食管阻塞气道、喉罩能更迅速有效地开放呼吸道,并且减少胃内容物误吸等致命性并发症发生。由于它的独特优点被 ASA 推荐为在插管和通气都发生困难的紧急情况下可选用的方法之一。

1. **结构** 联合导管是双腔软塑料导管,类似两个气管导管并在一起。在双腔导管的表面具有两个气囊,近端套囊为蓝色,体积较大,可充气 100ml,充气后压迫舌根和软腭,从下咽部封闭口、鼻呼吸道并有助于固定导管,远端套囊为白色,体积小,可充气 $10 \sim 15ml$,用来封闭食管或气管与气管壁,达到密闭。两者之间有 8 个通气孔。导管近端套囊上大约 8cm 处有一蓝色环形标记,表示插入的合适深度,在正常使用情况下,此标志应正对上下门齿之间。导管一腔的远端是开放的,像常规的气管导管一样,可称之为气管腔;另一腔是闭合的圆钝的末端,而在其中段(两个气囊之间)有多个通气的侧孔,插入后的位置正好对着喉的入口,可称之为食管腔。导管近端的两腔分开,像两个独立气管导管的近端,都可分别与通气管道的接头相连(图 4-24)。

由于这种独特的设计,该联合导管可在紧急情况下徒手经口向咽下盲插到预定深度并充起两个气囊,不管是进入食管还是气管,然后通过肺部和胃部的听诊或通过监测 $P_{ET}CO_2$ 鉴别出一个正确的通气管腔,如果导管在食管内,吸入气经食管腔的侧孔进入喉部;如果导管在气管内,吸入气经管腔直接进入气道。该导管的插管技术简单易学,且插管成功率高。

（1）　　　　　　　　　　　　　　　（2）

（3）

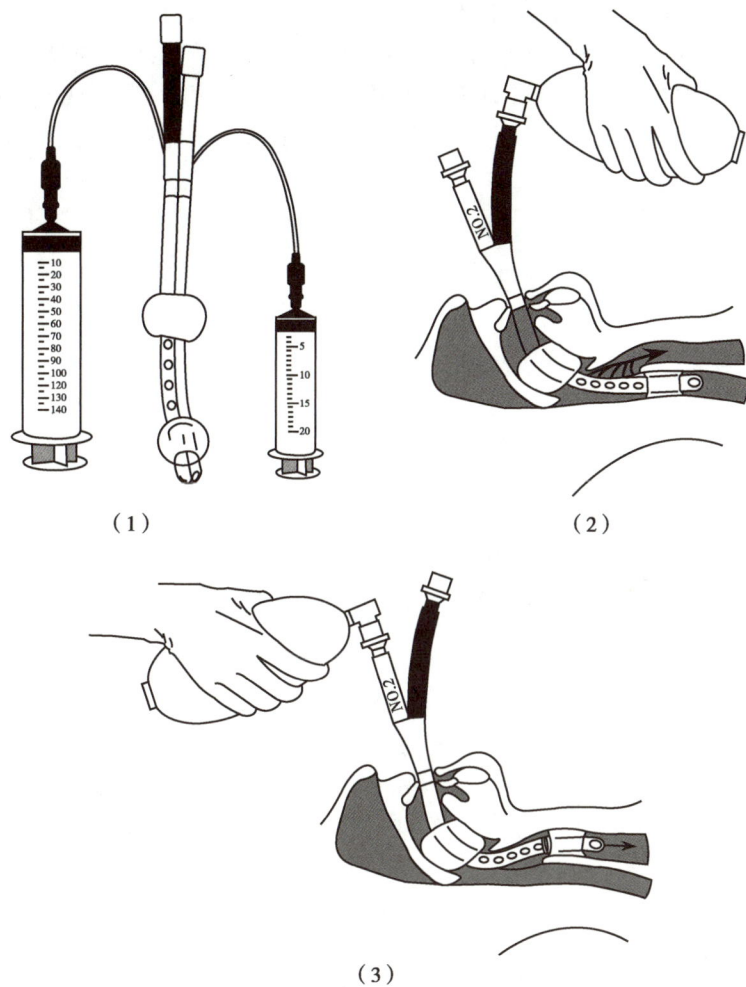

图 4-24　食管-气管联合导管

2. **插管方法**　插入前用水溶性润滑油对导管前端进行满意的润滑;联合导管可以盲插,通常操作者用左手提起下颌和舌,用右手握持联合导管的中段,将联合管的前端插入口腔内沿咽喉部自然弯曲向下推送,直至近端的环形标志位于牙齿之间。插入后用大注射器向近套囊内充气 100ml,充气中联合导气管可能从病人口中稍向外移出,然后用小注射器向远端套囊充气 10～15ml;盲探插入 ETC 进入食管的概率占 83%,进入气管为 17%;所以一般插入后主张先与食管腔相接进行通气试验。如联合管确实在食管内,在两肺可听到清晰的呼吸音,而上腹部无呼吸音;在此种位置下,用细吸引导管经联合导管气管腔可对胃内容物进行吸引。反之,说明联合导管可能进入气管内,可将通气环路与气管端相接进行通气。除盲探插入外,也可在直接喉镜协助下明视将 ETC 直接插入食管内,然后将两气囊充气,并将食管腔与通气环路相接进行通气。

3. **适应证、优点及禁忌证**　联合导管适于紧急或非紧急状态、正常或困难呼吸道的经口通气或插管病人。联合导管在急救、复苏和困难气管插管时有许多优点:①可以快速、有效地开放呼吸道,不论是导管插入食管还是气管都能进行有效通气;②操作简便,不需借助喉镜;③在不活动头颈的情况下可以成功地置入联合导管,对颈椎损伤的病人尤为重要;④置入时不受病人体位的限制;⑤咽喉部套囊充气后可以固定导管以免脱出,在病人转运途中安全、方便;⑥ETC 食管段较短,对食管无损伤;⑦导管位于食管位时,气管内无异物刺激,黏膜血液供应不受影响。

　　该导管只有 41F(13.5mm 外径)和 37F(12mm 外径)两种尺寸,因而不适合于儿童。同时对于患有食管上段病变、上呼吸道肿瘤尤其是阻塞性肿瘤或下咽部、需反复频繁行气管内吸引、喉部以及气管狭窄的病人应当避免使用或慎用。此外,喉痉挛、喉部或气管内异物会妨碍置入食管内导管的通气效果。若病例选择不当或操作粗暴也可能发生皮下气肿、纵隔气肿和气腹等并发症。

(王俊科)

第五章 | 全身麻醉的基本概念

麻醉方法按作用部位和作用机制不同分为全身麻醉、局部麻醉和针刺麻醉等。全身麻醉是临床麻醉常用方法，也是大型手术和复杂、疑难手术最常用的麻醉方法。

第一节 全 身 麻 醉

一、全 身 麻 醉

全身麻醉是指麻醉药通过吸入、静脉或肌内注射等方法进入患者体内，使中枢神经系统受到抑制，患者意识消失而无疼痛感觉的一种病理生理状态。

二、全身麻醉的诱导

无论行静脉麻醉或吸入麻醉均有一个使患者从清醒状态转为可以进行手术操作的麻醉状态的过程，这一过程称为全身麻醉的诱导（induction）。从药物进入体内至中枢神经系统内达到所需的浓度或分压需要一段时间，该段时间的长短与药物作用的快慢、患者耐受情况的好坏以及麻醉操作的难易有关，故全身麻醉诱导所需时间不一，一般为几分钟或十几分钟或更长。就全身麻醉本身而言，诱导是全身麻醉过程中一段风险较大的时间，可以出现某些并发症甚至惊险的情况，例如血压剧降、心律失常、心肌缺血、心脏停搏、呼吸道梗阻、呕吐反流、严重支气管痉挛、气管内插管的并发症等。全身麻醉药为强力的抑制性药物，在诱导时所用剂量均较大，对机体的影响较大，而患者的耐受能力亦不相同，少数患者甚至可以出现对麻醉药高度敏感（高敏，hypersusceptibility）的现象，故进行全身麻醉的诱导必须充分估计患者的耐受能力，谨慎行事，尽力预防可能发生的不良事件。必须牢记，全身麻醉诱导使患者处于将其生命安全和内环境稳定完全依赖于麻醉医师来维护的状态。

进行全身麻醉的诱导应该注意以下事项：

1. 保持手术室内的安静，使麻醉医师和有关人员能集中注意力于患者，且避免喧闹对患者的不良刺激。

2. 在开始诱导前应安置好常用的监测设备，应在连续监测的情况下进行诱导。此外，麻醉医师对患者的直接观察也是非常重要的。

3. 除特殊情况外，全身麻醉诱导时患者的体位均为仰卧位，头部垫薄枕，宜使患者放松和感到舒适。在诱导前应建立好静脉通路，适当输液，以便于在需要时从静脉通路给予急救或治疗药物。

4. 在开始诱导前一般均用面罩给患者吸氧，在患者神志消失前不宜将面罩紧扣于患者面部，以免引起患者的不适和恐惧。在气管内插管前进行控制呼吸时，给予的潮气量不宜过大，以免富余气体经食管进入胃内造成胃部膨胀及胃内容物反流。

5. 经静脉给予全身麻醉诱导药时,一般根据对患者耐受情况的估计按体重计算所需剂量。在具体执行时,不宜"倾注"式地注入,特别是对那些对循环影响剧烈的药物最好采用分次注入的方式,即先注入少量,观察患者反应,再注入少量,边观察、边注射,酌定所需剂量。对危重患者也可用静脉滴注的方式。对吸入麻醉药,除刺激性低的药物如氟烷、七氟烷外,也不宜一开始就用高浓度吸入,以减轻高浓度吸入导致的应激反应。一般先用低浓度吸入,每 3～4 次呼吸后增加 0.5% 的浓度,直至认为达可满足要求的浓度。

6. 在全身麻醉诱导过程中,应注意保持呼吸道的通畅。可以根据情况使用口咽通气管、鼻咽通气管、喉罩或气管内插管来维持气道通畅。在全身麻醉患者中大多需作气管内插管,应注意减轻气管内插管所致的心血管反应(血压增高、心率增快)。首先全身麻醉需达到适当的深度,在麻醉性镇痛药中芬太尼类药有助于减轻包括气管内插管在内的应激反应,为达此目的芬太尼的剂量约需 $6\mu g/kg$。此外,可采用一些辅助措施,这些措施多是对症性的预防处理。例如在插管前用硝酸甘油滴鼻、使用短效的 β-肾上腺素受体阻滞药(如艾司洛尔)、给予短效的降压药(如乌拉地尔,urapidil)、静脉注射利多卡因(1mg/kg)等。也可配合完善的表面麻醉。有人在开始诱导前即静脉滴注硫酸镁,与芬太尼配合使用,因为镁离子可抑制或减少儿茶酚胺的分泌。

至于采用何种诱导方法,选用哪些药物,主要取决于患者的病情以及预计的气管内插管的困难程度和风险的估计。麻醉医师的经验和设备条件也应考虑在内。此外,还应适当顾及患者的意愿。现在多采用复合麻醉进行诱导,常用的方法有:

(1)静脉快速诱导:这是目前最常用的诱导方法。在患者经过充分吸氧后即可开始诱导。一般先使用催眠、安定药或静脉麻醉药使患者丧失神志,随即扣紧面罩,注意呼吸管理。可供选择的药物有:硫喷妥钠、依托咪酯、地西泮(安定)、咪达唑仑、氯胺酮、丙泊酚(propofol)等。其中丙泊酚价格较昂贵,对咪达唑仑现均主张用小剂量(低于常规允许的剂量),氯胺酮则主要适用于心脏有右向左分流者或心率增快有利于改善血流动力学者。继之可给予芬太尼一类药物,如进行心血管手术则芬太尼所需剂量较大,但总剂量一般仍在中剂量范围内。接着静脉注射琥珀胆碱或非去极化肌松药,进行气管内插管。现常用的非去极化肌松药有维库溴铵、泮库溴铵、阿曲库铵或米库氯铵、罗库溴铵(rocuronium)等。在完成气管内插管并确认无误后固定与麻醉机连接,可酌情吸入全身麻醉药或继续给予静脉麻醉药[酌情静脉推注、滴注或以微量泵持续泵入或施行靶控输注(target controlled infusion,TCI)]。

(2)吸入麻醉诱导:只使用吸入麻醉药诱导必须保持患者自主呼吸,现应用较少。主要用于小儿麻醉或某些特殊情况如重症肌无力患者。用于小儿麻醉时一般用刺激性小带甜味的强效吸入麻醉药,如氟烷、七氟烷。用于重症肌无力患者则采用具有肌松作用的强效吸入麻醉药,如安氟烷、异氟烷,以避免肌松药的使用。当然吸入麻醉诱导亦可用于其他情况。N_2O 刺激性小,诱导快,可减少强效吸入麻醉药用量,亦可先用 N_2O-O_2 吸入诱导,再复合强效吸入麻醉药,或用 N_2O-O_2 吸入进行短小手术。用 N_2O-O_2 吸入时宜注意 O_2 有适当比例以免发生缺氧。

(3)保持自主呼吸的诱导:习惯上也称为慢诱导。主要用于气道不畅或估计作气管内插管有困难者,因其不宜用肌松药停止呼吸。一般在保持自主呼吸的条件下辅用表面麻醉,静脉注射对呼吸无明显抑制的药物如羟丁酸钠,使患者入睡或丧失神志,然后作气管内插管。也可作吸入麻醉诱导再作气管内插管。

(4)清醒插管后再诱导:适用于插管困难的患者;有误吸危险的患者(有经验的麻醉医师也可直接进行静脉快速诱导);或用于在麻醉下极易出现直立性低血压的患者(如截瘫患者)。可先作清醒气管内插管,然后安置于手术体位,在血流动力学稳定后再开始诱导。

(5)其他方法:如肌内注射氯胺酮、口服咪达唑仑或经黏膜给芬太尼等均适用于小儿的麻醉诱导。

三、全身麻醉的维持

在全身麻醉诱导完成后即进入全身麻醉的维持阶段(maintenance of anesthesia),诱导与维持这两个阶段之间并没有明显的界限,维持阶段持续至停用麻醉药为止。在全身麻醉诱导完成后、血液内麻醉药浓度或分压已达到平衡(若用吸入麻醉则还有肺泡内分压与之达到平衡),只要适当加用麻醉药即可维持和满足手术需要的水平。手术在麻醉的维持期进行,此期需注意:

1. 全身麻醉维持应与诱导密切衔接,在诱导完成特别是静脉快速诱导后,应尽快加用吸入麻醉药或追加静脉麻醉药,使麻醉深度维持稳定。避免脱节致麻醉变浅造成血压、脉搏等的明显波动。

2. 应了解和关注手术操作的进程,务必使麻醉深度与手术刺激的强弱相适应,以满足手术要求。当深即深,当浅即浅,勿使之过深或过浅。可让麻醉深度有预见性地在合理的范围内波动,切勿等到麻醉过浅才匆忙加深麻醉以致影响手术进行或造成并发症。使用吸入麻醉时较易调节,静脉麻醉亦可根据注射剂量或滴注速度来改变血药物浓度,用微量泵静脉泵注药物者,亦可适时调节泵速来调节麻醉深浅。

3. 在维持过程中即应注意避免全身麻醉的苏醒延迟。对吸入麻醉药应注意及时降低吸入浓度和停止吸入。对静脉麻醉药应结合手术进程及药物的药动学估计药物作用消失时间,掌握适宜的剂量和停药时机。

4. 保持气道通畅,做好呼吸管理,维持良好的肺通气和换气。如用机械通气,应根据呼气末 CO_2 分压和脉搏氧饱和度或血气分析来调节通气参数或是否应用呼气末正压。对通气的调节还应考虑具体的病情,如行颅内手术时 $PaCO_2$ 应偏低,如患者有冠心病则呼吸性碱血症可导致冠状动脉收缩或痉挛而加重心肌缺血。

5. 关于肌松药的应用,一般使用非去极化肌松药。最好使用肌松监测仪指导用药,以免剂量过大或不足,且减少或避免术后拮抗药的应用。

6. 注意及时处理术中可能出现的各种情况,如失血性休克、过敏性休克、心律失常等,尽可能保持内环境的稳定和脏器功能的正常。

7. 无论在全身麻醉的诱导或维持中,均应维持适当的麻醉深度以防止患者出现知晓,如有条件可利用仪器监测麻醉深度。

四、全身麻醉的苏醒

全身麻醉苏醒是指停止应用麻醉药到患者完全清醒这一时期。除某些情况如按病情需要在术后继续进行一段时间的机械通气支持等外,全身麻醉后尽早苏醒有利于患者重要器官自主调节能力的恢复,有利于患者的康复和术后护理。吸入麻醉药绝大部分经肺排出,停止吸入后至苏醒的时间取决于吸入麻醉药的血/气分配系数、麻醉时间长短、麻醉深度、肺通气功能和心排出量等。为加速苏醒,可用较大通气量促使吸入麻醉药加快经肺排出,迅速降低其在血中及脑内的浓度。当肺泡气内吸入麻醉药浓度降至0.4MAC(有报道为0.5MAC或0.58MAC)时,约95%的患者能按指令睁眼,即 MACawake,是苏醒时的 MAC(即肺泡最小有效浓度,详见后)。静脉麻醉药则按各药的药动学代谢排出,如前述需讲究用药技巧以免苏醒时间延迟,只在必要时应用拮抗药催醒。

全身麻醉后拔除气管内导管是一具有风险的操作,必须根据患者病情、苏醒情况来决定拔管与否并掌握好拔管的指征,过早或不恰当的拔管往往造成严重后果。

第二节　全身麻醉深浅的判断及掌握

全身麻醉应该达到使患者意识消失、镇痛良好、肌肉松弛适度、将应激反应控制在适当水平、内环境相对稳定等要求,以满足手术需要和维护患者安全。在施行麻醉中如何较准确的判断麻醉深浅和维持适当的麻醉深度便显得十分重要。不当的麻醉处理往往造成麻醉过浅或过深,例如在肌松药作用的掩盖下出现术中麻醉不全,手术创伤刺激所致的过度应激反应未能得到有效抑制,或术中出现知晓(awareness),对患者造成精神创伤。

Guedel 于 1937 年根据乙醚麻醉过程中患者的体征建立了全身麻醉深度分期,他将全身麻醉分为四期。

第一期:遗忘期。从麻醉诱导开始至意识丧失和睫毛反射消失,在此期痛觉仍未消失。

第二期:兴奋期。在此期可出现兴奋、躁动,此期的特征是:意识消失,但呼吸、循环尚不稳定,神经反射仍处于高度敏感状态,不应于此期进行手术操作,适当的诱导可使此期迅速度过。

第三期:外科麻醉期。此期麻醉达到所需深度,眼球固定于中央,瞳孔缩小。如未用肌松药,呼吸平衡、规律,循环也平稳,疼痛刺激已不能引起躯体反射和有害的自主神经反射(如血压增高、心动过速)。进一步加深麻醉则对呼吸、循环的抑制加重。

第四期:延髓麻醉期。呼吸停止,瞳孔散大,血压剧降至循环衰竭。这种情况必须绝对避免,如出现应尽快减浅麻醉。

从以上可以看出,在患者意识丧失且使用肌松药的情况下,循环情况和神经反射是判断麻醉深浅的主要依据。为寻找其他方法或补充方法来判断麻醉的深度,人们进行了大量的探索。但至今仍没有一种能成为临床常规应用的可靠、方便、有效方法。例如:食管下段肌肉收缩测定法测定的波形的振幅和频率个体差异较大;利用脑电图来分析麻醉深度则影响因素多,为克服脑电图分析的缺陷,近年发展起来的双频谱指数(bispectral index,BIS)脑电图分析,被认为对判定镇静深度有较大价值。BIS 的范围为 0~100,数值越大,镇静越浅,数值越小,镇静越深,BIS 值为 90~100 为正常状态,60~90 为浅镇静状态,40~60 为麻醉手术镇静状态,低于 40 为深度镇静;体感诱发电位(somatosensory evoked potential,SEP)和脑干听觉诱发电位(brainstem auditory evoked potential,BAEP)也是研究的热点之一,利用中潜伏期脑干听觉诱发电位来监测全身麻醉下的意识变化,以手术刺激下内隐记忆消失作为合适的麻醉深度的标准等均在研究之中,离临床应用都还有相当距离。其他一些简单的方法却可供临床参考,例如在没有使 MAC 明显升降的因素影响下,患者呼出气中的麻醉药浓度(肺泡气中麻醉药浓度)达 1.3MAC 时,其麻醉深度可适合 95% 的患者的手术要求。在没有大失血、休克或控制性降压的情况下,血压、心率、汗腺分泌、泪腺分泌可用于判断麻醉深度。在麻醉状态下患者的窦性心律不齐减少或消失,在浅麻醉或麻醉的恢复期窦性心律不齐的发生频率增高。

目前,在临床上对麻醉深度的判断必须综合分析,麻醉药的浓度或剂量、血压和心率的变化、其他神经反射活动的表现(如浅麻醉时出汗增多,泪液分泌增加、分泌物增多等)、未用肌松药或肌松药未及时追加时的体动等均是重要的指标(临床麻醉深度分期见第六章)。

(蔡宏伟)

第六章 | 吸入全身麻醉

麻醉药经呼吸道吸入,产生中枢神经系统抑制,使患者意识消失而不感到疼痛,称为吸入全身麻醉,简称吸入麻醉(inhalation anesthesia)。吸入麻醉是全身麻醉的主要方法,其麻醉深浅与药物在脑组织中的分压有关,当麻醉药从体内排出或在体内代谢后,患者逐渐恢复清醒。

吸入麻醉药在体内代谢、分解少,大部分以原形从肺排出体外,因此吸入麻醉容易控制,安全、有效,是麻醉中常用的一种方法。

吸入麻醉由于所用麻醉药在药理学性质上存在差别,其临床麻醉表现如诱导快慢、麻醉强度、苏醒快慢、对循环和呼吸的影响等也不相同。实施吸入麻醉需要必要的麻醉装置和方法,并对吸入麻醉深度和影响进行观察和管理。

第一节 吸入麻醉药的临床评价

临床评价吸入麻醉药(inhalation anesthetic)主要从可控性、麻醉强度、对循环和呼吸的影响等方面进行比较。

1. **可控性** 吸入麻醉药可控性优于静脉麻醉药。可控性的大小与血/气分配系数有关,麻醉药在血液内溶解度愈低,其在中枢神经系统内的分压愈易控制。因为麻醉药在肺泡气内的分压与血流较好的中枢神经系统组织内的麻醉药分压经常取得平衡状态。若此麻醉药很易在血液中溶解,则血液系统与肺泡气相比占据较大的容量。因此,肺泡气中麻醉药分压的上升是缓慢的。吸入麻醉药的血/气分配系数较小的如氧化亚氮(N_2O)、异氟烷、恩氟烷、七氟烷和地氟烷,都是可控性较好的吸入麻醉药。

2. **麻醉强度** 吸入麻醉药的麻醉强度与麻醉药的油气分配系数有关。油/气分配系数愈高,麻醉强度愈大,所需MAC也小。肺泡最小有效浓度(minimal alveolar concentration,MAC),指挥发性麻醉药和纯氧同时吸入时在肺泡内能达到50%的患者对手术刺激不会引起摇头、四肢运动等反应的浓度。由于甲氧氟烷的油/气分配系数最高达825。因此,其麻醉强度最大,MAC仅0.16(表6-1)。

表6-1 吸入麻醉药的分配系数和MAC值

药名	分配系数			MAC
	血/气	油/气	脂肪/血	
氧化亚氮	0.47	1.4	2.3	105
地氟烷	0.42	18.7	30	7.25
七氟烷	0.62	53.9	55	1.71
异氟烷	1.4	94	52	1.15
恩氟烷	1.91	98.5	36	1.68
氟烷	2.3	224	62	0.77
甲氧氟烷	13.0	825	61	0.16

3. 对心血管系统的抑制作用　所有强效吸入麻醉药都有减弱心肌收缩能力的作用。通常这种作用可同时由于增加儿茶酚胺的分泌而被掩盖,不易觉察出来。临床工作中,若患者有心功能不全,则这种负性作用表现明显。有些吸入麻醉药如氟烷,增加心肌对儿茶酚胺的敏感性,易引起心律失常。

4. 对呼吸的影响　所有较强效的吸入麻醉药都会引起与剂量有关的呼吸抑制。恩氟烷、异氟烷引起呼吸抑制比氟烷更明显。

5. 对运动终板的影响　吸入麻醉药具有肌肉松弛作用,而且易于调节控制,是其优点。与肌松药复合应用可减少肌松药的用量,可减少麻醉后呼吸抑制发生的机会。恩氟烷增强肌松药的效果比氟烷、异氟烷为好,氟烷对子宫平滑肌松弛作用较强,不宜用于剖宫产或刮宫术的患者,可能会增加产后出血,但另一方面,如用于内倒转手术,氟烷麻醉却具有一定的优点。

6. 对颅内压和 EEG 的影响　所有吸入麻醉药都会使颅内压升高,特别是在快速提高麻醉药浓度时更为明显。事先给予巴比妥类药或其他静脉麻醉药,然后逐渐增加吸入麻醉药的浓度,则可减少对颅内压的影响。异氟烷较少引起颅内压增高,恩氟烷亦较氟烷为好。强效吸入麻醉药均抑制 EEG,并随吸入麻醉药的浓度增加,抑制作用加强。但恩氟烷在浓度快速上升时可引起痉挛性 EEG 的变化。

根据以上所述,理想的吸入麻醉药物要求如下:①不燃烧、爆炸;②在室温容易挥发;③麻醉强度大;④血液溶解度低,可控性好,诱导、苏醒快速;⑤体内代谢少;⑥不增加心肌的应激性,能与肾上腺素同用;⑦使肌肉松弛;⑧能抑制过强的交感神经活动;⑨对呼吸道无刺激性,有支气管扩张作用;⑩对心肌无明显抑制;⑪不致脑血管扩张;⑫对肝、肾无毒性。

卤素类吸入麻醉药如恩氟烷、异氟烷、七氟烷、地氟烷,七氟烷和地氟烷较接近理想的吸入麻醉药,其中七氟烷已在国内广泛应用。异氟烷与恩氟烷相比,较大的差别是异氟烷不引起痉挛性 EEG 改变,也不明显增加颅内压,在体内代谢产物也较恩氟烷少,对肝、肾等实质器官功能影响更小。氟烷的麻醉效能较强,气味芳香,可用于小儿麻醉诱导,但对心肌抑制作用较强;与肾上腺素并用,可导致严重心律失常,甚至心室颤动。另外,氟烷对肝造成一定损害,特别在3个月内重复使用或在低氧状态更易发生,目前已较少应用。同样,甲氧氟烷虽为麻醉效能最强的吸入麻醉药之一,但其沸点很高,挥发缓慢,油/气分配系数高,诱导慢及可控性较差,而且其代谢产物容易引起肾损害,临床已不使用。新吸入麻醉药七氟烷和地氟烷正逐渐在临床应用。七氟烷尤宜用于小儿。

气体麻醉药 N_2O 麻醉作用较弱,容易出现缺氧,必须与氧同用,按一定比例混合;氧浓度在30%以上,可以作为其他挥发性吸入麻醉药的基础辅助麻醉,起到第二气体效应作用。N_2O 是毒性最小的吸入麻醉药,对循环系统基本上无抑制作用,不引起心律和血压的变化;对呼吸道无刺激作用,不增加分泌物和喉部反射;对肝、肾实质器官也无影响。因此,凡一般状况欠佳,肝、肾功能不良及危重患者,N_2O-O_2 吸入并复合应用其他麻醉,是这类患者常用的麻醉方法。长时间高浓度吸入 N_2O,可能对红细胞生成系统有一定损害,主要在于 N_2O 与维生素 B_{12} 形成一化学反应,而影响了红细胞生成时对维生素的利用。因此,凡吸入 N_2O 超过6小时,吸入 N_2O 浓度超过50%,均需于手术中补充维生素 B_{12},以减少副作用。

乙醚麻醉由于安全性高,全麻作用较完善,故一百多年来广泛应用。但因其易燃烧、易爆炸,不能同时应用电器设备,所以现在已不应用。

第二节　常用的吸入麻醉装置及吸入麻醉方法

一、常用的吸入麻醉装置

吸入麻醉装置（inhalation anesthesia apparatus）使用的目的是为患者提供吸入麻醉，并能进行辅助或控制呼吸，使吸入麻醉过程安全、有效。吸入麻醉装置包括以下各部件：气源、流量计、蒸发器、贮气囊（呼吸囊）、呼吸螺纹管、不重复吸入活瓣、二氧化碳吸收器及湿化器。

1. **气源**　一些医院的气源来自中心供气，但目前我国大多数医院都来自高压气瓶。无论中心供气还是应用高压气瓶，均需经过减压阀，使高压氧（20MPa）和 N_2O（5MPa）降压后才能连接麻醉机。氧气高压瓶为蓝色，N_2O 高压瓶为灰色。

2. **流量计**　是检测从气源逸出的氧气、空气、氮气和麻醉气体经麻醉机进入患者的流量。

3. **蒸发器**　蒸发器内装有液态吸入麻醉药，后者经蒸发器的作用蒸发成气态而被患者吸入。蒸发器随温度高低而蒸发量有变化，温度升高则蒸发的麻醉药多，反之则少。故一般蒸发器均有温度补偿装置。在室温下每种吸入麻醉药均有不同的蒸气压和饱和浓度，因此，每种吸入麻醉药有专用的蒸发器。

4. **贮气囊（呼吸囊）**　不仅作为贮气用，手压贮气囊可以进行辅助或控制呼吸，亦可借此检测呼吸道的阻力以及肌肉松弛度。

5. **呼吸管**　其作用为转运呼吸环路或回路中氧气和麻醉气体等气体。为减少管腔阻力，呼吸管口径宜大而不过长。

6. **呼吸活瓣**　其作用使麻醉机内的氧气和麻醉气体等循一定的方向流动。也可借助活瓣装置使空气或氧气与麻醉气体混合吸入，然后再通过活瓣呼出，排于大气中。

7. **二氧化碳吸收器**　在密闭式或半密闭式的装置中，吸气和呼气完全或部分与大气隔绝，呼气则通过钠石灰或钡石灰把其中的二氧化碳吸收：

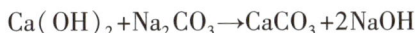

$$2NaOH+H_2CO_3 \rightarrow Na_2CO_3+2H_2O$$

$$Ca(OH)_2+Na_2CO_3 \rightarrow CaCO_3+2NaOH$$

$$或\ Ba(OH)_2+H_2CO_3 \rightarrow BaCO_3+2H_2O$$

钠石灰中含 5% NaOH 及 95% $Ca(OH)_2$，钡石灰中则含 20% $Ba(OH)_2$ 及 80% $Ca(OH)_2$。在上述化学反应中均放出较多的热量。

二、常用的吸入麻醉方法

吸入麻醉按重复吸入程度及二氧化碳吸收装置的有无分为开放、半开放、半紧闭、紧闭四种方法，如图 6-1 所示：①呼气无重复吸入、无 CO_2 吸收装置为开放；②呼气有少部分重复吸入、无 CO_2 吸收装置为半开放；③呼气有部分重复吸入、有 CO_2 吸收装置为半紧闭；④呼气全部重复吸入、有 CO_2 吸收装置为紧闭。

按使用的装置及使用方法的不同，有多种分类方法。如 Moyers 按有无贮气囊及有无重复吸入将吸入麻醉分成开放、半开放、半紧闭、紧闭 4 类（表 6-2）。

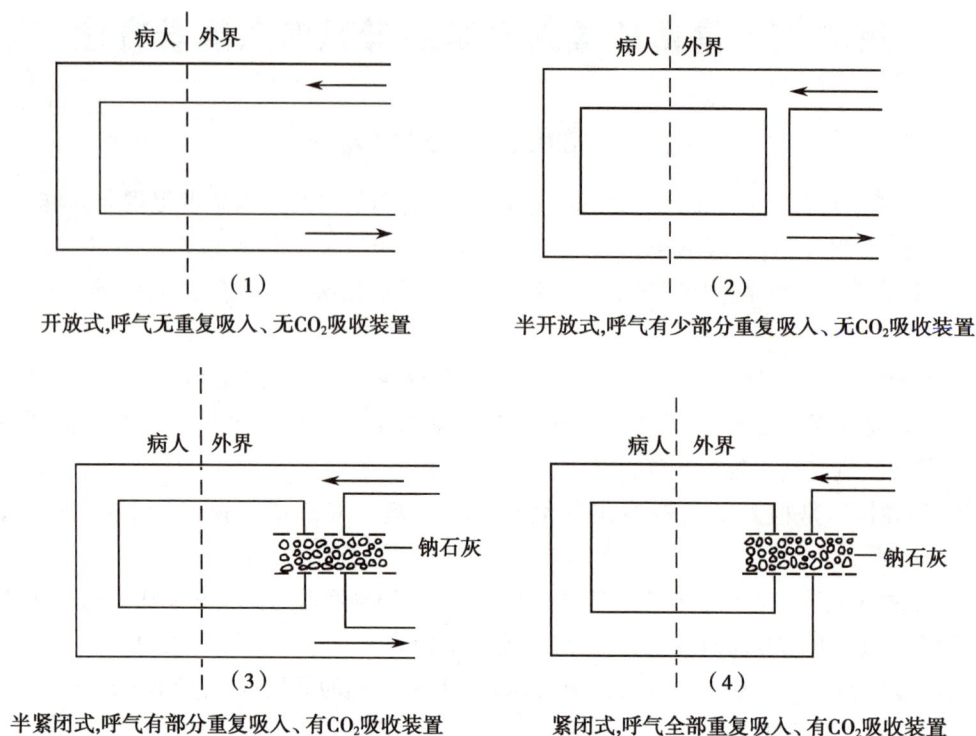

图 6-1　按重复吸入程度、有无 CO_2 吸收装置的分类

表 6-2　Moyers 分类

	贮气囊	重复吸入
开放	无	无
半开放	有	无
半紧闭	有	有、部分
紧闭	有	有、全部

（一）开放式

开放式有三种方法：开放点滴法、冲气法和无重复吸入法。

开放点滴法是用带边槽的金属丝网面罩，覆以 4~8 层纱布，儿童可减少。将吸入麻醉药滴到面罩的纱布上，患者吸入其挥发后的气体，面罩内吸入麻醉药的浓度与点滴速度有关。在吸入麻醉药能充分挥发的限度内，点滴速度愈快，则吸入麻醉药浓度愈高，氧浓度愈低。冲气法是将氧和麻醉蒸气的混合气体吹送入口腔、咽部或气管内的吸入麻醉方法。吸入麻醉药的多少视患者的通气量与吹送的气体流量而定，通气量愈小，气体流量愈大，吸入的麻醉药浓度愈高。

上述两种方法的优点是设备简单，机械无效腔及呼吸阻力小。缺点是气道易干燥，污染手术室内空气，不能辅助呼吸，故目前已不应用。

无重复吸入法是吸气时贮气囊内的新鲜气体通过吸气活瓣吸入人体，呼气时通过呼气活瓣，将呼出气全部排至大气中。吸气和呼气活瓣构成一体，称为无重复吸入活瓣，如图6-2。本法的优点是无效腔及呼吸阻力小，故适用于婴幼儿，能进行辅助及控制呼吸。缺点是气道易干燥及丧失热量，呼气中的湿气、分泌物、血液等可使活瓣失灵，致通气困难。

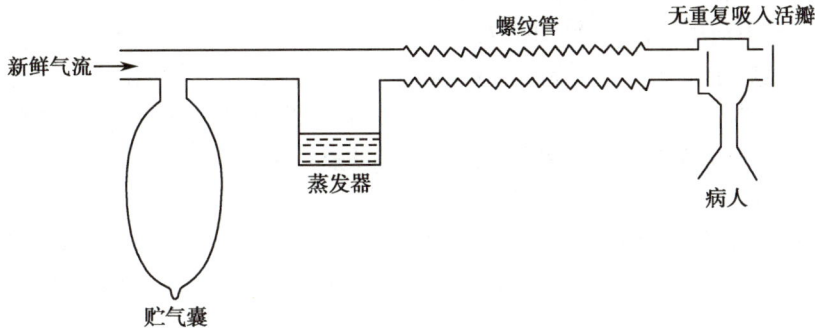

图 6-2　无重复吸入麻醉装置

（二）半开放式

呼气大部分排出至大气中，一小部分被重复吸入。吸入麻醉的通气系统中，没有无重复吸入活瓣及含 CO_2 吸收装置的 CO_2 清除回路，由麻醉机输出的麻醉气体、蒸气及氧气进入贮气囊和（或）贮气呼吸管，与患者部分呼出气混合后被患者吸入。Mapleson 于 1945 年根据有无活瓣、贮气囊、呼吸管及新鲜气体的流入位置，将此系统分为 A、B、C、D、E、F 六类，见图 6-3。有自主呼吸时可选用 A 系统，婴幼儿选用 E 系统，控制呼吸时用 D 系统。此类装置的缺点是因高流量造成浪费及手术室污染，长时间使用可引起气道干燥。

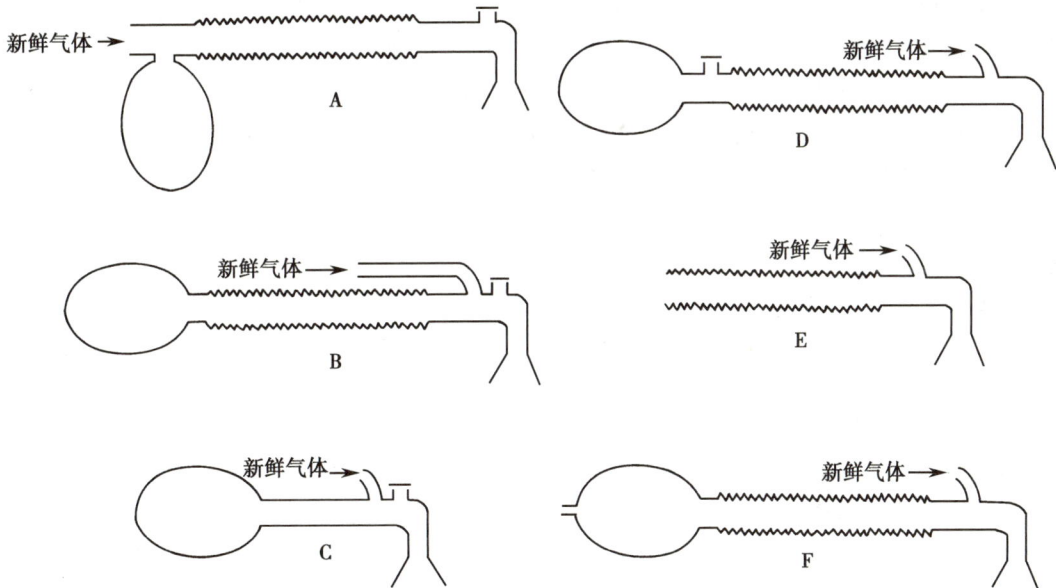

图 6-3　Mepleson A～F 型麻醉通气系统示意图

有自主呼吸时 A 系统的优点是使用的新鲜气流量不高，用每分通气量或低于每分通气量亦不致产生重复吸入，而 B、C、D、E 系统的新鲜气流量则需 2 倍于每分通气量。A、B、C、D 系统皆有活瓣，在高流量时呼吸阻力甚大，故用于小儿麻醉仍以无活瓣的 E 系统为好。在控制呼吸时，D 系统由于呼气活瓣远离患者，重复吸入较 A、B、C 系统为少。

1. Mapleson A 系统　Mapleson A 系统包括 Magill 装置和 Lack 回路两种。Maggill 装置是传入贮气系统，排气活瓣接近患者，贮气囊和呼吸管的容积大于潮气量，自主呼吸时效率高。控制/辅助呼吸时，由于一些肺泡气被重复吸入、一些新鲜气排出，因此本系统控制/辅助呼吸是低效率的。通过增大潮气量,提高新鲜气流量达每分通气量的 3 倍,才能有效地防止过高的 CO_2 重复吸入,故不适用于控制/辅助呼吸。

Lack 回路是属于传入贮气系统、Mapleson A 系统的改良型同轴回路,新鲜气流通过外管吸入,呼出气通过内管由远离患者端的排气活瓣排出,因此克服了 Magill 装置的排气活瓣靠近患者影响头、颈部手术操作及排气装置增加重量等缺点。用于控制/辅助呼吸与 Magill 装置同样的低效率。

2. **Mapleson B 及 C 系统** B 和 C 系统在自主呼吸时都引起肺泡气和新鲜气的混合,需要 2 ~ 2.5 倍每分通气量的新鲜气流量,才能达到容许的重复吸入水平(CO_2 被重复吸入不到 1%),故无临床使用价值。

3. **Mapleson D 系统** 是传出贮气系统,自主呼吸时为低效率,新鲜气流量要达到每分通气量 2 倍以上才能预防过高的 CO_2 重复吸入。在控制/辅助呼吸时是高效率的,因与 A 系统完全相反,新鲜气流入口接近患者,新鲜气流的冲洗作用,使 D 系统在控制/辅助呼吸时,排除 CO_2 的效率更高。一般新鲜气流量超过每分通气量即可,当新鲜气流量达到每分通气量的 2 倍时,几乎吸入的都是新鲜气。

4. **Mapleson E 系统** T 形管属于 Mapleson E 系统,因无活瓣及贮气囊,故阻力及无效腔均小,适用于新生儿、婴儿和 5 岁以下低体重幼儿(图 6-4)。其功能同 Mapleson D 系统,在自主呼吸和控制/辅助呼吸时,其效率都高。

5. **Mapleson F 系统** 此系统是由改良的 T 管加一贮气囊构成。T 形管采用超过患者潮气量的管与贮气囊相连接,如管的容量过低可产生重复吸入。其功能和使用范围与 Mapleson E 系统相似,与之相比有下列优点:①自主呼吸时可通过贮气囊观察到患者呼吸情况;②自主呼吸时可提供 CPAP,IPPV 中可给予 PEEP。

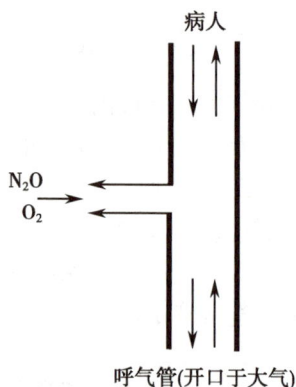

图 6-4 T 形管示意图

(三) 半紧闭式

用循环式麻醉机,对逸气活瓣保持一定程度的开放,在呼气时一部分呼出气体经此活瓣排出,一部分呼气通过 CO_2 吸收器,再与新鲜气体混合后被重复吸入,故不易产生 CO_2 蓄积。本法优点在于容易控制麻醉药浓度。因为增加新鲜气流量时,重复吸入的气体比例减少,吸入气体的成分接近新鲜气体的成分,易于调节吸入麻醉药浓度。

若无体内吸收因素,大流量气体进入麻醉机后应有等量气体呼出。进入体内的麻醉气体浓度最终要和麻醉机中麻醉气体浓度达到平衡。据计算,若气体在麻醉机内能均匀混合,则在 3 个时间常数内麻醉机内麻醉气体浓度可增加至输入气体浓度的 95%。例如,当输入气体流量为 4L/min 时,时间常数为 1 分钟,经 3 分钟后,机内麻醉气体浓度即可升高到输入气中浓度的 95%。

本法的缺点是浪费麻醉药及污染室内空气,在低流量时或吸入氧浓度不够高时可引起缺氧。例如吸入总流量为 1L/min 的 50% N_2O、50% O_2 的混合气体时,由于吸气被重复吸入的呼出气所稀释,麻醉时间较长,实际吸入的氧浓度可低至 20%。吸入的氧浓度低时,例如吸入 80% N_2O、20% O_2,总流量为 7.4L/min 时,麻醉开始后 6 分钟,吸入氧浓度降至 18%。故吸入 80% N_2O、20% O_2 的混合气体时,新鲜气体总流量应在 8L/min 以上(图 6-5),且应及时降低吸入 N_2O 的浓度。在进行 N_2O-O_2 吸入时,吸入气中氧浓度至少要达到 25% ~ 30% 才安全。

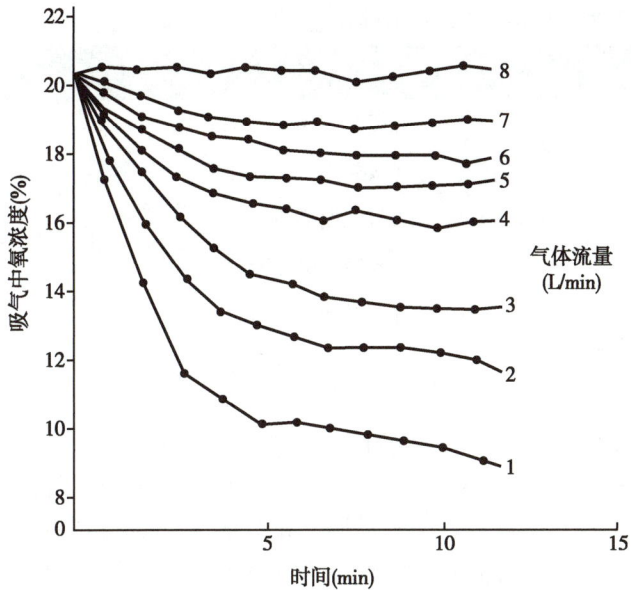

图 6-5　循环式半紧闭环路的气体流量与吸入气中的氧浓度

（四）紧闭式

本法是用来回式或循环式紧闭麻醉装置实施吸入麻醉的方法,在呼气时全部呼出气通过 CO_2 吸收器,再与新鲜气体混合后被重复吸入。来回式和循环式吸收法的比较见图 6-6、图 6-7 和表 6-3。

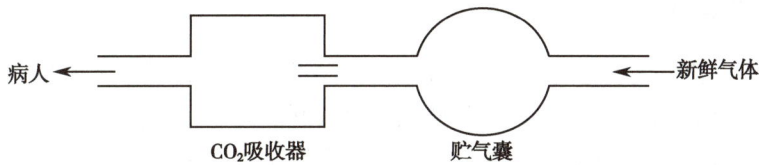

图 6-6　来回式装置示意图

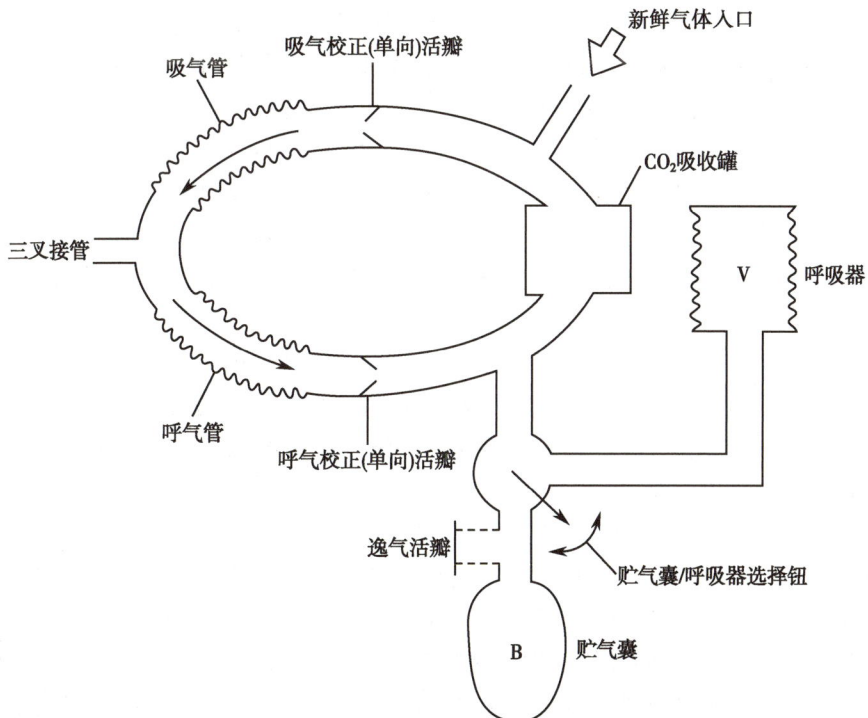

图 6-7　循环紧闭装置示意图

表6-3 来回式与循环式吸收法的比较

来回式	循环式
呼吸阻力小	呼吸阻力大
无效腔大	无效腔小
吸气温度较高	吸气温度不高
易吸入碱性粉尘	不易吸入碱性粉尘
易消毒,不易引起感染	导管及活瓣可引起感染
呼吸两次通过 CO_2 吸收器	呼吸一次通过 CO_2 吸收器

本方法的优点:①CO_2排除完全;②吸入气体的湿度接近正常,易保持呼吸道湿润,保留体内水分;③可减少体热丧失,碱石灰产热,有助于维持麻醉中的体温;④因采用低流量气体,行低流量吸入麻醉,可显著节约麻醉药和氧气;⑤麻醉深浅较易调节和控制,麻醉易维持平稳,一般维持肺泡麻醉药浓度于 1.3 MAC 即可;⑥可随时了解潮气量的大小和气道阻力的变化;⑦可减少手术室的空气污染。

主要缺点:①结构较复杂,整机连接口较多,均有出现连接不良或漏气等可能;②导向活瓣较易失灵而引起严重事件:活瓣固定于开放位置时可致严重 CO_2 蓄积;固定在密闭位置可致呼吸道完全阻塞;③体积较大,不如麦氏装置使用方便。

(五) 低流量吸入麻醉

吸入麻醉按其新鲜气流量的大小分为高流量吸入麻醉与低流量吸入麻醉。一般新鲜气流量大于4L/min 为高流量,小于2L/min 为低流量吸入麻醉。故只有在半紧闭式和紧闭式两种方式下,并有 CO_2 吸收器的重复吸入系统才能进行低流量吸入麻醉。目前临床上应用者基本上均属低流量范畴。

低流量吸入麻醉的优点:①减少手术室污染,节约吸入麻醉药。②保持湿度和温度,由于吸入气体的温度及湿度高,起到保持体温、减少隐性失水量及保护肺的作用。③增加对患者情况的了解。紧闭式麻醉患者肺与麻醉机回路成为一个整体,肺内气体的摄入量直接反映在回路容积上。例如麻醉减浅时,肌张力增加,胸廓顺应性下降,肺内容量减少,使回路内气量增加,压力增高。当肺顺应性发生变化时,回路内容积也发生相应改变。另外,当支气管痉挛或气道阻塞时,贮气囊和回路内容积增加、压力增高。通过对患者情况变化的了解,指导诊断、处理和合理用药。④较易发现回路故障。如麻醉中回路脱落,可立即发现贮气囊突然变小,回路内压力降低。

低流量吸入麻醉的缺点:①使用 N_2O 时必须监测氧浓度,因为流量计的 N_2O/O_2 比与肺泡气浓度之比不同,可引起缺氧。②吸气浓度不易控制,因低流量吸入的新鲜气流被呼气稀释,使吸入浓度不易控制,故应对回路内麻醉气体浓度进行监测。③须有适当的麻醉机,例如适用于低流量的流量计、蒸发器、通气机等。④回路内有麻醉气体以外的气体蓄积:a. 氮的蓄积,Morita 等报告 120 分钟紧闭麻醉氮达 6.4% ~ 16.2% 。因此,在紧闭式麻醉并用 N_2O 时,首先应将麻醉机回路及肺内的氮排出,麻醉前用 10L/min 的氧去氮 3 分钟,可达到置换95%的气体。b. 一氧化碳的蓄积,但一般都是轻度增加,不致引起组织缺氧。c. 吸入麻醉药代谢产物甲烷、丙酮等的蓄积。这些气体的污染源是吸入气体的污染物如氧气中的氮、氩等;体内产生的气体如丙酮、甲烷、吸入麻醉药的代谢产物;组成回路的材料如橡胶、钠石灰中蓄积的气体。

N_2O 低流量麻醉方法:低流量麻醉的新鲜气流量,多是 1L/min,新鲜气体的组成为 50% O_2、50% N_2O,有部分重复吸入,因新鲜气流量大于摄取量自然有剩余气体排出,在麻醉过程中麻醉气体组成成分上有变化。Foldes 建议用高流量(4L/min N_2O、1 ~ 1.5L/min O_2)3 分钟以上,然后将新鲜气流量降到 1L/min,其中 O_2 和 N_2O 流量按下式计算:

$$O_2 流量 = VO_2 + (FGF-VO_2)\% \times Konz\ O_2$$

$$N_2O\ 流量 = FGF-O_2\ 流量$$

式中,VO_2 为每分钟耗氧气量;FGF 为每分钟新鲜气流量;Konz O_2 为预计氧气浓度。

Foldes 及 Doncalf 提出了一个修正方案:用 2L/min O_2、4L/min N_2O 10 分钟后降至 1L/min(0.5L/min O_2、0.5L/min N_2O),10 分钟后可用 0.7L/min O_2、0.3L/min N_2O。Grote 建议用 2L/min O_2、4L/min N_2O 5 分钟后新鲜气流量降至 1L/min(0.5L/min O_2、0.5L/min N_2O),在 1 ~ 2 小时后改为 0.6L/min O_2、0.4L/min N_2O。

(六) 吸入麻醉诱导

全身麻醉(general anesthesia)诱导分为静脉快速诱导、吸入麻醉诱导及其他诱导方法,如表面麻醉清醒插管法。其中静脉快速诱导迅速、平稳,是临床最常用的方法。

吸入麻醉诱导适用于不宜用静脉麻醉及不易保持静脉开放的小儿等。对嗜酒者、体格强壮者不宜用。本法又分为慢诱导法和高浓度诱导法,慢诱导法是用左手将面罩固定于口鼻部,右手轻握贮气囊(或点滴麻醉药),将蒸发器打开,让患者稍深呼吸,逐渐增加麻醉药浓度,至外科麻醉期;高浓度诱导法是先用面罩吸纯氧 6L/min 去氮 3 分钟,然后吸入高浓度麻醉药如 5% 恩氟烷,让患者深呼吸 1 ~ 2 次后改吸中等浓度如 3% 安氟烷,至外科麻醉期。可行气管插管,施行辅助或控制呼吸。诱导中应注意保持呼吸道通畅,否则可致胃扩张,影响呼吸,并可引起误吸。

第三节　吸入麻醉期间的观察与管理

吸入麻醉分为诱导、维持和清醒三个阶段,为了患者的安全和麻醉的成功,做好麻醉前准备并做好麻醉期间的观察和管理最为重要。

一、麻醉前准备

麻醉前访视患者,全面了解患者的情况和手术计划,并制订好麻醉方案。在患者入手术室前麻醉者就应将麻醉机及其他用具、药品准备好。患者入手术室后应核对患者,对患者的全身情况、病房的准备、麻醉前用药的效果等进行核查。测血压、脉搏、呼吸,并做好记录,开放静脉输液通路。

二、临床麻醉深度监测

麻醉深度的观察和管理是麻醉期间主要任务之一。

由于肌松药、新吸入麻醉药以及复合麻醉广泛应用,典型乙醚麻醉分期已不能满意地表达其他全身麻醉药的麻醉征象,但为应用临床体征监测麻醉深度和分期奠定了基础。目前临床上通常将麻醉分为浅麻醉期、手术期麻醉和深麻醉(表6-4),可供参考。

表 6-4　临床麻醉深度判定标准和分期

	呼吸	循环	眼征	其他
浅麻醉	不规则 呛咳 气道加压时高阻力 （操作时最明显） 喉痉挛	血压升高 脉快	瞬目反射消失 眼睑反射有 眼球运动 流泪	吞咽反射有 出汗 分泌物多 体动
手术期麻醉	规律 气道加压时低阻力，但 稳定，操作时无变化	血压稍低	眼睑反射消失 眼球固定	手术操作时无体动 黏膜分泌物消失
深麻醉	膈肌呼吸 呼吸浅快 呼吸停止	血压下降 脉搏变慢 循环衰竭	瞳孔散大 对光反射消失	各种反射均消失

用脑电活动监测麻醉深度是近期研究的方向之一。应用计算机技术，从周期、振幅、位相三方面对脑电活动综合分析，目前较为成熟的是频谱分析法，其主要指标为双频指数（bispectral index，BIS）和边缘频率（spectral edge frequency，SEF），临床研究表明 BIS 和 SEF 能较好地判断麻醉镇静深度。清醒状态下 BIS 为 85～100，手术期麻醉为 50 左右，深麻醉时少于 40。手术刺激强度对 BIS、SEF 有影响。

三、麻醉期间的观察和管理

患者在麻醉、手术期间，因为既往存在的疾病、麻醉药和麻醉操作的影响、手术创伤、失液和失血以及体位的改变等都会带来呼吸、循环、神经系统等异常表现和生理功能的变化。麻醉期间应密切观察患者出现的这些变化，力求及早发现问题和尽快进行纠正与处理，避免发生严重后果，确保患者围术期的安全。

麻醉期间除监测麻醉深度外，应加强对患者的临床观察和重要生理指标的监测。忽视严密的观察和必要的生理指标监测易引起麻醉失误和对患者处置不当。临床观察包括对患者一般状况、呼吸、循环和中枢神经系统等方面变化的观察和评价。麻醉期间生理指标的监测包括记录患者的呼吸、脉搏、血压、尿量、中心静脉压、脉搏氧饱和度（SpO_2）、血气、体温、心电图和有条件时监测脑电图等。这些指标是麻醉医师对患者的临床变化进行综合分析并做出正确诊断所必需的。

麻醉期间对患者呼吸的观察主要看呼吸频率、幅度和呼吸道通畅度，呼吸道不通畅又会影响呼吸频率和幅度的改变。最简单的措施是应用听诊器置于胸部前后细听呼吸音的变化，要善于识别呼吸异常情况。浅而快的呼吸是呼吸功能不全的表现，常使通气量锐减，引起低氧血症；呼吸道梗阻时往往表现为呼吸困难，吸气时胸廓软组织凹陷，辅助呼吸肌用力，出现鼻翼扇动，甚至全身发绀。潮气量减低者，可能因麻醉过深使呼吸中枢受抑制，或肌松药的残余影响，或椎管内麻醉平面过高所致。动脉血气分析是麻醉医师判断呼吸功能最重要监测指标。

临床麻醉和复苏中的最基本原则是保持呼吸道通畅。手术后只要患者神志尚未完全恢复或意识仍模糊不清，则保持呼吸道的通畅仍为麻醉医师首要的职责。如果麻醉期间呼吸道未能保持通畅，不仅存在急性猝死的危险，而且也很难保持吸入麻醉或其他麻醉方式的平顺，麻醉深浅的征象也难以识别。对呼吸道通畅的理解，不仅包括从口唇、鼻腔到肺的通畅，也包括到肺泡内毛细血管壁整个通路的通气无阻。呼吸道阻塞的程度及发展可有轻重不同，可以是突然发生,也可以在不知不觉中产生。

麻醉中呼吸道梗阻的临床表现为:①呼吸囊、胸或腹呼吸运动减小,说明肺的通气功能减弱或消失;②吸气时见胸骨上颈部软组织或肋间隙塌陷,间或有胸廓反常呼吸运动;③麻醉不深时可见辅助肌呼吸与鼻翼呼吸;④吸气时见喉头与气管拖曳现象;⑤呼吸杂音增强;⑥脉搏增速、血压升高、皮肤青紫,如患者清醒时则表现为烦躁不安。

呼吸道梗阻的最常见原因是舌根后坠,外伤昏迷患者中死亡病例的 15% 是由此原因造成的。处理舌根后坠并

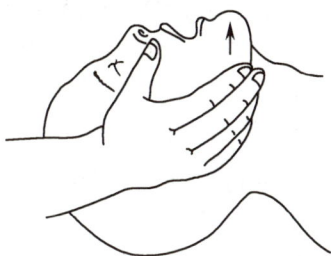

图 6-8　托起下颌的方法

不困难,只要将患者头部尽量后仰,将下颌向前托起(图 6-8),或置入口咽或鼻咽导气管就可解除梗阻(图 6-9)。

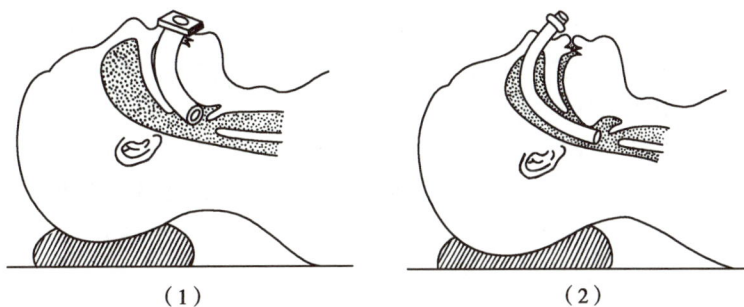

（1）　　　　　　　　　　　　　（2）

图 6-9　解除梗阻法
（1）用口咽通气道;（2）用鼻咽通气道

呼吸道梗阻的另一常见原因是下呼吸道阻塞,常由于误吸、反胃造成。因此,凡择期手术,均必须作空腹准备才能进行麻醉。腹部急症手术,应一律按"饱胃"患者对待。

即使误吸少量高酸性胃液(pH 2.5)也可引起化学性肺炎(Mendelson 综合征),来势凶猛,患者很快出现脉速、发绀、血压下降、呼吸困难且呈哮喘样发作,甚至肺水肿和急性呼吸窘迫综合征(ARDS)。麻醉前应用 H_2 组胺受体拮抗剂如西咪替丁(cimetidine)有一定的防治效果,但预防误吸仍是最主要的途径。

呼吸道梗阻也可起于喉痉挛与支气管痉挛。前者多半由于在气管插管前吸入麻醉药、分泌物、反流液等对喉部的刺激或在过浅麻醉下强烈的麻醉操作引起;后者则由于患者已有潜在的因素(如慢性支气管炎或支气管哮喘),麻醉药、麻醉操作和手术刺激等因素所致。

麻醉装置不当,如麻醉机失灵,管道不通畅,或气管插管开口部受阻或某一部分扭折等,均可致医源性呼吸道梗阻。因此,不仅麻醉前对器械、设备要周密检查,麻醉整个过程中也要严密观察,防止异常情况的发生。

某些麻醉患者或昏迷患者装有活动义齿未卸除,麻醉中松落,可致呼吸道梗阻。

若患者既往的疾病已使呼吸道呈半梗阻情况,如口底蜂窝织炎、颅脑损伤、创伤性支气管断裂、支气管癌引起不同程度的梗阻,纵隔肿瘤、急性甲状腺炎或地方性甲状腺肿伴出血等,这些患者如麻醉时呼吸道管理不善,顷刻之间可由于呼吸道梗阻致患者死于非命。麻醉前计划好确保呼吸道通畅的有效措施并做好应急准备非常重要。

呼吸衰竭并非完全由呼吸道梗阻引起,还可由于其他原因,如麻醉过深或由于体位不当引起的通气/灌流比值失当。凡麻醉过深致呼吸抑制或停止,很容易经人工呼吸而纠正。

麻醉后未作气管内插管的患者,首先要保证头颈部位置恰当,下颌向前托起;已进行气管插管者,导管深度适当,管腔粗细合适、通畅,均应仔细检查无误。

麻醉期间对患者循环功能的了解,除一般观察外,最简单的办法是用置于心前区的听诊器或食管内听诊器辨别心音异常的改变,及根据血压、脉搏、脉压以及每小时尿量的变化衡量循环系统的状态。麻醉过程中患者血压下降,脉搏增速,脉压减小,尿量减少,结合全身肤色苍白,是休克的表现。主要由于手术出血较多而未及时补充、严重的手术刺激、脱水或严重的全身感染等原因所造成。若患者出现颈静脉怒张,听诊时肺部出现啰音,触诊时发现肝大,中心静脉压又急剧升高,则是心力衰竭的表现。麻醉药过量或麻醉加深时都可使循环系统受抑制。由于手术刺激致神经反射引起的血压下降,常伴有心动过缓。

麻醉中应用心电图监测可以观察心脏的电生理活动情况,它对监测心律失常、心脏传导异常、心肌供血优劣及是否有心肌梗死,评价麻醉药对心肌的影响,观察某些心脏药物的疗效和副作用,以及显示电解质钾、钙等的作用很有参考价值。因此,每一麻醉患者,尤其是进行大手术、危重患者及老年患者,均应行心电图,特别是连续的心电示波仪监测,可以在临床观察尚未觉察出现某些变化前发现异常,从而得到及时处理。

经皮或切开皮肤作桡动脉穿刺插管直接测量动脉压,对某些大手术或危重患者循环系统的监测与抢救治疗甚有帮助。还可根据需要不定时地采集动脉血作血气分析,随时对患者的酸碱失衡进行处理或对机械通气进行调节。

如遇对心脏功能判断困难者,可用 Swan-Ganz 导管监测肺毛细血管楔压,以了解左心功能。至于麻醉、手术中进行心排血量的测定,是比较复杂的监测操作。如果患者已置入 Swan-Ganz 导管,可用热稀释法作心排血量测定,或用非创伤性的心阻抗法作该患者心功能前后对照比较。

对周身情况的观察,除注意患者神志变化外,还要注意患者对各种刺激的应激反应。休克时患者表情往往淡漠,对周围事物漠不关心,严重休克时患者甚至昏迷。麻醉、手术中患者发生缺氧时亦常昏迷不醒或苏醒延迟。局部麻醉药中毒轻度者起初常出现精神兴奋症状,中毒明显时则多从面部开始出现肌肉抽搐,接着扩展至全身发生惊厥。对体温变化的观察,要注意谨防高热的发生,特别是小儿其体温易受周围环境温度的影响,随室温上升或下降。因此,小儿麻醉中体温的连续监测为必不可少的项目。在监测体温时应观察中心的体温而非体表体温,所以,应将测温的电极插入直肠或食管内进行观察,或将电极插入耳内测量鼓膜的温度以可靠地反映脑血流的温度,而非置于腋下或体表某处。观察眼球和瞳孔的变化,除有助于对麻醉深度判断外还可了解有无缺氧。眼球固定和瞳孔散大及对光反应迟钝、甚至消失均为脑深度抑制或缺氧的表现。

麻醉、手术中还需观察安置不同体位对呼吸、循环系统和周围神经系统带来的不利影响。颅脑手术时采用坐位引起的直立性低血压和空气栓塞并非少见;俯卧位、侧卧位和垂头仰卧位(trendelenburg-position)都会影响呼吸和循环;安置体位不当还可使周围神经受到牵引或压迫,以致手术后引起肢体麻痹。

缺氧和二氧化碳蓄积,对呼吸和循环的影响很大,处理不及时可引起严重后果。许多麻醉意外都直接或间接与缺氧和二氧化碳蓄积有关。缺氧时,因血红蛋白未充分氧合,皮肤或黏膜有发绀表现,但在缺氧的早期或严重贫血患者,难以觉察发绀现象,一旦麻醉中疏忽,常延误治疗。二氧化碳蓄积的早期,血压升高,脉搏增速,呼吸加深、加快,肌紧张度增加,由于毛细血管扩张,故面部潮红;如同时有缺氧,发绀会更加明显。但是,在二氧化碳迅速排出后,血压可突然下降或偶有呼吸暂停的现象。严重缺氧与二氧化碳蓄积的患者,呼吸变为不规则,血压下降,脉搏减慢,且有心律失常,最后可导致呼吸停止、心脏停搏。贫血和术中失血的患者,面色和睑结膜呈苍白,应及时输血。麻醉中患者的甲床和黏膜出现发绀或苍白,四肢厥冷而出汗,说明病情恶化,必须立即追寻原因,并积极进行处理。

麻醉期间各项生理指标的观察非常重要。密切而细致地观察患者,常能及时发现一些先兆,及时予以处理,使险情消失在萌芽之中;粗枝大叶的观察或漫不经心地了解"情况",即使患者已明显地出现变化,有时也不易发现,以致贻误病情,失去治疗良机。

　　为了避免麻醉意外事件和总结经验,要求于麻醉期间把每隔 5~10 分钟测定的血压、脉搏、呼吸等各项数据与手术重要步骤及输液、输血和用药与患者反应和表现联系起来,详细记录在麻醉单上,参考患者原有的某些疾病特点,进行综合分析,找出经验和教训。

(蔡宏伟)

静脉全身麻醉是指将静脉全麻药注入静脉,通过血液循环作用于中枢神经系统而产生全身麻醉作用的方法。在过去的几十年中,静脉全身麻醉有了很大的发展,主要体现在静脉麻醉机制的研究、新型麻醉药物的不断进入临床、麻醉技术的改进和静脉全麻可控性、安全性的提高。静脉麻醉自身所具有的特点使之已逐渐成为未来临床麻醉的主流技术。

第一节 概 述

一、静脉全身麻醉的特点

临床上所称的静脉麻醉特点,一般是与吸入全身麻醉相对而言的。

(一) 静脉全身麻醉的优点

1. 静脉麻醉起效快、效能强。多数静脉全麻药经过一次臂脑循环时间即可发挥麻醉效应。采用不同静脉麻醉药物的相互配伍,有利于获得良好的麻醉效果。静脉麻醉的麻醉深度与给药剂量有很好的相关性,给予适当剂量的麻醉药物可以很快达到气管插管和外科操作所要求的麻醉深度。

2. 病人依从性好。静脉全麻不刺激呼吸道,虽然部分静脉麻醉药静脉注射时会引起一定程度的不适感,但大多数持续时间短暂且程度轻微。

3. 麻醉实施相对简单,对药物输注设备的要求不高。

4. 药物种类齐全,可以根据不同的病情和病人的身体状况选择合适的药物搭配。

5. 无手术室污染和燃烧爆炸的潜在危险,有利于保证工作人员和病人的生命安全。

6. 麻醉效应可以逆转。部分临床上常用的静脉全麻药有特异性拮抗剂,如氟马西尼和纳洛酮可以分别拮抗苯二氮䓬类和阿片类药物的全部效应。

(二) 静脉麻醉的缺点

静脉全麻最大的缺点是可控性差。药物静脉注射后其麻醉效应的消除依赖于病人的肝肾功能及内环境状态,如果由于药物相对或绝对过量,则术后苏醒延迟等麻醉并发症难以避免。其次,静脉全麻主要采用复合给药的方法,单种药物无法达到理想的麻醉状态,一般要复合使用镇痛药和肌松药。药物之间的相互作用有可能引起药动学和药效学发生变化,导致对其麻醉效应预测难度增大,或出现意外效应。再次,静脉全麻过程中,随着给药速率和剂量的增加以及复合用药,对循环和呼吸系统均有一定程度的抑制作用,临床应用应高度重视。

二、静脉全身麻醉的分类

静脉全身麻醉有不同的分类方法。

（一）根据所用药物分类

以麻醉过程中所用药物的最主要成分命名,如巴比妥类、非巴比妥类静脉麻醉。并可进一步细分为硫喷妥钠静脉全麻、氯胺酮静脉全麻等。

（二）根据临床应用分类

分为静脉诱导麻醉和静脉维持麻醉。前者指静脉注射麻醉药物使病人由清醒进入麻醉状态,可以实施气管插管或外科手术;后者指在手术过程中,经静脉给予全麻药物使病人维持于适当的麻醉深度。

（三）根据用药的方法分类

1. **单次给药法**　一次注入较大量的单一麻醉药物,以在较短时间内达到一定的麻醉深度,满足手术要求。该法仅适用于麻醉诱导或短小手术,如内镜检查和脓肿切开引流等。

2. **分次注入法**　先静脉注入较大剂量的静脉麻醉药物,使病人进入麻醉状态,再根据药物的作用规律,结合病人的反应和手术需要分次追加,以使病人在手术期间始终维持一定的麻醉深度。分次注射的缺点是血药浓度波动大,麻醉过程不平稳,反复静脉注射后部分药物可在体内产生蓄积而引发不良反应或并发症。

3. **连续给药法**　采用连续静脉滴注或泵注一定浓度麻醉药物的方法来使病人达到或维持麻醉状态。若采用恒速给药,根据药动学规律,一般需要经历五个药物半衰期才能达到稳态血药浓度。临床常用的办法是先快速滴注一定剂量,使病人达到外科麻醉深度,再根据药物消除规律减慢给药速率,补充药物的消除部分,以使麻醉过程更加平稳。

此外,静脉全身麻醉还可以通过与其他麻醉技术或方法组合,形成灵活多变的各种麻醉方法。

三、监测下的麻醉管理

监测下的麻醉管理(MAC)的概念由美国麻醉医师协会(ASA)提出,全称是 monitored anesthesia care,至今尚没有一个完全得到公认的中文译名。部分学者将其译为“麻醉监测下的镇静、镇痛”,虽能较好表达其临床意义,但似乎不够简洁。还有“监测下麻醉管理”,“麻醉性监护”等不同翻译方法,MAC 译为监测下的麻醉管理较为确切。

根据 ASA 的建议,MAC 的概念可归纳为:由麻醉医师为接受诊断、治疗性操作的患者提供的特别医疗服务。麻醉医师在 MAC 过程中的工作内容主要包括但不限于以下几方面:①监测重要生命体征,维持呼吸道通畅和评估其功能;②诊断和处理 MAC 中的临床问题;③根据临床情况给予镇静药、镇痛药、麻醉药以及其他合适药物,以确保病人安全、舒适;④其他所需医疗服务措施。

MAC 概念的内涵自提出以后一直在不停地发生变化,它同样也应包括术前访视、术中麻醉处理和术后随访几个部分。MAC 也常常需要应用镇静、镇痛等药物,但它不包括使用肌松药物,而且一般认为 MAC 的病人存在呼吸道保护性反射,若病人长时间处于意识消失状态或失去气道保护性反射,则被认为是处于全身麻醉状态了。MAC 也和清醒镇静(conscious sedation)存在区别,后者最显著的特点是病人始终处于意识清醒状态并能与他人交流。

临床上还常见一些病人手术时仅需要局部浸润麻醉甚至不需要麻醉处理,但因为存在高龄或心脏功能不全、糖尿病等合并情况,为了保证病人手术安全,也常需要麻醉医师进行监测,这种情况现在一般也被归入 MAC 范畴。

四、静脉全身麻醉的药物输注系统

传统的给药方法是根据病人对手术刺激的反应性或生命体征变化情况以及药物作用时效等因素,由麻醉医师采用间断静脉推注或连续静脉滴注的方法给予麻醉药物。这种给药方法使病人血浆药物浓度存在较大起伏,其浓度曲线形成明显的波峰和波谷,麻醉过程也难以达到平稳。近年来,各种药物输注系统已经广泛应用于临床。

(一) 滴注泵和输注泵

滴注泵利用的是类似水车的原理,它的中心部分是一个齿轮样传送带,把输液管压在这个传送带上,当传送带转动时,轮子的齿就会依次挤压输液管,推动管内的液体向前流动。传送带的速度的快慢,就决定了液体输送的速率,输注速率可调范围达 1～1000ml/h。它适用于需要以较大容积稀释后使用的静脉麻醉,也适合于以各种速率输血、输液、输注泵由电脑程序控制活塞前进,并进而控制与之相连的注射器活塞来控制推注速率,可达每小时数微升至数十微升,比滴注泵更加精确,适合于小容量精确给药。一般用于麻醉效能强、作用时间短的静脉麻醉药物的靶控输注。

(二) 靶控输注系统

靶控输注(target controlled infusion,TCI)是指在输注静脉麻醉药时,以药动学和药效学原理为基础,通过调节目标或靶位(血浆或效应室)的药物浓度来控制或维持适当的麻醉深度,以满足临床麻醉的一种静脉给药方法。它能迅速达到和维持预期的麻醉深度,比较准确的预测某一时刻的血浆或效应室药物浓度,增加麻醉的可控性。应用 TCI,麻醉医生可以像转动挥发器一样方便地控制静脉麻醉深度。

单次剂量的麻醉药物进入机体,将很快在血浆或效应室中形成一个峰浓度,产生麻醉效应。以后随着药物的再分布或分解代谢,血浆或效应室药物浓度将很快降低,机体的麻醉深度便迅速减浅。靶控输注通过计算机来模拟某种药物注射后血浆或效应室浓度变化规律,从而控制动力系统的给药速率,以维持血浆或效应室药物浓度稳定,保证病人在手术中始终处于比较平稳的麻醉深度,或者通过改变电脑程序的设置来满足手术进程中对麻醉深度的不同要求。TCI 系统主要包括以下几个方面的内容:①所用药物的药代动力学模式;②人群药代动力学参数资料;③输液泵和微机硬件;④微机程序和模拟(来自药代模式)转换控制系统。从生物医学工程学角度来讲,TCI 系统可分为开环(open-loop)和闭环(closed-loop)两种工作方式。在开环方式下药物固定不变的按照预先设定的程序给予;而在闭环方式下,通过将实时监测得到的血浆药物浓度或脑电图、心电图、血压及心率变异性等指标反馈回程序模块,并自动做出调整,改变给药速率,以满足手术过程中对麻醉深度的实时需要。由于目前监测麻醉深度的指标并不完善,可靠性差,因而临床上应用的 TCI 一般采用开环方式。

第二节　丙泊酚在静脉麻醉中的应用

丙泊酚化学名为双异丙酚,是目前临床上应用最为广泛的静脉麻醉药。它静脉注射后起效快,作用时间短,对肝肾功能正常的病人单次静脉给药后麻醉作用维持 5～10 分钟。丙泊酚的化学结构与天然抗氧化剂维生素 E 的结构类似,能抑制氧自由基的产生或拮抗其氧化效应,对缺血-再灌注损伤有预防或治疗作用。而且,它能降低颅内压,降低脑血流和脑代谢率,用于神经外科手术的麻醉具有显著的优点。但丙泊酚具有较强的循环功能抑制作用,可通过直接抑制心肌收缩和扩张外周血管双重作用引起血压明显下降,对于年老体弱或有效循环血量不足的病人更为显著。它也具有一定程度的呼吸抑制作用,可引起呼吸频率减慢、潮气量降低,甚至可引起呼吸暂停,尤其是剂量较大,注射速率快或与阿片类镇痛药复合使用时。此外,给清醒病人静脉注射丙泊酚可引起静脉刺激性疼痛,选用粗大静脉,预先给予麻醉性镇痛药或用小量局部麻醉药行静脉封闭可有效预防。

(一) 适应证和麻醉方法

1. **麻醉诱导** 丙泊酚几乎适合临床各类手术的全麻诱导,尤其是需要术后快速清醒的病人。健康成年人丙泊酚的诱导剂量为 1.5~2.5mg/kg,对体质强壮者剂量可适当增加 1/3。在麻醉诱导过程中应严密观察呼吸循环功能的变化,及时给予辅助呼吸或处理可能发生的循环功能抑制。对年老体弱或循环功能不良的病人,可将小剂量(正常剂量的 1/2~1/4)丙泊酚与依托咪酯、咪达唑仑等联合应用,以避免或减轻其循环功能抑制作用。小儿表观分布容积较大,清除率高,丙泊酚麻醉诱导时剂量可适当增加。

2. **麻醉维持** 丙泊酚单次静脉注射后血药浓度迅速下降,用于麻醉维持时成人剂量为每小时 4~12mg/kg。丙泊酚镇痛作用差,没有肌肉松弛作用,麻醉维持时还需复合应用麻醉性镇痛药、肌肉松弛药或吸入性麻醉药。由于丙泊酚静脉给药作用维持时间短、无蓄积,故多采用泵注给药。丙泊酚静脉麻醉下停药后血浆浓度很快下降,无明显蓄积作用,病人苏醒快而完全,并且术后恶心呕吐发生率低。

3. **区域麻醉的镇静** 区域麻醉与丙泊酚镇静相结合,达到镇静、抗焦虑、消除牵拉反射、消除患者不适和减少术后呕吐的目的。用于辅助椎管内麻醉时可首先给予 0.2~0.7mg/kg 的负荷量,然后以每小时 0.5mg/kg 静脉泵注或滴注维持,并可根据镇静深度适当调整给药速率。在镇静的过程中,应当注意监测血氧饱和度、心电图和血压。

4. **门诊小手术和内镜检查** 丙泊酚以其良好的可控性和清醒彻底的优点,广泛用于无痛人流、脓肿切开引流、骨折闭合复位和内镜检查等。还可以与强效镇痛药芬太尼、阿芬太尼、氯胺酮等联合用于时间稍长的手术。

(二) 禁忌证

对丙泊酚过敏者;严重循环功能不全者;妊娠与哺乳期的妇女;3 岁以下的小儿;高血脂患者;有精神病、癫痫病病史者。

(三) 注意事项

1. **注射部位疼痛** 常见,选用粗大静脉或中心静脉给药,或在给药前应用镇痛药,可以减少疼痛的发生。

2. **过敏反应** 临床发生率很低,主要是由于丙泊酚的苯环和双异丙基侧链引起,既往对双异丙基类药物敏感者可能发生丙泊酚过敏。

3. **呼吸和循环功能抑制** 丙泊酚对呼吸抑制作用呈剂量相关性,较等效剂量的硫喷妥钠呼吸暂停的发生率高,但持续时间短暂,只要及时予以扶助呼吸,不致产生严重后果。丙泊酚对循环的抑制主要表现为血压下降,而它对于心肌收缩力的影响较小,这主要与其直接作用于血管平滑肌,交感神经张力下降或压力感受器反应的变化有关,应当在麻醉诱导之前扩充血容量,以维持血流动力学的稳定。

4. **其他** 偶见诱导过程中病人出现精神兴奋、癫痫样抽动,还可以引起肌痉挛。治疗可以使用地西泮、咪达唑仑和毒扁豆碱等药物控制。

第三节 芬太尼及其衍生物在静脉麻醉中的应用

一、芬 太 尼

芬太尼(fentanyl)为苯基哌啶类衍生物,是人工合成的阿片受体激动药。其脂溶性高,镇痛效应强,为吗啡的 75～125 倍,是目前临床麻醉中应用的最主要麻醉性镇痛药。芬太尼单次静脉注射起效快,作用维持时间短,容易控制。且芬太尼不抑制心肌收缩力,对循环功能影响轻微,无组胺释放作用,可广泛应用于各种手术的麻醉。

(一) 适应证和麻醉方法

1. 全身麻醉诱导 对于成年病人,芬太尼与静脉全麻药、镇静药和肌肉松弛药复合,进行麻醉诱导后气管插管,是目前临床上最常用的全身麻醉诱导方法。常用剂量为 0.1～0.2mg,可有效抑制气管插管时的应激反应,如以芬太尼为主来抑制气管插管时的心血管反应,其剂量需达 $6\mu g/kg$ 左右。

2. 全身麻醉维持 作为全凭静脉麻醉或静吸复合全身麻醉的主要成分,在其中提供镇痛成分。一般在手术开始前及手术过程中每 30～60 分钟追加给予 0.05～0.1mg,或在进行刺激性较强的手术操作前根据具体情况追加,以抑制机体过高的应激反应。

3. 大剂量芬太尼复合麻醉 是目前临床上心脏和大血管手术的主要麻醉方法。其对循环功能抑制轻微,有利于术后病人循环功能恢复。一般用芬太尼 $20\mu g/kg$ 缓慢静脉注射行麻醉诱导,配合使用肌松药完成气管插管操作。术中间断静脉注射芬太尼维持麻醉,芬太尼总用量可达 $50～100\mu g/kg$。为加强镇静作用,也可在麻醉诱导和维持时给予适量地西泮等中枢性镇静药。对心脏功能不全的病人施行非心脏手术时,为避免或减轻其他麻醉药物对心脏的不良影响,也可采用大剂量芬太尼复合麻醉。

4. MAC 即监测下麻醉管理或麻醉监测下的镇静和镇痛。常用于手术刺激小,维持时间短的门诊手术,如人工流产、脓肿切开引流术等。体重正常的成年人芬太尼用量为 0.1mg左右,并复合应用丙泊酚或咪达唑仑,以弥补其中枢镇静作用的不足,但应注意药物协同作用所致的呼吸,循环功能抑制。

(二) 注意事项

1. 循环系统 芬太尼虽不抑制心肌收缩力,但它能兴奋延髓迷走神经核,导致迷走神经张力升高,使心率减慢。如出现心动过缓或病人伴有传导阻滞等疾病,可以用阿托品纠正;大剂量芬太尼麻醉时血压下降,与迷走神经兴奋、心动过缓以及血管扩张而导致循环容量相对不足有关,此时应适当减慢芬太尼输注速率,适当补充血容量;在心血管手术中,劈开胸骨、进行主动脉根部手术操作以及体外循环开始转流时,病人常出现血压升高,是由于手术刺激增强或麻醉减浅所致。

2. 呼吸系统 在没有给予镇静药的情况下静脉注射芬太尼,若注射过快可引起呛咳反应,这对心脏功能较差或颅内高压的病人不利;芬太尼对呼吸中枢有直接抑制作用,临床常用剂量可引起呼吸频率减慢,剂量较大时潮气量也可减少,甚至导致呼吸停止;反复或大剂量使用芬太尼时,可在用药后 3～4 小时出现延迟性呼吸抑制。其原因是麻醉过程中胃壁和肺组织可储存较大量的芬太尼,麻醉结束后这部分药物被再次摄取进入循环而出现第二次血药浓度高峰;芬太尼麻醉结束后,有时可出现病人神志虽已清醒,但没有自主呼吸的情况。此时经医生提醒,病人可出现自主呼吸,但不久又停止。这种现象称为呼吸遗忘,提示病人的呼吸中枢仍处于抑制状态。应当继续控制呼吸或采用拮抗剂处理。

3. 肌肉僵硬　　肌肉僵硬是应用芬太尼过程中的常见症状。发生僵硬的肌肉包括胸壁和腹壁肌肉,可以引起肺动脉高压,中心静脉压和颅内压上升,严重者妨碍通气,需用肌松药才可以解除。纳洛酮也可以拮抗芬太尼引起的肌肉僵硬,但镇痛作用也同时被拮抗。预防和减弱肌肉僵硬的方法是在给予芬太尼之前给予非去极化肌肉松弛药,减慢静注速率和给予巴比妥类或苯二氮䓬类药物。

此外,阿片类药物的常见副作用如麻醉后恶心、呕吐、皮肤瘙痒均有可能出现,可予以相应对症处理。

二、舒 芬 太 尼

舒芬太尼(sulfentanil)于1974年合成,是镇痛效应最强的阿片类药物,其镇痛强度是芬太尼的5~10倍。与芬太尼相比,舒芬太尼的消除半衰期较短,但其镇痛作用持续时间却较长,为芬太尼的2倍。原因是舒芬太尼与阿片受体的亲和力强,而且其代谢产物去甲舒芬太尼也有镇痛效应,强度与芬太尼相当。与等效剂量的芬太尼相比,舒芬太尼静脉麻醉时患者循环功能更为稳定,因此它更适合于心血管手术和老年病人的麻醉。舒芬太尼麻醉时对呼吸系统的影响呈剂量依赖性,抑制应激反应的效果优于芬太尼,恶心、呕吐和胸壁僵硬等作用也与芬太尼相似。

根据使用剂量的不同,舒芬太尼静脉麻醉有大剂量、中剂量和低剂量三种方法。大剂量(8~50μg/kg)用于心胸外科、神经外科等复杂大手术的麻醉;中等剂量(2~8μg/kg)用于较复杂普通外科手术的麻醉;低剂量(0.1~2μg/kg)用于全身麻醉诱导或门诊小手术的麻醉。舒芬太尼麻醉时可采用三种给药方法:诱导期总量一次给予,一定剂量诱导后术中按需追加,或一定剂量诱导后持续静脉滴注维持。

三、瑞 芬 太 尼

瑞芬太尼(remifentanil)是新型超短时效阿片类镇痛药,消除半衰期约为9分钟。瑞芬太尼长时间输注持续输注即时半衰期也只有3~5分钟,持续输注即时半衰期(context sensitive halftime)是指恒速给药一段时间后,停止输注,血浆药物浓度下降50%所需要的时间,持续输注半衰期不是一个时间常数,随着持续时间从几分钟到几小时的变化,持续输注即时半衰期会有显著的增加。它是纯粹的μ型阿片受体激动药,镇痛强度与芬太尼相当。瑞芬太尼的化学结构中含有酯键,可被血液和组织中的非特异性酯酶迅速水解为无药理活性的代谢产物,这种特殊的代谢方式是其作用时间短、恢复迅速、无蓄积的原因。瑞芬太尼还可使脑血管收缩,脑血流降低,颅内压亦明显降低,因而适合于颅脑手术的麻醉。瑞芬太尼的药效学和药动学特性使其用于临床具有下列优点:①可以精确调整剂量,麻醉平稳,并易于逆转;②副作用较其他阿片类药物减少;③不依赖肝肾功能代谢;④重复应用或持续输注无蓄积。

瑞芬太尼可以用于全身麻醉的诱导和维持。麻醉诱导时,先给予丙泊酚和维库溴铵,然后静脉注射瑞芬太尼2~4μg/kg行气管插管,可有效抑制插管反应。在全身麻醉的维持过程中,与静脉或吸入全麻药合用时剂量为每分钟0.25~2μg/kg。由于瑞芬太尼作用时间短、术后苏醒迅速的特点,使其还特别适合于门诊短小手术的麻醉。

但是瑞芬太尼也可出现其他阿片类药物的副作用,如呼吸抑制、恶心、呕吐和肌肉僵硬等,但持续时间较短。值得注意的是由于瑞芬太尼停药后作用消失很快,术后疼痛发生早,剧烈的疼痛可以引发心血管系统意外。因此,临床多采用术后持续给予亚麻醉剂量瑞芬太尼或术后即刻注射长效类阿片药物的方法进行术后镇痛。

第四节　氯胺酮在静脉麻醉中的应用

氯胺酮(ketamine)是目前临床所用的静脉全麻药中唯一可以产生较强镇痛作用的药物。对于某些短小手术,单独使用氯胺酮即可满足手术要求。但是由于氯胺酮麻醉后精神副反应发生率高,一般不作为成人全身麻醉的主要成分。目前,它广泛应用于各种小儿手术的麻醉。

（一）麻醉方法

1. 单纯氯胺酮麻醉　分为肌内注射法、静脉注射法和静脉滴注法三种。

（1）肌内注射法:主要用于小儿短小手术,或者作为其他麻醉方法的基础用药。常用剂量为4～6mg/kg,对于年龄在2岁以内的婴幼儿,体液量相对较大,剂量可增大至6～8mg/kg。给药后2～5分钟起效,维持30分钟左右,术中还可根据情况追加1/3～1/2。

（2）静脉注射法:首次剂量1～2mg/kg,在1分钟内缓慢静脉注射。药物注射完毕就可手术。作用维持时间10～15分钟,追加剂量为首次剂量的1/2。该法除了适用于小儿不需肌松的一般短小手术外,也可用于对肌肉松弛要求不高的成人短小手术,如人工流产、烧伤换药等。但为了减少其精神副反应,一般需复合应用中枢性镇静药。

（3）静脉滴注法:先静脉注射氯胺酮1～2mg/kg作为麻醉诱导,然后持续滴入0.1%的氯胺酮溶液维持。滴入速率掌握先快后慢的原则,至手术结束前逐渐降低并停止。术中复合使用其他镇静、镇痛药物可以减少氯胺酮用量和其副反应。由于此法易于产生药物蓄积作用,目前临床上已经很少使用。

2. 静脉氯胺酮复合麻醉　氯胺酮的镇痛作用强,与羟基丁酸钠或地西泮等镇静作用强而镇痛作用弱的静脉全麻药复合,是目前临床上小儿静脉复合麻醉的最常用方法。成人应用氯胺酮后精神副反应发生率高,因此一般仅作为其他静脉或吸入麻醉的辅助成分,减少其麻醉性镇痛药的剂量和副作用。

（二）适应证

1. 小儿麻醉　对于短小手术,单纯氯胺酮肌肉或静脉注射下即可完成;对于较大的手术,可采用氯胺酮、羟基丁酸钠和肌肉松弛药复合诱导后行气管插管控制呼吸,术中间断注射氯胺酮维持麻醉。术中还可复合吸入低浓度挥发性麻醉药,以减少氯胺酮用量;小儿局部麻醉或区域麻醉前,还可采用氯胺酮肌内注射,以使其合作或弥补镇痛作用的不足。

2. 配合使用肌肉松弛药实施气管内插管,适用于先天性心脏病有右向左分流者。

3. 支气管哮喘病人的麻醉。

4. 各种短小手术、体表手术和诊断性检查,如外伤缝合、脓肿切开引流、烧伤清创等。硬膜外阻滞和神经阻滞镇痛效果不佳时,也可以用亚麻醉剂量(<0.4mg/kg)氯胺酮辅助。但用于成人时应复合使用其他中枢性镇静药,以避免或减轻精神副作用。

（三）禁忌证

1. 严重的高血压患者,有脑血管意外史者。

2. 颅内压增高者,如颅内肿瘤、颅内动脉瘤等。

3. 眼压增高者,或是眼球开放性损伤,手术需要眼球固定不动者。

4. 甲状腺功能亢进,肾上腺嗜铬细胞瘤病人。

5. 心功能代偿不全者,冠状动脉硬化性心脏病,心肌病或有心绞痛病史者。

6. 咽喉口腔手术,气管内插管或气管镜检查时严禁单独使用此药。

7. 癫痫和精神分裂症病人。

(四)并发症

1. **循环系统的变化**　氯胺酮对心肌收缩有直接抑制作用,但它对心血管中枢和感觉神经系统有兴奋作用。一般情况下其兴奋作用占优势,故用药后表现为血压升高,心率增快。但对于危重病人,尤其是心血管储备功能低下或儿茶酚胺耗竭的病人,应用氯胺酮后可表现为严重的循环功能抑制。

2. **颅内压增高**　氯胺酮麻醉时脑血管扩张,灌注压增高,因此脑血流量增加,颅内压升高。同时氯胺酮麻醉时还增加脑组织的代谢率和耗氧量。因此,氯胺酮禁用于颅内手术的病人。

3. **呼吸抑制**　氯胺酮一般对呼吸影响较小,但如果注射速率过快,剂量过大,或和麻醉性镇痛药联合使用时,可以导致明显的呼吸抑制,甚至呼吸暂停,应当立即行辅助呼吸。

4. **精神神经症状**　主要见于单独氯胺酮麻醉后。临床表现为麻醉苏醒期谵妄、狂躁、呻吟、精神错乱等。严重者表现为抽搐或惊厥。氯胺酮麻醉后的精神症状,成人多于儿童,女性多于男性,短时间手术多于长时间手术,单纯氯胺酮麻醉多于复合麻醉。麻醉结束前应用苯二氮䓬类药物有一定的预防作用。

5. **暂时失明**　主要见于本身存在眼压升高的病人。一般持续时间30～60分钟,可以自行恢复。

6. **分泌物增多**　氯胺酮麻醉时黏液腺和支气管黏膜分泌增多,可以造成呼吸道梗阻,应当注意清理呼吸道,保持通畅,术前应常规应用抗胆碱药。

第五节　咪达唑仑在静脉麻醉中的应用

咪达唑仑(midazolam)又称咪唑安定,是唯一的水溶性苯二氮䓬类药物。与其他同类药物相比,它的刺激性小,作用时间短,效能强,对呼吸和循环功能抑制轻微。目前已广泛应用于各类手术的麻醉诱导与维持。

咪达唑仑复合丙泊酚、麻醉性镇痛药以及肌松药,是目前临床上最常用的全麻诱导方法之一。诱导过程中心率稍增快,左室前负荷、肺毛细血管楔压和左室舒张末压降低,但一般不至引起血流动力学的剧烈变化。全麻诱导时咪达唑仑的用量为0.05～0.2mg/kg,在15～20秒内静注完毕。年老、体弱及危重病人应适当减少剂量。慢性肾衰竭的病人因血浆蛋白浓度降低,游离药物浓度增高而使药效加强,剂量也应相应减少。咪达唑仑能加强麻醉性镇痛药和肌松药的作用,减少这些药物的用量。而且还可以有效地消除术中知晓和产生良好的顺行性遗忘作用。因此它也常用于全身麻醉的维持。此外,咪达唑仑还可与氯胺酮、芬太尼、瑞芬太尼等镇痛作用强的药物复合,用于脓肿切开、骨折复位、人工流产以及内镜检查等短小手术。

对咪达唑仑高度敏感者,或有对其他苯二氮䓬类药物过敏史的病人,以及闭角型青光眼和严重疼痛未能控制的病人,应列为咪达唑仑的使用禁忌。咪达唑仑还可以通过胎盘屏障,注药后5分钟内脐静脉血药物浓度达到高峰,故不应用于剖宫产的病人。

咪达唑仑可对静脉注射部位产生刺激,但一般不严重,偶可引起血栓形成或血栓性静脉炎。此外,咪达唑仑还具有一定的呼吸抑制作用,其程度与剂量有关,临床应用时应注意严密观察呼吸状况,及时给予辅助呼吸。

第六节　依托咪酯在静脉麻醉中的应用

依托咪酯(etomidate)属非巴比妥类的静脉麻醉药,其麻醉效能强、起效快、作用时间短。依托咪酯静脉麻醉时最显著的特点是对循环功能的影响小。单次剂量的依托咪酯静脉注射后动脉血压稍有下降,但它可同时引起冠状动脉血管扩张。因此,冠心病等心脏储备功能较差的病人也可应用。依托咪酯的呼吸抑制作用也较轻,而且不影响肝肾功能,也不引起组胺释放。

依托咪酯可用于全身麻醉的诱导和维持。全麻诱导时剂量为 $0.1 \sim 0.4mg/kg$,对老年和体质虚弱的病人应采用低剂量($0.05 \sim 0.2mg/kg$),同时复合应用麻醉性镇痛药和肌肉松弛药后行气管插管。由于依托咪酯麻醉维持时间短暂,麻醉维持宜采用静脉滴注或泵注施行。依托咪酯也可以与麻醉性镇痛药或氯胺酮复合用于短小手术,如内镜检查、扁桃体摘除和人工流产以及心脏电复律等。

依托咪酯最主要的副作用是抑制肾上腺皮质功能,单次应用后其抑制作用能持续数小时,反复使用后可进一步加重。因此,对肾上腺皮质功能不全、免疫功能低下、卟啉症(紫质症)和器官移植术后的病人不应使用。对严重创伤、脓毒性休克病人也应谨慎,不可避免时应同时给予皮质激素。依托咪酯麻醉后恶心呕吐发生率较高,可达 $30\% \sim 40\%$。这是病人对依托咪酯麻醉不满意的最主要原因。与芬太尼合用时发生率还可进一步增加,而预先使用苯二氮䓬类药物可能减少其发生。此外,依托咪酯麻醉时注射部位疼痛发生率较高,重者可发生严重的静脉炎。预先给予麻醉性镇痛药、苯二氮䓬类药物或行局部静脉内局麻药封闭可预防或减轻疼痛的发生。

由于依托咪酯的上述副作用和不良反应,临床应用有所顾虑。近年来,剂型改为乳剂依托咪酯,其副作用和不良反应的发生率有所降低或减轻,临床应用有较前增多的趋势。

第七节　右旋美托咪定在静脉麻醉中的应用

右旋美托咪定(dexmedetomidine)为美托咪定的活性右旋异构体,具有抗交感、镇静和镇痛的作用,与美托咪定相比,右旋美托咪定对中枢 α_2-肾上腺素受体激动的选择性更强,对 α_2-肾上腺素受体选择性是可乐定的 8 倍,且半衰期短。

在介导右旋美托咪定的主要药理和治疗效应中,α_2A 受体亚型起着重要作用,α_2A 受体存在于突触前和突触后,主要涉及抑制去甲肾上腺素的释放和神经元的兴奋。右旋美托咪定通过激动突触前膜 α_2 受体,抑制了去甲肾上腺素的释放,并终止了疼痛信号的传导;通过激动突触后膜受体,右美托咪定抑制了交感神经活性从而引起血压和心率的下降;与脊髓内的 α_2 受体结合产生镇痛作用时,可导致镇静及焦虑缓解。同时具有一定的利尿作用,对呼吸无抑制,还具有对心、肾和脑等器官功能产生保护的特性。

右旋美托咪定可用于围术期麻醉合并用药。麻醉诱导前持续输注右旋美托咪定 $0.5 \sim 1.0\mu g/kg$($10 \sim 15$ 分钟),可以使麻醉诱导平稳,减少插管反应,但输注过快可能导致暂时性高血压和心动过缓,这与右旋美托咪定外周血管收缩作用有关。全麻维持期可持续泵注右旋美托咪定 $0.2 \sim 0.4\mu g/(kg \cdot h)$,术中血流动力学更为平稳,苏醒期更为平稳,减少病人躁动。需要注意的是,右旋美托咪定与七氟烷、异氟烷、丙泊酚、咪达唑仑和阿片类药物同用时均有协同作用,应适当调节镇静和镇痛药物的剂量,另外长时间给予右旋美托咪定会使苏醒期延长,术中如持续泵注右旋美托咪定,手术结束前 40 分钟 ~ 1 小时应停止给药。

右旋美托咪定也可用于气管内插管重症患者的镇静。根据重症监护病房中机械通气患者的反应给予右旋美托咪定 $0.2 \sim 0.7\mu g/(kg \cdot h)$,能够缓解患者的焦虑和烦躁,使患者能够较舒适、安静地接受呼吸机治疗,还能够随时被唤醒,配合相应治疗。右旋美托咪定持续输注常见的不良反应有低血压,心动过缓以及口干,在肝肾功能受损以及老年患者中发生率更高,应减少剂量,低血压以及心动过缓的治疗包括减少或停止右旋美托咪定输注,增加静脉液体的流速,抬高下肢,以及使用升高血压的药物。

右旋美托咪定还可用于有创操作和检查的镇静,如困难气道清醒插管和纤支镜检查。功能神经外科手术时应用右旋美托咪定便于术中唤醒病人。

（姚尚龙）

肌肉松弛药(简称肌松药)是全身麻醉中重要的辅助用药,用以全身麻醉诱导时气管内插管和手术中保持良好的肌肉松弛。使用肌松药可避免深度全麻对人体的不良影响,但肌松药并不产生意识丧失、镇静和镇痛作用,也不能在病人清醒时应用,更不能替代麻醉药和镇痛药。使用肌松药必须注意气道管理,根据肌松程度做辅助或控制呼吸,保证病人有效和足够的每分通气量。肌松药还适用于消除危重病人机械通气时病人与呼吸机对抗,也可用于痉挛性疾病的对症治疗。不同肌松药的药理学特性存在一定差异,临床上应根据药物的药动学、药效学、手术需要、病人的病理生理特点以及药物配伍来确定肌松药的种类和剂量。

第一节　肌松药在麻醉期间的应用

快速静脉注射(静注)较大剂量的肌松药虽可较快地完全抑制肌颤搐,但常伴有时效的延长和不良反应的增加,尤以长效肌松药更为明显。短时效的去极化肌松药琥珀胆碱可迅速起效,一般不致引起长时间肌松。

(一) 用于气管内插管

麻醉诱导时要求能迅速控制呼吸道,目的是防止反流误吸和缺氧。肌松药的起效快慢直接影响全麻诱导和气管内插管的时间。琥珀胆碱在静注后 60 秒即可进行气管内插管。非去极化肌松药中目前起效最快的是罗库溴铵,但仍慢于琥珀胆碱。因此,琥珀胆碱仍然是快速诱导气管内插管时较常用的肌松药,而且其作用时间短,也常是困难气道气管内插管时首先考虑应用的肌松药,可以缩短插管失败后发生低氧的时间。而对琥珀胆碱有禁忌证的病人如大面积烧伤、创伤、上下运动神经元损害或有恶性高热家族史等情况的病人,使用琥珀胆碱可引起严重的不良反应和并发症,此时只可选用非去极化肌松药。非去极化肌松药气管内插管常用剂量的起效时间较长,增大药量可以缩短起效时间并使肌肉松弛作用维持时间延长,但同时也相应增加心血管不良反应的发生率。一般罗库溴铵、维库溴铵、阿曲库铵和米库氯铵快速诱导气管内插管时用量为 2~3 倍 ED_{95}(95% 的有效量)药量。此剂量前三者可维持满意的肌松效应 45~60 分钟,95% 肌颤搐完全恢复时间为 1.5~2 小时,米库氯铵的维持时间约短 50%。维库溴铵无组胺释放作用,如此大的剂量一般不致引起严重的心血管不良反应,但阿曲库铵和米库氯铵可因组胺释放等副作用扰乱机体生理功能,故最好不要为追求缩短气管内插管时间而选择大剂量静脉注射。顺式阿曲库铵虽然组胺释放作用明显弱于阿曲库铵,但其起效更慢,常规气管内插管剂量需要 4~5 分钟才能达到肌肉松弛,满足插管要求。静注 4~8 倍 ED_{95} 剂量虽然也能在 2~3 分钟插管且副作用并不明显,但大剂量应用后其肌松维持和恢复时间显著延长。

(二) 起效时间与肌松强度

非去极化肌松药的起效时间与强度成反比。肌松强度弱的肌松药起效时间快,如中时效的罗库溴铵强度低,静注 1.5~3.0 倍 ED_{95} 剂量后起效时间比等效量的维库溴铵快约50%,注药后 60~90 秒即可进行气管内插管;而强效肌松药多库氯铵的起效则较慢,临床常用剂量静脉注射后约需 10 分钟才能获得良好肌肉松弛效果。2 倍 ED_{95} 剂量的起效时间可缩短为 5 分钟,但进一步增加剂量起效时间并不再继续缩短。

(三) 预给量

全身麻醉诱导过程中,在给插管剂量的肌松药之前数分钟预先静脉注射小剂量肌松药,可明显缩短随后给予气管内插管剂量肌松药时的起效时间。一般预先给药的剂量为气管内插管剂量的 1/10~1/6。其机制是由于预先给予的小剂量药物占据了神经肌肉接头部位的部分乙酰胆碱受体,但是当被阻滞的受体比例在 70% 以下时,并不产生临床可见的肌松作用,病人也无明显不适。当再次给予气管内插管剂量时,余下的受体可被迅速阻滞,起效时间相应缩短。采用这种方法一般可缩短起效时间 30~60 秒。

(四) 肌松的维持

肌松效应的强度和维持时间应以满足手术要求为目标,没有必要在整个手术期间均保持深度肌松,所以中长效肌松药一般不主张连续静脉输注,采用分次静脉注射即可。临床上肌颤搐抑制 90% 即能满足大部分外科手术的要求,肌颤搐抑制在 75% 以下者腹部手术会发生肌肉紧张。但对于颅脑血管瘤摘除等精细手术,要求病人在手术期间绝对静止不动,必须抑制可能出现的呛咳等异常情况,要求维持深度肌松,应达到肌颤搐 100% 抑制。即使这样有时还不足以抑制气管隆嵴受刺激而呛咳,此时要求肌松监测,保持强直刺激后单刺激肌颤搐计数(PTC)在 3 以下。肌松药追加量一般为首次剂量的 1/5~1/3。中时效的阿曲库铵、维库溴铵和罗库溴铵 20~30 分钟追加,而长时效肌松药间隔时间在 45 分钟或更长。实际工作中给药间隔时间应参考肌松药消除半衰期的长短、术中伍用其他麻醉药的情况和病人药效学、药动学可能变化来综合判断。

术中肌松的维持不能单纯靠肌松药,应根据具体情况灵活掌握,吸入麻醉药达一定深度也有肌松作用,并能增强肌松药的作用。因此,适当调整全麻深度也能影响肌松效应。除吸入麻醉药外,硫喷妥钠、咪达唑仑等也能在一定程度上增强肌松药的作用。

(五) 肌松药的复合应用

1. 琥珀胆碱与非去极化肌松药 去极化和非去极化肌松药合用时其作用是互相拮抗的。琥珀胆碱与非去极化肌松药合用在临床上常见于三种情况:①全麻诱导过程中为了减轻琥珀胆碱的不良反应,如肌纤维成束收缩,在静注琥珀胆碱前数分钟先静注小剂量的非去极化肌松药,其后静注琥珀胆碱的作用被减弱,要保持预期的琥珀胆碱的阻滞深度,必须要增加琥珀胆碱用量。泮库溴铵因有抑制胆碱酯酶作用,所以其后给予琥珀胆碱时后者的作用时间会有所延长。②全身麻醉诱导时用琥珀胆碱行气管内插管,随后肌松维持用非去极化肌松药。此时,琥珀胆碱增强其后的非去极化肌松药作用,可能是琥珀胆碱在去极化肌松消退过程中发生Ⅱ相阻滞所致。同样,在反复间断静注或静脉滴注琥珀胆碱较长时间出现典型的Ⅱ相阻滞时,小剂量的非去极化肌松药可引起异常深的肌松。③麻醉诱导和手术过程中用非去极化肌松药,在接近手术结束时为满足短时间深肌松要求而静注琥珀胆碱,如腹部手术结束时为易于缝合腹膜。此时琥珀胆碱的作用既能拮抗非去极化肌松药的作用,又可产生去极化阻滞,甚至产生Ⅱ相阻滞,以致延长肌松时间,导致恢复状况难以预料,所以临床上应避免这种用药方式。

2. 非去极化肌松药的复合应用

(1) 前后复合应用:两种不同时效的肌松药前后复合应用,则前者将影响后者的时效。

如长时效肌松药后加用中时效或短时效肌松药,前者使后者的作用时效延长;反之,短时效肌松药后加用长时效或中时效,前者将使后者的作用时效缩短。这是因为追加肌松药时虽然临床上肌张力已部分恢复,但此时神经肌肉接头部的大部分受体仍为先前应用的肌松药所占据,其阻滞特点仍以先前的肌松药的特性为主,要经过 3~5 个半衰期之后,方可转换为后用肌松药的作用特点。

(2) 同时复合应用:其结果可能是协同作用或相加作用,这取决于肌松药的化学结构。目前使用的非去极化肌松药有两大类,即甾体类和苄异喹啉类。化学结构为同一类的两肌松药复合应用其作用相加,不是同一类的两肌松药复合应用其作用协同。其原因可能是:①不同药物对神经肌肉接头部位受体离子通道等的亲和力不同;②由于前一药物的存在改变了后用药物的药动学或药效学特性;③对血浆假性胆碱酯酶活性的影响左右了受此酶分解的肌松药如米库氯铵的药效。

第二节　肌松药的不良反应

肌松药对自主神经系统的兴奋或抑制、组胺释放以及去极化肌松药引起的血钾升高,是肌松药引起心血管不良反应的常见原因。此外组胺释放还可能引起支气管痉挛等类过敏反应。去极化肌松药如琥珀胆碱可能引起术后肌痛以及胃内压、眼压和颅内压增高,还可能引起肌球蛋白尿和恶性高热。

肌松药或多或少地兴奋或阻滞神经肌肉接头以外的胆碱能受体,如自主神经节的烟碱样受体及胃肠、膀胱、气管、心脏窦房结和瞳孔括约肌等部位副交感神经节后纤维的毒蕈碱样受体,产生迷走阻滞作用。琥珀胆碱可兴奋自主神经节引起心动过缓,尤其见于儿童,特别是在距首次静注琥珀胆碱 5 分钟后再追加给药时更易发生心动过缓,甚至引起心脏停搏,所以小儿麻醉现已不用琥珀胆碱。在用琥珀胆碱前先静注阿托品对此有预防作用。非去极化肌松药一般阻滞胆碱能受体,在临床应用剂量范围,氯筒箭毒碱有交感神经节阻滞作用而发生低血压,目前临床所用的肌松药神经节阻滞作用已很弱。

肌松药快速静注可引起组织浆细胞和嗜碱粒细胞释放组胺,使血浆组胺浓度升高。目前常用肌松药米库氯铵和阿曲库铵的组胺释放作用较明显,顺式阿曲库铵的组胺释放已显著减少,有取代阿曲库铵的趋势。维库溴铵和罗库溴铵在临床应用剂量范围的组胺释放量甚微,较少引起不良反应。控制肌松药用量和缓慢静注可减少组胺释放量,减轻其循环系统不良反应。此外,预先给予组胺受体(H_1 和 H_2 受体)阻滞药,可在一定程度上减轻组胺释放引起的不良后果。肌松药对自主神经作用及组胺释放见表 8-1。

表 8-1　肌松药对自主神经作用及组胺释放

药名	自主神经节	心脏毒蕈碱受体	组胺释放
泮库溴铵	无	阻滞弱	无
阿曲库铵	无	无	轻度
顺式阿曲库铵	无	无	几乎无
维库溴铵	无	无	无
罗库溴铵	无	无	无
米库氯铵	无	无	轻度
哌库溴铵	无	无	无
琥珀胆碱	兴奋	兴奋	轻度

第三节 影响肌松药作用的因素

许多生理和病理因素可以影响肌松药在体内的分布、消除、神经肌肉接头对肌松药的敏感性以及药物相互作用,从而影响肌松药的起效、强度和时效。

(一) 影响肌松药的药动学

凡影响肌松药在体内分布和消除者均可影响肌松药的作用。肌松药为水溶性药物,主要分布在细胞外液。增加肌松药与蛋白的结合量和增加细胞外液量可增加肌松药的分布容积。肝脏疾病可引起体液潴留,增加肌松药分布容积,降低其血浆浓度,肌松药的初量可能较正常人需求大,但追加量应减少,追加间隔时间也应适当延长。肝或肾功能损害,使肌松药在体内消除延缓,作用时间相应延长。肾衰竭病人不宜应用经肾排泄的肌松药如哌库溴铵,而对部分经肾排泄的肌松药时效也延长。琥珀胆碱、阿曲库铵和顺式阿曲库铵在体内消除可不依赖肝肾功能,对肝肾功能不良的病人也可安全使用。各种肌松药经肾脏排泄的比例见表8-2。

表8-2 肌松药的肾消除

药名	消除百分比(%)	药名	消除百分比(%)
琥珀胆碱	0	罗库溴铵	10~20
阿曲库铵和顺式阿曲库铵	<5	泮库溴铵	60~80
米库氯铵	<10	哌库溴铵	69~90
维库溴铵	10~20		

(二) 影响肌松药的药效学

1. **水、电解质和酸碱平衡** 血浆和细胞外液 pH 改变对肌松药作用的影响十分复杂,呼吸性酸中毒和代谢性酸中毒延长和增强肌松药的作用,且使其作用不易被新斯的明拮抗;低钾血症和高钠血症可增强非去极化肌松药的作用;低钙血症和高镁血症则减少乙酰胆碱释放,增强非去极化肌松药的作用;钙剂可用来拮抗肌松药与镁的协同作用。

2. **低温** 体温降低使肌松药的作用增强和时间延长,其影响的强度与低温程度相关。低温减少肌肉的血流量,使药物不易从神经肌肉接头部位转运至肝、肾等器官代谢和排泄;低温降低血浆蛋白结合肌肉松弛药的能力;也影响肝脏和肾的血流量,降低代谢酶的活性,从而延长肌松药的作用时间;还可影响乙酰胆碱的合成、释放,并能影响神经肌肉接头部位的敏感性。

3. **年龄** 小儿对去极化肌松药不敏感而对非去极化肌松药敏感。但小儿细胞外液量相对较大,分布容积增加,因此按体重计算非去极化肌松药的剂量与成人相似,而且其消除半衰期延长,因此追加次数应减少。老年人因体液量和肌肉量均减少,肾排泄减慢,肌松药用量应减少,但对肝、肾功能正常或应用不依赖肾功能消除的非去极化肌松药,其用量与年轻人相似。

4. **神经肌肉疾病** 重症肌无力病人对非去极化肌松药非常敏感,而对去极化肌松药相对不敏感,但后者易发生Ⅱ相阻滞。此外这类病人术前常应用抗胆碱酯酶药治疗,病人在术后可能对肌松药敏感性发生改变,因此,肌松药使用应十分谨慎,并在肌松监测指导下用药。肌无力综合征病人对去极化肌松药和非去极化肌松药都十分敏感。肌强直综合征病人对非去极化肌松药反应虽基本正常,但较正常人更易发生术后呼吸抑制;而对去极化肌松药,可能引起全身肌肉痉挛性收缩而影响呼吸道通畅和通气。家族性周期性瘫痪病人应根据其血钾水平选择肌松药,有高钾血症的病人应避免使用琥珀胆碱。

5. 假性胆碱酯酶异常 该酶的质和量的改变可影响琥珀胆碱和米库氯铵的分解而影响其时效。假性胆碱酯酶由肝合成，肝疾病、饥饿、妊娠末期及产褥期，此酶数量减少或活性减低；有机磷、新斯的明、单胺氧化酶抑制剂和某些抗癌药均可抑制该酶活性。非典型性假性胆碱酯酶是由于遗传缺陷引起酶性质异常，其对琥珀胆碱的分解能力下降，可引起琥珀胆碱的作用时间明显延长。严重的纯合子型假性胆碱酯酶异常者可能无法分解琥珀胆碱，需要血浆置换来清除药物，但这种情况在国人中极其罕见。

（三）药物相互作用

1. 吸入全麻药 吸入全麻药作用达一定深度即能产生肌松，恩氟烷、异氟烷、七氟烷和地氟烷与非去极化肌松药合用时，后者时效延长且其间存在着量效关系，随着吸入浓度的增加和时间的延长，增强肌松药的作用逐渐加大。0.5小时以内的吸入麻醉一般不影响肌松药的作用，2小时以上的吸入麻醉明显加强肌松药的作用，此时非去极化肌松药的用量应减少，给药间隔要延长。吸入麻醉药增强长时效非去极化肌松药如泮库溴铵和哌库溴铵等的作用比较明显。临床吸入浓度下，常用挥发性吸入麻醉药可减少肌松药药量的 $1/3 \sim 1/2$。而吸入麻醉药对中时效非去极化肌松药如维库溴铵和阿曲库铵的增强作用较弱，仅减少其药量的 $1/4$。吸入全麻药对去极化肌松药的影响相对较弱，恩氟烷和异氟烷可促使琥珀胆碱较早演变为Ⅱ相阻滞。吸入全麻药增强肌松药的机制比较复杂，可能通过中枢神经的抑制作用，降低接头后膜对去极化作用的敏感性以及作用于受体和接头后膜以外的肌纤维膜而起作用。吸入麻醉药对乙酰胆碱受体通道还有特殊作用，减少通道平均开放时间，影响神经肌肉兴奋传递。氧化亚氮对肌松药效应的影响较不明显。

2. 局麻药和抗心律失常药 大剂量局麻药可阻滞神经肌肉接头，较小剂量的局麻药能增强非去极化肌松药和去极化肌松药的作用。如普鲁卡因增强琥珀胆碱的效应。局麻药增强肌松药效应的机制是作用于接头前膜，减少乙酰胆碱囊泡的含量；也可直接作用于接头后膜阻断钠通道，从而降低接头后膜对乙酰胆碱的敏感性；局麻药还可直接作用于肌纤维膜的离子通道，降低肌肉的兴奋性和收缩能力。此外，普鲁卡因可取代肌浆中的钙离子，从而抑制咖啡因引起的骨骼肌收缩，也可抑制血浆假性胆碱酯酶的活性，使琥珀胆碱和米库氯铵的分解减慢，时效延长。抗心律失常药奎尼丁具有局部麻醉作用，可与非去极化肌松药和去极化肌松药产生协同作用，增强肌松药的强度和作用时效。因此，术后恢复室中如用利多卡因或奎尼丁治疗心律失常时应警惕残余肌松作用被增强而发生呼吸再抑制。抗心律失常药中，凡影响心脏传导和电活动的药物均有可能影响神经肌肉接头的离子传导而增强肌松药作用，如β受体阻滞药、钙通道阻滞药等，临床应用时均应予以注意。

3. 抗生素 许多抗生素能增强肌松药的作用。但不同药物的作用机制有所不同。氨基甙类抗生素中以新霉素和链霉素抑制神经肌肉传递的功能最强，这类药物中还有妥布霉素、庆大霉素和阿米卡星均可增强非去极化肌松药和去极化肌松药作用。其机制有接头前和接头后双重效应。作用于接头前膜有类似镁离子作用，影响乙酰胆碱的释放；作用于接头后膜有膜稳定作用。该类药物的神经肌肉接头阻滞作用可被钙离子和抗胆碱酯酶药部分拮抗。多黏菌素的神经肌肉接头阻滞作用是所有抗生素中最强的，钙离子和新斯的明对其拮抗的效应均很差。林可霉素和氯霉素增强非去极化肌松药的肌松效应，而对去极化肌松药的效应影响很小。其作用机制同样涉及接头前和接头后双重作用，并可部分被钙离子和新斯的明拮抗。由于抗生素引起肌松药效应增强的机制复杂，所以正确的处理措施是积极维持人工通气，待其自然恢复，而不应盲目使用拮抗剂，以免产生其他难以预料的药理学效应。而且，在多数情况下，当抗生素的神经肌肉接头阻滞效应被拮抗时，其抗菌效果也可能被削弱。青霉素和头孢类在临床剂量范围没有明显的增强肌松药作用。

4. 抗惊厥药及精神类药　凡作用于中枢神经系统的药物均有可能作用于其他神经组织，包括影响神经肌肉接头功能。已证明苯妥英钠与泮库溴铵和维库溴铵合用时，可影响后者的肌肉松弛效应，但对阿曲库铵无影响。锂离子可取代体内的钾离子和钠离子，产生低钾血症和增强非去极化肌松药的作用。对用锂治疗的躁狂抑郁症病人，泮库溴铵和琥珀胆碱的效应增强。

5. 其他　实验证明硝酸甘油可延长泮库溴铵和维库溴铵的作用时间，但无临床重要性。茶碱增加细胞内环磷酸腺苷，使接头前乙酰胆碱的释放增加，促进神经肌肉兴奋传递，应用茶碱及其衍生物的病人非去极化肌松药的剂量应增加。呋塞米增强非去极化肌松药的作用，其机制涉及增加尿钾排泄，产生代谢性碱血症，抑制环磷酸腺苷，减少接头前膜乙酰胆碱释放等。

第四节　肌松药的拮抗

肌松药在体内不断消除或被特异性结合，游离血药浓度逐步降低，药物依浓度梯度差由神经肌肉接头部位向血液转移，更多的胆碱受体从与肌松药结合状态中解离出来，乙酰胆碱在接头部位的浓度相对提高，而使神经肌肉接头恢复正常功能。

增加乙酰胆碱浓度或延长乙酰胆碱作用时间，均能拮抗非去极化肌松药的作用。抗胆碱酯酶药新斯的明、溴吡斯的明和依酚氯胺抑制乙酰胆碱酯酶，使较多的乙酰胆碱在神经肌肉接头部位集聚，与非去极化肌松药竞争受体。此外，新斯的明还可作用于接头前膜增加乙酰胆碱释放量，且可直接兴奋胆碱受体。

应用抗胆碱酯酶药拮抗残余肌松，用量取决于肌松深度。依酚氯胺虽然起效快，但不适用于拮抗深度肌松。抗胆碱酯酶药作用有一极限药量，如新斯的明、溴吡斯的明和依酚氯胺的药量分别达 0.07mg/kg、0.28mg/kg 和 1mg/kg 时拮抗效果仍不明显，必须要考虑是否有其他影响抗胆碱酯酶药作用的因素存在。继续加大拮抗剂的药量不仅不能取得进一步拮抗效果，相反可能增加不良反应，因为神经肌肉接头部位的胆碱酯酶此时已经基本被完全抑制。

酸碱和电解质失衡对抗胆碱酯酶药的作用有影响，如呼吸性酸中毒不仅加强非去极化肌松药的阻滞作用，且影响抗胆碱酯酶药的作用。当动脉血二氧化碳分压（$PaCO_2$）超过 50mmHg 时，抗胆碱酯酶药几乎不能拮抗残余肌松。合并代谢性碱中毒、低钾血症和高镁血症时，残余肌松也同样难以被抗胆碱酯酶药完全逆转。

低温致外周血管收缩影响肌松药在体内的再分布和血流灌注。肌松药难以从神经肌肉接头部移出，抗胆碱酯酶药也难以进入神经肌肉接头，同样影响拮抗效果。

对用抗胆碱酯酶药难以逆转残余肌松的病人，应考虑其他可能影响肌松药效应的药物相互作用，以及是否存在影响肌松药在体内消除的因素。

为消除抗胆碱酯酶药所引起的毒蕈碱样不良反应，常伍用抗胆碱药，如阿托品或格隆溴铵。新斯的明和溴吡斯的明的起效和时效在时间上与格隆溴铵相一致，所以拮抗上述两药的副作用时，主张合用格隆溴铵来替代起效快和时效短的阿托品。格隆溴铵 7μg/kg 与新斯的明 0.035 ~ 0.07mg/kg 合用可减少心率变化所引起的危险，这适用于心肌缺血和心脏瓣膜疾病病人。阿托品起效快，与起效快的依酚氯铵合用较好（阿托品 7μg/kg 与依酚氯铵 0.5 ~ 1.0mg/kg），且依酚氯铵的毒蕈碱样不良反应较新斯的明和溴吡斯的明轻。为避免引起心脏停搏或心动过缓的危险，阿托品应先于依酚氯铵静注。老年人应用抗胆碱酯酶药应谨慎，尤其是对应用了心血管系统药物的病人，如洋地黄、β受体阻滞药和三环类抗抑郁药的病人，抗胆碱酯酶药易引起心动过缓和心律失常。

最近用于临床的肌松剂拮抗药舒更葡糖（Sugammadex）（Org25969）是一种经修饰的 γ-环糊精。通过亲脂内心环糊精能够包裹外来分子如维库溴铵和罗库溴铵，并形成宿主-外来分子螯合物，又被称为化学包裹。它直接去除体内游离的肌松药，而不是间接地提高胆碱能系统的活性。Sugammadex 分子结构的孔径深度正适合包裹罗库溴铵的四个疏水甾体环,再加上罗库溴铵的正四价的氮和环糊精的负价羧基形成静电反应,复合物便稳定形成。Sugammadex 能迅速包裹甾体类肌松药,所以能避免发生肌松药与乙酰胆碱受体作用,故在理论上能将肌松药游离血浆浓度降低至零,并能拮抗任何程度的神经肌肉阻滞。当 Sugammadex 注射后,它能立即包裹游离在血浆中的罗库溴铵分子。这可以增加游离罗库溴铵在组织区室和血浆区室间的浓度差,因此,可以回收组织中的罗库溴铵,以拮抗其在神经肌肉接头处的作用。当罗库溴铵进入血浆,这些游离的分子和更多 Sugammadex 形成复合物,所以能保持扩散梯度直到所有的罗库溴铵均在血浆中与 Sugammadex 形成复合物或者直到所有的分子均饱和为止。

Sugammadex 能与甾体类肌松药如罗库溴铵,形成无活性的复合物,以 1:1 形成复合物,影响甾体类肌松药再分布,加速甾体类肌松药与烟碱样乙酰胆碱受体分离。因为这种拮抗不涉及神经肌肉接头传导相关的酶和受体,所以不需要用 M 受体阻断剂如阿托品处理。虽然 Sugammadex 也可以与可的松和氢化可的松以及非甾体药物如阿托品和维拉帕米形成复合物,但这些药物与其亲和力是罗库溴铵等甾体类肌肉松弛药的 1/700～1/120。这主要由于环糊精的分子孔径以及它结构上与罗库溴铵的疏水甾体分子骨架的互补有关。

Sugammadex 及其与肌松药的结合物均无生物活性,研究显示离体实验中它与动物组织不起反应。复合物主要分布在中央室(血浆)和细胞外液中,并以原形在尿液中排出。

Sugammadex 有拮抗作用的选择性:它只可以有效地拮抗甾体类肌松药,对卞异喹啉类肌松药和琥珀胆碱无拮抗作用。静脉给予 Sugammadex 使罗库溴铵、维库溴铵和泮库溴铵的恢复指数缩短到 0.3～0.4 分钟,并且都在 1 分钟内恢复到 90%;而对卞异喹啉类肌松药引起的肌松作用,几乎无拮抗作用。

与新斯的明不同的是,Sugammadex 可以拮抗甾体类肌松药的深度阻滞作用。临床研究也显示 Sugammadex 可以有效地拮抗罗库溴铵引起的深度肌松。给予 10 例男性志愿者 0.6mg/kg 罗库溴铵,3 分钟后分别给予 0.1～8.0mg/kg 共 6 个不同剂量的 Sugammadex。对照组的 TOFR0.9 恢复时间为 35～69 分钟,用 2mg/kg 分别缩短到 13～17 分钟,4mg/kg 则为 3.2～3.5 分钟,8mg/kg 已达 2 分钟内。而且有研究显示:16mg/kg Sugammadex 逆转 1.2mg/kg 罗库溴铵诱发的深度神经肌肉阻滞的恢复时间显著快于 1mg/kg 琥珀胆碱的自然恢复时间。

不良反应的研究表明,动物试验及临床研究均未发现环糊精引起的血压、心率等心血管系统明显变化,未见发生再箭毒化,也没有发现类似应用抗胆碱酯酶抑制药导致其他组织的 M、N 受体激动所引起呼吸系统和消化系统的不良反应。但有过敏发生的报道。研究发现 Sugammadex 能安全有效地用于患心血管系统疾病或呼吸系统疾病患者术后逆转罗库溴铵诱发的神经肌肉阻滞。

抗胆碱酯酶药及 Sugammadex 均不能拮抗去极化肌松药作用,而当去极化肌松药作用发展为 II 相阻滞时,则抗胆碱酯酶药对之有拮抗作用。但 II 相阻滞的发生是一个过程,全身各肌肉之间可能不一致,因此必须根据肌张力监测结果用药。当 4 个成串刺激的 $T_4/T_1<0.3$ 时,拮抗效果较好。对去极化肌松药引起的去极化阻滞,应该用人工通气保证足够有效的每分通气量,避免呼吸性酸中毒和维护循环系统功能稳定,待肌张力自然恢复。对非典型假性胆碱酯酶病人,应用琥珀胆碱所引起的肌张力长期不能恢复,可输新鲜全血或血浆,或用胆碱酯酶制剂等加速琥珀胆碱分解。

第五节　神经肌肉传递功能监测

监测肌松药的起效、维持和消退,目的是科学合理地使用肌松药,减少不良反应的发生,以及在手术结束时及时正确地使用拮抗药,逆转肌松药的残余作用。目前,临床上监测肌松药的最佳方法是使用肌松监测仪。它可以根据电刺激引起的肌肉收缩评价肌松药作用程度、时效与阻滞性质。

除用肌松监测仪外，还可靠直接测定随意肌的肌力，如抬头、握力、睁眼、伸舌，以及通过测定呼吸运动如潮气量、肺活量、分钟通气量和吸气产生的最大负压来监测肌松药的作用。临床上要求病人抬头、举腿和握拳能维持 5 秒而没有肌力下降，也是肌张力恢复的指标。但这些方法的缺点是：①受多种因素影响，如全身麻醉的深浅；②测试时要求病人清醒合作；③不能精确定量或定性地评估肌松药作用。

（一）不同电刺激模式的临床意义

目前，临床上常应用的有单次刺激、强直刺激、四个成串刺激、强直刺激后单刺激肌颤搐计数和双短强直刺激等。

1. **单次刺激**　简称单刺激。单刺激引起的肌收缩效应与所用刺激频率有关，常用的刺激频率为 0.1Hz 和 1.0Hz，频率超过 0.15Hz 肌收缩效应会随着应用时间的延长而逐渐降低，所以 1.0Hz 常用于监测肌松药起效和确定超强刺激，0.1Hz 用于监测时效和恢复。

肌松药消退过程中，肌颤搐的幅度由 25% 恢复到 75% 的时间称恢复指数，反映肌肉收缩功能的恢复速率。肌颤搐抑制 90% 以上可顺利完成气管内插管和大部分腹部手术。术中一般要求肌颤搐维持在术前对照值的 5% ~ 10%，超过 25% 临床上表现为肌紧张。拮抗非去极化肌松药作用一般应在肌颤搐恢复到 25% 以上才进行。

2. **强直刺激**　非去极化肌松药阻滞时，强直刺激引起的肌强直收缩肌力不能维持，称为"衰减"。而强直刺激后随即给予单刺激，肌颤搐幅度增加，此称为"易化"现象。临床上将强直刺激引起的衰减与其后的易化用于鉴别肌松药阻滞性质和判断阻滞程度。强直刺激用于评定术后残余肌松时的常用频率为 50Hz，持续刺激时间为 5 秒，如果不出现衰减，可作为临床上随意肌张力恢复的指标。但强直刺激疼痛感强，不适合清醒病人。

3. **四个成串刺激（TOF）**　给四个单刺激后分别产生四个肌颤搐，它们分别为 T_1、T_2、T_3 和 T_4。用四个成串刺激监测时可不需要在用药前先测定对照值，可以直接从 T_4/T_1 的比值来评定阻滞程度，而且可以根据有无衰减来确定阻滞性质。去极化阻滞时，虽然四个肌颤搐幅度均降低，但 $T_4/T_1>0.9$ 或接近 1.0。非去极化阻滞时，T_4/T_1 比值逐渐降低，当 T_4 消失时，约相当于单刺激对肌颤搐抑制 75%，阻滞程度进一步加深，T_3、T_2 和 T_1 依次消失，这时分别相当于单刺激肌颤搐抑制 80%、90% 和 100%。

过去认为肌张力恢复至 $T_4/T_1>0.75$ 时提示肌张力已充分恢复，但进一步临床监测结果证明 $T_4/T_1>0.9$ 时咽肌的正常功能尚未恢复，机体对低氧的通气调节功能仍受到损害，后者与颈动脉体化学感受器的乙酰胆碱受体被部分阻滞有关。

4. **强直刺激后单刺激肌颤搐计数（PTC）**　在非去极化肌松药完全抑制了单刺激和四个成串刺激引起的肌颤搐时，可进一步用 PTC 来估计更深的阻滞深度。PTC 维持在 3 次以下可以防止气管隆嵴刺激引起的呛咳反应。根据 PTC 出现次数也可以估计不同肌松药肌颤搐恢复时间。

5. **双短强直刺激（DBS）**　DBS 的肌收缩衰减较 TOF 衰减更明显，因此，在无记录装置的条件下，用手触感觉评定术后残余肌松，用 DBS 较 TOF 分辨效果好。

（二）神经肌肉传递功能监测的临床应用

在目前上述监测尚不能普遍应用时，至少应对特殊病人进行神经肌肉传递功能监测：①肝肾功能障碍或全身情况差、疾病严重以致肌松药的药动学或药效学可能受影响的病人；②重症肌无力和肌无力综合征等肌松药药效有异常者；③支气管哮喘、严重心脏病、以及其他需要避免在手术结束时使用抗胆碱酯酶药拮抗残余肌松的病人；④过度肥胖、严重胸部创伤、严重肺部疾病及呼吸功能受损已近临界水平、术后需充分恢复肌力的病人；⑤长时间应用或持续静脉滴注肌松药的病人。各种不同的刺激方法及其临床应用见表8-3。

表8-3　围术期各类刺激的应用

刺激种类	围术期应用
单刺激	1. 确定超强刺激(1.0Hz)
	2. 气管内插管时肌松程度监测(1.0Hz)
四个成串刺激	1. 气管内插管时肌松程度监测
	2. 手术期维持外科肌松和肌松恢复期监测
	3. 术后恢复室肌松消退监测
强直刺激后单刺激肌颤搐计数	1. 肌松无效应期维持深度肌松
	2. 预测单刺激和四个成串刺激肌颤搐出现时间
双短强直刺激	术后测定肌松消退及在恢复室判断残余肌松

（李士通）

第九章 | 局部麻醉

自 1884 年, 奥地利眼科学家 Carl Koller 博士首次观察和报道了可卡因溶液对眼睛局部具有麻醉作用以来, 局部麻醉(regional anesthesia)作为一项重要的医学技术已经应用了一个多世纪。不同于全身麻醉, 局部麻醉是指用局部麻醉药(local anesthetics, 简称局麻药)暂时地阻断神经(丛)的传导功能, 使该神经(丛)支配的相应区域产生麻醉作用。广义的局部麻醉包括表面麻醉、局部浸润麻醉、静脉局部麻醉、周围神经阻滞麻醉和椎管内麻醉。由于椎管内麻醉的特殊性, 本章节仅讨论狭义上的局部麻醉, 即不包括椎管内麻醉的局部麻醉。

局部麻醉简便易行, 可以单独使用或联合全身麻醉, 为患者提供满意的术中和术后镇痛, 减少围术期恶心呕吐, 有利于早期康复锻炼。麻醉医生必须在熟悉周围神经解剖和局麻药药理特性的基础上, 正确实施局部麻醉技术, 从而避免局麻药的不良反应。

第一节　常用局麻药的临床药理

局麻药是由芳香基团和氨基通过酯键或酰胺键相连组成的弱碱性药物, 通过影响神经轴突的动作电位起到神经阻滞作用。

一、分　　类

依据作用时效的长短, 局麻药可分为短效(如普鲁卡因和氯普鲁卡因)、中效(如利多卡因)和长效局麻药(如罗哌卡因和丁哌卡因)。依据化学结构的不同, 局麻药可分为酯类和酰胺类局麻药。

1. **酯类局麻药**　此类局麻药的酯键可被血浆胆碱酯酶裂解, 代谢产物为对氨基苯甲酸。临床上常用的酯类局麻药包括普鲁卡因、氯普鲁卡因和丁卡因等。

2. **酰胺类局麻药**　此类局麻药主要在肝脏内代谢, 其酰胺键通过水解和脱羟基过程得以裂解。严重肝病患者使用酰胺类局麻药容易发生不良反应。临床上常用的酰胺类局麻药包括利多卡因、甲哌卡因、丁哌卡因和罗哌卡因等。

二、局部麻醉机制

局麻药在体内以离子化和非离子化的自由基形式存在。非离子化的自由基脂溶性强, 更易于到达神经轴突。局麻药直接作用于细胞膜上的电压依赖性钠通道, 抑制钠离子内流, 通过降低动作电位的上升速度, 使其不能达到阈电位。最近研究提示钾通道和钙通道可能也参与了局麻药的作用机制。通常, 周围神经完全阻滞的顺序如下:交感神经阻滞→痛温觉消失→本体觉消失→触压觉消失→运动神经麻痹。

三、临床药理特性

局麻药的临床阻滞效果与脂溶性、蛋白结合率、药物浓度、解离常数(pKa)等相关。局麻药脂溶性越高,其透过神经轴突膜的能力越强;与血浆蛋白(α_1-酸性糖蛋白)结合率越高,局麻药作用时间越长;增加局麻药浓度能加快其起效速度,并增强阻滞效果;pKa接近生理pH的局麻药因为非解离状态的药物浓度高,更易于穿透神经细胞膜,起效更快。

影响神经阻滞效果的病理生理因素包括:①低心排血量可降低局麻药清除率,增加全身毒性反应;②严重肝病患者延长酰胺类局麻药在肝脏内的代谢时间;③胆碱酯酶活性严重降低的患者可能减慢酯类局麻药的代谢过程;④脓毒血症可增加局麻药蛋白结合率,延长局麻药作用时间。常用局麻药的临床药理特性见表9-1。

表9-1 常用局麻药的临床药理特性

局麻药		普鲁卡因	丁卡因	利多卡因	丁哌卡因	罗哌卡因
理化性质	pKa	9.0	8.5	7.9	8.1	8.1
	分配系数	0.02	4.1	2.9	27.5	2.9
	蛋白结合率(%)	5.8	75	64	95	94
作用强度		低	高	中等	高	高
毒性		低	中等	中等	高	中等
使用浓度						
表面麻醉		—	1%~2%	2%~4%	—	—
局部浸润		0.25%~1%	0.1%(少用)	0.25%~0.5%	0.2%~0.25%	0.2%
细神经阻滞		1%~2%	0.1%~0.3%	1%~2%	0.25%	0.25%~0.5%
粗神经阻滞		1%~2%	0.2%~0.3%	1.5%~2%	0.25%~0.75%	0.5%~0.75%
作用时间(min)		45~60	120~180	60~120	300~360	240~360
一次最大用量(mg)		1000	75	400~500	150	200
(不包括蛛网膜下隙阻滞和表面麻醉)		(14mg/kg)	1~1.2mg/kg	(7mg/kg)*	(<2mg/kg)	(<3mg/kg)

注:以上为成人剂量,使用时还应根据具体病人、具体部位决定;
* 为含肾上腺素时的一次最大量

四、常用局麻药

临床上,局麻药的选择必须个体化,即:综合考虑患者(年龄、体重和基础情况)、药物(理化特性、代谢因素和毒性作用)、麻醉(注药部位、定位技术和单次/连续给药)、手术(类型和持续时间)等多种因素。联合使用局麻药(如:利多卡因-罗哌卡因)的全身毒性表现为相加性,必须加以警惕。目前临床常用的局麻药包括:氯普鲁卡因、利多卡因、罗哌卡因、丁哌卡因、左布比卡因等。

1. 利多卡因 是临床上最常用的中效酰胺类局麻药,具有很强的扩散性和穿透力,能用于表面麻醉、局部浸润、神经阻滞等多种局部麻醉。利多卡因有盐酸盐和碳酸盐两种制剂。呈弱碱性的碳酸利多卡因能更好地穿透神经细胞膜,较盐酸利多卡因起效更快。

2. 丁哌卡因 是长效酰胺类局麻药,临床上常用于神经阻滞和椎管内麻醉。研究发现,丁哌卡因具有潜在的中枢和心脏毒性,并与其右旋体结构相关。左布比卡因是丁哌卡因的左旋镜像体,其中枢和心脏毒性显著低于丁哌卡因,因此具有更好的临床安全性。

3. **罗哌卡因**　是目前临床上常用的长效酰胺类局麻药,麻醉效能与丁哌卡因相似,其心脏毒性低于丁哌卡因。0.2% ~0.375% 浓度的罗哌卡因能产生运动神经阻滞与感觉神经阻滞的分离,已经广泛用于分娩镇痛和术后镇痛等神经阻滞麻醉和椎管内麻醉。

五、辅 助 用 药

肾上腺素是局部麻醉中最常见的辅助用药,常用浓度为 1∶200 000。主要作用包括:①局部的缩血管效应,能减慢局麻药吸收入血的速度,延长局麻药作用时间,减轻全身毒性反应;②有助于早期发现血管内给药或血管吸收引起的心律改变或全身性血管收缩,具有"警示"作用。在手指、脚趾等外周末梢神经阻滞中应避免使用肾上腺素。局部血管收缩可减少末梢神经血液供应,容易发生神经组织缺血性损伤。对于患有心肌缺血、微血管病或神经病变的高风险病人需谨慎使用肾上腺素。

现有的研究发现,可乐定、阿片类药物、碳酸氢钠和右美托咪定等也可作为辅助用药,具有增强局麻药阻滞效果和延长持续时间的作用。

第二节　局麻药的不良反应

一、变 态 反 应

应用小剂量或远低于常用量即发生毒性反应者,应考虑为变态反应。通常涉及 I 类(IgE)或 IV 类(细胞免疫)变态反应。酯类局麻药代谢产物氨基苯甲酸可能产生变态反应。临床表现为注药局部(红斑、荨麻疹或皮炎)和/或全身(广泛荨麻疹、支气管痉挛、低血压或心血管虚脱)反应。局麻药变态反应非常罕见。一旦出现可疑症状,临床医生必须立即停药,进行快速鉴别诊断(如血管迷走神经反应、局麻药误入血管毒性反应等),并给予对症支持治疗。

二、全身毒性反应

血液中局麻药浓度超过机体的耐受能力,引起中枢神经系统和/或心血管系统兴奋或抑制的临床症状,称为局麻药的全身毒性反应。

1. **常见原因**　①麻醉用量超过限量;②局麻药误入血管;③注药部位局麻药吸收入血管过快;④个体差异致对局麻药耐受力下降。高碳酸血症、低氧血症和酸中毒可加重全身毒性反应。

2. **临床表现**　①中枢神经系统毒性:是局麻药迅速通过血脑屏障所致。中枢毒性反应常常早于心血管毒性反应。患者最初表现为头晕、耳鸣、目眩、口舌麻木,进一步发展为肌肉抽搐、意识消失、惊厥和深度昏迷。②心血管系统毒性:心血管系统对局麻药的耐受性强于中枢神经系统,然而一旦发生往往提示预后不佳。临床上常表现为心肌收缩力下降、难治性心律失常和周围血管张力下降,最终导致循环衰竭。高碳酸血症和缺氧能加重心血管毒性反应。与罗哌卡因和左布比卡因相比,效价相似的丁哌卡因更容易引起心血管虚脱,而且抢救极其困难。

3. **处理原则**　①立即停止给药;②面罩给氧,保持呼吸道通畅,必要时行气管插管和机械通气;③使用咪达唑仑、硫喷妥钠或丙泊酚给予抗惊厥处理;④给予输液和血管活性药物,维持血流动力学稳定;⑤采用电复律、胺碘酮或 20% 脂肪乳剂治疗室性心律失常;⑥大剂量肾上腺素可提高心肺复苏的成功率。

4. 预防措施　①实施局部麻醉前,必须开放静脉通路,并常规监测心率、血压和心电图;②严格按照操作流程正确实施局部麻醉;③局麻药必须严格限量,杜绝逾量(见表 9-1);④注射药物前回抽,避免血管内注药;⑤使用含有肾上腺素(1∶200 000)的试验剂量,减缓机体对局麻药的吸收;⑥使用小剂量分次注射方法(如每次注射 5ml 药液)来完成阻滞。必须强调的是,上述预防措施不能完全杜绝局麻药毒性反应的发生。麻醉医生必须提高警惕,早期发现并及时正确处理毒性反应,才能避免严重毒性反应的发生。

三、局部神经毒性反应

除了全身毒性,局麻药还可直接对中枢和周围神经系统造成浓度依赖的神经毒性损伤,如:疼痛、运动或感觉缺陷、肠道和膀胱功能障碍等。这些临床症状可能与局麻药诱发施万细胞损伤、抑制快速轴突传递、破坏血脑屏障或减少神经血流相关。鉴于局麻药潜在的神经毒性,临床医生根据不同的手术需求和注药部位,必须严格掌握局麻药的临床应用浓度和剂量。

第三节　神经定位技术

局部麻醉的成功有赖于精确的神经定位技术的发展。周围神经刺激和超声直视定位技术的开展,给神经阻滞麻醉带来了革命性的变化,彻底改变了传统异感法盲探式操作,提高了神经阻滞的成功率,并最大限度地减少神经损伤及其并发症的发生。

一、传统异感法

长期以来,传统异感法是定位周围神经的唯一方法。临床医生通过肌肉、骨骼或血管波动等解剖标志先初步确定神经位置,然后通过多次盲探针刺神经寻找异感(肢体剧烈疼痛或麻木)来精确定位神经。异感出现往往提示存在接触、牵拉神经或神经内注射药物。如果出现异感,应该立即把穿刺针退出几毫米。这种神经定位技术不仅对病人造成极度的不适,而且增加了周围神经病变的发生率,导致短暂或永久性的感觉/运动障碍。随着神经刺激器和超声定位技术的开展,传统异感法已较少应用。

二、神经电刺激定位技术

1912 年,神经刺激器首次用于锁骨上臂丛神经阻滞。1962 年,首台便携式神经刺激器成功开发并用于临床。随着神经刺激定位技术的不断改进,临床医生能更精确地定位四肢和躯干神经,降低神经损伤的发生率。神经刺激型导管连续阻滞技术的应用可提供完善的术后镇痛,有利于术后早期功能锻炼。

1. 工作原理　电流可调式神经刺激器通过连接的阻滞针针尖传导低电流脉冲。当带有电流的针尖接近神经时,该神经所支配的肌群即产生有节律的收缩运动。操作者根据肌肉收缩运动来定位神经,通过调低电流使针尖逐渐接近目标神经。因为神经刺激定位技术是让阻滞针靠近神经而非触及神经,所以该技术大大减少了神经损伤。

2. 操作要点　①将神经刺激器正极与病人连接,负极与一次性神经阻滞针连接。②将初始电流设为 1~2mA,向目标神经进针,并移动针尖直至目标肌群产生运动反应。逐渐降低电流强度并微调针尖位置,当用最小电流(0.3～0.5mA)仍能引出最大幅度的运动反应时,说明针尖接近目标神经。③固定神经阻滞针,注意回抽注射器无血后,分次缓慢注入局麻药或置管。

3. 注意事项　临床医生在熟悉神经解剖的基础上,使用神经电刺激定位技术能提高神经定位的准确性和神经阻滞的成功率,并减少局部神经损伤的发生。然而,该项定位技术的使用不能完全避免意外的硬膜外阻滞、局麻药毒性反应、动脉或神经损伤等并发症。临床医生在完成局部麻醉后,仍需要密切观察病人,以便及时发现和处理相关并发症。

三、超声直视定位技术

通过神经电刺激定位技术施行局部麻醉,虽然提高了阻滞成功率,但不能完全避免对神经和血管的损伤。尤其对于体表解剖标志不清楚、存在解剖变异或过度肥胖的患者,常常无法引出需要的神经肌肉收缩。超声显像能够清晰显示神经走行,实时观察针尖位置以及靶神经周围局麻药的分布情况。这种近乎直视下的神经定位技术大大提高了阻滞的安全性和准确性。超声定位示意图见9-1。

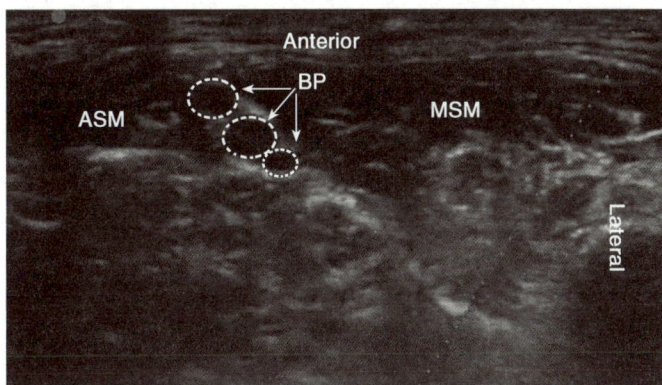

图 9-1　超声定位示意图
ASM:前斜角肌;MSM:中斜角肌;BP:臂丛;Anterior:前方;Lateral:侧面

(一) 工作原理

声阻抗特性、声衰减特性和多普勒效应是超声成像最基本的物理特性。不同的阻滞结构显示出不同的回声。高回声在显示屏上显示为亮或白,低回声显示为暗或黑。回声水平的强弱取决于构成界面的各种组织间声阻抗值的大小。差值越大,回声水平越强,否则相反。对于神经组织而言,在横断面超声图像中表现为低回声的圆形或者椭圆形结构,在纵向切面中则表现为相对较高回声,被许多不连续的低回声条纹所间隔。

组织穿透深度与图像质量(即分辨率)呈反向关系。简言之,高频超声科提供高分辨率图像。但是由于衰减导致回波信号减少,高频超声不能穿透阻滞深层。相反,低频超声衰减较少,可以穿透深层组织,但提供的图像分辨率较低。因此,临床上常采用高频探头(7～14MHz)观察较表浅的臂丛神经,使用低频探头(4～7MHz)观察位置较深的股神经、坐骨神经等结构。

(二) 操作要点

采用超声直视定位技术行周围神经阻滞时需注意以下4个基本步骤。

1. **准备**　包括病人体位、超声仪放置、探头的无菌覆盖、神经阻滞器械和药物的准备。常规开放静脉通路,监测血压、心电图和脉搏氧饱和度等。

2. **可视化**　用超声探头仔细扫描目标区域,通过探头滑动、成角、旋转、倾斜,改变探头与皮肤间的压力,获得神经的确切走行,从而找出最佳的神经阻滞进针点。

3. **进针**　有两种基本进针方法,平面内技术(in-plane)和平面外技术(out-of-plane)。平面内技术可看到穿刺针全长,穿刺针和超声波在一个平面内,进针方向与超声探头平行;平面外技术只可看到针横截面,进针方向和超声探头垂直。平面内技术可使穿刺针完整成像,在技术上更安全;但由于在阻滞时穿行距离较长,更容易引起病人不适。平面外技术不能反映针尖的确切位置,所以更适合表浅的神经阻滞和血管穿刺。

4. **注药**　穿刺针接近目标神经后,缓慢注射局麻药。超声显像能实时观察靶神经周围局麻药的扩散情况,并对穿刺针进行微调,以获得最佳的阻滞效果。

(三) 注意事项

虽然,超声显像这种近乎直视下的神经定位技术提高了神经阻滞的安全性和准确性,但是神经损伤和血管内注射局麻药的风险仍然存在。操作者必须熟悉超声原理和操作流程,在平面内穿刺过程中确保看到穿刺针全长,看不到局麻药扩散应该立即停止注药。注药前反复回抽确认无血、分次缓慢注药、密切观察病人,才能将相关风险降到最低。

第四节　常用的局部麻醉方法

一、表 面 麻 醉

(一) 概念及适应证

将穿透力强的局麻药用于局部黏膜表面,使其透过黏膜作用于黏膜下神经末梢而产生局部麻醉作用,称为表面麻醉(tropical anesthesia)。表面麻醉适用于角膜、鼻腔、咽喉、气管、尿道等部位的表浅手术或内镜检查术。

(二) 注意事项

丁卡因穿透力强,是临床上常用的表面麻醉药。根据作用部位的不同,表面麻醉有多种给药方式,如:眼部滴入法、鼻腔涂敷法、咽喉气管喷雾法和尿道灌入法等。不同部位的黏膜吸收局麻药的速度不同,应严格控制局麻药用量,警惕局麻药中毒反应的发生。

二、局部浸润麻醉

(一) 概念及适应证

将局麻药注射于手术部位的组织内,分层阻滞组织中的神经末梢而产生的麻醉作用,称为局部浸润麻醉(local infiltration anesthesia)。局部浸润麻醉主要用于体表短小手术、有创性的检查和治疗(图9-2)。

(二) 注意事项

1. 根据不同手术时间选择短效(普鲁卡因)、中效(利多卡因)或长效局麻药(罗哌卡因)。

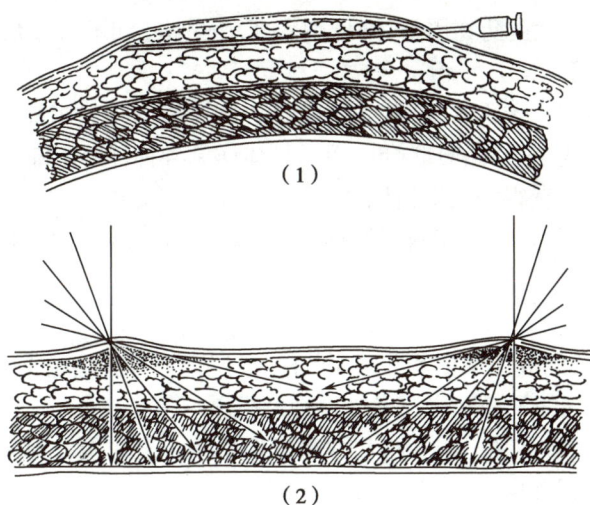

图 9-2　局部浸润麻醉操作方法
（1）皮下浸润；（2）穿刺针深入皮下、肌肉、筋膜等层浸润

2. 穿刺针进针应缓慢,逐层多次少量注入局麻药。
3. 每次注药前应常规回抽注射器,以防局麻药误入血管内。
4. 若穿刺部位有感染或癌肿,则不宜使用局部浸润。

三、静脉局部麻醉

（一）概念及适应证

肢体近端上止血带,从远端静脉注入局麻药以阻滞止血带以下部位肢体的麻醉方法称静脉局部麻醉（intravenous regional anesthesia）。静脉局部麻醉适用于能放置止血带的远端肢体手术,受止血带限制,手术时间一般在 1~2 小时内为宜。

（二）注意事项

1. 静脉局部麻醉主要并发症是放松止血带后或漏气致大量局麻药进入全身循环所产生的毒性反应。①操作前仔细检查止血带及充气装置；②充气时压力达到该侧收缩压的 2.5 倍或 300mmHg,并严密监测压力计；③注药后 20 分钟以内不应放松止血带,放止血带时最好采取间歇放气法,并观察患者神志状态。

2. 由于静脉局部麻醉可导致局麻药全身性中毒反应、周围神经损伤、血栓性静脉炎等并发症,目前该项技术在临床上已被逐渐淘汰。

四、周围神经阻滞

（一）概述

1. **概念**　将局麻药注射至躯干或四肢的神经干、神经丛或神经节旁,暂时阻断该神经的传导功能,使受该神经支配的区域产生麻醉作用,称为周围神经阻滞（peripheral nerve block,PNB）。随着神经定位技术的不断改进,周围神经阻滞在围术期的麻醉与镇痛中占据了重要的地位。周围神经阻滞可为患者提供满意的术中和术后镇痛,有利于早期开展康复锻炼;与全身麻醉联合使用时,减少阿片类药物用量,降低围术期恶心呕吐和术后认知功能障碍的发生率。

2. 适应证与禁忌证

(1)适应证:主要取决于手术范围、病人配合程度。周围神经阻滞可单独应用,也可与其他麻醉方法(基础麻醉或全身麻醉)联合应用。具体详见各种神经阻滞的适应证。

(2)绝对禁忌证:未获得病人知情同意。

(3)相对禁忌证:凝血异常、穿刺部位感染或肿瘤、神经系统疾病、病人过度焦虑、精神疾病、麻醉医生经验不足等。

3. 注意事项

(1)周围神经阻滞的成功率依赖于精确的神经定位。操作者必须熟悉目标神经的解剖定位,选择自己熟练掌握的神经定位技术进行神经阻滞。

(2)某些神经阻滞有多种不同入路和方法。根据手术要求及穿刺点有无感染灶,选择熟悉的神经阻滞入路进行穿刺。

(3)不同部位神经阻滞,局麻药所需剂量和吸收程度亦不同。局麻药必须严格限量。操作者应高度警惕毒性反应的发生。

(4)周围神经阻滞是创伤性操作。操作前,应向病人详细告知神经阻滞的步骤和相关并发症。操作时力求准确,动作轻柔。若阻滞失败,可考虑改为全身麻醉,避免反复多次穿刺对周围血管和组织的损伤(图9-3)。

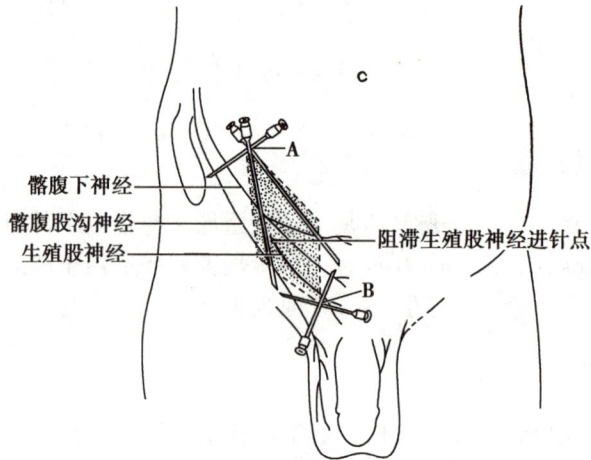

图9-3　腹股沟疝修补术区域阻滞方法

A. 髂前上棘内侧阻滞髂腹下神经和髂腹股沟神经;B. 在腹股沟浅环阻滞精索

(二) 颈神经丛神经阻滞(cervical plexus block)

1. 解剖　颈神经丛由 $C_{1\sim4}$ 脊神经的前支组成,除第1颈神经以运动神经为主外,$C_{2\sim4}$ 神经后根均为感觉神经纤维。每一神经出椎间孔后,从后方越过椎动、静脉在各自横突间连结成束至横突尖端。颈神经离开横突尖端后分为浅支和深支。浅支在胸锁乳突肌后缘中点穿出颈筋膜,向前、上和下方走行,支配枕部、颈外侧区、肩部前侧和外侧的皮肤。深支支配颈部肌肉和深层结构,并参与形成膈神经(图9-4)。

2. 适应证　颈浅神经丛阻滞仅适用于颈部和肩部的浅表手术。颈深神经丛阻滞适用于甲状腺手术、颈部淋巴结活检或切除、气管造口术等。对于难以维持上呼吸道通畅的患者应禁用颈神经丛阻滞(图9-5)。

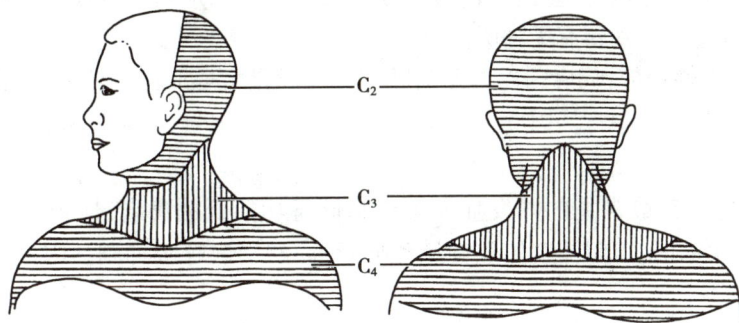

图 9-4　浅颈神经丛在头颈部的分布

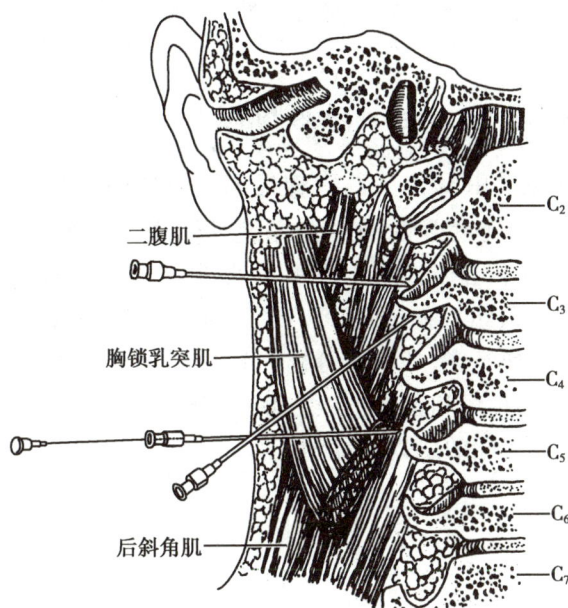

图 9-5　颈丛阻滞术

3. 阻滞方法

（1）颈浅神经丛阻滞：病人仰卧，去枕，头偏向对侧。取胸锁乳突肌后缘中点为穿刺点。常规消毒皮肤，使用 22G 穿刺针垂直缓慢进针直至出现落空感，注射 10ml 局麻药即完成浅丛阻滞。

（2）颈深神经丛阻滞：病人仰卧，去枕，头偏向对侧。从乳突尖至锁骨中点做一连线，此连线中点即为第 4 颈椎横突位置（相当于成年男性喉结上缘）。乳突尖下方 1～1.5cm 处为第 2 颈椎横突。2、4 横突之间为第 3 颈椎横突。在 2、3、4 横突处分别作标记。常规消毒皮肤，使用 22G 穿刺针垂直进针直至抵达颈椎横突，回抽无血及脑脊液，即可注射局麻药 3～5ml。深丛阻滞一般只需阻滞 1～2 点。也可应用改良颈丛阻滞法，即以第 4 颈椎横突为穿刺点，当针尖抵达第 4 颈椎横突，回抽无血及脑脊液后，一次注入局麻药 10～15ml（图 9-6）。

4. 并发症

（1）全脊麻和硬膜外麻醉：颈深丛阻滞时，局麻药误入蛛网

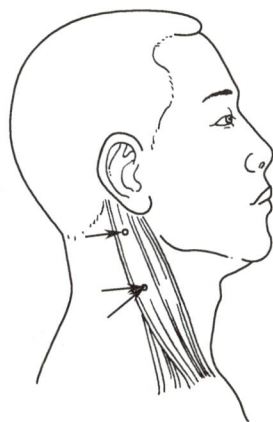

图 9-6　颈丛阻滞穿刺点（箭头所指处）

膜下腔或硬膜外间隙所致。预防措施包括:使用短针,针尖一定要触及横突骨质,注药前回抽无脑脊液,分次少量注药观察有无呼吸困难。

（2）局麻药毒性反应:局麻药误入颈动脉或椎动脉是主要原因。此外,颈部血管丰富,局麻药吸收过快,也可导致中毒。因此,必须严格控制局麻药用量,必须反复回抽无血后再缓慢注药。

（3）膈神经阻滞:最常见的并发症。对于肺储备功能低的患者,应慎用颈神经丛阻滞。双侧颈深神经丛阻滞时,可阻滞双侧膈神经和喉返神经,引起呼吸抑制。因此,应避免行双侧颈深丛阻滞麻醉。

（4）喉返神经阻滞:病人常出现声音嘶哑,甚至呼吸困难。

（5）Horner 综合征:颈交感神经节被阻滞所致,临床表现为阻滞侧眼睑下垂、瞳孔缩小、眼结膜充血、鼻塞、面部发红及无汗。药物半衰期过后症状可自行缓解。

（6）局部血肿。

（三）臂丛神经阻滞（brachial plexus block）

1. **解剖**　臂神经丛主要由 $C_{5\sim8}$ 及 T_1 脊神经前支组成,并常有 C_4、T_2 脊神经前支参与（图 9-7）。脊神经根从椎间孔发出后,在前斜角肌外侧缘组成神经干,$C_{5\sim6}$ 组成上干,C_7 为中干,$C_8\sim T_1$ 组成下干。在相当于锁骨中段水平处,每一干又分成前、后两股,分别组成神经束,即:上干与中干的前股组成外侧束,下干的前股组成内侧束,三干的后股组成后束。各神经束在喙突平面分出神经支,外侧束分出肌皮神经和正中神经外侧头,后束分为腋神经和桡神经,内侧束分出尺神经和正中神经内侧头（图 9-8）。5 条上肢神经的主要运动功能如下所示。熟记各神经支配的肌肉收缩所引发的运动反应有助于理解和掌握神经电刺激定位技术。

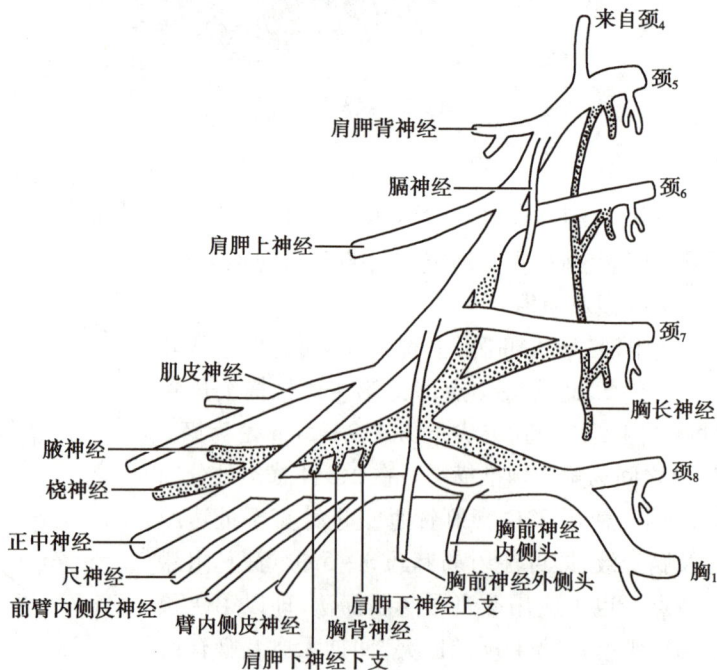

图 9-7　臂神经丛的组成及分布示意图

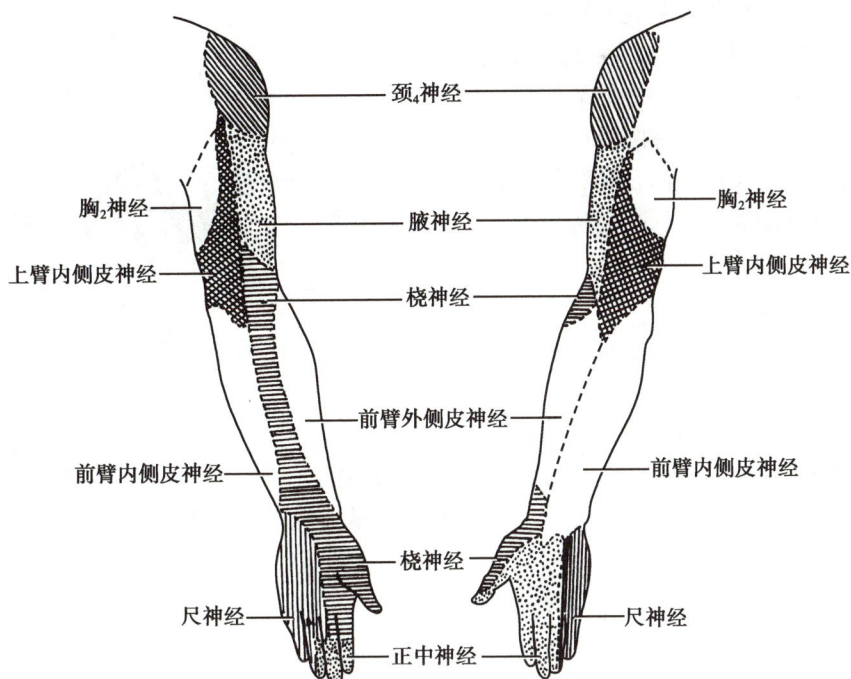

图 9-8　臂神经丛分支在皮肤上的分布

（1）正中神经（$C_6 \sim T_1$）：屈肘、屈腕（掌长肌和桡侧腕屈肌）、前臂旋前（旋前圆肌）。

（2）桡神经（$C_5 \sim C_8$）：伸肘（肱三头肌）、伸腕（桡侧腕长肌）和伸指（指伸肌）。

（3）尺神经（C_8，T_1）：屈腕和屈指（尺侧腕屈肌和指深屈肌）。

（4）肌皮神经（C_5，C_6）：屈肘（肱二头肌）、肩关节屈曲（喙肱肌）。

（5）腋神经（C_5，C_6）：肩外展（三角肌）。

2. 适应证　适用于肩关节以下的上肢手术。

3. 阻滞方法　常用的臂神经丛阻滞入路包括肌间沟、锁骨上、锁骨下和腋路（图 9-9）。

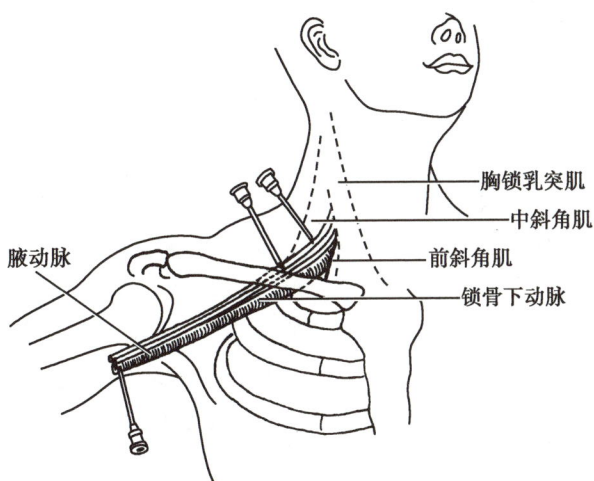

图 9-9　臂神经丛阻滞方法的不同径路

（1）肌间沟入路（interscalene approach）

1）适应证：可阻滞颈神经丛及臂神经丛，最适用于肩部和肱骨近端手术。因为尺神经阻滞不完全，所以前臂和手部手术时必须联合尺神经阻滞。

2）解剖定位：病人仰卧，去枕，头偏向对侧，手臂紧贴身体。嘱病人抬头，识别胸锁乳突肌外侧缘。前斜角肌位于胸锁乳突肌后缘下方。用手指向后滑过前斜角肌，即可触及前中斜角肌间沟。此肌间沟在环状软骨水平与肩胛舌骨肌（锁骨上约 1cm 处的横向走行肌肉）的交叉点，即为此入路的穿刺点（图 9-10）。

3）神经电刺激定位：常规皮肤消毒。使用 25～50mm 22G 神经阻滞针，在穿刺点以 45°角向尾侧进针。电流刺激神经干可引起三角肌、肱二头肌和胸大肌的收缩，表现为肩外展和屈肘运动。固定针尖，回抽注射器确认无血及脑脊液后，缓慢注射 25～30ml 局麻药。指压注射点远端可有助于颈神经丛阻滞（图 9-11）。

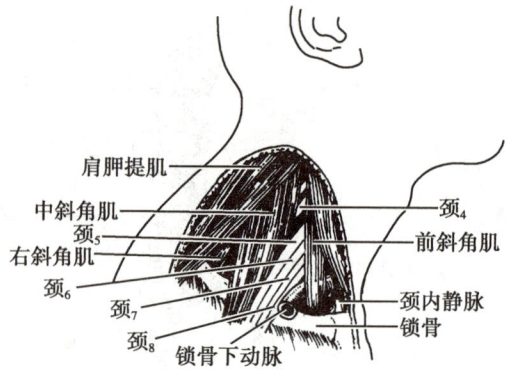

图 9-10　斜角肌肌间沟

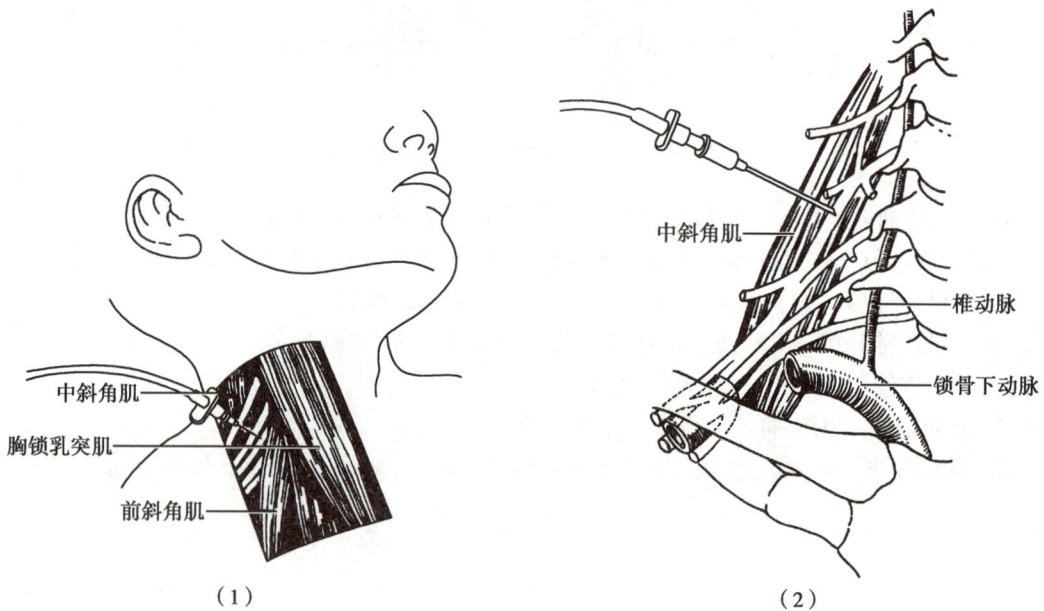

图 9-11　肌间沟臂丛阻滞

4）超声直视定位：使用高频线阵探头（7～14MHz），以锁骨上窝为起点辨认臂丛神经结构。再将探头向头侧移动直至能够清晰地看到包绕神经丛的斜角肌。在超声图像上，神经干呈暗的低回声结节状结构，位于前中斜角肌之间。将该神经干结构置于屏幕中央，选择紧邻探头外侧作为进针点。常规皮肤消毒和局部浸润麻醉后，使用 50mm 阻滞针进针至目标神经干，采用平面内技术保持针体在超声束平面内。回抽注射器确认无血及脑脊液后，缓慢注射 15～20ml 局麻药。根据局麻药的扩散情况微调阻滞针，必要时结合神经电刺激定位技术共同完成神经阻滞。

5）并发症：与颈神经丛阻滞并发症相同。包括全脊麻、颈段硬膜外麻醉、膈神经和喉返神经麻痹、Horner 综合征、局麻药毒性反应等。

（2）锁骨上入路（supraclavicular approach）

1）适应证：该阻滞法注射部位神经干紧密相连，可为肘部、前臂和手部手术提供满意的麻醉效果。

2）解剖定位:病人仰卧,去枕,头偏向对侧,患侧肩下垫一薄枕以充分暴露锁骨上窝和颈部肌肉。锁骨中点上方1~1.5cm为穿刺点。

3）神经电刺激定位:常规皮肤消毒。使用25~50mm 22G神经阻滞针向尾侧进针,电流刺激上、中、下神经干可引出屈肘、伸肘、屈腕、伸腕等运动反应。固定针尖,回抽注射器确认无血及气体后,缓慢注射20ml局麻药。需要强调的是,穿刺针必须与病人中轴保持平行以避免向内侧成角。向内侧进针可增加发生气胸的机会。

4）超声直视定位:将高频线阵探头(7~14MHz)放置在锁骨上窝,并呈冠状平位斜位。以搏动的锁骨下动脉作为解剖标志。在锁骨下动脉后外侧是呈低回声的臂神经丛,在动脉下方是呈高回声的第一肋骨,前中斜角肌位于臂丛和锁骨上动脉的上方(浅层)。常规皮肤消毒和局部浸润麻醉后,使用50mm阻滞针进针至目标神经干,采用平面内技术保持针体在超声束平面内。回抽注射器确认无血及气体后,缓慢注射15~20ml局麻药。根据局麻药的扩散情况微调阻滞针,必要时结合神经电刺激定位技术提高阻滞成功率。

5）并发症:气胸是此入路的最常见并发症。其他并发症同肌间沟入路。使用超声直视定位技术能显著降低气胸的发生率。其他并发症包括感染、血肿、神经损伤、局麻药毒性中毒及阻滞失败。

（3）锁骨下入路(subclavicular approach)

1）适应证:主要用于上臂肱动脉中段以远部位的手术。经此入路放置连续导管不易移位,可提供满意的术后镇痛。

2）解剖定位:病人仰卧,去枕,头偏向对侧,患侧肩下垫一薄枕使肩关节充分外展。取喙突内下方2cm为穿刺点。

3）神经电刺激定位:常规皮肤消毒。使用50~100mm 22G神经阻滞针垂直方向进针。根据电流刺激引出的肌肉收缩反应判断针尖与各神经束之间的位置关系。详见臂丛神经阻滞之"解剖"章节。研究发现,神经电刺激技术定位臂丛神经后束,即引出伸肘和/或伸腕动作,可获得较为满意的阻滞效果。固定针尖,回抽注射器确认无血及气体后,缓慢注射30ml局麻药。此入路进针也需要强调避免向内侧进针,否则会增加气胸的发生率。

4）超声直视定位:将高频线阵探头(7~14MHz)放置在锁骨下方,并呈矢状位。在靠近胸小肌筋膜深处看观察到腋动脉和腋静脉。在搏动的腋动脉周围3点钟、6点钟和9点钟方向分别是臂丛神经内侧束、后束和外侧束。由于此水平的臂丛神经分支重新汇合形成神经束,加上混合的纤维结缔组织,此处的臂丛束呈强回声结构。常规皮肤消毒和局部浸润麻醉后,使用100mm阻滞针进针至目标神经束,采用平面内技术保持针体在超声束平面内。回抽注射器确认无血及气体后,缓慢注射20~25ml局麻药。联合神经电刺激定位技术可提高阻滞成功率。

5）并发症:感染、血肿、气胸、神经损伤、局麻药毒性中毒及阻滞失败。

该阻滞法适用于肱骨中段以远的手术。

（4）腋路(axillary approach)

1）适应证:适用于肘关节以远部位的手术,可提供满意的尺神经阻滞。

2）解剖定位:病人仰卧,患侧上肢肩部外展90°,肘部外旋屈曲。在腋窝下扪及腋动脉搏动。此处臂丛神经形成终末支围绕在腋动脉周围,被包绕的神经血管鞘并被筋膜分隔成多个部分。因此在该水平需要多点注射才能获得满意的阻滞效果。

3）神经电刺激定位:常规皮肤消毒。使用25~50mm 22G神经阻滞针,以腋动脉搏动作为定位标志。在腋动脉上方1cm向腋窝顶部30°进针,引出肌皮神经支配的肱二头肌收缩(屈肘);紧贴腋动脉上方垂直进针,引出正中神经支配的旋前圆肌(前臂旋前)和掌长肌(屈腕)收缩;向腋动脉后下方进针,引出桡神经支配的桡侧腕长肌(伸腕)和指伸肌(伸指)收缩;在腋动脉下方引出尺神经支配的指深屈肌收缩（屈指）（图 9-12）。每次注药前必须反复回抽确认无血，缓慢注射 30ml 局麻药。

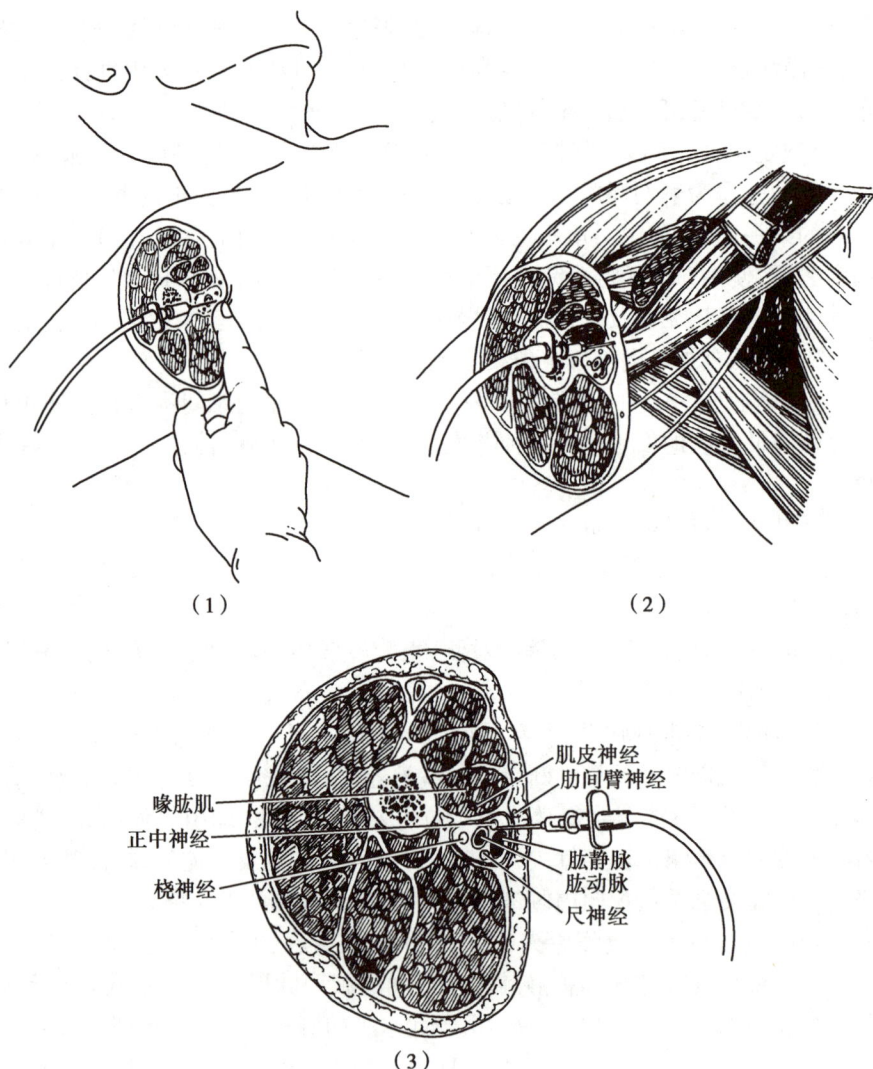

（1）　　　　　　　　　　　　　（2）

（3）

图 9-12　腋路臂丛阻滞

（1）进针时示指下压使静脉塌陷,避免刺入静脉;（2）穿刺进针方向;（3）上臂横切面,穿刺针位于血管旁间隙内

4）超声直视定位:嘱病人手臂外展并屈肘。将高频线阵探头(7～14MHz)放置在腋窝褶皱处,并与上臂长轴垂直。将腋动脉图像置于显示屏中间,在血管周围可见高回声的神经结构。由于此处臂丛神经解剖变异较常见,可联合使用神经电刺激定位技术,用来判断目标神经。肌皮神经位于喙肱肌和肱二头肌之间,呈高回声的椭圆形或三角形结构。常规皮肤消毒和局部浸润麻醉后,使用 50mm 阻滞针,采用平面内或平面外技术进针至目标神经束。回抽注射器确认无血后,缓慢注射 20～25ml 局麻药。

5）并发症:局麻药误入腋动脉是最常见的并发症。

（四）下肢神经阻滞

1. 解剖　支配下肢的两个主要神经丛是腰丛和骶丛。临床医师只有熟知这两个神经丛的解剖结构,才能为不同的病人选择最佳的下肢神经阻滞方案。

（1）腰丛:位于腰大肌和腰方肌之间的腰大肌间隙内。腰丛主要由 L_1~L_4 脊神经前支组成,部分 T_{12} 和 L_5 脊神经也参与组成。上位腰丛（T_{12}~L_1）形成髂腹下神经、髂腹股沟神经和生殖股神经。这三支神经前行穿过腹部肌肉,支配臀部和腹股沟区域。下位腰丛（L_2~L_4）形成股外侧皮神经、股神经和闭孔神经。这三支神经主要支配下肢腹侧面的感觉和运动。

（2）骶丛:主要由 L_4~L_5 和 S_1~S_3 脊神经前支组成。坐骨神经和股后皮神经是骶丛中两支最大的神经。坐骨神经进入腘窝后,分出胫神经和腓总神经。后者在腓骨颈下方分为腓深神经和腓浅神经。骶神经丛主要支配大腿背侧部的运动和膝关节以下的感觉。5 条主要的下肢神经的运动功能如下所示。熟记各神经支配的肌肉收缩所引发的运动反应有助于理解和掌握神经电刺激定位技术。

1）股神经（L_2~L_4）:伸膝（股四头肌）、屈髋和屈膝（缝匠肌）。

2）腓总神经（L_4~S_2）:屈膝（股二头肌短头）。

3）胫神经（L_4~S_3）:跖屈、足内翻（腓肠肌和比目鱼肌）。

4）腓浅神经（L_5~S_2）:跖屈、足外翻（腓骨长/短肌）。

5）腓深神经（L_4~S_1）:跖背屈、足内翻（胫骨前肌）、足外翻（姆长伸肌）。

2. 适应证 适用于髋关节以远部位的手术麻醉和术后镇痛。

3. 阻滞方法 常用的下肢神经阻滞有腰大肌间隙腰丛阻滞、"三合一"腰丛阻滞、坐骨神经阻滞等。

（1）腰大肌间隙腰丛阻滞（psoas compartment block）

1）适应证:适用于单次下肢手术的术中麻醉和镇痛,需要联合坐骨神经阻滞。

2）解剖定位:病人侧卧,屈髋,术侧向上。取髂嵴连线头侧3cm、正中线旁开4~5cm 为穿刺点。

3）神经电刺激定位:常规皮肤消毒。使用 100mm 22G 神经阻滞针垂直进针。当针尖触及 L_4 横突时,调整针尖偏向头侧,直至电流刺激引出股神经支配的股四头肌收缩（伸膝）。注药前必须反复回抽确认无血和脑脊液,缓慢注射 30~40ml 局麻药。若引出缝匠肌收缩（屈髋和屈膝）时注药,阻滞效果往往不满意。

4）超声直视定位:腰丛位于腰大肌间隙内,其位置较深。使用超声直视定位得到的图像质量往往较差,这限制了超声在此项阻滞技术中的广泛应用。

5）并发症:硬膜外阻滞、血肿、感染、局麻药中毒反应。

（2）"三合一"腰丛阻滞（3 in 1 block）

1）适应证:通过单次注药完成腰丛三个分支的阻滞。事实上,该阻滞技术仅阻滞股神经和闭孔神经,对股外侧皮神经阻滞效果不佳。

2）解剖定位:病人仰卧。取腹股沟韧带下方、股动脉外侧为穿刺点。

3）神经电刺激定位:常规皮肤消毒。使用 50mm 22G 神经阻滞针,以 45°角向头端进针,直至引发股神经支配的股四头肌收缩（伸膝）。固定针尖,同时保持远端加压,经回抽无血后缓慢注入局麻药 30~40ml,使药液向腰神经丛近端扩散。

4）超声直视定位:将低频凸阵探头（4~7MHz）置于腹股沟褶皱处,超声探头垂直于大腿长轴。显示屏上可清晰地看到股静脉、股动脉和股神经依次从大腿内侧向外侧排列。在腹股沟水平,股静脉呈三角形的高回声结构,中心为蜂窝状。常规皮肤消毒和局部浸润麻醉后,使用 50mm 阻滞针,采用平面内或平面外技术进针至股神经。回抽注射器确认无血后,远端加压缓慢注射 30~40ml 局麻药。

5）并发症:血肿、感染、局麻药中毒反应。

（3）坐骨神经阻滞（sciatic nerve block）

1）适应证:坐骨神经阻滞有经典后路法、截石位法和腘窝阻滞等多种阻滞入路。根据手术需求,选择不同的入路,联合股神经阻滞,为膝关节及以下手术提供完善的手术麻醉和术后镇痛。本章仅介绍经典后路坐骨神经阻滞技术。

2) 解剖定位:病人采用 Sims 体位(侧卧,阻滞侧向上,屈髋,屈膝)。经髂后上棘与大转子连线中点做一垂直线,该垂直线与大转子-骶管裂孔连线的交点即为穿刺点。

3) 神经电刺激定位:常规皮肤消毒。使用 100mm 22G 神经阻滞针垂直进针,直至引出足部运动(跖屈、背屈、内翻或外翻)。若引出臀部收缩,说明针尖靠近臀上或臀下神经,需要重新调整阻滞针。固定针尖,经回抽无血后缓慢注入局麻药 20~30ml。

4) 超声直视定位:将低频凸阵探头(4~7MHz)垂直于大腿长轴,从大腿近端的后面向臀肌远端移行。以坐骨结节和股骨大转子作为解剖骨性标志(明亮的高回声结构)。坐骨神经位于两者之间,呈扁平状结构。常规皮肤消毒和局部浸润麻醉后,使用 100mm 阻滞针,采用平面内或平面外技术进针至股神经。回抽注射器确认无血后,远端加压缓慢注射 20ml 局麻药。

5) 并发症:血肿、感染、局麻药中毒反应。

(王英伟)

第十章 | 椎管内麻醉

椎管内麻醉(intrathecal anesthesia)并非是某一种麻醉方法的名称,从解剖学角度看,椎管内含有与脊椎麻醉相关联的蛛网膜下隙和与硬脊膜外麻醉相关联的硬脊膜外间隙,因此便将这两种麻醉方法归类于椎管内麻醉。国外麻醉学专著仍分别称为脊椎麻醉(spinal anesthesia)和硬膜外麻醉(epidural anesthesia)。将局麻药注入蛛网膜下隙,暂时使脊神经前后根阻滞的麻醉方法称为蛛网膜下隙阻滞,简称脊麻;将局麻药注入硬膜外间隙,暂时使脊神经根阻滞的麻醉方法,称为硬膜外间隙阻滞,简称硬膜外阻滞或硬膜外麻醉。蛛网膜下隙-硬膜外联合阻滞(combined spinal-epidural anesthesia, CSEA)则可取两者的优点,在临床麻醉中应用日趋广泛。

第一节 蛛网膜下隙阻滞

一、概 述

蛛网膜下隙阻滞是将局麻药注入脑脊液,局麻药可随脑脊液流动扩散。脑脊液比重为1.003～1.009,存在一定个体差异,因此,只有当局麻药液比重比脑脊液比重有显著性差异时,才能体现出比重的实际影响。按照局麻药液的比重与脑脊液比重的差别,可将局麻药液配成轻比重、等比重和重比重液。等比重药液因配制麻烦及麻醉平面的不确定性,目前已很少采用。重比重药液一般是于局麻药液中添加适当量葡萄糖(5%～10%葡萄糖液)加以配制,这样可使药液(混合后)的比重达1.020以上。重比重溶液的麻醉效果确切,麻醉范围易于调整,是目前临床麻醉中最为常用的蛛网膜下隙阻滞药液。轻比重药液是以较大量(6～16ml)注射用水将局麻药液稀释而成,其阻滞特点接近等比重溶液,但却没有等比重蛛网膜下隙阻滞的缺点,因此目前仍在应用。

随着蛛网膜下隙阻滞范围的扩大,其对血流动力学影响也增加,并可影响呼吸功能。临床上常将感觉阻滞平面超过 T_4 者称为高位脊麻, T_{10} 平面以下称低位脊麻, T_5 至 T_9 称为中位脊麻。如果阻滞范围局限于会阴及臀部,则称为鞍麻。如果阻滞作用只限于(或主要限于)一侧下肢,则称单侧阻滞,或称单侧腰麻。

二、蛛网膜下隙阻滞的机制及其对生理的影响

(一) 脑脊液的生理

成人脑脊液总量为120～150ml,其中蛛网膜下隙含有25～30ml。正常脑脊液透明澄清,pH 7.35,比重1.003～1.009。脑脊液似淋巴液,但淋巴细胞少,含量为3～8个/mm^3,无红细胞,葡萄糖2.5～4.5mmol/L,蛋白质0.10～0.25g/L。

脑脊液压力,平卧时不超过 $100mmH_2O$,侧位时 $70\sim170mmH_2O$,坐位时 $200\sim300mm$ H_2O,随静脉压上升而增高;老年人及脱水病人则降低;血液渗透压改变、$PaCO_2$ 升高、脑脊膜感染或化学物质刺激时则升高。

(二) 蛛网膜下隙阻滞的作用

局麻药在蛛网膜下隙直接作用于脊神经前根、后根及脊髓,产生阻滞作用,是脊麻的直接作用;此外,由于自主神经麻痹所产生的生理影响则为脊麻的间接影响。

1. 直接作用

(1) 阻滞顺序:由于传递冲动的神经纤维互不相同,局麻药的阻滞顺序先从自主神经纤维开始,感觉神经纤维次之,运动神经纤维及有髓鞘的本体感觉纤维(A_γ 纤维)最后被阻滞。不同神经纤维被阻滞顺序依次为:血管舒缩神经纤维→冷感消失→温感消失→对不同温度的辨别→慢痛→快痛→触觉消失→运动麻痹→压力感觉消失→本体感觉消失。消退顺序与阻滞顺序相反。

(2) 阻滞平面差别:交感神经阻滞平面与感觉神经阻滞平面并不一致,一般交感神经阻滞平面比感觉消失平面高 $2\sim4$ 个神经节段,另外运动神经阻滞平面比感觉消失平面低 $1\sim4$ 个节段。

2. 间接作用(全身影响)

(1) 对循环系统的影响:当局麻药在蛛网膜下隙阻滞胸腰段交感神经血管收缩纤维后,产生血管扩张,继而发生循环动力改变,其程度与交感神经节前纤维被阻滞的平面高低相一致。脊麻对循环的影响包括:①血压:脊麻阻滞交感神经节前纤维,使小动脉及静脉扩张,回心血量减少,心排血量下降,因而产生低血压。感觉阻滞平面在胸$_{12}$(T_{12})以下者,血压下降发生率很低,阻滞平面愈高,发生率愈高。老年患者更易造成血压下降,故不宜作较高平面的脊麻。其他易发生低血压的因素如:贫血、循环容量不足、营养不良、长期卧床、水和电解质失衡、低氧血症及二氧化碳蓄积或体位改变等。②周围循环:交感神经阻滞区域,毛细血管前括约肌调节功能暂时消失,小动脉扩张,周围血管阻力下降。③心率:中位和低位脊麻由于静脉压下降,右心房压下降,通过静脉心脏反射致心率减慢;高位脊麻时由于心加速神经麻痹而引起心动过缓。④心排血量:脊麻时心排血量可有不同程度减少,系因心率缓慢及每搏量减少所致。低位脊麻时大多数周围血管的神经支配功能尚存在,血液淤滞于周围的量不多,静脉回心血量改变不明显,心排血量仅下降16%;高位脊麻时,回心血量减少较多,心排血量下降幅度可达31%。⑤心脏功能:脊麻时周围血管扩张,左心室后负荷下降,心脏在单位时间做功下降,心排血量减少。⑥冠状动脉血流量:冠状动脉血流量主要取决于动脉平均压(尤其是舒张压)以及心肌耗氧量。脊麻时平均动脉压下降程度与冠状动脉血灌流量下降成正比。但由于左心室后负荷降低,心率减慢,心肌耗氧量也相应减少。故冠状血管血灌流量在一定范围内的减少,尚不致发生心肌缺血表现。

(2) 对呼吸系统的影响:脊麻时呼吸平静,便于腹部手术操作,是脊麻的优点。脊麻对通气量是否有影响,尚存在不同意见,有人认为脊麻对通气量影响不显著,即使高位脊麻也无大影响,其解释是腹壁肌肉松弛后膈肌活动更自如,因而代偿了肋间肌麻痹对通气的影响。但多数作者认为脊麻对通气的影响取决于阻滞的平面,低位脊麻对通气影响不大,随着阻滞平面上移,肋间肌麻痹广泛,便可能引起通气量不足,当阻滞平面上达颈部时,由于膈神经被阻滞,可发生呼吸停止。

脊麻平面有时虽不太高,但术前用药或麻醉辅助药用量大,也会产生呼吸抑制;或因足月妊娠、腹腔巨大肿瘤以及腹腔内手术填塞物阻碍膈肌活动,也会产生通气不足。

高位脊麻因减少回心血量,肺动脉压下降,肺血容量减少,肺泡无效腔增大,可使 PaO_2 降低,但 $PaCO_2$ 仅轻度上升。支配支气管平滑肌的交感神经纤维来源于 $T_{4\sim5}$ 脊段,脊麻平面过高,有可能诱发支气管痉挛。

(3) 对胃肠道影响:脊麻对胃肠道的影响系因交感神经节前纤维被阻滞的结果。脏器丧失交感神经的影响,使迷走神经的影响占支配地位。高位脊麻时胃的交感神经被阻滞后胃蠕动增强,胃液分泌增多,幽门括约肌及奥狄括约肌均松弛,胆汁反流入胃。肠交感神经被阻滞后,肠曲收缩力增强,呈节段性收缩及慢蠕动,故当高位脊麻开始起效时,很多病人感到肠痉挛性疼痛,满胃病人可能发生反流及逆蠕动。

脊麻时发生恶心呕吐的原因有:①胃肠蠕动增强;②胆汁反流入胃;③低血压;④脑缺氧;⑤手术牵拉内脏等。阿托品不能控制恶心呕吐,可采用对症治疗,如注射甲氧氯普胺 $10\sim20mg$。脊麻对肝脏不产生直接有害影响,但持续性低血压会使有病肝脏的功能恶化。

(4) 对生殖泌尿系统影响:脊髓胸$_{11}$至腰$_1$节段发出的交感神经节前纤维支配肾脏,但肾血管阻力并不受交感神经控制,脊麻对肾的影响是间接的。当血压降至 $80mmHg$ 时,肾血流量及肾小球滤过量均下降,当平均动脉压低于 $35mmHg$ 时,肾小球滤过停止,但低血压对肾功能的影响是暂时的,血压回升后,即可恢复正常。

膀胱壁受交感神经控制,脊麻时副交感神经被阻滞,膀胱平滑肌松弛,但括约肌不受影响。由于来自骶$_{2\sim4}$的副交感神经纤维很细,对局麻药敏感,手术后皮肤感觉虽已恢复,但尿潴留仍可继续存在。

三、蛛网膜下隙阻滞的临床应用

(一) 适应证

1. **下腹及盆腔手术** 如阑尾切除术、疝修补术、膀胱及前列腺手术、子宫及附件手术等。

2. **肛门及会阴部手术** 如痔切除术、肛瘘切除术等,如采用鞍区麻醉(saddle anesthesia)则更合理。

3. **下肢手术** 如骨折或脱臼复位术、截肢术等,其止痛效果比硬膜外阻滞更完全,还可避免止血带不适。

4. **分娩镇痛。**

(二) 禁忌证

1. **中枢神经系统疾病** 特别是脊髓或脊神经根病变,麻醉后有可能长期麻痹,应列为绝对禁忌。对脊髓的慢性或退行性病变,如脊髓前角灰白质炎、疑有颅内高压病人,也应列为禁忌。

2. **全身性严重感染** 穿刺部位有炎症或感染者,脊麻穿刺有可能将致病菌带入蛛网膜下隙引起急性脑脊膜炎,故应禁忌。

3. 高血压病人只要心脏代偿功能良好,高血压本身并不构成脊麻禁忌,但如并存冠状动脉病变,则应禁用脊麻。如果收缩压在 $160mmHg$ 以上,舒张压超过 $110mmHg$,应慎用或不用脊麻。

4. 休克病人应绝对禁用脊麻。休克处于代偿期,其症状并不明显,但在脊麻发生作用后,可突然出现血压骤降,甚至心脏停搏。

5. 慢性贫血病人只要血容量无显著减少,仍可考虑施行低位脊麻,但禁用中位以上脊麻。

6. 脊柱外伤或有严重腰背痛病史者,应禁用脊麻。脊柱畸形者,只要部位不在腰部,可考虑用脊麻,但用药剂量应慎重。

7. 老年人由于常并存心血管疾病,循环功能储备差,不易耐受血压波动,故仅可选用低位脊麻。

8. 腹内压明显增高者,如腹腔巨大肿瘤、大量腹水或中期以上妊娠,脊麻的阻滞平面不易调控,一旦腹压骤降,对循环影响剧烈,故应列为禁忌。

9. 精神病、严重神经官能症以及小儿等不合作病人,除非术前已用基础麻醉,一般不采用脊麻。

（三）麻醉前准备和麻醉前用药

1. 术前访视病人　麻醉医师术前访视病人应明确以下问题:

（1）病人是否适宜进行脊麻,有无脊麻禁忌证。从手术部位和性质考虑,应用脊麻是否安全可靠。

（2）确定拟用局麻药的种类、剂量、浓度和配制方法,以及病人体位和穿刺点。

（3）麻醉过程可能出现的问题,应如何防治。

2. 麻醉前用药　蛛网膜下隙阻滞的麻醉前用药量不宜过大,应使病人保持清醒状态,以利于调节阻滞平面。

麻醉前晚常口服一定量安定类药或巴比妥类药。麻醉前1小时口服地西泮或肌内注射苯巴比妥钠0.1g(成人量),阿托品或东莨菪碱可不用或少用,以免病人术中口干不适。除非病人术前疼痛难忍,麻醉前不必使用吗啡或哌替啶等镇痛药。

（四）常用局部麻醉药

蛛网膜下隙阻滞较常用的局麻药有普鲁卡因、利多卡因、布比卡因、左布比卡因和罗哌卡因(表10-1)。

表 10-1　蛛网膜下隙阻滞常用局麻药剂量、起效时间及维持时间的比较

局麻药物	剂量(mg)		起效时间(min)	维持时间(min)
	阻滞平面至 T_{10}	阻滞平面至 T_4		
普鲁卡因	30~40	40~60	2~4	40~90
利多卡因	40~75	75~100	3~5	60~150
布比卡因	10~15	12~20	4~8	130~230
左布比卡因	10~15	12~20	4~8	140~230
罗哌卡因	12~18	18~25	3~8	80~210

1. 普鲁卡因（procaine）　用于蛛网膜下隙的普鲁卡因为高纯度的白色晶体。常用浓度为5%,因脊麻持续时间短,适用于短小手术。常用5%普鲁卡因重比重液配制方法为:普鲁卡因150mg溶解于脑脊液3ml中。

2. 利多卡因（lidocaine）　用于蛛网膜下隙阻滞时常用浓度为2%~3%。加用5%或10%葡萄糖液0.5ml即可配成重比重液。其缺点是易弥散,致麻醉平面不易有效控制。

3. **布比卡因**（bupivacaine）　目前蛛网膜下隙阻滞最常用药物，一般用 0.5% ~ 0.75% 布比卡因 2ml，加脑脊液 1ml，配成重比重溶液。布比卡因起效时间慢，麻醉平面调节不可操之过急，以免平面过高。

4. **左布比卡因**（levobupivacaine）　丁哌卡因的 S-对映体，蛛网膜下隙阻滞剂量与丁哌卡因相同，阻滞效果也相当。理论上全身毒性反应较丁哌卡因小。

5. **罗哌卡因**（ropivacaine）　新型长效酰胺类局麻药，一般用 0.5% ~ 0.75% 罗哌卡因 2ml，加脑脊液 1ml，配成重比重溶液，毒性较小，安全性高，可产生感觉与运动阻滞分离。

（五）蛛网膜下隙穿刺术

1. **体位**　蛛网膜下隙穿刺一般常取侧位。采用重比重溶液时，手术侧向下。采用轻比重溶液时，手术侧向上。鞍区麻醉一般取坐位。

2. **穿刺部位和消毒范围**　蛛网膜下隙穿刺常选用腰$_{3~4}$或腰$_{2~3}$棘突间隙，此处的蛛网膜下隙最宽（终池），脊髓至此形成终丝，故无穿刺损伤脊髓之虑。确定穿刺点的方法是：取两侧髂嵴的最高点作连线，与脊柱相交处，即为第 4 腰椎或腰$_{3~4}$棘突间隙。如果该间隙较窄，可上移或下移一个间隙作穿刺点。小儿的脊髓终止于腰$_{3~4}$以下的间隙。

3. **穿刺方法**　穿刺点用 0.5% ~ 1% 普鲁卡因或利多卡因作皮内、皮下和棘间韧带逐层浸润。常用的蛛网膜下隙穿刺术有以下两种（图 10-1）。

（1）直入穿刺法：用左手拇、示两指固定穿刺点皮肤。将穿刺针在棘突间隙中点与病人背部垂直、针尖稍向头侧缓慢刺入，并仔细体会针尖处的阻力变化。当针尖穿过黄韧带时，有阻力突然消失"落空"感觉，继续推进时常有第二个"落空"感觉，提示已穿破硬脊膜与蛛网膜而进入蛛网膜下隙。如果进针较快，常将黄韧带和硬脊膜一并刺穿，此时只有一次"落空"感觉。

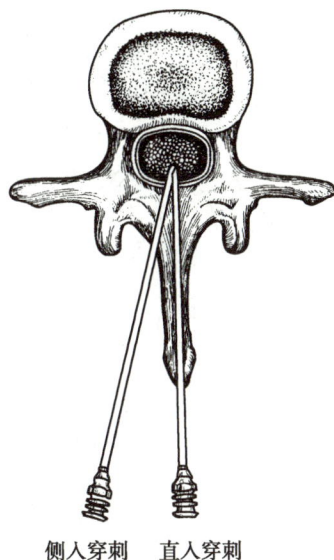

側入穿刺　直入穿刺

图 10-1　直入与侧入穿刺法

（2）侧入穿刺法：于棘突间隙中点旁开 1.5cm 处作局部浸润，穿刺针与皮肤成 75°角对准棘突间孔刺入，经黄韧带及硬脊膜而达蛛网膜下隙。本法可避开棘上及棘间韧带，特别适用于韧带钙化的老年病人，或脊椎畸形或棘突间隙不清楚的肥胖病人。此外，当直入法穿刺未能成功时，也可改用本法。

针尖进入蛛网膜下隙后，拔出针芯即有脑脊液流出，如未见流出则应考虑系病人颅压过低所致，可试用压迫颈静脉或让病人屏气等措施，以促进脑脊液流出。也可旋转穿刺针 180°，或用注射器缓慢抽吸。

（六）阻滞平面的调节

阻滞平面是指皮肤感觉消失的界限。临床上常以针刺皮肤测痛的方法来判断，同时用手测试皮肤触觉消失及应用改良 Bromage 量表（表 10-2）评估运动神经麻痹的进展情况，也有助于了解其作用范围。如骶神经被阻滞时，足趾即不能活动。腰神经被阻滞则不能屈膝。胸$_7$神经以下被阻滞时，腹肌松弛，令病人咳嗽，可见腹肌松软膨起，并可从膨起的交界部位，大致判断运动神经纤维被阻滞的平面。一般运动神经麻痹的平面要比感觉神经阻滞平面低两个脊神经节段。脊神经的体表分布如图 10-2。

表 10-2　改良 Bromage 评分量表

评分标准	评分标准
0. 无运动神经阻滞	2. 不能弯曲膝部
1. 不能抬腿	3. 不能弯曲踝关节

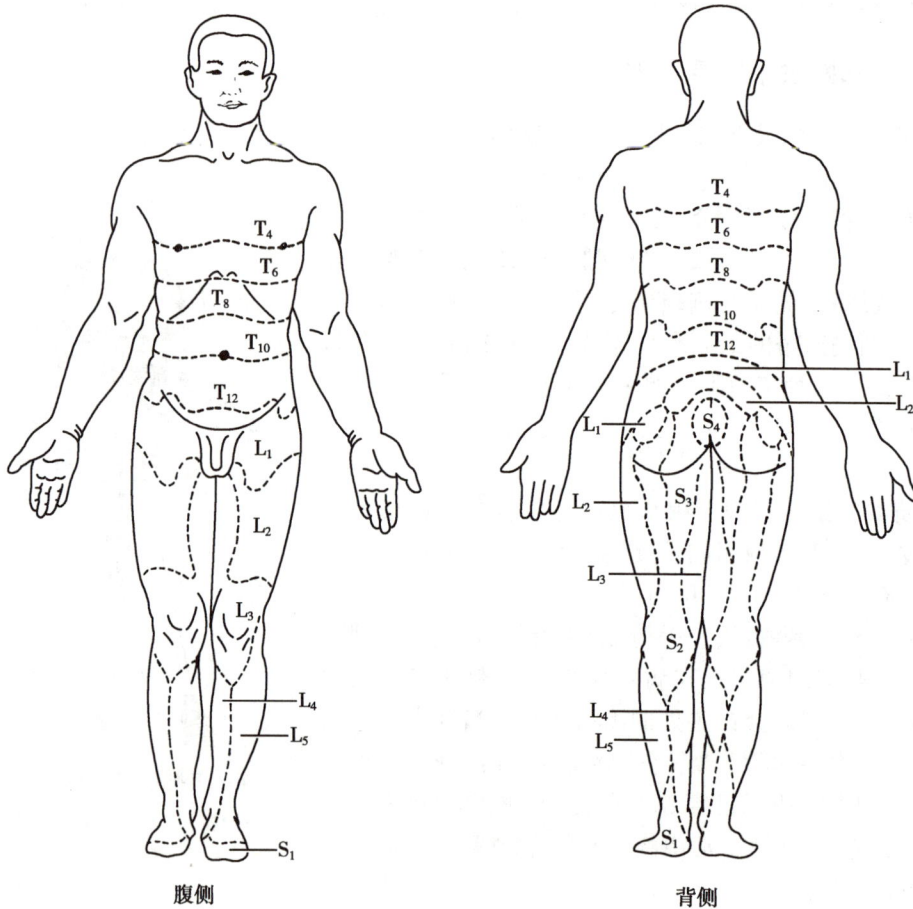

图 10-2　脊神经的体表分布

　　不同外科手术所需蛛网膜下隙阻滞平面不同(表 10-3),而影响蛛网膜下隙阻滞平面调节的因素很多,其中局麻药的剂量是决定蛛网膜下隙阻滞平面的主要因素。如果麻药的配制方法和剂量已经确定,则穿刺部位、患者体位、注药速度和针口斜面方向就成为影响麻醉平面重要因素:①穿刺部位:脊柱有 4 个生理曲度(图 10-3),仰卧位时,腰$_3$最高,胸$_6$最低。如果经腰$_{2\sim3}$间隙穿刺注药,当病人转为仰卧后,药液将沿着脊柱的坡度向胸段移动,使麻醉平面偏高。如果在腰$_{3\sim4}$或腰$_{4\sim5}$间隙穿刺注药,当病人仰卧后,大部分药液将向骶段方向移动,骶部及下肢麻醉较好,麻醉平面偏低。因此,腹部手术时,穿刺点宜选用腰$_{2\sim3}$间隙;下肢及会阴肛门手术时,穿刺点不宜超过腰$_{3\sim4}$间隙。②患者体位和局麻药比重:通常重比重药液向低处流动,轻比重药液向高处流动。注药后一般应在 5~10 分钟之内调节病人体位,以获得所需麻醉平面,超过此时限,因药物已与脊神经充分结合,调节体位的作用就会无效。③注药速度:通常注射的速度愈快,麻醉范围愈广;相反,注射速度愈慢,药物愈集中,麻醉范围愈小。一般以每 5 秒注入 1ml 药液为适宜,但利多卡因容易扩散,注射速度可以减慢。鞍区麻醉时,注射速度可减至每 30 秒 1ml,以使药物集中于骶部。④穿刺针斜口方向:斜口朝向头侧,麻醉平面易升高;反之,麻醉平面不易上升。

表 10-3　常见外科手术所需体表阻滞平面

手术类型	体表阻滞平面	手术类型	体表阻滞平面
上腹部手术	T_4	髋部手术	T_{10}
剖宫产手术	T_4	足部及踝部手术	L_2
经尿道前列腺切除术	T_{10}		

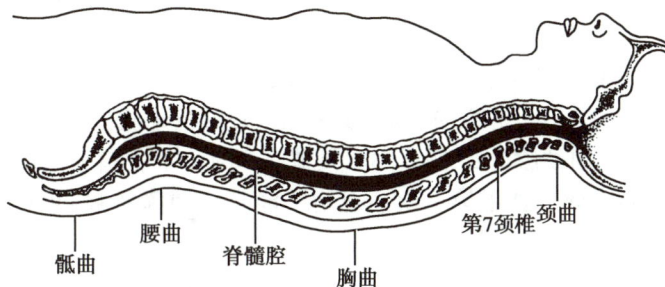

图 10-3　脊柱的生理弯曲

(七) 麻醉期间的管理

蛛网膜下隙阻滞后,可引起一系列生理扰乱,其程度与阻滞平面密切相关,平面愈高,扰乱愈明显。因此,麻醉中要密切观察病情变化,并及时妥善处理。

1. **血压下降和心率缓慢**　蛛网膜下隙阻滞平面超过 T_4 后,常出现血压下降,多数于注药后 15~30 分钟发生,同时伴心率缓慢,严重者可因脑供血不足而出现恶心呕吐,面色苍白,躁动不安等症状。血压下降主要因交感神经节前纤维被阻滞,使小动脉扩张、周围血管阻力下降、血液淤积于周围血管、回心血量减少、心排血量下降等造成。心率缓慢是因部分交感神经被阻滞,迷走神经相对亢进所致。血压下降的程度,主要取决于阻滞平面的高低,也与病人心血管功能代偿状态以及是否伴有高血压、血容量不足或酸中毒等病情密切相关。处理应首先考虑补充血容量,可先快速输液 200~300ml;如果无效可静注麻黄碱 5~10mg,必要时可以重复。如仍反应不良,可考虑静脉滴注间羟胺稀释液,直至血压回升至满意水平为止。对心率缓慢者可考虑静注阿托品 0.25~0.3mg 以降低迷走神经影响。

2. **呼吸抑制**　当胸段脊神经阻滞后可引起肋间肌麻痹,表现为胸式呼吸微弱,腹式呼吸增强,病人潮气量减少,咳嗽无力,不能发声,甚至发绀。遇此情况应迅速吸氧,或行辅助呼吸,直至肋间肌张力恢复为止。如果发生"全脊麻"引起呼吸停止,血压骤降,甚至心脏停搏,应立即施行气管内插管机械通气,及胸壁外心脏按压等措施进行抢救。

3. **恶心、呕吐**　诱因有三:①血压骤降,脑供血骤减,兴奋呕吐中枢;②迷走神经功能亢进,胃肠蠕动增加;③手术操作牵拉内脏。一旦出现恶心呕吐,应首先检查是否有麻醉平面过高及血压下降,并采取相应治疗措施。

四、蛛网膜下隙阻滞的并发症

蛛网膜下隙阻滞后常见的并发症如下:

1. **头痛**　头痛是脊麻后最常见的并发症之一。典型头痛可在穿刺后的 6~12 小时内发生,多数发病于脊麻后 1~3 天。75% 病例持续 4 天后消失,10% 持续 1 周。个别病例可迁延 1~5 个月或更长。脊麻后头痛的平均发生率外科手术为 13%,妇产科为 18%。脊麻后头痛主要系脑脊液经穿刺孔漏出引起颅内压降低和颅内血管扩张所致,故穿刺针粗细与头痛发生率明显相关(表 10-4)。25~26G 穿刺针的头痛发生率为 1%。若采取积极的预防措施,头痛发生率可降至 0.2%,这涉及以下两个方面:①操作注意事项:局麻药采取高压蒸气灭菌,不主张浸泡于酒精或其他消毒液中。穿刺及注药应严格无菌操作。穿刺针宜选用 25~26G 细针,且针斜面与脊柱即硬膜纤维平行。如采用顶端锥形的穿刺针,则可使脊麻后头痛发生率进一步降低。②病人的准备:麻醉前对病人作必要的解释,消除病人顾虑,切忌暗示脊麻后头痛的可能性。麻醉后嘱病人仰卧位以减少脑脊液外流,并保证足够睡眠。一旦发生头痛,可依头痛程度分别进行治疗。①轻微头痛:经卧床 2~3 天即自行消失。②中度头痛:病人平卧或采用头低位,每日输液 2500~4000ml,并应用镇静药或肌注小量镇痛药如哌替啶 50mg。③严重头痛:除上述措施外,可行硬膜外充填血疗法,即先抽取自体血 10ml,在 10 秒内应用硬膜外穿刺针注入硬膜外间隙,注后病人平卧 1 小时,有效率达 97.5%,甚至注射后即有效。如果第 1 次注血后不能完全消除头痛,可行第 2 次注血,疗效可达到 99%。

表 10-4　影响脊麻术后头痛的因素

年龄:年龄越小,越为常见
性别:女性>男性
穿刺针大小:大>小
穿刺针斜面方向:当穿刺针斜面置于神经轴长轴时更少发生
妊娠:孕妇更为常见
穿透硬脊膜次数:多次操作更易发生

2. **尿潴留**　由于骶$_{2~4}$的阻滞,可使膀胱张力丧失,此时,膀胱可发生过度充盈,特别是对男性病例,如果术后需大量输液则需留置导尿管。

3. **神经并发症**　脊麻致神经损害原因为:局麻药的组织毒性、意外地带入有害物质及穿刺损伤。现将常见神经并发症分述如下:

(1) 脑神经受累:脊麻后脑神经受累的发生率平均为 0.25%。累及第Ⅵ对脑神经较多见,约占 60%,其次为第Ⅶ对脑神经,约占 30%,其他神经受累只占 10%。发生原因与脊麻后头痛的机制相似,脑脊液量减少后降低了其对脑组织的“衬垫作用”,当病人直立或坐位时,头处于高位,脑组织因重力作用向足端下垂,脑神经受直接牵拉而引起缺血,神经功能受到损害。

(2) 假性脑脊膜炎:也称无菌性或化学性脑脊膜炎,据报道发生率为 1:2000,多在脊麻后 3~4 天发病,起病急骤,临床表现主要是头痛及颈项强直,凯尔尼格征阳性,有时有复视、晕眩及呕吐。治疗方法与脊麻后头痛相似,但须加用抗生素。

(3) 粘连性蛛网膜炎:急性脑脊膜炎的反应多为渗出性变化,若刺激严重则继发性地出现增生性改变及纤维化。此种增生性改变称为粘连性蛛网膜炎。

粘连性蛛网膜炎的症状是逐渐出现的,先有疼痛及感觉异常,以后逐渐加重,进而感觉丧失。运动功能的改变从无力开始,最后发展到完全性松弛性瘫痪。尸检可见脑脊膜上慢性增生性反应,脊髓纤维束及脊神经前根退化性改变,硬膜外间隙及蛛网膜下隙粘连闭锁。

这类反应并不一定由麻醉药引起,脊麻过程带入的具有刺激性异物及化学品、高渗葡萄糖、蛛网膜下隙出血均可引起。

(4) 马尾神经综合征:发生原因与粘连性蛛网膜炎相同。病人于脊麻后下肢感觉及运动功能长时间不恢复。神经系统检查发现骶尾神经受累,大便失禁及尿道括约肌麻痹,恢复异常缓慢。

(5)脊髓炎:此类脊髓的炎性反应是局麻药对含髓磷脂组织的影响。病人表现为感觉丧失及松弛性麻痹。症状可能完全恢复,也可能有一定进步,也可能终生残疾。若病人死亡,尸检可以发现脊髓及后根有脱髓鞘现象,脊髓后柱上行性退化改变,神经节细胞退化性变。

第二节　硬脊膜外阻滞

一、概　　述

将局部麻醉药注射于硬脊膜外间隙,阻滞脊神经根部,使其支配的区域产生暂时性麻痹,称为硬膜外间隙阻滞麻醉,简称硬膜外阻滞。

硬膜外阻滞有单次法和连续法两种。单次法系穿刺后将预定的局麻药全部陆续注入硬膜外间隙以产生麻醉作用。此法缺乏可控性,易发生严重并发症,故已罕用。连续法是在硬膜外间隙置入塑料导管,根据病情、手术范围和时间,分次给药,使麻醉时间得以延长,并发症明显减少。目前临床上主要采用连续硬膜外阻滞。

根据脊神经阻滞部位不同,可将硬膜外阻滞分为四类:

(1)高位硬膜外阻滞:于颈$_5$至胸$_6$之间进行穿刺,阻滞颈部及上胸段脊神经,适用于甲状腺、上肢或胸壁手术。

(2)中位硬膜外阻滞:穿刺部位在胸$_6$至胸$_{12}$之间,常用于腹部手术。

(3)低位硬膜外阻滞:穿刺部位在腰部各棘突间隙,用于下肢及盆腔手术。

(4)骶管阻滞:经骶裂孔进行穿刺,阻滞骶神经,适用于肛门、会阴部手术。

二、硬脊膜外阻滞的机制及其生理影响

(一)局麻药作用的部位

硬膜外麻醉的广泛应用已60年,但作用机制仍不清楚。目前多数意见认为硬膜外阻滞时,局麻药经多种途径发生作用,其中以椎旁阻滞、经根蛛网膜绒毛阻滞脊神经根以及局麻药弥散过硬膜进入蛛网膜下隙产生"延迟"的脊麻为主要作用方式。

(二)局麻药在硬膜外间隙的扩散

局麻药在硬膜外间隙的扩散与局麻药容量、浓度、注药速度、注药后体位、身高、年龄、身体情况等有关,现分述如下:

1. **局麻药容量和浓度**　一般认为大容量局麻药阻滞范围广,高浓度局麻药使神经阻滞更完全。浓度对阻滞范围也有影响,浓度高、范围较广。硬膜外阻滞的效果既要有足够的阻滞范围,又要阻滞完全,二者均不可偏废。

2. **局麻药注射速度**　有人认为快速推注利于局麻药扩散,可获得较为宽广的阻滞平面;但较多人认为局麻药注射速度过快,增加血管对局麻药吸收量,阻滞的神经节段增加有限。注射过快使病人眩晕不适,故此法并不可取,普遍认为注射药液速度以0.3～0.75ml/s为好。

3. **体位**　体位对局麻药在硬膜外间隙扩散的影响尚无统一的意见。Collins(1976)认为体位可促使药物按重力方向扩散,如头低位可促使阻滞平面向上延伸3～5神经节段。但临床

上很少应用体位来控制阻滞平面，然而常见侧卧时体位低的一侧麻醉范围较宽广，这说明体位对阻滞平面的调节仍有一定的作用。

4. 身高　硬膜外间隙容积与硬膜囊长度成正比，也即与身高成正比，因而主张对高身材的病人应相应增加局麻药量。身高与局麻药量之间究竟存在何种关系，据 Bromage(1962)研究，其相关系数很小($r=0.34$)，除非身材特高或过矮，一般用药量并无多大差异。

5. 年龄　硬膜外阻滞的局麻药用量与年龄相关。即从 4 岁开始椎管随年龄增长而逐渐加长，18~20 岁脊椎生长停止，故以后用药量随年龄增长而逐渐下降。年龄增加，用药量反而下降的原因系硬膜外间隙基质成分改变，胶原纤维增加，黏多糖比例下降，神经元也逐渐减少和分散，硬膜外组织对局麻药扩散的障碍作用也逐渐减少，因而有利于扩散。

6. 妊娠　足月孕妇硬膜外阻滞的局麻药用量仅为未孕时的 1/3，其原因有两方面：①足月子宫压迫下腔静脉，一部分从下肢及盆腔器官来的静脉血，分流到椎管内静脉丛，怒张的静脉使硬膜外间隙有效容积减少，因而局麻药扩散平面自然增大。②内分泌改变的影响：妊娠期内分泌改变对局麻药扩散的影响尚不清楚。目前的解释是局麻药在硬膜外间隙基质内扩散，有赖于基质中的自由液体(free fluid)及胶体的比例含量，也赖于基质中蛋白质与黏多糖间的比例。妊娠期由于孕激素及雌激素的影响，基质中的胶原纤维减少，黏多糖的比值增高，在基质中成网状结构，而且其间的自由液体增多，故有利于局麻药的扩散。

7. 动脉硬化　糖尿病及动脉硬化的病人，硬膜外阻滞所需的局麻药量比正常人少。根据一组病人统计资料，用等量局麻药时，被阻滞的神经节段比正常人增加 40%~50%，而起效时间却延缓 35%。其原因是此类病人神经元减少，基质也减少，吸收局麻药的神经组织及其他组织均较分散，局麻药扩散缓慢。动脉硬化病人，相对大剂量局麻药可引起广泛扩散，可能累及颅内神经组织而引起脑神经被阻滞或昏迷。

（三）硬膜外间隙的压力

硬膜外间隙呈现负压，负压出现率以颈部及胸部硬膜外间隙最高，约为 98%；腰部次之，为 88.3%；骶管不出现负压。有人认为颈胸部硬膜外间隙的负压是由胸膜腔负压通过椎间孔传递而来，故颈胸部负压较腰部显著，出现率也高。腰部负压不大可能由胸膜腔传递过来，可能是穿刺过程硬膜被推开的结果。

硬膜外间隙的负压受某些因素的影响，如咳嗽、屏气、妊娠等使硬膜外间隙负压变小、消失，甚至出现正压。上述因素都对局麻药在硬膜外间隙扩散产生影响。

（四）硬膜外阻滞的影响

1. 对中枢神经系统的影响　硬膜外阻滞对中枢神经系统的直接影响：①注药后有一过性的脑脊液压升高，尤其注药速度过快会引起短时间头晕；②局麻药逾量或注入静脉丛，由于大量局麻药进入循环而引起惊厥；③连续硬膜外阻滞时，在一段较长时间内累积性吸收比超量药物骤然进入循环易为病人耐受。硬膜外阻滞对神经系统的间接影响是阻滞后低血压引起的。

2. 对心血管系统影响　硬膜外阻滞对心血管系统的影响有三方面因素。

（1）神经性因素：①节段性地阻滞交感神经传出纤维，引起阻力血管及容量血管扩张；②硬膜外阻滞平面高至胸$_4$以上时，心脏交感神经纤维麻痹，心率徐缓，心脏射血力量减弱。

（2）药理性因素：①硬膜外间隙的局麻药吸收后，对平滑肌产生抑制，同时阻滞 β 受体而致心排血量减少，酸血症时此抑制作用更为严重；②肾上腺素吸收后兴奋 β 受体，心排血量增加，周围阻力下降。

（3）局部因素：局麻药注入过快，脑脊液压升高，引起短暂的血管张力及心排血量反射性升高。

3. **对呼吸系统影响** 硬膜外阻滞对呼吸系统的影响取决于阻滞平面的高度,尤以运动神经被阻滞的范围更为重要。

(1) 阻滞平面的影响:普遍认为阻滞平面对呼吸功能有明显的影响,平面愈高影响愈大。当感觉阻滞平面在胸$_8$以下时,呼吸功能基本无影响,感觉阻滞达到胸$_{2\sim4}$或颈部,因膈神经受累,肺活量下降。

(2) 局麻药种类、浓度的影响:在感觉阻滞平面相同时,利多卡因及丁哌卡因对呼吸影响最小,而依替卡因对呼吸的影响最大。关于局麻药浓度,利多卡因1.5%对呼吸功能影响小,而2%可能引起通气功能下降,总的认为0.8%~1%利多卡因对运动神经纤维影响最小。

(3) 硬膜外阻滞用于老年、体弱、久病或过度肥胖病人,如阻滞平面过高,在原来的通气储备不足的情况下会进一步低落,甚至不能维持静息通气,而出现呼吸困难。

(4) 其他因素:术前用药及辅助用药都有抑制呼吸中枢的作用,若用量大,会直接影响静息通气。手术操作如开腹、脏器牵引、填塞及手术体位等因素都在不同程度上干扰肺通气,加重硬膜外阻滞对呼吸功能的影响。

4. **对内脏的影响** 硬膜外阻滞对肝、肾无直接影响,而阻滞期间功能暂时减退系因血压低所致。血压下降至60~70mmHg以下时,肝血流减少26%;待血压恢复后,肝血流也恢复正常。肝硬化病人持续低血压可引起肝功能恶化,甚至术后肝功能衰竭。硬膜外阻滞对肾功能无显著影响,高平面硬膜外阻滞引起平均动脉压下降,肾小球滤过量下降9%,肾血流量减少15%,这些轻微改变对正常人无重要临床意义。

5. **对肌肉张力的影响** 硬膜外阻滞是一种不完全性阻滞,大部分病人的运动神经阻滞不全,但硬膜外阻滞仍有一定的肌松作用。主要解释有二:一是反射性松弛,认为肌肉松弛是传入神经纤维阻滞的结果;二是局麻药吸收后,选择性地阻滞运动神经末梢,因而产生一定的肌肉松弛作用。

三、硬脊膜外阻滞的临床应用

(一) 适应证与禁忌证

硬膜外麻醉主要适用于腹部手术。颈部、上肢及胸部手术也可应用,但在管理上稍复杂,凡适于蛛网膜下隙麻醉的下腹及下肢等手术,均可采用硬膜外麻醉。高位硬膜外主要用于术后镇痛或全麻复合硬膜外麻醉,以减少全麻药的用量,使麻醉更加平稳。留置硬膜外导管可用于术后行病人自控硬膜外镇痛(patient controlled epidural analgesia,PCEA)。此外,还可以与脊麻联合应用于分娩镇痛。

硬膜外麻醉对严重贫血、高血压病及心脏代偿功能不良者应慎用,严重休克病人应禁用。穿刺部位有炎症或感染病灶者,也视为禁忌。对呼吸困难的患者也不宜选用颈、胸段硬膜外麻醉。

行硬膜外麻醉时,不仅要求麻醉人员掌握麻醉操作方法,更重要的应该具备处理严重并发症的有关知识,包括呼吸管理和心肺复苏技术,才能安全地应用这一麻醉方法。

(二) 麻醉前访视和麻醉前用药

1. **麻醉前访视** 硬膜外麻醉与其他麻醉一样,术前必须访视患者,目的在于了解病情和手术要求,决定穿刺部位,选择局麻药浓度和剂量,检查患者循环系统代偿功能能否耐受此种麻醉,检查脊柱有否畸形,穿刺部位有否感染。既往有无麻醉药过敏史,凝血功能是否正常。如有水和电解质紊乱,术前应予以纠正。

2. 麻醉前用药　硬膜外阻滞的局麻药用量较大,为预防中毒反应,术前 1～2 小时可给予巴比妥类药或苯二氮䓬类药;对阻滞平面高、范围大或迷走神经兴奋性高的病人,应同时加用阿托品,以防脉率减慢。

（三）常用局部麻醉药

硬膜外阻滞的常用局麻药有:普鲁卡因、利多卡因、罗哌卡因、丁哌卡因及左布比卡因(表10-5)。

表 10-5　硬膜外麻醉常用局麻药浓度、剂量、起效时间和持续时间的比较

局麻药	浓度 (%)	最大剂量 (mg)	起效时间 (min)	持续时间(分钟)	
				－	合用肾上腺素(1:200 000)
普鲁卡因	3	700	10～15	45～60	60～90
利多卡因	1～2	400	15	80～120	120～180
罗哌卡因	0.5～0.75	200	15～20	140～180	150～200
丁哌卡因	0.5～0.75	150	20	165～225	180～240
左布比卡因	0.5～0.75	150	15～20	150～225	150～240

（四）应用局麻药的注意事项

1. 局麻药中加用肾上腺素　目的在于减缓局麻药吸收速度,延长作用时间。肾上腺素的浓度,应以达到局部轻度血管收缩而无明显全身反应为原则。一般浓度为 1:20 万即 200ml 药液中加 0.1% 肾上腺素 1ml,高血压病人应免加或仅用 1:40 万或 1:75 万。

2. 局麻药浓度的选择　决定硬膜外阻滞范围的最主要因素是麻醉药容量,决定阻滞深度和作用持续时间的主要因素是麻醉药浓度。根据穿刺部位和手术要求的不同,对麻醉药的浓度应作适当的选择。以利多卡因为例,颈胸部手术以 1%～1.3% 为宜,浓度过高可引起膈肌麻痹;用于腹部手术为达到腹肌松弛,需用 1.5%～2% 浓度。此外,浓度选择还与病人情况有关,健壮病人所需浓度宜偏高,虚弱或年老病人浓度要偏低,婴幼儿应用 1% 以内的浓度即可取得满意效果。

3. 局麻药的混合使用　临床上常将长效和短效局麻药及起效快和起效慢的局麻药配成混合液,以达到潜伏期短而维持时间长的目的。其中较可取的配伍是 1% 利多卡因和0.15%～0.2% 丁卡因混合液,内加肾上腺素 1:20 万。

4. 注药方法　一般可按下列顺序慎重给药:①试验剂量:一般为 2% 利多卡因 3～5ml,目的在于排除误入蛛网膜下隙的可能。如果注药后 5 分钟内出现下肢痛觉和运动消失,以及血压下降等症状,提示局麻药已误入蛛网膜下隙,严重时可发生全脊麻,应立即进行抢救。此外,从试验剂量所出现的阻滞范围及血压波动幅度,可了解病人对药物的耐受性,以指导继续用药的剂量。②追加剂量:注入试验剂量后 5～10 分钟,如无蛛网膜下隙阻滞征象,可每隔 5 分钟注入 3～5ml 麻药,直至阻滞范围能满足手术要求为止。也可根据临床经验一次注入预定量。试验剂量和追加剂量之和称初量。③术中病人由无痛转而出现痛感,肌肉由松弛转为紧张,应考虑局麻药的阻滞作用开始减退,此时若血压稳定,可追加维持量,一般为初量的 1/2～1/3。以后可根据需要追加维持量,直至手术结束。随着手术时间的延长,用药总量增大,病人对局麻药的耐受性将降低,故应慎重给药。

（五）硬膜外间隙穿刺术

1. **体位**　硬膜外阻滞穿刺的体位有侧卧位及坐位两种,临床上主要采用侧卧位,具体要求与蛛网膜下隙阻滞法相同。

2. **穿刺点的选择**　穿刺点应根据手术部位选定,一般取支配手术范围中央的脊神经相应棘突间隙。连续硬膜外穿刺点,可比单次法者低1~2个棘突间隙。

为确定各棘突的位置,可参考下列体表解剖标志:①颈部最大突起的棘突为第7颈椎棘突;②两侧肩胛冈连线为第3胸椎棘突;③肩胛角连线为第7胸椎棘突;④两侧髂嵴最高点的连线为第4腰椎棘突或腰4~5棘突间隙。临床上可用第7颈椎棘突作为标志向尾侧顺数,或以第4腰椎棘突为标志向头倒数,反复核实,即可测得穿刺间隙。

3. **穿刺术**　硬膜外间隙穿刺术有直入法和旁(侧)入法两种。颈椎、胸椎上段及腰椎的棘突相互平行,多主张用直入法;胸椎的中下段、棘突呈叠瓦状,间隙狭窄,穿刺困难时可用旁入法。老年人棘上韧带钙化,脊柱弯曲受限者,一般宜用侧入法。

（1）直入法:在选定棘突间隙靠近下棘突的上缘处作皮丘,然后再作深层浸润,局麻必须完善,否则疼痛可引起反射性背肌紧张,增加穿刺困难。因连续硬膜外穿刺针较粗且钝,刺透皮肤和棘上韧带常有困难,可先用15G锐针刺破皮肤和韧带(针尖斜口宜与韧带走向平行),再将硬膜外穿刺针沿针眼刺入。针的刺入位置必须在脊柱的正中矢状线上。针尖所经的组织层次与脊麻时一样,穿透黄韧带有阻力骤然消失感,提示进入硬膜外间隙。在行硬膜外间隙穿刺术中,应特别强调刺破黄韧带的感觉。

（2）侧入法:侧入法是在棘突间隙中点旁开1.5cm处进针,避开棘上韧带和棘间韧带,经黄韧带进入硬膜外间隙。操作步骤:在选定的棘突间隙靠近上棘突旁开1.5cm处作皮丘、皮下及肌肉浸润。在皮丘处用15G锐针刺一小孔,穿刺针与皮肤成75°角对准棘突间孔刺入,经棘突间孔刺破黄韧带进入硬膜外间隙。

4. **硬膜外间隙的确定**　穿刺针到达黄韧带后,根据阻力的突然消失、负压的出现以及无脑脊液流出等现象,即可判断穿刺针已进入硬膜外间隙。

（1）阻力突然消失:当穿刺针抵达黄韧带时,阻力增大,并有韧性感。这时可将针芯取下,接上盛有生理盐水内一小气泡的注射器,推动注射器芯,有回弹感觉,同时气泡缩小,液体不能注入,表明针尖已抵达黄韧带。这时可继续缓慢进针,反复推动注射器芯作试探。一旦突破黄韧带,即有阻力顿时消失的"落空感",同时注液及注气可毫无阻力,表示针尖已进入硬膜外间隙。

（2）负压现象:临床上常用负压现象来判断硬膜外间隙。当穿刺针抵达黄韧带时,拔除穿刺针芯,在针蒂上悬挂一滴局麻药或生理盐水,继续缓慢进针。当针尖穿透黄韧带而进入硬膜外间隙时,可见悬滴被吸入,此即为负压现象的悬滴法。悬滴法的缺点为妨碍顺利进针,如果于针蒂上接盛有液体的玻璃接管,当针尖进入硬膜外间隙时,管内液体可被吸入,并随呼吸而波动,由此可使穿刺操作和观察更方便,此谓玻管法。

（六）连续硬膜外阻滞置管方法

确定针尖已进入硬膜外间隙后,即可经针蒂插入硬膜外导管。有人建议于插管前先注入3~5ml局麻药,以避免插管所致的病人不适,但对于情况差的病人,仍以插管后再注药更为安全。插管前应根据拟定的置管方向调整好针蒂小缺口的方向。若拟向头侧置管,针蒂小缺口应转向头侧;反之,如拟向尾侧置管,小缺口应转至尾侧。导管的插入长度以3~4cm为宜。

1. **插管操作步骤**　①插管时应先测量皮肤到硬膜外间隙的距离。将穿刺针全长减去针蒂至皮肤的距离即得。②操作者以左手背贴于病人背部,以拇指和示指固定针蒂,其余3指夹住导管尾端;用右手持导管的头端,经针蒂插入针腔,进至10cm处稍有阻力,表示导管已到达针尖斜口,稍用力推进,导管即可滑入硬膜外间隙,继续缓慢插入3~5cm,至导管的15cm刻度处停止。③拔针时,应一手退针,一手固定好导管,以防将导管带出。④调整好导管在硬膜外的长度。如插入过长,可轻轻把导管向外拉至预定的刻度。⑤导管尾端接上注射器,注入少许生理盐水,应无阻力,回吸无血或脑脊液,表示导管通畅,位置正确,即可固定导管。

2. 插管注意事项 ①插管时如遇导管太软,可将导管芯插入作为引导,但不应越过穿刺针斜口,否则有误穿硬脊膜而进入蛛网膜下隙的危险;②导管已越过穿刺针斜口而遇阻力需将导管退出重插时,必须将导管与穿刺针一并拔出,切忌只拔导管,否则有针尖斜口割断导管的危险;③插管过程中如病人出现肢体异常或弹跳,提示导管已偏于一侧刺激脊神经根。为避免脊神经根损害,应将穿刺针与导管一并拔出,重新穿刺置管;④导管内流出全血,提示导管已刺破硬膜外间隙静脉丛,可用含少量肾上腺素的生理盐水作冲洗,如仍流血时,应考虑另换间隙作穿刺置管;⑤为阻止硬膜外间隙内的药液回流入注射器,可用胶布把注射器芯固定。

(七) 硬膜外阻滞平面与范围的调节

影响硬膜外阻滞平面的因素很多,其中最重要的是穿刺部位,如果选择不当,将导致阻滞范围不能满足手术要求。其他如导管的位置和方向、药物容量、注药速度、患者体位以及全身情况等均起重要作用。

1. 导管的位置和方向 头侧置管时,药物易向头侧扩散;尾侧置管时,药液多向尾侧扩散。如果导管偏于一侧,可出现单侧阻滞,如导管误入椎间孔,则只能阻滞单根脊神经。

2. 药物容量和注药速度 容量愈大、注速愈快、阻滞范围愈广,反之则阻滞范围窄。值得注意的是快速注药时,血管吸收率增加,作用于神经组织的药物相应减少,故其扩大阻滞范围的作用有限,而阻滞不全发生率却因之增加,麻醉作用也随之缩短。

3. 患者体位 硬膜外间隙注入药物,其扩散很少受体位的影响,故临床可不必调整体位。

4. 患者情况 婴幼儿的硬膜外间隙窄小,药物易向头侧扩散,所需药物量小。老年人硬膜外间隙缩小,椎间孔狭窄甚至闭锁,药物的外泄减少,阻滞范围容易扩大,用药量须减少20%。临床操作时,可先注射2~3ml作为试验量,观察阻滞范围大小后再酌情分次减量追加药物。妊娠后期,由于下腔静脉受压,硬膜外间隙静脉充盈,间隙相对变小,药物容易扩散,用药量比常用量减少一半。有些病理因素,如全身情况差、脱水、血容量不足、腹内压增高,可加速药物扩散,用药量应格外慎重。

(八) 硬膜外阻滞失败

硬膜外阻滞失败一般包括三种情况:①阻滞范围达不到手术要求(阻滞范围过窄或偏于一侧);②阻滞不全(病人有痛感,肌肉不松弛);③完全无效。

1. 阻滞范围达不到手术要求的原因 ①穿刺点离手术部位太远,内脏神经阻滞不全,牵拉内脏出现疼痛;②多次硬膜外阻滞致硬膜外间隙出现粘连,局麻药扩散受阻等。

2. 阻滞不完全的原因 ①麻醉药的浓度和容量不足;②硬膜外导管进入椎间孔,致阻滞范围有限;③导管在硬膜外间隙未能按预期方向插入。

3. 完全无效的原因 ①导管脱出或误入静脉;②导管扭折或被血块堵塞,无法注入局麻药;③硬膜外穿刺失败等。

4. 硬膜外穿刺失败的原因 ①病人体位不当,脊柱畸形,过分肥胖,穿刺点定位困难;②穿刺针误入椎旁肌群或其他组织而未被察觉。

（九）硬膜外阻滞术中患者的管理

硬膜外间隙注入局麻药 5~10 分钟内,在穿刺部位的上下各 2、3 节段的皮肤支配区可出现感觉迟钝,20 分钟内阻滞范围可扩大到所预期的范围,麻醉也趋完全。由此可引起一系列生理扰乱,最常见的是血压下降、呼吸抑制和恶心呕吐。因此,术中应注意麻醉平面和范围,密切观察病情变化,及时进行妥善处理。

1. 血压下降　多发生于胸段硬膜外阻滞,由于内脏大小神经麻痹,导致腹内血管扩张,回心血量减少而血压下降,同时副交感神经功能相对亢进,可出现脉缓。这些变化多于注药后 20 分钟内出现,应先行输液补充血容量,必要时静注麻黄碱 10~15mg 或去氧肾上腺素 25~50μg,血压一般均可迅速回升。黄疸、血容量不足、酸中毒和水电解质失衡患者,对麻药耐量小,麻醉平面往往偏高,血压波动也大,除酌减用药剂量外,必须在注药前予以适当纠正。

2. 呼吸抑制　颈部及上胸部硬膜外阻滞时,由于肋间肌和膈肌不同程度麻痹,可出现呼吸抑制,严重时可致呼吸停止。术中必须仔细观察病人呼吸,并作好对呼吸急救准备。因颈部及上胸部硬膜外间隙较小,故应采用小剂量低浓度麻醉药,以减轻对运动神经阻滞,防止发生呼吸抑制。

3. 恶心呕吐　硬膜外阻滞并不能消除牵拉内脏所引起的牵拉痛或牵拉反射,患者常出现胸闷不适,甚至烦躁恶心、呕吐,需及时静注辅助药物加以控制,如芬太尼(50μg);对用药后仍无效者,应施行迷走神经和腹腔神经丛封闭,必要时可考虑改用全麻,或静注小剂量氯胺酮。

四、硬脊膜外阻滞的并发症

（一）穿破硬膜

1. 原因　硬膜外阻滞穿破硬膜的原因包括操作因素及患者因素两方面。

（1）操作因素:①硬膜外阻滞是一种盲探性穿刺,对初学者,由于对椎间韧带的不同层次的针刺感体会不深,难免发生穿破;②麻醉医师穿刺时进针过快,或遇到骨质而突然滑入;③用具不合适:导管质地过硬,都增加穿破硬膜的可能性,且不易被发现。

（2）患者因素:①多次接受硬膜外阻滞,由于反复创伤、出血或药物的化学刺激,硬膜外间隙因粘连而变窄,甚至闭锁,穿刺针穿过黄韧带后往往也可穿破硬膜;②脊柱畸形或病变,腹内巨大肿块或腹水,脊柱不易弯曲而造成穿刺困难,反复试探性穿刺时有可能穿破硬膜;③老年人韧带钙化,常在穿过黄韧带后滑入蛛网膜下隙,故老年人穿破率比年轻人高 2 倍;④因先天性硬膜菲薄,致有反复穿刺反复穿破的报道;⑤小儿由于其硬膜外间隙较成人更为狭窄,操作更加困难,且常需在全麻或基础麻醉下操作,更易穿破硬膜。

2. 预防　预防的首要措施在于思想上重视,每次硬膜外穿刺都应谨慎从事;对初学者严格要求,耐心辅导,每次都要按正规操作规程施行;不要过分依赖各种硬膜外间隙指示装置,因各类指示装置都有一定穿破率,麻醉医师的知识及经验对确定穿刺针进入硬膜外间隙无疑更重要;熟练掌握各种入路的穿刺方法,遇困难时可随意改换进针方式以求顺利成功;操作轻巧从容,勿求速而不达;用具应仔细挑选,弃掉不合用的穿刺针及过硬的导管,各种指示进入硬膜外间隙的指征要综合地分析判断,其中最为重要的是第一次试验量。

3. 处理　一旦硬膜被穿破,最好改换其他麻醉方法,如全麻或神经阻滞。穿刺点在腰$_2$以下,手术区域在下腹部、下肢或肛门会阴区者,可审慎地施行脊麻。

（二）穿刺针或导管误入血管

1. 硬膜外间隙有丰富的血管丛,穿刺针或导管误入血管并不罕见,发生率据文献报告在 0.2% ~2.8% 之间。尤其是足月妊娠者,因硬膜外间隙静脉怒张,更容易刺入血管。误入血管会因鲜血滴出而被发现,少数病例因导管开口处被小凝血块阻塞而不见出血,当注药时小凝血块被推开,局麻药便直接注入血管内而发生毒性反应,出现抽搐或心血管虚脱。

2. **预防措施** ①导管宜从背正中入路置入;②导管置放后注局麻药前应轻轻抽吸,验证有无血液;③常规地通过导管注入试验剂量局麻药;④导管及盛有局麻药的注射器内如有血染,应警惕导管进入血管内的可能。

3. **处理** 如遇血液由穿刺针或导管流出,可将导管退出 1cm 并以生理盐水 10ml 冲洗,多可停止或缓解;不能缓解者,或改变间隙重新穿刺,或改为其他麻醉方法。但有凝血障碍者,有发生硬膜外血肿的危险,术后应密切观察,及时发现和处理。如果导管进入血管内而未及时发现,注入局麻药而引起局麻药毒性反应者,应立即按局麻药毒性反应处理。

（三）空气栓塞

行硬膜外穿刺,利用注气试验判断穿刺针是否进入硬膜外间隙,是常用的鉴别手段,也为空气进入循环提供了途径。硬膜外穿刺针粗,针口斜面大,易损伤硬膜外血管,而妊娠期或腹部巨大肿瘤患者,硬膜外血管增粗,更增加损伤血管的机会。硬膜外穿刺注气量如仅 2ml 左右,则不致引起明显症状,若注气速度达 2ml/(kg·min) 或进气量超过 10ml,则有致死可能。

一旦诊断为静脉气栓,应立即置病人于头低左侧卧位,不仅可防止气栓上行入脑,还可使气栓停留在右心房被心搏击碎,避免形成气团阻塞。对心脏停搏者,如胸外心脏按压 2~3 分钟无效,应立即剖胸按压并作心室穿刺抽气。

（四）穿破胸膜

穿刺针偏向一侧进针又过深,可能刺破胸膜,产生气胸或纵隔气肿。

（五）导管折断

这是连续硬膜外阻滞的并发症,发生率为 0.057% ~0.2% 。

1. **原因** ①遇导管尖端越过穿刺针斜面后不能继续进入时,若错误地仅将导管拔出,导管可能被穿刺针的斜面切断;②骨关节炎病人,椎板或脊椎韧带将导管夹住,出现拔管困难,若强力拔出会拉断导管;③导管折叠、导管在硬膜外间隙圈绕成结。

2. **处理** 由于导管残端可能在硬膜外间隙,也可能在软组织内,难以定位,采取手术取出的创伤较大,手术也不一定能成功。因此,一般都不主张马上手术取出。残留导管一般不会引起并发症,但事发后应告知患者,消除顾虑,取得理解和配合,同时予以仔细观察和随访。如果术毕即发现导管断端在皮下,可在局麻下作切口取出。

（六）全脊麻

行硬膜外阻滞时,如穿刺针或硬膜外导管误入蛛网膜下隙而未能及时发现,超过脊麻数倍量的局麻药注入蛛网膜下隙,可产生异常广泛的阻滞,称全脊麻,发生率平均为 0.24% (0.12% ~0.57%)。临床表现为全部脊神经支配的区域均无痛觉、低血压、意识丧失及呼吸停止。全脊麻的症状及体征多在注药后数分钟内出现,若处理不及时可能发生心搏骤停。

预防措施:①预防穿破硬膜,措施见前述;②强调注入全量局麻药前先注入试验剂量,观察 5~10 分钟有无脊麻表现;改变体位后若需再次注药,还应再次注入试验剂量,首次实验剂量不应大于3ml;麻醉中如病人发生躁动,易使导管移位而刺入蛛网膜下隙,有报道硬膜外阻滞开始时为正常的节段性阻滞,以后再次注药时出现了全脊麻,经导管能抽出脑脊液,证明在麻醉维持期间导管还会穿破硬膜。

处理原则:①维持患者呼吸和循环功能。如患者神志消失,应行气管插管和机械通气,加速输液,必要时给予血管活性药升高血压。②如出现心搏骤停,应立即行心肺复苏。

(七) 异常广泛阻滞

注入常规剂量局麻药后,出现异常广泛的脊神经阻滞现象,但并非是全脊麻,阻滞范围虽广,但仍为节段性,骶神经支配的区域,甚至低腰部神经功能仍保持正常。其临床特点为广泛阻滞呈缓慢地发生,多出现在注入首量局麻药后20~30分钟,前驱症状为胸闷、呼吸困难、说话无力及烦躁不安;继而发展为通气严重不足,甚至呼吸停止,血压可大幅度下降或变化不明显;脊神经被阻滞时达12~15节,仍为节段性。异常广泛的脊神经阻滞有两种可能性,即硬膜外间隙广泛阻滞与硬膜下间隙广泛阻滞。

(八) 脊神经根或脊髓损伤

1. 神经根损伤　行硬膜外阻滞穿刺均在背部进行,脊神经根损伤主要为后根。临床表现主要是根痛,即受损神经根的分布区疼痛,如损伤胸脊神经根则呈"束带样痛",四肢呈条形分布,可表现为感觉减退或消失。根痛症状的典型伴发现象是脑脊液冲击征,即咳嗽、喷嚏或用力憋气时疼痛或麻木加重。根痛以损伤后3天之内最剧,然后逐渐减轻,2周内多数病人缓解或消失,遗留片状麻木区数月以上。遇此情况应采用对症治疗,预后均较好。

2. 脊髓损伤　脊髓损伤有轻有重,若导管插入脊髓或局麻药注入脊髓,可造成严重损伤,甚至横贯性伤害,病人立即感剧痛,偶有一过性意识障碍,病人即刻出现完全松弛性截瘫,部分病人因局麻药溢出至蛛网膜下隙而出现脊麻或全脊麻,暂时掩盖了截瘫症状。脊髓横贯性伤害时血压偏低而不稳定。严重损伤所致的截瘫预后不良,病人多死于并发症,侥幸未死者终生残废。

脊髓损伤早期与神经根损伤的鉴别为:①神经根损伤当时有"触电"或痛感,而脊髓损伤时为剧痛,偶伴一过性意识障碍;②神经根损伤以感觉障碍为主,有典型"根痛",很少运动障碍;③神经根损伤后感觉缺失仅限于1~2根脊神经支配的皮区,与穿刺点棘突的平面一致;而脊髓损伤的感觉障碍与穿刺点不在同一平面,颈部低一节段,上胸部低二节段,下胸部低三节段。

脊髓损伤后果严重,应强调预防为主,腰$_2$以上穿刺尤应谨慎小心,遇异感或疼痛,应退针观察,切忌注入局麻药或插管,避免扩大损伤范围。若鉴别困难宜按脊髓损伤对待,早期治疗会得到较好效果;即使出现截瘫,积极治疗也能收效良好,切勿放弃争取恢复的一切努力。

(九) 硬膜外血肿

硬膜外间隙有丰富的静脉丛,穿刺出血率为2%~6%,但形成血肿出现并发症者,其发生率仅0.0013%~0.006%。形成血肿的直接原因是穿刺针尤其是置入导管的损伤,促使出血的因素如病人凝血机制障碍及抗凝血治疗。硬膜外血肿虽然罕见,但在硬膜外麻醉并发截瘫的原因中占首位。

临床表现:开始时背痛,短时间后出现肌无力及括约肌障碍,发展至完全截瘫。诊断主要依靠脊髓受压迫所表现的临床症状及体征,脑脊液检查除蛋白含量略高外,压颈试验可提示椎管阻塞。椎管造影、CT或磁共振对于诊断及明确阻塞部位很有帮助。

预后取决于早期诊断,在8小时内手术效果较好;手术延迟者常致永久残废,故争取时机尽快手术减压是治疗的关键。

预防血肿的措施是：对有凝血障碍及正在使用抗凝治疗的病人，应避免应用硬膜外麻醉；穿刺操作时应强调避免暴力及反复穿刺。

（十）感染

硬膜外间隙及蛛网膜下隙感染是最严重的并发症。

1. 硬膜外间隙感染　病原菌以葡萄球菌为最多见，细胞侵入途径有：①污染的麻醉用具或局麻药；②穿刺针经过感染组织；③身体其他部位的急性或亚急性感染灶细菌经血行播散感染硬膜外间隙。

2. 蛛网膜下隙感染　多在硬膜外阻滞后4小时左右出现脑脊膜炎症状，即寒战、头痛、发热及颈项强直；脑脊液混浊，白细胞增多，涂片常难发现细菌，应根据感染细菌类型，给予抗生素治疗。

五、小儿硬脊膜外阻滞

（一）解剖生理特点

脊椎管末端的骶管终止于骶裂孔，骶裂孔是以第四骶骨棘突为顶、两侧骶骨角连线为底边构成的三角形开口，骶裂孔由骶$_5$（有时是骶$_4$）椎板未融合而形成，上面覆盖骶尾韧带。骶管是腰部硬膜外间隙的延伸，四壁覆盖骨膜，内含由腰骶神经丛和尾丛组成的马尾神经，以及硬膜囊的终端-终丝。小儿出生时硬膜盲端终止于骶$_3$水平，成人则终止于骶$_2$水平。小儿骶骨弯度不明显，组织较柔韧，阻力较小。

出生时脊髓终止于腰$_3$水平，1岁时达骶$_{1~2}$水平。15kg以下小儿，脑脊液容积为4ml/kg，比成人大一倍。小儿硬膜外间隙由疏松无纤维小梁的脂肪填充，这有利于局麻药弥散。1~10岁小儿腰部皮肤至硬膜外间隙的距离平均1.5~2.8cm。10岁以内小儿不论交感神经阻滞的平面多高，即使不预先扩充血容量，血流动力学仍稳定，这可能与小儿交感神经比较活跃，使低血压得以代偿，另外，小儿膈下的血容量较成人为少，血管阻力低而稳定。

（二）适应证和禁忌证

小儿骶管硬膜外阻滞常用于脐以下部位手术，新生儿肛门直肠手术可在骶管阻滞下施行。由于骶裂孔靠近肛门，被病菌污染的危险较大，故不主张经骶孔置入导管。另外，对20kg以上小儿，为减少局麻药用量，以采用腰部硬膜外阻滞为佳。

腰部硬膜外阻滞可用于胸部及结肠系膜以上部位的腹部手术。

小儿硬膜外阻滞的禁忌证与成人相同，包括：①凝血功能障碍；②穿刺部位及（或）全身感染；③脊髓、神经病变及脊柱裂；④低血容量。

（三）穿刺与注药

大部分小儿需在基础麻醉下或浅全身麻醉下进行骶管或腰部硬膜外穿刺，只有能合作的12岁以上小儿或新生儿可不用全麻。对于饱胃、结肠系膜以上部位的腹部手术，胸腔手术或需机械通气的小儿，应先行气管内插管后再行硬膜外穿刺。

1. 骶管穿刺与注药　患儿取侧卧位，确定骶裂孔部位，皮肤消毒后用21G肌内注射针作穿刺，经中线与额面呈65°~70°穿刺，通过骶尾韧带时感到阻力消失，然后将针与皮肤呈水平位继续进针0.5~1cm，当抽吸无血液或脑脊液，注入空气1~2ml亦无阻力，也不出现皮下捻发音,即可注入试验剂量的局麻药(0.1ml/kg,内含1:20万肾上腺素)。

小儿骶管阻滞用药量依手术部位而异,如睾丸固定术欲使麻醉平面达到胸$_{7~8}$水平,用药量为1ml/kg,腹股沟疝用药量为0.75ml/kg(平面可达胸$_{12}$~腰$_1$),下肢及包皮环切术用药量为0.5ml/kg(平面可达腰$_5$~骶$_1$)。

常用局麻药为1%利多卡因或0.25%丁哌卡因,利多卡因最大剂量为7mg/kg,布比卡因为2mg/kg。如已用基础麻醉,局麻药剂量可稍大于前述一次最大量。

2. 腰部硬膜外穿刺与注药　与骶管穿刺一样,患儿取侧卧位,选腰$_{3~4}$或腰$_{4~5}$间隙穿刺,以避免损伤脊髓,婴儿脊髓末端可达腰$_3$水平。穿刺针宜选用18G或19G硬膜外穿刺针,最好采用"阻力突然消失"法进针,当证实穿刺针进入硬膜外腔后,先注入试验剂量局麻药,然后再注入所需局麻药全量。如手术时间长、或术后需行硬膜外自控镇痛,可置入硬膜外导管,并妥善固定。

腰部硬膜外阻滞应用局麻药种类和浓度与骶管阻滞相同,但用药量比骶管阻滞要少,自新生儿至18个月为0.75ml/kg,18个月以后为0.5ml/kg。术中再次给药量为0.25ml/kg。

(四) 并发症

1. 残留的运动神经阻滞及尿潴留　这会引起小儿焦虑,因他们不能理解为什么不能移动下肢。

2. 局麻药中毒　常因血管损伤未被察觉使大量局麻药误注入血管中引起中毒反应。此外,局麻药注入骨内也相当于血管内注射,同样会引起局麻药中毒。

3. 全脊麻　为大量局麻药误注入蛛网膜下隙之结果,遇此情况应及时行呼吸、循环支持治疗。

六、骶管阻滞

骶管阻滞是经骶裂孔穿刺,注局麻药于骶管腔以阻滞骶脊神经,属硬膜外阻滞,适用于直肠、肛门及会阴部手术,也用于婴幼儿及学龄前儿童的腹部手术。

1. 穿刺部位　其定位方法是:从尾骨尖沿中线向头方向3~4cm处(成人),可触及一有弹性的凹陷骶裂孔,在孔的两旁可触到蚕豆大的骨质隆起,即为骶角,两骶角连线的中点即为穿刺点(图10-4)。髂后上棘连线处在第二骶椎平面,是硬脊膜囊的终止部位,骶管穿刺针如越过此连线,即有误入蛛网膜下隙发生全脊麻的危险。

2. 穿刺与注药　可取侧卧位或俯卧位。侧卧位时,腰背应尽量向后弓曲,双膝屈向腹部。俯卧位时,髋部需垫厚枕以抬高骨盆,暴露骶部。于骶裂孔中心作皮内小丘,但不作皮下浸润,否则将使骨质标志不清,妨碍

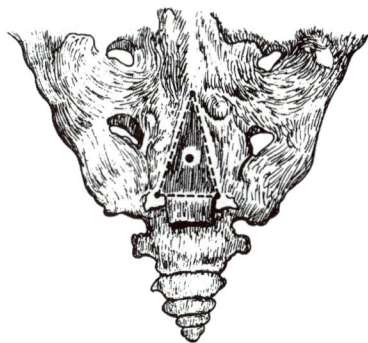

图10-4　骶管阻滞穿刺点

穿刺点定位。将穿刺针垂直刺进皮肤,当刺破骶尾韧带时可有阻力消失感觉。此时将针干向尾侧倾斜,与皮肤呈30°~45°角顺势推进2cm即可达到骶管腔。接上注射器,抽吸无脑脊液,注射生理盐水和空气全无阻力,也无皮肤隆起,证实针尖确在骶管腔内,即可注入试验剂量。观察5分钟内无蛛网膜下隙阻滞现象,即可分次注入其余药液。

3. 常用局麻药　常采用1%~1.5%利多卡因、0.5%丁哌卡因或0.5%罗哌卡因,注入局麻药15~20ml即可满足骶管阻滞的麻醉效果。

4. 穿刺成功的要点　掌握好穿刺针的方向。如果针与皮肤角度过小，即针体过度放平，针尖可在骶管的后壁受阻；若角度过大，针尖常可触及骶管前壁。穿刺时如遇骨质，不宜用暴力，应退针少许，调整针体倾斜度后再进针，以免引起剧痛和损伤骶管静脉丛。

5. 并发症　骶管腔内有丰富的静脉丛，穿刺时容易出血。对局麻药的吸收也快，易产生局麻药毒性反应。如注药过快，则可能导致眩晕和头痛。因骶裂孔解剖变异较多，故阻滞的失败率较高。由于骶神经阻滞时间较长，术后尿潴留较多。此外，当抽吸有较多回血时，应放弃骶管阻滞，改用腰部硬膜外阻滞。

第三节　蛛网膜下隙与硬脊膜外联合阻滞麻醉

近年来，蛛网膜下隙与硬脊膜外联合阻滞麻醉已广泛应用于经腹盆腔手术，并取得满意效果。蛛网膜下隙阻滞与硬脊膜外阻滞相比，腰骶神经阻滞充分，运动阻滞完全，感觉阻滞平面难以控制满意，单次注药也难以满足长时间手术需要，更无法实施术后镇痛，阻滞平面过高时低血压的发生率较高。硬脊膜外阻滞需要的局麻药剂量大，增加了局麻药中毒的概率，同时由于骶神经部位低，阻滞困难，使部分病人阻滞不完善。脊麻连续硬脊膜外联合阻滞，既保留了脊麻起效快、镇痛与肌松完善的优点，也便于调节麻醉平面，防止麻醉平面过高。经硬膜外导管按需追加局麻药可弥补单纯脊麻胸段阻滞平面或阻滞时间不够的情况，能完成长时间手术，局麻药用量通常为单纯硬脊膜外阻滞的1/3，并且可以进行术后镇痛。

腰麻-硬膜外联合阻滞可选用两点穿刺法，也可采用一点穿刺方法。既向蛛网膜下隙注药，同时也经此穿刺针置入硬膜外导管。两点法穿刺时，先根据手术部位选择合适的穿刺间隙行硬膜外穿刺，留置硬膜外导管备用；然后再于腰$_{2\sim3}$或腰$_{3\sim4}$间隙行蛛网膜下隙穿刺，注局麻药行腰麻。一点穿刺法时，应用特制的联合穿刺针选择经腰$_{2\sim3}$间隙穿刺。当硬膜外穿刺成功后，用25G腰麻针经硬膜外穿刺针管腔内行腰麻穿刺；当脑脊液流出后，将所需局麻药注入蛛网膜下隙（腰麻）；然后退出腰麻穿刺针，再经硬膜外穿刺针向头端置入硬膜外导管3～5cm，置管后将硬膜外穿刺针退出，并将硬膜外导管妥为固定。由于此法所用的脊麻穿刺针较细，注药时间需45～60秒，但脊麻与硬膜外用药量均较两点穿刺法为少。一点穿刺法对患者的损伤小，由于采用25G腰麻穿刺针，术后头疼发生率也明显减低。

联合阻滞适用于下腹部的各科手术，其并发症兼有蛛网膜下隙阻滞与硬膜外阻滞两种方法的并发症。该方法在蛛网膜下隙注药与病人恢复仰卧位时有1～5分钟的时间间隔，如果此时只注意向硬膜外置管而忽略了阻滞平面调控，可能出现麻醉平面过高造成严重呼吸循环抑制，也可能出现麻醉平面过低及单侧阻滞而不能满足手术要求。因此在置管过程要加强对病人监测，一旦导管不能顺利置入，应立即拔除穿刺针，置病人于平卧位调整麻醉平面。近年出现了可以先置入硬膜外导管，再进行蛛网膜下隙穿刺注药的新型联合穿刺套件可以解决该问题。

第四节　超声引导下的椎管内麻醉

传统的椎管内麻醉是以手触诊骨性解剖标志作为定位手段进行的盲探性操作，在高龄、肥胖、脊柱畸形等患者中失败率较高。超声引导椎管内麻醉是超声技术在麻醉专业应用于外周神经阻滞及外周血管穿刺置管后的另一新领域。

超声在椎管内麻醉中的应用分为穿刺前超声辅助技术和实时超声引导技术。超声作为一种可视化技术，可选定合适的穿刺椎间隙，定位优势显著；可测量皮肤到硬膜外隙的距离，指导进针深度，提高穿刺成功率，亦可避免因进针过深而穿破硬脊膜的危险。实时超声引导技术是在合适的穿刺间隙,通过旁矢状面扫描观察从中路穿刺的硬膜外穿刺针,以引导其到达硬膜外腔,且注药时能观察到药液压迫引起硬膜外腔的变化而定位导管在硬膜外间隙的位置,使穿刺变得可视化。对于有困难脊麻史、腰椎变形者(如侧凸、驼背)或 BMI>33kg/m² 者,应用超声技术可以减少试穿次数和并发症,并缩短麻醉操作时间,提高患者满意度。同时,由于小儿椎体骨化少,椎体结构比较表浅,允许使用高频率的超声探头取得高分辨率的图片,从而更清楚地观察椎体周围结构,更准确地测量皮肤到硬膜外腔的距离,因此超声在小儿椎管内麻醉中的应用更具优势,使椎管内麻醉的实施更加安全准确,值得临床推广应用。

(王国林)

复合麻醉曾经称平衡麻醉(balanced anesthesia),是指在麻醉过程中同时或先后使用两种或两种以上麻醉药物的麻醉方法。

联合麻醉(combined anesthesia)指在麻醉过程中同时或先后采用两种或两种以上的麻醉技术。

由于历史和习惯上的原因,人们在应用这两个名词时常未加以区别,而是统称为复合麻醉,只是在特定的情况下称为联合麻醉,如腰-硬脊膜外联合麻醉(combined spinal-epidural anesthesia,CSEA)。

全凭静脉麻醉也称作全静脉麻醉(total intravenous anesthesia,TIVA),是指完全采用静脉麻醉药及静脉麻醉辅助药物的麻醉方法。

第一节 概 述

近年来,随着麻醉学技术的不断发展,人们对于现代麻醉的观念已经不仅仅局限于无痛、肌肉松弛和意识消失等传统认识,而要求临床麻醉尽可能达到较为理想的麻醉状态。理想麻醉状态除要求保障病人安全及手术顺利进行外,还应当包括有效调控机体的应激状态,维护重要生命器官和系统的功能,阻止原发病的发展以及消除麻醉手术的恶性刺激对病人生理和心理的影响。目前,尚无任何一种麻醉药物或麻醉方法能够满足理想麻醉状态的要求。复合麻醉和联合麻醉可以发挥每种麻醉药物或麻醉技术的优点,取长补短,减少单一药物的剂量和副作用,增强麻醉的安全性和可控性,提高麻醉质量。目前,绝大多数临床麻醉为复合麻醉或联合麻醉。

第二节 复合麻醉的应用原则

尽管复合麻醉具有许多显而易见的优点,临床应用十分广泛,但使用不当同样可导致严重后果,危及病人生命,故在具体实施过程中应遵循一定的原则。

1. **合理选择麻醉药物和剂量** 复合麻醉常涉及多种麻醉药物。首先必须深入了解每种药物的药动学、药效学特点以及药物使用禁忌证,才能灵活掌握,做出合适的选择。其次必须考虑到药物之间的协同作用(synergism)、相加作用(additive)和拮抗作用(antagonism),并根据病人的病理生理特点和手术要求调整所用药物的种类、剂量和用法。此外,由于药物的酸碱度不同,还应注意配伍禁忌。

2. **准确判断麻醉深度** 传统的麻醉深度分期由于复合用药已缺乏肯定的标志,特别是在使用肌松药的情况下。因此判断复合麻醉的深度需依赖于所用麻醉药的理化性质、剂量和给药速度、药动学和药效学规律,结合病人生命体征的变化来综合做出判断。脑电双频谱指数(BIS)监测对于判断术中麻醉深度有一定的帮助,尤其对于手术持续时间长或者药物的吸收、分布与消除功能发生严重变化的病人应该尽量采用。因为 BIS 能最大限度地反映催眠药对中枢神经系统的药效作用,在临床应用 BIS 监测时应对麻醉的催眠成分与镇痛成分区别对待。即当 BIS 升高但无体动反应和血流动力学反应时应加用催眠药;在 BIS 较低而仍有血流动力学和体动反应时则应加用镇痛药以增加麻醉中的镇痛成分。Lubke 等(1999)发现用异氟烷和芬太尼麻醉时,BIS 为 40~60 的部分病人有模糊记忆形成,表明即使在 BIS 低至 40 时仍有可能出现指令反应或形成记忆,至少是模糊记忆。但如果将所有病人的 BIS 值都保持在 40 以下,则可能使许多病人麻醉药过量。另外,除了对麻醉的镇痛成分敏感性较差之外,BIS 的阈值受多种麻醉药复合应用的影响是其最显著的局限性。有些药物如氯胺酮和氧化亚氮的应用增加 BIS 值,麻醉深度与 BIS 值之间没有必然的联系,应引起重视。另外麻醉深度监测除了 BIS 以外,还有大脑状态指数,听觉诱发电位指数,熵指数等。

3. 加强麻醉管理 复合麻醉虽然能够相互取长补短,减少每种麻醉药物的剂量,但复合用药增加了体内药物代谢的复杂性。药物之间的相互影响,可能改变血浆中药物浓度和代谢规律,或者出现不适当的药物副作用的协同和累加。不同麻醉技术、麻醉方法对生理功能的扰乱可以导致内环境在短时间内急剧变化,如果不能及时发现并予以适当处理,可能导致严重的后果。

4. 优化用药方案 药物的选配在满足临床手术的基本要求下,原则上应尽量减少用药种类,避免用药杂乱无章。复合药物种类越多,其相互作用越复杂,对机体的影响也越难以预料,一旦出现不良反应,将增加判断和处理的难度,影响复合麻醉的安全性及可控性。

5. 坚持个体化原则 复合麻醉用药复杂,可能同时使用多种麻醉方法,每个病人的具体情况又各异,所以必须坚持个体化原则。

6. 不同麻醉技术的联合应用 根据手术要求和需要,临床上常使用多种麻醉药物的复合麻醉和两种或两种以上麻醉技术的联合应用。前者常用的有氯胺酮静脉复合麻醉、丙泊酚静脉复合麻醉等;后者主要有静脉吸入复合全身麻醉、全身麻醉和部位麻醉联合以及非全身麻醉方法之间的联合应用。

第三节 静吸复合麻醉

静吸复合麻醉是指将静脉全身麻醉和吸入麻醉同时或先后应用于同一次麻醉过程。其方法多种多样,如静脉麻醉诱导,吸入麻醉维持;或吸入麻醉诱导,静脉麻醉维持;还有静吸复合麻醉诱导,静吸复合麻醉维持等。吸入麻醉是一种经典的麻醉方法,目前在临床上使用广泛。

一、麻醉方法

静吸复合麻醉的术前准备与一般全身麻醉相同,包括禁食、禁饮,重要脏器功能的检查和调整,维持围术期内环境稳定等。术前还要常规使用抗胆碱药和安定镇静药。

(一)麻醉诱导

1. 静脉诱导法 是目前静吸复合麻醉最常采用的诱导方法,可以充分发挥静脉麻醉诱导迅速、平稳的优点,可在短时间内达到气管插管所要求的麻醉深度。配合肌肉松弛药,可以提供气管插管所需的肌松条件。一般采用静脉全麻药-麻醉性镇痛药-肌松药复合诱导,但并非固定模式。对于起效较慢的肌松药如维库溴铵和阿曲库铵等,可以先给予一定的预给量,以期缩短肌松起效时间。由于芬太尼起效时间较长,为达到插管时芬太尼的镇痛效果最佳,可以先给予芬太尼,但应注意芬太尼引起的中枢性咳嗽。静脉全麻药多采用丙泊酚,成人 1.5~

2.5mg/kg 静脉推注,小儿剂量略大,老年病人应减少剂量并减慢推注速度。对于心脏功能欠佳的病人可采用依托咪酯 0.2 ~ 0.6mg/kg 静脉推注进行麻醉诱导。自丙泊酚出现后,硫喷妥钠现已少用。麻醉性镇痛药以芬太尼为主,一般全麻诱导剂量为 2 ~ 6μg/kg,也可用阿芬太尼、舒芬太尼及瑞芬太尼等。肌肉松弛药以去极化肌松药琥珀酰胆碱最为经典,其起效快,肌松效果可靠,但同时具有肌颤、术后肌痛及引起血钾升高等副作用。目前,临床上主要应用非去极化肌松药如维库溴铵 0.07 ~ 0.15mg/kg 或阿曲库铵 0.4 ~ 0.5mg/kg 等用于静脉麻醉诱导气管插管,但麻醉诱导时间会有所延长,一般在应用肌松药后 3 分钟进行气管插管。罗库溴铵是一种起效快的非去极化肌松药,0.6mg/kg 静推可在 1 分钟内达到气管插管要求的肌松效果。

值得注意的是,静脉麻醉药物、麻醉性镇痛药物和肌肉松弛药物的起效和消除的时间并不一致,因此在临床麻醉中药物的选择和用药顺序极其重要。由于气管内插管刺激所引起的应激反应是切皮的 3 ~ 4 倍,为消除插管导致的应激反应,静脉麻醉药物、麻醉性镇痛药物和肌肉松弛药物必须达到最大药效时才能插管。以丙泊酚、维库溴铵和芬太尼麻醉诱导为例。丙泊酚一个臂-脑时间即起效,时间约为 20 秒,维持时间为 3 ~ 5 分钟,而维库溴铵和芬太尼的起效时间均在 3 分钟以上,因此如果按照丙泊酚、芬太尼和维库溴铵的顺序给药可能会出现在插管时丙泊酚最大药效已过的问题。正确的给药顺序为芬太尼、维库溴铵 1mg(成人)、丙泊酚、维库溴铵 7mg。芬太尼给予时病人可能出现咳嗽,为避免病人咳嗽,可选用起效快的麻醉性镇痛药,如瑞芬太尼或舒芬太尼,在肌肉松弛药应用后给予。肌肉松弛药可以选择快速起效的药物如罗库溴铵。临床上如果选择丙泊酚、瑞芬太尼和罗库溴铵诱导,用药次序为丙泊酚、罗库溴铵和瑞芬太尼。

2. 吸入诱导法、静吸复合诱导法 吸入麻醉诱导多用于小儿麻醉,尤其是不配合进行外周静脉穿刺的小儿。吸入麻醉诱导的药物多为七氟烷。婴幼儿年龄越小七氟烷的 MAC 值越大,出现麻醉过量的可能性小。正确的七氟烷诱导的方法为,挥发罐的刻度开到 8%,氧流量调至 6 ~ 8L/min,呼吸环路预充 1 分钟后,面罩紧扣小儿口鼻部进行麻醉诱导,诱导时间一般为 45 ~ 60 秒。由于七氟烷的兴奋作用,在诱导过程中小儿体动强烈,因此必须制动。待小儿肌肉松弛后调低氧流量,同时进行静脉穿刺。静脉穿刺成功后给予肌肉松弛药进行气管内插管。在七氟烷吸入诱导的过程中,血氧饱和度和麻醉气体浓度监测极其重要。一旦血氧饱和度下降应立刻给予辅助呼吸。

静吸复合诱导可用于气管插管困难的病人。在插管期间需要保留自主呼吸者,可先给予小剂量静脉麻醉药,再吸入一定浓度的吸入麻醉药,在表面麻醉下行气管插管。对不需要保留自主呼吸的病人在吸入麻醉达到一定深度后,给予肌松药行气管内插管。

(二) 麻醉维持

1. 吸入麻醉维持 气管插管后,麻醉维持阶段依赖持续吸入挥发性麻醉药物来实现。一般吸入 1 ~ 2MAC 的挥发性麻醉药,最常用的是恩氟烷、异氟烷和七氟烷。吸入麻醉药物在临床应用浓度范围内对心血管系统呈剂量依赖性抑制,手术中可根据病人循环功能状态来调节吸入麻醉药的吸入浓度,保证麻醉平稳。氧化亚氮的麻醉作用极弱,吸入 30% ~ 50% 氧化亚氮有镇痛作用。由于氧化亚氮对呼吸和循环没有直接抑制作用,因此临床上常与其他麻醉药复合应用,以减少其他麻醉药的用量,减轻其他麻醉药物对呼吸循环的抑制作用。伍用两种以上的吸入麻醉药时,反映麻醉效能的肺泡气最低有效浓度(MAC)呈相加作用。病人苏醒期易出现烦躁、谵妄和恶心呕吐等并发症。吸入麻醉药物有导致恶性高热的可能。

2. 静脉麻醉维持 在麻醉诱导成功后即以静脉复合麻醉维持,主要依靠静脉全麻药-镇痛药-肌松药复合的模式来维持麻醉状态。如丙泊酚和麻醉性镇痛药瑞芬太尼静脉复合麻醉、芬太尼静脉复合麻醉、氯胺酮静脉复合麻醉以及神经安定镇痛麻醉等。多种药物复合应用时，药物相互作用所引起的药代学和药效学改变，增加了麻醉效应预测性的难度。

3. 静吸复合麻醉维持 在麻醉诱导后即以静吸复合麻醉维持。此法或以吸入麻醉为主，辅以静脉麻醉或静脉复合麻醉；或以静脉麻醉或静脉复合麻醉为主，辅以吸入麻醉。吸入麻醉药物一般在体内不代谢或代谢极少，因此个体间没有代谢差异。静脉麻醉药物如丙泊酚在体内代谢，个体间存在代谢差异，因此丙泊酚麻醉个体间差异较大。如果加大丙泊酚的推注速度但病人的血压依然较高，而使用血管活性药物后病人的血压只是短暂降低时，可给病人吸入低浓度的吸入麻醉药物，如 0.5MAC。

二、注 意 事 项

静脉麻醉和吸入麻醉两种方法的复合使用，虽然具有适用范围广、麻醉平稳性和安全性在一定程度上有所提高等优点，但实际应用中，以下几点值得注意：

1. 施行静吸复合麻醉，应充分掌握各种麻醉药的药理特点，根据病人的不同病情和手术需要，正确选择不同的静吸麻醉药的组合和配伍，尽可能以最少的麻醉药达到最完善的麻醉效果，并将各种麻醉药的毒副作用减少到最低。牢记"最小有效量"这一基本原则，在满足手术要求的前提下，复合用药的种类应尽可能简单，应根据药理学特点和病人的病理生理特点来正确选择配伍方案，不能盲目扩大药物的适应证，应做到合理、安全用药。

2. 所有的静脉麻醉和吸入麻醉可能出现的并发症，都可能出现在静吸复合麻醉中，临床工作中对此应保持高度警惕。

3. 为确保病人安全，实施静吸复合麻醉时须控制气道，如行气管内插管、置入喉罩等。

4. 药物的相互作用可能使苏醒期的临床表现更为复杂，临床上要严格掌握拔管指征，警惕由于多种药物阈下剂量的残留作用的叠加而致病人出现"再抑制"的情况。

第四节　全凭静脉麻醉

一、概　　念

全凭静脉麻醉也称作全静脉麻醉（total intravenous anesthesia，TIVA），是指完全采用静脉麻醉药及静脉麻醉辅助药的一种麻醉方法。由于单一的静脉麻醉药很难满足手术需要，故临床上常常采用多种静脉麻醉药或安定镇静药、麻醉性镇痛药和肌松药复合使用。因此全凭静脉麻醉实际上是一种静脉复合麻醉。全凭静脉麻醉的种类很多，使用的方法也多样。根据其药物组合的不同，临床上常用的全凭静脉麻醉方法主要有丙泊酚静脉复合麻醉、氯胺酮静脉复合麻醉等。

二、丙泊酚静脉复合麻醉

丙泊酚（propofol）化学名称为 2,6-双异丙酚，结构上与已有的任何一类静脉全麻药物都不同。丙泊酚是目前广泛应用于临床的静脉麻醉药物，具有作用时间短、作用恢复快且完全、麻醉深度易于控制等优点。目前普遍用于麻醉诱导、麻醉维持，也常用于麻醉中、手术后与ICU病人的镇静以及手术室以外的麻醉。

（一）麻醉方法

1. 麻醉诱导　采用丙泊酚-麻醉性镇痛药-肌松药复合的模式。丙泊酚用于静脉全麻诱导的剂量,成人一般为 $1.5 \sim 2.5\,mg/kg$,30 ～ 45 秒内注射完,静脉注射后起效快。术前给予阿片类或苯二氮䓬类药物者以及合用芬太尼等麻醉性镇痛药诱导时,丙泊酚用药量可酌减,老年人和年轻人用药量有差异。静脉注射丙泊酚存在注射痛,可预先给予少量的局部麻醉药如利多卡因预防。

2. 麻醉维持　由于丙泊酚没有镇痛作用,临床上常与短效阿片类药物如瑞芬太尼合用。丙泊酚和瑞芬太尼的药动学符合典型的三房室模型,药物消除时间易于控制。丙泊酚和瑞芬太尼起效快,消除迅速且完善。由于丙泊酚和瑞芬太尼的这些特点,二者联合用于麻醉维持已在临床广泛应用。麻醉维持阶段可采用丙泊酚微量泵连续静脉输注,目前丙泊酚靶控输注(target controlled infusion,TCI)技术在临床麻醉和镇静方面已成为成熟的方法,应用广泛。TCI是静脉麻醉给药方法的重要改进,以药动学和药效学为基础,通过调节目标药物血浆或效应室浓度来控制麻醉深度,使静脉麻醉的调控更为方便精确。丙泊酚具有心血管和呼吸抑制等副作用,用药后血压一般下降25%,呼吸暂停的发生率超过50%,通过TCI技术可降低丙泊酚的血药浓度峰值,从而减少上述副作用。丙泊酚没有镇痛作用,在丙泊酚麻醉维持过程中应复合应用阿片类麻醉镇痛药如芬太尼及瑞芬太尼等,丙泊酚所用剂量因复合药物的不同而有所差异。复合麻醉性镇痛药时,丙泊酚维持麻醉的输注速度为 $50 \sim 200\,\mu g/(kg \cdot min)$,或血浆靶浓度为 $3 \sim 8\,\mu g/ml$,单独应用丙泊酚时用量相对较大。保持血浆靶浓度在 $5\,\mu g/ml$ 时,大部分病例不致出现明显的心血管和呼吸抑制副作用。低剂量的丙泊酚也可用作镇静,其镇静常规的输注速度为 $25 \sim 75\,\mu g/(kg \cdot min)$,或血浆靶浓度为 $0.5 \sim 1\,\mu g/ml$。丙泊酚靶控输注不仅可提供满意的呼吸循环稳定性,且苏醒迅速,无宿醉感。

丙泊酚复合瑞芬太尼麻醉病人苏醒平稳,极少出现躁动,术后恶心呕吐发生率低。

（二）注意事项

1. 丙泊酚对呼吸有明显的抑制作用,静脉使用时呼吸暂停较常见。在未行气管插管的病人中应注意呼吸管理,保持呼吸道通畅。

2. 丙泊酚对循环系统有一定程度的抑制作用,用药后可引起一过性血压下降。用于年老体弱或心功能不全病人时血压下降明显,剂量应酌减,静脉推注速率应减慢。

3. 丙泊酚存在注射痛,在注药前可先于该静脉内使用镇痛药(芬太尼等)或局麻药(1% ～ 2%利多卡因)。

4. 对大豆和鸡蛋过敏、脂肪代谢紊乱或必须谨慎使用脂肪乳剂的病人应慎用或禁用。

5. 丙泊酚常与瑞芬太尼联合应用于麻醉维持,在麻醉苏醒后可能出现爆发性疼痛,主要原因是瑞芬太尼代谢过快所致。为防止爆发性疼痛的发生,可应用长效阿片类药物如芬太尼,同时注意加强术后镇痛。另一措施是在手术完毕前逐渐减量。

6. 丙泊酚复合瑞芬太尼麻醉苏醒迅速,因此不能停药过早,防止病人术中突然清醒。

7. 静脉麻醉的个体差异较大,临床上应根据病人的个体差异调整剂量。

三、氯胺酮静脉复合麻醉

氯胺酮(ketamine)属于苯环哌啶类衍生物,具有起效快、苏醒迅速、镇痛作用强,尤其是体表镇痛效果好,且对呼吸和循环影响较轻等特点,目前在临床上应用仍十分广泛。氯胺酮可经静脉、肌肉、口服、鼻腔、直肠、硬膜外等多种途径给药,但临床上常用的是前两种给药方式。氯胺酮静脉给药后迅速进入脑组织,脑组织中的浓度是血浆的 6.5 倍。氯胺酮产生一种独特的麻醉状态,表现为木僵、镇静、遗忘和显著镇痛。此种状态被认为是边缘系统与丘脑-新皮质系统分离的结果,因此被称为"分离麻醉(dissociative anesthesia)"。现知这种概念并不很确切,故已不再使用。临床剂量的氯胺酮如注射缓慢,对呼吸影响轻微,恢复快。如果静脉注射过快或量过大,尤其当与麻醉性镇痛药伍用时,可引起显著的呼吸抑制甚至呼吸暂停。对婴儿和老年人的呼吸抑制作用更为明显。氯胺酮的脂溶性高。静脉注射后 1 分钟、肌内注射后 5 分钟血药浓度达峰值。全麻诱导的剂量为静脉注射 0.5~2mg/kg,或肌内注射 4~8mg/kg,一般应用于小儿麻醉。除缺血性心脏病外,病情危重者尤其是支气管痉挛性疾病病人,氯胺酮为较好的麻醉诱导药物,但对低血容量病人应先纠正血容量的不足。否则,在体内儿茶酚胺储存不足的情况下,由于氯胺酮的心肌抑制作用,不仅不能提升血压,反而会使血压下降。氯胺酮可用于心包填塞与缩窄性心包炎病人。因其交感神经兴奋作用,使心率与右房压能够得以维持。在诱导量后分次追加,每次 0.5~1mg/kg,或合并吸入氧化亚氮,可用于烧伤病人更换敷料。

氯胺酮虽然应用方便,但可能引起的不良反应也不少。主要不良反应是苏醒期产生幻觉、噩梦等精神运动性反应,成人较儿童更易发生。个别病人可出现复视、视物变形,甚至一过性失明。氯胺酮对一般病人引起血压升高、心率增快,但对失代偿的休克病人或心功能不全病人可引起血压剧降,甚至心搏骤停。呼吸抑制、呼吸暂停、恶心、呕吐、误吸等并发症也并不少见。

除单纯氯胺酮静脉麻醉外,更多的是氯胺酮与其他静脉镇静镇痛药的复合应用。如氯胺酮与羟丁酸钠、氯胺酮与丙泊酚及氯胺酮与地西泮静脉复合麻醉等。

氯胺酮的禁忌证包括高血压、颅内压升高、心肌供血不足和癫痫等。休克病人应在充分纠正后麻醉。氯胺酮的防腐剂有的用三氯叔丁醇(chlorobutanol),此物具有神经毒性,故禁忌蛛网膜下腔注射。硬膜外腔注射也要慎重,因有可能误注蛛网膜下腔。

第五节　全麻与非全麻的联合应用

就麻醉技术而言,与全身麻醉方法相对应的非全身麻醉一般包括局部麻醉、神经干阻滞和椎管内神经阻滞。椎管内神经阻滞主要包括两种,即硬膜外神经阻滞和蛛网膜下腔神经阻滞。根据需要,静脉或吸入全身麻醉方法可以单独或联合与这些非全麻方法组成联合麻醉。临床上最常见的是静吸复合全麻与硬膜外麻醉联合。

一、全麻与非全麻联合的优点

采用全麻与非全麻的联合麻醉方法,具有以下优点:

1. 可达到更完善的麻醉效果,病人围术期的安全性更高。

2. 消除病人对手术和麻醉的恐惧心理和精神紧张。

3. 减少全麻中镇痛药物的用量,或局麻药的应用,从而减少全麻或局麻药物所带来的毒副作用和不良反应。

4. 减少静脉麻醉药物或吸入性麻醉药的应用,病人术后苏醒迅速、恢复快。

5. 可免用或少用肌松药。

6. 术后保留硬膜外导管,可提供完善的术后镇痛。

此外,全麻和非全麻联合应用尚有助于改善某些特殊病情的原有病理生理紊乱,如全麻和硬膜外神经阻滞联合应用于心功能不全或心肌缺血的病人时,硬膜外神经阻滞后交感神经被阻滞,可以减轻心脏负荷、缓解心肌缺血,从而提高病人对手术的耐受力;同样,对于断肢再植的病人可以使末梢血管扩张,而有助于提高再植肢体的存活率。

二、常用的全麻与非全麻联合方法

全麻与非全麻的联合,或以局部麻醉为主,辅以全身麻醉,如静脉麻醉或气管内吸入麻醉;或以全麻为主,辅以局部麻醉,以便减少全麻药和肌松药的用量;或为留置硬膜外导管,以便于术后镇痛。

(一) 静吸复合全麻与硬膜外神经麻醉联合

静吸复合全麻和硬膜外神经阻滞联合应用,可以发挥各自优势,提高麻醉质量。可以在减少全麻药用量和药物不良反应的同时,弥补硬膜外神经阻滞效果不完善、不能有效阻断内脏牵拉反应以及适应证有限等缺点,具有很强的临床实用性,已经逐渐成为临床麻醉的主要方向之一。

1. **麻醉前用药**　按照全身麻醉的要求进行术前准备,术前给予足够的抗胆碱药和镇静药。

2. **麻醉诱导**　根据手术部位先行相应节段硬膜外间隙穿刺。待硬膜外神经阻滞起效后再行静脉麻醉快诱导后气管插管,一般仍采用静脉全麻药-麻醉性镇痛药-肌松药的模式,其中麻醉性镇痛药的剂量可酌情减少。

3. **麻醉维持**　气管插管后吸入挥发性麻醉药维持,吸入浓度可根据心率、血压进行调节,一般为 1~2MAC。由于硬膜外神经阻滞具有较好的镇痛和肌松作用,所以在麻醉维持过程中,镇痛药和肌松药的用量可减少一半以上。对于手术创伤不太大的一般腹部手术,甚至可不追加麻醉性镇痛药,而仅按需给予适量肌松药就可维持平稳的麻醉。在主要手术步骤完成以后就可考虑停止全麻药,一般手术结束病人能按时清醒,可安全拔除气管导管。

4. **注意事项**　静吸复合全麻和硬膜外神经阻滞联合应用,虽然麻醉效果良好,麻醉经过平稳,但多种麻醉药物的联合应用也同时增加了药物间相互作用的复杂性。这就要求麻醉医师对所用的每种药物有详细的了解,熟知药物相互作用的规律。其次,不同麻醉技术联合应用,应根据手术进程调整它们在麻醉过程中的主次地位,在满足手术要求的同时,设法避开它们对机体生理状态影响的高峰,以免造成生理功能的严重紊乱。最后,联合麻醉对硬件设施要求较高,应在具备较好的麻醉和监测条件下施行,确保对病人生命体征和麻醉深度的全面掌握,以策安全。

(二) 静脉复合麻醉和椎管内麻醉联合

这种联合麻醉方法主要有两种情况:一是在硬膜外麻醉时,复合应用神经安定镇痛术来减轻病人的牵拉反应,主要适合于中下腹部手术,对于上腹部手术,如胃癌根治或肝叶切除术等,应以静吸复合麻醉与硬膜外神经阻滞联合为好;另一种情况是氯胺酮静脉复合麻醉与低位硬膜外神经阻滞或骶管阻滞联合使用,主要用于婴幼儿中下腹部手术。该方法镇痛作用主要依靠椎管内阻滞来获得,可以明显减少氯胺酮等静脉麻醉药的用量,使患儿在手术结束后能及时苏醒,提高术中和术后的安全。全凭静脉麻醉与硬膜外神经阻滞的联合应用,本质上与静吸复合全麻与硬膜外神经阻滞的联合没有显著差异。

(三)其他

臂丛和颈丛神经阻滞等与吸入全麻或静脉全麻的联合,常用于病人不能配合或神经阻滞效果欠佳时,也可用于术后镇痛。硬膜外神经阻滞与脊麻联合应用见硬膜外麻醉章节。

(张诗海)

第十二章 麻醉期间的体温管理

正常的体温是机体进行新陈代谢和正常生命活动的必要条件,人体通过自主性和行为性体温调节功能维持体温的恒定。麻醉期间行为性体温调节能力丧失,单纯依赖体温调节中枢调控机体的产热和散热不足以维持体温的恒定,所以围术期普遍存在体温失衡的现象。无论体温升高还是体温降低都会对人体的内环境、正常的生理功能和药物的代谢速率造成影响,从而影响机体正常的生理活动。麻醉和手术对体温的影响主要表现在对自主性体温调节功能的影响。麻醉和手术中,体温异常升高的情况较罕见,主要表现为恶性高热和覆盖物过多导致的体温异常升高。低体温却是麻醉和手术中的常见现象,随着对低体温危害的认识,术中保温已成为麻醉和手术中的一种常规措施。因此,麻醉期间加强体温管理、维持体温恒定具有十分重要的意义。

第一节 围术期体温下降

一、围术期体温下降的原因

围术期体温低于36℃称为体温过低。在全身麻醉的状态下,机体只能通过自主性反应来调节体温的变化,行为性体温调节功能完全丧失。

1. **病人自身因素** 早产儿及低体重新生儿以及婴幼儿因体积小,体表面积/体重之比相对较大,热传导性高,皮下组织较少及缺乏寒战反应,体温调节中枢发育不完善等使其体温调节能力较弱。这些不利因素对早产儿的影响更加突出,因为早产儿缺乏棕色脂肪,在受到寒冷刺激时不能通过非寒战性产热使代谢率增加,更易发生低温。老年病人体温调节功能较差,其原因包括肌肉变薄,静息的肌张力较低,体表面积/体重之比增大、皮肤血管收缩反应能力降低及心血管储备功能低下等。危重病人失去控制热丢失和产生热量的能力,极度衰弱的病人,往往体温过低导致病死率增加。当皮肤的完整性受到损害如严重烧伤、剥脱性皮炎等疾病使热量丢失增加;黏液性水肿、肾上腺功能不全可降低产热。

2. **环境因素** 室温对病人的体温影响较大,当室温低于21℃时,病人散热明显增加。其原因是病人通过皮肤、手术切口、内脏暴露以及肺蒸发增加,使热量丢失增加15%～30%;通过病人的热量传导到手术台或其他湿冷的接触物上丢失的热量占20%～35%;通过冷空气对流病人热量丢失占15%～30%;通过辐射形式使病人热量丢失约占30%。

3. **麻醉因素** 麻醉对体温调节机制有影响。区域阻滞中,中心温度下降,病人出现寒战发抖但不感觉冷的矛盾现象,同时区域阻滞降低血管收缩和寒战的阈值,阻滞温度感受器特别是冷的感受器信号向中枢的传送;全麻时下丘脑调节机制、血管运动、寒战及其他反射均被抑制,同时代谢率降低。全麻使体温调节的阈值改变,冷反应自37℃降至34.5℃,热反应则自37℃增至38℃,阈间范围增大,在此间范围内(34.5～38℃)体温随环境温度变化而改变。

4. **手术及输血、输液等因素** 术前外科手术区皮肤用冷消毒液擦洗,如裸露皮肤的面积大,时间长,通过皮肤的蒸发、辐射丢失热量。手术过程中用冷液体冲洗胸、腹腔,或胸、腹腔手术术野面积大且较长时间暴露使热量大量丧失。手术中的大量输血、输液未经加温处理导致体温下降,通常输入 1L 室温晶体液或一个单位 4℃ 库血可使体温下降 0.25℃。大量快速输血,以每分钟 100ml 的 4℃ 库血连续输注 20 分钟,体温可降至 32～34℃,对病人相当不利。在经尿道前列腺电切术(TURP)时,需大量灌洗液冲洗膀胱,如灌洗液不加温也可使病人体温降低。肝移植时冷灌注液冲洗后的供肝植入及大量输血均可使体温降低。

二、围术期保温

围术期低体温发生率高,对人体生理功能影响较大,严重低温可危及生命。因此,围术期积极保温,维持病人体温平衡,对减少低温引起的并发症有着重要意义。具体的保温措施包括:

1. 术前评估和预热　术前根据病人的病情、年龄、手术种类、胸、腹腔内脏暴露的面积、手术时间,以及皮肤的完整性(如烧伤、皮炎、皮疹、压疮)等来评估手术期间是否有体温下降的可能及其下降的程度,并制定保温措施,记录基础体温。寒冷天气时,病人从病房运送至手术室的过程中,推车和被服应预热保持温暖,不让病人有寒冷感觉,更不能发生寒战。

2. 体表加热　由于代谢产生的热量大部分是通过皮肤丢失,因此有效的体表保温方法可降低皮肤热量的丢失。①红外线辐射器:红外线辐射器放置在离病人约 70cm 处,由于成人暴露于红外线辐射范围的体表面积相对较小,所以作用有限,目前此方法主要用于新生儿的保温;②变温毯:常用的可流动的循环水毯,水温调控在 40℃ 左右,可进行有效的保温和复温治疗;③压力空气加热器:在病人的周围,用塑料膜制作的空隙中注入加热的空气,使体表周围形成一个暖空气外环境,减少热量的丧失。

3. 输入液体加温　通常应用输液或输血加温器对液体进行 40℃ 左右的加热,但对手术中大量输液、输血时,因输注速度过快,加温效果有限。

第二节　围术期体温升高

一、围术期体温升高的原因

1. 病人因素　病人自身的某些疾病或病理状态可引起手术期间的体温升高。如严重感染、败血症、脱水等,甲状腺功能亢进病人术中发生甲状腺危象、嗜铬细胞瘤急性发作等常常引起体温升高。

2. 环境因素　手术室温度过高妨碍辐射、对流和传导散热,湿度高影响蒸发散热而导致病人体热潴留,体温升高。手术无菌单覆盖过多,特别是在炎热的季节,覆盖过多过厚的无菌单影响皮肤散热,同时长时间的手术灯光的照射也可使病人的体温升高。

3. 麻醉因素　全麻状态下体温调节中枢功能减弱,体温调节中枢对高温反应的阈值上升约 1℃,体温容易受到外界环境温度的影响,当室温大于 32℃ 时,手术时间超过 3 小时的成年病人,有 75%～85% 的体温可升至 38℃ 以上。全麻诱导不平顺或麻醉过浅时,以及应用某些兴奋交感神经或大脑皮质的药物时,骨骼肌张力增加,肌肉活动增强,产热增加,体温升高。另外某些抗胆碱类药物阻滞节后胆碱能神经,抑制皮肤黏膜腺体分泌,减少散热。麻醉机呼吸活瓣失灵或钠石灰失效使二氧化碳在体内蓄积可导致体温升高。另外,极少数病人可因施行吸入麻醉而引起恶性高热。

4. 手术因素　手术中在骨水泥置入骨髓腔的过程中可引发化学反应致体温升高。脑外科手术在下丘脑附近的操作或室网膜脉络丛的烧灼可引起术中高热,手术中的输血、输液可引起发热反应。

5. 手术中保温措施不当可使病人体温升高。

二、围术期体温升高的防治

1. 连续监测体温　围术期监测体温不仅能及时了解病情变化,而且有助于及时采取措施防患于未然。对于小儿、老年人、休克、危重病人等体温调节功能低下者以及术前高热、体外循环、肝移植手术等监测体温能及早发现体温变化,及早处理。

2. 术前根据病人的年龄、病情、麻醉方式和麻醉用药,正确选择抗胆碱能药物。

3. 手术室合适的温度和湿度　手术室温度应维持在 $23 \sim 25℃$,相对湿度在 $60\% \sim 70\%$,以预防因室温升高而导致的体温过高。

4. 麻醉诱导及维持力求平稳,维持正常的循环和呼吸功能,避免缺氧和二氧化碳蓄积。

5. 手术中胸、腹腔的各种冲洗液、输血、输液以及吸入的气体加温应适度,避免医源性体温升高。

6. 一旦发生高热可用冰袋放置于大血管处、头部冰帽降温以及 75% 乙醇擦浴等能有效地控制体温的升高。

第三节　人　工　低　温

适度低温($34℃$)有助于组织功能的保护,当温度在 $28℃$ 时代谢率降低 50%。低温一方面能降低器官的氧需和氧耗,稳定细胞膜,减少毒性产物的产生,有利于器官的保护;另一方面,当低温引起器官血流量明显减少时亦会产生一些无氧代谢产物(如乳酸等)而造成不利影响。1952 年 Cookson 等最早成功地在全麻下用低温开展了儿童心内直视手术。我国在临床麻醉中应用低温技术始于 1956 年。

一、人工低温的适应证

在无御寒反应的前提下,人体温度每下降 $1℃$,基础代谢率下降 6.7%,耗氧量降低约 5%。虽然各器官组织耗氧量减少的程度和功能下降的程度不一致,但各器官、组织的耗氧量、血流量、内分泌、心、肺做功均相应减少,耐受缺氧的时间延长,有助于阻断循环,便于手术操作而避免导致不可逆性损害;同时伴有血液酸化、肝肾功能减退、肺循环阻力及外周血管阻力增加。

低温有如下特点:①耗氧量、代谢率随体温下降而下降;②心脏做功减少;③麻醉药用量减少;④抑制酶的活性和细菌的活力;⑤有抗凝作用。因此,低温在临床麻醉中主要适用于下列情况:

(一)心血管手术

低温广泛应用于心血管手术,耗氧量减低可延长循环暂停时间来进行心脏或血管手术,不致损害脑及其他脏器的功能。例如体温降至 $28 \sim 30℃$,可阻断循环 $8 \sim 10$ 分钟,并能进行一些简单的心内直视手术,如房间隔继发孔缺损修补术,肺动脉瓣狭窄切开术等,但应严格掌握适应证和循环阻断时间,以免因脑缺氧而致不可逆性脑损害。低温延长循环阻断时间见表12-1。此外,在某些大血管手术,常温时侧支循环的血运可能不足以供给组织的需要,而降低体温后则能满足氧供氧需的平衡,如降主动脉狭窄、颈动脉狭窄修补术等。低温与体外循环的结合扩大了低温在心血管手术中的应用范围。由于低温使耗氧量减少,可减少灌流量,减少血液的破坏而增加安全性,更利于手术操作,主要适用于需要阻断循环的复杂的心内直视手术和大血管手术。

表 12-1　不同体温时阻断循环的安全时限

体温(℃)	阻断循环时间(min)	体温(℃)	阻断循环时间(min)
30～32℃	8～9	18～28℃	15～45
28～30℃	10～15	<18℃	45～60

注:28～30℃以下的低温时间以不超过 10 分钟为宜

(二) 神经外科手术

低温能减低脑的代谢率、耗氧量,减轻脑水肿,降低脑血流量和颅内压,有利于颅内手术施行。浅低温对脑组织亦有保护作用,适用于可能需要暂时阻断局部循环,控制出血的病人,如颅内一些血运丰富的肿瘤切除、血管畸形和动脉瘤手术。

(三) 其他

1. 肝和肾的手术　肝和肾是耐受缺氧较差的器官,在常温下一般阻断肝血流时间不得超过 20 分钟,阻断肾血流时间不得超过 40 分钟,特别是在肝、肾有严重疾病功能异常时,耐受缺血缺氧的能力更差。要延长阻断时间则需要采用低温。全身低温操作复杂、并发症多,为满足手术需要可采用肝和肾局部降温。不同温度下重要脏器耐受循环阻断的时限见表 12-2。

表 12-2　不同温度下重要脏器耐受循环阻断时限(min)

	37℃	28～32℃	25℃
大脑	3	8	14～15
脊髓		30～45	
肾	30～40	60	
肝	20	60	

2. 创伤大、出血多的手术　低温增加病人对手术的耐受性,减少休克发生,如用于切除大动脉瘤或进行大血管移植等。

3. 控制高温　适用于麻醉期间各种因素引起的体温升高,如甲亢危象、恶性高热、感染、创伤及环境或药物引起的高热。降低体温可降低代谢,保护重要器官的功能。

4. 脑复苏　在心脏停搏后,采用浅低温(34℃左右或 30～34℃)特别是选择性头部重点降温,可降低颅内压,减轻脑水肿,降低脑耗氧量,抑制氧自由基的产生及脂质过氧化等,有利于脑复苏。

二、降温、复温、监测及注意事项

(一) 麻醉处理

麻醉中应用低温时要做到以下三点:①避免御寒反应;②肌肉完全松弛;③末梢血管扩张良好。因此,降温必须在全身麻醉状态下进行。

麻醉前用药可使用常用剂量的苯二氮䓬类或巴比妥类、吩噻嗪类、阿片类药物,抗胆碱药宜用阿托品 0.01mg/kg,术前半小时肌内注射。麻醉诱导可采用常用剂量的芬太尼、依托咪酯或丙泊酚等,辅以肌松药如琥珀胆碱、维库溴铵或泮库溴铵等,静脉快速诱导气管内插管。麻醉维持可采用全凭静脉麻醉,如瑞芬太尼、咪达唑仑、丙泊酚等,但低温时肝药物酶活性下降使药物降解过程延长,应注意酌减剂量。也可采用静吸复合麻醉,包括前述药物加吸入麻醉药如恩氟烷、异氟烷、七氟烷等。全身麻醉维持期间辅助适量的肌松药。降温前宜适当使用小剂量氯丙嗪(0.25~0.5mg/kg),以防止寒战及血管痉挛,使末梢血管扩张,有利于体温下降。

(二) 降温方法

麻醉达到一定深度后可开始降温,最常用的方法有:

1. 体表降温

(1) 冰水浴或冰屑降温法:在气管内插管后,当麻醉达适当深度时,给适量的吩噻嗪类药物和肌松药后,将事先垫放在病人身体下的橡胶布四周提起,倒入有冰屑的冰水,维持水温0~4℃(儿童2~4℃),使身体的大部分浸泡在冰水中进行降温。身体深部的温度需待通过体表降温后的血液灌流才能下降,体温开始下降缓慢,约10分钟后下降速度加快,待食管温度降至34~33℃时,可撤去冰水,将病人体表用毛巾擦干。停止降温后体温仍继续下降,续降少者仅2~3℃,多者可达5~6℃,续降程度与体型、室温、冰浴时间、药物等有关。肥胖者降温时,开始体温下降慢,停浴后续降多。体瘦者降温时,开始下降快,而续降少。如果续降温度不够时,可再用冰袋辅助降温至所需的温度。降温时注意心前区及耳廓、指趾、会阴等末梢部位勿与冰块直接接触。体表降温的优点在于降温效果较好,操作简单,不需体外循环设备,主要适用于浅低温及中度低温的实施,临床常用于一些大血管手术或颅脑外科手术。

(2) 冰袋、冰帽降温法:全麻后或在吩噻嗪类药物作用下,将冰袋放置于大血管浅在部位,如颈部、腋窝、腹股沟、腘窝等处,或将头部置于冰槽或戴以冰帽,以达到选择性头部重点降温,或将二者联合应用。冰袋、冰帽降温,降温速度缓慢,很少出现寒战反应,一般也不能使温度下降至30℃以下;停止降温后,体温续降少,一般仅1~2℃。本方法操作简单,并可边手术边降温,适用于婴幼儿。用于成人降温效果差,特别是体胖者,主要作为降温的一种辅助手段,如体表降温不够,或需要维持低体温者。临床常将此法用于治疗中,在脑复苏、术中高热、严重感染等情况下,可采用头部重点低温加冰袋的方法。

(3) 变温毯降温法:病人仰卧于置有变温毯的床上,变温毯内有充满冰水的管道,管道与床旁的冷热水交换机相连接,通过动力使管道内的水不断流动、循环,有助于体温下降,主要适用于浅低温或低温的维持。

2. 体腔降温

胸、腹腔手术时,可用0~4℃无菌生理盐水灌洗胸、腹腔,通过体腔内的大血管进行冷热交换。当水温升至10℃时予以更换,直至达到预计温度,一般需1~2小时。该方法需要大量的无菌生理盐水,操作时需暂停手术。胸腔降温时冰水与心脏接触,可致心律失常,应严密监测。主要作为在体腔手术时采用低温的一种辅助手段和补救方法,一般不单独应用。

3. 体外循环血液降温法

在体循环手术中,采用人工心肺机及热交换器(变温器)进行血流降温。该法系将血流引向体外,经热交换机冷却后,用泵将血回输体内的降温方法。该方法降温、复温快,可控性好,数分钟内可降至30℃,10~20分钟即可降至20℃以下。停止降温后可续降2~4℃。对血流丰富的主要脏器如心、脑、肝、肾的温度下降快,起保护作用,但皮下组织、肌肉温度下降缓慢。由于温度下降不均匀,温差较大,可致代谢性酸中毒。注意在降温和复温时,变温器和血流温差不宜超过8~10℃,以免溶解于血液中的气体释出,形成气栓。最高水温不宜超过42℃,以免红细胞破坏。

4. **体外循环与体表降温相结合的方法**　先将病人行体表降温至32℃左右,再改用体外循环血液降温。在麻醉诱导后,通过使用冰袋和降温垫进行降温,此时手术可同时进行,开胸后即可连接体外循环机进行降温。这种方法主要用于深低温停循环的手术。近年来,由过去的体表低温加体外循环的方法,发展至现在的以体外循环血液降温为主,体表降温为辅的方法。但应注意,无论是体表深低温停循环或体外循环深低温停循环,死亡率和脑功能障碍的发生率均较高。因此,都应严格地掌握其适应证和停循环的时限,只有在不能采取常规体外循环法施行手术时才可选用深低温体外停循环法。

5. **静脉输入冷液体（4～6℃）降温**　一般在特殊情况下应用,如术中高热或严重创伤的手术。术中输血、输液亦可降低体温、降低机体代谢而起到保护作用,但因受到输液量的限制,降温程度受限。本法亦可作为体表降温的辅助措施,但应注意冷液体输注过快可引起心律失常,应注意监测。

（三）复温

当手术步骤基本完毕后,可开始复温。因复温开始时手术尚未完毕,体表能进行热交换的面积很少,故体表复温较降温困难,所需时间较长。常用的复温方法有:①体表复温,复温时水温不宜超过45℃,常用热水袋、电热毯、变温毯等;②胸腔或腹腔用40~45℃盐水复温;③体外循环下血液复温,水温与血温的差不宜超过8～10℃。

（四）监测

在进行低温期间,应加强各方面的监测:①体温监测:在降温过程中,身体各部分温度下降的程度不一致,应同时监测几个部位的温度,常用的有鼻咽、食管、直肠和血流温度监测。鼻咽温度可反映脑的温度,食管下段温度与心脏大血管温度接近,直肠温度在降温过程中下降最慢。利用特殊的温度探头可以测定血液温度。②循环监测:低温对循环系统带来一系列影响,因此术中应加强监测。常规监测心电图、血压,因寒冷反应致血管收缩,故常需动脉直接测压,必要时测中心静脉压。降温早期如出现御寒反应,则表现为心率增快,血压升高。随着体温的降低,心率减慢,血压降低,心电图也出现一系列变化,如P-R间期延长,心律失常,甚至心室颤动。③其他:尿量、电解质的监测和血气监测,血液流变学监测也有一定的临床意义。

三、低温期间的注意事项

1. 施行低温时,要避免御寒反应。发生御寒反应时病人寒战,血压升高,心率增快,立毛肌收缩,皮肤血管收缩,皮肤呈灰白和棘皮现象,代谢增高,耗氧量增加,还增加体表和中心体温的温差,影响降温的效果。

2. 冰水浸浴时,末梢部位如耳部、趾、指要露出水面,防止冻伤,心前区避免直接用冰覆盖。

3. 体表复温时,复温用具内水温不宜超过45℃,以免烫伤。复温后可出现反应性高热,可使用小剂量氯丙嗪和体表大血管处置冰袋以控制体温。复温过程中因血管扩张,可致低血压和心律失常,要适当补充血容量。

4. 应避免降温时身体各部位之间温差过大,而导致部分脏器缺氧和代谢性酸中毒,因此降温期间应防止血管收缩和降温过快。

5. 体表、体腔降温最应注意的是防止室颤和脑损害。对需要深低温或阻断循环时间较长的心脏手术,不宜采用体表、体腔降温,应选择体外循环血液降温,并严格掌握低温条件下阻断循环的时间。

四、低温的并发症

1. **御寒反应** 如果麻醉深度不够或未采取适当措施,低温过程中可发生严重的御寒反应,病人的耗氧量会大幅度增加,甚至产生其他意外。防止御寒反应发生的主要措施有:适当加深麻醉、适当使用吩噻嗪类药和肌松药。

2. **心律失常** 全身降温期间,可能并发各种类型心律失常,严重的有室性心动过速,频发室性期前收缩,体温低于28℃时更易发生心室颤动(室颤),这是低温最严重的并发症。

引起心室颤动的因素目前尚不完全明确,但低温本身是室颤的主要因素。在成人发生室颤的临界温度在26~28℃,在儿童则体温可降至更低而不发生室颤。低温时交感神经与迷走神经之间的不平衡、交感神经相对兴奋可能是因素之一;低温时酸中毒、碱中毒等酸碱平衡紊乱以及低钾血症、高钙血症等电解质紊乱,也是诱发室颤的原因。因此,低温期间特别是非体外循环时的低温应加强体温、心电图、血气及电解质、酸碱平衡的监测,避免中心体温低于28℃;充分供氧,避免过度通气和二氧化碳蓄积,维持内环境的稳定;及时纠正各种严重的室性心律失常,一旦室颤发生应立即按心肺复苏处理。

3. **组织损伤** 在体表降温时,耳廓及指、趾接触冰屑,或冰袋与皮肤直接接触,可造成冻伤。体表复温时如水温过高可致烫伤。

4. **胃肠出血** 长时间低温或深低温病人,术后1周可发生胃的应激性溃疡,或因低温期间血流滞缓,形成小肠动脉栓塞致内脏出血。

5. **酸中毒** 低温时组织灌注不足、氧供减少,可出现代谢性酸中毒,特别在组织温差太大时明显。应注意减慢降温速度,适当纠正酸中毒,随着体温下降,自主呼吸逐渐减慢变浅,可致轻度呼吸性酸中毒。

(张诗海 郭曲练)

第十三章 控制性降压在麻醉中的应用

1946 年由 Gardner 等首先将控制性降压(又称控制性低血压;Controlled Hypotension)技术应用到临床。术中控制性降压是指在全身麻醉下手术期间,在保证重要脏器氧供情况下,采用降压药物与技术等方法,人为地将平均动脉血压减低至 50 ~ 65mmHg(6.67 ~ 8.67kPa),使手术野出血量随血压的降低而相应减少,不致有重要器官的缺血缺氧性损害,终止降压后血压可迅速回复至正常水平,不产生永久性器官损害。控制性降压技术的应用可避免输血或使输血需要量降低,并使手术野清晰,有利于手术操作,提高手术精确性,缩短手术时间。降压时间一般不超过 30 分钟。围术期降低血压的主要目的是:减少失血,改善术野的环境,减少输血,使手术期的安全性增加。

第一节 控制性降压的理论基础

维持人体血压的主要因素包括:心排血量(Cardial Output,CO)、总外周血管阻力(Total Systemic Vascular Resistance,TSVR)、血液容量(Blood Volume)以及血管壁弹性和血液的黏稠度。机体在相对稳定情况下平均动脉压(MAP)可用心排血量乘总外周血管(TSVR)即:MAP = CO×TSVR。依照此理论,在将总外周血管阻力降低而保持心排血量不变的情况下可达到降低血压的目的。

组织灌流量主要随血压和血管内径的变化而变化,血压降低,灌流量也降低。

$$组织灌注量 = \frac{\pi \times 血压 \times (血管半径)^4}{8 \times 血黏稠度 \times 血管长度}$$

一般情况下,血液的黏度和血管的长度不会改变,所以可认为组织的血流灌注量随血压和血管半径的变化而增减。从公式可估计血压增加 1 倍,血流量也可增加 1 倍,而血管半径增加 1 倍,则血流量可增加 16 倍。如果组织血管内径增加,尽管灌注压下降,组织灌流量可以不变甚至增加。因此,血压适当降低,组织灌流量可由血管扩张来代偿。理论上,只要保证毛细血管前血压大于临界闭合压,就可保证组织的血流灌注。人体的血管分为:动脉(阻力血管)、静脉(容量血管)和毛细血管。主动脉和大动脉及大静脉血管的收缩与舒张能力有限;而小动脉含有丰富的平滑肌,受胸、腰交感神经节的节后纤维和内分泌激素、药物等的影响血管舒张或收缩变化较明显,对血压的调控起重要作用。器官对血流的自身调节能力在一定血压范围内发挥作用,手术创面的血流灌注降低、出血量减少时,重要器官血管仍具有较强的自主调节能力,维持足够的组织血供。不同的器官发挥自身调节血流作用的血压范围亦不同。目前所公认的控制性低血压"安全"低限为 MAP50 ~ 55mmHg,其依据就是脑血流量的自主调节能力在这个范围之内,一旦 MAP 低于这个限度,脑血流量就会随血压降低而呈线性减少。器官血压的自身调节低限并不是该器官缺血阈,器官组织丧失自身调节血流能力的最低压高于该组织缺血的临界血压。所以,如果术中控制性低血压应用正确,则可以安全有效地发挥其减少出血、改善手术视野的优点。

第二节　控制性降压对机体的影响

控制性低血压通过降低外周血管阻力,使动脉血压下降。组织器官血流是否减少是关键性的,因为稳定的心排血量对维持组织的血流灌注量十分重要。另外,足够的有效循环容量是维持器官血流充分灌注的必要条件,控制性降压手术过程中应定时评估血管内液体容量,以维持器官最理想的功能状态。

一、脑神经系统

控制性降压过程中,脑最易受损,适当的动脉血压对于脑循环尤其重要。目前公认正常体温病人,控制 MAP 的安全低限为 50～55mmHg,此范围内脑血流量(CBF)的自身调节能力仍然保持,一旦 MAP 下降低于此限度,CBF 将随动脉血压而平行的下降,有可能产生脑缺血,影响脑功能。慢性高血压患者的脑血管自身调节曲线可右移,对这些患者要保持 CBF 自身调节能力,其血压的安全低限与 CBF 低限比正常血压者高。应用有效的抗高血压治疗后,CBF 自身调节曲线可回到正常位置。因此,控制性降压对于已用药物控制的高血压病者仍是安全的。

对脑血管自主调节影响最重要的是脑的灌注压,而不是血压。脑灌注压(CPP)是动-静脉的压力差,由于脑动脉血流入压相当于 MAP,脑的静脉压与颅内压(ICP)差不多,脑灌注压(CPP)一般计算为:CPP=MAP-ICP。颅内压增高的患者,在切开硬脊膜之前不要进行控制性降压,以免造成 CBF 急剧降低,产生脑缺血。

正常大脑氧代谢可随 CBF 减少而降低。当动脉血压降至 30～40mmHg 时,脑 CBF 低至 18ml/(100g·min),正常成人仍可耐受;但儿童和老年患者不能耐受如此低的 CBF 水平。$PaCO_2$ 在控制性低血压期间对 CBF 影响明显,CBF 与 $PaCO_2$ 呈线性变化关系。$PaCO_2$ 每升高 1mmHg,CBF 约增多 2.65%;$PaCO_2$ 从 20mmHg 升高至 70mmHg 时,如血压进一步降低,则此曲线关系逐渐地变平。当 MAP 降至低于 50mmHg 时,CBF 对 $PaCO_2$ 改变无反应。不同药物对 CBF 与 CPP 的影响是不同的,在脑灌注压低于 60mmHg 时,用三甲噻方者(Trimetaphan)CBF 自身调节丧失,CBF 减少;用硝普钠(nitroprusside Sodium)者,虽脑灌注压降低,但 CBF 仍在稳定水平。

控制性低血压时由于脑血管阻力的降低,脑血流会相应地增加,颅内血容量增加会造成颅内压增加。麻醉的加深会使脑血管的自主调节能力丧失,恩氟烷还会增加脑脊液的生成量而进一步增加颅内压。在颅内顺应性降低的患者,即使低浓度的异氟烷也可诱发颅内增高,造成脑水肿、加重脑损伤。因而,用异氟烷降压时联合应用 α 及 β 受体阻滞药,可以减轻单用异氟烷时易发生的不良反应。硝普钠可以消除脑的自主调节,增加脑血流,硝普钠输注的早期在多数患者可以看到颅内压增加。低碳酸血症倾向于减弱硝普钠产生的颅内压增加。

慢性高血压和脑血流自身调节功能不全者,需要更高的脑灌注压。脑肿瘤周围组织,蛛网膜下隙出血急性期和脑创伤之后,脑自身调节功能丧失,更需要有较高的 CPP 及 CBF,以防脑缺氧损害加重。

二、循　环　系　统

控制性降压期间,保证心肌代谢所需的氧供充足是非常重要的。控制性低血压的扩血管药物会部分消耗冠脉扩张储备。硝普钠等药物施行的控制性低血压常引起反射性心动过速,除了增加心肌氧耗,还缩短舒张期降低心肌血流灌注。但研究发现,即使这样,由于心脏负荷减轻,心肌总的氧耗明显下降,心肌代谢的氧供需平衡仍能维持正常。选择性心脏 β_1 受体拮抗剂如艾司洛尔(esmolol)可用于治疗反射性心动过速,但都有明显的心脏负性肌力作用。较小剂量的艾司洛尔与血管扩张剂联合使用,既不会产生反射性心动过速,又可避免引起心肌抑制,可有效地抑制因硝普钠降压引致的反射性心动过速。拉贝洛尔(labetalol)和乌拉地尔(urapidil)对心脏功能无明显影响。腺苷扩张血管的作用强,且直接抑制窦房结功能,降压时不产生心动过速。临床和实验研究表明,异氟烷与氟烷(halothane)或恩氟烷(enflurane)比较,在产生同等的低血压水平情况下,能更好地维护心功能。研究表明单纯应用一种药物降低血压方法均有不利之处,目前认为采用吸入全麻药与血管扩张药联合使用控制性低血压的方法更为合理。

有冠状动脉疾患的患者,其冠脉扩张能力降低,静息时依赖于代偿机制能保持心肌有效灌注。对这种患者施行控制性低血压会直接减少心肌灌注,是否会出现心肌缺血依赖于心肌氧代谢需要的变化。用降低心肌代谢的药物(如吸入麻醉药和 β 受体阻滞药艾司洛尔)或可避免心肌缺血;硝酸甘油通过改善缺血心肌的血流灌注也可避免心肌缺血;强力扩血管药(如腺苷和硝普钠)会引起使缺血心肌冠状血流重分配,造成冠状动脉窃血,对这类患者十分有害应避免使用。一般说来,疑有缺血性心脏病的患者,原则上不应作控制性低血压,必须考虑其他代替控制性低血压的技术如减少失血量等方法。

三、肾　功　能

正常肾血流量相当于心排血量的 20% ~ 25%。肾血循环的特征是具有良好的自身调节能力,肾小动脉的静息张力低,使用降压药后扩张能力有限,MAP 不低于 75mmHg 时,肾小球滤过率保持不变,肾血流灌注仍足够满足肾细胞代谢的需要,尿量可能减少。如 MAP 低于 75mmHg,肾小球滤过率就会降低,尿量减少至无尿。但这并不意味着肾的血流灌注不能满足肾组织的代谢需要。控制性低血压时供应肾小球滤过的血流降低,而供肾组织代谢的血流仍是足够的。在控制性低血压时,尽管内源性肌酐清除率明显降低,但髓质组织氧合仍然不变。大多数血容量正常者在停止降压后,尿量迅速恢复。临床研究发现,控制低血压时,肾血流灌注减少,但肾组织并没有缺血缺氧的证据;肾小球滤过率降低,但血肌酐、尿素氮并没有明显增加;停止控制性低血压后,泌尿功能很快恢复正常。肾功能不全在控制性降压时不常发生。短时间减少肾血流量不会损害肾实质。使用血管扩张药与异氟烷联合控制性低血压比单独用深度异氟烷麻醉能更好地维护肾功能。

四、内脏循环

肝动脉血管床的压力-血流自身调节功能有限,门静脉循环本身无调节功能。控制性降压期间易发生肝脏血流灌注不足与肝细胞缺氧。所以,低血压期间,必须尽力维护心排血量,必要时给予药物,如小剂量多巴胺支持心血管功能。同时应注意,手术的应激或外源性血管加压药物可降低肝脏血流。

另一个内脏主要器官是胃肠道,其血管的自身调节能力较肾及脑更差,血液循环的调控较困难。严重低血压时易产生内脏低灌流状态。手术刺激使交感神经兴奋性增加,可引致内脏血管收缩。异氟烷较氟烷或恩氟烷能更好地维护胃肠道血流与供氧及功能的保护作用。

内脏血循环的临床监测仍较困难。目前应用胃肠道黏膜 pH(pHi)作为判断的依据,胃肠道黏膜二氧化碳(PCO_2)监测能较准确、有效地反映该项指标。但尚未能普及应用于临床。

五、眼

眼压包含眼内血液和房水的联合压力。当动脉血压降低则眼压亦降低。眼球具有两套独立的血管系统:视网膜血管系统和虹膜血管系统。虹膜血管系统很独特,有毛细血管前括约肌,保持稳定的血流量。因为虹膜供应的大部分血液,如突然降低 MAP 导致眼压下降。低血压时的血液变化可发生某些并发症,如视力模糊,偶有发生失明。所以,控制性降压时应注意眼的正确体位,血流量及眼的局部压力。

六、皮肤和肌肉

控制性降压时皮肤和肌肉的血液流量减少,组织内氧分压降低,但不会导致皮肤、肌肉缺血坏死。测量流向皮肤和肌肉的血流量的重要性显然远不及内脏器官的重要。

第三节　控制性降压的适应证和禁忌证

控制性降压对于保障患者术中安全起着重要作用,但必须谨慎操作,以防并发症的发生。因此,必须严格把握控制性降压的适应证和禁忌证。

一、控制性降压的适应证

1. 血供丰富区域的手术,如头颈部、盆腔手术。
2. 血管手术,如主动脉瘤、动脉导管未闭、颅内血管畸形。
3. 创面较大且出血可能难以控制的手术,如癌症根治、髋关节断离成形、脊柱侧弯矫正、巨大脑膜瘤、颅颌面整形。
4. 显微外科手术、区域狭小而要求术野清晰精细的手术,如不同类型的整形外科手术、中耳成形、腭咽成形。
5. 麻醉期间血压、颅内压和眼压过度升高,可能导致严重不良后果者。
6. 大量输血有困难或有输血禁忌证的患者。
7. 因宗教信仰而拒绝输血的患者。

二、控制性降压的禁忌证

由于有更好的药物、更严密的监测和更先进的技术应用于控制性降压,其禁忌证已较前大放宽。但仍要考虑许多相对的禁忌证。

1. 重要脏器实质性病变者,严重呼吸功能不全的患者、心功能不全、肾功能不全及肝功能不全。
2. 血管病变者,脑血管病、严重高血压、动脉硬化、外周血管性跛行及器官灌注不良。
3. 低血容量或严重贫血。
4. 麻醉医师对该技术不熟悉时应视为绝对禁忌。
5. 对有明显机体、器官、组织氧运输降低的患者,应仔细衡量术中控制性低血压的利弊后再酌情使用。

第四节 控制性降压的并发症

控制性降压的并发症发生率只有 0.055%，死亡者与麻醉和低血压有关。非致命并发症发生率为 3.3%，通常与神经系统有关。常见并发症有：①脑栓塞与脑缺氧；②冠状动脉供血不足，心肌梗死，心力衰竭甚至心搏骤停；③肾功能不全，无尿、少尿；④血管栓死，可见于各部位血管栓塞；⑤降压后反应性出血，手术部位出血；⑥持续性低血压，休克；⑦嗜睡、苏醒延长等。

控制性低血压大多数是安全的，但不等于无并发症发生。大多数的并发症或死亡都与降压适应证选择欠妥，与降压技术掌握、管理不当有密切关系。如降压过急，药量过多，血容量不足，以及对病者术前潜在危险性因素缺乏应有了解等有重要关系。

第五节 常用控制性降压药物与方法

一、常用控制性降压药物

（一）硝普钠

硝普钠是一种直接血管扩张药，它起效快，作用时间短，通过微量泵输注方法易于控制血压至需要水平，并维持稳定的血压。硝普钠作用于小动脉的内皮细胞，在精氨酸酶作用下硫基反应而释放一氧化氮（NO），使中、小动脉血管的平滑肌松弛扩张。对心肌无直接抑制作用，对 CO 的影响取决于心脏前、后负荷状态。由于后负荷降低，可降低心肌耗氧量，改善心肌氧供-氧耗的平衡。硝普钠的心血管效应为：对心肌收缩力无影响，每搏量不变，但心率加快，心排血量增加。

由于硝普钠具有降压快、血压恢复迅速以及可控性好等特点而成为首选的应用于控制降压的药物。静脉滴注或微泵推注，浓度为 0.01%。开始时按 $0.5 \sim 8 \mu g/(kg \cdot min)$［平均 $3 \mu g/(kg \cdot min)$］速度滴注或静脉泵注，经 2~3 分钟血压慢慢下降，降压速度直接与注射速度成正比。调整注射速度，一般 4~6 分钟就可使血压降至预期水平。停止注射后，一般在 1~10 分钟血压即回升。用硝普钠诱导低血压时，肾素-血管紧张素系统亦被激活，停药后平均动脉压可高于降压前 20%，周围血管阻力高于降压前 30%~39%，从而引起降压后的反跳性血压升高。因此，硝普钠用于脑动脉瘤的控制性降压具有一定的危险性，因为这些患者中 19% 患有多发性动脉瘤，反跳性高血压可使未夹闭的动脉瘤破裂。

应用硝普钠过程中可发生耐药性现象，其原因是复杂的，且未明确。硝普钠在血液中降解后产生自由氰基，其浓度与硝普钠的用量正相关。氰化物迅速扩散入组织，与细胞色素氧化酶结合，干扰细胞电子传递，导致组织缺氧。氰化物也是产生耐药性现象的原因之一。游离的氰化物可使主动脉环收缩，而收缩作用可能需要更大剂量的硝普钠使其松弛，但更大剂量的硝普钠可能产生更多的氰化物，形成恶性循环。因为硝普钠快速耐药的机制非常复杂，临床上必须遵从药物的给药指南，避免中毒。

（二）硝酸甘油

硝酸甘油（nitroglycerin）直接扩张静脉容量血管，半衰期短，无毒性代谢产物。硝酸甘油降压对心排血量的影响与患者血容量状况有关。硝酸甘油使外周阻力下降和容量血管扩张，但后者的作用是主要的。不过，前负荷的减少会因交感神经活动增加，血管收缩，心率加快，心肌收缩力增加而得以补偿。压力感受反射机制亦会抵消 SVR 的减少，形成双相反应（早期小动脉血管扩张，继而肠系膜，骨骼、冠状血管和全身血管床的血管收缩）。

因为麻醉会部分阻断肾上腺素能反应，硝酸甘油的心血管作用会因麻醉深度的不同而不同。与硝普钠比较，硝酸甘油起效较慢但作用时间较长，停药后仍有较长时间的血管扩张作用，停药后不发生反跳反应；同用硝普钠一样，颅内顺应性低时，打开硬脊膜之前禁忌使用硝酸甘油。即使当硬脊膜已经打开，两种硝酸盐类都可能引起脑血流的明显增加和导致明显脑水肿。宜辅助应用降低颅内压的措施。

（三）吸入麻醉药

吸入麻醉药可用于控制性降压，如异氟烷、七氟烷、地氟烷等具有显著的扩张血管作用。吸入麻醉药应用于控制性降压较方便，只需加大吸入浓度即可，且可控性较好。在正常血流、二氧化碳分压的条件下如异氟烷等比其他常用诱导低血压药物好，即低脑灌注压（<30mmHg）时，仍能维护良好的脑氧代谢率，提示有大脑保护作用；异氟烷在人体 MAP 为 50mmHg 时亦能维持大脑合理的氧供/需比例，在控制性低血压过程中不损害中枢神经系统。当深麻醉、MAP 降至 40mmHg 时，组织低氧发生率仍极少，提示可安全应用于控制性低血压。但这些吸入麻醉药较难使血压降至预期水平，一般需要辅助其他降压药物（如钙通道阻滞药和硝普钠等）药物。

（四）α_1-肾上腺素能受体阻滞药

酚妥拉明（phentolamine）和乌拉地尔。乌拉地尔商品名压宁定（ebrantil），为苯哌嗪取代的尿嘧啶衍生物，具有外周和中枢的双重作用机制。其外周作用主要为阻断突触后膜 α_1 受体，使总外周血管阻力下降，扩张血管。同时也有轻度的 α_1 阻断儿茶酚胺的缩血管作用。中枢作用主要通过激活 5-羟色胺 1A 受体，降低延髓心血管中枢的交感反馈调节作用。

酚妥拉明，又称苄胺唑啉，既有突触前 α_2 阻断作用，又有突触后 α_2 受体阻滞作用，并对血管平滑肌有直接松弛作用，本药对动、静脉均有扩张作用，但对小动脉扩张作用更强。酚妥拉明阻滞突触前 α_2 受体，可间接地引起儿茶酚胺释放，使心率增加和正性肌力作用。酚妥拉明使外周血管阻力下降比硝普钠或硝酸酯显著，更适合急性心肌梗死后的心功能不全，但其引起心动过速的不良反应限制了本药在临床上的广泛使用，剂量过大会引起血压过低。

（五）三磷腺苷

三磷腺苷（ATP）降解为腺苷和磷酸，腺苷具有扩张外周血管作用。以扩张小动脉为主，心脏后负荷降低明显，不影响前负荷及心室充盈，心排血量可增加。增加冠脉和脑血流量，但对颅内压的影响较轻。

（六）艾司洛尔

艾司洛尔（esmolol）是一种静脉注射药，选择性阻滞 β_1-肾上腺素能受体，起效十分快速，作用时效短暂。艾司洛尔控制性降压期间，血清肾素活动轻微下降，增加低血压的稳定性。艾司洛尔可产生明显心肌抑制，由于它显著的心肌抑制倾向，因此艾司洛尔与其他药物联合时宜小心使用，通常只用于短暂性降压。

（七）拉贝洛尔

拉贝洛尔（labetalol）为 α_1 和 β_1 受体阻滞药，降低心排血量和外周血管阻力，静注拉贝洛尔，5 分钟内出现血药峰值，半衰期较长，约 4 小时。拉贝洛尔降压时肺内分流较少，无心率增快。拉贝洛尔与吸入麻醉气体如氟烷和异氟烷联合使用，产生良好的低血压协同效应；而与静脉麻醉药合用时拉贝洛尔则效力较差。拉贝洛尔的一个重要优点是不会升高 ICP，即使患者原已存在颅内顺应性降低。与单独使用异氟烷相比，拉贝洛尔能更好维持器官的血流量。应当注意，拉贝洛尔有相对长的半衰期，它的作用会持续至术后，有可能掩盖了急性失血后的肾上腺素能反应。

（八）尼卡地平

尼卡地平（nicardipine）是一种钙离子通道阻断药，扩张外周、冠脉和脑血管，不影响心肌收缩力和心排血量，降压后不产生反射性心动过速。要小心滴注尼卡地平，因为尼卡地平诱发的低血压难以用传统的升压药物如新福林等拮抗。静注钙剂可能恢复血压。

二、常用控制性降压方法

（一）吸入麻醉药降压

1. **氟烷（halothane）**　对心肌力有较强的抑制作用；血管平滑肌有明显舒张作用，使外周阻力降低；抑制交感神经使心率减慢。上述作用都与吸入浓度相关，可通过调节吸入浓度达到控制血压的目的。但如吸入浓度过大，对心肌力的抑制作用越强，CO 降低越明显，则难以保证组织器官的灌注。手术刺激时易引起血压的波动。目前主张与其他降压药复合应用。

2. **恩氟烷（enflurane）**　应用恩氟烷扩张周围血管降压，可维持 CO，但老年及高血压患者仍可使 CO 低，所以也不宜单独用恩氟烷降压，应与 α 受体阻滞药或 α 和 β 受体阻滞药合用为佳。

3. **异氟烷（isoflurane）**　对血管平滑肌有明显舒张作用，可明显降低外周血管阻力而降低动脉血压。对心肌力的抑制作用较轻，对 CO 的影响较小，有利于保证组织灌注。降压起效快，停药后血压恢复迅速，无反跳作用。适用于短时间的降压。如需长时间降压，多与其他降压药复合应用。

4. **七氟烷（sevoflurane）和地氟烷（desflurane）**　七氟烷和地氟烷主要通过扩张外周血管和抑制心肌收缩力来降低血压。降压时氧耗量降低，对肺气体交换无损害，操作简单。但扩张血管能力不强，降压程度有限，多与其他降压药物合用。

（二）血管扩张药降压

1. **硝普钠（sodium nitroprusside）临床应用方法**　配备含硝普钠 $100 \sim 200\mu g/ml$ 溶液静脉滴注，或用注射泵泵注，起效时间为 $1 \sim 2$ 分钟，$4 \sim 6$ 分钟可将血压降低到预定值。停药 $2 \sim 5$ 分钟后血压可恢复正常值。如果发生明显的心动过速，可应用短效 β 受体阻滞药，如艾司洛尔（esmolol）。

注意事项：①硝普钠溶液极不稳定，应用时应避光；②肝肾功能明显障碍者不宜采用，以免氰化物蓄积中毒；③用量大于 $5.0\mu g/(kg \cdot min)$ 者，应监测动脉血气，避免代谢型酸中毒。

2. 硝酸甘油（nitroglycerin）临床应用方法 配备含硝酸甘油 $100\sim200\mu g/ml$ 溶液静脉滴注或单次静注 $50\sim100\mu g$。起效时间为 $2\sim5$ 分钟，停药 $5\sim10$ 分钟后血压可恢复正常。可发生反射性心动过速，可给以短效 β 受体阻滞药使其改善。

注意事项：①长时间及大剂量应用时，有发生正铁血红蛋白症的可能；②有扩张脑血管增加颅内压的作用，对颅内压高者宜慎用；③有升高眼压作用，不宜用于青光眼患者。

3. 钙通道阻滞药 主要改变钙离子的跨细胞膜运动，引起不同程度的动脉扩张，而对静脉的影响较小。外周血管阻力降低，冠脉扩张，还可维持心肌收缩及心排血量而不产生心动过速，有利于心肌的氧供需平衡。对心肌肌力和房室传导的抑制作用较强，一般不单独应用，可作为控制性降压的辅助用药。主要药物有：维拉帕米（verapamil），硝苯地平（nifedipine），尼卡地平（nicardipine），地尔硫䓬（diltiazem）等。降压时维持滴速在 $100\sim250\mu g/(kg\cdot h)$，如血压过低可用去氧肾上腺素（新福林）。颅脑手术用尼莫地平 $600\sim800\mu g/(kg\cdot h)$ 滴注降压，停药后 $5\sim30$ 分钟即可使血压恢复，也不产生反跳性高血压，且还有防治术后脑水肿的效应。

4. α-肾上腺素能受体阻滞药 静注酚妥拉明 2 分钟内阻断 α_1-肾上腺能受体，产生 MAP 降低，停药后 15 分钟之内血压回复至控制水平，停药后亦可有高血压反跳现象；颅内压无明显变化，但给药后 10 分钟脑内灌注压降低。不用于降颅内压，常用于嗜铬细胞瘤手术降压。

乌拉地尔（又称压宁定）：具有周围拮抗及中枢调节脑内 5-羟色胺受体双重机制，阻滞外周 α_1-肾上腺能受体，扩张血管，产生血压下降；但其中枢作用具有自限性降压效应，使用较大剂量亦不产生过度低血压，为诱导中度低血压（MAP 为 70mmHg）最合适之药物。给予压宁定后交感神经活性不增高，不影响颅内压和顺应性；用压宁定使 MAP 从（107 ± 13）mmHg 降至（70 ± 13）mmHg，脑血流不变。压宁定应用于嗜铬细胞瘤术中控制降压比硝普钠更能控制血压水平，心率稳定，不发生反跳性高血压。压宁定与异氟烷并用可减少挥发性麻醉药所需浓度。首次用药量为 $10\sim15mg$，持续 $20\sim25$ 分钟，需要时可重复应用。

5. 三磷腺苷（ATP） 临床应用降压效果与剂量和注射速度有关，适用于短时间降压。单次静脉注射 $0.4\sim3mg/kg$ 可使收缩压及舒张压降低 25% 左右。持续滴注量为 $1\sim1.5mg/(kg\cdot min)$。起效时间约 5 分钟，单次静脉注射维持 $2\sim5$ 分钟。持续滴注时停药后数分钟血压即可恢复正常。

注意事项：用量过大或注药速度过快，可引起心动过缓，严重者发生房室传导阻滞。因此，并存心脏传导阻滞者慎用。一般不用于长时间的控制性降压。

控制性低血压可以通过降低心排血量，也可以通过全身血管扩张来进行。常见的应用实例中，采取这两种方法的都有。但降低心排血量的降压方法是不安全的，因为维持足够心排血量是保证组织血流灌注不减少的关键。在实际操作时，有经验的麻醉医师应合理选用这两类降压方法。实施术中控制性低血压应尽可能采用扩张血管的方法，避免抑制心肌功能、降低心排血量。以扩血管为主，适当控制心输出为辅，合理地控制血压、有效地达到减少出血的目的。尽管多种药物和方法应用于控制性低血压，但离真正理想的方法、药物还相差很远。

目前认为采用吸入全麻药与血管扩张药联合使用控制性低血压的方法更为合理。临床上还常用硝普钠复合其他药物进行控制性低血压，硝普钠控制性降压后出现的反跳性高血压与低血压代偿反馈机制引起肾素-血管紧张素系统激活有关。在降压过程中复合应用可乐定或钙通道阻滞药，不仅可加强硝普钠的降压效果、防止反跳性高血压的发生，而且可减少硝普钠的用量，降低氰化物中毒的危险性，提高控制性降压的安全性。

第六节 控制性降压的监测与管理

在控制性降压期间,必须注意以下问题。

(一) 麻醉要求

要做到麻醉平稳,全身麻醉必须达到一定的深度。麻醉医师必须具备熟练的麻醉技术和正确处理病情的能力,并要求手术者充分配合,以确保安全。

(二) 失血量

在控制性降压中出现低血容量将导致组织灌注不足。因此,在术中要尽量精确估计失血量,及时作适量补充,严防发生低血容量。必须保持静脉通道畅通。

(三) 降压幅度

不能单纯以血压下降的数值或手术野不出血作为控制性降压的标准,这样显然是不够的。必须按照患者的具体情况、结合手术的要求,并参考心电图、脉压、动脉血氧饱和度和中心静脉压等指标作全面的衡量。健康状况良好的患者可较长时间耐受 60 ~ 70mmHg 的 MAP。对有血管硬化、高血压和老年患者应区别对待,一般应以血压降低不超过原水平的 30% ~ 40% ,或收缩压降至比术前舒张压低(0 ~ 10mmHg)的范围之内,可基本保持安全。在满足手术要求的前提下,应尽可能维持较高的血压水平,并注意防止降压速度过快,以使机体有一个调节适应过程。

(四) 手术体位

在控制性降压中,改变体位将促使血液潴留于下垂部位,导致有效循环血量相对减少。因此,在控制性降压中可充分利用体位来调节降压的幅度和速度。若头抬高 25°,头部比心脏水平高 25cm。此时如果心脏水平的平均动脉压为 70mmHg,则头部的血压将是 50mmHg。颅脑手术可取头高 10° ~ 25°,并根据手术野出血情况随时进行调节。坐位手术的控制性降压必须谨慎,提防脑缺血的发生。

(五) 通气与氧合

控制性降压期间,肺分流量和无效腔量均可能增加。因此供氧必须充分,确保潮气量和每分通气量略大于正常,保持 $PaCO_2$ 在正常范围。

(六) 监测

为保障安全,在控制性降压过程中必须进行全面监测。病人情况良好,降压时间短者,可采用袖带间接测动脉压法监测。降压时间长、降压幅度低时必须行直接动脉测压进行连续监测。此外,还应监测心电图、动脉血氧饱和度、中心静脉压、失血量、尿量,并根据情况定期作动脉血气分析和血红蛋白及血细胞比容的测定。尿量是简单而重要的监测指标,降压期间不可长时间内无尿,至少应保持 1ml/(kg·h)。有条件时可进行其他监测包括听觉诱发电位(AEP)、脑电图(EEG)和胃肠道 pH(pHi)。这些监测有助于了解低血压期间机体功能状态的变化。

（七）停止降压

手术重要步骤结束后,即应逐渐停止降压,待血压回升至接近原水平后,应仔细观察手术野,进行彻底止血。同时防止反跳性高血压的发生。

（八）术后护理

手术结束并不意味着控制性降压作用已完全消失。手术结束后,直立性低血压仍很显著,因此必须加强术后护理。在搬动患者时要严防剧烈改变体位。手术后采取头高位者有可能导致脑缺血性肢瘫。对控制性降压术后的病人还要做到及时补足术中的失血量,用面罩或鼻导管给氧。严密观察尿量,护理患者直至完全清醒,反应活跃,通气良好,肤色红润。

（姚尚龙）

第十四章 全身麻醉期间严重并发症的防治

全身麻醉期间严重并发症的发生原因大致可归纳为两类:其一,由于疾病本身的原因或病情突然发生变化,以及手术麻醉应激和药物作用所导致的后果,如对麻醉药的敏感,恶性高热和心脑血管的意外等。另一类是由于麻醉实施中一些失误,如麻醉机装置的失灵或操作不当,用药不当或过量,病情观察或判断失于粗疏等,这一类的失误,通过提高麻醉医师的素质和责任感,绝大多数是可以预防或避免的。即便在拥有先进麻醉器械、麻醉监测设备、各种性能较好的麻醉药及辅助药的麻醉科,麻醉并发症仍时有发生,这是由于麻醉医师对各种麻醉药和辅助药的应用并非总是恰如其分,气管插管困难与操作失误,麻醉器械发生故障,术前、术中对病情判断错误,特别是对麻醉危险性丧失警惕,便可导致麻醉并发症发生。完全避免麻醉并发症发生是困难的,但如麻醉医师能意识到在围麻醉期各阶段都有可能发生麻醉并发症,并制订出必要的防范措施,则可减少并发症发生。下面将与病人疾病情况、麻醉操作与管理不当、麻醉药影响及麻醉器械故障有关的并发症介绍如下。

第一节 呼吸道梗阻

呼吸道是气体进出肺的必经之路,保持呼吸道通畅是进行有效通气的前提。各种原因的呼吸道梗阻和呼吸道高敏反应是造成通气障碍的原因,若处理不及时和不当,可导致不同程度低氧血症与高二氧化碳血症,甚至死亡。麻醉期间呼吸道梗阻多为急性,按其发生部位可分为上呼吸道及下呼吸道阻塞,按阻塞程度可分为完全性和部分性阻塞。呼吸道阻塞后临床表现为胸部和腹部呼吸运动反常,不同程度的吸气性喘鸣,呼吸音低或无呼吸音,严重者出现胸骨上凹和锁骨上凹下陷,以及肋间隙内陷的"三凹征",病人呼吸困难,呼吸动作强烈,但无通气或通气量很低。常见的呼吸道梗阻有以下几种。

一、舌 后 坠

舌后坠是麻醉期间最常见的上呼吸道阻塞。由于镇静药、镇痛药、全麻药以及肌松药的应用,使下颌骨及舌肌松弛,当病人仰卧时由于重力作用,舌坠向咽部阻塞上呼吸道。舌体过大、身体矮胖、颈短、咽后壁淋巴组织增生以及扁桃体肥大者,更易发生舌后坠。当舌后坠阻塞咽部后,如为不完全阻塞,病人随呼吸发出强弱不等的鼾声;如为完全阻塞,即无鼾声,只见呼吸动作而无呼吸交换,SpO_2呈进行性下降,用面罩行人工呼吸挤压呼吸囊时阻力很大。对舌后坠采用最有效的手法,是病人头后仰的同时,前提下颌骨,下门齿反咬于上门齿。据病人不同的体位进行适当的调整,以达到气道完全畅通。如果上述手法处理未能解除阻塞,则应置入鼻咽或口咽气道。但在置入口咽气道时,有可能诱发病人恶心、呕吐、甚至喉痉挛,故应需密切观察。极少数病人才需重行气管内插管。

二、分泌物、脓痰、血液、异物阻塞气道

分泌物过多常见于吸入对气道有刺激性的麻醉药。肺手术病人如支气管扩张、肺化脓症、肺结核空洞病人，术中常见因大量脓痰、血液及坏死组织堵塞气道或淹没健肺的情况，鼻咽腔、口腔、唇裂手术病人，更易发生积血及敷料阻塞咽部。此外，有时还遇到脱落的牙龈或义齿阻塞气道的情况。监测 SpO_2 能及时发现气道阻塞。为防止上述情况发生，术前用药应给足量颠茄类药，对"湿肺"（大咯血）病人应采用双腔插管，并注意术中吸净呼吸道。对口鼻咽腔手术病人，为确保气道通畅，应常规行经鼻腔或口腔气管内插管，以防血液误吸。此外，对松动牙齿或义齿，应于麻醉前拔除或取出。

三、反流与误吸

全麻过程中，易于引起呕吐或胃内容物反流的几种情况：①麻醉诱导时发生气道梗阻，在用力吸气时使胸膜腔内压明显下降；同时受头低位的重力影响。②胃膨胀除了与术前进食有关外，麻醉前用药，麻醉和手术也将削弱胃肠道蠕动，胃内存积大量的空气和胃液或内容物，胃肠道张力下降。③用肌松药后，在气管插管前用面罩正压吹氧，不适当的高压气流不仅使环咽括约肌开放，使胃迅速胀气而促其发生反流；同时喉镜对咽部组织的牵扯，又进一步使环咽括约肌机能丧失。④病人咳嗽或用力挣扎；以及晚期妊娠的孕妇，由于血内高水平的黄体酮也影响到括约肌的机能。⑤胃食管交接处解剖缺陷而影响正常的生理功能，如膈疝病人，置有胃管的病人也易于发生呕吐或反流；带有套囊的气管内导管，在套囊的上部蓄积着大量的分泌物也易于引起误吸。⑥药物对食管括约肌功能的影响，如抗胆碱能药物阿托品，东莨菪碱和格隆溴铵（glycopyrronium bromide）对括约肌的松弛作用，吗啡，哌替啶和地西泮则可降低括约肌的张力。琥珀胆碱因肌颤，使胃内压增高，引起胃内容物反流。

（一）误吸内容物

病人发生误吸严重程度与急性肺损伤的程度，与误吸的胃内容物理化性质（如 pH、含脂碎块及其大小）和容量直接相关，以及细菌的污染。

1. **高酸性（pH＜2.5）胃液**　误吸后，即时（3～5分钟）出现斑状乃至广泛肺不张，肺泡毛细血管破裂，肺泡壁显著充血，还可见到间质水肿和肺泡内积水，但肺组织结构仍比较完整，未见坏死。病人迅速出现低氧血症，这可能与续发的反射机制，肺表面活性物质失活或缺失，以及肺泡水肿、肺不张有关。由于缺氧性血管收缩而出现肺高压症。

2. **低酸性（pH≥2.5）胃液**　肺损伤较轻，偶见广泛斑状炎症灶，为多型核白细胞和巨噬细胞所浸润。迅速出现 PaO_2 下降和 Qs/Qt 的增加；除非吸入量较多，此改变一般在 24 小时内当可恢复，且对 $PaCO_2$ 和 pH 影响较小。

3. **非酸性食物碎块**　炎症主要反映在细支气管和肺泡管的周围，可呈斑状或融合成片，还可见到肺泡水肿和出血。实际上小气道梗阻，而低氧血症远比酸性胃液的误吸更为严重，且呈升高 $PaCO_2$ 和 pH 下降。多存在有肺高压症。

4. **酸性实物碎块**　此类食物的误吸，病人的死亡率不但高，且早期就可发生死亡。引起肺组织的严重损害，呈广泛的出血性肺水肿和肺泡隔坏死，肺组织结构完全被破坏。病人呈严重的低氧血症、高碳酸血症和酸中毒，多伴有低血压和肺高压症。

（二）误吸的临床表现

1. **急性呼吸道梗阻** 无论固体或液体的胃内容物，均可引起气道机械性梗阻而造成缺氧和高碳酸血症。如果当时病人的肌肉没有麻痹，则可见到用力的呼吸，尤以呼气时更为明显，随之出现窒息。同时血压骤升、脉速；若仍未能解除梗阻，则两者均呈下降。由于缺氧使心肌收缩减弱、心室扩张，终致室颤。有的病人因吸入物对喉或气管的刺激而出现反射性心搏停止。

2. **Mendelson 综合征** 即在误吸发生不久或 2～4 小时后出现"哮喘样综合征"，病人呈发绀，心动过速，支气管痉挛和呼吸困难。在受累的肺野可听到哮鸣音或啰音。

3. **吸入性肺不张** 大量吸入物可使气道在瞬间出现堵塞，而完全无法进行通气，则后果严重。若只堵塞支气管，又由于支气管分泌物的增多，可使不完全性梗阻成为完全性梗阻，远侧肺泡气被吸收后发生肺不张。肺受累面积的大小和部位，取决于发生误吸时病人的体位和吸入物容量，平卧位时最易受累的部位是右下叶的尖段。

4. **吸入性肺炎** 气道梗阻和肺不张导致肺内感染。有的气道内异物是可以排出的，但由于全身麻醉导致咳嗽反射的抑制和纤毛运动的障碍，使气道梗阻不能尽快地解除，随着致病菌的感染，势必引起肺炎，甚至发生肺脓肿。

为防止反流误吸，对择期手术病人，成人术前应禁饮、禁食（请参阅第三章）。实施麻醉前要备妥吸引器，对放置鼻胃管病人，应充分吸引减压；对饱胃与高位肠梗阻病人，应施行清醒插管；对术中发生反流误吸可能性大的病人，术前应静注 H_2 受体拮抗剂，以降低胃液酸度；当发生呕吐物和反流物误吸时，应立即将病人置于头低位，并将头转向一侧，同时将口咽腔及气管内呕吐物和反流物吸出，此外还应给一定量支气管解痉药及抗生素，并努力支持呼吸，必要时于气管插管后用 0.9% NaCl 液行气管灌洗，直至吸出液 pH 接近 0.9% NaCl 液时止。

四、插管位置异常、管腔堵塞、麻醉机故障

行气管插管病人，可发生导管扭曲、受压，导管插入过深误入一侧支气管，导管插入过浅脱出，管腔被黏痰堵塞等情况。此外，麻醉机螺纹管扭曲、呼吸活瓣启动失灵也致呼吸阻塞。发生上述情况后，病人呈异常呼吸运动，及难以解释的低氧血症，一旦遇此情况，应首先检查气管导管位置、深度及两肺呼吸音，继之查看呼吸机或麻醉机回路及呼吸活瓣启动情况，针对阻塞原因逐一妥善处理。

五、气　管　受　压

颈部或纵隔肿块、血肿、炎性水肿等均可使气管受压，致呼吸道梗阻，此类病人术前多有不同程度的呼吸困难，且可因头颈部位置改变使呼吸困难加重，X 线片及 CT 检查能确定气管受压部位与气管内径大小，有助于选用气管导管型号及确定导管插入长度。此类病人的插管过程关系着病人生命安危，万一插管失败，常来不及行紧急气管切开术。因此，插管前应认真作好各项插管准备工作，即所选用导管口径（从导管外壁计算）应与气管最狭窄处相当，导管插入深度应能超过气管最狭窄部位。如为颈部肿块，当将两肩垫起后导管尖端仍应超越气管最狭窄部位，并应备妥吸引器，以便于及时吸痰。为确保一次插管成功，应指定经验丰富的麻醉医师操作麻醉，采用快速诱导行气管插管常能使插管一次成功。

对颈部肿块使气管长期受压者，受压局部气管软骨常软化，当将肿物切除后，由于气管周围组织所起的支架作用消失，可发生气管塌陷，造成气道阻塞，术后应依情况行气管造口术。

六、口咽腔炎性病变、喉肿物及过敏性喉水肿

口咽腔炎性病变(如扁桃体周围脓肿、咽后壁脓肿)、喉部肿物(如喉癌、声带息肉、会厌囊肿)及过敏性喉头水肿病人,由于上呼吸道已部分阻塞,常有一定程度呼吸困难,有时无法施行经口腔插管。另外,此类病人咽喉部极为敏感,使用硫喷妥钠类麻醉药常易引起严重喉痉挛使病人窒息死亡。对于此类病人应考虑先行气管造口术,然后再行麻醉诱导以策安全。对已发生过敏性喉头水肿的病人,应迅速给抗过敏药治疗,并加压给氧,如不能及时使 SpO_2 改善,则应立即行气管造口术,以挽救病人生命。

七、喉痉挛与支气管痉挛

喉痉挛与支气管痉挛常见于哮喘、慢性支气管炎、肺气肿、过敏性鼻炎等病人,此类病人气道对外来异物刺激呈高敏感反应,这与气道的自主神经调节失常及某些生物化学介质释放有关。

(一)喉痉挛

是呼吸道的保护性反射——声门闭合反射过度亢进的表现,是麻醉的严重并发症之一,临床表现为吸气性呼吸困难,可伴有高调的吸气性哮鸣音。

正常情况下声门闭合反射是使声门关闭,以防异物或分泌物吸入气道。喉痉挛则是因支配咽部的迷走神经兴奋性增强,使咽部应激性增高,致使声门关闭活动增强。硫喷妥钠是引起喉痉挛的常用全麻药。喉痉挛多发生于全麻 I～II 期麻醉深度,其诱发原因是低氧血症、高二氧化碳血症、口咽部分泌物与反流胃内容物刺激咽喉部、口咽通气道、直接喉镜、气管插管操作等直接刺激喉部均可诱发喉痉挛,浅麻醉下进行手术操作如扩张肛门括约肌、剥离骨膜、牵拉肠系膜及胆囊等也可引起反射性喉痉挛。

轻度喉痉挛仅吸气时呈现喉鸣,中度喉痉挛吸气和呼气都出现喉鸣音,重度喉痉挛声门紧闭气道完全阻塞。

轻度喉痉挛在去除局部刺激后会自行缓解,中度者需用面罩加压吸氧治疗,重度者可用粗静脉输液针行环甲膜穿刺吸氧,或静注琥珀胆碱迅速解除痉挛,然后加压吸氧或立即行气管插管进行人工通气。

为防止发生喉痉挛,应避免在浅麻醉下行气管插管和进行手术操作,并应避免缺氧和二氧化碳蓄积。

(二)支气管痉挛

引起支气管痉挛的常见原因为:①气道高反应性:患有呼吸道疾病的病人如支气管哮喘或慢性炎症,使气道对各种刺激反应较正常人更为敏感。②与麻醉手术有关的神经反射:如牵拉反射、疼痛反射,乃至咳嗽反射和肺牵张反射都可成为诱发气道收缩的因素。③气管插管等局部刺激是麻醉诱导期间发生气道痉挛最常见的原因。④应用了具有兴奋迷走神经、增加气道分泌物促使组胺释放的麻醉药、肌松药或其他药物。

支气管痉挛表现为呼气性呼吸困难,呼气期延长、费力而缓慢,常伴哮鸣音,心率加快,甚至心律失常。

预防:①对既往有呼吸道慢性炎症或支气管哮喘史的病人应仔细了解其过去发病的情况,分析可能存在的诱发因素。术前应禁吸烟 2 周以上。若近期有炎症急性发作,则应延缓手术

2～3周。②避免应用可诱发支气管痉挛的药物如可用哌替啶或芬太尼来取代吗啡。③阻断气道的反射,选用局麻药进行完善的咽喉部和气管表面的麻醉,可防止因刺激气道而诱发支气管痉挛。

处理:①明确诱因、消除刺激因素,若与药物有关应立即停用并更换之。②如因麻醉过浅所致,则应加深麻醉。③面罩吸氧,必要时施行辅助或控制呼吸。④静脉输注皮质类固醇类药(如氢化可的松和地塞米松)、氨茶碱等,两药同时应用可能收效更好。若无心血管方面的禁忌,可用 β 受体激动药如异丙肾上腺素稀释后静脉点滴或雾化吸入。

第二节　呼　吸　抑　制

呼吸功能主要体现在通气与换气两方面。呼吸抑制是指通气不足,它可表现为呼吸频率慢及潮气量减低、PaO_2低下、$PaCO_2$升高。对轻度通气不足病人,如吸入氧浓度高,PaO_2可不降低,但$PaCO_2$升高。由于呼吸动作是在呼吸中枢调节下由呼吸肌的活动去实现的,因此可将呼吸抑制分为中枢性(呼吸中枢抑制)和外周性(呼吸肌麻痹)两种。

一、中枢性呼吸抑制

常用的麻醉药、麻醉性镇痛药均可抑制呼吸中枢,过度通气因 CO_2排出过多及过度膨肺也可使呼吸中枢抑制。

如为麻醉药抑制呼吸,适当减浅麻醉呼吸即可恢复;对麻醉性镇痛药造成的呼吸抑制,可用纳洛酮拮抗;对过度通气及过度膨肺致呼吸抑制,应适当减少通气量,并依自主呼吸节律行同步辅助呼吸,使 $P_{ET}CO_2$恢复到正常范围,自主呼吸即可逐渐恢复正常。

二、外周性呼吸抑制

使用肌松药是外周性呼吸抑制的常见原因,大量排尿由于血钾低下,也致呼吸肌麻痹,如全麻复合高位硬膜外阻滞,也会因呼吸肌麻痹而无呼吸。

对肌松药造成的呼吸抑制,用新斯的明拮抗;对低血钾性呼吸肌麻痹应及时补钾;对脊神经阻滞的呼吸抑制须待阻滞作用消失后呼吸始能逐渐恢复。

三、呼吸抑制时的呼吸管理

对任何原因造成的呼吸抑制,均应立即行有效人工通气,将 SpO_2、$PETCO_2$维持于正常范围。通气方式依呼吸抑制程度选用,如病人存有自主呼吸,但频率慢或潮气量不足,可行辅助呼吸予以适当补偿。实施辅助呼吸须与病人呼吸同步,否则可使自主呼吸消失。辅助呼吸用力一般不超过 1.5kPa(15cmH_2O)。如病人无呼吸,须行控制呼吸,在成人呼吸频率为 10～15 次/分,小儿20～30 次/分,婴儿30～40 次/分。潮气量 8～12ml/kg。所施压力为 0.7～1.5kPa(7～15cmH_2O),呼气时完全放松,呼吸比值保持在 1:1.5 或 1:2。

第三节　低血压与高血压

动脉压高低取决于心排出量及外周血管阻力,麻醉、手术操作、麻醉药对心脏及血管的作用、病人病情与手术出血等,均可使血压升高或降低。从影响组织灌流量来讲,血压与血管状态(主要指小动脉)相比较,血压的作用居次要地位,由于血压监测简单易行,因此一直是人们用于了解循环状况的指标。当小动脉内径不变时,血压低则组织灌流量少,血压高则组织灌流量多。

一、低血压及其防治

低血压是指血压降低幅度超过麻醉前 20% 或血压降低达 80mmHg。究竟血压降低到什么水平才影响组织血液灌流(即影响组织供氧),应以血乳酸盐含量超过正常为准(血乳酸盐含量正常值为 $0.33 \sim 1.67mmol/L$)。全麻期间发生低血压的原因有:

(一) 麻醉因素

各种麻醉药、辅助麻醉药的心肌抑制与血管扩张作用,过度通气所致的低 CO_2 血症,排尿过多所致的低血容量与低血钾,缺氧所致的酸中毒,以及低体温等影响,均可造成不同程度的低血压。

(二) 手术因素

术中失血多未能及时补充,在副交感神经分布丰富区域进行手术操作引起副交感神经反射,手术操作压迫心脏或大血管,以及直视心脏手术,均可造成不同程度的低血压。

(三) 病人因素

术前即有明显低血容量而未予以纠正,肾上腺皮质功能衰竭,严重低血糖,血浆儿茶酚胺急剧降低(嗜铬细胞瘤切除后),心律失常或急性心肌梗死等,都可伴有不同程度低血压。

为防止麻醉期间病人血压严重降低,对体液欠缺病人,应根据欠缺情况予以充分补充,并使电解质及酸碱状态恢复正常;对严重贫血病人,应将血红蛋白升至正常;对严重二尖瓣狭窄病人,切忌使用对心血管有明显抑制作用的麻醉剂和辅助麻醉剂,因此类病人血压一旦明显降低常难以回升;对已有心肌缺血的冠心病病人,应将血压维持在勿使 ST 段及 T 波呈现进一步缺血的水平;对心肌梗死病人,除非急症手术,要待 6 个月后再行择期手术;对心力衰竭病人应使心力衰竭控制后 2 周再手术;对Ⅲ度房室传导阻滞及病窦综合征病人,应安置心脏起搏器,以确保心率正常;对血钾低下致心律失常病人,应努力将血钾升至正常水平;对房颤病人,应将心室率维持于 $80 \sim 120$ 次/分;对长期接受皮质激素治疗的病人,术前及术中应加大皮质激素用量,以免血压降低后难以回升。

麻醉期间一旦遇有严重低血压,应立即减浅麻醉,并注意 SpO_2 及 $P_{ET}CO_2$ 的变化,此时如 CVP 不高(可依颈外静脉充盈情况估计),应加速输液,输入代血浆制剂更有利于血压回升,必要时可用麻黄碱升压。对严重冠心病患者,如术中反复发生低血压,预示即将发生心肌梗死,应加强监测,并采取一切必要措施支持心泵功能。

对手术牵拉内脏所致的低血压,应暂停手术操作,并静注少量麻黄碱升高血压。对肾上腺皮质功能不全性低血压,应及时给予大剂量地塞米松等药物升高血压。术中一旦测不到血压,不管原因如何,均应立即行体外心脏按压,进行心肺复苏。

二、高血压及其防治

高血压是指血压升高超过麻醉前的 20% 或血压升高达 160/95mmHg 以上,血压过高是指血压升高超过麻醉前 30mmHg。血压过高增加左室射血阻力,使左室舒张末期压升高,当其升高达 15～20mmHg(正常为 4～12mmHg)时,即可引起心内膜下缺血,甚至梗死,这对冠心病心肌缺血者尤为明显。此外,严重高血压常可引起脑卒中(即脑出血、脑梗死、高血压脑病),高血压发生脑卒中者为心肌梗死的 5 倍。麻醉期间发生高血压的原因有:

(一) 麻醉因素

气管插管操作,某些麻醉药作用如氯胺酮及羟丁酸钠,缺氧及 CO_2 蓄积早期。

(二) 手术因素

颅内手术时牵拉额叶或刺激第 V、IX、X 对脑神经,可引起血压升高。脾切除术时挤压脾,因循环容量剧增,可使血压明显升高。嗜铬细胞瘤手术术中探查肿瘤时,血压可立即迅速升高达危险水平。

(三) 病情因素

甲状腺功能亢进、嗜铬细胞瘤等病人,麻醉后常出现难以控制的血压升高,即使处理及时,也难免因急性心力衰竭或肺水肿死亡。

(四) 其他

除了手术切口刺激外,其他造成不适之感还来自胃肠减压管、手术引流和输液的静脉通路等,同时还伴有恐惧、焦虑等精神因素的影响。疼痛的刺激是与麻醉前后和麻醉维持过程处理有关。另外,轻度低氧血症所引起循环系统反应是心率增快与血压升高,以高动力的血流动力学来补偿血氧含量的不足。血内 CO_2 分压的升高,可直接刺激颈动脉和主动脉化学感受器,以及交感-肾上腺系统反应,则呈现心动过速和血压的升高此外,术前精神极度紧张的病人,血压可极度升高,其中少数病人在进入手术室前便可因脑出血或心力衰竭死亡。

对术后持续重度高血压,若不能及时消除其发生原因和必要的处理,则可因心肌氧耗量的增高,而导致左室心力衰竭,心肌梗死或心律失常,高血压危象则可发生急性肺水肿或脑卒中。

为防止各种原因造成的高血压,对采用全麻病人,术前访视应耐心作好思想工作,消除病人紧张情绪,并针对病人情况给足量术前用药。对嗜铬细胞瘤及甲状腺功能亢进病人,手术医师必须按常规进行术前准备。为预防诱导插管过程的高血压,麻醉深度应适当,如能配合咽喉、气管表面麻醉或给一定量 α 或 β 受体阻滞药,效果尤佳。在麻醉全程,应避免缺氧和 CO_2 蓄积,严格控制输血输液量。为消除颅脑手术所致的高血压,可给予较大量氟哌利多;为消除颈以下部位手术所致的应激性高血压,可复合硬膜外阻滞,尤其适合于嗜铬细胞瘤手术病人。

全麻期间血压一旦明显升高,如为麻醉过浅,应加深麻醉;如为明显应激反应,可根据情况给予 α、β 受体阻滞药或血管平滑肌松弛药(如硝酸甘油)降低血压。如为缺氧及 CO_2 蓄积性高血压,应于加大通气量的同时提高吸入气体的氧浓度。

第四节 心 肌 缺 血

正常情况下心肌血流与心肌代谢需氧处于平衡状态,当冠状动脉狭窄或阻塞时,冠状动脉血流则不能满足心肌代谢需氧,此种情况称为心肌缺血,也即心肌缺血性缺氧。

一、有关的生理知识

心肌需氧量多少取决于心率、收缩期血压、左室容量、室壁厚度和心肌收缩力,其中心率、心肌收缩力和心室内压是影响心肌耗氧量的三个主要因素。

决定冠状动脉血流多少的是灌注压和冠状动脉阻力。灌注压等于主动脉血压减去心肌内压。收缩期因心室壁内压(即心肌内压)增高,使冠状动脉血流受阻,因此左室心肌供血主要在舒张期,当心率加快使舒张期缩短时,可使左室心肌供血减少。右室的收缩压和壁内压均较小,故收缩期和舒张期心肌供血相同。冠状动脉阻力由冠状动脉内径、长度及血液黏稠度决定,血管长度和血液黏稠度在个体间差异不大,所以冠状动脉阻力主要取决于冠状动脉及其分支的内径。

成人心脏一般重 250g 左右,其冠状动脉每分钟血流量为 150～200ml,在血液流经心肌毛细血管时,血中含氧量的 75% 被心肌摄取,其摄取的氧量能生成 ATP 6～8mmol,这也说明心脏每分钟消耗 ATP 6～8mmol,相当于机体 ATP 消耗量的 8.3%～11%。

心肌毛细血管与心肌纤维的数量比为 1∶1,其毛细血管的横断面积比骨骼肌多 6 倍,这对心肌的物质交换极为有利。心肌肥厚时,肌纤维增大,但毛细血管数量并不增多,故易发生心肌缺血,此外,冠状血管间的吻合支较细小,血流量极少,一旦冠状血管某一支发生阻塞,便不能立即建立有效侧支循环,致发生心肌梗死。

由于心肌的血管分布较丰富,当冠状动脉的管腔狭窄但血管截面积仍大于 50% 时,心肌供血可不受影响,病人无症状,各种心肌负荷试验也不显示心肌缺血。当血管管腔截面积狭窄超过 50% 达 75% 时,在剧烈运动或各种心脏负荷试验时,将产生心肌缺血表现。这些生理知识对于了解心肌缺血原因以及如何防治心肌缺血无疑帮助很大。

二、心肌缺血的诊断方法

ECG 是诊断心肌缺血简单而常用的方法,心肌缺血的 ECG 表现为:①心传导异常;②心律失常;③出现 Q 波,R 波进行性降低;④ST 段压低大于 1mm 或抬高超过 2mm;⑤T 波低平、双向或倒置。

三、麻醉期间引起心肌缺血的原因

当冠状动脉血流不能满足心肌代谢需氧时,就将出现心肌缺血的 ECG 表现,当这种表现出现时,说明冠状动脉狭窄已达 51%～75%,也即冠状动脉血流量尚存 49%～25%。

麻醉期间引起心肌缺血甚至心肌梗死的危险因素:①冠心病病人;②高龄;③有外周血管疾病,如存在外周血管狭窄或粥样硬化,则提示冠脉也有相同的病变;④高血压(收缩压≥21.3kPa(160mmHg),舒张压≥12.4kPa(95mmHg)病人,其心肌梗死发生率为正常人的 2 倍;⑤手术期间有较长时间的低血压;⑥手术时间为 1 小时的发生率为 1.6%,6 小时以上则可达 16.7%;⑦手术的大小,心血管手术的发生率为 16%,胸部手术为 13%,上腹部手术为 8%;⑧手术后贫血。

麻醉期间引起心肌氧消耗量增加或心肌缺氧的原因有:①病人精神紧张、恐惧和疼痛,引起体内儿茶酚胺释放增多,使心脏后负荷加大、心率加快,从而增加心肌耗氧;②血压过低或过高均可影响心肌供血、供氧;③麻醉药对心肌收缩力的抑制使心排血量减少及对血管的影响使回心血量减少;④麻醉期间供氧不足或缺氧;⑤各种原因引起的心率加快或心律失常。

四、心肌缺血的防治

心肌缺血未能识别与未能及时正确处理是麻醉期间因心泵衰竭而死亡的常见原因,因此应努力进行防治。

对任何麻醉手术病人,特别是老年病人和高血压、冠状动脉供血不足病人,力求做到使心肌氧供求平衡,努力降低心肌氧耗,并增加对心肌供氧,如减轻心脏做功(治疗高血压)、消除不良的血流动力学效应(如纠正心律失常、避免血压过低)、提高供氧量(如纠正贫血、增加吸入氧浓度)、保持一定的心舒间期(适当减慢心率)。对心肌梗死病人的择期手术,宜延迟至4~6个月后施行,以降低复发率和死亡率。

为预防心肌缺血,避免发生心肌梗死,麻醉期间除应行 ECG 监测外;还应行必不可少的血流动力学监测,如 MAP、CVP、CO、SVR 及排尿量,为使 HR、SBP、DBP 和心肌收缩力保持于适当水平,以保证心肌氧供求平衡,可酌情使用短效的 β 受体阻滞药或钙通道阻滞药。心动过速是麻醉期间引起心肌缺血和心肌梗死的主要原因,应努力避免发生。充分使用阿片类药不仅可降低应激反应,还能增加心肌利用氧。全麻复合高位硬膜外阻滞可抑制心动过速和高凝状态,对心肌缺血有很好的防治作用。充分供氧,必要时行机械性辅助呼吸。暂停手术,或尽快结束手术操作。应用变力性药物如多巴胺、去甲肾上腺素以保持冠状动脉血液灌注。必要时应用辅助循环装置-主动脉内囊扶助(IABA)即反搏系统,通过降低收缩压,减少左室做功,使心肌氧耗量随之下降,同时还增加舒张压,有利于冠状动脉血流和心肌供氧。

第五节　术中知晓、苏醒延迟和术后认知功能障碍

任何全身麻醉都必须做到:①使病人意识消失,不知道疼痛,也即丧失回忆能力;②消除病人体动,提供安静手术野;③降低或消除应激反应,利于病人术后顺利康复。

目前推崇浅全身麻醉,其优点是:①对心肺功能抑制小;②术后苏醒迅速,便于术后护理。然而浅全身麻醉难以满足上述三方面的要求。为消除浅全身麻醉下病人的体动反应,及确保充分肌肉松弛,广泛使用了肌松药。另外,为减低浅全身麻醉下的应激反应,复合了硬膜外阻滞。由于浅全身麻醉的广泛应用,术中病人知晓便成为困扰麻醉医师的问题。因为术中病人知晓表示术中病人知道疼(个别病人虽然术中知晓,但不感觉疼),这是一种不愉快的经历,它可给病人带来不同程度的精神损伤,因此应努力避免发生。

苏醒延迟是指停止麻醉后 90 分钟呼唤病人仍不能睁眼和握手,对痛觉刺激亦无明显反应。这给术后护理增加了一定困难,并对病人生命安全构成威胁。

术后认知功能障碍(post operative cognitive dysfunction,POCD)的定义:老年人手术后出现中枢神经系统并发症,表现为精神错乱、焦虑、人格的改变以及记忆受损。这种手术后人格、社交能力及认知能力和技巧的变化称为手术后认知功能障碍,表现为手术后记忆力和集中力下降的智力功能的退化。

一、术中知晓

知晓(awareness)相当于回忆(recall)。大脑皮质功能正常的主要客观标志是健全的意识状态,即对客观环境所发生的事情能记忆与回忆,对施加身体的疼痛性刺激知道疼,并能作出体动反应。术中知晓是指病人在术后能回忆起术中所发生的一切事,并能告知有无疼痛情况。

（一）术中知晓的神经生理学知识

觉醒是人大脑皮质的基本生理现象,它由脑干网状结构上行激活系统传入到大脑皮质的冲动来支持,一旦这种传入冲动量减少或消失,病人即呈现不同程度的意识障碍。意识是机体对自身和环境的感知,意识的内容中包括语言和思维,语言是意识的外在表现,思维是语言在脑内形成的活动过程,大脑皮质是意识内容(包括语言、思维、学习、记忆、定向与情感)形成的器官,健全的意识状态有赖于大脑皮质的觉醒。全身麻醉药及大部分辅助麻醉药既能抑制大脑皮质,也能抑制脑干网状上行激活系统的活动,使病人进入睡眠与麻醉状态。术中知晓的发生显然与麻醉药对大脑皮质及脑干网状结构上行激活系统的抑制作用减弱或消除有关。

（二）发生术中知晓的常见麻醉方法

术中知晓发生于下述麻醉方法:

1. N_2O-O_2-肌松药麻醉。
2. 芬太尼-地西泮麻醉。
3. 硫喷妥钠或硫喷妥钠-氯胺酮麻醉。
4. N_2O-芬太尼麻醉。
5. 依托咪酯-芬太尼麻醉。
6. 静脉普鲁卡因复合麻醉。

单纯氯胺酮或异丙酚麻醉以及强效吸入麻醉,均未发现有术中知晓。

（三）术中知晓的预防

术中知晓有时对病人精神损害较大,已成为全身麻醉的并发症之一,应努力予以避免。为避免发生术中知晓,麻醉不宜过浅,麻醉医师必须掌握浅麻醉征象。目前认为,监测脑电双频谱指数(BIS)的变化,有助于预防术中知晓发生。

二、苏 醒 延 迟

麻醉苏醒期始于停止给麻醉药,止于病人能对外界言语刺激作出正确反应。对于吸入麻醉,当其肺泡内麻醉药浓度降至0.5MAC时,病人即能对言语刺激作出反应。静脉麻醉苏醒期长短与给药剂量、药物脂溶性、肝灭活和(或)肾排泄等因素有关。由于任何麻醉药都有各自的苏醒时间,因此难以对苏醒延迟的时间作统一规定。一般认为,凡术后超过30分钟呼唤不能睁眼和握手、对痛觉刺激无明显反应,即视为苏醒延迟。

（一）苏醒延迟的原因

1. 麻醉药影响 可发生于以下几种情况:

（1）术前用药:如地西泮,其半衰期约12小时,镇静作用常延长至手术后,凡高龄、与其他药合用而相互增效者、肝肾功能不良病人,清醒延迟时间常难以估计,特别是手术时间短时,术后苏醒常延迟。

（2）吸入全麻药:极度肥胖病人吸入全麻药超过3小时,使大量麻醉药蓄积于脂肪内,停药后药物排除时间也相应延长。此外,当安氟醚或异氟醚与 N_2O 合用时,由于 N_2O 使安氟醚或异氟醚的 MAC 相应降低,若不减少安氟醚或异氟醚吸入浓度,常使病人术后苏醒延迟。

（3）麻醉性镇痛药:麻醉期间如使用大量芬太尼,由于呼吸抑制,常需用通气机通气,如

未能监测 $P_{ET}CO_2$,可因过度通气致低 CO_2 血症使术后苏醒延迟。

(4) 肌松药:术中使用肌松药如剂量过大,由于呼吸抑制,需用通气机支持呼吸,术后如不能及时给足量新斯的明拮抗,再加上已存在不同程度低 CO_2 血症,常使术后苏醒时间明显延迟。

2. 呼吸抑制　除上述镇痛药和肌松药的影响外,多见于以下情况:

(1) 低 CO_2 血症:术中长期行人工过度通气,可使体内 CO_2 排出过多,致使术后呼吸中枢长时间抑制,因呼吸中枢的兴奋性靠脑脊液中 H^+ 浓度支持。此外,由于体内 CO_2 排出过多,也使脑干网状结构上行激活系统传入到大脑皮质的冲动量减少,从而使大脑皮质的兴奋性减低,致苏醒延迟。

(2) 高 CO_2 血症:麻醉期间发生高 CO_2 血症,不管麻醉前肺功能如何,都与术中呼吸管理不善直接有关。不管采用何种全身麻醉,如术中采用自主呼吸,而忽视进行适当辅助,都将发生不同程度的高 CO_2 血症。由于全麻时供氧较充裕,缺 O_2 与 CO_2 蓄积可单独发生,即在不缺氧的情况下出现严重 CO_2 蓄积。此外,钠石灰失效、CO_2 吸收系统的单向气流活瓣功能失灵、呼吸回路机械无效腔加大 100ml,都将造成 CO_2 蓄积,使呼吸抑制,最后使呼吸停止。当 $PaCO_2$ 升至 $90 \sim 120mmHg$ 时,可致成 CO_2 麻醉,EEG 变平坦。严重 CO_2 蓄积,有的可使病人术后延迟苏醒达 8 小时之久,如发生脑水肿抽搐($PaCO_2$ 65mmHg,脑血流增加 60% 以上),术后昏迷可长达数日。

(3) 低钾血症:麻醉手术期间,由于应激反应,可使钾移向细胞内,但不致形成低钾血症。如排尿过多而未能及时补钾,则可导致严重低钾血症。当血钾低于 3mmol/L 时,肌无力症状便十分明显,如合并酸中毒,很易使呼吸肌麻痹。

(4) 输液逾量:术中输入大量晶体液,由于血浆胶体渗透压降低,可致肺间质水肿(肺间质负压为 8.3mmHg),早期听不到湿性啰音,但呼吸功能严重受损,影响吸入麻醉药排出,并伴有缺氧及 CO_2 蓄积,使病人苏醒延迟。

(5) 手术并发症:肾及肾上腺手术、肝手术以及胸腔内手术,因胸膜破裂,多有气胸及肺萎陷,使肺通气功能受损,致发生缺氧及 CO_2 蓄积,使病人苏醒延迟。

(6) 严重代谢性酸中毒:麻醉手术期间,常因缺氧及大量输血、输液致成严重代谢性酸中毒,使呼吸中枢明显抑制,而使苏醒延迟。

3. 术中发生严重并发症　多因大量出血、严重心律失常、甚至急性心肌梗死,致长期低血压,或颅内动脉瘤破裂、脑出血、脑栓塞,致颅内压升高,都可使苏醒延迟。

4. 术中长时间低血压、低体温的病人,由于脑缺血或中枢兴奋性低下,致术后苏醒延迟。

5. 术前有脑血管疾患病人,如脑栓塞、脑出血,以及一氧化碳中毒后伴脑功能受损病人,术后苏醒常明显延迟。

6. 肝、肾功能障碍会影响到全麻后的苏醒时间,将延长巴比妥类的睡眠时间;对严重肝功损害病人即使用正常剂量的吗啡,也会诱发昏迷之可能。还有甲状腺功能减退或肾上腺功能严重障碍病人,也将延迟病人的苏醒时间。

7. 糖尿病人发生低血糖性昏迷,尽管在手术和麻醉的应激下易于发生高糖血症。但由于应用胰岛素和口服抗血糖药物作用时间的重叠,或由于禁食和术中过度限制含糖溶液的输入而造成低血糖,造成神志昏迷和代谢性酸中毒。

(二) 苏醒延迟的治疗

对术后苏醒延迟的病人,应常规监测 ECG、SpO_2、$P_{ET}CO_2$、血气、血电解质及肌松弛情况,以帮助确定苏醒延迟的原因。

1. 首先考虑麻醉药的作用 根据病人情况、手术时间及所用麻醉药种类,很易识别苏醒延迟是否为麻醉药的作用,应针对可能的原因,逐一进行处理。即加大通气使吸入麻醉药尽快呼出,给新斯的明拮抗非去极化肌松药的作用,给毒扁豆碱对抗地西泮、氟哌利多等的作用。对因静脉麻醉药或其他原因致中枢神经严重抑制者,不宜应用大量中枢神经兴奋剂催醒,以免发生惊厥后反使中枢神经抑制加重。

2. 根据SpO_2、$P_{ET}CO_2$、血气、血电解质及肌松监测情况分析呼吸抑制的原因,如为低氧血症,应努力改善缺氧;如为$P_{ET}CO_2$及$PaCO_2$极度升高,应加大通气量,使体内蓄积的CO_2很快排出;如为$P_{ET}CO_2$或$PaCO_2$明显降低,应在确保SpO_2或PaO_2正常的情况下采取窒息治疗,窒息的第一分钟$PaCO_2$将升高10mmHg,以后每一分钟将升高近于2.5mmHg,窒息的每一分钟体内仅保留$CO_2$10mmol(224ml)。在行窒息治疗时,勿使PaO_2低于70mmHg,即$SpO_2$93%左右;如为严重低钾血症,应在ECG及血钾监测下尽快补钾,为使血钾迅速升高,可先给冲击量,如70kg的病人发生严重低钾血症(血钾1.5mmol/L)并伴ECG异常,处理应在1分钟内使血浆钾浓度由1.5mmol/L升至3mmol/L,即在1分钟内应至少补充KCl 4.5mmol。这是因为循环血量为5L,其中血浆量为3L,即将3L血浆中含钾量由1.5mmol/L提高到3mmol/L,输入的钾在到达细胞前首先进入组织间液,间质液量为血浆量的4倍。在毛细血管部位,血管内液与间质液的交换量可达3L/min左右,这表明进入血管腔的钾很快即能进入间质间隙。首次冲击量以后,便将补钾速度减慢至1mmol/min,在5分钟内测血钾一次,如血钾仍低于3mmol/L,可重复冲击量,当血钾达到3mmol/L后,补钾速度即应减慢。ECG呈高耸T波预示血钾已达生理最高限度6.5mmol/L,是应立即停止补钾的信息;如为严重代谢性酸中毒,应根据血气结果给一定量$NaHCO_3$液,以纠正代谢性酸中毒;对气胸或肺不张致通气不足的病人,应行胸腔闭式引流及吹张萎陷肺。对输液逾量致肺水肿的病人,应给一定量呋塞米利尿。

3. 对因脑水肿、颅压高致呼吸功能不全病人,应给甘露醇或呋塞米行脱水治疗,以降低颅内高压,但应注意补钾,一般每利尿1L,需补KCl 1.5g。

4. 对低体温病人应适当升高体温,一般如体温不低于34℃,不影响病人术后苏醒。

5. 对术中长期低血压病人,常造成中枢神经系统不同程度损害,对于此类病人除应维持良好的血压水平、SpO_2在96%以上、血糖在4.5~6.6mmol/L外,尚应给大剂量皮质激素,行头部轻度降温及行轻度脱水治疗,以促进脑功能尽快恢复。

6. 对原来并存脑疾患的病人,麻醉期间应努力做好对脑的预防保护措施,维持良好的血压水平,使血气分析的各项指标始终保持正常,并给较大量皮质激素对脑功能进行保护。此外,麻醉药及辅助药用量均应明显减少,以免加重术后苏醒延迟。

三、术后认知功能障碍

麻醉手术后出现认知障碍并不罕见,老年人更易发生。根据发病的时间和手术种类(心脏和非心脏手术)和年龄的不同,其发病率为10%~62%。

(一) 临床表现

主要为精神症状,通常发生于术后4天,常于夜间首次发病表现病人定向障碍,焦虑,不少病人有相同的前驱症状:如:激动,孤独,迷惑,对识别试验逃避,发怒,注意力减退,精神高度涣散,不能相应集中维持或转移,常需反复提问也难完成病房计数,瞬时记忆降低,时间定向力障碍,语言能力不连贯,缺乏逻辑性,判断力降低;如为妄想型,知觉障碍,幻觉失语等。临床上根据表现可分为:临焦虑型、安静型和混合型三种类型。焦虑型:主要表现,警觉和活动增强,过度兴奋;安静型:表情淡漠活动能力降低;混合型:主要表现为情绪不稳,上述两型兼而有之。

（二）术后认知功能障碍的发生因素

术后精神障碍常常是多种因素协同作用的结果。易发因素包括：高龄、心脑精神疾患、长期服用某些药物、酗酒、感官缺陷、营养不良、心理因素等；促发因素包括：应激反应、手术创伤、术中出血和输血、脑血流降低、脑血管微栓子的形成、低血压、术后低氧血症、电解质紊乱以及术后疼痛等。

（三）预防

1. 麻醉医师术前访视需向病人及家属讲明老年病人可能发生术后认知功能障碍以便及早发现及时处理。

2. 术前尽可能调整患者全身状况，补充多种维生素。

3. 麻醉前用药抗胆碱能药物，可选择格隆溴铵或丁溴东莨菪碱代替氢溴东莨菪碱。

4. 手术中注意监测血压，血氧饱和度，维持循环稳定，及时预防和处理低氧血症。

（四）治疗

要求早期诊断和治疗主要病因。注意营养、液体、电解质平衡和加强心理支持。仅少数病人需要药物治疗以缓解痛苦和防止自伤。细致的医疗护理能维持定向能力。外力限制病人活动会加剧焦虑，甚至增加死亡率。焦虑、幻觉病人需要镇静，氟哌啶醇可能是最佳选择，一般首次剂量口服 0.5～2.0mg，每日 3～4 次。如持续焦虑不安病人亦可肌注 5mg，不良反应主要为椎体外系反应，合用弱安定药和氟哌啶醇可减少发生率。异丙酚可选择用于严重焦虑的短期静脉内治疗。老年病人应注意镇静过度和呼吸抑制。

四、术后躁动

术后躁动是指患者手术后由于意识障碍导致的精神与运动兴奋的一种暂时状态。临床表现：表现为喊叫、四肢躯干乱动、挣扎、起床等；不能配合医护人员，甚至对抗治疗；试图拔除身上的各种监护或治疗导管；定向能力障碍。可同时伴生命体征异常、血压升高、呼吸心率增快。

（一）危害性

1. 术后躁动使麻醉医师或恢复室医护人员以及其他病人不安。

2. 躁动病人往往出现较高的交感神经系活动（如心动过速、高血压等），从而可增加循环系统并发症和内出血的概率。

3. 躁动时的体动挣扎将危及缝合线、整形固定、血管移植、引流管、气管导管以及各种血管内导管，造成伤口裂开、出血、窒息等意外或手术失败。

4. 意外伤害：包括病人的自伤及对他人的伤害，如挫伤、骨折、角膜擦伤以及扭伤等。

（二）影响因素

影响麻醉恢复的因素很多，包括：

1. **年龄**　术后躁动多见于儿童和年轻人，老年病人较少见，这可能与老年病人对外界的反应能力下降有关。

2. **术前脑功能障碍**　有脑疾患、精神病病史者是术后发生谵妄、躁动的危险因素。

3. **种族、文化以及个体人格差异**　种族和文化背景不同，恢复期异常反应的发生率也不同，这可能与表达不适的方式不同及语言障碍有关。

4. **长期用药**　包括精神治疗用药、长期使用镇静药、酒精以及麻醉药物（巴比妥类及可卡因等）。这些药物的长期应用，可使病人在恢复期出现各种各样的古怪行为。

5. **术前用药**　东莨菪碱可致术后定向障碍及躁动不安，由东莨菪碱引起的定向障碍可静注吡啶斯的明进行处理。其他抗胆碱药引起的谵妄程度较轻。术前使用阿托品也可致术后谵妄。

6. **肌松药残留作用**　肌松药残留作用可导致严重的焦虑和躁动，在呼吸功能未完全恢复时也会出现，此时可出现剧烈的不协调运动，并有明显的定向障碍。病人肌力不足以及特征性的拍击样运动有助于诊断肌松残余。肌松监测可明确诊断。

7. **手术方式**　乳房或睾丸等部位手术可致剧烈情感反应，其术后躁动发生率也较高。

8. **体位**　尤其是肥胖、胃反流综合征及阻塞性通气障碍患者，半卧位较为舒适。因此，患者往往挣扎力图坐起来。

9. **有害刺激**　有害刺激是诱发和加重躁动的最常见原因，这些刺激包括疼痛、尿潴留、胃膨胀、气管导管或胃管、血管内置管、引流管、不适的体位或床垫、角膜擦伤、恶心呕吐、眩晕及麻醉药（如吗啡）或其他药物引起的严重瘙痒。

10. **制动不恰当**　苏醒时患者无法活动身体或肢体可导致躁动，剧烈挣扎，想挣脱固定带或医护人员的限制。适当的安抚病人或放松约束后，病人会趋于安静。

11. **呼吸、循环功能障碍**　呼吸功能障碍所致的中度缺氧可产生意识模糊、定向力障碍以及躁动不安，且不易与疼痛反应相区别。气道梗阻或通气不足所致的高碳酸血症可致严重的躁动，而由呼吸中枢抑制所致的高碳酸血症一般无躁动。不恰当的通气方式影响伤口、增加腹内压和胃内压以及降低肺顺应性等也可致躁动。因不能咳嗽或咳嗽困难所致气道分泌物潴留也可致躁动。

如血压过低、心律失常及乳酸酸中毒等。血压过低不能维持有效的脑灌注压而出现昏睡、严重定向障碍及躁动挣扎，这时的处理应在于恢复心排血量和保证中枢的灌流量。

12. **代谢紊乱**　如经尿道前列腺切除术所出现的低钠血症，透析病人，大量输血输液的病人及脱水病人。低糖血症亦可致明显的躁动。

13. **中枢神经系统并发症**　值得注意的是在麻醉恢复期癫痫的发作有时和躁动很相似，应予以仔细识别。

（三）预防

维持合适的麻醉深度、充分的术后镇痛、呼吸循环稳定以及避免不良刺激（如选择适当的拔管时机），可明显减少或避免术后躁动。

（四）处理

加强护理尤为重要。若原因较为明确，应立即予以消除，如病人不能耐受气管导管，则应尽快拔管，有望消除或减轻躁动。对可能的原因去除后躁动仍持续或原因不明病人，若无呼吸循环紊乱和低氧血症时，可适当使用起效快、作用时间短的镇静催眠药（如咪达唑仑）及氟哌啶醇等，切忌在呼吸循环不稳定情况下使用上述药物，否则将导致严重并发症，甚至危及病人安全。

第六节　体温升高或降低

体温是重要的生命体征之一，一般身体产热和散热呈动态平衡，当这一平衡因环境因素、麻醉影响或疾病本身等原因遭到破坏时，就会出现体温上升或降低，这种体温变化常可导致极为有害的后果。

皮肤温度与中心温度监测是危重症病人手术时监测的重要指标之一,皮肤温度能很好地反映心搏出量情况。危重症病人入院后 3 小时,虽经努力救治,其趾温如低于 27℃,或趾温与周围环境温度差小于 2℃,死亡率可高达 67%。如经努力救治,皮肤温度与中心温度差很快达到小于 4℃ 范围,表示周围循环状态良好,否则应考虑给予血管扩张药以改善周围循环情况。

一、低 体 温

当中心温度低于 36℃ 时,即称为体温降低或低体温,低体温是麻醉和手术中常见的体温失调。

(一) 诱发原因

1. 室温低 当室温低于 21℃ 时,皮肤和呼吸道散热明显增多,病人体温易下降,体温下降幅度和手术时间长短、病人体表面积大小与体重有关。经研究证实,手术室温度低于 21℃ 时,一般病人均有体温降低,室温在 21~24℃,70% 病人可保持体温正常,若室温在 24~26℃,病人均能维持体温稳定。故手术室温度应为 24~26℃,相对湿度为 40%~50%。

2. 室内通风 对流散热是在空气流动情况下实现的,手术室内使用层流通气设备,可使对流散热由正常的 12% 上升到 61%,而使蒸发散热由正常的 25% 下降到 19%。

3. 术中输入大量冷的液体,特别是输入 4℃ 的冷藏库血,可使体温下降 0.5~1℃,输血量越大,体温下降越明显。为防止体温下降过多,宜将输入的液体或库血用 40℃ 温水加温或用输血、输液加温器加温后再输入。

4. 术中内脏暴露时间长及用冷溶液冲洗腹腔或胸腔,可使体温明显降低。

5. 全身麻醉药有抑制体温调节中枢的作用,此种情况下如使用肌松剂,使体热产生减少(肌肉活动是体热产生的来源),致使体温降低。

(二) 低体温的影响

1. 使麻醉药及辅助麻醉药作用时间延长 体温降低可使吸入麻醉药 MAC 降低。体温降低,内脏血流减少,使依赖肝脏代谢、排泄的药物如吗啡的半衰期明显延长。由于肾血流及肾小球滤过率减低,使经肝脏代谢及由肾脏排泄的药物如泮库溴铵的时效延长一倍以上。

2. 出血时间延长 低体温可使一些凝血物质活性降低,使血小板滞留于肝脏。

3. 使血液黏稠性增高,影响组织灌流。另外使氧解离曲线左移,不利于组织供氧。

4. 如有寒战反应,可使组织氧耗量明显增多。

(三) 预防

手术室温度应维持于 22~24℃(婴幼儿 25℃),冷的输液剂及冲洗液在使用时应加温,采用吸入麻醉和控制呼吸时,应采用循环紧闭回路。

二、体 温 升 高

当中心温度高于 37.5℃ 即为体温升高(将探测电极置于食管中部心脏水平或将探测电极置于胸骨中部的皮肤表面,即可测得中心温度),体温升高也称为发热。临床常按发热程度将发热分为:①低热(口腔温度 37.5~38℃);②高热(38~41℃);③超高热(41℃以上),亦称过高热。

（一）诱发原因

1. 室温超过 28℃ ,且湿度过高。
2. 无菌单覆盖过于严密,妨碍散热。
3. 开颅手术在下视丘附近操作。
4. 麻醉前用药给阿托品量大,抑制出汗。
5. 输血输液反应。
6. 采用循环紧闭法麻醉,钠石灰可以产热,通过呼吸道使体温升高。

（二）体温升高的影响

1. 体温每升高 1℃ ,基础代谢增加 10% ,需氧量也随之增加。
2. 高热时常伴有代谢性酸中毒、高血钾及高血糖。
3. 体温升高到 40℃ 以上时,常导致惊厥。

（三）预防

1. 严格控制手术室内温度勿超过 26℃ 。
2. 一旦发现体温升高,立即用冰袋等物理降温措施降温。
3. 麻醉期间常规监测中心温度变化。

第七节　咳嗽、呃逆、术后呕吐、术后肺部感染

一、咳　嗽

咳嗽是一种防御性反射,当意识存在时,咳嗽受上位中枢抑制,麻醉后由于失去上位中枢的抑制作用,使咳嗽的阈值降低,气管内一些比较弱的刺激,即可引起强烈咳嗽。咳嗽是对气道刺激的一种应答效应,目的是将侵入气管内的异物咳出,其有效性在于声带能关闭与呼吸肌的强烈收缩所产生的肺内压突然升高,当气管插管后,声带即不能闭合,此时尽管腹壁、胸壁、颈部肌肉及膈肌强力收缩,由于不能形成足够的肺内压,对清除侵入气道内异物来讲,是一种效果很差的咳嗽动作。

（一）咳嗽的不良影响

根据病人表现可将咳嗽分为三种程度,即:①轻度:阵发性腹肌紧张和屏气;②中度:除阵发性腹肌紧张和屏气外,还有颈后仰、下颌僵硬和发绀;③重度:腹肌、颈肌和支气管平滑肌阵发性强力持续性痉挛,表现为上半身翘起、长时间屏气和严重发绀。

中度以上咳嗽可造成以下不良影响:①腹内压剧增,当行腹腔内手术时,可使内脏外膨,胃内容物反流,已经缝合的腹壁伤口发生缝线断裂及组织撕裂;②颅内压剧增,对原有颅内病变者可致脑出血或脑疝;③血压剧增,致伤口渗血增多,心脏做功增加,甚至诱发心力衰竭。

（二）咳嗽诱发原因及防治

1. 巴比妥类药麻醉,由于交感神经抑制较强,使副交感神经紧张度增高,易诱发咳嗽。
2. 冷的挥发性麻醉药或气管内分泌物刺激,也易引起咳嗽。
3. 浅麻醉下插管、手术直接刺激气管及肺门、吸痰时吸痰管刺激气管黏膜,都可引起咳嗽。

4. 胃内反流物误吸是诱发剧烈咳嗽的常见原因。

为避免全麻诱导插管及术中导管对气管刺激引起咳嗽,应给足够量肌松药,地西泮及氟哌利多类药对抑制咳嗽反射有良好作用。为防止胃肠液反流误吸,应插带气囊导管,对胃肠手术病人应行胃肠减压。

二、呃 逆

呃逆为膈肌不自主地阵发性收缩,其诱发原因为:①手术强烈牵拉内脏,或直接刺激膈肌及膈神经;②全麻诱导时将大量气体压入胃内。发生呃逆后,将影响通气及手术操作顺利施行,术后呃逆影响病人休息及进食水。防治呃逆的措施是给足量肌松药。对术后的呃逆可用地西泮及氟哌利多类药治疗,亦可静注哌甲酯 20mg 治疗,针刺内关穴亦有良效。

三、术 后 呕 吐

术后呕吐是全身麻醉后常见并发症,其发生与病人情况、麻醉用药及手术种类有关。呕吐不仅使病人痛苦,也易致水、电解质及酸碱平衡紊乱,最严重的是误吸,因此,应努力避免发生。

(一) 术后诱发呕吐的原因

1. **麻醉药作用** 吸入麻醉剂中术后呕吐发生率最高的是乙醚,其次是甲氧氟烷,安氟醚、异氟醚、N_2O 发生率较低,七氟醚发生率为 3.67%。目前常用的静脉麻醉剂术后均见呕吐发生。

2. **手术种类、部位影响** 胃肠道手术后,由于胃肠黏膜水肿,特别当切断胃迷走神经后,胃肠蠕动明显减低或消失,致使胃潴留而发生呕吐。牵拉卵巢和宫颈扩张术,以及腹腔镜手术、斜视纠正术、中耳的手术等为多见。

3. **病人情况** 术前饱胃病人、幽门梗阻或高位肠梗阻病人、外伤疼痛和焦虑病人(此类病人胃排空明显延迟)以及放置胃肠减压管病人,术后常易发生呕吐。肥胖、过度焦虑。手术后的因素如疼痛,应用阿片类药、运动、低血压和大量饮水等。胃肠减压导管刺激也常引起呕吐。

(二) 术后呕吐的不良影响

1. **加剧伤口痛及使缝合伤口裂开** 由于呕吐时腹肌与呼吸肌强烈收缩,腹内压急剧上升,不仅加剧伤口疼痛,也可使缝合伤口裂开,特别对胃肠吻合伤口,影响更严重。

2. **呕吐误吸或窒息** 饱胃、胃潴留、或高位肠梗阻病人,如术后发生大量呕吐,即使病人清醒,也会发生少量呕吐物误吸,严重时因不能及时将口腔内大量呕吐物吐出,可窒息死亡。

3. **水、电解质及酸碱失衡** 术后频繁呕吐,可使大量胃肠液丢失,有时可达 2L 之多,致使钾和 HCO_3^- 大量丢失,可发生不同程度脱水、酸中毒或碱中毒(由于大量失钾所致),如不及时治疗,常可危及生命。

(三) 术后呕吐的防治

1. 对术前饱胃及幽门梗阻病人,应于麻醉前使胃排空,以消除围麻醉期呕吐误吸,因麻醉和手术都可使胃排空时间明显延迟,如病人处于满胃状态,随时都可发生呕吐误吸,这对病人始终是极大的隐患。如于麻醉前给催吐药(静注少量盐酸阿扑吗啡或哌替啶)或放置胃管使胃排空,则可使病人安全度过围麻醉期。

2. 为防治麻醉药及胃肠手术术后呕吐,可根据情况单用或联合使用地塞米松、氟哌利多和司琼类等抗呕吐药。

四、术后肺感染

术后肺感染属院内感染,我国的院内感染病例中肺感染居首位,占 23.2% ~42%(在美国为 15.8%),院内肺感染死亡率可达 50%,不仅增加了病人痛苦,也加重了病人家属及医院负担。

(一) 病原菌

根据美国国家医院感染研究的统计资料,肺感染的致病菌革兰阴性杆菌占 68%,需氧革兰阳性球菌占 24%,真菌约占 5%。在革兰阴性杆菌中,依次为大肠埃希菌、克雷白杆菌和铜绿假单胞菌(绿脓杆菌)。

(二) 感染原因

1. 雾化器污染 经研究发现,80% 雾化器有病原菌污染,由于雾化器可产生小至 1mm 直径的液体颗粒,细菌可随其进入下呼吸道。

2. 气管插管、气管切开以及气管内麻醉时,呼吸道的净化功能常明显减低,使口咽腔的常在细菌和条件致病菌吸入到肺中引起肺感染。应用通气机时发生肺感染将增加 21 倍。

3. 反流误吸是继发性肺感染的常见原因,此乃因误吸后肺组织防御机制受损,肺感染发生率可达 20% ~25%。

4. 外科手术 约 70% 院内肺感染是外科手术病人,尤以胸部及腹部手术后病人居多,胸部手术为其他部位手术的 14 倍,腹部手术为其他部位手术的 3.1 倍,胸腹联合手术术后发生肺感染为 38%。老年、肥胖、慢性阻塞性肺疾患以及长期吸烟者,术后更易发生肺感染,这是由于这些病人的肺吞噬细胞功能及呼吸道清除功能受损,得以使细菌停留在下呼吸道。

5. 用药不合理 滥用广谱抗生素及较长时间使用肾上腺皮质激素可给发生肺感染创造有利条件。在咽部草绿色链球菌可抑制甲型链球菌及需氧性革兰阴性菌在该处生长,在口腔常见的黑色素拟杆菌可抑制克雷伯杆菌、大肠埃希菌、支原体及沙雷菌生长,抗生素的大量应用可改变机体细菌之间的作用平衡,从而导致革兰阴性杆菌迅速生长。

(三) 临床表现

由于医院内病原菌种类繁多,患者又都患有各自的疾病,因而使得症状错综复杂,病人既具有原疾病的临床表现,又掺杂在免疫抑制状态下肺感染的特征,有时甚至肺感染的特征被原疾患的症状所掩盖,造成被忽视而漏诊。

1. **症状和体征** 革兰阴性杆菌是院内肺感染的最常见病原菌,产生的症状常不典型。发热或不发热,脉率与体温不相呼应,咳嗽咳痰仅占 50%,25% 肺部听诊无啰音,50% 无实变体征。在严重肺感染时,可发生低血压、神志异常、呼吸困难。病情变化可能迅速恶化,少数病人可并发肺脓肿、胸膜炎、败血症或感染性休克。沙雷菌属感染在临床可有特殊的"假咯血"症状,这是由于某些菌株所产生的红色素所致。

常见的医院病毒性肺感染为呼吸道合胞病毒、副流感病毒、流感病毒、巨细胞病毒。呼吸道合胞病毒感染以发热和细支气管炎为特征,常伴有鼻炎和咽炎。副流感病毒感染的常见症状为哮吼,原因是气管和支气管受累后可使黏膜分泌量增多,当黏液变稠后导致呼吸道阻塞。流感病毒感染后,几乎均有短促的痉咳,一般无痰,5% ~10% 病例肺部有呼吸音增粗,并可听到捻发音,或胸膜摩擦音。巨细胞病毒性肺炎的症状有发热、气短、干咳与心悸等,肺部检查有干湿啰音及哮鸣音。

念珠菌与曲霉菌占全部真菌感染的 90%。念珠菌肺感染表现多样,可呈支气管炎、支气管肺炎或肺脓肿改变,痰少而黏稠,有时痰中带血,严重时有呼吸困难和发绀,可并发败血症与胸膜炎。曲霉菌肺感染的主要症状有发热、气短、心悸、干咳、胸痛和咯血,听诊可能正常,或有少量哮鸣音。

2. 细菌学检查 是诊断肺感染的关键性检查方法。

(1) 痰涂片和细菌培养:收集分泌物的方法有:①经环甲膜穿刺抽吸,可避免上呼吸道正常细菌污染;②经胸壁针刺抽吸,其诊断阳性率为 53%～82%,凡不合作、凝血功能障碍、肺高压及正在接受机械通气的病人禁用;③经纤维支气管镜刷检,其检出阳性率为 70%。

(2) 血培养:因 25%～50% 的病人皆有菌血症,故肺感染患者最好进行血培养。

3. 胸部 X 线检查 胸部 X 线片表现依致病菌而有所不同,但多以支气管肺炎形式表现。铜绿假单胞菌肺炎常表现为弥漫性、双侧支气管肺炎,可累及多叶肺,常呈结节状影像,并可形成脓肿。

(四) 诊断标准

术后肺部感染是指手术后 48 小时后发病,出现咳嗽、咳痰,或咳嗽的性状改变,并符合下列标准之一者:

1. 发热、肺部啰音,X 线检查呈炎性病变。
2. 经筛选的痰液连续两次分离出相同病原菌。
3. 血培养阳性,或肺炎并发胸腔渗液经穿刺抽液分离到病原体。
4. 经纤维支气管镜或人工气道吸引采集的下呼吸道分泌物,分离出浓度 $\geq 10^5$ CFU/ml 的病原菌,或经环甲膜穿刺吸引物以及经纤维支气管镜刷检物中分离出病原菌。
5. 呼吸道分泌物中检查到特殊病原体(包括军团菌),或呼吸道分泌物、血清及其他体液经免疫学方法检测证明(如 IFA),或有组织病理学证据。

(五) 治疗

1. 抗生素 是治疗肺感染的主要手段,治疗效果取决于合理选用抗生素。对术后肺感染宜早期、联合应用两种或两种以上不同种类抗生素。临床用药不能等待病原体培养分离的结果才开始,一般是结合临床表现,按照痰或气管吸引物涂片的革兰染色镜检结果先选用相应的药物治疗,待病原体确定后再参照药敏试验调整用药。

对铜绿假单胞菌感染肺炎,治疗药有羧苄西林、磺苄西林、呋布西林和哌拉西林,以及庆大霉素、阿米卡星、妥布霉素及第三代头孢菌素类药。联合用药通常首选哌拉西林加小诺米星或阿米卡星,也可以头孢磺啶为基础药加用哌拉西林、庆大霉素或并用妥布霉素均可。第三代头孢菌素成人用量为 4～6g/d,对感染严重者可加大用药量。妥布霉素为 80～160mg/d,连用7～10天。青霉素类药宜用大剂量。

对军团菌肺感染首选红霉素,剂量在成人至少 2g/d,儿童至少 10mg/kg 每 6 小时一次,疗程持续 3 周。对不能耐受红霉素的病人,可静脉给多西环素 100mg,每 12 小时一次。

对真菌性肺感染的治疗以两性霉素 B 和氟尿嘧啶为主要药物。两性霉素 B 毒性大,静脉给药宜从小量开始(1mg)。氟尿嘧啶抗菌谱窄,易产生耐药性,近年来已逐渐被酮康唑替代,口服为 200～400mg/d。

2. 免疫治疗 为肺感染病人提供特异性抗体,是一种比较理想的疗法,但因目前抗体治疗技术还不成熟,未能推广使用。

3. 支持治疗 为病人提供足够的热量、氨基酸、人体白蛋白及维生素。并注意维持体液、电解质与酸碱平衡。

第八节　恶性高热

恶性高热(malignant hyperthermia,MH)是目前所知的唯一可由常规麻醉用药引起围术期死亡的遗传性疾病。它是一种亚临床肌肉病,即患者平时无异常表现,在全麻过程中接触挥发性吸入麻醉药(如氟烷、安氟醚、异氟醚等)和去极化肌松药(琥珀酰胆碱)后出现骨骼肌强直性收缩,产生大量能量,导致体温持续快速增高,在没有特异性治疗药物的情况下,一般的临床降温措施难以控制体温的增高,最终可导致患者死亡。国外文献报告其发病率为1:(1.6万~10万),国内也有确诊的病例报告,病死率达73%。及时的有效治疗,可使病死率降至28%。其发病机制尚不完全清楚,一般认为多有恶性高热家族史,及肌肉细胞存在遗传性生理缺陷。

(一) 发病机制

恶性高热易感者的骨骼肌细胞膜发育缺陷,在诱发药物(主要是挥发性麻醉药和琥珀酰胆碱)作用下,使肌细胞胞质内钙离子浓度迅速增高,使肌肉挛缩,产热急剧增加,体温迅速升高。同时产生大量乳酸和二氧化碳,出现酸中毒、低氧血症、高血钾、心律失常等一系列变化,严重者可致患者死亡。

(二) 诱发原因及临床表现

容易激发恶性高热的麻醉用药有氟烷、甲氧氟烷、安氟醚、琥珀胆碱、氯丙嗪、利多卡因及丁哌卡因等。

常表现为:

1. 术前体温正常,吸入卤族麻醉药或静注去极化肌松药后,体温急剧升高,可达45~46℃,皮肤斑状潮红发热。

2. 全身肌肉强烈收缩,上肢屈曲挛缩,下肢僵硬挺直,直至角弓反张,肌松药不能使强直减轻,反而使强直加重。

3. 血钾增高。

4. 心动过速,呼吸急促,意识改变。

5. 急性循环衰竭多表现为严重低血压、室性心律失常及肺水肿。

6. 血清肌酸磷酸激酶(CPK)极度升高,乳酸脱氢酶、谷草转氨酶等可上升,并有肌红蛋白尿。

7. 将离体肌肉碎片放入氟烷、琥珀胆碱、氯化钾液中,呈收缩反应。

(三) 治疗

1. 立即停止麻醉和手术,并以纯氧行过度通气。

2. 迅速用物理降温法降温,直到体温38℃为止。

3. 给 $NaHCO_3$ 2~4mmol/kg 纠正酸中毒及缓解高钾血症。

4. 立即静注丹曲林(dantrolene)2mg/kg,5~10分钟重复一次,总量可达10mg/kg,直到肌肉强烈收缩消失、高热下降为止。

5. 尽早建立有创动脉压及中心静脉压监测。

6. 监测动脉血气,纠正酸中毒及高血钾。

7. 治疗心律失常。

8. 静注甘露醇 0.5g/kg 或呋塞米 1mg/kg,使尿量超过 2ml/(kg·h),以防止肌红蛋白尿损伤肾。

9. 应用肾上腺皮质激素,有缓解肌强直及降低体温作用。

10. 进 ICU 病室,监测治疗 48 小时。

(四) 预防措施

1. 详细询问病史,特别注意有无肌肉病、麻醉后高热等个人及家族史。

2. 对可疑患者,应尽可能地通过术前肌肉活检进行咖啡因氟烷收缩试验明确诊断,指导麻醉用药。

3. 对可疑患者,应避免使用诱发恶性高热的药物。

4. 麻醉手术过程中除了脉搏、血压、心电图等常规监测外,还应监测呼气末 CO_2 及体温,密切观察患者病情变化。

(郑　宏)

第十五章 | 麻醉、手术期间病人的监测

临床麻醉监测(clinical anesthetic monitoring)是在临床麻醉活动过程中,通过医疗设备对患者生命指标及生理参数进行的物理检测或化学检验,以数据或图像的形式呈现出来,为临床医师诊断和治疗提供依据的一门技术。

第一节 基本监测和扩展监测

基本监测(basic anesthetic monitoring)是指所有患者(无论轻症患者还是重症患者)在麻醉期间都必须连续进行的常规监测方法,主要包括氧合、呼吸、循环和体温四个方面的监测;扩展监测(extended monitoring)是指术中某器官系统的功能状态可能会发生迅速改变的长时间、复杂大手术时,或者伴随严重系统疾病的高危患者手术时,用于调整或补充的监测项目,与基本监测相比更精确、更全面,从而提升监测的敏感性和特异性,有利于医生实施正确及时的临床干预,以保证手术患者围术期的各器官功能正常和内环境稳定。基本和扩展的含义是相对的、也是开放的,对于特定的临床实际患者的监测需要,有些扩展监测就临时变身为基本监测,而随着医学及相关学科的发展,有些扩展监测可能会被重新定义为基本监测项目。

一、氧 合 监 测

真正利用氧进行生命活动的是组织细胞。组织氧输送(O_2 dilivery,DO_2)和氧耗(O_2 consumption,VO_2)的平衡对维持细胞内稳态和避免组织缺氧及器官衰竭至关重要。无论局部组织血流是否正常,在有创的直接组织氧合测定难以在临床实施的情况下,氧合监测(oxygenation monitoring)是从氧供和氧耗平衡角度观察组织器官利用氧的情况,以利于早期纠正和预防组织缺氧。

(一) 基本监测

1. **定性临床体征**(qualitative clinical signs) 皮肤、指甲或黏膜颜色以及手术野血液颜色来辅助判断组织氧合状态。

2. **吸入氧浓度**(inspired oxygen fraction,FiO_2) 即吸入气中的氧浓度。通过调整吸入气氧浓度可改变单位时间、单位流量内氧的供应量。

3. **脉搏血氧饱和度**(pulse oxygen saturation,SpO_2) SpO_2是通过脉搏血氧饱和度仪经皮测的用以估计功能性动脉血氧饱和度值(functional SaO_2)的一种无创的持续监测方法,为临床最常用的连续评价氧合功能的常用指标,能间接反映呼吸功能状态。脉搏血氧饱和度仪(pulse oximeter)是根据氧合血红蛋白和还原血红蛋白具有不同的吸收光谱特性设计的。仪器使用简便,灵敏度高,以波形和数字形式显示体内外周动脉血氧合情况的变化,同时还可以显示脉率,并可设置报警范围。

依据氧解离曲线，SpO_2 和动脉血氧分压（arterial partial pressure of oxygen，PaO_2）在 $60 \sim 100mmHg$ 范围内相关性很好，能连续、可靠地反映机体的氧合状态，是诊断低氧血症的高特异性无创指标。目前临床上广泛应用无创的 SpO_2 监测代替有创的动脉血氧分压和动脉血氧饱和度监测，即使是危重患者，SpO_2 与动脉血氧饱和度（arterial blood oxygen saturation，SaO_2）之间也具有良好的相关性。SpO_2 正常值为 $\geq 95\%$，$90\% \sim 94\%$ 为失饱和状态，$\leq 92\%$ 为低氧血症，必须进行氧治疗。

由于人体的代偿机制存在，当 $PaO_2 \geq 100mmHg$ 时，SpO_2 与 PaO_2 的相关性差，不能及时反映氧分压的变化，也不能及时反映组织氧利用障碍。此外，一些因素会影响 SpO_2 监测的准确性（例如低温、低血压等），因此在有组织氧利用障碍风险的患者中，需结合其他监测指标如混合静脉血氧饱和度对组织氧供与氧耗的平衡进行综合评估。

（二）扩展监测

动脉血气分析是连接组织氧合和肺气体交换的桥梁，动脉血气和静脉血气结果的比较分析是氧供和氧耗平衡的主要评价方式。

1. 动脉血氧饱和度（SaO_2）和动脉血氧分压（PaO_2） PaO_2 是反映肺换气和血液携氧能力的综合指标。PaO_2 指物理溶解在动脉血浆内的氧所产生的分压。它不仅反映了血浆中溶解的氧量，而且影响与血红蛋白结合的氧量，所以 PaO_2 是决定氧运输量的重要因素，也是判定低氧血症（hypoxemia）的唯一指标。健康人在海平面呼吸空气时，PaO_2 的正常值为 $80 \sim 100mmHg$。根据氧解离曲线，当 PaO_2 为 $60mmHg$ 时，SaO_2 为 90%，为人体可耐受的 PaO_2 最低限。同时，SpO_2 与 SaO_2 之间具有良好的相关性，SaO_2 的计算见公式（1）：

$$SaO_2 = \frac{O_2Hb}{O_2Hb + deO_2Hb} \qquad 公式（1）$$

2. 混合静脉血氧饱和度（mixed venous saturation of oxygen，SvO_2）和中心静脉血氧饱和度（mixed central venous saturation of oxygen，$ScvO_2$）

监测回流静脉血的 SvO_2 的血样取自肺动脉内，是来源于上腔静脉（superior vena cava，SVC）和下腔静脉（inferior vena cava，IVC）和冠状窦（coronary sinus，CS）即全身所有静脉血的混合血氧饱和度均值，而 $ScvO_2$ 监测的血样取自腔静脉内，二者分别是对全身和血液回流对应区域氧供和氧耗平衡的总体反映。二者均受肺气体交换、心排血量、血红蛋白浓度和氧耗的影响，在临床上变化趋势基本相同，因此 $ScvO_2$ 可代替 SvO_2 进行评估。通过修改的 Fick 方程式并假设血液中的溶解氧可忽略不计，就可以得出 SvO_2，计算见公式（2）：

$$SvO_2 = SaO_2 - \frac{VO_2}{CO \cdot 1.34 \cdot Hb} \qquad 公式（2）$$

SvO_2 的正常值是 $60\% \sim 80\%$，而 $ScvO_2$ 的正常值为 70%。读数升高提示氧供增加和（或）氧耗减少，读数减低提示氧供减少和（或）氧耗增加。

3. 区域组织氧合（regional tissue oxygenation，RTO）监测 采用近红外光谱（near-infrared spectroscopy，NIRS）技术直接进行局部组织氧合无创测量。

4. 氧合指数（oxygenation index） 氧合指数是 PaO_2 与 FiO_2 的比值，即 PaO_2（mmHg）/FiO_2（%），正常者应大于 $300mmHg$。氧合指数是 ARDS 的主要量化诊断标准，按病情轻重分为三类，内容如下（CPAP 为持续气道正压）：

轻度 ARDS $200 < PaO_2/FiO_2 < 300$（PEEP 或 CPAP $\geq 5cmH_2O$）

中度 ARDS $100 < PaO_2/FiO_2 \leq 200$（PEEP $\geq 5cmH_2O$）

重度 ARDS　$PaO_2/FiO_2 \leqslant 100$（$PEEP \geqslant 5cmH_2O$）

5. 其他指标　动脉血氧含量（CaO_2）、氧供和氧耗、氧摄取率、肺内分流等,均从不同角度对机体氧合状况进行评价。

二、呼吸功能监测

呼吸功能监测与氧合监测密切相关,主要评估肺脏机械动力学和气体交换总体情况,涉及呼吸中枢驱动力、肺通气、肺换气监测,吸入和呼出气体监测及其波形分析等,为导致氧供不足的肺部病因的鉴别诊断提供有价值的信息。

（一）基本监测

1. 自主呼吸下呼吸运动的监测　包括胸部的听诊和叩诊,呼吸频率测算、结合气道通畅度评估胸廓起伏幅度和呼吸囊运动进行呼出容积测定等。

2. 机械通气下肺通气功能监测及呼吸力学的监测　所有监测都是在确定人工气道位置恰当的基础上进行的。

（1）容量监测

1）潮气量（tidal volume,V_T）和呼吸频率（respiratory rate,RR）:V_T是指平静呼吸时,每次吸入或呼出的气体量,正常自主呼吸时 V_T 为 5～7ml/kg,RR 为 10～15 次/分。

2）无效腔量/潮气量（V_D/V_T）　无效腔量（dead space,V_D）是指潮气量中没有参加气体交换的气体量。临床上 V_D/V_T 可以反映通气效率,正常值为 0.2～0.3,计算见公式（3）:

$$\frac{V_D}{V_T} = \frac{PaCO_2 - P_{\bar{E}}CO_2}{PaCO_2}$$　　　　公式（3）

其中 $P_{\bar{E}}CO_2$ 为呼出气 PCO_2 的平均值。

3）每分通气量（minute ventilation,V_E）和肺泡通气量（alveolar ventilation,V_A）　V_E 是指在静息状态下每分钟吸入或呼出气体的总量,计算公式:$V_E = V_T \times RR$。正常值:成年男性约6.6L,成年女性约 5.0L。V_A 指每分钟吸入肺泡的新鲜气量,是真正用于更新气体交换的气体量,由于无效腔量的存在,$V_A < V_E$。计算公式:$V_A = (V_T - V_D) \times RR$。

V_T 和 RR 是肺内气体更新的主要参数,而 V_D 是影响通气效率的重要参数。当 V_T 不足时,若 V_D 不变,V_D/V_T 值升高,V_E 和 V_A 下降,V_A 相对下降幅度更大,为了保证 V_A 量（即为了维持 $PaCO_2$ 在正常的范围内）,可通过适当提高 RR 代偿;当 V_T 下降幅度达到 $V_D/V_T = 0.6$ 时,提高RR 将不能保证 V_A 的量,通气效率下降,同时呼吸做功增加。

（2）压力监测

1）吸气峰压（peak pressure,P_{pk}）　指呼吸周期中气道内达到的最高压力。在肺顺应性正常的患者应低于 $20cmH_2O$。吸气峰压与气道阻力和胸肺顺应性有关,P_{pk} 过高可导致气压伤,导致肺泡、气道损伤甚至气胸和纵隔气肿,一般限制峰压在 $35cmH_2O$ 以下。

2）平台压（plateau pressure,P_{plat}）　为吸气末到呼气开始前气道内压力。此时肺内各处压力相等,并无气流,能真正反映肺泡内的最大压力。在潮气量不变的情况下,P_{plat} 只与胸肺顺应性有关,可用于计算静态肺顺应性。P_{plat} 正常值约为 9～$13cmH_2O$,维持时间约占整个呼吸周期的 10%,P_{plat} 过高和吸气时间过长可增加肺循环的阻力。

3）呼气末压力（end-expiratory pressure）　为呼气末至吸气开始前肺内平均压力。自主呼吸情况下理论上应为零。在机械通气和人工控制通气中可以分别或同时对吸气期和呼气期的气道压力进行设定,如呼气末正压(positive end expiratory pressure,PEEP)或持续气道正压(continuous positive airway pressure,CPAP),此时呼气末压按设定值提升。

(二)扩展监测

1. 肺通气功能监测及呼吸力学的监测

(1)动脉血二氧化碳分压(arterial partial pressure of carbon dioxide,$PaCO_2$)监测:$PaCO_2$是血液中物理溶解的CO_2分子所产生的分压,可通过采集动脉血或血管内电极连续测定。正常值约为35～45mmHg,是反映肺通气功能的可靠指标。

(2)呼气末二氧化碳分压(end-tidal PCO_2,$P_{ET}CO_2$)监测和呼出气CO_2波形描记图(capnography)分析:与O_2相比,CO_2的弥散能力很强,肺泡毛细血管中的CO_2可迅速通过呼吸膜进入肺泡内,并保持动态平衡。因此呼出气中CO_2浓度能反映肺通气、肺血流和组织有氧代谢情况。可动态监测人工气道的定位、完整性以及心排血量是否充足。而呼气期末呼出的CO_2浓度与肺泡CO_2浓度最接近,所以临床上在心排血量正常病人常用肺泡CO_2分压(P_ACO_2)代替$PaCO_2$,在通气正常病人中用$P_{ET}CO_2$代替P_ACO_2,从而反映肺泡有效通气量。正常值为35～40mmHg(均值38mmHg)。$P_{ET}CO_2$监测具有直观、无创、简便、快速等特点,已成为全身麻醉常用的监测项目之一。而且在保留自主呼吸的中度和深度镇静的情况下,ASA也推荐尽量使用$P_{ET}CO_2$结合临床体征监测呼吸状态。

把病人呼气末CO_2采集到红外线分析仪或质谱仪以主气流或旁气流的形式连续测定$P_{ET}CO_2$即可获得呼出气CO_2波形描记图(capnography,图15-1),通过数据和图形可以提供有关肺通气功能、肺换气功能、肺血流变化、机体代谢功能等诸多信息。如$P_{ET}CO_2$增高时,可能的原因有:CO_2生成和肺转运增加(如代谢率增加、给以碳酸氢钠等)、每分肺泡通气不足(如低通气、COPD等)、设备故障(如重复吸入、二氧化碳吸收不足、回路漏气导致通气不足、活瓣故障等)等。$P_{ET}CO_2$降低时,可能的原因有CO_2生成和肺转运降低(如低体温以及麻醉过深、大量失血、心搏骤停和肺栓塞等导致肺循环低灌注情况)、过度通气、设备故障(如呼吸回路断开、气管导管套囊周围漏气、导管异位、回路梗阻、采样管采样不足等)。$P_{ET}CO_2$并不总和$PaCO_2$一致,特别是在全麻下或危重病患者,同时,在危重患者中,$P_{ET}CO_2$和$PaCO_2$一致性的改变也有助于提示患者病程的进展。

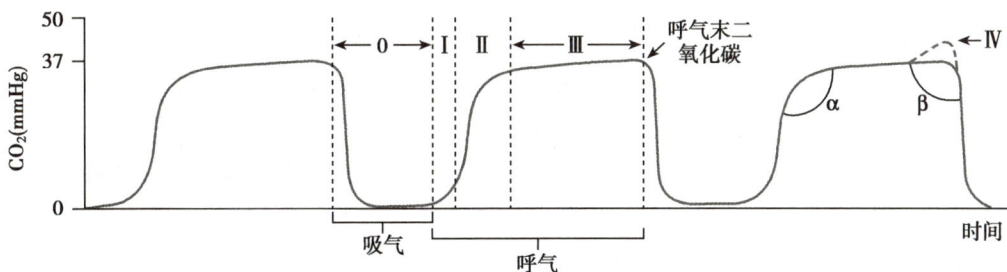

图 15-1 呼出气 CO_2 波形描记图

(3)气道阻力(airway resistance,R_{aw}):是指气体流经呼吸道时由气体分子间和气体分子与气道壁之间产生的摩擦力,可用单位时间内维持一定量的气体进入肺泡所需的压力差表示。如果通气机内附有气体流量仪时可直接测得气体流量,按下式计算:$R_{aw}=(P_{pk}-P_{plat})$/气体流量。R_{aw}生理正常值约为1～3cmH_2O/(L·s),麻醉状态下可增至9cmH_2O/(L·s)。

(4)肺顺应性(lung compliance,C_L):是指单位跨肺压改变时所引起的肺容量的变化。

(5)压力-容量环(P-V环)、流速-容量环(F-V环)、呼吸功(work of breathing,WOB)监

测等。

2. 肺换气功能监测

（1）动脉血氧分压（PaO_2）：PaO_2是反映肺换气和血液携氧能力的综合指标（同前述）。

（2）肺泡气-动脉血氧分压差（alveolar-arterial gradient of oxygen，$P_{(A-a)}O_2$）：$P_{(A-a)}O_2$是指肺泡气和动脉血之间的氧分压差值，健康年轻人吸空气时，$P_{(A-a)}O_2$的正常值为 5 ~ 10mmHg，随 FiO_2 浓度和年龄增加而增加，吸纯氧为 40 ~ 50mmHg，$P_{(A-a)}O_2 = 0.21 \times$（年龄 + 2.5）。当 FiO_2 和通气量不变时，是衡量通气血流匹配情况、肺气体弥散功能及肺内分流的重要参数。

$P_{(A-a)}CO_2$ 可反映肺通气效率，详见公式（2）。肺血流降低（如肺栓塞、心搏骤停）、功能残气量增加（如 PEEP 的使用、高频率低潮气量通气）等导致通气血流比值增加的因素可使 $P_{(A-a)}CO_2$ 数值增大。

3. 吸入和呼出特殊气体浓度监测 如监测吸入麻醉药、监测以气体形式呼出的体内代谢产物等。

4. 呼出气体波形分析 如呼出气 CO_2 波形描记图分析等。

5. 小气道功能的监测 闭合气量，最大呼气流量-容积曲线，动态顺应性的频率依赖性等。

三、循 环 监 测

循环状态的监测，实质上是对循环容量和循环血量、心脏电活动和机械活动、血管系统的压力和微循环灌注所形成的外周阻力的监测，通过监测所获得的信息对上述三方面进行调整以期获得三者最佳适配。不同的监测指标都是对循环状态的一个侧面反映，因此，应当将这些指标综合运用，合理诠释。

（一）基本监测

1. 心电图监测（electrocardiograph，ECG） ECG 主要有两种功能：监测和诊断。持续心电图显示提供心脏泵电活动的信息，包括心肌缺血、传导或节律的信息，其意义在于监测麻醉期间可能出现的各种心律失常和心肌缺血或梗死的发生和发展，监测心脏起搏器或植入除颤器的功能等，因此 ECG 目前仍是监测心肌缺血和心律失常的金标准。但心电图不能反映心排血功能和血流动力学改变，也不能替代其他循环功能监测手段。

ECG 监测系统主要包括标准的和改良的 12 导联、三电极和五电极系统监护模式等。常用的 ECG 监测导联有标准Ⅱ导联和胸导联。标准Ⅱ导联的 P 波最明显，它和 V_1 导联有助于发现和鉴别心律失常；V_3 ~ V_5 尤其是 V_5 导联主要监测 ST 段，适合心肌缺血的监测。

2. 无创血压监测（间接法血压监测） 血压是最普通的评价心血管系统的方法，与心排血量（cardiac output，CO）和体循环阻力（systemic circulation resistance，SVR）相关。无创血压（noninvasive blood pressure，NIBP）监测是临床最简便的血压测量方法之一，可间接反映患者的心血管状况。一般通过血压计和可充气袖带来测量血压。临床上常用的血压计有人工血压计和电子血压计两种，麻醉期间多采用电子血压计来自动测量血压。间接法使用简单方便，省时省力，可调节测压间隔时间（原则上，监测间隔时间应不超过 5min，continual），一般的多功能监护仪都带有这种监测功能。间接法所测得的血压数值受许多因素干扰，测量所需的时间也较长，因此敏感性和特异性均不能满足围术期血压波动较大且迅速的患者围术期循环监测的要求,只适合轻症患者使用。

3. 脉搏监测　脉搏触诊及 SpO_2 对脉搏波波动的监测可为心脏泵的机械活动和组织灌注提供间接的信息。脉搏监测最简单的方法是用手指触摸桡动脉、股动脉、颈动脉或颞浅动脉等浅表动脉血管的搏动来了解脉搏的频率、强弱和节律。随着多功能监护仪的普及使用,目前多通过指脉搏血氧仪、心电图监测仪来监测。

4. 失血量监测　外科手术难免会有血液丢失,失血量累计到一定程度会引发器官灌注不足和血红蛋白携氧能力不足,因此失血量的监测必不可少。失血量测定方法主要包括引流量和敷料吸收量总和测定法、红细胞比容测定计算法和血红蛋白含量测定计算法三种方法。浓缩红细胞的需要量可结合失血量,通过如下公式进行粗略估算:

$$浓缩 RBC 需要量(ml) = (HCT_{预计值} - HCT_{实测值}) \times 70 \times 体重(kg)/0.6$$

此外,反映脏器功能灌注不良的体征如皮肤及口唇颜色、心电图、Hb 和 Hct 测定、凝血功能测定和心功能测定等都能从多方面多角度反映失血量对组织器官功能的影响。

5. 其他　心音听诊,颈外静脉充盈度、四肢皮肤黏膜色泽和温度、SpO_2 波形等都是重要的心泵功能、体循环和微循环灌注评估体征,虽然相对粗略、不敏感,但在临床上也是必不可少的观察患者手段。

(二) 扩展监测

1. 多导联心电图　标准 12 导联 ECG 主要用于提供术前的基础信息。

2. 直接动脉内压力监测(直接法血压监测)　直接动脉内压力监测,又称为有创动脉血压(invasive arterial blood pressure, IABP)监测,是把动脉穿刺导管置入动脉内通过压力延长管直接测量动脉血压。这种方法测得的结果较间接法精确、敏感,提供持续的、每搏读数的动脉血压和波形,包括实时测量收缩压、舒张压和平均动脉压,在早期发现术中低血压方面优于NIBP。IABP 是可靠的循环监测指标,是指导心脏手术中调控血压的金标准方法,也为血气分析采集血样提供便利。最常用于穿刺的动脉是桡动脉和足背动脉,此外,尺动脉、肘动脉、腋动脉、股动脉、颞浅动脉等也可用于动脉穿刺置管部位。

直接动脉内压力监测是一种有创性的监测方法,穿刺血管可能会发生末梢缺血、假性动脉瘤、动静脉瘘、局部出血、血肿形成、感染和动脉栓塞形成、外周神经损伤等并发症,故应严格掌握适应证。此外,直接动脉内压力监测应根据临床实际情况与袖带测量的无创血压进行间断比较综合评估。

$$MAP = DP + \frac{1}{3}PP = \frac{SP+2DP}{3} \qquad 公式(4)$$

3. 中心静脉压(central venous pressure, CVP)　中心静脉压是指上腔静脉或下腔静脉近右心房入口处的压力或右心房压力,临床 CVP 监测是用来评估循环血容量(右心室前负荷,静脉回心血量)及右心射血功能(回心血量的排出能力),用于术中调控与右心功能相匹配的血管内容量,不能反映左心功能。CVP 正常范围为 $4 \sim 12cmH_2O$($3 \sim 9mmHg$)。低于 $4cmH_2O$($3mmHg$)表示循环血量可能不足,高于 $15cmH_2O$($11.5mmHg$)提示可能存在右心功能不全或容量超负荷。进行容量负荷试验(补液试验)引起的 CVP 数值的变化可以进一步确证右心功能、循环血容量和肺血管阻力之间的相互关系(详见表 15-1)。常用中心静脉穿刺径路包括:颈内静脉、锁骨下静脉、股静脉、颈外静脉等,其中颈内静脉和锁骨下静脉是最常用部位。操作过程中应注意尽量预防有创操作本身带来的损伤和感染等。

表 15-1　CVP 与心功能的关系及处理

CVP	血压	原因	处理原则
低	低	血容量严重不足	充分补液
低	正常	血容量不足	适当补液
高	低	心功能不全或血容量相对过多	强心,利尿,纠正酸中毒,舒张血管
高	正常	容量血管过度收缩	舒张血管
正常	低	心功能不全或血容量不足	强心、补液试验*

* 液体负荷试验(补液试验):取等渗盐水 200～250ml,于 5～10 分钟内经静脉注入。如血压升高而 CVP 不变,则提示容量不足;如血压不变而 CVP 升高 3～5cmH$_2$O 则提示右心功能不全

一般 CVP 零点设定,取仰卧位时,床头抬高 45°～60°,以使头部轴线和躯干部轴线重叠,换能器位置与胸廓前后径中点——腋中线第四肋间水平(右心房水平)一致;取侧卧位时,则应放置于右第四肋间胸骨右缘水平,并在呼气末记录 CVP 数值。

4. 肺动脉压(pulmonary arterial pressure,PAP)测定　经皮穿刺后将特殊的尖端带气囊的肺动脉导管(PAC,又称 Swan-Ganz 导管、漂浮导管)经由腔静脉到右心房,在气囊注气的状态下,导管随血流"漂浮"前进,经右心室、肺动脉及肺小动脉处,可相应依次直接测定包括右房压(right arterial pressure,RAP)、右室压(right ventricular pressure,RVP)、肺动脉收缩压(pulmonary arterial systolic pressure,PASP)、肺动脉舒张压(pulmonary arterial diastolic pressure,PADP)、肺动脉平均压(mean pulmonary arterial pressure,PAP)和肺动脉楔压(pulmonary artery wedge pressure,PAWP)等多种有关右心、肺动脉及其分支的压力,还可以测定心脏各部位的血氧饱和度、计算血氧含量、判断心腔和大血管间是否存在分流和畸形,还可直接连续监测 PAP、右心室射血分数(right ventricular ejection fraction,RVEF)、右心室舒张末期容积(right ventricular end-diastolic volume,RVEDV)、SvO$_2$ 和 CVP 等。把 PAC 导管与特殊的仪器连接,还可以测量心排血量(cardiac output,CO),并通过计算心内分流量、全身血管和肺血管阻力、氧转运量和氧消耗量等,来评价心、肺功能和病变的严重程度。依靠 PAC 导管进行的各项指标测定是对心脏病和休克患者进行诊断和治疗、观察病情和评估疗效较为准确的方法之一。

肺动脉压(PAP)在呼气相测定的数值较为准确,正常值为 15～28mmHg/8～15mmHg,平均肺动脉压(MPAP)为 10～25mmHg,动态下若 MPAP 超过 30mmHg,即可诊断肺动脉高压。肺小动脉处测得的压力即为 PAWP。由于左心房和肺静脉之间不存在瓣膜,左心房压可逆向经肺静脉传至肺毛细血管,因此,如无肺血管病变,PAWP 可反映肺静脉压、左房压;如无二尖瓣病变,PAWP 可反映左心室舒张末期压力(LVEDP),可帮助判断左心室的前负荷。其正常值范围为 6～12mmHg,当 PAWP 为 18～20mmHg 时,肺开始充血;21～25mmHg 时肺出现轻至中度充血;26～30mmHg 时肺出现中至重度充血,大于 30mmHg 则会发生肺水肿。通过 PAWP 估计肺循环状态和左心室功能,可用以鉴别心源性或肺源性肺水肿,判定血管活性药物的治疗效果,诊断低血容量以及判断输血、输液效果等。

5. 心排血量监测　心排血量(CO)是指心脏每分钟将血液泵至周围循环的血量,CO＝SV×HR,其中 SV 代表每搏量,HR 代表心率。可反映整个循环系统的总体功能状况,与心脏机械做功(心肌收缩力)、循环容量(前负荷)和外周阻力(后负荷)密切相关。静息状态下,SV 的正常范围是 60～90ml,CO 的正常范围是 4～6L/min,心指数(CI,CO/体表面积),即每平方米体表面积的心排血量,是由 CO 衍生出来的指标,正常范围为 2.5～3.5L/(min·m^2)。

CO 的监测方法有依赖于肺动脉导管的测量法(有创法)和非基于肺动脉导管(无创法)的测量法两大类。依赖于肺动脉导管测量 CO 的主要方法包括:热稀释法、Fick 测量法和染料稀

释法等;非基于肺动脉导管(无创法)的测量的主要方法有:食管内超声多普勒法,胸部生物电阻抗法,Fick 部分 CO_2 重复吸入法和脉搏波形测量法等。在所有测量的方法中,通过肺动脉导管进行的热稀释法是临床上可靠且重复性好的 CO 测定金标准方法。

6. 经食管超声心动图(transesophageal echocardiography,TEE)监测 TEE 是用特殊的超声探头置入食管,通过超声心动图来判断心脏功能的一种监测技术。通过对标准化切面的观察和测量,提取患者的心血管形态和功能特征(如心脏充盈的程度等),从形态和功能两个方面评估心脏和大血管。TEE 监测可早期发现心肌缺血,从形态和功能两个方面评估心脏和大血管。是心脏麻醉常规监测的项目。

7. 微循环的监测 胃黏膜 pH,NIRS 组织氧饱和度监测等。

四、其他系统功能监测

(一)基本监测

1. 肾功能-尿量监测 由于麻醉手术期间抗利尿激素分泌增加,可影响机体排尿,故尿量并不能及时和准确地反映血容量的变化,但可以在一定程度上反映肾脏及内脏的器官灌注情况(与有效循环血量和微循环灌注有关)。术中成人尿量应维持在 0.5~1.0ml/(kg·h)以上,小儿尿量应维持在 0.8ml/(kg·h)以上,必要时测定尿比重。

2. 体温监测 一般以皮肤、直肠或膀胱、食管、鼓膜和鼻咽部为主要测定部位,分别代表体表、低灌注器官、体核温度和大脑温度。中心温度正常为 36℃ 以上,大量随机试验已证实,即使体温降低 1.5~2.0℃,也会引起心脏不良事件发生率和伤口感染率增加 3 倍、凝血功能障碍、延长麻醉恢复时间以及增加住院时间等不良反应。

3. 神经肌肉传递功能监测 全麻状态下,全身麻醉药物、个体药代动力学和药效学的差异、评估方法均会影响神经肌肉传递功能状态评估的精确性,从而使肌肉松弛药的残留阻滞作用成为安全隐患,因此,从这一角度来说,神经肌肉传导功能监测是临床使用肌松药患者的基本监测。许多研究证实,对神经肌肉功能恢复的常规临床体征评价,如观察腹肌的紧张度、抬头试验、握手试验、睁眼试验和吸气负压试验等,缺乏科学的、量化的依据,并不能排除一些明显的残余肌松作用,而神经刺激仪可通过评估肌肉对量化的神经刺激的反应,确定神经肌肉传递功能状态。

神经刺激仪的种类和刺激方式有很多,临床上常用的刺激方式是四个成串刺激(train-of-four,TOF),当 TOF 比率(T4/T1)<25%,此时的肌松程度能满足手术的要求,当 TOF 比率≥90% 时,可作为拔出气管导管的指征,而当 75% <TOF 比率≤90% 时,必须采用胆碱酯酶抑制剂拮抗肌肉松弛药的残余作用使得 TOF 比率≥90%。因此,TOF 值测定虽然目前还没有确定为临床基本肌松监测的内容,但在临床肌松状态需严密监控的高危病人(比如高龄、重症肌无力、高危气道等)中,TOF 值监测就可以成为基本监测的内容,以保证患者得到最佳治疗。

(二)扩展监测

1. 肾功能监测 血尿素氮、血肌酐的动态变化可提供肾功能损害的特异性信息,但均是肾功能恶化的晚期标记物,不作为术中短期肾功能变化的常规监测指标,仅作为长期肾功能变化的评估方法。

2. 神经系统监测 围麻醉期神经系统监测的目的是监测镇静深度和意识状态,预防术中知晓(intraoperative awareness),避免麻醉过深;改善脑灌注和脑血流,预防继发的脑损害;神经系统病灶精确定位切除手术中的神经功能区定位。目前还没有一种理想的神经功能监测方法可以同时实现上述目标,各种监测方法分别从不同的侧面反映了神经系统的功能状态,因此需要根据实际需要、监测方法的特点和设备条件进行围术期神经功能监测方法的选择。

(1) 麻醉深度监测:以自发脑电和诱发脑电为基础的神经电生理功能监测指标及其衍生指标是反映麻醉深度的主要数据来源,其中以自发脑电活动为基础衍生的脑电双频指数(bispectral index,BIS)是目前已知最能够降低术中知晓发生率的麻醉深度监测指标,在临床上应用最广泛。BIS 把麻醉深度(实际上是镇静深度)进行了量化处理,其监测范围 0~100,数值越小,麻醉深度越深,反之亦然。监测 BIS 能较准确地监测麻醉诱导、手术切皮、手术进行中的麻醉深度,同时也可监测病人镇静水平和苏醒程度等。通常认为全身麻醉状态下术中的 BIS 值应维持在 40~60 之间为适宜的麻醉深度。此外,患者安全指数(patient safety index,PSI)、Narcotrend 指数、熵(Entropy)也可以作为麻醉镇静深度或大脑功能状态的客观指标。值得注意的是,体温、组织灌注、血氧水平和通气、麻醉药物(如氯胺酮、右美托咪啶、一氧化氮等)、血压、脑压以及神经系统自身的功能状态都会影响到监测结果与麻醉深度的相关性,还需要进一步的临床研究确证,因此,在临床上还要结合病人术中的血压、心率、呼吸幅度和节律、眼征、肌肉松弛程度等表现进行综合分析和判断麻醉深度。

(2) 神经电生理功能监测:神经电生理功能监测有助于全面和及时地提高判断麻醉状态下神经功能完整性的准确性,提高术中决策精确性和降低手术致残率。一般而言,临床上脑电图(electromyography,EEG)主要用于监测大脑皮层灰质神经元兴奋性和抑制性突触后电位的总合,反映大脑皮层的总体功能状态,如昏迷深度、瘫痪或使用肌松剂患者的癫痫发作及诊断脑死亡。感觉诱发电位(sensory evoked potentials,SEP)和运动诱发电位(motor evoked potentials,MEP)联用可以评价患者的特定神经区域变化,更多反映实施外周刺激后脊髓水平的反应变化。肌电图(electromyogram,EMG)用于评价支配某一肌群的神经根的损伤。神经电生理功能监测同样不同程度地受到各种生理参数和麻醉药物的影响,因此临床上一般主要用于术中唤醒麻醉下重要脑功能区的术中监测。

(3) 脑氧监测

1) 颈静脉球部血氧饱和度(jugular bulb venous oxygen saturation,$SjvO_2$):颈静脉球部血液直接引流自以静脉血为主要成分的颅内血液,故临床上以监测 $SjvO_2$ 代替脑静脉血氧饱和度。$SjvO_2$ 主要反映同侧脑半球脑氧摄取率,间接反映脑血流(cerebral blood flow,CBF)带来的脑组织氧输送,即反映脑氧代谢率(cerebral metabolic rate of oxygen,$CMRO_2$)和 CBF 之间的平衡,因而可用以监测全脑的氧供和氧耗平衡的总体情况,正常值为 55%~75%。当 $SjvO_2$<50% 持续超过 15 分钟时与神经功能存在不良预后有关,若 $SjvO_2$<40% 可能存在全脑缺血缺氧。

2) 局部脑氧饱和度(regional cerebral oxygen saturation,$rScO_2$)监测:利用无创的近红外光谱(near-infrared spectroscopy,NIRS)技术连续监测前额深部大脑额极的血氧饱和度($rScO_2$),代表颅内静脉血氧饱和度,间接反映全脑灌注和氧输送。由于生理状态下 $rScO_2$ 数值不同个体之间差异就较大,因此在测量之前必须确定生理状态下的 $rScO_2$ 数值作为基线数据,同时结合 $rScO_2$ 数值的动态变化反映脑氧含量的变化趋势。虽然存在较高的假阳性率,$rScO_2$<55% 应视为存在脑氧含量异常降低可能。

3) 脑组织氧分压(partial pressure of brain tissure oxygen,$PbtO_2$)监测:通过将探头直接置入脑组织可直接测定局部 $PbtO_2$,可用于评估各种处理措施对脑氧代谢的影响,也可用于局部缺血病灶的诊断和治疗的评估。

(4) 其他神经系统监测:经颅多普勒超声(transcranial doppler ultrasound,TCDU)脑血流量变化的动态监测、颅内压(intracranial pressure,ICP)监测和脑温监测等,有助于对神经功能状态的诊断和治疗进行全面的评估。

3. 体液、电解质平衡和酸碱平衡监测 生物体细胞内外化学成分和量是受到严密控制的,体液容量、血电解质、血糖、血乳酸、血浆蛋白等监测均能间接反映组织细胞所处人体内环境的状况和组织细胞本身的代谢及功能状态。

4. 凝血系统功能监测 与血流动力学监测相反,对围术期凝血功能的测定,目前还是一个完全的体外完成的过程。围术期理想的凝血功能检查应当是操作简单、准确、可重复进行、有诊断特定性及性价比合理。目前临床上常用的实验室凝血功能监测指标:凝血酶原时间(PT)和 PT 的国际化比值(INR)、活化的部分凝血活酶时间(aPTT)、血小板计数(PLT)和出血时间,着重于术前判断患者在围术期出血的危险性。而常用的床边即刻检测包括凝血功能性检测或内源性血液凝固力测量、肝素浓度检测、血栓弹力图检测和血小板功能检测,着重于术中凝血状态的综合评估。

一些需要加强抗凝监测的手术,如体外循环、冠脉搭桥和血液透析,应动态监测激活凝血时间(activated clotting time,ACT),当部分凝血酶原时间(partial thromboplastin time,PTT)在术中测不出或所测时间过长时也需要进行 ACT 监测;此外,ACT 实验与凝血酶时间(PT)实验联合检测能确定出血是否因抗凝剂过量或因凝血因子消耗过多所致。在体外循环中,需要实时监测 ACT 来指导肝素的应用,正常人 ACT 值为(107±13)秒,行肝素化后,如果 ACT 大于 480 秒即可进行心肺流转。

第二节 围麻醉期监测项目选择和使用的注意事项

一、有关监测项目选择的注意事项

1. 理想的麻醉中监测的特征为:无创、敏感性好、特异性高、价格低廉。在可选择的同类监测项目中,尽量选择最贴近这些特征的监测项目。

2. 依据个体化原则和麻醉目标管理的需求确定方案。目前的监测项目选择是在基本监测基础上,以循证医学证据为根据,结合特定病人、特定术式、特定条件等因素选择扩展监测,确定个体化的"标准监测项目方案"。

3. 病人内在的生理因素、病理生理变化、测量本身的准确性和精确性、医生的技术水平和对监测指标的诠释能力等都将影响监测项目的选择和使用。

4. 对于创伤比较大或者可能出现严重并发症的监测方法,需要根据监测需要和操作者的操作水平权衡利弊、慎重选择应用。

二、有关监测项目使用与数据分析的注意事项

1. 每种监测项目都存在特定的适用范围(即特定的局限性),并且各种项目之间既相对独立又相互联系,因此,在对患者进行监测时需要权衡利弊进行选择。动态趋势的分析和综合分析要强于孤立的数据绝对值分析和单项目指标数据的分析,而多种监测指标的有机结合会对患者的评估产生更精确、全面的指导作用。

2. 所有监测指标是以获得准确的(即真实的)数据为前提的。电子设备监测的实质是将生理信号转换为电信号,并经过系统数据处理,以波形或数值的形式呈现出来,信号获取方式和数据处理模型以及系统动态反应特性都会对测量结果的真实性发生影响,因此要注意同一监测指标在不同的监测产品中的变异及其动态反应特性的变化。

3. 监测指标参数正常范围的确定不仅要依据一般原则,还要根据患者的个体情况评估实施个体化原则。例如对无创血压监测一般 ASA Ⅰ~Ⅱ级患者维持术中收缩压大于 90mmHg 或平均动脉压大于 60mmHg 即可,而对于老年、有高血压病史和重症脓毒血症的患者,血压数

值的围术期调控目标应根据患者的具体情况综合评估确定。

4. 所有监测必须设定警报限和警报音,以便在超过警报时能及时发出警报。

毋庸置疑,以系统性监测技术为基础的麻醉效果的及时评估和反馈调节,是保障麻醉相关安全性的基石。随着与医学相关的生物、物理、化学等学科的发展,越来越多的新的监测方法和手段被发掘、越来越多的传统方法的适用范围被拓展,因而,我们对围麻醉期监测方法所提供的数据及其所反映的生命机能状态的解读也必将进行不断的更新。

(戚思华)

第一节　麻醉、手术期间病人的容量治疗

手术前的补液一般是根据原发病所致的水与电解质紊乱类型而定。非胃肠道疾病病人，如果术前没有明显的水、电解质紊乱，术前又不需要特殊的肠道准备和限制饮食摄入者，通过正常的饮食即可摄取每日的生理需要量而不需要进行静脉补液；如果术前病人有水、电解质紊乱，贫血，低蛋白血症，如术前未予纠正，术中和术后极易发生严重的并发症。这些病人除每日的正常摄取外，还必须在术前进行静脉补充。

一、麻醉期间的液体选择

液体治疗所用的溶液有晶体溶液和胶体溶液。晶体溶液是含有小分子量离子（盐）的溶液，可包含葡萄糖或不包含葡萄糖。胶体则是含有大分子量物质的溶液，如白蛋白、羟乙基淀粉等。胶体溶液维持血浆胶体渗透压，并且保留在血管内。

晶体溶液：临床治疗可使用许多晶体溶液（表16-1）。

表 16-1　常用晶体液的成分

溶液	渗透量 (mOsm/L)	Na$^+$ (mEq/L)	Cl$^-$ (mEq/L)	K$^+$ (mEq/L)	Ca^{2+} (mEq/L)	Mg^{2+} (mEq/L)	葡萄糖 (g/L)	乳酸 (mEq/L)	pH
5%葡萄糖(D$_5$W)	低渗(253)						50		4.5
生理盐水(NS)	等渗(308)	154	154						5.4
5%葡萄糖盐溶液(D$_5$NS)	高渗(586)	154	154				50		
5%葡萄糖0.23%盐溶液(D$_5$1/4NS)	等渗(355)	38.5	38.5				50		
5%葡萄糖0.45%盐溶液(D$_5$1/2NS)	高渗(432)	77	77				50		
乳酸林格液(LR)	等渗(273)	130	109	4	3	0	0	28	6.5
5%葡萄糖乳酸林格液(D$_5$LR)	高渗(525)	130	109	4	3	0	50	28	
醋酸复方电解质溶液	等渗(294)	140	98	5	0	1.5	0		7.4
0.45%盐溶液(1/2NS)	低渗(154)	77	77						
3%盐溶液(3%NS)	高渗(1026)	513	513						
5%盐溶液(5%)	高渗(1710)	855	855						

根据临床症状和治疗需要选择相应晶体溶液。病人仅丢失水分,则选择低渗晶体溶液,也称维持型溶液。病人同时丢失水分和电解质或合并电解质缺少,则选择等渗溶液,也称补充型溶液。5% 葡萄糖溶液适应补充纯水分丢失或限制补盐病人的液体维持。某些溶液中葡萄糖可在初始阶段维持一定张力,也可以提供一定能量,尤其麻醉期间低血糖病人。麻醉期间部分病人出现低血糖,考虑由术前禁食导致,应补充葡萄糖。研究表明,儿童禁食 4~8 小时可能导致低血糖(<3.6mmol/L)。女性病人比男性病人较容易发生低血糖。麻醉期间最常用等渗性溶液,即常用补充型溶液,其中乳酸林格液最常用。乳酸林格液略偏低渗透压,在肝脏代谢转化为碳酸氢根,提供 Na^+ 为 130mmol/L,比血清略低。乳酸林格液是目前液体治疗最常使用和使用量最大的晶体溶液。生理盐水最适用于低氯性代谢性碱中毒和用于稀释浓缩红细胞后输注入人体。临床上若大量使用生理盐水会导致高氯血症,当血氯浓度增加,导致碳酸氢盐减少。3%~7.5% 盐溶液主要治疗严重低钠病人和治疗低血容量休克病人,输注速度应缓慢。晶体溶液在血管内半衰期为 20~30 分钟,扩容效果不如胶体溶液。

胶体溶液:是含大分子量物质的溶液,产生的渗透压使溶液主要保留在血管内,血管内半衰期为 3~6 小时。理想的胶体液应具备以下特点:良好的扩容效果(容量效应及持续时间);血浆中无蓄积;完全经肾脏排泄;组织内无蓄积;良好的安全性(对凝血功能和免疫系统影响小;无抗原性;无毒、无致畸性与致突变性;耐受性好)。目前胶体溶液适应于:①病人血管容量严重不足(如失血性休克)的补充治疗;②麻醉期间增加血容量的液体治疗;③严重低蛋白血症或大量蛋白丢失(如烧伤)补充治疗。许多胶体溶液是用大分子物质溶解于生理盐水,因此也会导致高氯血症。常用胶体有天然胶体和人工合成胶体。天然胶体有白蛋白,白蛋白分子量约为 68 000 道尔顿。白蛋白是维持细胞外液胶体渗透压的主要物质。目前白蛋白只能从采血后的血浆中提炼,其技术是科恩原理(Cohn)即血浆蛋白的序列分离法。白蛋白浓度有 5%、20%、25%。采用 60℃,10 小时的消毒,因此临床使用白蛋白极少导致肝炎或其他输入性病毒感染。1 克(g)白蛋白扩容 13~14ml。除羟乙基淀粉外,白蛋白的过敏反应明显低于其他胶体溶液。人工合成胶体有:①右旋糖酐(dextranum),包括中分子右旋糖酐(dextran70)和低分子右旋糖酐(dextran40),右旋糖酐 70,其分子量为 70 000(道尔顿)。右旋糖酐 40,其分子量 40 000 道尔顿。右旋糖酐 70 扩容治疗效果优于右旋糖酐 40。右旋糖酐 40 可以明显降低血液黏稠度,增加毛细血管的血流速度,达到改善微循环。糖酐有抗血小板凝集作用,输入量超过 20ml/(kg·d)会影响血型鉴定,延长凝血时间,糖苷是一种抗原,也会导致一定程度或严重过敏反应。②明胶,明胶从牛体中提炼。改良明胶具有扩容效能,血浆半衰期 2~3 小时。目前常用 4% 琥珀酰明胶其分子量为 18 000~26 600(道尔顿),过敏率比其他胶体溶液高。③羟乙基淀粉(hydroxyethyl starch,HES),是改良后天然多糖类。羟基化和醚化作用使淀粉稳定,并减慢水解,显著增加分子的亲水性。羟乙基淀粉的主要排泄途径是通过肾。目前使用的羟乙基淀粉 130/0.4 氯化钠注射液,其分子量 130 000(道尔顿),取代级为 0.4,可应用于 0~2 岁婴幼儿(<16ml/kg),成人每日最大剂量提高到 50ml/kg。对于严重脓毒症、严重肝功能损伤、凝血机制障碍、肾功能不全的病人不建议使用 HES 进行容量复苏。④胶体复方电解质溶液,传统人工胶体溶液多溶解于生理盐水,输注胶体溶液扩容的同时也会输注氯化钠,研究显示 1 小时内输注 2L 含有生理盐水的胶体溶液,可致高氯性酸血症及肾损害。将胶体物质溶解于醋酸平衡盐溶液,制成胶体复方电解质溶液,例如 HES(130/0.4/9∶1)醋酸平衡盐溶液,可显著提高 HES 注射液的安全性,在有效维持血容量的同时,避免可能出现的高氯性酸血症。

二、围术期体液的改变

麻醉手术前病人,经过禁食和禁饮将会存在一定程度体液的缺少。这缺少量的估计,可以根据术前禁食的时间来估算。人体每天生理需要量的估计见表16-2,也用此方法估计术前禁食后的液体缺少量。例:70kg病人,禁食8小时后的液体缺少量,约为880ml=(4×10+2×10+1×50)ml/h×8h。由于肾脏功能对水的调节作用,实际缺少量可能会少于此数量。

表16-2 人体每日生理需要量

体重	液体容量(ml/kg)	输入速度 ml/(kg·h)
第一个10kg	100	4
第二个10kg	50	2
以后每个10kg	20~25	1

麻醉手术前,部分病人存在非正常的体液丢失,如术前呕吐、利尿、腹泻。麻醉手术期间存在体液再分布,创伤后的组织均会存在液体再分布。麻醉前要注意一些不显性失液,如过度通气、发热、出汗。以上均属于术前液体丢失量。理论上麻醉手术前所丢失液的成分见表16-3。麻醉手术前体液的丢失都应在麻醉前或麻醉开始初期给予补充,并应采用近似丢失的体液成分的液体。

表16-3 人体的体液电解质含量

体液	Na⁺ (mEq/L)	K⁺ (mEq/L)	Cl⁻ (mEq/L)	HCO3⁻ (mEq/L)
汗液	30~50	5	45~55	30
唾液	2~40	10~30	6~30	
胃液				
高酸液	10~30	5~40	80~150	
低酸液	70~140	5~40	55~95	5~25
胰液	115~180	5	55~95	60~110
胆汁	130~160	5	90~120	30~400
腹泻粪便	20~160	10~40	30~120	30~50

围术期生理病理需要量包括:①每日正常基础生理需要量;②麻醉术前禁食后液体缺少量;③麻醉手术前病人存在非正常的体液丢失;④麻醉手术期间体液在体内再分布(第三间隙分布)。成人每日正常基础生理消耗量见表16-4,要重视围术期的尿量和出汗量,并给予调整。围术期生理需要量,因手术创面的蒸发液以及麻醉方法不同有所增减(表16-5)。麻醉手术期间体内的体液再分布,如部分体液进入第三间隙,血管内部分体液转移,可导致血管内容量明显减少。烧伤、严重创伤病人、手术分离、腹膜炎,常继发性引起大量体液渗出浆膜表面(形成腹水等)或进入肠腔内。这种体液的再分布,强制性迫使体液进入细胞外液非功能性结构内,这些非功能性结构的体液不能在体内起调节作用。通过液体限制也不能预防这种体液转移再分布。缺氧会引起细胞肿胀,导致细胞内液容量增加。同时应了解手术分离操作的程度,广泛分离会引起淋巴液明显丢失。

表16-4　每日机体消耗的体液

	正常活动/ 正常体温(ml)	正常活动/ 体温身高(ml)	剧烈活动 (ml)
尿量	1400	1200	500
出汗量	100	1400	5000
粪便	100	100	100
不显性丢失	700	600	1000
总量	2300	3300	6600

表16-5　不同手术创伤的体液再分布和蒸发丧失液

组织创伤程度	额外体液需要量(ml/kg)
小手术创伤	0~2
中手术创伤(胆囊切除术)	2~4
大手术创伤(肠道切除术)	4~8

三、围术期的液体治疗

麻醉手术期间的液体治疗应有针对性,分别处理才可能达到较为有效的治疗效果。针对前述人体的液体变化特点,麻醉手术期间的液体治疗可针对性地分成五部分:①围术期每天生理需要量;②手术前禁食缺失量;③额外体液再分布或第三间隙丢失所需补充量;④麻醉药物导致血管扩张所需补充量;⑤手术期间失血量。

(一) 围术期生理病理需要

可按照麻醉手术期间的液体变化结果调整。例:70kg病人,每日正常基础生理需要量为:100ml/kg×10kg+50ml/kg×10kg+25ml/kg×50kg=2750ml,每小时补充速度:约为110ml/h[4ml/(kg·h)×10kg+2ml/(kg·h)×10kg+1ml/(kg·h)×50kg]。围术期生理需要量和手术前禁食缺失量应从禁食时间开始计算,直至手术结束时间。额外体液再分布需要量应视手术创伤大小,其补入量见表16-5。例:70kg病人,禁食8小时,麻醉手术时间4小时,中等创伤手术,则围术期生理需要量为(4×10+2×10+1×50)ml/h×(8h禁食+4h麻醉手术)=1320ml。额外体液需要量(按中等创伤手术计算,见表16-5,70kg×4ml/kg=280ml。1320ml+280ml=1600ml,因此围术期生理病理需要量的液体补充量约为1600ml。每日基础生理需要量,禁食后液体缺少量和额外体液需要量是机体新陈代谢或体液再分布所需要,因此补充液体应选择晶体溶液,并根据监测结果调节Na^+、K^+、Mg^{2+}、Ca^{2+}、HCO_3^-的输入量。儿童葡萄糖的输入速度,要求2~5mg/(kg·min)。

(二) 手术期间的输血、输液

主要包括三方面的对症处理:①红细胞丢失以及对症处理;②凝血因子丢失以及对症处理;③血容量减少以及对症处理。

1. 麻醉手术期间失血和血管扩张补充量的对症处理,主要目的之一是维持机体组织氧供。人体对失血有一定代偿能力,当红细胞下降到一定程度则需要给予补充。大多数病人要维持血红蛋白(Hb)70g/L(或HCT 21%)以上。贫血可导致生理变化,引起贫血的原因更重于围术期贫血的过程。轻、中度贫血尚未证实会影响伤口愈合、增加出血或延长住院时间。动物实验发现，只有当 HCT 低于 15% 才会影响伤口愈合。临床经验证实，手术治疗病人可能耐受血红蛋白(Hb)100g/L、血细胞比容(HCT)30% 以上状况，这也是临床上普遍接受的标准。麻醉手术期间以及手术后的重危病人(心肌缺血、肺气肿等)应维持病人 Hb 超过 100g/L。在麻醉手术期间，ASA Ⅰ～Ⅱ级病人 Hb 维持在 60～70g/L 以上。

输血适应证是机体组织氧供不足。即输血真正或唯一适应证是为确保机体组织充足氧供而提供足够携氧载体红细胞。因为个体差异，每个病人开始输血的时机可能不同，其要求主要是避免组织器官缺氧。观察病人的开始输血时机，应重视监测病人的血红蛋白(Hb)的实际值。组织器官氧供和氧耗的状况，取决于机体血红蛋白(Hb)水平、红细胞携氧能力以及心脏功能代偿能力。

氧供(DO_2)是心排血量(CO)乘以动脉血氧含量(CaO_2)。

CaO_2 是每克动脉血红蛋白携带氧量加上氧溶于血液中含量。

$$CaO_2 = (Hb \times 1.34 \times SaO_2) + (0.003 \times PaO_2)$$

如果 Hb 150g/L，动脉血氧饱和度(SaO_2)100%，由于氧溶于血液中含量少，故暂忽略，CaO_2 约 $15 \times 100\% \times 1.34 = 20ml/dl(20ml/100ml)$

平均正常成人休息状况下，心排血量是 5L/min，则氧供(DO_2) = $CO \times CaO_2$

$$DO_2 = 5L/min \times 20ml/100ml$$
$$= 100L/100ml \cdot min^{-1}$$
$$= 1000ml/min$$

组织氧耗可以通过动脉血氧含量与混合静脉血氧含量差，再乘以心排血量计算：

$$VO_2 = CO \times (CaO_2 - CvO_2)$$

麻醉手术期间 DO_2 应维持在 ≥600ml/min。

正常动脉与静脉氧含量差是 50ml/L，$VO_2 = 5L/min \times 50ml/L = 250ml/min$。

机体摄取的比率(ER)为组织器官从血液供氧中摄取氧的比率：

$$ER = VO_2/DO_2$$

若上述 VO_2 为 250ml/min，DO_2 为 1000ml/(L·min)，ER 则为 25%。

混合静脉血氧饱和度(SvO_2)正常为 75%，反映许多静脉血管的氧耗状况，包括摄氧少的组织(肌肉、皮肤、内脏)与摄氧多的组织(脑、心脏)。临床麻醉期间的等容血液稀释，将明显增加平时摄氧少的组织(肌肉、皮肤、内脏)的摄取率。增加这些组织的摄取率，会增加机体总摄取率，从而降低 SvO_2，因此 ER、SvO_2 是常用的静脉氧贮备评估指标。

临床医疗不能测定每一个器官的 ER。实验证明，在基础状况下心脏的摄取率为氧供的55%～70%，肾脏的摄取率为氧供的 7%～10%，一般器官的摄取率为氧供的 30%。高摄取率的器官，则是低氧贮备，因此在正常血容量情况下的贫血，对心脏和脑组织的影响就较大，要重视麻醉手术期间的贫血评估。机体对贫血状况的代偿：①心排血量(CO)增加；②不同器官血流再分布；③增加某些组织血管床的摄取率；④血红蛋白与氧结合能力的调节，允许在低血氧分压状况下，血红蛋白携氧运输增加。

临床麻醉期间等容量血液稀释，会导致心脏输出量代偿性增加，这是因为血液稀释后体循环阻力(SVR)降低，从而引起心每搏量(SV)增加，导致 CO 增加。影响 SVR 有两个因素：血管张力和血液黏稠度。当 HCT 减少，血液黏稠度降低，引起 SVR 下降。当 SVR 下降，就会引起SV 增加，继发 CO 增加，最后使组织血流达到增多。HCT 45% 至 HCT 30% 时组织氧供可以维持正常，而且血液的氧运输能力在 HCT 30% 时达到最高。机体红细胞水平在 HCT45% 至 HCT

30%期间,输入血红细胞,仅可轻微增加氧供作用。若进一步降低HCT,则CO明显代偿增加,当HCT降至20%时,CO将增加至180%。等容量血液稀释,组织血流增加。高摄氧的心脏器官血流增加明显,而皮肤、肌肉、内脏血流少量增加。冠状动脉血流增加400%~600%,提供心脏做功增加所需的氧供。这也是在贫血状况下,心脏易受损害的原因。血液稀释氧的摄取率(ER)增加。有研究发现,当HCT明显降至15%,机体总氧摄取率由38%增加至60%,而SvO_2由70%降至50%或更低;但原已高摄取率的心脏、脑、器官就不能全依靠这代偿机制。体温、机体的酸碱程度和2,3-二磷酸甘油酸(2,3-DPG)都会影响血红蛋白与氧的结合状况。麻醉手术期间的急性血液丢失,也会因血容量减少刺激交感神经,反射性导致血管收缩、心动过速,但不一定明显增加心排血量。

目前的输血时机界定为Hb 60~70g/L(HCT18%~21%),而在心肌缺血、冠状血管疾病等病人,Hb应维持在100g/L(HCT30%)以上。影响机体耐受贫血和决定开始输血的情况包括:①氧需要量增加,例如高温、高代谢、孕妇;②心排血量的增加受限,如冠脉血管疾病、心功能损害、心肌梗死,使用β受体阻滞药;③机体血液再分布能力障碍,体循环阻力显著降低,如感染性休克、体外循环后、脑和冠状动脉的血管阻塞疾病;④氧离曲线左移,如碱中毒、低温;⑤异常血红蛋白增多,病理红细胞疾病;⑥急性贫血;⑦机体氧合能力损害,如肺部疾病、高原。围术期血红蛋白危险水平为40g/L,在狗、猪试验研究已证实,但相应的数值在人体上难以得到。失血量的判断:目前精确评估失血量是采用称重法。即手术所用敷料和吸引瓶内吸引的量之和。切除的器官和组织也会影响估计失血量的实际量。若需要输血,应考虑成分输入浓缩红细胞,麻醉手术期间病人,如果需要补充红细胞和血容量,可采用两条输液通路,一条输注红细胞,另一条补充胶体溶液。输注红细胞的输血滤器(滤网)是170μm滤器,一般不需要小孔20~40μm的滤器,除非是对纤维蛋白原特别敏感的病人。输注浓缩红细胞量多于2~3单位时,应将红细胞升温至37℃后输入,否则可引起低温。低温和2,3-DPG减少将使红细胞氧离曲线左移,可能会导致组织缺氧。

临床工作可按下述公式大约测算浓缩红细胞的补充量。浓缩红细胞(concentrated red blood cells,CRBC)补充量=[(HCT预计值-HCT实测值)×55×体重]/0.60

例:60kg病人,术中监测HCT为20%,预定该病人达到HCT为30%时需要多少浓缩红细胞(60%~70%红细胞)。

$$需要 CRBC = \frac{(30\% - 20\%) \times 55 \times 60}{0.6} = 550ml$$

大量输血(MBT)定义通常为一次输血量超过患者自身血容量的1~1.5倍,或1小时内输血大于1/2的自身血容量,或输血速度大于1.5ml/(kg·min)。广义的大量输血处理应涵盖疾病治疗状况,出血量和并发症预防治疗。多发性创伤、胃肠大出血、复杂的心血管大手术、急诊产科手术以及原位肝移植手术等,常在围术期需要大量输血处理。大量输血,导致凝血功能异常的发生率为18%~50%。其原因:①稀释性凝血异常;②MBT引起广泛性血管内凝血(DIC);③低温,当体温<34℃将影响血小板功能和延长凝血酶激活;④严重酸中毒,pH<7.10也明显影响凝血功能;⑤血细胞比容明显下降也是影响凝血功能的因素,影响血小板附集和结合作用。对大量输血处理的病人,首先要确保病人的组织器官有正常氧供,维持Hb 80g/L以上。其次维持正常血容量,同时也要监测病人凝血机制并补充新鲜冰冻血浆(FFP)、浓缩血小板(PLT)或新鲜全血维持正常的凝血功能。麻醉手术期间强调加强监测ABP、CVP、监测中心体温、动脉血气分析、凝血功能、尿量。及时对症处理,给予有效保温处理,维持正常范围酸碱平衡。

2. 麻醉手术期间失血和血管扩张补充量的对症处理,主要任务(目的)之二是维持机体凝血功能。目前主要凝血因子的临床补充方法是补充输注新鲜冰冻血浆(FFP)、浓缩血小板(PLT)和冷沉淀。研究表明北美洲、欧洲的白种人维持不稳定凝血因子浓度30%就可以达到正常凝血状况。但亚洲黄种人尚无这方面资料,因此需要根据术中监测结果及时对症处理。

(1)新鲜冰冻血浆(FFP):FFP含有血浆所有的蛋白和凝血因子。FFP主要治疗适应证:①缺乏凝血因子病人的补充治疗。②华法林抗凝病人逆转的替代治疗。每单位FFP使成人约增加2%~3%的凝血因子。病人使用15ml/kg的新鲜冰冻血浆,就可以维持30%的凝血因子,使病人凝血状况维持正常。有学者证实,不稳定凝血因子V仅需维持5%~20%,Ⅷ因子维持30%就可以达到维持正常凝血状况。FFP也常用于大量输血的病人以及补充血小板后仍然继续出血的病例。纤维蛋白原缺乏病人也可采用FFP。输注FFP也会导致输入性血源感染。FFP最好加温至37℃后输注。采用同型(ABO血型)的血浆,但不强调必须同血型。

(2)血小板(PLT):输注血小板的适应证是血小板缺少和血小板功能异常。正常血小板数量为$(100~300)\times10^9/L$,当血小板数量$<50\times10^9/L$,手术出血倾向增加,当血小板低于$20\times10^9/L$,有自发性出血的可能。麻醉手术前应测定血小板数量和血小板功能,并予相应治疗。麻醉手术期间血小板数量和功能异常时,也应及时输注血小板。大量失血($>5000ml$)补充FFP后,术野仍明显渗血时,应输注浓缩血小板。

(3)冷沉淀(cryoprecipitate):冷沉淀主要含有Ⅷ因子、ⅩⅢ因子、vWF和纤维蛋白原,贮存在-20℃,溶解后应立即使用。一个单位冷沉淀是从一个单位FFP分离出来,含较高纤维蛋白原,不需行ABO配型。

目前临床麻醉期间可以考虑使用一些止血药物:①去氨加压素(Desmopressin DDAVP):能刺激血液中的因子Ⅷ和纤溶酶原激活物的活性,可用于治疗血友病A和血管性血友病;②纤溶亢进抑制剂:围术期的纤溶亢进也是较常被临床麻醉忽略的,这些情况常发生在心脏体外循环手术、肝移植和前列腺手术等,这类病人的围术期处理是要重视纤溶亢进的问题,而不是过多使用促凝药物,常用药物有6-氨基己酸(EACA)和氨甲环酸(TXA);③重组活化凝血因子Ⅶ:重组活化凝血因子Ⅶ,已用于治疗手术性出血,以及治疗存在因子Ⅷ(FⅧ)和因子Ⅸ(FⅨ)抑制物(抗体)的先天性血友病和继发性血友病的病人。目前临床用的重组活化凝血因子Ⅶ药物Nonoseven的应用剂量为,外科手术止血80μg/kg,血友病出血90~120μg/kg。

3. 麻醉手术期间失血和血管扩张补充量的对症处理,主要任务(目的)之三是维持血容量以及对症处理。麻醉手术期间除失血导致血容量减少外,麻醉处理(如降压处理)、麻醉药物、麻醉方法(连续性硬脊膜外麻醉、腰麻、腰-硬联合麻醉和全身麻醉等)也明显产生血管扩张,导致有效血容量减少。身体血容量需要维持在原有正常范围,有人将这部分的容量补充称之为补偿性扩容(compensatory intravascular volume expansion,CIVE),CIVE可按5~7ml/kg计算。这部分血容量的补充主要依靠胶体,如羟乙基淀粉、白蛋白等。因为血容量的补充部分若采用晶体溶液补充需要量很大,会导致补液引起的其他副作用,如肠道、脑、肺、肌肉等组织明显水肿。围术期若输入大量晶体液,导致大量水溶液积蓄在组织间液或细胞内液。这部分体液在术后72小时才可以返回血管内,若在此期间病人的肾功能或心脏功能不能代偿,将会出现高血容量甚至肺水肿。

例:70kg病人急性失血1000ml,约为20%的预计全身血容量,所需5%葡萄糖(D_5W)、乳酸林格液(RL)或5%白蛋白(Albumin)如下。

根据晶体分布特点,可以按下列公式计算:

$$晶体需要输入量=\frac{血管补充量\times体内分布容量}{正常血浆容量}$$

（1）输入5%葡萄糖：由于葡萄糖输入身体后葡萄糖很快代谢，代谢后仅是纯水，将分布于细胞内液和细胞外液，因此输入5%葡萄糖体内分布容量为细胞内液和细胞外液，即全身总体液。正常体重70kg成人，全身总体液为60%，即为42L，血浆容量为4%，约为3L。病人失血1000ml（1L），故血管补充量为1L。

$$输入5\%葡萄糖应为\frac{1L×42L}{3L}=14L$$

（2）输入乳酸林格液：因为RL含小分子量Na^+，由于细胞膜正常完整，输入Na^+是不能进入细胞内，所以RL容量体内分布为细胞外液，体重70kg成人细胞外液为20%，即为14L，血浆容量为4%，约为3L。病人失血1000ml（1L），故血管补充量为1L。

$$输入乳酸林格液应为\frac{1L×14L}{3L}=4.7L$$

（3）输入5%白蛋白：白蛋白是维持血浆胶体渗透压的主要物质，输入白蛋白主要保留在血管内。1克白蛋白在血管内吸附水分为14~15ml，因此输入5%白蛋白1L，在血管内保留量为50g×15ml/g，约为750ml。因此补充血容量1000ml需要5%白蛋白约为1.4L。

根据上述病例，补充容量应采用胶体溶液。胶体溶液维持血容量稳定效果和持续时间都明显优于使用晶体溶液。部分美国麻醉学术界的围术期容量处理仍主要采用晶体溶液，观点是：①当给予足够的晶体溶液可以产生与胶体在血管内相同容量效果；②补充与胶体在血管内相同的容量效果，需要3~4倍的晶体溶液；③绝大多数外科病人的细胞外液体丧失大于血管内液体的丢失；④大量快速地使用晶体溶液（>4~5L）常常导致明显的组织水肿，但是晶体液可以快速从机体代谢和排泄。

麻醉手术期间允许失血量范围可以通过下列方法测算：①估算病人全身血容量（表16-6）；②测定术前病人的红细胞容量（术前HCT×全身血容量）；③计算病人安全范围HCT 30%红细胞容量（30%×全身血容量）；④计算病人从术前红细胞容积到安全HCT 30%时，红细胞容量的差值；⑤得出允许失血量为3×上述差值。

例：男性病人70kg，术前HCT为37%，全身血容量为70kg×75ml/kg（见表16-6）=5250ml，术前红细胞容量为5250ml×37%=1943ml，到安全HCT 30%时红细胞容量为5250ml×30%=1575ml。估算至HCT 30%时红细胞丢失为1943ml−1575ml=368ml，因此允许失血量为3×368ml=1104ml。

表16-6 不同年龄平均血容量

年龄	平均血容量（ml/kg）	年龄	平均血容量（ml/kg）
新生儿		成人	
早产儿	95	男性	75
足月儿	85	女性	65
小儿	80		

四、围术期体液治疗的麻醉管理

麻醉期间快速补充血容量是常采用的治疗方法，围术期快速扩容治疗的先决条件是开放充足的静脉通道。开放1~2条外周静脉，采用14G或16G留置针。20G留置针允许最大流量为50~60ml/min，18G留置针允许最大流量为98~100ml/min，16G留置针允许最大流量为200~210ml/min，14G留置针允许最大流量为340~360ml/min。中心静脉放置7.0~8.5Fr双腔导管。麻醉前病人的外周静脉易寻找,容易预先穿刺放置大口径外周静脉留置导管(14G 或 16G)。外周静脉穿刺的疼痛与穿刺针通过皮肤的时间与手法有关,而与针的粗细相关性较小。紧急大出血的病例采用经皮颈内静脉穿刺放置 12Fr 或 14Fr 导管,快速补容的效果确切。

围术期复杂手术有大出血可能的病例应建立快速补容静脉通道。采用经皮颈内静脉穿刺放置 12Fr 或 14Fr 导管,并建立快速补容系统(rapid infusion system,RIS)进行快速补容,才可达到确切的效果。影响平均动脉压(MAP)的三个主要因素:①心肌收缩力;②前负荷;③后负荷。根据欧姆定律(Ohm law)就可以知道平均动脉压与心肌收缩力、前负荷、后负荷关系,这公式给临床麻醉医生提供了保持循环稳定的清晰思路:维持正常范围中心静脉压的前提下,平均动脉压的稳定主要依靠心排血量和全身血管阻力。而希望短时间增加中心静脉压,达到明显增高平均动脉压是危险的处理,而且效果不确切。临床麻醉的处理是首先应维持正常范围中心静脉压(CVP)。根据 Starling 原理,正常心脏前负荷 PCWP 应维持<18mmHg,当心脏前负荷超过 18mmHg,心脏输出量不再增加,因此 CVP 应维持在正常范围 6 ~ 12cmH$_2$O。其次通过机体或血管活性药物维持或增加 CO,以代偿因麻醉等因素导致的交感神经阻滞,动脉张力下降,静脉血管扩张。由于 CO 代偿范围不可超过正常 CO 的 3 倍,因此麻醉期间可在维持 CO 于一定正常范围之后,酌情使用血管活性药 α 受体激动药(如麻黄碱、去甲肾上腺素或去氧肾上腺素)提高体循环阻力 SVR。

减少出血量主要依靠手术操作技术的改进。若术中采用低中心静脉压,以达到减少术中出血,更应重视 CO 和 SVR 的调节。从麻醉控制而言,适当的血压和采用低中心静脉压,可以在一定程度上减少出血量。低中心静脉压的技术,在肝脏手术中应用已日趋增多。部分终末期肝病的病人合并明显的门静脉高压症状,通过降低中心静脉压达到增加肝静脉回流,减轻肝脏淤血,减少术中分离肝门和曲张静脉的出血。病肝分离期中心静脉压可控制在 3 ~ 4cmH$_2$O。当降低 CVP 却又要维持正常血压时,就应在术中用血管活性药物增加 CO 或 SVR。应提醒的是:采用低中心静脉压处理技术时一定要具备快速补容条件,如大口径的静脉通道和快速输液仪或输液加压袋,以便于突发大出血情况下能及时有效维持有效血容量。

麻醉手术期间常遇开腹快速放腹水的病例。大量腹水病人开腹放腹水会出现循环不稳定状况,因此要及时有针对性处理。许多疾病导致病人合并大量腹水,由于腹腔高压导致心脏前负荷明显增高,中心静脉压升高甚至表现中度或中度以上肺动脉高压。如果尚未放腹水前阶段和放腹水的初始阶段,采用快速补容治疗显然有可能导致心力衰竭,并且难以维持循环稳定效果。麻醉手术期间大量、快速放腹水的对症处理应分为 2 个阶段:放腹水期间和放腹水后期。①放腹水期间:放腹水前或初始阶段,根据 MAP = CO×SVR+CVP。这期间应慎重补充血容量,初始输液速度是缓慢维持,并密切监测 CVP 的变化。主要处理是使用血管活性药物如多巴胺(dopamine)2 ~ 3μg/(kg·min)。放腹水期间可将血管活性药物逐渐增加剂量,多巴胺 5 ~ 8μg/(kg·min)或间断使用去甲肾上腺素 16 ~ 20μg/次或 0.01 ~ 0.05μg/(kg·min)。麻醉应维持原麻醉深度。经上述处理的病人循环应趋向稳定。②放腹水后期:腹压明显下降后,严密监测中心静脉压(或肺动脉压)变化。当 CVP 逐步开始较明显下降,才开始逐步增加补液量和补液速度。补容液体以胶体为主,补充量调节可根据有创动脉血压(IABP)和 CVP 监测结果,并逐步减少血管活性药物的使用剂量。处理腹水量>10 000ml 的病人,更要注意上述要求。由于腹水病人经术前内外科治疗,反复采用补充蛋白、胶体和利尿方法,已导致病人组织间液较明显减少,临床表现皮皱、弹性差、口渴。这类病人在放腹水后阶段要考虑:补充麻醉手术前已明显丢失的组织间液,加上扩张的腹腔静脉床,因此补容量明显增加,补液种类要适当增加晶体溶液。补容治疗的时间应延长,甚至延伸到术毕和返回 ICU。整体要求是:①血管活性药物主要维持放腹水初始阶段的循环稳定,然后逐步减量;②补容治疗是在放腹水后期,根据 CVP 监测结果,逐步增加和增快补容量和速度,直至血管活性药物明显减量也能维持循环稳定;③中心静脉压由放腹水前和放腹水初始阶段的高水平状况逐渐下降,并能维持在正常范围;④放腹水前、后的循环应维持平稳,血压、心率趋势平稳;⑤尿量能维持或恢复正常状况。

目标导向液体治疗(goal-directed fluid therapy,GDFT)。GDFT 指根据病人性别、年龄、体重、疾病特点、术前全身状况和血循环容量状态等指标,采取个体化补液方案,是目前公认较为科学的围术期容量管理方法,也是加速康复外科的重要组成部分。其基本原则是按需而入,控制补液总量及补液速度,重视心肺基础性病变,结合术前三天和手术当天病人的症状体征,制定合理的补液方案。实施 GDFT 过程中,需要连续、动态监测病人容量反应性指标,维持血压不低于正常值的 20% ,心率不快于正常值的 20% ,CVP 处于 4 ~ 12mmHg,尿量维持在 0.5ml/(kg·h)以上,血乳酸不超过 2mmol/L,中心静脉血氧饱和度(ScvO$_2$)>65% ,每搏量变异度(SVV)不超过 13% 。随着实施手术后快速康复(ERAS)的理念在我国推广以及危重患者的不断增加,GDFT 在临床麻醉中的价值将逐渐得以凸显,为患者良好的术后转归提供保障。

第二节 血液保护

一、血液保护的意义

血液保护(blood conservation)就是通过各种方法,保护和保存血液,防止丢失、破坏和传染,并有计划地管理好、利用好这一天然资源。血液保护这个概念早在 20 世纪 50 年代中期就已提出,随着血源的短缺和输血传播性疾病的严重威胁,血液保护现已得到全世界的广泛认同和高度重视。现代医学提倡手术中尽一切可能减少血液丢失和减少同源异体血的输注,其目的不仅仅是为了珍惜血液资源,更重要的是为了保障手术病人的生命安全。目前,临床上开展的血液保护方法日益增多,技术也日趋成熟,为血液保护的广泛实施奠定了物质基础。

二、血液保护的方法

(一)减少术中失血的方法

手术肯定要失血,减少手术中的失血是血液保护的基本措施。麻醉手术期间,除注意手术操作外,合理应用各种麻醉技术,能有效地减少术中失血,从而减少输血的概率。术中减少失血的常用方法有:

1. **控制性低血压(controlled hypotension)** 控制性低血压是指采用多种方法和药物使血管扩张,主动降低手术区域内的血管压力,从而减少出血的一种方法。控制性降压曾经作为减少手术出血的主要措施而广泛应用,但由于适应证选择不当而引起严重并发症甚至死亡的发生,现已很少单独使用。临床实践证明,把控制性低血压技术与血液稀释技术结合起来,能最大限度地减少术中出血,是一种理想的血液保护方法。但是降压可削弱血液稀释过程中的心排血量代偿机制,是否对心、脑等重要脏器的氧供产生影响还有待进一步的研究。

2. **动脉阻断法** 彻底有效地阻断供应手术区域的动脉,无疑是最有效减少术中出血的方法。手术期间常采用的动脉阻断方法有上止血带、直视下动脉阻断法和动脉内球囊阻断术。动脉内球囊阻断术是一种新的微创性的动脉阻断法,适用于那些出血多但又不容易止血的手术,例如骶尾部肿瘤手术和骨盆肿瘤手术。此法是通过股动脉穿刺把带有球囊的导管置于髂内动脉内,经导管注气使球囊膨胀扩张从而在动脉血管内阻断了该动脉离心端的血供,有效地减少该动脉所供给的手术区域的出血。与同类手术行髂内动脉结扎术相比,动脉内球囊阻断术方法简便易行、微创、可控,能明显控制术中出血,形成少(或无)血术野,缩短手术时间,提高手术成功率,减少术后并发症,是一种颇有前途的血液保护方法。

3. 止凝血药物的应用

（1）6-氨基己酸和氨甲环酸:这两种药均为抗纤溶药物,主要作用是抑制纤溶酶,手术中使用能减少某些手术(如骨科手术)的出血量。用法:6-氨基己酸 4 ~ 6g,溶于 100ml 生理盐水,静脉滴注;氨甲环酸 250mg,溶于 100ml 5% 葡萄糖溶液,静脉滴注。应注意避免因适应证选择不当而产生的并发症。

（2）去氨加压素:去氨加压素是一种分子结构类似于加压素的合成药物,可促使Ⅷ因子和 von Willebrand 因子的释放,起到加强凝血的功能。用法:0.3μg/kg,静脉注射。

（3）重组活化凝血因子Ⅶ:重组活化凝血因子Ⅶ是一种人工合成的功能等同于凝血因子Ⅶ的生化制剂,能有效地减少手术失血量和输血量。用法:20 ~ 40μg/kg,静脉滴注。

（二）自体输血

现代的自体输血(autotransfusion)方式包括术前自体血储备、血液稀释和血液回收三种。

1. 术前自体血储备（preoperative autologous donation）

术前自体血储备是指手术病人在术前的一段时间内(通常为 2 ~ 4 周),分次采集一定量的自体血(通常 200 ~ 400ml),然后贮存起来,在手术当天再把这些自体血回输给自己,以满足手术用血的需要。术前自体血储备具有安全、节约血源、无输血后传染病等优点,对稀有血型和异体蛋白过敏者最为适用。

自体血储备要求术前准备时间要充分,以便分次采血储存。机体在采血过程中减少的部分血液,必须有一定的时间依靠自身造血功能来进行补偿,因此,为了恢复循环血容量,从采血到手术需要等待相当长的时间。进行自体血储备的病人要求一般状况良好,无贫血(Hb>110g/L,HCT>33%)、无感染、无严重心肺疾病。

但自体血储备也存在一些问题,如人为造成病人术前贫血、采血过程中易引起血液污染、储备血可能发生严重溶血反应、病人住院时间较长等。

2. 血液稀释（hemodilution）

血液稀释指在手术前一天为病人采血并暂时把血液储存起来,另一边用晶体液或胶体液不断地给病人补充循环血容量,手术过程中利用稀释的血液维持循环功能,最大限度地降低血液浓度而减少血液红细胞的丢失,从而减少术中失血,待手术结束前有计划地将采集的血液回输给病人。根据血液稀释程度的不同,血液稀释又分为急性等容量血液稀释(acute normovolemic hemodilution,ANH)和急性高容量血液稀释(acute hypervolemic hemodilution,AHH)。ANH 的目标 HCT 常为 25% ~ 30%。

血液稀释技术对病人的生理功能影响较大,尤其是循环功能和凝血功能,因此一定要严格掌握这种技术的适应证和禁忌证。血液稀释的适应证为:预计手术出血量>800ml;稀有血型者需行重大手术;因宗教信仰而拒绝输异体血者;红细胞增多症包括真性红细胞增多症和慢性缺氧造成的红细胞增多症。血液稀释的禁忌证有:贫血,HCT<30%;低蛋白血症,血浆白蛋白<25g/L;感染;凝血功能障碍;老年人或小儿;颅内压增高;重要脏器功能不全,如心肌梗死、肺动脉高压、呼吸功能不全、肾功能不全等。

3. 血液回收（cell salvage）

血液回收是指使用血液回收装置将手术野的血液回收,经处理后再回输给病人的方法。按对回收血的处理方法不同,血液回收可分非洗涤式血液回收和洗涤式血液回收。

非洗涤式血液回收直接将术中失血回收、抗凝、过滤后回输给病人,具有经济、简单、不废弃血液中的血浆成分等优点,但其不足之处是血液中混合有异物以及吸引过程中易造成红细胞的破坏,可引起以溶血为主的多种并发症,故现已很少使用。

洗涤式血液回收指用洗血球机(cell saver)将手术野的血液吸引入储血器,经过滤、离心、洗涤后,收集浓缩的红细胞回输给病人。洗涤式血液回收还能把浸染在纱布块上的血液进行回收。洗涤式血液回收通常可回收 60% ~ 70% 的失血。此法最大的优点是并发症少,缺点是废弃了血液中的血浆成分。

20 世纪 90 年代初,血小板分离术(plateletpheresis)被运用到体外循环(cardiopulmonary bypass,CPB)心脏手术中,其显著的血液保护作用正引起越来越多的重视。在麻醉后 CPB 开始前,采用血液回收和分离装置,将患者血液中的部分血小板分离出来加以保存,保护血小板免遭体外循环过程中各种有害因素的刺激与破坏,最大限度地保护血小板功能,使术后凝血功能得以迅速恢复,及时发挥止血作用,防止或减少术后出血,达到血液保护的目的。

术中的血液回收可用于心血管外科领域(心脏、大血管手术)、矫形外科领域(脊柱侧弯手术、髋关节手术)、妇产科领域(宫外孕破裂大出血、剖宫产大量失血)和神经外科领域(脑动脉瘤、脑膜瘤)等。对于在肿瘤手术中是否使用血液回收技术,目前意见尚不统一,主要顾虑是担心肿瘤细胞混杂于血液中,造成血源性扩散,现多倾向于暂不使用血液回收技术。

血液回收也有严格的禁忌证,以下情况不应使用血液回收技术:血液受胃肠道内容物、消化液或尿液污染者;血液可能受肿瘤细胞污染者;有脓毒症或菌血症者;合并心、肺、肝、肾功能不全或原有贫血者;胸腔、腹腔开放性损伤超过 4 小时以上者;凝血因子缺乏者等。

第三节　成　分　输　血

成分输血(component transfusion)就是把全血中的各种有效成分分离出来,分别制成高浓度的血液成分制品和血浆蛋白制品,然后根据不同病人的需要,输给相应的制品。成分输血是当今输血技术的发展趋势,也是输血现代化的重要标志之一。

成分输血由 Gibson 于 1959 年首先提出,20 世纪 60 年代末逐渐发展起来,70 年代中期全世界广泛采用,到了 90 年代,发达国家的成分输血比例几乎达到 100%。输血医学发展到今天,全血已是制备成分血的原料,直接给病人输注全血既不合理,也是对血液资源的一种浪费。目前国外血液的细胞成分中以红细胞用量最大,白细胞用量日益减少,血小板用量不断上升。非细胞成分中以白蛋白用量最大,血浆用量逐渐减少。我国的成分输血工作起步比国外晚十多年,这几年虽然发展较快,但发展很不平衡,许多大中城市的成分输血比例已超过 80%,个别地区的成分输血比例仍然很低。

一、成分输血的优点

成分输血的优点很多,主要优点是针对性强,制品浓度高,疗效好,不良反应少,可使一人献血,多人受益。

(一) 制剂容量小,浓度和纯度高,治疗效果好

由于每一种血液成分在制备过程中都要经过提纯、浓缩,其容量很小而浓度和纯度很高,有利于提高临床疗效。

(二) 使用安全,不良反应少

全血的血液成分复杂,引起各种不良反应的机会多。如果使用单一的血液成分,就可避免不需要的成分所引起的不良反应,减少了输血反应的发生率。

(三) 减少输血传播疾病的发生

由于病毒在血液的各种成分中并非均匀分布,因而各种血液成分传播病毒的危险性大小

并不一样。白细胞传播病毒的危险性最大,血浆次之,红细胞和血小板相对较安全。如果一位贫血病人,不输注全血而只输注红细胞,则避免了大量输入不必要的白细胞和血浆,降低了感染病毒的概率。

（四）便于保存,使用方便

不同的血液成分有不同的最适合保存条件。分离制成的各种血液成分制品,按各自适宜的条件可保存较长的时间。例如血小板在特制的塑料血袋中,(22 ± 2)℃振荡条件下可保存5天;新鲜冰冻血浆在-20℃条件下可保存1年;普通冰冻血浆在-20℃条件下则可保存5年;在4℃保存的全血中有些成分短时间内就会失效或失活。

（五）综合利用,节约血液资源

每份全血可以制备成多种的血液成分,用于不同的病人,充分利用了血液资源,可使一人献血,多人受益。

二、成分输血的种类

（一）红细胞制剂

红细胞制剂包括少浆血、浓缩红细胞、洗涤红细胞、少白红细胞、冰冻红细胞和年轻红细胞等。浓缩红细胞用于仅需增加红细胞而不需增加血容量的病人;洗涤红细胞主要用于因输血而发生严重过敏反应的病人;少白红细胞则用于反复发热的非溶血性输血病人;冰冻红细胞可以长期保存,适用于保存稀有血型、保存自身血液等特殊情况。当病人血液 Hb<60~70g/L（HCT 18%~21%）应开始输浓缩红细胞,而在心肌缺血、冠状血管疾病等病人,应维持 Hb 在 100g/L（HCT 30%）以上。当病人血液 Hb>100g/L（HCT 30%）不需要输入浓缩红细胞。

（二）新鲜冰冻血浆

新鲜冰冻血浆(fresh frozen plasma,FFP)是用 ACD 或 CPD 保存液抗凝的全血,在 6h 内将血浆分离并迅速在-30℃以下冻结和保存的血浆。FFP 含有正常人全部的血浆蛋白和凝血因子(包括不稳定的 V 和Ⅷ因子),可保存 12 个月。FFP 主要用于:缺乏凝血因子的病人;华法林抗凝病人逆转的替代治疗;大量输血并伴有出血倾向者;肝功能衰竭伴出血者。术前凝血功能检查异常结果超过正常值 1.5 倍和/或 INR>2 时,应及时输入新鲜冰冻血浆(FFP)5~6ml/kg。为维持正常凝血状态,机体的不稳定凝血因子浓度需要达到正常值的 30% 或以上,采用输入新鲜冰冻血浆(FFP)10~15ml/kg。建议不要将 FFP 用于扩容或纠正低蛋白血症。

（三）血小板

中国标准的正常人血小板(platelet,PLT)数量为$(100~300)\times10^9$/L,当血小板$<50\times10^9$/L,出血倾向增加;血小板$<20\times10^9$/L,有自发性出血的可能。如果病人血小板$<50\times10^9$/L或血小板功能异常,就应该及时输注血小板。血小板取回后要尽快输入体内。血小板输注方法是,70kg 成人病人每输入 100×10^9 血小板增加血浆血小板 10×10^9/L,每单位浓缩血小板含血小板计数量$\geq250\times10^9$/L。

（四）冷沉淀

冷沉淀(cryoprecipitate)是新鲜冰冻血浆在 1~5℃ 条件下不溶解的白色沉淀物,主要含有因子Ⅷ、纤维蛋白原、vWF(von Willebrand factor)和纤维连接素。冷沉淀主要用于治疗因子Ⅷ缺乏症或血友病甲,也可用于治疗纤维蛋白原缺乏症。一个单位冷沉淀物是从400ml全血(或100ml FFP)制成,每袋冷沉淀为25ml±5ml,一个单位冷沉淀约含250mg纤维蛋白原,并使成人增加2%~3%的凝血因子Ⅷ。病人维持正常的纤维蛋白原浓度>1g/L,每单位的冷沉淀可以使200ml血液达到1g/L纤维蛋白原的浓度。冷沉淀应在解冻和过滤后快速输注,2~3单位/10kg,速度>200ml/h,冷沉淀解冻后应在6小时内使用,否则会失效或效价降低。

(黄文起)

第十七章 | 胸科手术的麻醉

胸科手术领域的不断扩大得益于麻醉学的不断进步。胸科手术所引起的病理生理改变远较其他部位的手术为甚,而病人复杂的病情也增加了麻醉管理的难度。胸科手术的部位涉及呼吸、循环和消化三大系统,包括心脏、胸内大血管、肺、食管、纵隔、胸壁等部位的手术,有时还需颈、胸、腹联合进行手术。但由于心、血管外科手术的迅速发展及其所具有的特殊性,故将其从胸科手术的麻醉中划出,另立专章予以讨论。

第一节 剖胸和侧卧位对呼吸循环的影响

胸科手术多需剖开一侧胸腔和采取侧卧体位,在自主呼吸的情况下将出现一系列呼吸、循环方面的严重病理生理改变,这也是施行胸科手术麻醉时首先需要加以妥善解决的问题。

一、剖胸所引起的病理生理改变

一侧胸腔被剖开后,如仍让病人自主呼吸,则由于大气压力的作用空气进入该侧胸腔,胸腔内负压消失,肺的弹性回缩使该侧肺部分萎缩致肺的通气和气体交换面积急剧减少,可达正常面积的 50% 左右。尽管肺萎陷和缺氧可导致缺氧性肺血管收缩(hypoxic pulmonary vasoconstriction,HPV),但此种代偿毕竟有限,且 HPV 常可受到吸入麻醉药、扩血管药等的抑制,故剖胸侧通气与肺血流的比例失调,即 V_A/Q 比值降低,流经无肺泡通气的萎陷肺的血流不能进行正常的气体交换,导致肺静脉血掺杂,增加肺内分流。正常情况下,左右两侧胸膜腔内负压及呼吸运动时的压力变化相等。当一侧胸腔剖开后,该侧胸膜腔内压为大气压,其肺内压亦与大气压相等。在吸气时对侧肺内压低于大气压,故剖胸侧肺内一部分气体随经气管来的外界气体被吸入对侧肺内,该侧肺进一步缩小。呼气时则相反,对侧肺内压高于大气压,故其呼出气体中的一部分又进入剖胸侧肺内。如此则剖胸侧肺的膨胀与回缩动作与正常呼吸时完全相反,称为"反常呼吸"(paradoxical respiration)。往返于两侧肺之间的气体则称为"摆动气"。这部分摆动气是未能与大气进行交换的,相当于无效腔气体。摆动气的出现或增加也就增加了无效腔气体,可导致严重缺氧和二氧化碳蓄积。摆动气量的大小与胸壁开口的大小成正比。反常呼吸的严重程度与摆动气量及气道阻力成正比。例如上呼吸道梗阻使反常呼吸加重,如气管内插管所用导管内径大于剖胸侧总支气管内径则反常呼吸可减轻。故保持气道通畅对减轻反常呼吸极为重要。一侧剖胸对呼吸的另一影响为引起纵隔移位和摆动。当一侧胸腔剖开后,该侧胸膜腔内负压变为大气压,两侧胸膜腔内的压力失去平衡。大气压力除使剖胸侧肺萎陷外,并将压力传向纵隔及对侧肺使之受压而体积缩小,纵隔则在大气压力的作用下被推向对侧(健侧),造成纵隔移位。在此种情况下病人呼吸时,由于剖胸侧胸膜腔为无法改变的大气压,而健侧胸膜腔内压和肺内压均处于增高或降低的不断交替变化之中,此种双侧压力差的变化使纵隔随呼吸相的变动向健侧和剖胸侧来回摆动。在吸气时健侧的负压增大,纵隔移向健侧；在呼气时健侧肺内压为正压，胸膜腔内压的负压值也减小，纵隔又推向剖胸侧。如此左右来回摆动称为"纵隔摆动"。呼吸动作愈剧烈则纵隔摆动愈明显，对循环的影响也越大。但在由于炎症而发生胸膜腔粘连的病人，纵隔摆动可能不发生或程度较轻。

剖胸对循环的影响主要表现为心排血量降低。其原因包括：①剖胸侧胸腔内负压的消失在一定程度上减少了腔静脉的回心血量；②剖胸侧肺的萎陷使该侧肺血管的阻力增加，可减少流向左心房的肺静脉血量；③纵隔摆动特别是剧烈的摆动时使上、下腔静脉随心脏的摆动而来回扭曲。致使其静脉回流间歇性地受阻，造成回心血量减少。此外，纵隔摆动时对纵隔部位神经的刺激也易引起反射性血流动力学改变，严重时可致心脏停搏。剖胸后通气功能的紊乱、通气/血流比值失调导致的 PaO_2 降低或（和） $PaCO_2$ 增高，均可诱发心律失常。

胸腔剖开后，体热的散失远较腹腔手术时为多，伴随体热的散失必有相应量体液散失，对此也需加以注意。

二、侧卧位对呼吸生理的影响

在清醒状态下，成人从直立位或坐位改为仰卧位时，由于腹腔内脏器向胸腔方向移动，可使膈肌向胸腔方向推移约 4cm，从而使肺功能余气量（functional residual capacity，FRC）降低 0.5～1L。仰卧时血流分布到左肺和右肺的流量分别为 45% 和 55%。从仰卧位改为侧卧位后，则卧侧（下侧）膈肌推向胸腔的幅度要比对侧胸膈肌为高，因此卧侧肺 FRC 的减少较上侧肺为多。但在侧卧位时卧侧膈肌之顶部较高，在吸气时可以形成较对侧胸膈肌更为有力的收缩，使卧侧肺的通气量大于对侧肺。而由于重力的影响肺血流也较多地分布于卧侧肺。一般情况是，如取右侧卧位，则右肺血流量和左肺血流量分别占肺总血流量的 65% 和 35%。如系左侧卧位，则左肺血流量占 55%，右肺血流量占 45%。所以卧侧肺血流量平均为 60%，对侧肺血流量平均为 40%。与仰卧位时相比，侧卧位时的肺通气/血流比值（ V_A/Q ）基本上无明显变化。

如施行全麻，则情况有所不同。在仰卧位全麻诱导后 FRC 可进一步减少约 20%，在改侧卧位后，即使在自主呼吸的情况下，卧侧膈肌不再能因顶部较高而增强收缩和加强卧侧肺通气；加之卧侧膈肌活动较对侧膈肌更为受限，纵隔也压迫卧侧肺而减少其通气，故非卧侧肺的通气量大于卧侧肺。而重力作用对肺血流的影响仍如前述，因而造成 V_A/Q 比值失调。即非卧侧肺无效腔增大，卧侧肺内分流增多。现今一般均使用肌松药使病人呼吸停止，在控制呼吸下剖开胸腔或胸腔镜下手术，正压通气使气体更易于向阻力较小的剖胸侧肺分布，使该侧肺膨胀，使其 V_A/Q 比值进一步增大，而卧侧肺 V_A/Q 比值进一步减小。因此常需术者协助将剖胸侧肺适当压迫使其 V_A/Q 比值减小，而使两肺总的 V_A/Q 比值趋于正常。此外，使术侧肺适当萎陷亦是手术本身的需要。

第二节　麻醉前评估与准备

本章主要讨论与胸科手术密切相关的麻醉前评估与准备内容。胸科手术麻醉的危险性以及术后心、肺并发症的发生率比一般手术高。术后肺部并发症是全身麻醉后最常见的并发症，在围术期死亡原因中仅次于心血管并发症而居第二位。胸科手术病人多患有慢性肺部疾病，有不同程度的肺功能异常。据统计，术前肺功能异常者与肺功能正常者相比，其术后肺部并发症的发生率约高 23 倍。肺部疾病大体上可以分为两类：一类为气道阻塞性疾病，以呼气气流速率减慢为特点，如慢性阻塞性肺疾病、哮喘等；另一类为限制性肺疾病，以肺顺应性下降为特征，肺容量减少，如各种原因引起的肺水肿、肺间质疾病以及外源性原因所致者。它们均可发生低氧血症、高二氧化碳血症,可合并有感染。胸科手术在切除病变的肺组织时不可避免地要切除一部分正常的肺组织,减少了肺泡的有效通气面积;手术操作的直接创伤也可使保留下来的肺组织出现出血、水肿等情况而影响肺通气/血流比值。术后还可由于疼痛等妨碍病人深呼吸及排痰而导致分泌物坠积或肺不张。上述种种都是胸科手术病人术后肺部并发症发生率较高的原因。术前充分评估与准备,有助于减少麻醉过程中的意外及术后并发症。

一、麻醉前评估

(一) 一般情况评估

吸烟、年龄超过 60 岁、肥胖、手术较广泛且手术时间在 3 小时以上,均可认为是诱发术后肺部并发症的风险因素。吸烟使碳氧血红蛋白(CO-Hb)含量增加,使血红蛋白氧离解曲线左移;吸烟还增加气道的易激性和分泌物,且抑制支气管黏膜上皮细胞纤毛运动使分泌物不易排出。据报道,吸烟者大手术后肺部并发症的发生率约为不吸烟者的 3~4 倍。老年人术后肺部并发症发生率较高,此与老年性生理改变有关。例如老年人第一秒用力呼气量(FEV_1)及PaO_2随年龄增长而降低,FRC 及闭合气量增加,对低氧和高二氧化碳的通气反应减弱,上呼吸道的保护性咳嗽反射较迟钝等。

(二) 临床病史及体征

应着重了解呼吸系统方面的情况:①有无呼吸困难,如有,应了解其发作与体力活动的关系,严重程度,能否自行缓解等;②有无哮喘,其发作及治疗情况;③有无咳嗽,干咳常示大气道的激惹,如持续存在则可能为气管或主支气管受压所致。如有呛咳,则应警惕肺内感染扩散或气道受阻而致肺不张;④有无咳痰,咳痰量及其色泽、气味如何,如经抗感染治疗而痰量仍未减少,应警惕恶性肿瘤的可能性;⑤有无胸痛,胸痛的部位、疼痛程度、性质、持续时间及与呼吸的关系等;⑥有无吞咽困难,严重的吞咽困难可导致病人营养不良或恶病质,梗阻的食管上端可扩大而潴留食物和分泌物,在病人神志丧失时可致反流。

体格检查时应注意病人有无发绀或杵状指,胸壁运动双侧是否对称、有无气管移位等,还应注意有无肺心病的迹象。胸部叩诊可发现病人有无胸膜腔积液或大范围的肺不张或有无气胸。胸部听诊也很重要,可根据有无喘鸣(stridor)、有无干、湿啰音以及啰音的粗细等作出相应的判断。

对这类病人均需作 X 线胸片检查或必要时作 CT 或/和 MRI 等检查以判断肺及胸内病变和气管狭窄的程度与部位。

(三) 肺功能测定及动脉血气分析

目前临床上常用肺量计法来测定肺功能。主要测定指标有:①用力肺活量(FVC)或用力呼气量(FEVT%),以及第一秒用力呼气量(FEV_1)及其与用力肺活量(FVC)之比值(FEV_1/FVC)。如 FEV_1 降低或 FEV_1/FVC<70% ,则示有阻塞性肺疾患。限制性肺疾病虽无气道梗阻,也可有 FVC 下降及 FEV_1 下降,但 FEV_1/FVC 仍为正常(>70%)。FEV_1<1.5L 是肺叶切除的禁忌证(即一叶肺都不能切除)。②最大自主通气量(MVV)。测定 MVV 时需在 10~15 秒的时间内尽力作快速呼吸,一般病人常不能耐受,可用 FEV_1 来间接估测,因两者有良好的相关性。以 FEV_1 乘以 35 即近似于 MVV。健康成人的 MVV 可达 100~120L/min,最低限为 80L/min 或>80% 预计值。③通气储量百分比(VR% ,VR% =[(最大通气量−每分通气量)/最大通气量×100%]),其正常值>93% ,若低于 86% 示肺通气储备功能不足,在 70% 以下则术后可能发生呼吸功能不全。

对胸科手术病人术前进行静息状态下的动脉血气分析很有必要,其临床意义超过肺容量测定。通过 PaO_2 可以了解肺的氧合情况,通过 $PaCO_2$ 可以判断肺的通气功能,$A\text{-}aDO_2$ 可提供对肺的换气功能的判断依据。据此可以对病人对麻醉和手术的耐受程度作出估计,为术中、术后的呼吸管理提供重要的参考指标。例如外科病人如术前即有高二氧化碳血症,则常难以耐受即使是很小范围的肺组织切除。在病人行分侧肺功能测定时,也可结合进行单肺通气下的动脉血气分析。如有必要,可结合动脉血与混合静脉血的血气分析,以了解病人氧供与氧耗之间的平衡关系,以便作出进一步的判断和采取必要的措施。

如欲通过对肺功能的测定来较准确地预测术后情况并非易事。一般认为,如 FVC<50%,FEV_1/FVC<50%,肺切除术的预后差;如 FEV_1/FVC<60%,则术后并发症的发生率高。对于全肺切除术人们给予了更多的关注,因为全肺切除后有可能出现气体交换面积不足、肺动脉高压以及致命性呼吸困难等严重情况。如术前 FEV_1/FVC<50%、FEV_1<2L、MVV<50% 预计值、$PaCO_2$>45mmHg、RV/TLC(余气量/肺总容量)>50%,则全肺切除术后风险增加。行分侧肺功能检查如预计成人术后 FEV_1<0.8L,或至病变部分的肺血流量超过 70% 时,均说明术后余下的肺组织难以维持机体的正常通气。现认为拟行全肺切除术的病人其术前肺功能测定结果最低限度应符合以下标准:①FEV_1>2L,FEV_1/FVC>50%;②MVV>80L/min,或>50% 预计值;③RV/TLC<50%,预计术后 FEV_1>0.8L。不符合上述标准拟行全肺切除的病人或原计划肺叶切除术的病人术中探查需改为全肺切除时,在全肺切除前要行健侧肺功能测定。临床上最直接的健侧肺功能测定方法有两种:①全麻插入双腔支气管导管后,健侧单肺通气 30 分钟,如循环稳定,氧合指数(PaO_2/FiO_2)>250 则可行患侧全肺切除,否则只能行肺叶切除。②患侧肺动脉阻塞试验:全肺切除术后肺容量和肺血管床减少,剩余的肺组织需接受所有的血流,可能引起心排血量下降、血管外肺水增加,易发生心肺并发症。单侧肺动脉阻塞试验模拟了这一术后状况,可以评估肺血管阻力和肺动脉压力增高的程度,对判断病情极有帮助。阻断一侧肺动脉后如果平均肺动脉压<35mmHg,则认为剩余肺组织可容纳心排出量,可以行全肺切除手术。如果平均肺动脉压>50mmHg,患者长期存活率降低。临床上左肺全切术远远多于右全肺切除术,主要是因为左肺仅有上下两叶肺,而右肺有上中下三叶肺,右肺所占肺通气和肺交换面积相对比例大,因此右全肺切除术前必须慎重。

近年认为测定运动时的最大氧摄取量(VO_{2max}),较之 FEV_1 和分侧肺功能测定更能较正确判断术后是否出现并发症。如病人 VO_{2max}>20ml/(kg·min)则术后肺部并发症少,VO_{2max}<15ml/(kg·min)则术后心、肺并发症增加,VO_{2max}<10ml/(kg·min)时,具有难以接受的高风险,短期死亡率>30%。如果受试者能爬二层楼梯(20 个台阶/分钟)而无呼吸困难,VO_{2max} 约为 16ml/(kg·min)。如 FEV_1 值不适合手术但运动时 VO_{2max} 较高,则仍可耐受手术。

肺弥散功能的测定:肺弥散功能的测定是以肺泡膜两侧某气体分压差为 1mmHg 时,在单位时间内(1 分钟)所能通过的气量(ml)来表示,通常测定一氧化碳弥散率(DLCO)表示。

1. 测定方法 临床常用一次呼吸法,受试者取坐位,加鼻夹、含口片后与肺量计相连。平静呼吸 3~5 次后缓慢呼气至肺残气量位,用力吸入含 0.3% CO、10% 氦气、89.7% 空气的混合气体至肺总量位屏气 10 秒后将气体快速呼出。收集呼气末的肺泡气,分析其中 CO 和氦气浓度,以 CO 弥散量计算公式求得结果。

2. 意义 由于弥散面积减少引起的弥散功能减低,见于肺气肿、肺切除、肺部感染、肺水肿,气胸、脊柱侧弯等。肺泡膜增厚亦可导致弥散功能降低,见于肺间质纤维化、结节病、石棉肺、硬皮病。其他如贫血、碳氧血红蛋白血症也可使 CO 弥散量下降。弥散功能增加见于红细胞增多症、心内左至右分流致肺动脉压力增高等。单纯由于弥散功能减退引起的缺氧并不多见。在弥散功能减退的同时,往往早已有通气血流比率失调。临床工作中,弥散功能检查常用于肺间质疾病的诊断。

肺量计检查应在患者病情稳定和获得最大支气管扩张效果的情况下进行以取得真实值。$FEV_1>80\%$ 预计值时不需进一步评估即可行全肺切除术，$FEV_1>1.5L$ 可行肺叶切除术。但如果患者有间质性肺病或者活动后呼吸困难，应检查 DLco。DLco<80% 预计值者术后肺部并发症增加，DLco<60% 则死亡率增加。所以，患者 $FEV_1<80\%$ 预计值或 DLco<80% 预计值应作进一步检查。

二、麻醉前准备

对胸科手术的病人，除一般的麻醉前准备外，重点应放在改善肺功能或心肺功能方面。

1. 停止吸烟　停止吸烟 4 周以上一般可获得较好的效果。气道分泌物减少，激惹性降低，支气管上皮纤毛运动改善。术前停止吸烟 24～48 小时达不到上述目的，但可降低血中碳氧血红蛋白含量，通过血红蛋白氧离解曲线右移而有利于组织对氧的利用。术前至少应停止吸烟 24～48 小时。

2. 控制气道感染，尽量减少痰量　抗生素的应用最好是根据痰液细菌培养及药物敏感试验的结果采用，一般也常采用术前预防性给药。术前尽量减少痰液是一项非常重要的措施，因为痰液可增加感染、刺激气道甚至造成气道阻塞或肺不张等。控制气道感染固然是有效地减少痰量的措施，但更重要的是鼓励病人自行咳痰。使黏稠的痰液易于咳出的办法是使痰液适当地湿化，常用的方法有热蒸气或加用药物雾化吸入，加强液体口服，必要时进行输液等。应用稀释痰液的药物其效果不一定可靠，且可增加气道的激惹性和其他副作用。对咳嗽乏力的病人常需用叩打背部的方法使痰液松动，助其咳出。对支气管扩张及肺脓肿等分泌物量大的病人，则常需采用"体位引流"的方法排痰。在排痰方面应重视物理疗法的作用。

3. 保持气道通畅，防治支气管痉挛　对有哮喘征象或正处于哮喘发作期中的病人应控制其发作。对有气道反应性（激惹性）增高的病人，如有哮喘史、慢性支气管炎或气道仍有某种程度感染的病人，应警惕在围术期各种对气道的刺激均可诱发严重的支气管痉挛。除对有感染者应予控制感染外，常用的解除痉挛或支气管扩张药有：①茶碱类药物，主要为氨茶碱（有缓释制剂）。②肾上腺糖皮质激素，常用气雾吸入剂，亦有经全身给药者。③非激素类气雾吸入剂，如色甘酸钠，其作用机制尚不完全明了。常用于小儿的开始治疗，或用于撤除或减少肾上腺皮质激素的用量。④β_2-肾上腺受体激动药，有口服及气雾制剂。如应用后出现心动过速，可采用四价抗胆碱能药异丙托溴铵（ipratropium bromide）。

4. 锻炼呼吸功能　术前鼓励并指导病人进行呼吸功能的锻炼十分重要，有利于减少术后的肺部并发症。例如可进行"吹气"锻炼、健侧胸部呼吸训练（病人自己手压患肺相应部位的胸部，然后用力呼吸）、侧卧位呼吸训练等。对病人还应进行术后增强咳嗽、咳痰动作的训练，即让病人预习以手按预定手术部位用力咳痰的动作，使病人能适应手术后的情况，并有相应的思想准备。

5. 低浓度氧吸入　对某些低氧血症病人或未达诊断标准而 PaO_2 偏低者，可经鼻塞或鼻导管给予氧吸入，必要时可经面罩给氧。

6. 应注意对并存的心血管方面情况的处理。

第三节　胸科手术麻醉的特点与处理

胸科手术的剖胸和侧卧位对呼吸和循环带来一系列的不良影响，加上胸腔又是一个内感受器十分丰富的体腔，这些感受器主要分布在肺门、主动脉弓部、膈以及肋间神经分布的胸壁部位,手术的强烈刺激常可引起应激反应的加剧。一些肺部手术又容易引起肺内感染的扩散或气道梗阻以致窒息。胸科手术麻醉的特点便体现在如何解决这些问题上。胸科手术的麻醉对麻醉管理特别是呼吸管理有较高的要求,必须维持呼吸道通畅,并有较深的麻醉深度,尽可能避免低氧血症和高二氧化碳血症。胸腔内手术以气管内特别是支气管内全身麻醉为安全。也可将胸段硬膜外间隙阻滞或胸椎旁神经阻滞与全麻联合应用。

一、胸科手术麻醉的基本要求

(一) 消除或减轻纵隔摆动与反常呼吸

纵隔摆动与反常呼吸可严重干扰呼吸、循环功能。如果麻醉偏浅或手术操作刺激相对强烈,在病人有自主呼吸的情况下就会出现剧烈的纵隔摆动,而反常呼吸的程度与摆动气量的大小和气道阻力成正比;所以要消除或减轻纵隔摆动与反常呼吸首先就应保持呼吸道通畅和有适当的麻醉深度,其次是管理好呼吸。临床上一般采用静吸复合全麻或静脉复合全麻的方式,应用肌肉松弛药在较深的麻醉控制呼吸下开胸,基本上可克服纵隔摆动和反常呼吸的干扰。如能用局麻药阻滞肺门等敏感部位,麻醉会更加平稳。

(二) 避免肺内物质的扩散

剖胸后的肺萎陷及肺部手术操作均可将肺内病灶处的分泌物、脓液挤压到气管内甚至对侧的总支气管内;在手术操作过程中特别是切断支气管时,痰、血可经断端流入同侧健肺或对侧支气管内。这些均可引起感染的扩散以及气道的阻塞或肺不张。如果脓、血、分泌物的量大,情况就更为严重。例如肺脓肿、支气管扩张症或原有大咯血史的病人,大量脓、血涌入气道可以造成窒息。避免肺内物质扩散的原则是,凡能吸除的物质必须尽量吸除干净,不能吸除者则利用体位或分隔、堵塞等办法使其不致扩散。因此在麻醉过程中及时进行呼吸道内的吸引至关重要。进行呼吸道内吸引时应注意:①如麻醉偏浅,应适当加深麻醉;②每次吸引时间一般在成人不宜超过 10 秒,如需再次吸引应在吸引间歇期内吸氧,以免发生急性缺氧造成严重后果;③吸引负压不应超过 $25cmH_2O$,吸引管外径不超过气管导管内径的 $1/2$,吸引操作应符合无菌要求;④吸引要及时。对肺内分泌物多的病人,吸引更应配合麻醉及手术操作来进行,即在分泌物有可能自脓腔或支气管流出时均进行吸引。一般来说,在气管内或支气管内插管后、体位由仰卧改侧卧位后、开胸肺萎陷后、挤压病灶后均进行吸引。如呼吸道有"痰鸣音"应及时进行吸引。

对肺内物质扩散可能性较大的病人,一般均行支气管内插管进行双侧肺隔离和健侧单肺通气,以防止健侧肺被污染并保持健肺呼吸道通畅。即使如此,残留于支气管断端内的物质仍可随支气管导管的拔出而逸入气管或对侧支气管内。因此,在患侧支气管切断后最好由术者经断端进行吸引清除。必要时应进行纤维支气管镜检查、吸引,以免发生急性窒息或肺不张。

(三) 保持 PaO_2 和 $PaCO_2$ 于基本正常水平

剖胸手术均是在剖胸侧肺部分萎陷或萎陷的情况下进行手术,肺内分流量增加,导致肺静脉血掺杂,可出现低氧血症。如行单肺通气,这种情况更为明显。故无论作气管内全麻还是行单肺通气,呼吸管理的任务之一都是要尽量缩小 V_A/Q 比值的失调。①一般在手术全程均吸入大于 50% 浓度的氧,潮气量以 $8 \sim 10ml/kg$ 为宜,过低则有可能出现卧侧肺部分萎陷。由于剖胸后卧侧肺及胸廓顺应性均降低,吸气正压应稍高于非剖胸手术病人。稍高的吸气正压有

助于改善 V_A/Q 比值,防止术后肺不张。可适当加快吸入气流或延长吸气时间,以使吸入气在终末气道的分布比较均匀,增强气体交换。对于术侧肺,因其尚有部分肺血流,可能以不完全肺萎陷为宜,在不影响手术的前提下,可每小时定时使塌陷的肺膨胀数次,对于减少术中、术后的低氧血症和预防术后肺不张均有益处。手术侧萎陷肺也可应用持续气道正压通气(CPAP)以预防低氧血症。②注意保持生理范围内的 $PaCO_2$ 水平。如出现 $P_{ET}CO_2$ 或 $PaCO_2$ 增高,不宜增大潮气量,因潮气量过大可增加卧侧肺的气道压及肺血管阻力,从而增加肺血流向剖胸侧肺的分布。可适当增加每分钟的通气频率,即增加每分钟通气量来降低 $PaCO_2$,但亦不宜过度通气致 $PaCO_2$ 明显降低造成呼吸性碱中毒。

在有关监测方面,血气分析是需要的,但 $P_{ET}CO_2$、SpO_2 及气道压力的反映更为及时。

(四) 减轻循环障碍

剖胸后该侧胸腔内负压消失,腔静脉的回心血量即减少,心排血量也相应减少。如欲维持腔静脉术前的回心血量和心排血量,就需要适当增加输液量和维持稍高的中心静脉压(接近于术前)。故对于剖胸手术的病人除应考虑禁食的影响外,还应注意剖胸这一因素,在胸腔剖开前适当较快输入一定量的液体。至于输入的量和速度应根据病人的心脏情况,宜在有中心静脉压监测的情况下进行。此外,胸科手术麻醉的病人均采用间歇正压通气,如正压过大将影响腔静脉血回流;如麻醉偏浅、呼吸管理不当,剖胸后出现纵隔摆动,也会使腔静脉回流受到间歇性的阻碍,致回心血量下降。故为消除剖胸所带来的循环障碍,还必须麻醉深度适宜,呼吸管理得当。

剖胸手术时,体液和血液的丧失常较一般手术多。因胸腔蒸发面积大,手术创面往往较大,故失液较多。失血则因手术而异,多数情况下可能失血较多,特别是在胸膜有慢性炎症粘连或再次手术的病例。对失血、失液应进行合理的估计。特别要注意胸腔的深在部位可能有血液蓄积而未察觉,或血液经敞开的对侧胸膜进入对侧胸腔导致估计失误。应重视对血流动力学的监测,作出合理的判断。对估计失血较多或病情较重的至少应作中心静脉压监测。血液适当稀释和一般的输血原则也同样适合于胸科手术病人。对全肺切除的病人,因术后心脏输出的血液全由一侧肺通过,肺血管床骤然大量减少,宜采取减量输血的原则,在病肺循环钳闭后,输液、输血即应减速、减量,以免发生急性肺水肿。胸腔镜手术时因胸腔蒸发失液较少,加上单肺通气时,健侧肺血流量增大,所以应适当控制输液速度。

(五) 保持体热

胸腔剖开后,体热的丧失远较腹腔手术时多。对术时较长的病例特别是小儿病人,应注意体温监测。如有条件,可用变温毯保温,用加热器加温输血、输液。胸腔镜手术时因胸腔暴露面积小,体热丢失比剖胸手术少。

二、单肺通气

单肺通气指胸科手术病人经支气管导管只利用一侧肺(非手术侧)进行通气的方法。由于支气管导管的改进,对单肺通气所引起的生理改变认识的深入,以及必要时利用纤维支气管镜进行协助定位,单肺通气的安全性及成功率已明显提高。目前支气管内麻醉的应用范围已经大大扩展,除用于肺内分泌物多、肺脓肿、大咯血("湿肺")、支气管胸膜瘘等病人外,还常规用于胸腔镜、食管、肺叶切除、全肺切除等手术以方便手术操作,防止两肺间的交叉感染。

单肺通气的器具有:①双腔支气管导管(double-lumen tube,DLT)。是单肺通气最常用的首选肺隔离技术。但 DLT 有其局限性,如困难气道,身材矮、声门小的女性患者 DLT 不能通过声门进入气管,气管支气管明显偏移的患者 DLT 不能到达正确位置。当患者不能应用 DLT 时,可选用支气管阻塞器和单腔支气管导管。②支气管阻塞器。常用的有 Univent 和 Arndt 阻塞器,其基本结构是前端带有一套囊的较长的中空管,套囊用于阻塞患侧(肺萎陷侧)主支气管或叶支气管,中空管用于抽痰或抽气(以加快患侧肺萎陷),也可用于萎陷侧肺 CPAP。一般先插入内径足够大的单腔气管导管,支气管阻塞器通过单腔管进入气管和患侧主支气管。全肺切除病人禁用支气管阻塞器,因手术在患侧主支气管操作时会引起支气管阻塞器错位和套囊破裂。③单腔支气管导管。当某些病人不能选用 DLT 和支气管阻塞器时,如困难气道需行全肺切除的患者,可直接将单腔支气管导管插入通气侧主支气管。因无适合各种年龄小儿的 DLT 和支气管阻塞器,可将合适大小的小儿气管导管插入通气侧主支气管行单肺通气。以上三种单肺通气器具应尽量在纤维支气管镜下定位或调整位置。

(一) 单肺通气的生理变化

进行单肺通气时,非通气侧肺完全萎陷,但仍接受部分来自右心室的心排血量,产生肺内分流。在通气侧肺则由于重力作用而接受大部分的肺血流并接受全部的通气量。由于体位等影响,通气侧肺也可能仍有部分肺组织通气/灌流比值失调。尽管通气侧肺的通气量和肺血灌流量均增加,但不可能使 V_A/Q 比值完全趋于正常。在单肺通气时全部肺内分流量可达 20% ~40% 。肺内分流量增加导致肺静脉血掺杂可产生低氧血症。肺内分流量的大小首先受到萎陷侧肺缺氧性肺血管收缩(HPV)的影响。萎陷肺产生缺氧性肺血管收缩可减少血流进入萎陷肺,使较多血流进入通气侧肺,这样可使 V_A/Q 比值失调得到一定缓解。据研究,如果 HPV 作用发挥正常,肺内分流量约为 20% ~25% 。但吸入性麻醉药、血管扩张药等均可抑制 HPV,静脉麻醉药一般则无此作用。其次,如萎陷肺是正常的健康肺组织则肺内分流量较大;如为病变肺,则由于已有不同程度的肺血管阻力增加、肺间质损害,则肺血流减少,故于单肺通气时其 V_A/Q 比值失衡较轻,肺内分流量较小。

在进行单肺通气时,一般认为 PaO_2 67.5 ~70mmHg 是可以接受的低限。SpO_2 不能低于 90% ,更安全的范围是 SpO_2 不能低于 95% 。

(二) 单肺通气时的呼吸管理

为减少单肺通气时低氧血症的发生,麻醉时应注意以下事项:

1. 尽可能采用双肺通气,在取得术者配合的情况下尽量缩短单肺通气时间,因单肺通气时间越长,肺(特别是萎陷肺)损害越重。

2. 单肺通气的潮气量应维持在 8 ~10ml/kg,过低可致通气侧肺萎陷,过高则可致非通气侧肺血流量增加。当潮气量为 6 ~7ml/kg 时,建议萎陷侧肺给予持续气道正压(continue positive airway pressure,CPAP)或通气侧肺加 PEEP 3 ~5cmH$_2$O。潮气量 6 ~7ml/kg 时纵隔易沉向健侧,使心脏和大血管不同程度扭曲,回心血量和心排血量均减少,导致血压下降,氧饱和度下降。此时应膨肺,使通气侧肺充分复张,同时加大潮气量至 8 ~10ml/kg。在排除机械性梗阻的前提下,如果气道压明显提高则需要增加呼吸频率,减少潮气量。

3. 应调整呼吸频率使 $PaCO_2$ 维持于 37 ~40mmHg,避免过度通气和高二氧化碳血症。一般通气频率约较双肺通气时增加 20% 。

4. 应监测 SpO_2 和 $P_{ET}CO_2$,进行血气分析,同时监测气道压力。当气道峰压>30cmH$_2$O 时,应考虑插管过深,左上或右上肺叶开口部分或全部阻塞,也可能是支气管内痰液或肺顺应性减退导致气道压力增加。

5. 如发现 PaO_2 下降或低氧血症,其处理包括:

（1）首先用纤维支气管镜检查并重新调整双腔支气管导管位置。单肺通气后 SpO_2 降低，最常见的原因是双腔支气管导管错位。

（2）将吸入氧浓度提高到100%，如麻醉用了氧化亚氮，应立即停止使用。

（3）检查有无操作不当、麻醉机有无故障、纵隔是否沉向健侧肺、血流动力学状态是否稳定等，作相应的纠正；并对支气管内进行吸引，清除分泌物。

（4）如经以上处理仍无改善，可酌情使用以下措施：①先改善上肺（非通气肺）的 V_A/Q 比值。有多种办法，如经该侧总支气管置入细管进行高频喷射通气；或用另一 Mapleson 环路以 $5\sim10cmH_2O$ 压力作 CPAP 以改善氧合。②如果上述效果不佳，可再采用通气侧呼气末正压通气（PEEP），也可一开始就行通气侧 PEEP 以改善 V_A/Q 比值，但压力不宜过高，以免更多的血被驱入非通气肺。PEEP 值以不超过 $5cmH_2O$ 为宜，最多不超过 $10cmH_2O$。进行通气侧肺 PEEP 时可结合进行改善非通气肺 V_A/Q 比值的有关措施。③若前述处理无效，SpO_2 明显降低，应通知术者进行双肺通气，至情况好转后再让术侧肺萎陷。以后可能需间断定时双侧肺通气才能完成手术。④如低氧血症持续存在，术者可压迫或钳夹术侧肺动脉或其分支以改善 V_A/Q 比值。从以上可以看出，处理的原则不外乎减少非通气侧的肺血流（减少肺内分流）和避免通气肺的肺不张或肺泡顺应性降低。对个别氧合极度障碍的病人，结合进行心肺部分转流可能是改善氧合的唯一方法。在术前肺功能正常的病人，如果双腔支气管导管位置正确，潮气量达到 $8ml/kg$，呼吸道痰液少，那么单肺通气期间一般不会发生低氧血症。

6. 在由单肺通气恢复至双肺通气时，应先进行手法通气，并适当延长吸气时间使萎陷的肺组织膨胀。

第四节　常见胸科手术的麻醉处理

一、肺 部 手 术

目前大部分的肺部手术在胸腔镜下进行，也有部分病人需剖胸。关于胸科手术的麻醉特点前已述及，基本原则是一样的，只是病情、手术不一样，在具体要求上有所差别。剖胸手术现均用全麻，多采用静脉快速诱导的方式进行支气管内插管，根据情况用静吸复合麻醉或全凭静脉麻醉维持。这类病人有可能出现大量的输液、输血情况，故必须保证有安全、通畅、能进行快速输注的静脉通路。在监测方面，心电图、心率、动脉压、SpO_2 和气道压力是基本的。手术多采用侧卧位，如间断测压的袖套置于卧床侧上肢，则由于受压等因素其数据不一定可信。大部分病人特别是情况差，有大失血可能和预计术中将可能牵拉纵隔者，以动脉直接测压为宜。单肺通气后应做血气分析。对大的手术应监测中心静脉压和尿量，对小儿或术时长的病人宜监测体温。

在改变体位时应注意避免因体位安放不当致上肢神经受损或下肢受压损伤。在改变体位前应检查麻醉深度是否合适，并作适当调整。在改变体位后最好用纤维支气管镜检查双腔支气管导管是否仍处于正确位置，如有问题应及时调整，避免支气管导管堵塞左上或右上肺叶开口。

在关胸前应注意以 $20\sim40cmH_2O$ 气道压测试支气管断端缝合处是否漏气，并在直视下将萎陷肺重新膨胀，在关胸接上水封瓶后应继续通过间歇正压将残留在胸腔的气体、血水等排出，让肺更好地膨胀。

必须在达到拔管标准和术后已无机械通气支持的必要时，才能拔除气管导管或支气管导管，拔管前应将气道内分泌物尽可能抽吸干净。有一部分病人术后则需一定时间的通气支持。这类病人术毕将双腔支气管导管更换成气管导管对术后气道管理更有利。

对所有术后病人均需给予一段时间的氧吸入,应注意气道的湿化、胸部物理治疗和鼓励咳嗽等以减少肺部并发症。合理的术后镇痛(包括病人自控镇痛,PCA)也有助于减少肺部并发症。

(一) 肺叶切除(包括肺段、楔形)

需施行肺叶切除术的病人多为肺肿瘤、支气管扩张症、肺脓肿、肺囊肿、肺大疱和肺结核等。因其肺组织切除范围较局限,切除后对呼吸和循环的影响可能较小。手术可能较容易,但也可能很困难,可因肿瘤侵犯和慢性炎症或胸膜粘连而导致大量失血。

慢性肺脓肿、支气管扩张症、肺囊肿或囊内已有感染、肺结核大咯血等病人,在麻醉前虽经治疗但在病灶内仍积存有大量脓痰、血液和分泌物,亦即所谓"湿肺"病人,在术中特别是挤压病肺时可能涌出大量脓痰、囊液或血液。对这类病人应特别注意预防肺内物质的扩散和保持呼吸道的通畅,一般均需插双腔支气管导管将病肺与健肺隔离。麻醉中要特别注意:①诱导必须平顺,避免呛咳致大量肺内物质涌出堵塞呼吸道;②注意结合手术步骤及时吸引气道内分泌物或脓血,包括切断支气管前,整修支气管残端后、观察支气管残端有无漏气前等。

对肺大疱的病人,麻醉处理应注意:①对肺大疱中已有积液或感染者宜作双腔支气管导管插管;②如麻醉前肺大疱已破裂,应先作闭式引流后再开始麻醉诱导;③进行麻醉诱导直至开胸前应警惕肺大疱可能破裂,作间歇正压必须用较低的压力,IPPV 即是造成其破裂的危险因素;④麻醉中应避免使用氧化亚氮。因为其有扩大闭合腔体积的作用,可增加肺大疱破裂的危险。一旦肺大疱破裂即可造成张力性气(水)胸,如未能及时引流而继续加压通气,可加重呼吸、循环障碍,甚至发生心脏停搏。

(二) 肺切除术(一侧全肺切除)

肺切除术的对象主要为肺恶性肿瘤或肺严重感染病人。其病理生理改变及手术创伤程度均较肺叶切除者大。一侧肺组织被全部切除后,只余下健侧肺进行通气和气体交换,如病肺原来已几无功能则手术引起生理改变较小。这类病人可能病情较重,对手术和麻醉的耐受能力较差,胸腔也可能粘连较多,手术出血多,应予重视。在麻醉处理上要注意:①选用双腔支气管导管(DLT)插管,且 DLT 的支气管导管必须插入健侧主支气管。在不能应用 DLT 的病人,可应用单腔支气管导管插入健侧主支气管进行单肺通气。②术前特别注意肺功能的评估。③尽量缩短单肺通气时间。④缝闭胸腔时应在术侧胸腔内灌注适量的等渗盐水等液体,以防纵隔移向术侧。关胸后最好能在 X 线透视下检查纵隔是否位于中线,根据情况增减胸腔内液体量,同时观察健肺膨胀情况。⑤胸腔引流管置于前胸上部,禁用负压吸引引流装置。⑥一侧肺切除后,周身血液均流经仅存的肺循环,输液、输血量均应适当控制,否则易出现肺水肿。

(三) 支气管胸膜瘘

支气管胸膜瘘可由于外伤、肿瘤、肺内脓腔破裂、术后支气管残端或吻合处破裂所致。此类病人几乎均有胸膜腔内感染液体聚积,病人情况可能很差,肺功能也可能严重受损,健肺处于被胸腔感染液体污染的危险之中。如给予正压通气,则气体可经胸腔引流处逸出而较少作用于肺泡;如引流不畅,则可因胸膜腔内压增加致感染液被挤入气管支气管系统造成肺部感染。诱导时一般采用先让病人充分吸氧,静脉快速诱导,用短效肌松药如罗库溴铵,插入双腔支气管导管,健肺行单肺通气。对那些不能插双腔支气管导管的病人(如小儿、解剖异常者),可选择支气管阻塞器或通气侧支气管内单腔插管。

二、食管手术

食管手术中最常见的为食管癌根治术,其他病种有食管平滑肌瘤、食管裂孔疝、食管良性狭窄、胸内食管破裂及穿孔、食管呼吸道瘘等。这些病人都有因进食问题而引起的营养不良和一般情况差的特点。

食管癌病人由于食管腔变小、吞咽困难,长期进食不良可致代谢异常甚至器官功能改变。如可有脱水、血容量不足和电解质紊乱。也可能还有低蛋白血症和缺铁性贫血。个别病人可能已出现肾前性氮质血症。食管癌病人又多为老年人,这些都增加麻醉和手术的风险。食管癌病人多有在梗阻部位以上食管的扩大和食物残留,极易发生误吸性肺炎和肺不张。麻醉前用粗管吸除食管内残存物质可减少误吸的危险。有些病人可能术前已进行了化学治疗或放射治疗。化疗的常用药物有阿霉素(adriamycin,doxorubicin)和博莱霉素(bleomycin),这些药都有副作用,特别是对器官的毒性不容忽视。阿霉素除抑制骨髓外,其最严重的毒性反应为心脏毒性。可发生急性的心律失常或与剂量有关的心肌病变,总剂量<550mg/m^2 时心力衰竭发生率为 0.1% ~0.27%,总剂量>550mg/m^2 时则反应发生率从 0.4% ~9% 升高到 30%。年龄在70 岁以上者心脏毒性发生率也明显增高。博莱霉素常用于鳞癌治疗,可发生肺部毒性反应,主要表现为肺炎样症状及肺纤维化,术后有发生急性呼吸窘迫综合征(ARDS)的危险。总剂量<400~500U 时发生率较低,高于 500U 则肺部毒性发生率明显增高;年龄超过 70 岁者比 70岁以下者肺毒性发生率约增高 1 倍,为 14.5%;如与放射疗法并用,更增加其肺毒性。而放射治疗本身也易并发心包炎、肺炎、出血、脊髓炎及气管食管瘘。麻醉前必须考虑这些治疗可能引起的并发症。

食管裂孔疝病人由于食管下段括约肌张力低,易于出现胃内容物反流。如已有吸入性肺炎应先行治疗。为防止反流、误吸,可给予 H$_2$ 受体阻滞药抑制胃酸分泌,也可选用液体抗酸药如枸橼酸钠口服与 H$_2$ 受体阻滞药交替应用。但应注意勿用固体抗酸药,以免误吸造成更大危害。胃肠动力药甲氧氯普胺(胃复安)10~20mg 静脉注射,可在 3 分钟左右起效增强食管下段括约肌张力,有利于防止反流。抗胆碱药则可降低食管下段括约肌张力。

胸内食管破裂及穿孔可因疼痛出现低血压、冷汗、呼吸急促、发绀、皮下气肿、纵隔气肿、气胸及液气胸等,食管造影可确定部位。对这类病人麻醉前即应进行抗生素治疗,静脉输液,给氧,维持循环功能。如穿孔在食管上半段,准备右侧开胸。如穿孔在下半段则准备左侧开胸,如病人体弱难以耐受剖胸手术,可在颈部分离行颈部食管造口,剩余食管经腹切口分离并行胃造口术以便经胃肠营养。

对食管手术病人的麻醉处理应注意:

1. 现代食管癌手术也大多在胸腔镜下完成,即使开胸手术,外科医师也要求单肺通气,使开胸侧肺萎陷以利于暴露手术野。因食管远离肺门,故手术操作不会影响到主支气管,所以食管癌根治术可首选支气管阻塞器行肺隔离技术,术毕拔除支气管阻塞器,留置单腔导管在气管内,术后可继续行机械通气。

2. 由于食管手术病人易发生反流、误吸,所以全麻诱导插管时应由助手压迫环状软骨堵住食管出口。如有食管呼吸道瘘,则在作气管内插管前应尽可能维持自主呼吸,避免用正压通气,以免气体经瘘口进入消化道造成腹胀影响呼吸、循环甚至造成心脏停搏。

3. 因食管切除术常将胃提至胸腔,故最好不用 N$_2$O,以免胃胀气影响呼吸功能干扰手术操作。

4. 病人可因血容量不足、失血或手术操作压迫上腔静脉或牵拉刺激心脏等引起低血压、心律失常等血流动力学变化,应及时告知术者并作处理。由手术操作所致者应暂停手术,情况可迅速改善。术中亦可能破坏对侧胸膜,如裂口很小而引起张力性气胸,可将对侧胸膜裂口扩大,以便对侧肺通气。由于已形成双侧开胸,关胸时应注意将对侧胸腔内液体及血液吸出。

5. 如食管癌手术行淋巴结广泛清除术,肺淋巴回流能力丧失,易于发生肺水肿,应控制输液。

6. 如并有食管呼吸道瘘,瘘管多与气管或左主支气管相通。可用双腔支气管导管先作右侧单肺通气,如发现胃膨胀或潮气量下降说明瘘在右主支气管,应改作左侧单肺通气。如用气管内插管行双肺通气,应经鼻插入胃管引流。瘘管缝合后应尽快恢复自主呼吸,术后如需呼吸支持可用气道内压较小的高频喷射通气。

7. 一般术后应保留一段时间气管内导管以防误吸,且便于吸痰和管理呼吸。

三、纵 隔 手 术

纵隔手术主要为纵隔肿瘤的切除,其麻醉处理与一般胸内手术相似。目前大部分纵隔肿瘤切除术也在胸腔镜下进行,需单肺通气。肿瘤大需胸骨正中切口开胸的病人可行气管内单腔插管。纵隔肿瘤对麻醉的影响主要决定于其压迫或累及重要器官或血管的情况。麻醉注意事项如下:

1. 对纵隔肿块压迫呼吸道的病例,麻醉前应行 X 线、CT 或纤维支气管镜等检查,了解气道受压情况和部位,测定狭窄处的管径,估计其至切牙的长度。选用有足够长度和硬度的气管导管,必要时可采用管壁带有细金属丝、尼龙丝螺旋形支架的导管。如气道受压较严重,以作清醒气管内插管或保持自主呼吸下作气管内插管为安全。插入深度最好能超过受压部位。此类病人可能有气管壁软化,应警惕术毕气管导管拔出后出现气管萎陷。有些病人自己知道采取何种体位气道受压最轻,此一体位可供作气管内插管或麻醉诱导时的参考。

2. 对于上腔静脉受压梗阻的病人,应注意其严重程度。此类病人可因气道内静脉怒张而出现呼吸困难、咳嗽、端坐呼吸等,亦可因颅内静脉压增高影响神志。气管内插管时如损伤怒张的静脉可致气管内出血。对上腔静脉梗阻严重者可先行纵隔放射治疗以减轻症状,麻醉时应取半坐位以减轻气道水肿,气管内插管操作应尽可能轻柔。纵隔肿瘤如压迫肺动脉可致肺血流降低、心排血量减少,有时在麻醉诱导后可出现严重发绀。

3. 在作气管内插管后应注意在用肌松药后、体位改变后及手术操作中肿块压迫气管、支气管或心脏大血管的情况,对术中加重者可请手术助手托起肿物以减轻压迫。对严重气道梗阻不能缓解或发绀不能减轻时,立即采用股动静脉部分转流方式的体外循环,以解决氧合问题可能是唯一的办法,对此需有所准备。

4. 某些纵隔肿瘤如畸胎瘤、气管囊肿或其他恶性肿瘤可能侵及呼吸道,为避免麻醉中瘤体内容物侵入呼气道,以用肺隔离技术分侧通气为宜。有些肿瘤较易发生继发感染,应警惕纵隔炎症的存在。

5. 纵隔手术可撕破单侧或双侧胸膜,应注意呼吸管理,此外也应作好应付术中大出血的准备。

6. 胸腺瘤 10%～50% 合并"重症肌无力"症。需手术治疗者为周身肌无力型。其主要病变在横纹肌运动终板处存在形态及生化的异常改变,术前一般已接受胆碱酯酶抑制药的治疗,麻醉前最好将口服改为肌内注射并观察其效果以作麻醉中应用的参考。对这类病人最好避免应用肌松弛药,强力吸入麻醉药恩氟烷、异氟烷、七氟醚均有肌松作用,常可避免肌松药的使用。如需使用肌松药,琥珀胆碱可较早出现 II 相阻滞;对非去极化肌松药敏感,可选用短时效肌松药并酌减剂量。部分病人术后需人工通气支持或继续用抗胆碱酯酶药。有人提出以下记分方法,以估计病人术后可采用的呼吸方式。①重症肌无力病史≥6 年,记 12 分;②有慢性呼吸系统病史者,10 分;③溴吡斯的明剂量>750mg/d,8 分;④肺活量<2.9L 者,4 分;总分为 34 分。总分<10 分者术毕可拔除气管导管,总分达 12～14 分或以上者需机械呼吸支持。

四、气管重建术

气管重建术主要用于气管内肿物切除,也用于各种原因引起的气道狭窄以及外伤引起的气管创伤。这类病人均有程度不等的呼吸困难或气道梗阻的表现,应如其他胸科手术病人一样进行仔细的麻醉前评估,特别要注意其呼吸困难的程度、通气功能测定和血气分析的结果、病变的性质、气道梗阻的部位、狭窄的程度等。纤维支气管镜检查对这类病人具有特别重要的意义,比影像诊断更为直接,有利于准备合适的气管导管。

手术时宜行桡动脉直接测压以便于及时监测动脉血气。由于右侧无名动脉横跨气管,手术操作时容易使其受压,故以行左侧桡动脉置管为宜。

气管重建术麻醉的关键是要保持呼吸道通畅和保证气管病变切除及重建过程中的肺通气和气体交换。

麻醉的诱导方法取决于气道梗阻的程度。对气道梗阻不明显的可进行常规的静脉快速诱导。对有明显气道梗阻者可先用面罩吸入高浓度氧及排氮(去氮),然后用强效吸入麻醉药进行吸入麻醉诱导,多可维持足够的气体交换。也可用右旋美托咪啶配合完善的气道表面麻醉进行气管内插管。从理论上虽可考虑清醒气管内插管,但由于其可引起病人不适及挣扎,有时不宜用于已有明显呼吸困难的病人。能合作的清醒病人可用小儿纤维支气管镜将利多卡因滴注到声门和气管内,以产生完善的表面麻醉,并可在小儿纤维支气管镜引导下将合适大小的导管推入气管内。必要时还可在小儿纤维支气管镜的协助下,使气管导管越过狭窄或肿瘤所在部位,但不宜勉强,以免肿块碎片脱落或出血。一旦发生应立即吸引,也可减浅麻醉让其自行咳出,必要时用纤维支气管镜取出。气管导管虽未能通过狭窄部位而置于其上方,但如套囊已处于声门下,仍可借正压通气改善病人的通气情况。如气管导管套囊因导管受阻不能进入声门下,无法密闭气道,而气道狭窄部位管径又很小,可经气管导管插入直径 2～4mm 的硅塑管越过狭窄处进行高频喷射通气。如颈部气管病变发生窒息,可先行气管造口再行麻醉诱导较为安全。对某些气道梗阻严重、气管插管无法越过梗阻部位,虽然已在梗阻上端作气管内插管行加压给氧,但仍不能改善其氧合状态者,可能需结合进行短时间的股动静脉部分转流,以改善氧合及 CO_2 排出。为减少肝素引起的出血危险,可应用低分子量肝素(分子量在 6000 道尔顿以下)。

对于上段气管重建术,如气管导管越过病变部位,在病变部位切除后应将气管导管退至吻合口近端,套囊充气后加压测试吻合口有无漏气。如气管导管不能越过病变部位,位于其近端或需作气管袖状切除,则在术者的配合下,在切断病变远端气管后,迅速将备好的无菌气管导管插入远端气管并将套囊充气,连接于另一台麻醉机进行通气。在切除病变气管后先端端缝合气管后壁,然后拔除位于吻合口远端的气管导管,同时将原经口插入的气管导管插入吻合口远端气管内,将套囊充气用原麻醉机进行通气及麻醉。待气管前壁缝合毕将气管导管退至缝合口近端,并测试缝合口有无漏气,同时使头前屈以减少缝合口张力。

行气管下段重建术时,如病变部位气管能容纳,可用双套囊支气管导管越过病变部位插入左主支气管进行单肺通气。待病变部位切除缝合后,再将支气管导管退至气管缝合口以上(近端)测试有无漏气。如预计支气管导管不能越过狭窄处,也可将导管置于病变上方,在切断气管远端后将另一无菌气管导管插入左主支气管进行单肺通气。在切除病变、端端缝合气管后壁后,拔除经术野插入的气管导管,再将原支气管导管深插入左主支气管,并分别将支气管及气管套囊充气,维持通气及麻醉。待气管前壁缝合好后再将支气管导管退至气管缝合口近端,测试有无漏气。

如行气管隆嵴切除术,在切除隆突后需将气管与左、右主支气管分别进行端端吻合及端侧吻合。可先插入支气管导管至气管内,待切断左主支气管并将无菌气管导管插入左主支气管远端,用另一麻醉机行左肺通气后,再行剥离及切除隆突病变,将右主支气管与气管行端端吻合,再将原经口支气管导管插入右主支气管进行通气,再在气管壁造口与左主支气管进行端侧吻合。最后将导管退至吻合口近侧测试有无漏气。

关于行单肺通气时可能出现低氧血症的处理办法见前述。在气管重建术中,一些单位常采用于非通气侧肺作高频喷射通气的办法。

术后病人应保持头屈位以减轻气管缝合处张力。为避免气管导管拔出后出现意外需重行插管,拔除气管导管的操作应在手术室内进行。术后需注意病人气道分泌物的吸引,必要时可利用纤维支气管镜进行吸引。

(郭曲练)

第十八章 心血管手术的麻醉

心血管手术包括心脏疾病和血管疾病手术,根据其发病原因可分为先天性和后天性疾病两大类。心血管疾病的病情复杂多变,手术所涉及的心脏及大血管又是人体最重要的循环系统,手术死亡率和严重并发症的发生率显著高于无心血管疾病者。麻醉医师必须对心血管疾病相关的病理和病理生理学变化、药理学、手术方式、体外循环技术、重症监测与治疗等有深入的了解,做好充分的术前评估和准备,熟练运用相关的麻醉原则与技术,并与心血管外科医师、心内科医师、ICU 医师通力协作,努力争取心血管手术取得最佳疗效,减少麻醉意外和术中、术后并发症。

第一节 麻醉前评估与准备

一、麻醉前评估

心血管手术患者麻醉前评估时,麻醉医师应在常规麻醉前评估的基础上,更全面了解病人心血管系统疾病的病理生理变化,评估其功能状态。

(一)病史

重点了解:①出现心脏疾病相关症状或发现心脏疾病的时间,病程经过;②是否出现过急性或慢性心、肺功能不全、休克或卒中等;③疾病发生发展过程中的治疗情况及效果;④近期正在使用的治疗药物:如 β 受体阻滞药、钙通道阻滞药、糖皮质激素、洋地黄类、利尿药、镇静药、抗血小板药等;⑤并发疾病:如糖尿病、高血压、肾脏疾病等;⑥术中拟实施经食管超声心动图监测的患者,术前应常规排除食管及相关疾病。

(二)体检

除常规项目外,应检查四肢动脉血压、脉搏、皮肤与黏膜颜色和温度、杵状指(趾),儿童发育与合作程度,要注意心脏和双肺听诊,有无颈静脉怒张、呼吸急促、肝大、腹水、周围性水肿等慢性心力衰竭表现。

(三)心功能分级及危险因素计分

见第二章第二节 全身情况和各器官系统术前评估。

(四)特殊检查

1. **心电图和24小时动态心电图** 可检测心率、心律,发现有无心律失常、心肌缺血,是常用的检查手段。
2. **X线胸片** 可显示心脏大小、心胸比、肺血多少及肺水肿等。

3. **超声心动图** 是广泛应用于多种心脏病的诊断技术。多种超声诊断技术的综合应用能反映心脏结构、功能及血流动力学等多方面信息。超声诊断可检测心脏瓣膜、先天畸形的种类和缺损程度、心室壁运动,并可测定血流量、射血分数等。经食管超声心动图(TEE)可更准确了解心脏结构及畸形情况,评估心脏功能;利用三维成像技术能更真实地反映心脏及血管的病理状态,有助于外科医师手术决策。

4. **心导管检查与心血管造影** 这两项技术的结合是诊断心脏复杂畸形、心脏大血管病变和(或)血流动力学异常常用的有创检查手段。如复杂先心病、冠心病冠状血管造影、主动脉瘤等的诊断和心功能的评估。

5. **心脏、冠状动脉多排螺旋 CT 成像** 利用 64 排螺旋 CT 能较为准确地诊断和筛查心脏和冠状血管疾病,其无创、高效、精确、立体的医学影像技术,在检查冠状动脉有无狭窄和心功能分析上有极大的优越性。它实现了冠状动脉的无创检查。用于老年风湿性心脏疾病和大血管疾病患者筛查冠状血管疾病意义重大。

先心病凡发绀严重、有晕厥史、终日卧床、心脏扩大、严重心律失常、高(或低)血压、肺动脉高压、心室流出道阻塞、心脏复杂畸形以及并存其他疾病者均为重症,麻醉风险增加。瓣膜病变手术病人,其手术危险性与瓣膜损伤程度、心功能及其他器官功能相关,反复发作的肺水肿、呼吸困难、疲劳、胸痛、咯血及扩大的左房和增粗的肺动脉压迫喉返神经引起的声嘶等症状均提示病人的心功能较差。缺血性心脏病人年龄大于 70 岁,女性,不稳定性心绞痛,3 个月内有心肌梗死,合并糖尿病、高血压、肾功能不全者,麻醉手术风险明显增加。

二、麻醉前准备

(一) 总的要求

除按照普通手术患者术前准备要求进行全面准备外,还应尽可能改善病人的心脏功能和全身情况,对合并症予以治疗和控制。尤其要注意精神方面的准备,减少或解除病人的焦虑和恐惧。

(二) 调整心血管治疗用药

心脏病病人术前常需用多种药物治疗,应注意这些药物对病人的影响以及这些药物之间和它们与麻醉药之间的相互作用,在术前可进行适当的调整。

1. **洋地黄类药物** 用于充血性心力衰竭、心房颤动伴快速心室率等患者,以改善心功能不全症状和控制心室率,多数患者术前不用停药。少数病人在大剂量或逾量时可导致心律失常,在低钾血症时尤甚。有逾量中毒表现者应在术前 24～48 小时或最晚在手术当天停用洋地黄类药物,可避免在术中因出现低钾血症而发生洋地黄类药物毒性反应,同时也为术中使用该类药物留有余地。

2. **β 受体阻滞药和钙通道阻滞药** 主要用于治疗缺血性心脏病、发作频繁的心绞痛、室性和房性心律失常及中至重度高血压患者。尤其适用于高血压并发心绞痛、心梗后的病人以及心率较快者。长期应用 β 受体阻滞药后,体内 β 受体密度增加,突然停药后则增多的受体对内源性或外源性激动药敏感性增加,且解除了对血小板释放血栓素(TXA2)的抑制,致血小板聚集、黏附,可加剧心绞痛发作甚至可能诱发心肌梗死。钙通道阻滞药也同样可出现撤药综合征。对已使用此类药的病人,一般不主张术前停药,必要时可根据病情适当调整剂量。

3. **抗高血压药** 术前应将高血压病人的血压控制在适当水平,除长期服用利血平类药物外,一般不主张术前停用抗高血压药物,口服制剂可用至术前半小时。

4. 利尿药 常用来治疗心功能不全、充血性心力衰竭,有症状的病人术前均需继续应用。较长时间使用利尿药可造成血容量不足和低钾。即使血清钾数值正常,体内总钾量也可有明显降低,减少量可高达 30% ~50% 。应注意补充血容量和补钾。

5. 抗血小板药物 缺血性心脏病患者通常术前都在服用单种或联合两种以上的抗血小板药物,常用药物主要有三类:①环氧化酶抑制剂,如阿司匹林,能不可逆的抑制血小板的环氧化酶,使前列腺素 G_2 和 H_2 合成受阻,从而间接地抑制血小板合成血栓素 A_2,阻止血小板的功能而发挥抗血栓作用,用于防止血栓栓塞性疾病。对血小板有较强抑制作用,术前可不停药。②磷酸二酯酶抑制剂,如双嘧达莫(潘生丁),能抑制磷酸二酯酶,阻止 cAMP 的降解,使 cAMP 增高,也能抑制腺苷摄入,使 cAMP 浓度增高。可抑制血小板的聚集和释放,与阿司匹林合用防治血栓性疾病,与华法林合用防治心脏瓣膜置换术后血栓形成,联合用药后手术前应停药 1 周。③二磷酸腺苷(ADP)与血小板 P2Y12 受体抑制剂,如氯吡格雷,能对 ADP 诱导的血小板聚集起较强的抑制作用,对胶原、凝血酶、花生四烯酸、肾上腺素及血小板活化因子等诱导的血小板聚集均有抑制作用,并可抑制血小板的释放反应,具有一定的解聚作用。择期手术前应停药 1 周以上。

(三) 麻醉前用药

1. 除严重呼吸循环功能受抑制者外,为防止或解除病人对手术的焦虑、紧张、恐惧情绪,一般都应给予有足够镇静作用的麻醉前用药。

2. 根据病人心血管病的特点用药,亦即广义的麻醉前用药。例如,对冠心病病人按需加用适量 β 受体阻滞药或硝酸酯类药;对法洛四联症患儿为防治恶性刺激(包括给麻醉前用药)后出现右室流出道急性痉挛,可静脉注射艾司洛尔(esmolol)或美托洛尔(美多心安)0.01mg/kg,对心率>80 次/分而需用抗胆碱药者,一般用东莨菪碱而不用阿托品,也可用盐酸戊乙奎醚(长托宁)。但对心率较慢者慎用盐酸戊乙奎醚。

3. 吗啡是纯阿片受体激动药,有强大镇痛作用,同时也有明显的镇静作用,并有镇咳作用。适用于其他镇痛药无效的急性锐痛,如严重创伤、战伤、烧伤、晚期癌症等疼痛。心肌梗死而血压尚正常者,应用吗啡可使病人镇静,并减轻心脏负担。应用于心源性哮喘可使肺水肿症状暂时有所缓解。麻醉和手术前给药可保持病人安静嗜睡。

(四) 麻醉监测

1. **常规监测** 除心电图、无创血压、脉搏氧饱和度监测外,温度监测是心脏及大血管手术麻醉中必需监测的内容,麻醉诱导完成后,可酌情监测鼻咽部、直肠、膀胱、食管上段及鼓膜部位,也可几个部位同时监测。

2. **有创监测** 心血管手术过程中,涉及心脏及大血管操作,血流动力学变化迅速,需要进行持续的有创监测。常用的监测措施包括有创动脉压(桡动脉、足背动脉等)、中心静脉压(CVP)、肺动脉压或肺动脉楔压(PAP、PCWP)和心排血量监测。

3. **经食管超声心动图监测** 术中应用 TEE 实时动态观察,可纠正经胸超声检查时的误诊及漏诊的病情,及时评估心脏功能、血流动力学变化、容量状况、心肌缺血。并能及时评价手术效果,如发现心内的畸形纠正不当、人工瓣膜功能异常、冠状动脉旁路移植术后局部心肌供血改善状况等。

4. **凝血功能监测** 心脏及大血管手术麻醉,由于需要进行抗凝、鱼精蛋白中和、血液稀释等,凝血功能干扰大,围术期应进行 ACT、血栓弹力图等监测。

第二节　非直视心脏手术的麻醉

一、慢性缩窄性心包炎手术的麻醉

（一）病理生理

慢性缩窄性心包炎多为结核等炎症所致。心包的壁层和脏层逐渐纤维化、增厚变硬,形成包裹心脏的厚薄不一的硬壳,致使心脏的正常舒张和充盈严重受限。心肌在早期呈失用性萎缩,较晚则纤维化,收缩力明显减退。故大多数病人的心指数(CI)及心搏指数(SVI)均降低,动静脉血氧差增大。由于每搏量受限,且几乎固定不变,故只能依靠增快心率来提高心排血量(CO)。其左室舒张末期压(LVEDP)增高,但左室舒张末期容积(LVEDV)减少。

病人的循环时间普遍延长。作为代偿,血浆容量、红细胞容量和总循环血容量均增加。由于左、右心静脉回流受限,中心静脉压升高,血液淤滞在各脏器中,并产生大量胸腔积液、腹水,影响呼吸运动,加之肺血增多,通气与换气功能均受影响,所以病人往往有呼吸困难、代偿性每分通气量增加和呼气末二氧化碳浓度或分压降低。肝的阻塞性充血、肿大会造成肝细胞和肝功能的损害,胸腔积液、腹水又丢失大量血浆蛋白,故病人往往有低蛋白血症。

此外,由于术前常用低盐饮食及利尿剂治疗,易有水、电解质紊乱。

（二）麻醉处理

1. 术前应尽可能改善全身情况(包括对胸腔积液、腹水的恰当处理)。

2. 在麻醉药物的选择和麻醉深度的掌握上,均应使循环功能受到最轻的抑制。氯胺酮可用于麻醉的诱导或辅助维持,但氯胺酮可使心率增加,应使用较小剂量。肌松药泮库溴铵用于缺血性心脏病患者麻醉诱导和维持,可维持较为稳定的血压,但是仍有增加心率风险。麻醉宜以麻醉性镇痛药为主的方法。辅用吸入麻醉时要很谨慎,低浓度异氟烷优于恩氟烷。麻醉中应防止心动过缓和低血压。在静脉给药时应注意这类病人循环时间长致药物起效时间晚的特点,警惕用药过量。

对病情极其危重不能平卧病人,需在半坐或半卧体位下进行气管内插管时,则以清醒表面麻醉下插管较为安全。

3. 手术过程中应与术者随时密切沟通交流,注意心包的逐步显露和切除,避免由于过分撑拉胸骨牵开器而致过分绷紧心包使心脏明显移位而进一步影响心室充盈。胸骨牵开器撑开的程度应以不影响血压为度。

手术操作剥脱心包时,应从左心室、左心房、右心室、右心房及上下腔静脉血流方向逆向进行,以减少术中右心衰竭和肺水肿的发生。

术中病人宜采用头高位,以防止在心包大部分被切除后静脉回流骤增,已萎缩和纤维化的心肌不能适应而致心脏急性扩大、衰竭。在解除下腔静脉部位缩窄的心包前15分钟,最好从静脉给予洋地黄类制剂作为预防措施,但对可能已经存在萎缩和纤维化的心肌,洋地黄类药的作用是有限的。应警惕对心肌情况很差的病人作过分彻底的心包剥离、切除,可能事与愿违,导致心衰。

4. 应适当控制输液量,一般术中不必输血。大量失血者依具体情况补充,宜有中心静脉压(CVP)监测,特别要注意解除下腔静脉部位缩窄心包前后的CVP变化。

5. 手术局部刺激易致室性心律失常,应有心电图监测。一般可在心脏表面涂敷或淋洒利多卡因液,或必要时静脉注射利多卡因。

6. 注意呼吸管理,最好有血气监测。也应注意术后的呼吸管理,应待病人完全清醒、潮气量>6ml/kg、血气指标正常时才可拔除气管导管。

二、急性心脏压塞手术的麻醉

急性心脏压塞是指心包腔内液体快速积累,压迫心脏而限制心室舒张及血液充盈,导致急性循环衰竭、休克等,可立即发生心泵功能衰竭而致死亡,需要紧急麻醉手术。

评估急性心脏压塞患者时,应注意心包内压力增高已成为影响心室充盈的主要因素,其升高的速度决定着对循环影响的严重程度。机体的主要代偿机制是交感神经系统的兴奋。麻醉本身无法纠正此种血流动力学紊乱,因而在麻醉处理上应:①注射较大剂量阿托品并保持或加强原已存在的代偿机制,特别是心率加快;②一般需要外科医师与患者同时进入手术室,且准备好手术后才开始麻醉诱导;③在吸入纯氧条件下对严重的心包压塞者进行引流,至心包压塞解除为止,保留自主呼吸对维持心排血量更有益,压塞解除后必须进行扩容和纠正酸中毒;④对心肌缺血的处理必须待心脏压塞解除、循环稳定后才能进行。在经紧急心包穿刺减压(包括持续引流)、输血、给氧及用正性变力性药物等维持循环较稳定后,一般按Ⅲ级心功能施行麻醉。宜避免对心肌有抑制作用的较高浓度的吸入麻醉药,地西泮、芬太尼等也应酌减剂量,但需使用肌松药。切开心包修补心脏破孔后,血压往往即可回升。此时应及时减少正性变力性药物或血管收缩药剂量,根据CVP、血压等继续输血、输液。血压不宜维持过高,以免修补处破裂,也应防止CVP过高。

三、动脉导管结扎手术的麻醉

(一)病理生理

动脉导管如出生后未闭而处于持续开放的病理状态,即在肺动脉水平产生左向右分流,分流量的大小随导管的粗细及肺循环的阻力而变化。由于左向右分流使进入体循环的血量减少,左心室代偿性做功,又因经肺循环的回心血量增多,左心室容量负荷增加,可导致左心室肥厚和扩大。肺循环血流量的增加则形成肺动脉高压,起初为动力性的,以后因肺血管的继发性内膜纤维弹性组织增生而发展成为器质性改变。此时动脉导管亦已失去弹性、变脆,在游离或结扎时易破裂而大出血。随着肺动脉压力的增高,右心室后负荷增加,可引起右心室肥厚、扩大,甚至右心衰竭。当肺动脉压力接近或超过主动脉压力时,即可出现双向或右向左分流的艾森门格综合征。

(二)麻醉处理

能在直视下行动脉导管结扎术者一般均未发展至重度肺动脉高压,亦无心衰存在,其麻醉处理与一般胸内手术基本相同。需注意结扎前及时适当降低血管压力以便于手术操作,避免动脉导管的破裂出血。一般均用控制性低血压技术来满足这一要求,可以根据情况采用腺苷三磷酸或硝普钠等降压,最常用者为以$1\sim2\mu g/(kg\cdot min)$硝普钠静脉输注以达到所需的血压水平,其效果及可控性均较好。即使采用控制性低血压技术,术中仍有发生导管破裂的可能,因此:①首选右侧桡动脉穿刺测压;②必须建立好粗大的静脉通道,并做好快速输液输血的准备。动脉导管未闭者其血容量高于正常人,在导管被结扎后体循环血量增多,由于动脉压力及容量感受器对血流动力学变化的神经反射,不少人发生术后高血压。故在术后数日内亦应根据病人情况运用血管扩张药来维持适宜的血压以防止严重并发症的发生。此外,全麻联合硬膜外麻醉也是一个很好的麻醉方法。手术操作完成后,关闭胸腔前应将血压控制在术前水平,以免血压恢复后发生胸腔内出血。

对于年龄大、重度肺动脉高压的患者,或并发有假性动脉瘤,感染性心内膜炎及合并心内畸形的病例,则宜于在体外循环下施行手术。

第三节　先天性心脏病心内直视手术的麻醉

此类手术宜尽早在婴幼儿时期施行,以免病情随年龄增长而恶化。

一、病 理 生 理

先天性心脏病按病理生理变化分为四类:分流(左向右,右向左),血液混合,血流阻塞和瓣膜反流。麻醉与围术期处理将密切围绕这些变化进行。

1. **分流性病变**　系指心脏所排出的一部分血液未能沿着正常通路流动,血液在心脏内或心外发生了分流。分流方向取决于分流通路的大小和其两侧的相对阻力。

(1) 左向右分流病变:包括室间隔缺损(VSD)、房间隔缺损(ASD)、动脉导管未闭(PDA)等。因左心压力和阻力高于右心而使一部分血液经异常通道流入右心或肺动脉,致右心室容量负荷过重和肺血增加,甚至可发生肺动脉高压和充血性心衰。

(2) 右向左分流病变:包括法洛四联症(TOF)、肺动脉闭锁(合并 VSD)及艾森门格综合征。因肺血管或右室流出道阻力超过体循环阻力,而使一部分血液未经氧合流入左心,并致肺血减少,因体循环接受部分未氧合血而出现发绀和低氧血症。

2. **混合性病变**　包括完全性肺静脉异位连接、右室双出口、大动脉错位(合并 VSD)、三尖瓣闭锁、单心房、单心室及永存动脉干等,其肺动脉与主动脉类似两条并联的管道,造成肺循环与体循环血流量比例(Qp/Qs)失调及体循环与肺循环的血液相混合。可引起严重低氧血症,其严重程度取决于肺血流多少。

3. **阻塞性病变**　不产生分流,只造成左或右心室排血受阻及心室压力负荷过重,病情可很轻或很重。包括肺动脉瓣和肺动脉狭窄、主动脉瓣狭窄、主动脉缩窄、主动脉弓中断等。此类多依赖于动脉导管,提供主动脉或肺动脉远端血流。

4. **反流性病变**　主要是埃布斯坦(Ebstein)畸形(三尖瓣下移畸形)及其他原因所致瓣膜关闭不全,心脏排出的血液有一部分又返回心腔,使心脏容量负荷过重,可逐渐导致心室扩大和充血性心衰。

二、麻 醉 处 理

1. **先天性心脏病病人**　主要为小儿,其术前禁食、禁饮等按小儿麻醉的原则处理,如手术不能按预定时间进行,应予静脉输液。麻醉前用药需做到患儿去手术室时安静、无任何哭闹不安。常用药物有吗啡(0.05～0.2mg/kg)、咪达唑仑(0.1～0.2mg/kg),东莨菪碱(0.01mg/kg),阿托品(0.02mg/kg)。小于 6 个月及合并呼吸道梗阻或呼吸功能代偿不全者不用麻醉性镇痛药和镇静药。可选用口服途径,咪达唑仑 0.1～0.2mg/kg 和氯胺酮 6～8mg/kg,或使用七氟醚吸入诱导避免注射时疼痛、哭闹和挣扎,防止诱发法洛四联症患儿缺氧危象发作。

2. 对心功能较好的患儿,在麻醉处理上一般没有困难。对心功能不佳或循环不稳定者不宜单独使用强效吸入麻醉药。一般采用以麻醉性镇痛药为主的静脉麻醉,必要时复合低浓度的吸入麻醉。肺血流减少(如法洛四联症)患儿,吸入麻醉药物诱导时间延长。吸入麻醉药除经呼吸道吸入外,也可以在体外循环期间通过吹入心肺机来维持全身麻醉。麻醉诱导和体外循环前的麻醉维持可以使用氧化亚氮,但体外循环前10分钟必须停止氧化亚氮的吸入,以避免体外循环中加重空气栓塞;关胸后也应避免使用氧化亚氮,以免胸膜破损者发生张力性气胸。静脉麻醉药中仅氯胺酮有体表镇痛作用,其他如依托咪酯、咪达唑仑、羟丁酸钠、异丙酚等,仅有安静入睡、遗忘、应激反应迟钝等作用,无镇痛效应,常与吸入麻醉药和麻醉性镇痛药合用。对于发绀性先心病,氯胺酮是较好的诱导药物。它可使心排血量增加、体循环阻力增加,可以减少右向左的分流。氯胺酮(或与苯二氮䓬类药合用)肌内注射亦常用作不合作的小儿心脏病人的基础麻醉。但氯胺酮对心肌有直接抑制作用,在危重病人或交感神经系统失去进一步代偿能力的情况下这种抑制作用便可表现出来,应引起注意。

3. 理论上,有左向右分流者,由于肺血流量增多可加快吸入麻醉的诱导。静脉麻醉诱导则可因药物在肺内的再循环而减慢,易导致判断失误而注药过量。肺血流量减少者吸入麻醉的诱导缓慢,右向左分流则使静脉麻醉药的诱导时间缩短。其临床实际意义可能尚需进一步探讨。

4. 应注意维持循环的稳定 小儿心室顺应性相对较低,不能增加每搏量以代偿心率的减慢,特别是新生儿不能耐受心率减慢。如体循环阻力增加,可增加左向右分流;而体循环阻力降低、血压下降则增加右向左分流,使肺血流进一步减少。故总的要求是:稳定心率,维持适当的前负荷,保持心肌收缩性的稳定,避免肺血管阻力和体循环阻力向加重异常分流的方向变化。

5. 应合理地进行通气 氧是肺血管扩张药,提高 PaO_2 和适当降低 $PaCO_2$ 有助于降低肺血管阻力。对肺血流量过高或肺充血者,宜适当提高气道压以改善肺泡通气。对肺动脉高压者宜适当过度通气。对肺血流减少者则气道压过高或作呼气末正压(PEEP)均不相宜。法洛四联症由于肺血流显著减少,其高二氧化碳血症往往难以借加强通气而获改善,遇此情况不宜坚持过度通气,以免肺血流进一步下降,而应及早开始体外循环。

6. 一氧化氮(NO)的应用 吸入 NO 经肺泡直接弥散入肺部血管平滑肌内,使平滑肌松弛,可选择性降低肺血管阻力和肺动脉压,提高肺血流,改善肺通气/血流比值,提高血氧,改善分流,而对体循环压则无影响。NO 可用于术前筛检肺动脉高压病儿能否接受手术,也适于围术期及术后肺动脉高压的治疗。在手术中 NO 具有减轻肺血管阻力,改善心功能不全,创造脱离心肺转流(CPB)机的条件等功效。

7. 常用监测 参见本章第一节。

8. 存在右向左分流的患者,气泡可经外周静脉直接进入左心,应避免气泡进入循环,以免引起重要器官的空气栓塞。

第四节 心脏瓣膜病手术的麻醉

在我国,心脏瓣膜病主要是由风湿性心脏病引起的。心脏瓣膜病变的共同起始点都是通过瓣膜口的血流发生异常,引起心腔的负荷(容量和压力)异常,进一步发展而导致心排血量下降,而机体则通过各种代偿机制尽量维持有效的心排血量。麻醉管理的原则就是要在围术期避免加重已经异常的容量和(或)压力负荷,利用和保护机体的各种代偿机制,尽量维持有效的心排血量,并注意尽可能减少并发症的发生。

一、二尖瓣狭窄

1. **病理生理** 正常成人二尖瓣口面积(MVA)为 $4 \sim 6cm^2$,MVA $1.5 \sim 2.5cm^2$ 为轻度狭

窄,1.1～1.5cm² 为中度狭窄,≤1cm² 为重度狭窄。二尖瓣狭窄(mitral stenosis)的主要病理生理变化为舒张期血液从左心房流入左心室受阻,进而导致左房容量负荷增加和左心室充盈不足。

(1) 血液流经二尖瓣口的流率与瓣口面积及跨瓣压差有关。在 MVA 固定时,跨瓣压差=LAP−LVEDP。二尖瓣狭窄时,血液通过瓣口的流率降低,左室舒张期负荷不足,其代偿机制是升高左房压,亦即升高跨瓣压差来维持心排血量。多数病人左室功能正常,但约 1/3 的病人射血分数降低。

(2) 由于 MVA 固定,在心率增快时因为舒张期的缩短将严重减少左室充盈。机体为了保持心排血量恒定就必须增加经瓣口的血流流率,而跨瓣压差与流率平方成正比,亦即必然有跨瓣压差的相应增加。左房压的急剧升高可导致急性肺水肿。

(3) 慢性左房压升高使肺静脉压、肺血量均上升。肺静脉压上升迫使支气管静脉间交通支扩大,血液从肺静脉转入支气管静脉而引起怒张,可能发生大咯血。肺毛细血管扩张淤血及压力上升,导致阻塞性肺淤血、肺顺应性下降、通气/血流比值减少,血氧合不全,血氧饱和度下降。肺毛细血管压超过血浆胶体渗透压可致肺间质液淤积而出现肺水肿。肺静脉高压引起被动性肺动脉压升高、肺小动脉痉挛、内膜增生和肌层肥厚,造成慢性肺动脉高压。严重的肺动脉高压增加右心负荷,可致右心肥厚、扩大,右心功能不全或衰竭,心排血量下降。右心室的扩大可导致功能性三尖瓣关闭不全和右心衰竭。

(4) 二尖瓣狭窄病人很难适应体循环阻力的波动,也难耐受过多的液体负荷。约半数以上病人在术前有充血性心功能不全、阵发或持续的房颤。

2. 麻醉处理

(1) 血流动力学方面的要求:①从病人情绪、麻醉前用药、麻醉用药、麻醉的诱导和维持等各方面避免心动过速;②注意控制输液,保持合适的血容量,严密监测血流动力学变化;③避免加重原已存在的肺动脉高压。

(2) 对术前已存在房颤的病人,洋地黄类药可继续用至术前,保持心室率在每分钟 100 次以下。

(3) 如病人入手术室时即有心率增快,多为焦虑、紧张引起,可静脉给予小量吗啡(0.1mg/kg),并吸入氧气。如已用洋地黄类药而剂量不足者,可静脉再给予小量速效洋地黄类药物。必要时可舌下含服硝酸甘油(0.5mg)降低肺血管压力防止肺水肿的发生。对于处理难以控制的心率增快,如病人血压、脉压接近正常,可静脉给予小量 β 受体阻滞药如美托洛尔或艾司洛尔。对术中出现的心动过速,在改善麻醉过浅、低氧、高二氧化碳血症或血容量不足后,亦可试用 β 受体阻滞药。对术中新出现的房颤可考虑立即电复律,对原有房颤而突然出现室率过速者,仍应以药物进行处理,不宜采用电复律以免左心房的血栓脱落而造成动脉系统栓塞。

(4) 对肺动脉高压的加重应积极处理,应及时使用以扩张肺动脉为主的扩血管药。应注意低氧、高二氧化碳血症等均可增加肺血管阻力。

(5) 对低血压常需补充血容量,最好避免应用血管收缩药以免增加肺动脉压而加重右心负荷;及早使用正性肌力药物应是有益的,可提高血压、心排血量而不明显增加心率。

(6) 术前已有心衰者,虽然瓣膜置换后可改善血流动力学,但由于原来心肌的储备功能很差,体外循环中的心肌保护不一定能使其得到充分的保护。加之心脏复跳后的缺血再灌注损伤,应激所致的儿茶酚胺、血管紧张素等释放增多等因素,易引起"低心排"现象,心脏不能维持循环功能,难以脱离体外循环机的支持。此时应积极使用正性肌力药物,如多巴胺、多巴酚丁胺或肾上腺素等以增强心肌收缩力,并采用血管扩张药如硝普钠以减轻后负荷,然后逐渐脱离体外循环的支持。

（7）这类病人术前多有肺顺应性降低，呼吸道阻力增加，$A-aDO_2$增大。术后 V_D/V_T 偏高可能持续几天，术后宜根据情况采用一段时间的机械通气支持。

（8）重症病人术前可置入肺动脉飘浮导管监测肺动脉压、肺毛细血管楔压（PCWP）和心排血量。另一较简单、方便的办法是术中将细导管直接置入左心房（经房间沟或房间隔留置），用于术后监测左房压，与中心静脉压和血压监测等一起指导术后的治疗。

二、二尖瓣关闭不全

1. 病理生理 二尖瓣关闭不全（mitral insufficiency）亦称二尖瓣反流（mitral regurgitation），慢性者多为风湿热所致，急性者则多为冠心病或细菌性心内膜炎所引起。

（1）二尖瓣关闭不全时，收缩期左室的血液除向主动脉射出外，部分血液通过关闭不全的二尖瓣口反流回左房，造成前向射出的每搏量减少。反流量的大小取决于关闭不全的瓣膜口的面积、左室射血时间和收缩期二尖瓣的跨瓣压。而收缩期二尖瓣的跨瓣压主要与左心室射血时所遇的外周动脉阻力呈正相关。反流的程度通常用反流分数（RF）表示，即每搏反流量与每搏总量之比，RF≤0.3 为轻度，0.31~0.6 为中度，>0.6 为重度。

（2）慢性二尖瓣关闭不全，轻者可多年无症状。在病程初期，左室逐渐发生代偿性偏心性肥厚和扩大，前向性心排血量由于总的左室每搏量（前向性每搏量和每搏反流量的总和）的整体增加而得以维持。左房也增大膨胀，这可使左房压在有大量反流的情况下维持基本正常，有助于保护肺血管床。75% 的病例最终会出现房颤。一旦左室功能不全，每搏量减少，反流加剧、肺淤血，可引起肺动脉高压、右室过负荷及右室衰竭。病人一旦出现肺部充血的症状，提示反流量大而心肌收缩力已明显受损。

（3）急性二尖瓣关闭不全多由于腱索断裂、乳头肌功能不全或乳头肌断裂所致，将引起明显的左房容量超负荷。由于前向每搏量急剧减少，引起心率增快、心肌收缩力增强及左室扩大（增加前负荷）等代偿现象。反流的血液进入顺应性差的左房，使左房压明显升高，导致肺静脉高压、肺动脉高压和右室负荷过重，易于引起肺水肿和急性右心衰竭。

（4）二尖瓣关闭不全的病人在收缩期左心室同时向主动脉和左心房两个方向射血，每搏反流量及前向搏出量均决定于这两个射血方向的阻力大小。体循环阻力增加可引起反流分数增加，前向每搏量减少。如使用硝普钠等适当减少体循环阻力，则前向每搏量增加，心指数上升，LAP 及 LVEDP 均下降，反流量亦减少。

2. 麻醉处理

（1）血流动力学方面的要求：①轻度的心率增快是有益的。心率太慢可因舒张期延长而致左室舒张末径增加，二尖瓣环扩大，二尖瓣反流增加和前向性心排血量减少。但心率过快不适用于伴有冠心病的病人，也不适用于继发于二尖瓣脱垂的二尖瓣关闭不全是患者，因为心室容积增加时二尖瓣脱垂减轻。②维持相对较低的体血管阻力可减轻二尖瓣反流，改善心功能，但应避免血压过低。③需保证足够血容量。④可能需要用正性肌力药支持左室功能。

（2）麻醉药的选择除遵循一般心脏手术的基本原则外，应选用不增加体循环阻力的药物。对心室功能较好的病人，吸入低浓度异氟醚的扩张血管和增加窦性心率的作用可能是有利的。

扩血管药与正性肌力药物的配合应用常能减少麻醉管理上的困难。肌松药的选择也宜考虑血流动力学方面的要求。

（3）在监测方面，直接动脉测压具有重要意义。左房测压对指导术后处理也很重要，对重症病人如有可能也可采用肺动脉漂浮导管监测。

（4）左室功能正常的急性二尖瓣关闭不全病人，在二尖瓣置换术后只需较低的左房压即可维持适当的心排血量。而慢性二尖瓣关闭不全患者术前已有心肌收缩力下降,瓣膜置换术后心肌收缩力不可能迅即恢复正常,可因前负荷降低而致射血分数和每搏量下降,故仍需维持较高的 LVEDV 才能维持适当的心排血量,因而需维持较高的左房压。在找到此一左房压水平后并于此时使用血管扩张药及正性肌力药,则可使心排血量不变而左房压下降。

(5) 对于体外循环前发生的低血压应使用适量的加强心肌收缩力的药物,而不应使用血管收缩药。虽然血管收缩药可短暂提升动脉血压,但因外周阻力显著增加将加重二尖瓣反流和减少前向心排血量,严重时可能诱发心室纤颤。

三、主动脉瓣狭窄

1. **病理生理**　主动脉瓣狭窄(aortic stenosis)多为慢性疾病。单纯的主动脉瓣狭窄多继发于先天性的瓣膜异常,风湿性主动脉瓣狭窄则多同时伴有二尖瓣病变。正常主动脉瓣口面积(AVA)为 $2.6 \sim 3.5 cm^2$(主动脉瓣指数为瓣口面积 cm^2/体表面积 m^2),正常射血时间为 $0.25 \sim 0.32$ 秒,通过主动脉瓣口的流速约为 250ml/s,正常主动脉瓣口的跨瓣压差平均为 $2 \sim 4mmHg$,左室收缩压上限约为 260mmHg。

每搏量与下列因素有关,即:

$$每搏量 = 44.5 \times AVA(cm^2) \times 平均跨瓣压差 \times 射血时间$$

(1) 主动脉瓣狭窄时 AVA 减少,只有增加跨瓣压差和射血时间才能使每搏量不下降。要增加跨瓣压差就必须增加左室收缩压和左室壁张力,这样就使左室收缩期压力负荷过重,导致左室壁向心性肥厚,左室舒张功能下降或顺应性降低,表现为左室舒张末压力和容积增高。

(2) 左室顺应性降低,使左房室跨瓣压差在舒张早、中期低于正常,致左室被动充盈速度较常人为慢,而舒张晚期的主动充盈(即左心房收缩)的作用较正常人为大,约可提供左室充盈量的 30% ~40%(正常人为 20%)。因此,保持窦性心律对主动脉瓣狭窄的病人十分重要。如出现房颤在无禁忌证时应考虑电复律。

(3) 在左房收缩功能良好时,LVEDP 增高并不引起左房压明显增高。左房压仅在晚期才有明显增高,故在主动脉瓣狭窄病人肺血管病变和肺动脉高压较少见。如用飘浮导管监测,应注意肺毛细血管楔压(PCWP)往往低于 LVEDP。

(4) 主动脉瓣狭窄病人可发生心绞痛(常常为病人求医的主诉),但这不一定表明有冠状动脉硬化性心脏病。因为冠状动脉正常的主动脉瓣狭窄病人在多方面存在着以下心肌供氧/耗氧失衡的危险:①左心室心肌肥厚导致心室壁顺应性下降,室壁张力和 LVEDP 增高使耗氧量增加以及舒张期心内膜下血液灌注不足;②为克服狭窄的主动脉增加的阻力,心室肌收缩力增加和射血时间延长使心肌耗氧量增加,同时射血时间增长导致舒张期冠状动脉灌注时间缩短可减少供氧;③肥大心肌的毛细血管密度降低使氧供下降和氧自毛细血管弥散至细胞内线粒体的距离加大。上述病理生理的变化是麻醉中病人可能发生心室纤颤的原因。所以,主动脉瓣狭窄病人的麻醉是高风险的心脏手术麻醉。

(5) 轻度及中度狭窄的病人心肌收缩力正常,一般活动时无症状。一般主动脉瓣口在狭窄达正常瓣口面积的 25% 左右时才出现血流明显受阻。重度狭窄(AVA 减少到 $0.5 \sim 0.7 cm^2$,主动脉瓣指数<0.50)时才出现心绞痛、晕厥、呼吸困难等症状。如合并主动脉瓣关闭不全则症状可较早出现。重度主动脉瓣狭窄病人亦可不出现症状,可发生猝死。出现症状后如不手术治疗,平均存活不超过 5 年。

(6) 重度主动脉瓣狭窄时,后负荷的主要阻抗来自狭窄的瓣膜本身,体循环阻抗的变化对左室的影响轻微。如用降低血压的办法来增加跨瓣压差以增加每搏量,则可能导致舒张压过低,心肌供血严重不足。

2. 麻醉处理

(1) 对血流动力学的要求:①维持窦性心律,保持适宜的有效循环容量;②避免心动过速和后负荷增加,避免深的心肌抑制,及时纠正血钾异常,应用血管扩张药时要非常慎重。

(2) 如病人在麻醉诱导前发生心绞痛,应立即给氧治疗。必要时可用小量 β-肾上腺素受体阻滞药或钙通道阻滞药。硝酸甘油常不能解除这类心内膜下缺血的心绞痛。

(3) 对快速心律失常,即使仍能维持适宜的冠状动脉灌注压,也需积极进行处理。可用小剂量 β 受体阻滞药(如美托洛尔、艾司洛尔)或钙通道阻滞药(如维拉帕米)缓慢静脉注射,必要时增量。如无效,特别是在心电图显示有 ST 段改变时,应考虑电复律治疗。由于此类病人的每搏量受限,故心动过缓可使心排血量下降而加重心肌缺血。此时可适量使用阿托品治疗。

(4) 应及时处理低血压。除针对原因外应重视对症处理,以尽量缩短低血压的持续时间并避免使用扩血管药。例如常用小剂量去氧肾上腺素提升血压,并继以输液等其他处理,以保障心肌的供血。对术中出现的高血压,特别是伴有肺动脉压升高时,应采用有效措施予以控制。一般认为以静脉给予硝酸甘油较好,因其可降低肺毛细血管楔压而不致引起动脉压的急剧下降。当然也应慎用其他扩血管药。

(5) 在心电图监测方面常用改良 V_5 导联。至于是否采用漂浮导管监测,要权衡利弊,例如引起室性心律异常可造成缺血的恶性循环,一般认为不如采用术后左房连续测压,但应注意在窦性心律时,左房平均压较 LVEDP 低 1 ~ 7mmHg。

主动脉瓣狭窄病人在瓣膜置换术后其左室顺应性基本上无改变,可能仍需较高的 LVEDP 来维持每搏量。

(6) 为准备体外循环而在心房上操作时可引起严重的房性心律失常,宜在放好主动脉插管且已准备好体外循环后,再在心房上进行操作。

四、主动脉瓣关闭不全

主动脉瓣关闭不全(aortic insufficiency),慢性者60% ~ 80% 系风湿性心脏病引起,其他病因有主动脉根壁病变扩张、梅毒、马方综合征、非特异性主动脉炎以及升主动脉粥样硬化等;急性者多由细菌性心内膜炎、外伤、主动脉本身病变等引起;先天性者则多伴有其他畸形。

1. 病理生理

(1) 主动脉瓣关闭不全的血流动力学基本特点是左室舒张时每搏总量的一部分反流回左心室,从而降低有效的前向性每搏量,致左室容量负荷过重。影响反流的因素有:①反流瓣口面积的大小;②主动脉与左室间舒张期平均跨瓣压的大小;③舒张期长短。故体循环阻力升高,左室舒张期顺应性大及心动过缓可加重反流,反之则减轻反流。

(2) 慢性主动脉瓣关闭不全的主要代偿机制是通过左室扩大和肥厚(偏心性肥厚)来增加每搏总量。左室舒张期顺应性高,故左室收缩末容积(LVEDV)增加,而 LVEDP 增加甚微,前向性每搏量正常或基本正常。虽心肌氧需增加,主动脉舒张压偏低,但心肌缺血和心绞痛并不常见,仅发生于严重主动脉瓣关闭不全时。至病程后期亦即发展为重症时才出现心肌收缩力下降,引起心脏功能和每搏量降低、LVEDV 和 LVEDP 增加。故这种病人可以多年无明显症状,一旦出现左心衰竭则情况急转直下。

(3) 慢性主动脉瓣关闭不全对左房功能无明显影响,左房、左室间在舒张早期和中期的压力差亦接近正常,故仍能进行较正常的左室被动充盈。此外,病人多有轻度末梢血管扩张,可减少左室射血时的阻抗而利于维持前向每搏量。

（4）急性主动脉瓣关闭不全使左室突然承受舒张期容量负荷过重的冲击而引起舒张期左室急性扩张，并由于左室顺应性低而导致左室舒张期压力上升，这虽可降低反流量，但急速升高的左室舒张期压力可使二尖瓣提前关闭，缩短左室的被动充盈时间，致每搏量、前向性心排血量下降。血压虽可借交感神经系统的代偿性兴奋得以维持，但交感神经系统兴奋所引起的后负荷增加将进一步减少前向性每搏量。急性主动脉瓣关闭不全可导致突然的左室功能衰竭，伴有低血压和肺内充血。适当使用硝普钠降低后负荷，减少反流量，使二尖瓣不过早关闭，可有利于左室充盈。

2. 麻醉处理

（1）对血流动力学的要求：①避免增加后负荷，维持较低的体循环阻力以增加前向性每搏量，减少反流量；②适当增快心率可缩短舒张期，降低反流量，缩小心脏的体积；③保持血管内有足够容量。

（2）麻醉前用药及麻醉药物选择均取决于其心室功能以及对血流动力学的要求。如需使用硝普钠等来降低血管阻力，应注意勿使主动脉舒张压过低而影响冠状动脉血流灌注。个别病人可出现难以解释的心动过缓，且往往对阿托品无反应，可静脉滴注异丙肾上腺素，如当时心包已切开亦可直接作心脏起搏。

（3）急性主动脉瓣关闭不全病人，如术前已用血管扩张药改善循环，应继续应用至术中，多需与心肌正性变力性药物同时应用。在血压下降时不能使用强效的缩血管药。一般使用心肌正性变力性药物即可纠正低血压。

（4）在监测方面，应注意在重症病人二尖瓣提前关闭的情况下，肺毛细血管楔压或左房压低于 LVEDP。在慢性病人，因舒张期左室顺应性仍较好，如出现肺毛细血管楔压或左房压升高，均提示心肌功能不佳。

（5）急性主动脉瓣关闭不全病人其左室心肌收缩力和舒张期顺应性相对正常，在瓣膜置换后只需维持正常的 LVEDP 即可获得满意的心排血量。慢性重症病人则因心肌收缩力已减弱，故瓣膜置换后仍需较高的 LVEDP 才能维持心脏每分输出量，宜将左房压或肺毛细血管楔压维持在适当的较高水平。

第五节　冠心病手术的麻醉

冠状动脉旁路移植术（CABG，俗称冠脉搭桥术）诞生于 1962 年。国内 1972 年开始冠心病外科治疗，首例病例为左室室壁瘤切除术，1974 年开始 CABG。虽然冠脉外科的历史仅 40 余年，但发展迅速，是目前公认的冠心病治疗的有效方法之一。

一、术前病情估计

对冠心病病人心脏状况的估计主要在两个方面，即心肌的氧供与氧耗的平衡情况和心脏的泵血功能。如心肌有缺血现象，心脏泵血功能较差但尚未发生衰竭，示心肌氧供与氧耗间的平衡处于边缘状态。

1. 心绞痛　大致可以分为三类。第一类为稳定劳力型心绞痛，胸痛发作与心肌耗氧量增加有固定关系，即诱发的劳力强度相对固定。轻者疼痛较轻，发作时间短，不影响正常生活，重者稍有活动即引起发作，影响正常生活。此类病人麻醉风险相对较小。第二类为不稳定型心绞痛，包括恶化劳力型与卧位心绞痛。其表现变化多端，常无明显诱因在休息时亦可发作，疼痛或紧迫感较重，发作持续时间亦较长，常在半小时以上。心电图可出现暂时的 ST 段压低或 T 波改变。第三类为变异型心绞痛，在剧烈活动时并不发作，而在休息或一般活动时发作。疼痛发作时心电图 ST 段抬高,疼痛消失则 ST 段恢复正常。发作时常有室性心律失常,其原因主要是冠状动脉痉挛。

2. 心脏功能　参见前述。如病人夜间需高枕才能睡眠,肢体有水肿或需服用洋地黄制剂者,提示心功能已受损。应注意病人有无一过性左心衰竭和心肌梗死病史。三月内有过心肌梗死者麻醉和手术风险显著升高。

3. 心电图　注意休息时有无异常心电图出现,是否需要药物治疗。采用 24 小时动态心电图观察、记录和 ST 段分析,可提高术前病人心肌缺血的检出率。如有急性心肌缺血则需加强监测治疗或急诊手术。如有急性心肌梗死,除能争取在 6 小时内进行手术者外,一般应延缓手术。运动试验出现心绞痛时的心率收缩压乘积(RPP)数值对麻醉处理有重要的参考意义。

4. 左室功能　发生过一次心肌梗死但尚无心衰者其射血分数(EF)常在 0.4 ~ 0.55。当 EF 在 0.25 ~ 0.40 时,绝大部分病人心功能为Ⅲ级。EF<0.25 时则心功能为Ⅳ级。如 LVEDP >18mmHg 常表明左室功能很差。此外,利用超声心动图,放射性核素检查均可测定心功能,前者还可分析室壁活动情况,后者可通过心肌显像显示缺血心肌或梗死部位,利用断层显像亦可记录局部室壁活动情况。

5. 冠状动脉造影　可显示病人冠状动脉的解剖关系、病变部位、严重程度以及病变远端的血管情况。由于窦房结动脉亦供应大部分心房及房间隔的血运,该支动脉的堵塞可引起窦房结梗死并引起房性心律失常。在约 90% 的人群中房室结的血运系由右冠状动脉供给,故后壁心肌梗死时常并发三度房室传导阻滞,手术时常需使用起搏器。但房室结的侧支循环比较丰富,房室传导功能多能逐渐恢复。

冠状动脉堵塞的范围越广,则耐受供氧与氧耗之间不平衡的能力越差。多支病变特别是主干或主要分支病变在临床上是最危险的。左冠状动脉供给左室的大部分血运,故其主干的高度堵塞将使左室大部分心肌处于危险状态,这类病人对缺血的耐受性极差。

6. 周围血管疾病　冠心病病人常伴有周围血管疾病。有颈动脉狭窄者在心肺转流后易有神经系统的损害,宜在冠状动脉旁路移植术前先行矫治。左室功能差的病人常需经髂动脉、腹主动脉放置主动脉内球囊反搏导管,应注意这些血管是否有可影响导管放置的病变。对肾血管和肾功能的情况亦需加以了解。

二、术前药物治疗

对心肌缺血的药物治疗在于增加冠状动脉血流与减少心肌氧需两个方面,由于增加冠脉血流量已受限,应以减少心肌耗氧量为主。硝酸甘油类药物是传统应用的药物,目前仍是心绞痛对症治疗的基础。β-肾上腺素受体阻滞药除可因降低心率、心肌收缩强度和收缩压而减少心肌氧需外,还可使 P_{50}(血氧饱和度为 50% 时的氧分压)右移,提高向组织供氧的能力。钙通道阻滞药则一方面可降低心肌氧需,另一方面也可扩张冠状动脉而增加供氧。血管紧张素转换酶抑制剂(ACEI)是很强的血管扩张剂,降低周围血管阻力,减轻心脏后负荷,同时对冠脉有扩张作用增加冠脉血流量,近年发展很快。

关于洋地黄类药物、利尿药和抗血小板药物的使用已见前述。使用洋地黄类药时应特别注意监测血清钾的水平。此外,一些作者主张使用非强心苷类强心药,如磷酸二酯酶抑制剂(PDEI),具有正性肌力及血管扩张作用,能明显改善心衰患者的血流动力学,不影响心率,值得引起重视。应当注意,如对心肌正性变力性药物使用不当,将加重心肌缺氧。

三、麻 醉 处 理

1. 麻醉原则 除做好病人精神心理方面的准备外,应尽可能保持或改善心肌氧供与氧耗之间的平衡。心肌供氧的主要因素取决于冠状动脉血流量和动脉血中的氧含量。心率过快、左室舒张末容积(LVEDV)过大、冠状动脉灌注压过低均会降低冠状动脉血流量。血氧含量则与血红蛋白含量、血氧饱和度和 PaO_2 有关,而血氧饱和度又受 pH、PaO_2 和红细胞内 2,3-DPG 的影响。麻醉者应注意调控这些因素。由于冠状动脉病变的影响,改善冠状动脉血流往往比较困难,故欲求氧供与氧耗间的平衡宜从减少氧耗入手。即在保证正常动脉血压的前提下,适当减少:①心室壁张力(它受心室收缩压和舒张末容量的影响);②心率;③心肌收缩力。应结合病人左室功能情况采取相应措施,使之在维持氧供需平衡的前提下保持较好的心脏泵血功能。

2. 麻醉监测 ①心电图监测:除监测心率和心律外,应注意对 ST 段改变的监测。可根据具体情况监测 6 个肢体导联及 V_5 导联,或 I、II 导联与 V_5 导联,在 V_5 导联最易发现心肌缺血改变。②血流动力学监测:常用者有动脉直接连续测压和中心静脉压监测。对左心功能欠佳者宜置漂浮导管监测,如放置具有连续心排血量/混合静脉血氧饱和度(PiCCO/SvO_2)监测的导管,则可连续观察循环动力学各项指标及混合静脉血氧饱和度。③经食管超声心动图(TEE)的监测:心肌缺血的最早表现为心肌舒张功能受损及节段性心室壁运动异常(segmental wall motion abnormality,SWMA)。TEE 对心肌壁运动的监测比 ECG 监测心肌缺血更敏感,还可监测心室充盈压、心排血量、心脏容积,能及时诊断血容量不足及心肌抑制的程度而指导治疗。④心肌耗氧情况的监测:一般用心率收缩压乘积(RPP)作粗略估计,此处压力单位为 mm-Hg,RPP 值宜维持在 12 000 以下。在相同的 RPP 值时,心率增快比压力增高更易引起心肌缺氧。

3. 麻醉注意事项

(1) 术前用药应稍偏重,使病人安静嗜睡。一般情况下,病人服用的钙通道阻滞药、β 受体阻滞药和硝酸酯在术前不应停用,并应根据术前心绞痛的性质、心绞痛控制的程度及心率、血压的变化来调整这两类药物的剂量。冠心病人理想的麻醉前用药:入室呈瞌睡状,无焦虑、紧张,表情淡漠,对周围的一切均漠不关心;心率慢于 70 次/分,血压较在病房时低 5% ~ 10%;无胸痛、胸闷等。

(2) 从术后存活率、心肌梗死(或再梗死)发生率来看,现用麻醉药中无任何一种明显优于其他药物。应严格掌握冠心病麻醉特点(即保持氧供耗平衡,避免氧供减少,氧耗增加),采取合理复合用药原则来完成手术。

(3) 一般在放置好必要的监测后才开始麻醉诱导。用药剂量、注药速度及给药方法应根据病人的具体情况区别对待。维持循环稳定,血压和心率不应随着麻醉药物使用和手术刺激的强弱而上下波动。切皮和纵劈胸骨是术中最强烈的操作步骤,应及时提前加深麻醉。如加深麻醉后仍不奏效,可考虑静注 β 受体阻滞药(艾司洛尔或美托洛尔)或钙通道阻滞药(地尔硫草、维拉帕米或尼卡地平)处理。

(4) 应避免过度通气或体外循环(心肺转流)时 $PaCO_2$ 过低,也不可通气不足。$PaCO_2$ 过低可致冠状动脉痉挛、氧离曲线左移和血清钾降低。

(5) 加强监测,及时处理各种异常。在进行处理时,如一时难以立即判明原因,可先对症处理,然后再探求原因。

(6) 应注意在心肺转流过程中病人情况的变化,及时采取相应措施。例如在出现血压过高时,可采用硝普钠等降低外周血管阻力,防止组织灌注不良,以将 MAP 保持在 60 ~ 90mmHg

为宜。

四、非体外循环下冠状动脉旁路移植术的麻醉

由于体外循环冠状动脉旁路移植术存在心肌保护技术不够完美以及体外循环对生理功能的干扰,近年随着手术技术和器械条件等的进步,常温下非体外循环下搭桥手术(off-pump CABG,OPCABG)得到重新重视并迅速发展。此类手术麻醉处理的困难较大,除应遵循冠心病的麻醉处理原则外,应注意以下几点:

1. 外科医生在跳动的心脏上、无机械辅助循环的情况下进行手术操作,不可避免地要干扰心脏的排血功能,心脏位置的变动也必然影响心脏的血流供应。在冠状动脉吻合期间,维持循环动力学的稳定,保持必需的冠脉血流量,是麻醉处理的要点。

2. 以往为提供心跳缓慢的手术操作条件,常需维持较慢的心率(50 次/分左右),如今已采用心脏固定器,而不再需要严格控制心率,由此提高了麻醉安全性,但适度地控制心率和抑制心肌的收缩幅度,能为手术操作提供良好的条件,仍是麻醉医师应当注意的问题。

3. 由于非体外循环下冠状动脉旁路移植术的病人术前心功能较好,对 β 受体阻滞药和钙通道阻滞药的耐受能力较强,术晨应适当增加用量。这不仅可有效地控制术中心率增快,增加心室的纤颤阈值,也可增加心肌对缺血的耐受性。

4. 血流动力学的紊乱需要积极处理。手术中暴露目标血管、吻合冠状动脉等操作时搬动心脏必然要干扰循环,血压下降、心律失常是常见现象。有人推荐应用增加心脏前负荷的方法来预防血流动力学波动,但是在一些左室功能下降的病人,心脏前负荷增加仍然有所顾虑。适当的正性肌力药物的使用以及 α 受体激动药对血管阻力的调节是不可或缺的。近来,已有人探索将机械辅助装置用于高危病人的血流动力学维护。

5. 在冠状动脉吻合期间,血压一般要有所下降。如血压明显下降,出现心律失常(最常见的为室性期前收缩)或 ST 段改变,提示心肌缺血加重,须即刻处理。

6. 为避免在冠状动脉吻合期间冠状动脉张力增加或冠状动脉痉挛,也为避免药物增加外周阻力的同时对冠状动脉张力的影响,可持续静脉泵注硝酸甘油或扩张冠状动脉的钙通道阻滞药,剂量应不影响动脉血压为准。

7. 近年在非 CPB 下还开展经心肌激光再血管化术,使心腔内血液经孔道灌注心肌以改善缺氧。主要适用于因冠脉病变严重无法接受冠脉搭桥手术者、PTCA 者、全身状况很差者,或作为冠脉搭桥手术的一种辅助治疗。

第六节 快通道心脏手术麻醉

快通道心脏手术麻醉(fast tracking cardiac anesthesia,FTCA)是指选择合适的麻醉处理方案,在心脏手术术毕即刻或早期拔除气管内导管(1~6 小时),缩短患者在 ICU 和病房的滞留时间,其目的为改善病人的预后和降低医疗费用。实施快通道心脏麻醉的前提必须是保证病人的安全。

1. **临床意义** 大剂量芬太尼麻醉虽然可以维持比较平稳的血流动力学,但由于芬太尼的呼吸抑制作用,患者术后通常需要较长时间机械通气,影响呼吸功能的恢复,增加呼吸道并发症的发生,延长 ICU 滞留时间,增加医疗费用。

采用快通道心脏手术麻醉,要求大多数病人可早期拔管,缩短带管时间减轻气管导管刺激引起的应激反应,减少呼吸道并发症,提高病人舒适度,并可降低医疗费用,提高医疗资源的利用率。

2. 病例选择　快通道心脏手术麻醉目前在冠状动脉外科、先心病畸形矫正方面得到广泛应用,尤其是在冠状动脉外科应用较广。但一般认为有以下危险因素的患者应避免使用:

（1）二次心脏手术。

（2）术前应用主动脉内球囊反搏。

（3）严重肝脏疾病。

（4）肾功能不全。

（5）严重的慢性阻塞性肺部疾病。

（6）术前心源性休克。

（7）严重肺动脉高压。

（8）病理性肥胖。

（9）体外循环时间超过 2.5 小时。

（10）血流动力学不稳定。

（11）估计术后有并发症或快通道麻醉可能导致的并发症。

3. 麻醉实施技术要点

（1）芬太尼总量通常为 $10 \sim 20 \mu g/kg$,一般不超过 $30 \mu g/kg$。

（2）用苯二氮䓬类药消除术中记忆。

（3）根据需要用吸入麻醉药控制血压。

（4）围术期合理使用液体,体外循环期间使用超滤。

（5）避免肌松药过量。

（6）维持一定的体温,体外循环复温至 38℃,非体外循环手术中维持在 36.5℃以上。

（7）足够的术后镇痛和镇静。

（8）早期活动,手术当日可活动腿部,术日当夜可在护理人员的帮助下坐起和站立,手术后第一天可下地走动。

（9）手术次日患者可出 ICU,术后 4~5 天出院。

4. 与快通道心脏麻醉相关的新型药物和技术　大量研究表明应用小剂量阿片类药物的麻醉方法已达到与大剂量阿片类药物类似的血流动力学状态。短效阿片类药物（如瑞芬太尼、阿芬太尼和舒芬太尼）有良好的血流动力学稳定作用,同时也很少有儿茶酚胺释放和术中记忆。然而瑞芬太尼由于其作用时间短,往往需要一种或多种方法提供术后镇痛。

α_2 受体激动药（如可乐定和右美托咪定）对血流动力学的稳定性也可产生有益作用,可乐定能降低高血压和心动过速的发生率,改善肾功能。

丙泊酚由于其快速恢复的特性和血流动力学效应,不仅可理想地用于快通道手术中的麻醉管理,更适用于心脏手术后早期机械通气病人的镇静。

合用胸段椎管内阻滞麻醉可降低围术期应激,扩张冠状血管,减少静脉及吸入麻醉药的用量,并且术后镇痛作用良好,有利于早期拔管。但理想的硬膜外导管置入时机仍有待探讨。

5. 并发症　可能的并发症包括:①增加术后心肌缺血的危险,但最新的循证医学研究发现,FTCA 并不增加术后心肌缺血的发生率;②再次插管,有研究表明其比例远高于其他手术（<1%）。分析原因可能有:高龄（>65 岁）,并存有其他血管疾病或慢性阻塞性肺疾病,严重左心功能不全、再次手术、CPB 时间>120 分钟。因此,对上述病人应谨慎实施快通道麻醉。所有快通道麻醉必须严格掌握早期拔管条件。

第七节　大血管手术的麻醉

大血管手术主要包括主动脉、颈动脉、肾动脉等血管疾病的手术,如主动脉瘤手术、先天性主动脉缩窄矫治、肾动脉狭窄矫治、颈动脉内膜剥脱术等,其中以胸段降主动脉瘤手术对麻醉的要求高,难度较大。临床上根据主动脉瘤发生部位分为根部主动脉瘤、升部主动脉瘤、弓部主动脉瘤、降部主动脉瘤、胸腹部主动脉瘤和腹部主动脉瘤。最常发生的部位在肾动脉以下直至双侧髂总动脉分叉处。根部、升部、弓部主动脉手术需在体外循环下进行,降部以下则可在非体外循环下手术。下面主要讨论非体外循环下大血管手术的麻醉问题。

一、麻醉前评估

所有主动脉瘤,如任其发展,结果多是破裂大出血而致死。瘤内张力与血压及瘤体直径成正比,瘤体直径越大,破裂的可能性越大。一般认为瘤体直径大于5cm即有手术指征,如病人情况许可应及早手术。

动脉瘤手术病人以老年人为多。多并存有动脉硬化、高血压,以及心、肺、肾、内分泌等各方面疾病。动脉瘤常伴有冠状动脉狭窄,而且往往是手术后引起死亡的主要原因,必须引起足够的重视。尤其是对于那些无明显症状或症状不严重的患者,不应忽略合并冠心病的可能,以免导致不良后果。这类病人也可能因动脉瘤破裂而行急症手术。

主动脉缩窄病人多为儿童,常并存其他先天性心脏畸形,可能需同期或二期在体外循环下行心内直视手术。

近年来采取介入方法或杂交手术方法治疗大血管病变,可明显降低麻醉管理和手术的风险,提高了手术治疗的适应范围,增加了患者的安全。

二、麻醉选择

1. **降主动脉手术**　包括胸降主动脉瘤手术、腹主动脉瘤手术、胸腹主动脉瘤手术、主动脉缩窄矫治术。一般选用全麻,多采用静吸复合全麻,亦可采用硬膜外阻滞与全麻联合的方法,其优点是:①可维持较浅的全麻,麻醉苏醒快;②提供最有效的术后镇痛;③减少和减轻术后高血压。手术阻断主动脉在肾动脉水平以上者常需采用人工低温。无论采用何种方法,均应尽量缩短阻断血运的时间,以减少脊髓缺血的危险。即使加用低温以增加对脏器和脊髓的保护作用,亦不可忽视缩短阻断主动脉时间的重要性。

2. **根部、升部和弓部主动脉瘤**　均需在全麻、体外循环低温条件下施行手术。体外循环可能需要包括常温、低温、股静脉-股动脉部分转流、左心转流、深低温、深低温停循环、脑逆行灌注等多种基本方法,可以根据手术的要求采用。对手术较复杂的其他部位主动脉瘤也可考虑在体外循环下进行。如采用深低温停循环而不能在1小时内完成手术操作恢复血液循环,有可能造成脑的缺氧性损害。虽然选择性颈动脉灌注可以一定程度延长脑缺血缺氧时间,但不能完全避免长时间停循环和大脑低灌注的损害。

三、手术期间血流动力学变化

手术期间常需阻断主动脉,阻断部位越接近心脏则阻断后的血流动力学变化也越显著,主要临床表现为上半身高血压和下半身低血压。在阻断部位的近端血流量骤增,导致外周血管的阻力增加,左室后负荷增加,心排血量和每搏量降低,LVEDV增加,LVEDP增加。其程度与阻断速度、血管内容量、心肌功能、麻醉方式、主动脉瘤上下部位侧支循环的状况以及主动脉瘤内原来的血流有无受阻等有关。而阻断部位的远端则血流量锐减,静脉回心血量减少。

心脏储备功能低下者很难耐受或适应这种急剧的变化,因之在阻断前要采取有效的措施,例如用硝普钠等药物把血压降至适当水平。如阻断部位较接近心脏,即使病人心功能良好也常难承受,在阻断前采用血管旁路分流术即是有效措施之一,当然它还可供给阻断范围以下的血运。开放主动脉阻断钳后,血流恢复,外周血管阻力降低,左室后负荷减轻,原来缺血的部位由于多种因素出现反应性充血,静脉回心血量减少,心排血量减少,血压下降。故应在开放阻断钳前增加容量负荷,快速补充血容量,必要时适当应用血管活性药物。

四、麻醉处理

1. 麻醉方法　应考虑手术的难易、组织能耐受缺血的限度,设法满足阻断循环后手术无血区以外脏器和组织所需的血液灌注。例如低温可增加组织对缺血的耐受,左心转流、股静脉-股动脉转流、血管旁路分流都可用以解决阻断部位远端的血液灌注。

2. 术中监测　除常规心脏手术麻醉监测外,还应根据不同手术要求监测不同部位的动脉压、颈内动、静脉血氧饱和度、血气、脑诱发电位、脊髓诱发电位等。

3. 出血是手术最严重的并发症,应特别注意血容量的补充与调整,要保证有畅通的快速输血通路,可采用自体血液回输技术。大出血的原因有:①广泛解剖分离瘤体周围粘连而致渗血;②瘤壁或血管壁创伤破裂;③吻合口出血;④移植的人工血管渗血。在做腹主动脉瘤手术时,阻断后切开瘤壁时可有大量失血,主要来自双侧腰动脉。

4. 肾动脉以上的大血管手术,防止脊髓缺血再灌注损伤是麻醉工作的重点。常用的办法有:①低温,使直肠温降至 32 ~ 34℃,可以使脊髓耐受 45 ~ 60 分钟的缺血;②上下肢同步监测直接动脉血压,阻断期间将上肢血压尽量维持在较高水平(收缩压 140 ~ 160mmHg),使下肢收缩压达到或接近 140mmHg,这样可以为脊髓提供基本的血流供应;③股动脉置管,阻断期间将术野出血间断快速输入股动脉,为脊髓提供间断的血流,延长其耐受缺血的总时间;④蛛网膜下腔置管,输注适量的冷盐水,降低脊髓温度。还可以连续监测脑脊液压力,必要时放出适量的脑脊液,保证脊髓的灌注压。

5. 除注意对心脏和脊髓功能的保护外,应注意保护肾功能,术中应维持适当的尿量。可在阻断主动脉前即开始应用利尿药、肾血管扩张药等。某些特殊情况下还可以考虑经血流的肾局部降温。应警惕在施行肾动脉以下腹主动脉瘤手术时,有可能因机械性因素(包括动脉粥样化碎片)而致肾血流急剧减少。肾动脉狭窄的手术治疗,在阻断肾血流前宜采用肾局部降温法以保护肾。现已证明,低温可减轻脏器的缺血再灌注损伤。

6. 在腹主动脉瘤手术中,有可能因显露主动脉而引起肠系膜牵拉综合征,其临床表现为面部潮红、心动过速和血压下降,多为前列腺素释放所致,可对症处理,即加速输液,适当使用血管收缩药。

颈动脉内膜剥脱术主要用于缺血性脑血管病的治疗。这类病人多为老年人,有较多合并症,需加强术前准备,并应估计侧支循环建立的程度。有人采用颈丛阻滞,一般在全麻气管内插管下施行手术。应注意维持 $PaCO_2$ 于正常水平,以避免 $PaCO_2$ 升高而出现"窃血现象"或低二氧化碳血症致脑血管收缩。可在颈动脉鞘用局麻药作阻滞以防止操作时引起颈动脉窦的减压反射。如能维持颈动脉阻断后远心端压力在 50mmHg 以上则可保证脑灌注的需要,必要时应考虑颈动脉分流术,术中用脑保护措施。

7. 对不需要体外循环支持的降主动脉手术患者,由于手术期间有不同程度和时间的大血管阻断,因此抗凝治疗很重要。通常保持不全肝素化,ACT 维持在 180 ~ 250 秒之间,术毕可不需鱼精蛋白拮抗。

第八节　体 外 循 环

体外循环(extracorporeal circulation,ECC),又称心肺旁路术(cardiopulmonary bypass,CPB),其基本原理是将人体静脉血引出体外,经人工肺氧合并排出二氧化碳后,再将氧合的血液经人工心脏泵入体内动脉系统。ECC 不仅维持心脏以外其他重要脏器的血液供应,而且保证了手术野干净、清晰,保证心脏、大血管手术的安全实施。

一、体外循环的基本装置

体外循环基本装置包括:体外循环机、氧合器、微栓过滤器、体外循环管道、插管、变温水箱以及体外循环监测装置等(图 18-1)。

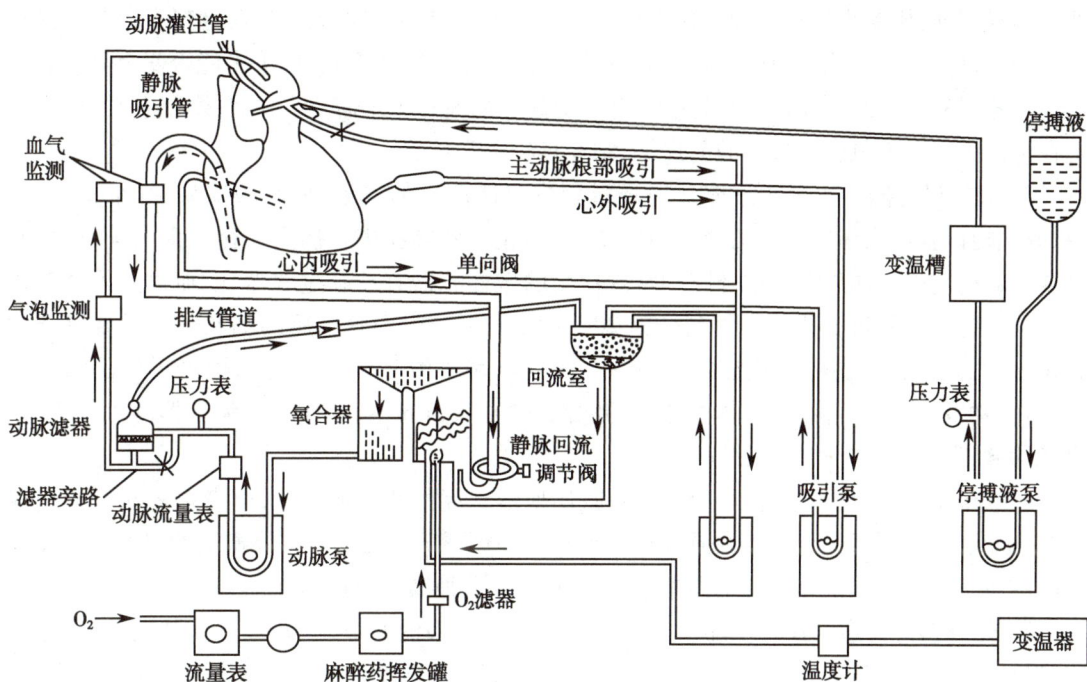

图 18-1　体外循环装置示意图

1. 体外循环机　血泵是其主要组成部分,主要作用是替代人体心脏的射血功能、对术中失血的回收利用及心脏停搏液的灌注,是体外循环的动力部分。根据泵血方式分为非搏动泵和搏动泵两种。搏动泵排出血液为搏动性,在同样的泵血量条件下,其微循环状况优于非搏动性灌注。然而目前较为常用的是非搏动泵,它靠调节泵头转动挤压泵管排出血液,射出血液为平流。临床应用比较广泛的是滚压泵和离心泵。现在临床常用的滚压泵是双头滚压泵,它由一个半圆形泵槽和两个分别置于中 180°旋转臂末端的柱式泵头组成。当血泵运转时,滚压柱便交替地挤压置于凹槽内的泵管,迫使血液始终向一个方向流动。离心泵也是一种非搏动泵,是根据离心力的原理设计,将泵头与驱动马达连接,当驱动马达高速旋转时,通过磁力作用带动泵内结构高速旋转,使血液产生湍流和离心力,离心泵头入口端产生负压,吸引血液进入泵室内,转子高速旋转产生的离心力推动血液前进。体外循环机还包括控制台和显示器、后备电源;心脏停搏液灌注监测器;温度、压力、时间、液平面、气泡等监测器;以及气体流量计、空氧混合器、吸入性麻醉气体挥发罐等附属装置。

2. **氧合器** 即人工肺。它代替肺脏使静脉血氧合转化为动脉血,并排出二氧化碳。目前使用的有两种类型:

(1) 鼓泡式氧合器:主要由氧合室、变温装置、去泡器、过滤网及储血室组成。氧气通过氧分散器的微孔直接注入静脉血内,形成大量微血气泡沫,通过血液与氧气的直接接触进行氧气和二氧化碳的交换,达到静脉血氧合成动脉血的目的。血液与氧气的直接接触造成红细胞破坏和气栓是其主要缺点,目前已经很少使用。

(2) 膜式氧合器:其主要特点是血液和气体通过一层高分子半透膜进行气体交换,血、气互相不直接接触。目前最常用的是中空纤维外走血式。膜式氧合器在气体交换过程中,无气-血直接接触导致的微气泡,但是预充液和心内、心外吸引回来的血液与大气相通,同时体外转流中会产生微气泡,所以膜式氧合器的贮血系统也设置了过滤网,滤网孔径为 $20\mu m$ 或者 $40\mu m$。高质量膜式氧合器的要求:血液氧合与二氧化碳排出理想,变温效果好,预充量小,血液破坏轻,跨膜压差小,操作方便、易于排气。临床工作中,根据不同的患者选择氧合器。最重要的一点是最大氧合流量,它关系到体外循环期间机体灌注是否充分,手术能否安全完成。同时还要考虑氧合器的预充量、变温性能,并结合患者病情和手术需要。选择膜式氧合器的原则是在满足患者最大氧合血流量的前提下,预充量较小为佳。

3. **微栓过滤器** 用于滤过体外循环过程中可能产生的气泡、血小板凝块、纤维素、脂肪粒、硅油栓以及病人体内脱落的微小组织块等,防止这些颗粒进入病人体循环形成栓子,危及重要脏器的功能。体外循环的环路中常规使用的微栓滤器有动脉过滤器、贮血过滤器和气体过滤器三种。动脉过滤器的滤网孔径为 $20\sim40\mu m$,可减少心脏术后的脑和其他重要脏器的并发症;贮血过滤器滤网最外层孔径为 $60\sim80\mu m$,用于清除来自心腔及术野吸出的组织碎片、赘生物及小线头等微栓;气体过滤器的滤网孔径 $<0.5\mu m$,直接连接于氧合器的供气管上,可滤除微栓和病原体。

4. **变温水箱** 是体外循环中血液、心脏停搏液温度的热交换装置,前者多与氧合器组成一体。变温水箱通过在变温器内泵入冷水或热水即可调节血液和心脏停搏液的温度。临床使用时注意变温器内水温与血温的温差应小于 $9℃$,水温最高不超过 $42℃$。

5. **体外循环管道** 体外循环手术中须应用各种类型的管道,主要包括动脉灌注管、静脉引流管、泵管、吸引管、排气测压管、氧气管、连接管等。根据患者的体重和灌注流量的需求,选择适当直径的管路。选择原则是预充量下且阻力达到最小。一般将上述管道配备为成人型、儿童型、婴儿型及小婴儿型。

6. **体外循环插管** 动脉插管种类繁多,常用的有升主动脉插管、股动脉插管、颅脑选择性顺行动脉灌注插管、小切口动脉插管;静脉插管分为上下腔静脉插管、腔房二级静脉插管、股静脉插管;其他还包括左心引流管、右心吸引管、各种心脏停搏液灌注管。

7. **附属装置** 包括贮血室、各种体外循环监测系统及超滤器等。

二、体外循环预充与血液稀释

体外循环转流前,所有的体外管道、氧合器、动脉滤器都必须要用液体充盈,以排除其中的气体,此过程称为体外循环预充(prime),所需要的液体总称为预充液,其所需的液体量称为预充量(prime volume)。"控制性血液稀释"是体外循环的必需过程。适当的、合理的稀释度直接关系到体外循环的质量,其基本原则是:消除低温引起的血液黏度增加,减少血液破坏,避免低温引起的动静脉短路,改善微循环,增加组织器官的灌注;保证有效的脑灌注,减少微血管栓塞;减少使用异体血液,防止输血源性疾病的传播;维持适当的胶体渗透压,减轻组织水肿。

1. 血细胞比容　衡量血液稀释度的指标采用血细胞比容(HCT),维持一定的血细胞比容是对组织氧灌注的保证,HCT 降低至 20% 以下将导致脏器血流的重新分布。不同的个体、不同的手术以及体外循环的不同阶段,对 HCT 的要求不同。①手术病种:一般病种转中 HCT 控制于 0.21~0.25,术前有红细胞代偿性增多的发绀型心脏病应控制于 0.25~0.3,深低温低流量、停循环的手术 HCT 可低至 0.2,冠状血管病变患者需维持 HCT 0.25~0.3;②患者年龄:青年和成年人 HCT 可稍低,而小儿代谢较旺盛,老年人红细胞携氧能力降低,HCT 应稍高,<10kg,HCT 26%~28%;<5kg,HCT 28%~30%;在深低温时,HCT 24%~26%;③转流进程:体外循环转流初期和低温期 HCT 可稍低,转流后期尤其是复温时 HCT 应提高至 0.24 以上,发绀型先心病患者应在 0.27 以上;④手术时间,外科术者操作熟练、转流时间较短,HCT 应稍高,转流时间较长者稀释度可酌情降低。

2. 胶体渗透压　在血液稀释过程中,维持血液中一定的胶体渗透压(COP)是防止组织水肿的重要措施。COP 过低会导致组织水肿,COP 过高又会使血液的黏度增加,因此血液稀释时应保持适当的胶体比例。转流初期总体晶体/胶体比例应为 0.5:1~0.6:1,相对 COP 应不小于转流前的 60%,后期要使 COP 提高。发绀型患者血浆量少,畸形矫正后极易发生肺水肿,虽然 HCT 较高,但血液胶渗压较低,晶体不宜过多,COP 应维持稍高水平。小婴儿及新生儿体外循环中 COP 维持在 16~18mmHg,停机前 18~22mmHg,改良超滤后能恢复到 25mmHg。

3. 预充量　预充量计算的原则应为保证安全的前提下尽量减少预充,维持适度的 HCT 和 COP,调整预充液的酸碱平衡和电解质浓度,使体外循环更接近生理灌注。新生儿及婴幼儿体外循环通过优化体外环路可减少预充量。根据患儿诊断、疾病情况及手术方式,制订体外循环计划,通过患儿血容量、红细胞量、全套体外环路所需要的总预充量、转中目标 HCT、COP 等参数来计算预充液中需要加入的晶体液、红细胞和胶体的量。具体公式如下:

预计库血量 = (预计 HCT×循环总量 − 转前 HCT×血容量)/库血 HCT;

循环总量 = 血容量 + 预充液量 + 心肌保护液量

预充胶体血浆/代血浆(ml) = [总预充量 − (库血量 + 患儿血浆量×0.7)]×0.7

发绀型心脏病患儿由于红细胞增生,HCT 高于非发绀患者,对于较大的患儿,以维持转中合适的 HCT,转前可能需要放血,计算公式如下。放出的血放入枸橼酸保养袋中,备术中 HCT 低时或术后回输。

放血量 = [血容量×术前 HCT − (血容量 + 预充量 + 心肌保护液)×预计 HCT]/术前 HCT

预充用的晶体液通常有乳酸林格液、复方电解质液及醋酸林格液,胶体液可选用各种血浆代用品、血浆或白蛋白,还需加入钾、镁、碳酸氢钠、肝素及抗生素等。

三、体外循环的实施与管理

一般外科采用纵行劈开胸骨,切开心包显露心脏后建立体外循环。麻醉医生从中心静脉注射肝素 400IU/kg,全身肝素化后,顺序插升主动脉插管和上腔静脉、下腔静脉引流管,分别与已预充好的人工心肺机相应管道连接,检测 ACT>480 秒,即可开始体外循环转流。

（一）体外循环前并行

所谓前并行,是指从体外循环转流开始至升主动脉阻断前这一阶段。此阶段的主要目的是要将患者的体循环和肺循环顺利过渡到体外循环,并进行适当的血液降温,为心脏的停搏做好准备。体外循环刚开始应该注意安全监测,主要是主动脉泵压的测定和氧合是否良好,同时观察上、下腔静脉引流情况。前并行阶段对血压的要求主要基于对重要脏器脑和心脏灌注的影响,防止脑低灌注性缺血和室颤。不同的患者,年龄、病种、是否合并高血压和颈动脉改变等都对血压要求有所不同,一般将灌注压控制在成人 50～80mmHg、婴幼儿 30～50mmHg。前并行期间根据手术难易程度、预计阻断时间、是否发绀伴有丰富的侧支循环、手术是否累及主动脉弓等因素来确定降温的程度。

（二）体外循环实施方法

随着心脏外科技术的不断发展和提高,手术方式越来越多,体外循环方法也不尽相同,术前根据病情、手术方式选择相应的体外循环方法。

1. **常温体外循环** 用于心内操作简单、时间短的心内手术。体外循环中温度接近正常或者自然降温。转中 HCT 维持在 30% 左右,要求氧合器性能好,能满足高流量灌注需要。成人流量大于 2.4L/(m^2·min) 为高流量,儿童流量高流量与年龄和体重有关,在体重<10kg 的患儿为 150ml/(kg·min)[或者 3.2L/(m^2·min)],在体重<5kg 则为 200ml/(kg·min)[或者 3.2L/(m^2·min)以上]。监测灌注流量是否充分可参照混合静脉血氧饱和度、尿量、BE 值。

2. **浅低温体外循环** 采用体外循环血流变温,适用于大部分心脏体外循环手术。转中鼻咽温维持在 32～34℃,HCT 维持在 25%～29%,维持全流量灌注,成人 2.0～2.4L/(m^2·min),儿童 2.8～3.2L/(m^2·min),采用 α 稳态血气管理。左右心内操作即将结束时开始复温,心脏复苏时血温维持在 35～37℃。

3. **中低温体外循环** 适用于病情重、心脏功能差的患者,如复杂心内畸形、重症瓣膜置换手术、部分大血管手术。体外循环中鼻咽温维持在 25～30℃,HCT 维持在 21%～25%,术中根据温度调整灌注流量,成人最低可到 1.6L/(m^2·min),儿童最低可到 2.4～2.8L/(m^2·min)。对高血压和侧支循环丰富的患者,灌注流量要适当增加,以保证组织灌注充分。

4. **深低温体外循环** 深低温可降低机体代谢率、增加机体对缺血缺氧的耐受性,深低温主要适用于需要在停循环或者低流量下才能完成的心血管手术。

深低温低流量,适用于心内复杂畸形、侧支循环丰富、术野大量回血、正常流量下阻碍手术操作的病例,如重度发绀型先心病矫治术、大的动脉导管未闭直视缝合术、部分大血管手术等。鼻咽温降至 20℃、肛温降至 25℃左右,心内操作关键步骤可将灌注流量降低,最低可达 5～10ml/(kg·min),既保持手术野清晰又防止空气进入体循环发生气栓,此时注意保持患者头低位。微量灌注对机体影响实际上已接近停止循环,要尽量缩短低流量时间。

5. **深低温停循环** 适用于小婴儿、新生儿复杂心内直视手术、累及主动脉弓的大血管手术等。要求鼻咽温 15～18℃,肛温 20℃。体外循环中使用甲泼尼龙是有效的药物脑保护措施,使用剂量为 30mg/kg,可以在转流前和复温时各使用一半;地塞米松虽然药效强,但大剂量使用可明显缩短 ACT 时间,因此不作为使用常规。降温过程中低温会引起心脏室颤,应该阻断升主动脉灌注心脏停搏液。停循环前头低位 30°,并头部放置冰帽。停循环结束时缓慢动脉还血后开放静脉引流,逐渐恢复体外循环。恢复体外循环后,待混合静脉血氧饱和度>75%

后再开始复温,以冲走淤积在组织中的酸性代谢产物,并偿还组织"氧债";复温时应该注意血温和水温的温差,避免复温太快导致气栓和复温不均匀。复温期间可给予20%甘露醇0.25~0.5g/kg,促进渗透性利尿,必要时进行人工肾超滤,滤出体内多余水分。停循环时间尽量控制在45~60分钟以内。

然而,单纯深低温停循环术后并发症和死亡率高,在进行深低温停循环时会采取脑保护措施,选择性脑灌注就是一种有效的脑保护措施。最常见的是采用右锁骨下动脉插管顺行脑灌注,在温度降低到上述要求时,阻断升主动脉、无名动脉、左颈总动脉,灌注流量降至5~10ml/(kg·min),灌注血流即从右锁骨下动脉经无名动脉进入右颈总动脉后入脑,这种全身停循环而保持脑的低流量灌注即是顺行性选择性脑灌注。主动脉修复完毕,即可开放无名动脉和左颈总动脉阻断钳,恢复全流量灌注。选择性脑灌注还包括上腔静脉脑逆灌法、头臂动脉插管灌注法,但是其存在插管及体外循环管理较复杂、手术野拥挤等不足之处,相比之下,经右锁骨下动脉插管顺行脑灌注简单而有效。

6. 其他 如上下半身分别灌注、并行循环(包括左心转流)、部分转流等。

体外循环灌注流量应满足以下要求,即运送氧及营养物质到各组织,并将代谢产物运走。灌注流量可按体重[ml/(kg·min)]或体表面积[ml/(m^2·min)]计算,一般小儿多用后者,因为小儿体表面积与成人相差悬殊。按照体表面积计算,成人大于2.4L/(m^2·min)为高流量,小于1.6L/(m^2·min)为低流量。就代谢而言,婴幼儿较成人需要更高的灌注流量。婴幼儿按照千克体重计算,小于50ml/(kg·min)为低流量,高流量与年龄和体重有关,在体重<10kg的患儿为150ml/(kg·min)[或者3.2L/(m^2·min)],在体重<5kg则为200ml/(kg·min)[或者3.2L/(m^2·min)以上]。监测灌注流量是否充分可参照混合静脉血氧饱和度,尿量,BE值。一般维持混合静脉血氧饱和度在65%以上,尿量1~2ml/(kg·h)、BE-3~3mmol/L。

(三) 后并行及停止体外循环

后并行循环指从心脏复苏成功开始,至停止体外循环,也称为辅助循环期,包括辅助循环和停止循环两部分,此期间主要的任务是:①手术后的心脏逐渐恢复功能,从体外循环过渡到自身循环;②调整电解质和血气;③继续进行体表和血液复温;④调整体内血容量,在心脏功能允许的情况下尽量补充体内血容量;⑤调整血红蛋白浓度,如血细胞比容过低,可使用超滤器和利尿剂;⑥治疗心律失常,必要时安装临时起搏器。

外科手术主要操作完成,应当做好开放主动脉的准备。包括温度>30℃,灌注压维持在60~80mmHg,提前5~10分钟做好以下工作:①心脏方面的准备;②肺的准备;③血气、电解质等实验室检查;④准备好有助于心脏复苏的强心和血管活性药物;⑤除颤器、起搏器等的准备。开放后应防止心脏膨胀,防止灌注压过低或过高。

停机是体外循环心脏手术的关键部分,生理上,患者经历一系列的变化,即从"静脉—氧合器—主动脉"转化为"静脉—氧合器/自身肺—左心室—主动脉",最后过渡到"静脉—心脏/自身肺—主动脉",这一过程的完成客观上取决于患者心脏和肺脏功能,主观上取决于心脏手术的成功与否,如畸形矫正是否满意,冠状动脉移植血管是否通畅等,以及停机前的准备工作是否就绪。随着心肌收缩力的恢复和温度的回升,达到以下条件就可以考虑逐步停止体外循环转流:①心率、心律调整到满意程度,心电图基本正常或者无明显变化;②平均动脉压力60~80mmHg,脉压≥30mmHg;③心肌收缩有力,并能维持有效循环,心脏充盈适度;④中心静脉压基本接近转流前水平维持,无心房膨胀,左房压维持在0~18mmHg;⑤血红蛋白浓度成人达到80g/L,儿童达到90g/L,婴幼儿100g/L;⑥鼻咽温36~37℃,直肠温35~36℃;⑦患者自身肺气体交换正常;⑧血气电解质在正常范围,停机时腔静脉要缓夹,动脉流量要缓降,平稳协调地将人工循环过渡到身体循环;⑨外周组织灌注充分,$SvO_2>65\%$。

四、体外循环的监测

合理良好的体外循环灌注,需要准确及时地监测心血管功能、人体重要脏器功能、血液生化指标及人工心肺机系统等一系列参数的变化,灌注时随时根据监测结果进行调控,尽可能使体外循环灌注符合或接近生理需要。

1. **生命体征的监测** 主要包括 ECG、动脉血压、中心静脉压、血氧饱和度;尤其强调温度监测,常规监测鼻咽温度代表脑部温度,小儿先天心脏病手术时应同时监测直肠温,以协助诊断合并的大动脉畸形;尿量及其性状监测可以判断体外循环灌注是否充分。

2. **血气及生化指标监测** 体外循环中监测血气、电解质、血糖、乳酸、血细胞比容(HCT)和血红蛋白水平、渗透压,以维持体液酸碱平衡,维持机体内环境稳定,给组织提供良好的氧供。HCT 是反映血液稀释度的指标。混合静脉血氧饱和度(SvO_2)及静脉血氧分压(PvO_2)及乳酸是作为组织灌注是否充分的重要指标。

3. **抗凝及凝血状况监测** 通常通过间断测定 ACT(激活全血凝固时间)来监测肝素抗凝和鱼精蛋白拮抗,血栓弹力图可以应用于体外循环后凝血功能的评估。

4. **体外循环灌注系统监测** 如动脉供血路压力、动脉流量、吸引泵流量、氧合器血平面监测、气泡监测、氧气和二氧化碳流量、周围组织循环状况等。

五、体外循环常见并发症

1. **低心排综合征** 通常指机体容量、阻力都正常或做了较大的代偿情况下,心脏做功仍然不能满足机体循环需要的状况。患者可表现为低血压、周围血管阻力升高、组织灌注不足。诸多因素可能导致术后低心排综合征,如畸形矫正不满意、心功能不全、低血容量、灌注肺、心脏压塞、心肌缺血/再灌注损伤。治疗原则是在纠正致发病因的基础上合理使用正性肌力药、升压药和血管扩张药,必要时可以使用机械辅助循环。

2. **肺并发症** 包括肺不张、肺水肿、灌注肺等,是手术后较常见的并发症。长时间肺萎陷,肺表面活性物质的破坏,肺循环中栓子的阻塞和炎性反应是导致各种肺并发症的主要原因。预防及处理措施包括使用膜式氧合器或抗炎、充分左心引流减少肺内血液滞留、心脏阻断期间静态压力膨肺可减少微小肺不张、发绀患者适当降低温度以降低灌注流量,从而减少侧支循环左心回血量、适当使用皮质类固醇和抗炎药物减轻全身炎症反应、白细胞滤除的使用、超滤技术及体外循环管道的改进等。

3. **脑部并发症** 发病率为 $1\%\sim5\%$,由于神经损伤的部位和程度不同,临床表现也不相同,包括术后谵妄、认知功能改变、抑郁症等神经心理改变和脑卒中,轻者可有苏醒延迟,重者出现偏瘫、失语、痴呆、昏迷。主要由体外循环导致的脑缺血缺氧、脑栓塞及急性颅内出血引起。成人高危因素为高龄、高血压、动脉硬化、糖尿病、既往脑血管病史及无症状的颈部杂音,对于小儿患者,则与手术操作及体外循环管理密切相关,尤其是深低温停循环技术。

4. **出血** 体外循环心脏直视手术后发生非外科因素的出血是术后常见并发症。主要原因为止血不彻底、肝素化后凝血机制的变化、转流中血小板的消耗和功能的降低、凝血因子稀释及破坏、大量库血的使用等。预防及治疗措施包括术前停用抗凝剂和血小板抑制剂、尽量缩短体外循环时间、适当的血液稀释、尽量使用新鲜库血、应用抗纤溶药物和氨甲环酸等止血药物、根据监测结果合理使用血液成分治疗。体外循环也可导致应激性消化道出血。

5. 急性肾功能不全　心脏手术后并发需要透析治疗的急性肾功能不全(ARF)较少,大多数患者表现为短暂的轻度肾功能不全。心脏手术后发生 ARF 是多种因素的综合作用,包括心功能不全、肾脏储备能力下降、糖尿病和周围血管疾病。

(刘　进)

心血管疾病患者实施非心脏手术,麻醉和手术的并发症及死亡率明显高于非心血管疾病接受同类手术的患者。麻醉和手术的最终结局,不仅取决于患者本身疾病的严重程度,同时也取决于心血管疾病的性质、程度和心功能状态,还与手术、麻醉的技术、术中术后监测条件、各种意外情况的判断和处理能力相关。因此,对这类手术患者麻醉前应进行全面而准确的围术期风险评估,心血管检测、围术期药物治疗,做好充分的术前准备和术中监测,掌握和运用好对这类病人的麻醉原则。

第一节 麻醉前评估与准备

非心脏手术患者围术期,由外科医生、麻醉医生及相关学科医师、护士组成的相互合作与信任的围术期团队的密切沟通,是围术期评估的基石。并且应该让患者及其家属参与,尊重患者的选择权和目标,促进决策共享。具体内容参见第十八章第一节。

第二节 心脏病患者非心脏手术麻醉的基本原则

无论先天性心脏病还是后天性心脏病患者,麻醉期间首先遵循的总原则应该避免加重心肌缺氧,保持心肌氧供和氧需之间的平衡。麻醉实施时应注意:①心动过速不仅增加心肌氧需同时减少了氧供,对有病变的心肌不利;②避免心律失常;③保持适当的前负荷,避免血压显著升高或下降;④避免缺氧和二氧化碳蓄积;⑤及时纠正内环境紊乱;⑥实施连续的血流动力学及呼吸功能监测。

1. 基本要求 麻醉过程平稳,循环状态稳定,通气适度,要保持心肌氧供和氧需之间的平衡。麻醉深浅适度,既达到良好的镇痛又不致抑制循环,能将应激反应控制在适当水平,术中不出现知晓。

2. 应根据病人的具体情况(病情、全身情况、精神状态)、预定的手术范围以及麻醉者的专业水平和条件进行麻醉选择。

(1) 只要麻醉处理得当,全身麻醉并不比非全身麻醉的危险性大。

(2) 如病人情绪稳定,或能达到充分镇静,可以酌情选用非全身麻醉。对手术范围局限的体表和肢体中、小手术可以采用局部麻醉,为避免对心血管方面的影响,局部麻醉药中一般不加用肾上腺素。骶管麻醉对循环无明显影响,适用于肛门、会阴、膀胱镜检查等手术。低平面蛛网膜下隙阻滞只适用于会阴、肛门和下肢手术,且麻醉平面应控制在 T_{10} 以下,以免导致血压急剧下降。

连续硬膜外阻滞可以较安全地用于中、下腹部手术,至于是否用于上腹部或胸壁手术,应视病人情况和麻醉者的经验而定。如果使用得当,连续硬膜外阻滞可以减轻心脏前、后负荷,改善心衰。如病人心功能差、病情严重、手术复杂或创伤较大,估计会引起明显的血流动力学变化,或病人情绪紧张,预计术时冗长,以采用全身麻醉并进行气管内插管妥善管理呼吸为宜。至于将连续硬膜外阻滞联合浅全身麻醉,只要处理得当,用药合理,亦可考虑。在严重冠心病病人接受下腹部、盆腔、骶尾部或下肢手术时,若选用下胸段和腰段的硬膜外阻滞或腰麻将导致发自上胸段和颈段的心交感神经兴奋性增加,心肌耗氧增加而加重心肌氧供与氧需的失衡,诱发心绞痛或心肌梗死,应慎重对待,对这类病人,一些医院选用全身麻醉联合高位硬膜外阻滞(阻滞范围 $C_5 \sim T_6$,用低浓度局部麻醉药阻断心交感神经和感觉神经)。用全身麻醉完成手术,用高位硬膜外阻滞预防或治疗心绞痛。

(3) 实施全身麻醉时,全身麻醉药与肌肉松弛药的选择和应用首先取决于病人的心功能。麻醉医师应充分了解有关药物的临床药理,特别是其对心肌和循环功能的影响。常用的吸入麻醉药对心肌收缩力均有不同程度的抑制,异氟烷对心肌的抑制作用较恩氟烷和氟烷轻。氧化亚氮亦可使心肌收缩力减弱,常用于其他全身麻醉药的辅助,以减少其他麻醉药的用量和它们对心肌的抑制。氧化亚氮可增加肺血管阻力,对已有肺动脉高压和(或)右室功能障碍者要禁用或慎用。静脉麻醉药中麻醉性镇痛药芬太尼、舒芬太尼等对心肌收缩力和血压无明显影响,但使心率减慢,适用于心脏储备功能差的病人。依托咪酯对心血管系统无明显影响,常用于心功能差的病人的诱导。从临床实践看,一般多主张采用以中剂量麻醉性镇痛药(如芬太尼 $10 \sim 20 \mu g/kg$)为主的静吸复合麻醉,即根据麻醉深度和血流动力学变化而适当地加用吸入麻醉,这样可避免大剂量麻醉性镇痛药所致的术后长时间呼吸抑制。对于需避免心动过速的病人,宜采用对心率无明显影响的肌松弛药,如维库溴铵、阿曲库铵、顺式阿曲库铵等。

3. 在全身麻醉诱导中应尽量减轻气管内插管和拔管所致的心血管反应。现在研究应用的很多方法各有一定成效。常用而较为肯定的方法有:除合适的常用诱导药和肌松药外,加用适量的芬太尼,或氟哌利多与芬太尼,或硫酸镁与芬太尼。在气管内插管的操作中,熟练而轻巧的插管技术是减轻心血管反应的必要条件。此外,还应注意避免拔管时对心血管不必要的刺激,拔管时气管导管内吸引不仅增加术后肺不张,同时也增加心脏事件发生的风险。插管前静脉注射小剂量的超短效 β 受体阻滞药(如艾司洛尔)对部分患者防止心率增快有一定效果。

4. 应注意各种全身麻醉药对血流动力学的影响均与静脉注射速度和剂量有关。

5. 除维持呼吸道通畅外,应根据病人情况进行合理的通气,避免缺氧或二氧化碳蓄积。过度通气使 $PaCO_2$ 降低,可降低肺血管阻力,但却可使冠状动脉收缩或痉挛,不利于冠心病患者麻醉管理。因此在麻醉中应避免较长时间使 $PaCO_2$ 低于 $30mmHg$。

6. 输血、输液适当,保持适当的前负荷,避免血压明显波动。注意保持内环境稳定,定时监测动脉血气、酸碱平衡及电解质,出现明显异常应及时纠正电解质和酸碱平衡失常。术中应进行常规体温监测,围术期维持正常体温,有助于减少心脏事件的发生。

7. 维持血流动力学平稳,麻醉期间尽力减少血压波动。加强监测,及早处理循环功能不全的先兆和各种并发症。合理应用血管活性药物和正性肌力药,充分注意每一个血管活性药物的作用特点,使用恰当的剂量,并且酌情联合应用。

8. 麻醉期间注意管理心律失常。对于偶尔出现的房性或室性的期前收缩,阵发性房性心动过速,手术操作期间的一过性心房纤颤,如果血流动力学稳定,可密切观察,暂不予处理。术中出现心律失常并伴有血流动力学改变,应及时处理,除进行必要的对症处理外,主要应根据原因处理,否则难以收到良好效果。

9. 麻醉管理期间应根据不同种类心脏病的病理生理特点,以及手术操作的需求,制订个体化的麻醉管理方案。例如对二尖瓣狭窄病人应避免心动过速,而在二尖瓣关闭不全和主动脉瓣关闭不全的患者,则轻度增快心率,维持稍低的体血管阻力可以减少反流而改善心功能。冠心病患者,应以氧供需平衡为原则,保持较慢的心率和正常偏低的血压,则有利于心肌的氧气供应和维持较低的氧耗。

10. 经食管超声心动图（TEE）监测能为麻醉医师提供有关心内异常血流和心脏收缩/舒张功能变化、心血管容量状态的实时信息，指导对患者的处理和抢救。在有较严重心脏病患者接受非心脏手术时，有条件的医院应积极选用术中 TEE 监测。TEE 宜用于全身麻醉或手术全程镇静的患者，区域麻醉或监测麻醉患者，TEE 探头放置后可引患者明显不适，造成血流动力学不稳定，增加心脏事件的风险。

11. 手术时间延长，可明显增加患者风险，增加手术切口和全身感染。选择安全、简便、有效的手术方式，尽可能缩短手术时间并减少手术创伤。

第三节　高血压病人的麻醉原则

高血压（hypertension）是以体循环动脉压增高为主要表现的临床综合征，其临床诊断标准是在大量流行病学调查材料分析的基础上人为制订的。1999 年 10 月中国高血压防治指南试行本指出，该指南基本上采用《1999 WHO/LSH 高血压治疗指南》的分类标准，将 18 岁以上成人的血压按不同水平分类（表 19-1）。

表 19-1　血压水平的定义和分类

类别	收缩压（mmHg）		舒张压（mmHg）
正常血压	<120	和	<80
正常高值	130～139	和（或）	85～89
高血压			
1 级（轻度）	140～159	和（或）	90～99
2 级（中度）	160～179	和（或）	100～109
3 级（重度）	≥180	和（或）	≥110
单纯收缩期高血压	≥140	和	<90

病人收缩压（SBP）与舒张压（DBP）属不同级别时，按两者中较高的级别分类：病人既往有高血压史，目前正服抗高血压药，血压虽已低于 140/90mmHg 亦应诊断为高血压。临床上高血压见于两类疾病，一类为原发性高血压（essential hypertension）又称高血压病（hypertension disease），占 90%～95%，另一类为继发性高血压（secondary hypertension），又称症状性高血压（symptomatic hypertension），占 5%～10%。后者病因明确，可由肾、内分泌、血管、颅脑等方面的病变引起，治疗主要针对原发病，但也需适当采用对症治疗。麻醉前应明确病人属于哪种类型。

高血压患者的诊断和治疗不能只是根据血压水平，必须对患者进行心血管风险的评估并分层。高血压患者按心血管风险水平分为低危、中危、高危和极高危 4 个层次（表 19-2）。

表 19-2　高血压患者心血管风险水平分层

其他危险因素和病史	血压（mmHg）		
	1 级（轻度）	2 级（中度）	3 级（重度）
	SBP 140～159	SBP 160～179	SBP≥180
	DBP 90～99	DBF 100～109	DBF≥110
无	低危	中危	高危
1～2 个其他危险因素	中危	中危	极高危
≥3 个其他危险因素，或靶器官损害	高危	高危	极高危
临床并发症或合并糖尿病	极高危	极高危	极高危

　　心脏病病人麻醉的基本原则基本上适用于高血压病人(参见第十八章),根据高血压病人的特点再强调以下几个方面:

　　1. 对于病人的病情应该进行详细的评估　首先对于高血压的认定不能以一次测量为据,应至少两次在非同日静息状态下测得血压升高时方可诊断为高血压,血压值宜以连续测量三次的平均值计。还应除外病人由于环境刺激、精神紧张所致的血压增高,即过去所谓"白大衣高血压"(white coat hypertension)。应对高血压病人的病期、发展情况、目前高血压程度、有无脏器(靶器官)受累及其严重程度、其他并存疾病以及治疗情况评估风险层次,制订麻醉方案。

　　2. 应认真进行麻醉前准备　严重的高血压病人如术前未经降压治疗则术后发病率和死亡率均可较高,术中血压亦可剧烈波动。对于需用药物治疗的高血压病人术前均应将血压控制在适当水平。WHO 的降压目标为:中青年<130/85mmHg,老年人<140/90mmHg;糖尿病合并高血压时,应降至 130/80mmHg 以下,高血压合并肾功能不全者应将血压控制在<130/80mmHg 甚至 125/75mmHg 以下。英国高血压治疗指南(1999 年)提出血压控制的理想靶值为:收缩压<140mmHg,舒张压<85mmHg;最低可接受水平为收缩压<150mmHg,舒张压<90mmHg。以上可作为术前准备的参考。对于有合并症或靶器官损害者均应适当予以处理。例如有糖尿病者控制其血糖水平,有心力衰竭者应尽力纠正心衰并改善心功能,对有肾功能不全者要特别注意纠正其水、电解质和酸碱平衡失常。术前不宜停用抗高血压药物则已见前述。高血压患者是否推迟手术,只有两点理由:推迟手术可以改善高血压患者的靶器官损害或疑有靶器官损害需进一步评估治疗。

　　3. 高血压病人入手术室后,在麻醉前测量基础值时常常发现收缩压≥180mmHg 和(或)舒张压≥110mmHg,此时是否继续麻醉和手术往往需要麻醉医师做出决策。建议是:①择期手术,病人有明确的原发性高血压病史或家族史,停止麻醉和手术。②择期手术,病人肯定没有原发性高血压病史或家族史,考虑为精神紧张所致"白大衣高血压"。若使用药物充分镇静后,收缩压<180mmHg 和舒张压<110mmHg,可以麻醉和手术,若仍然是收缩压≥180mmHg 和/或舒张压≥110mmHg,停止麻醉和手术。③限期手术(如动脉瘤担心破裂者,恶性肿瘤担心转移者),病人有明确的原发性高血压病史或家族史,再次向病人及其家属告知继续手术和延期手术的各自利弊,然后根据病人及其家属的意见决定是继续还是延期麻醉与手术。④急诊手术,无论病人是否有明确的原发性高血压病史或家族史,应该麻醉和手术。但麻醉中应尽力保持血压平稳,并注意保护心、脑、肾等靶器官。

　　4. 高血压病人易于激动,术前应充分镇静　对于术前已用 β-肾上腺素受体阻滞药者,抗胆碱药宜用阿托品以避免麻醉期间心动过缓。在麻醉选择方面,应根据病情和手术要求选择对循环影响最小的麻醉药物和麻醉方法。低危风险患者麻醉选择上应无困难,对中危、高危和极高危风险患者麻醉选择宜慎重。对较小手术选用局部浸润麻醉或神经阻滞时应注意麻醉液中不宜加用肾上腺素,阻滞需完善。除低位脊麻和鞍区麻醉外,蛛网膜下隙阻滞一般不宜用于高血压病人,因其可引起血压剧烈波动。连续硬膜外阻滞对循环的影响虽较缓和,但在阻滞范围较广泛时仍可引起严重血压下降,故对高血压病人仍宜慎用。对于手术创伤大、范围广、比较复杂的手术以选用全身麻醉较为安全。常用的吸入麻醉药对心肌均有不同程度的抑制作用和降低总外周阻力的作用,但只要适当掌握麻醉深度,对循环不致造成过度抑制。在常用的静脉麻醉药中,氯胺酮可使血压显著升高、心率增快、心肌氧耗增加,一般不宜用于高血压病人。以芬太尼为主的全凭静脉麻醉虽对循环影响轻,但其麻醉深度往往不足以制止手术较强刺激所致的血压升高。故现临床上一般采用静-吸复合麻醉。对肌松药的选用则主要取决于病人的心、肾功能。对已有心、脑、肾等重要脏器受累的高血压病人,原则上应避免使用控制性降压。对于其他高血压病人采用控制性降压也要十分慎重。如必须应用,血压不宜过低,降压时间宜短。

5. 麻醉管理比麻醉选择更为重要 对于高血压病人,要求麻醉过程平稳,尽可能将血压维持于接近平日可耐受的水平,防止低血压或血压过高所致的并发症,特别是心、脑血管意外和肾衰竭。如血压较原来水平降低25%,即应视为低血压;如降低30%,则为显著的低血压。麻醉期间血压下降的幅度不宜超过原来血压水平的20%。如血压较麻醉前升高>30mmHg,则为血压过高。高血压病人的代偿能力一般均较差。其血容量一般均偏低,术前长期用利尿药而未注意及时纠正者更甚,可能还有电解质方面的明显紊乱(如低钾血症)。小动脉病变是高血压病最基本的病理改变,涉及各个重要脏器,加之还有抗高血压药物的作用,故高血压病人对全身麻醉药的抑制作用、椎管内麻醉的交感阻滞作用、低血容量、体位改变等的耐受均较一般病人为低,易于出现低血压,应注意预防。

(1) 全身麻醉静脉诱导时应缓慢、分次注射,并观察和监测病人对药物的反应,采用最小的有效诱导剂量。吸入麻醉宜从低浓度开始,逐步增加至所需浓度;全凭静脉麻醉也应使用靶控输注诱导,从低浓度开始,逐步增加浓度至所需的麻醉深度。施行硬膜外阻滞时应先适当静脉输液,局部麻醉药的注入亦应先试用小量,再根据病人的反应酌情追加。总之,对这类病人给予麻醉药物或其他对循环有明显影响的药物时,宜采用化学实验样的"滴定"(titration)方法。此外,应注意变动体位要缓慢、轻巧,术中及时补充血容量,尽可能采取措施减轻手术所引起的不良神经反射如胆心反射、腹腔丛反射等。

(2) 高血压患者麻醉手术期间,血压变化剧烈,常可因麻醉偏浅时各种刺激所致的交感神经反应或对于血管活性物质(药物)的高度敏感而出现血压过高。因此在进行高血压病人的麻醉时,应在其心血管功能可耐受的情况下维持适宜的麻醉深度,尽量减轻气管内插管时的心血管反应,避免低氧或二氧化碳蓄积,注意在输液、输血中不使血容量急剧增高。在处理低血压而使用升压药时,也切忌一次注入较大剂量而致血压剧升。前已述及,为减轻气管内插管所致心血管反应的预防方法较多,以采用β受体阻滞药艾司洛尔为宜。因其起效快、半衰期短、可控性好。对于血压过高,如针对原因处理无效时可用药物控制血压。除传统药物如硝普钠、硝酸甘油等外,可采用效果好而副作用更少的药物,如尼卡地平(nicardipine)、艾司洛尔、乌拉地尔(urapidil)等。使用降压药物时,宜缓慢静脉泵注,有利于对血压的调控。对过高的血压应及时处理,否则除可增加心肌氧耗,导致心肌缺血外,还可引起急性左心衰竭、脑内出血等严重并发症。血压过低,尤其是持续时间较长者,易发生脑内血栓形成,引起脑梗死病变,也需及时处理。

(3) 术毕应注意镇痛,既要完全清醒后及时拔除气管导管,避免引起血压增高,又要充分镇痛。使用小剂量的纳洛酮或纳美芬拮抗阿片类药物的呼吸抑制作用。在患者自主呼吸恢复良好时,也可采用较深麻醉下拔管,但其指征应严格把握。术后伤口疼痛、咳嗽、恶心呕吐都可引起血压的不稳定,均应慎重管理。个别患者术后因麻醉对血管的舒张作用消失,血容量过多,也可出现高血压现象。

6. 高血压患者可能存在血管张力较高和(或)血容量增多,麻醉药物均存在一定程度的减低心肌收缩力和扩张血管的作用,因此围术期注意及时输血、输液,维持内环境稳定等则与一般手术麻醉相同。

7. 特殊类型高血压的处理,需根据患者高血压的类型进行相应的准备和处理。

(1) 高血压急症:指在某些诱因作用下,血压突然和显著升高(一般超过180/120mmHg),同时伴有进行性心脑肾等重要靶器官功能不全的表现,严重威胁患者的生命安全,应采取紧急步骤进行逐步控制性降压。将血压降至较安全水平(160/100mmHg左右)后,可进行急诊手术麻醉及处理。

(2) 继发性高血压如内分泌疾患嗜铬细胞瘤等所导致高血压,在麻醉方面有其特殊要求,应注意以下要点:①诱导或探查肿瘤时发生高血压危象,可用酚妥拉明快速降压,也可应用硝普钠、硝酸甘油、乌拉地尔、拉贝洛尔等处理;②当肿瘤静脉结扎后或肿瘤切除后,由于血中儿茶酚胺急剧减少,将会迅速出现严重、难治性低血压。需停用扩血管药、扩容和输注儿茶酚胺类药物,如去甲肾上腺的处理;③加强血糖监测,发生低血糖时,可输注葡萄糖液。详见第二十六章。

(刘　进)

第二十章 神经外科手术的麻醉

大脑中枢是维持生命和意识的重要器官,也是神经外科的原发疾病、外科手术和全身麻醉药物的共同作用靶点。这一特点使得神经外科比其他专科麻醉的风险大大增加。某些颅脑疾病可能影响病人的精神和意识状态,给麻醉医师准确判断药物作用和评估麻醉苏醒造成困难。因此,要求麻醉医师熟练掌握中枢神经系统相关的生理、病理和药理学基础理论知识,认真、准确地进行麻醉前评估,仔细的进行麻醉前准备,并注意根据相应的病情特点制订合适的麻醉方案。

第一节 麻醉对脑血流、脑代谢和颅内压的影响

一、概 念

1. **脑血流量** 一般用单位时间内单位质量脑组织的血液灌注量来表示。脑组织血流量非常丰富,正常情况下,脑组织重量约 1400g,占体重的 2%,然而脑血流(cerebral blood flow,CBF)却占心排血量的 12%~15%,相当于每 100g 脑组织 50~70ml/min。高血流量灌注是脑组织的一个显著特征。脑血流量与以下因素有关:①脑灌注压(cerebral perfusion pressure,CPP)和脑血管阻力。脑灌注压与平均动脉压(MAP)和颅内压(ICP)密切相关,CPP = MAP - ICP。正常生理状态下 ICP 基本保持恒定,对 CBF 影响不大。当 MAP 波动于 50~150mmHg 之间时,脑血流量可由于脑血管的自动收缩与舒张而保持恒定,这称为脑血管的自动调节机制(autoregulator mechanism)。②颅内压:当各种原因引起颅内压升高时,通过库欣反射(Cushing relex)引起血压升高、心跳加速,以维持足够的脑血流量。但当颅内压超过 30~40mmHg 时,脑血流量随颅内压的升高而下降。③化学调节:缺氧和动脉血二氧化碳分压升高会引起脑血流量增加。当动脉血二氧化碳分压在 25~80mmHg 范围内变动时,对脑血流量的调节最灵敏。

2. **脑代谢** 脑是机体代谢率最高的器官,高代谢是脑组织的另一显著特征。无论是在睡眠还是在清醒状态下,脑组织耗氧量均占全身总耗氧量的 20% 左右,这一比例高于脑血流量占全身总血流量的比值。因此,脑组织对血液的氧摄取率远高于机体其他器官。同时,脑组织的能量几乎完全依靠葡萄糖的有氧氧化提供,其能量储备十分有限,故对缺氧耐受性极差。氧和能量储备不足是脑组织的第三个特征。

3. **颅内压** 指颅内脑脊液的压力。正常人平卧时脑室内压力为 70~200mmH$_2$O(约相当于 5~15mmHg)。成人的颅腔是由颅骨构成的刚性腔隙,没有任何伸缩性。正常情况下,脑组织、脑血流和脑脊液的体积与颅腔相适应,保持颅内压相对稳定。颅内任何成分的体积发生变动,均可能影响颅内压力。当颅内容积变动的范围在 5% 以内时,可以通过三者之间的相互代偿而不引起颅内压发生显著变化,但当颅内容积的变化超过 5% 或存在代偿功能障碍(如脑脊液循环不畅)时,可以引起颅内压力的剧烈变化。此外,异常生理状态下,尚有多种因素可以影响颅内压力:

（1）动脉血二氧化碳分压（$PaCO_2$）：当 $PaCO_2$ 在 $25 \sim 100mmHg$ 范围内，$PaCO_2$ 每增减 $1mmHg$，可引起每 $100g$ 脑组织血流量增减 $2ml/min$，相应每 $100g$ 脑组织的体积变化约为 $0.04ml$。超出此范围，脑血流对 $PaCO_2$ 的反应性减弱。当 $PaCO_2$ 降至 $20mmHg$ 以下时，即有可能发生脑缺血。降低 $PaCO_2$ 使颅内压下降所能维持的时间很短暂。即使是持续降低 $PaCO_2$，颅内压仍逐渐恢复正常。这是由于低颅压减少了脑脊液的重吸收，导致脑脊液的容量增加，使颅内压恢复正常。但此时颅内容物的构成比例发生了改变，脑脊液体积的增加代偿了脑血流的减少。

（2）动脉血氧分压（PaO_2）：氧分压变化通过影响脑血流而对颅内压产生影响。当 $PaO_2 < 50mmHg$ 时，脑血流量迅速增加并达到最大值，同时引起颅内压明显升高。氧分压增大对脑血流量影响轻微，仅在高压氧条件下可引起脑血流和颅内压轻度增加。

（3）平均动脉压的影响：平均动脉压在 $50 \sim 150mmHg$ 范围内变动时，可通过脑血管自身调节机制保持脑血流量基本稳定于正常水平，此范围内血压对颅内压的影响较小。超过这个范围，颅内压将随血压同向变化。

（4）其他：体温降低时脑血流量减少，可引起颅内压下降；中心静脉压或胸腔内压增加，通过颈内静脉和椎静脉传递而提高颅内静脉压，使颅内压升高。

二、麻醉对脑血流、脑代谢和颅内压的影响

（一）静脉麻醉药

1. 巴比妥类　巴比妥类药物是目前已知对脑代谢抑制作用最强的麻醉药，它甚至在意识消失前就可使脑代谢率明显降低。它同时还有增强脑血管阻力的作用，因此巴比妥类药物麻醉时，脑血流量下降明显。动物实验表明，严重低血压和（或）低氧血症时，应用巴比妥类药物麻醉对缺血和缺氧的脑组织有保护作用，能减轻神经后遗症或延长动物存活时间。

2. 依托咪酯（etomidate）　与巴比妥类药物相似，依托咪酯能引起脑血流、脑代谢和颅内压剂量相关性下降。但二者不同之处在于依托咪酯注射初期首先引起脑血流急速下降，即其引起的脑血流降低先于脑代谢率的降低，其原因可能是依托咪酯直接收缩脑血管所致。

3. 丙泊酚　与巴比妥类药物一样呈剂量相关性抑制脑血流和脑氧耗，不影响脑血管对二氧化碳的反应性。丙泊酚降低或不改变颅内压，可降低平均动脉压或脑灌注压。此外，丙泊酚还可抑制兴奋性氨基酸的释放，减少钙离子内流和清除氧自由基，从而降低兴奋性氨基酸的神经毒性，保护细胞膜，对脑缺血再灌注损伤有保护作用。丙泊酚靶控输注是神经外科较理想的麻醉维持用药。

4. 氯胺酮（ketamine）　氯胺酮是静脉麻醉药物中唯一可以增加脑血流和脑代谢的药物，它具有独特的脑功能激活作用。氯胺酮不影响脑血流的自动调节机制，但脑血管对 $PaCO_2$ 的反应性增加，且氯胺酮能直接扩张脑血管，从而引起颅内压显著升高。过度通气、硫喷妥钠或苯二氮䓬类药物能部分阻断或减弱氯胺酮的这种作用，但氯胺酮不推荐用于神经外科病人的麻醉，尤其是颅内压升高或顺应性降低的病人。

（二）吸入麻醉药

所有吸入麻醉药均具有不同程度脑血管扩张作用，使脑血流量增加，颅内压升高。氟烷对脑血管的扩张效应最强，恩氟烷次之，氧化亚氮、七氟烷和异氟烷的作用较弱。部分吸入麻醉药还抑制脑血管自动调节，干扰其对二氧化碳的反应，以氟烷和恩氟烷最为显著，而异氟烷的

影响轻微。氟类吸入麻醉药可引起脑代谢降低,而氧化亚氮(N_2O)却可增强脑代谢。

(三) 麻醉性镇痛药

目前对麻醉性镇痛药是否影响脑血流和颅内压的看法尚不完全一致,但一般认为该类药物单独应用时对脑血流、脑代谢和颅内压的影响不大。

(四) 肌肉松弛药

肌肉松弛药不能通过血脑屏障,对脑血管无直接作用。一般认为肌肉松弛药对脑血流、脑代谢和颅内压影响轻微。非去极化肌肉松弛药尚可因肌肉松弛作用引起有效循环血量减少,而使 ICP 轻微下降。但泮库溴铵可阻滞窦房结、交感神经节和交感神经末梢中的 M 受体,或通过抑制交感神经末梢对去甲肾上腺素的正常摄取而使交感活动增强,诱发暂时性血压升高。若存在脑血管自动调节功能受损的情况,就可能导致脑血流和颅内压升高。此外,去极化肌肉松弛药琥珀胆碱由于引起肌纤维成束收缩也有可能导致颅内压一过性增加。

第二节　颅脑手术的麻醉前评估和准备

一、麻醉前病情评估

作为麻醉工作的一项重要内容,麻醉前病情评估对于神经外科手术显得尤为重要。即使是急诊病人,术前也应当尽量抽出时间诊视病人。除了做出准确的 ASA 分级判断和了解重要器官、系统的功能外,还应着重对神经系统进行检查。

1. **专科检查**　详细了解患者的 CT 或 MRI(磁共振成像)检查结果,明确有无脑水肿、脑积水、中线移位以及占位性病变的性质和定位。对外伤病人要明确其受伤部位及其对生命体征的可能影响,并尽可能对伤情的演变过程提前做出预计,以便于确定麻醉方案和相应的处理预案,做到心中有数。在术前访视的过程中,要注意对病人的意识、肢体运动功能、瞳孔对光反射以及眼底视网膜改变等情况作出全面判断,以便在必要时与麻醉后或术后进行对比,以确定病情转归或及早对某些手术并发症做出诊断。

2. **水、电解质变化**　神经外科病人在接受术前准备措施的过程中,一般都进行了限制液体量和脱水治疗,容易发生水、电解质紊乱甚至酸碱平衡失调。其次,某些特殊疾病如功能性垂体瘤可能导致机体液体分布和排泄发生严重改变。

3. **其他**　认真对患者的心、肺、肝、肾等重要生命脏器功能进行评价,以了解其麻醉耐受性和麻醉风险。对长期服用抗癫痫、利尿、降压、抗心律失常及抗凝药的病人,术前不能轻易停止,以免发生意外,并应事先掌握其与麻醉药物之间可能的相互作用。对外伤病人还要了解是否存在饱胃、酗酒和呼吸道梗阻等情况。对颅内动脉瘤的患者,要尽力维持其血流动力学稳定。

4. **麻醉前用药**　麻醉前用药应根据病情而定,尤其应注意以不抑制呼吸功能和不增加颅内压为基本原则。对已经存在呼吸功能不良、呼吸道通常没有保障或原发病变位于呼吸中枢附近(丘脑、中脑、脑桥、延髓)的病人,可不用或少用镇静药;对术前有烦躁、焦虑和不合作的患者可适当加大镇静药的剂量,但要密切观察是否出现呼吸抑制;麻醉性镇痛药应有呼吸抑制的顾虑,所以一般仅用于有较明显疼痛症状的患者;抗胆碱药一般以选择东莨菪碱为宜。

二、麻 醉 选 择

1. **麻醉方法** 颅脑手术一般选择全身麻醉为妥,但对于手术操作创伤小、持续时间短暂而患者身体情况又许可的情况下,如脑室钻孔引流、颅骨修补术等,可在局部麻醉下进行;对于严重颅脑创伤,脑疝晚期,患者生命已经处于垂危状态的患者,可视具体情况不用或少用全身麻醉药,或仅给予小剂量肌肉松弛药即行气管插管,术中再根据病情恢复情况酌情确定麻醉药的种类和用量。

2. **药物** 神经外科手术病人麻醉药物的选择,原则上应符合以下标准:①诱导快、半衰期短、蓄积少,不发生麻醉苏醒后二次抑制;②镇静镇痛作用强,无术中知晓;③不增加颅内压和脑代谢;④不影响脑血管对二氧化碳的反应性和脑血流,或至少不能使脑血流减少的幅度超过脑代谢减少的幅度;⑤不破坏血脑屏障功能,无神经毒性;⑥临床剂量对呼吸抑制轻;⑦停药后苏醒迅速,无兴奋及术后精神症状;⑧无残余药物作用。具体临床应用时,可通过不同药物的合理搭配,来尽量满足上述要求。

(1) 吸入麻醉药:恩氟烷、异氟烷和七氟烷是我国目前临床上最常使用的吸入麻醉药,其中异氟烷对脑血流、脑代谢和颅内压几乎没有影响,配合适当过度通气还可使颅内压降低,是颅脑手术的首选药物。恩氟烷的作用与异氟烷类似,但它在深麻醉时可能引起兴奋性脑电图改变,因此只宜作为不具备异氟烷麻醉时的替代措施。七氟烷和地氟烷用于颅脑外科手术的麻醉也非常合适,目前临床上正在广泛应用。氧化亚氮能使颅内压升高,不推荐使用。

(2) 静脉麻醉药:氯胺酮能增加脑血流和颅内压,对颅脑疾病和外伤病人不利,一般不用于神经外科手术的麻醉;其余静脉麻醉药多能不同程度的降低脑血流、脑代谢和颅内压,有的还能增加血管阻力,可以很好地满足颅脑手术的麻醉需要。目前,丙泊酚或咪达唑仑与麻醉性镇痛药复合组成的全凭静脉麻醉方案,配合肌肉松弛药用于颅脑手术大麻醉,是临床上常用的药物。

(3) 肌肉松弛药:严重创伤、大面积软组织损伤、眼球穿透伤、青光眼、高钾血症、颅内压增高及下运动神经元疾病的患者,一般应避免选择琥珀胆碱,以免引起血钾增高或原发症状加重。推荐神经外科病人的麻醉选择非去极化肌肉松弛药,临床常用者为维库溴铵,它对颅内压、脑血流和循环系统的影响轻微。阿曲库铵也可选用,但应注意其用量过大时有组胺释放作用,通过影响血流动力学而影响脑血流和颅内压;特殊部位的神经外科手术(脑干、延髓及上颈髓),为便于术中监测呼吸功能或术后早期诊断手术并发症,可考虑不用肌肉松弛药。

第三节 颅内高压的常见原因和处理

一、概 念

健康成年人平卧时颅内压为 5~15mmHg,超过该值上限就称为颅内高压。它表明颅内容物的体积与颅腔容积之间失去平衡,并超过了生理代偿限度。颅内高压是神经外科麻醉时最常碰到的问题,要求麻醉医师对其成因和处理熟练掌握。颅内高压的典型症状是头痛、喷射性呕吐和视乳头水肿,即所谓颅内高压"三联症"。头痛开始为阵发性,间歇时间长,发作时间短。随后逐渐演变为持续性头痛,伴阵发加剧。头痛的性质呈"炸裂样"或"铁圈勒住样",多在清晨或入睡后发作;典型的喷射性呕吐常与剧烈头痛同时发作,可伴有脉搏缓慢,血压升高等症状;在急性颅内压升高的早期视乳头水肿表现可不明显,一般在颅内压力显著增高后数小时可出现轻度视乳头水肿,数天至数周演变成重度水肿。长期的视乳头水肿可继发引起视神经萎缩,导致视力进行性下降。生理情况下偶尔也可出现短暂的颅内压升高,如咳嗽、打喷嚏时颅内压力可剧烈上升,但持续时间仅几秒。一般认为颅内压升高持续一分钟以上即具有病理性意义。根据颅内压力升高程度的不同,临床上将颅内高压分为轻、中、重三个等级:15~20mmHg 为轻度颅内高压;20~40mmHg 为中度颅内高压;40mmHg 以上为重度颅内高压。颅压超过 40mmHg 时,将严重损伤脑血管的自动调节机制,严重时导致大脑中线偏移或形成脑疝。颅内压升高的主要危害是导致脑组织缺血缺氧,急性颅内压升高比慢性颅内压升高危害性更大。

二、颅内高压的常见原因

临床上多种原因可以引起颅内压力升高,可粗略地分为颅内和颅外两大类。

(一) 颅内因素

1. 颅内占位性病变 颅内出血、血肿、肿瘤、脓肿等。

2. 脑组织体积增加 主要见于创伤、炎症、中毒以及脑组织缺血缺氧等原因导致的脑组织水肿、血流量增加。

3. 脑脊液循环障碍 脑脊液由脑室的脉络丛分泌,速度为 0.3~0.5ml/min。脑脊液循环从侧脑室经室间孔流入第三脑室,再经中脑导水管流入第四脑室,然后通过正中孔和两个侧孔流入小脑延髓池和侧池。绝大部分脑脊液经基底池和环池流到大脑半球的蛛网膜下隙,被脑表面静脉窦旁的蛛网膜绒毛吸收,约 10% 的脑脊液进入脊髓蛛网膜下隙而被吸收。正常情况下,脑脊液的分泌与吸收处于动态平衡。脑脊液增多、循环通路阻塞或蛛网膜绒毛吸收障碍时即可因脑脊液增多而导致颅内压力升高。

(二) 颅外因素

1. 颅腔狭小 如先天性狭颅症、颅底陷入症。

2. 动脉血压或静脉压持续升高、恶性高热、输血输液过量等。

3. 胸、腹内压长时间升高 如长期进行正压通气,腹腔内巨大肿瘤等。

4. 医源性体位不当(头低)、缺氧、二氧化碳蓄积均可引起颅内压升高;某些能扩张脑血管或增加脑血流的药物如氯胺酮也可增加颅内压。

三、颅内高压的处理

颅内高压的原因和发病机制各不相同,降低颅内压的措施也千差万别,临床治疗时应根据具体情况合理选择。基本原则是:①对慢性颅内高压要明确原发病因,对因治疗。颅内压升高只是一项常见的临床症状,只有明确其诱发病因,采取针对性措施,才能做到标本兼治,从根本上解除颅内高压。②对于威胁生命安全的严重颅内高压必须采取紧急措施处理,同时要维持循环系统稳定和呼吸道通畅,以确保脑组织灌注和充分供氧。③要注意掌握降低颅内压的时机:急性颅脑外伤尚未考虑手术处理的病人,盲目降低颅内压可引起颅内血肿迅速扩大或使本已制止的颅内出血再次发作,进一步加剧颅内压升高,甚至引起死亡。根据颅内压产生的机制,目前临床上对降低颅内压有帮助的措施如下:

(一) 药物降低颅内压

1. 渗透性脱水剂 其原理是通过提高血浆渗透压,使多余的细胞内水分进入血管,经肾脏而排出体外。此类药物的代表为甘露醇,临床常用其 20% 的溶液,现均主张用小剂量如 0.5g/kg 于 15～45 分钟内静脉输注完毕,必要时可 6～8 小时重复 1 次。甘露醇输入后 10～15 分钟颅内压开始下降,30～45 分钟达到作用高峰,颅内压可降低 50%～90%,持续 1 小时后逐渐回升,4～6 小时后颅内压可回升到用药前的水平。甘露醇输注后可引起一过性血容量增加,对于心功能不全的病人应谨慎。除甘露醇外,此类药物还包括甘油、硝酸异山梨醇等。

2. 袢利尿药 抑制髓袢升支粗段对原尿水分的回吸收,使到达远端肾小管和集合管的尿液增多而产生利尿作用。它可以与渗透性脱水药产生协同作用,脱水药使细胞内多余的水分进入血管,而袢利尿药使其排出体外。常用的袢利尿药是呋塞米,一般以 20mg 静脉注射,必要时可重复,直至小便明显增多为止。静脉注射后 30 分钟开始发挥降低颅内压的作用,可持续 5～7 小时以上。但这类药物的缺点是容易引起电解质紊乱,因此要注意监测。

3. 肾上腺皮质激素 肾上腺皮质激素能加强和调整血脑屏障功能,降低毛细血管通透性,减少脑脊液的产生。临床上治疗脑水肿首选地塞米松,一般 10～30mg 静脉注射或滴注,也可以选择氢化可的松 100～300mg 静脉滴注。肾上腺皮质激素对脑水肿的预防作用强于逆转脑水肿的作用,因此应在手术前应用,效果较好。颅脑创伤的患者使用肾上腺皮质激素没有任何有利作用甚至有害,故这类患者不建议使用。

(二) 生理性降颅压措施

1. 过度通气 动脉血二氧化碳分压对脑血流有调节作用。二氧化碳分压每降低 1mmHg 可使脑血流量减少 2%～4%。临床上常通过呼吸机实施过度通气,将动脉血二氧化碳分压或呼气末二氧化碳分压维持于 25～30mmHg,以有效控制颅内压。对于脑梗死的患者,由于梗死区附近的脑血管功能低下,对二氧化碳的反应性消失,过度通气时这部分血管将不发生收缩反应,而正常脑组织区域的血管可因二氧化碳分压降低而发生收缩。因此,在降低颅内压的同时,过度通气还有利于缩小梗死面积。但是,长时间的持续过度通气或动脉血二氧化碳分压过于降低可使乳酸产生增多,这有可能引起脑水肿加重或循环功能抑制。因此,一般认为不应将二氧化碳分压降至 25mmHg 以下,每次过度通气时间不超过 1 小时为宜,可采用间断过度通气措施。

2. 低温疗法 低温可降低代谢率,体温每降低 1℃,脑耗氧量降低约 5%,同时脑血流量减少,脑容积缩小和颅内压下降。低温还降低脑细胞通透性,从而减轻脑水肿。低温疗法最适用于严重脑外伤病人,可增加未被损伤的脑细胞对缺氧的耐受力,尤其是伤后早期(3 小时内)就开始以头部为重点的降温措施疗效较好。临床上用于治疗颅压增高时的温度不宜过低,以 32～35℃ 为准。降温前先给予冬眠药以抑制机体御寒反应,避免代谢增加。降温措施常用降温毯,或头戴冰帽并配以冰袋置于四肢大动脉处。

3. 脑室外引流 多用于严重急性脑外伤,宜在伤后 72 小时以后进行。引流管高度不应低于 180～200mm,以免引起脑室塌陷而出现颅内血肿。

4. 体位 采用头高足低位,可降低脑组织的静水压和脑灌注压,从而降低脑血流量,对颅内压升高有辅助治疗作用。

第四节 颅脑手术麻醉的注意事项

一、调控颅内压

神经外科手术围麻醉期调控颅内压的主要任务是降低颅内压。强调麻醉诱导平稳、确保呼吸道畅通、避免缺氧和二氧化碳蓄积是有效预防颅内压升高的重要措施。对于术前已经存在颅内高压的患者，还应积极采取脱水、利尿、控制液体入量和辅助调节体位等措施，使颅内压尽量降至接近正常水平。同时也要防止本来颅内压不甚高的病人因过度脱水和限制液体入量而致颅内压降低，引起神经损伤。

二、选择合适的呼吸方式

颅脑手术病人术中一般建议采用机械控制呼吸，以确保供氧和排出二氧化碳。同时，还可以通过适当的过度通气使脑血管收缩，减少脑血流量，降低颅内压力；对于术中依靠观察呼吸来了解病情和手术损伤情况的病人，应予保留自主呼吸。但同时应注意及时辅助，以免呼吸肌疲劳而影响术后恢复，或因自主通气功能不足而引起缺氧及二氧化碳潴留；对有心功能不良的病人，为防止正压通气对循环系统的不良影响和增加心脏负担，也可以根据情况选择保留自主呼吸。

三、控制性低血压和低温技术的应用

适当降低病人血压可减少手术出血，减少输血机会。尤其是对于颅脑深部手术，可以提供清晰的手术视野，有利于手术的进行。因此，控制性低血压技术应用越来越广泛。但应注意长时间的血压降低有可能引起脑灌注压下降而导致脑组织缺血，因此要注意低血压的程度和持续时间，一般在关键操作步骤结束后即尽量使血压恢复至接近正常状态。颅脑手术中要想精确实现以头部为重点的控制性低温困难较大，全身性低温又可能发生难以预料的并发症，所以一般不采用低温技术来降低颅内压。仅当要进行部分或完全阻断脑部血流时才采用。

四、特 殊 体 位

某些颅脑手术中可能要求变换体位，在肌肉松弛状态下要注意避免体位搬动过程中患者肢体损伤，尤其要注意保护好气管导管，在体位变动前后仔细检查，并妥善固定。颅后窝等特殊部位的手术有时还要求病人取坐位，此时由于脑组织静脉血管压力降低，有形成气栓的可能，适当提高液体量和采用正压通气对其有预防作用。

五、输 血 输 液

对于失血量大的手术应积极给患者备血和输血，以免大量补液引起脑组织水肿，以及血液过分稀释引起的贫血性缺氧。术中严格记录患者的出入量，根据血压、中心静脉压和尿量监测结果及时调整输液的种类和速率。

六、加强麻醉期间的监测

除常规监测血压、心电图、脉搏氧饱和度外，有条件的应尽量监测中心静脉压、颅内压、吸入麻醉药浓度和呼气末二氧化碳浓度。

第五节 常见颅脑手术的麻醉特点

一、颅脑创伤

致伤原因多为交通肇事、工伤事故等意外伤害。包括软组织开放性损伤、颅骨骨折、脑实质挫裂伤、急慢性硬膜外和硬膜下血肿、颅内血肿等。一般结合受伤经过、临床表现和 CT 扫描较容易诊断。

颅脑外伤病人的特点如下：

1. 大部分为急诊性质，术前准备的时间短。

2. 患者多为饱胃，甚至有酗酒史，伤后部分患者已发生反流、呕吐和误吸，或者麻醉诱导期反流、误吸可能性大。

3. 患者多数伴有颅内压升高和意识障碍，难以配合检查和麻醉操作。

4. 丘脑、脑干和边缘系统损伤或脑疝患者常出现生命体征不稳，随时可能发生呼吸心跳停止。

5. 可能伴随全身多器官系统的严重损伤，而且致命伤害可能发生在其他器官系统。手术前麻醉医师应尽可能抽出时间亲自到病房视诊病人，全面了解受伤经过、既往身体状况以及近期情况。重点了解患者神志情况，有无肢体运动障碍及其意义，瞳孔对光反射是否正常和有无视乳头水肿。对意识不清的病人采用 Glasgow 昏迷评分法对意识障碍程度作出准确判断（表20-1）。Glasgow 得分越低表示意识障碍程度越严重，7 分以下可诊断为昏迷。此外，还要对病人的伤情做出全面判断，对实质性内脏器官破裂、重要血管破裂、失血性休克等严重威胁生命的情况应首先进行处理，必要时可组织多科室协作进行抢救。

表 20-1 Glasgow 昏迷评分法

项目	反应	得分
睁眼	自动睁眼	4
	呼唤睁眼	3
	疼痛刺激睁眼	2
	无睁眼	1
语言	正常	5
	有时混淆	4
	语言不确切	3
	语言无法理解意义	2
	无反应	1
体动反应	能按医嘱活动	6
	能对疼痛刺激定位	5
	对疼痛刺激有收缩反应	4
	疼痛刺激引起过屈反应	3
	疼痛刺激引起过伸反应	2
	疼痛刺激无反应	1

对创伤程度轻、意识障碍不严重的病人可按一般颅脑手术程序进行术前准备和常规麻醉诱导。对有颅内压明显升高的病人应保持合适的体位,如头高脚低位,及时给予降颅压处理,可以边降颅压边进行术前准备,麻醉诱导和维持尽量采用对脑血管有收缩作用的静脉麻醉药,并要避免选择引起颅内压力增加的药物。对意识不清者要加强监护,防止意外。有躁动者可适当给予镇静剂,并在麻醉诱导时适当增加用药剂量,但对于存在呼吸抑制或呼吸道不通畅,或考虑用药后控制气道有困难者要谨慎;对于深昏迷病人可直接或仅在肌肉松弛药的辅助下进行气管插管,但应注意影响插管的各种问题,包括颅内压升高、饱胃、颈椎情况不明、气道情况不明等,控制气道后根据具体情况确定用药种类和剂量。

对所有急性创伤性开颅术,在紧急情况下应在诱导插管后放置有创动脉监测。术中血压的管理应以保持颅脑灌注压维持在 60～70mmHg 为宜。过度通气引起血管收缩可能导致脑缺血,因而不推荐常规使用过度通气,应选择性使用。手术结束后能否拔除气管导管要综合考虑脑损伤的严重程度、胸或腹部复合伤,术前意识状态等情况。单纯硬膜外或硬膜下血肿清除术持续时间不长,在麻醉诱导和维持时应注意选择起效快、作用时间短、苏醒完全的药物,以使病人术后尽快恢复意识状态,便于判断伤情和预后。术后应注意严密监护,随时了解病情发展,保持患者安静和呼吸道通畅,待病人神志完全清醒后方可拔除气管导管。对有反流、误吸情况的病人,尤其要警惕肺部并发症的发生。而对于存在弥漫性脑损伤和颅内高压的患者,术后应保留气管插管。

二、颅后窝手术

颅后窝疾病多为肿瘤,包括小脑半球肿瘤、小脑蚓部肿瘤、第四脑室肿瘤、脑桥小脑角肿瘤及脑干肿瘤。颅后窝邻近脑干,与呼吸循环中枢、运动传导通路、感觉传导通路、上行网状激活系统等特殊结构联系紧密,该部位病变可引起生命体征不稳定或意识障碍。小脑肿瘤还容易累及第三脑室和中脑,阻塞脑脊液通路而导致脑积水和严重颅内压升高,甚至引起小脑扁桃体疝,晚期可出现阵发性去大脑强直和意识丧失。由于颅后窝部位邻近生命中枢,手术大多属于显微操作,时间长、难度大、并发症多、死亡率高,麻醉风险也极大。

1. 麻醉诱导力求平稳,避免呛咳、屏气等引起颅内压升高的因素。第四脑室肿瘤有一定范围的活动性,在气管插管或安放手术体位过程中,可因肿瘤移位导致第四脑室出口阻塞,出现急性脑脊液梗阻,颅内压急剧升高,严重者可发生血压升高、心律失常甚至呼吸停止。遇此情况应立即施行脑室穿刺引流脑脊液,缓解颅内压升高,以免因脑干受压时间过长而发生不可逆损伤。

2. 颅后窝手术常用体位有坐位、俯卧或侧卧位。坐位有利于暴露手术野,出血少,不易损伤脑干。但坐位容易引起气管导管滑出,因脑静脉压力降低还可能发生空气栓塞。术中若出现呼气末二氧化碳分压突然降低,听诊心前区发现特殊的"磨轮音",或压迫颈静脉时手术野开放血管有泡沫溢出,是气栓形成的可靠表现。对气栓的处理,首先应封闭术野开放的血管断端,适当加快输液和提高静脉压力,尽量将患者改为平卧位或左侧卧位,保证充足氧供,必要时可尝试从右心房抽出气泡。近年来,临床上提倡侧卧位下施行颅后窝手术,安全性较前有所提高。

3. 颅后窝手术过程中常要求保留病人的自主呼吸,以便在分离肿瘤和脑干粘连时,及时发现手术操作是否涉及呼吸中枢,避免造成脑干损伤。在麻醉平稳状态下,若呼吸突然发生变化,应及时通知手术医生,暂停操作。对保留自主呼吸的病人,还应注意监测呼吸功能的有效性,尤其是潮气量、呼吸频率和呼气末二氧化碳分压。

4. 在排除体温升高、缺氧、二氧化碳蓄积及血容量不足等因素的情况下,手术过程中出现的心率及心律的变化,常见的原因为牵拉脑干引起,暂停手术操作即可复原。此种情况不要盲目使用抗心律失常药。

5. 术后保持头位相对固定,特别是术前脑干已被肿瘤挤压移位的病人,术后短期内应保持与术中相同的头位。在搬动病人的过程中若头颈部活动幅度过大,可能导致脑干移位而出现呼吸、心搏骤停。

三、脑血管手术

脑血管疾病的发病率逐年增高,且呈年轻化趋势。该病的病死率高,后遗症多,围麻醉期死亡可能性大。临床上常见的脑血管手术有高血压动脉硬化性脑出血和颅内动脉瘤。

1. **高血压动脉硬化性脑出血** 这类患者常有长期高血压病史。由于高血压引起颅内小动脉痉挛或闭塞,形成软化灶,使血管周围组织的支持作用减弱。当各种原因引起血压波动时就可能因血管破裂而发生出血。临床常表现为突然发作的剧烈头痛、呕吐和不同程度的意识障碍。意识障碍的程度与出血量和出血部位有关,出血量大或出血部位位于脑干者,可很快表现为深度昏迷,发病数小时即可死亡。脑出血首先要注意和脑梗死进行鉴别诊断,二者病史大多类似,但脑出血一般在清醒状态下发病,且大多有运动、咳嗽、情绪波动等诱因,意识障碍严重而定位神经体征不明显;脑梗死多在安静或睡眠状态下发生,一般有明确的神经定位体征而意识障碍发生率低,可经 CT 检查而确诊。脑出血常需施行紧急手术进行止血和清除颅内血肿。术前要注意患者有无饱胃及反流误吸,搬运病人过程中动作要轻柔。诱导前首先要求清理呼吸道,确保畅通。力求麻醉诱导平稳,尤其要注意避免血压大幅度波动,以免加重出血或使脑血管发生二次破裂,增加手术复杂性。部分高血压脑出血的病人入院时伴有血压升高,此时是否应该控制血压要根据具体情况而定。一般收缩压不高于200mmHg者可不进行降压处理,而应积极进行其他术前准备,否则,可因为血压降低而导致正常脑组织缺血,或因降压引起的颅内压降低加重颅内出血。在降压的过程中,若出现定位性神经系统症状或原有症状加重,则应慎重考虑是否降压速度过快或血压降低太多。术中要尽量维持血压平稳,由于高血压病人脑血管自动调节功能已经发生了变化,为防止引起正常脑组织缺血,一般不推荐术中采用控制性低血压。若因手术需要必须施行时,应注意不能降得太低,并应尽量缩短低血压持续时间。

2. **颅内动脉瘤** 颅内动脉瘤是自发性蛛网膜下隙出血的最主要原因,常以自发性蛛网膜下隙出血为首发症状。通过颅脑 CT 和磁共振扫描可以早期确诊。颅内动脉瘤多进行瘤体切除或夹闭术。麻醉诱导要力求平稳,避免呛咳等使颅内压力增加的因素,以免瘤体破裂或使本已破裂的瘤体出血加重。术中分离瘤体时为便于手术操作和清晰暴露视野,常要求进行控制性低血压,使平均动脉压降至 50~70mmHg,一旦瘤体夹闭或切除,应逐步将收缩压提升至100mmHg 以上或达到患者术前水平,以免脑缺血发生。术后应采用尼莫地平、罂粟碱等扩张脑血管的药物治疗,防止脑血管痉挛。在颅内血管手术过程中,有可能出现大出血,为了减少出血和显露术野,有时还可能暂时阻断部分或全脑血液供应。此时除配合进行控制性低血压外,必要时还应实施控制性低体温,以降低脑代谢,同时要注意尽量缩短缺血时间,避免缺血性脑损害。

四、垂体瘤手术

垂体瘤分为有功能性垂体瘤和无功能性垂体瘤。无功能性垂体瘤的麻醉操作处理和一般颅脑手术类似,但若瘤体较大,可引起脑脊液循环通路梗阻,出现明显的颅内高压,对此应按照颅内高压原则进行处理;有功能性垂体瘤患者常有下颌突出、舌体肥大等体征,可发生气管插管困难,甚至难以显露会厌。对此应事先做好困难插管的准备,可在纤维支气管镜引导下进行操作,或采用表面麻醉下清醒气管插管。手术结束后一定要待患者完全清醒后才考虑予以拔除导管,拔管的同时应做好重新插管或气管切开等急救准备。

垂体瘤手术的路径有两种,开颅手术入路病灶显露困难,对脑组织的牵拉容易使患者发生呼吸循环紊乱;经蝶窦入路出血量小,手术不牵拉脑组织,术后恢复也快,但出血容易积聚于口鼻腔内,应当严密观察,尤其是拔除气管导管后,要防止出血进入气道或血块引起上呼吸道梗阻。

五、脑膜瘤摘除术

脑膜瘤是常见的颅内良性肿瘤,其最显著的特点是血液循环丰富,它接受颈内和颈外双重血液供应,术中出血量大。为了减少出血,一般在术前可结扎或暂时阻断颈外动脉,在处理肿瘤时辅助实施控制性低血压。麻醉过程要求平稳,切忌血压波动过大。由于脑膜瘤一般病程较长,病人全身情况较差,对手术及麻醉的耐受能力较差,应仔细选择麻醉药物和调节麻醉深度,术中做好直接动脉压、中心静脉压和出入量监测,及时补充血容量。对于大出血的病人,必要时还可实施控制性低温,以避免脑组织损害。

六、功能神经外科的麻醉

采用手术的方法修正神经系统功能异常的医学分支即为功能神经外科学。它采用现代立体定向和微侵袭神经外科技术,针对特定的神经根、神经通路或神经元群,旨在有意识地改变其病理过程,重建神经组织的正常功能,治疗那些对引起功能障碍的病变部位不能直接进行手术的神经系统疾病,包括运动障碍病、癫痫病、疼痛、精神紊乱。这些操作通常在局麻和监护下的麻醉控制下进行,以便对患者进行实时评估。术中可以输注丙泊酚或右美托咪定进行镇静以减轻患者的不适,并产生遗忘。脑立体定位术的患者麻醉医师必须注意的事项包括支架限制接近气道、电生理记录用于指导仪器放置时限制了镇静药物的选择,同时要注意识别和处理并发症(主要包括癫痫和颅内血肿)。需要使用电生理刺激时,通常要求不用镇静剂,如进行镇静,选择药物应确保不影响刺激效果的评估,对于癫痫患者应选择对自发癫痫活动抑制最小的药物。丙泊酚可能会抑制电生理刺激效果,在进行电生理记录前应停止至少 15 分钟,而有报道右美托咪定用于帕金森病患者在放置刺激器时的镇静能保留满意的电生理记录。患者保留自主呼吸但气道未受到保护,而麻醉医师远离气道,应谨慎合用麻醉性镇痛药,以免引起呼吸抑制,固定器限制了麻醉医师迅速处理呼吸抑制和管理气道。在操作期间麻醉医师管理的另一个目标是预防或治疗高血压,防治脑内血肿,一旦出现明显的血肿引起颅内压增高,可能需要紧急开颅时,迅速控制通气,给予全身麻醉。此时患者头部被立体定位框架固定,妨碍了面罩和喉镜的使用以及通气和颈部伸展,清醒状态下经纤维支气管镜气管插管是最安全的方法。

第六节　脊髓手术的麻醉特点

脊髓是中枢神经系统的一部分,大部分白质是由灰质内神经元发出的轴突以纤维束形式所构成的上行传导束和下行传导束。主要功能是将外界对机体的各种刺激信号传递到大脑皮质,并将神经中枢发出的冲动传递到效应器。

　　常见脊髓手术有脊髓外伤、椎管内肿瘤和脊髓血管畸形。脊髓损伤病人由于椎体骨折、移位或骨片嵌入脊髓,产生不同程度的损伤。手术目的是尽早恢复脊柱的稳定性和解除脊髓压迫,阻止脊髓损伤的进一步发展,但无法重建脊髓的生理功能;椎管内肿瘤可以是原发于脊髓或脊神经组织,也可能是远隔器官的转移病变,可位于硬脊膜外、硬脊膜下和脊髓实质,以髓外良性肿瘤最多见。其主要临床表现是肿瘤压迫而引起的脊髓和神经根功能受损,轻者表现为神经根刺激症状,重者可发生截瘫。治疗手段主要是肿瘤摘除。脊髓血管畸形多见于下胸段、腰段和骶段,畸形血管可破裂引起脊髓蛛网膜下隙出血或脊髓内血肿。脊髓病变除引起相应节段的感觉运动功能障碍外,还常导致呼吸循环功能障碍,尤其是颈髓病变或损伤,可引起严重的呼吸和循环功能障碍,手术危险性大,死亡率高。

　　膈神经来源于第 3 到第 5 颈神经前支,以第 4 颈神经为主,该部位脊髓病变或损伤时,可因膈神经功能障碍而发生呼吸肌麻痹,导致严重通气量不足而窒息死亡。第 6 颈椎以下节段脊髓损伤时,虽膈肌功能尚保存,但因肋间肌麻痹,仍将导致通气量明显减少,可产生缺氧或二氧化碳蓄积。

　　颈段脊髓损伤早期,由于失去大脑中枢的抑制作用,病人可表现为血压升高、心率增快等循环高动力状态。但很快可因心脏、静脉和大血管反射而转入抑制状态,出现低血压、心动过缓,甚至心律失常。

　　脊髓手术可干扰血流动力学的稳定性,常采用侧卧位或俯卧体位,对病人呼吸、循环管理的难度增大。而且为了防止硬膜外穿刺操作时特殊体位对原发疾病和损伤的不良影响,推荐脊髓手术尽量选择气管插管行全身麻醉,术中采用机械通气以确保供氧和排出二氧化碳。对于脊髓损伤或病变部位在胸段或以下、颈部活动不受影响、没有呼吸困难者,麻醉诱导和气管内插管的方法同一般全身麻醉。但要注意避免使用去极化肌肉松弛药琥珀胆碱,以免引起血钾升高;颈段脊髓损伤或病变的病人,麻醉诱导期应注意保持原有体位,禁止使头颈部前倾或后仰,否则有加重原有损伤的可能。必要时可在纤维内镜引导下实施气管插管。脊髓手术操作精细,时间较长,术中麻醉维持应保证一定深度,避免呛咳和体动,以免妨碍手术进行或导致意外损伤。对出血量大的病人应及时进行输血,防止血压降低,保证脊髓灌注。

（姚尚龙）

第一节　眼科手术的麻醉

眼睛是主要的信息接收器官,其解剖精细、功能复杂。传统的眼科手术主要在局部麻醉或神经阻滞下完成。但随着眼科手术范围的扩大和麻醉技术的更新以及患者观念的改变,围术期患者不仅需要完善的镇痛,更不断追求围术期的安全和舒适,使麻醉科参与眼科手术的比例迅速增多,麻醉医师在眼科手术的麻醉、镇静、监测、无痛检查等方面发挥着非常重要的作用。

一、眼科手术特点和对麻醉的要求

眼科手术分为眼内手术和眼外手术。虽然手术范围局限,但手术操作精细,眼眶区血管神经丰富,眼球的感觉十分灵敏;同时眼科手术患者从新生儿到高龄的老年人,年龄跨度大。所以对围术期的麻醉管理提出很高的要求,例如要保持患者围术期的充分安静和合作,镇痛要完善,保持眼轮匝肌和眼外肌松弛,眼球固定在正中位等;更要注重维护眼压的稳定,防止眼球手术操作时引起的眼心反射。以利于手术操作和保证手术质量和保障患者生命安全。

（一）眼压与麻醉

眼压(intraocular pressure,IOP)是眼内容物对眼球壁施加的均衡压力,简称眼压。正常为$(16±5)$mmHg,高于22mmHg为异常。IOP对维持眼球形态、眼内液体循环和晶状体的代谢起着重要的作用。IOP的波动主要受房水和血液的影响,尤其是房水的形成和排出对IOP影响起主要作用。围术期IOP的升高不仅影响眼内血供,且有发生眼内容物脱出、压迫视神经的危险,严重者可致永久性视力丧失。术前IOP已经升高的患者,术中进一步的增高可导致急性青光眼。IOP降低将增加视网膜脱落和玻璃体积血的发生率。围术期对IOP的影响多为一过性,主要因素有:①眼球外部受压;②巩膜张力增加;③眼内容物改变。

1. **麻醉方法与IOP**　①局部麻醉:局部麻醉药物剂量过大可导致对眼球直接的压力而使IOP增高。球后神经阻滞本身如果损伤血管引起出血,则可通过眶内压力的增加导致继发性IOP增高。②全身麻醉:麻醉过浅、血压升高、呼吸阻力增加、动脉血二氧化碳升高、呛咳、躁动、头低位,以及任何引起颅内压升高的情况均可使IOP升高。

2. **麻醉药物与IOP**　所有的中枢神经系统抑制药均有降低IOP的作用。氯胺酮对IOP的影响存在争议。既往倾向于氯胺酮可以引起IOP的明显升高,但也有认为氯胺酮并没有引起IOP的升高,并提出氯胺酮引起眼球震颤对IOP测量结果的影响,以及不同的IOP测量方法导致氯胺酮对IOP的影响不一致。神经肌肉阻滞药可产生直接或间接的影响,非去极化肌松剂直接作用是通过松弛眼外肌降低IOP,去极化肌松药琥珀酰胆碱升高眼压。

（二）眼心反射与麻醉

眼心反射(oculocardiac reflex,OCR)是指在眼科手术及操作过程中因刺激眼球或眼部组织,导致的一系列心脏不良反应。最常见的临床表现是窦性心动过缓,也可表现为期前收缩、二联律、房室传导阻滞和心室颤动,甚至引起心搏骤停。

最常见的诱发因素是眼球受压和眼肌被牵拉,且 OCR 的发生与眼球和眼肌受到的刺激强度及持续时间有关。其中,牵拉眼外肌、压迫眼球和眶内加压操作时 OCR 的发生率最高。术前患者焦虑不安、全麻过浅、缺氧、高二氧化碳血症以及应用拟胆碱药可明显增加 OCR 的发生率,易见于斜视手术、眼球摘除和视网膜剥离修复手术。全身麻醉比局部麻醉易发生 OCR,儿童比成人易发生 OCR。

OCR 的预防与处理:维持适宜的麻醉深度,保持正常的二氧化碳分压;眼肌相关操作时动作要轻柔;发生 OCR 时需暂停手术操作,待缓解后继续手术;必要时可静脉给予阿托品或局麻药浸润眼外肌。

二、麻醉前评估和术前用药

(一) 麻醉前评估

眼科手术需要麻醉的患者以婴幼儿、儿童和老年人居多。婴幼儿及儿童可能伴有一些先天性疾病或代谢性疾病。麻醉前常需要了解是否有遗传性的疾病,了解其病理生理过程。Pierre-Robin 综合征、唐氏综合征、黏多糖综合征等需要对气道进行评估。Pierre-Robin 综合征还应了解心脏和甲状腺功能;还应评估其营养发育状况,以及是否存在感染、贫血、容量不足等病史;急症患儿还应注意饱胃问题。老年患者眼调节功能、晶状体、玻璃体、视网膜等均呈现退化趋势,同时可能合并高血压、糖尿病、冠心病、动脉硬化症、慢性肺部疾病等全身疾病。所以麻醉前访视应关注其并存的全身疾病情况,认真评估心肺脑及其他重要脏器的功能是否能耐受手术麻醉;还有一些老年患者可能合并老年性痴呆或精神障碍,需充分评估其合作程度。还有一些眼科疾病实质上是全身疾病在眼部的一种表现,如高半胱氨酸尿、马方综合征(Marfan syndrome)、哈勒曼-斯特雷夫综合征(Hallermann-Streiff syndrome)、重症肌无力、甲亢、糖尿病、高血压等,这些患者术前准备应着重了解原发病的治疗情况,是否适合手术麻醉。

患者近期使用的眼科局部用药或全身用药都可能对麻醉手术产生影响,充分了解这些药物的药理特性和可能发生的药物相互作用,以确定手术前是否要继续使用或停用。眼科患者常用眼内用药有去氧肾上腺素、肾上腺素、阿托品、环戊酮等散瞳药,或噻吗洛尔、毒扁豆碱等缩瞳药吸收后均可能产生全身反应。尤其药物误进入鼻泪管,黏膜吸收迅速,全身反应严重,引起血流动力学的变化。对高血压、冠心病患者要谨慎用药。另外缩瞳药毛果芸香碱滴眼液可导致心动过缓和分泌物增加;抗胆碱酯酶药可延长琥珀胆碱的作用时间;抑制房水分泌的药物可导致电解质紊乱和酸中毒。对并存内科疾病的患者应做适当的手术前准备,如对慢性呼吸系统感染患者,在术前应戒烟及使用抗生素、支气管解痉药和祛痰药等治疗;高血压患者术前要适当控制血压;冠心病患者要改善心肌缺血、治疗心律失常和心力衰竭;糖尿病患者的血糖得到纠正;同时纠正水、电解质和酸碱失衡,尽可能改善全身情况使麻醉和手术的安全性得到保障,减少并发症的发生。此外,应对术前应用洋地黄、利尿剂、β 受体阻滞药、硝酸甘油、胰岛素、降糖药和激素等治疗的用药情况进行复查,充分估计这些药物与围麻醉期用药可能出现的相互作用与不良反应,提前制订相应的应对措施。

眼科手术的患者因视力障碍多存在一定的焦虑紧张,术中常不能安静合作,影响手术效果和血流动力学指标。术前应对患者进行一定的心理疏导,使其了解手术麻醉过程,消除顾虑,取得患者信任,使患者更好地适应手术,平稳度过围术期。

（二）术前用药

眼科麻醉前用药以不影响 IOP 为原则,用药目的是使患者镇静、减少恐惧、缓解焦虑,抑制腺体分泌,预防 OCR,预防围术期的恶心呕吐。常用药物有抗胆碱药(以阿托品为主,东莨菪碱因其影响 IOP 严重,故禁用)、苯二氮䓬类药物、麻醉性镇痛药及止吐药等。

三、麻　醉　选　择

眼科手术麻醉方法的选择可根据患者年龄、合作程度、术前状态、手术方式、手术时间等因素来决定。常用方法包括局部麻醉、监护下麻醉管理(monitored anesthesia care,MAC)和全身麻醉等。

能合作的成年人的外眼手术及简单的内眼手术均可在局部麻醉下进行,如眼睑成形术、晶状体摘除、脉络膜角膜移植、周围性虹膜切除、巩膜灼漏术等。麻醉方法包括表面麻醉、筋膜下阻滞、球后阻滞、球周阻滞等。常用药物有利多卡因、丁卡因、布比卡因和罗哌卡因。

MAC 技术是为接受局部麻醉的患者提供清醒镇静,以减轻患者焦虑情绪。术中完好的镇静与全面的生命体征监护为手术患者提供安全与舒适。常用镇静药物有咪达唑仑、氟哌利多与芬太尼合剂、丙泊酚等。

多数儿童以及不能交流、合作的成年患者及眼内深部手术,如巨大多个视网膜裂孔视网膜剥离修补术、玻璃体切开或关闭、角膜移植术和复杂眼外伤等宜选择在全身麻醉下完成手术。全身麻醉包括全凭静脉麻醉、吸入麻醉、静吸复合麻醉等。

四、麻醉操作及注意事项

（一）局部麻醉

局部麻醉对眼压影响小,术后发生恶心、呕吐少,利于术后康复。局部麻醉要求对眼球的感觉及运动充分阻滞,常常几种局麻方法合用。必要时可以沿眶上下缘注入局麻药物以阻滞面神经,有助于防止眨眼动作。球后阻滞和球周阻滞的并发症并不常见,也不能掉以轻心,包括视神经损伤、球后出现一过性 IOP 增高、眼球穿孔及诱发心律失常。

（二）监护下麻醉管理

MAC 的注意事项:MAC 技术常与局部麻醉配合使用,手术镇痛要靠局麻技术。无论使用何种镇静药物,维持适宜的镇静深度最为关键。镇静药种类和剂量应个体化,在患者舒适与安全之间获得满意的平衡点,防止镇静过深,呼吸抑制及循环系统不稳定。

（三）全身麻醉

实施全身麻醉前麻醉医师应考虑:患者的全身并发症;该患者使用的眼科用药及全身用药对麻醉的影响;选择什么诱导方法;采用何种通气方式;术中麻醉维持方法;如何预防 IOP/OCR 的发生;如何获得快速清醒和良好的恢复质量。麻醉药物的选择应以不影响 IOP 及避免 OCR 的发生为主,同时要考虑到患者年龄,手术种类及全身并发症情况。如眼底手术为保持眼压,需向玻璃体注入混合惰性气体,采用氧化亚氮(笑气,N_2O)麻醉时,N_2O 可渗入此混合气体,使其迅速膨胀,促使 IOP 升高;如果同时伴有血压降低,则影响视网膜血供。当停用 N_2O

后渗入眼内的氧化亚氮又重新进入血液,导致眼压下降,手术失败,此种情况应避免 N_2O 的应用。麻醉诱导和苏醒期均应避免生命体征波动、呛咳、屏气、躁动,提前预防术后恶心、呕吐的发生。麻醉维持期要保证足够的麻醉深度,维持血流动力学平稳,预防 IOP 升高及 OCR 的发生。尤其是眼内深部手术操作时,浅麻醉状态会造成 IOP 升高,眼内容物溢出,甚至造成永久性视力丧失。面罩通气时避免对术眼施压。眼科手术由于麻醉医师远离患者面部,术中要保证麻醉机与气管导管或喉罩的紧密连接,严密监测血压、血氧饱和度、心电图、呼气末二氧化碳浓度,预防缺氧与二氧化碳蓄积的发生。

近年来,随着全麻药物与技术的不断发展,全凭静脉麻醉技术配合可弯曲喉罩通气技术可以减少全身麻醉诱导期与苏醒期的生命体征波动,降低恶心、呕吐的发生率。完善的术后镇痛或复合局麻技术可以降低患者术后躁动的发生率,提高患者术后的舒适度。短效静脉麻醉药如丙泊酚与瑞芬太尼的使用,使患者术后苏醒迅速,加快术后康复。

五、常见眼科手术麻醉特点

1. 斜视矫正手术　斜视矫正手术一般在全身麻醉下完成。麻醉特点有:①小儿患者术前访视要重视,因其可能合并其他疾病如心脏畸形、神经肌肉异常;②手术时间一般较短(约一小时);③OCR 发生率高;④易发生眼胃反射,术后恶心、呕吐发生率高;⑤警惕恶性高热的发生。

2. 白内障摘除术　一般在局部麻醉或 MAC 下完成手术,不能合作的或小儿患者需在全身麻醉下完成。麻醉特点有:①老龄患者多,常合并心血管疾患;②小儿多为先天性白内障,合并其他异常比先天性青光眼多;③术中要求眼球制动;④防止术中 IOP 的突然升高;⑤手术时间很短,刺激小。

第二节　耳鼻喉科手术的麻醉

耳鼻喉科手术种类繁多,涉及耳、鼻、咽、喉、气管、颈部。近年随着内镜等微创技术的发展,手术范围和手术适应证不断拓展,已延伸至颅底。以往其手术以局麻完成居多,但随着耳鼻喉科手术向精细化、微创化发展,全身麻醉比例不断增加,对麻醉学科提出更高要求。

一、手术特点及对麻醉要求

(一)复杂气道管理

1. 共用气道　在耳鼻喉手术中,麻醉医师与外科医师常常共用气道,而且需要将气道处理的优先权交给外科医师,例如直接喉镜下进行的手术。围术期麻醉医师远离气道,术中管理很困难,需要和外科医师保持紧密沟通,共同应对气道管理的难题,才能保障患者生命安全,如气管插管路径、导管内径、插管深度、手术体位、出血量、是否易发生误吸等细节问题。

2. 困难气道　耳鼻喉科手术患者困难气道发生率高,如咽喉部肿瘤、小儿扁桃体、腺样体肥大、阵发性睡眠呼吸暂停的肥胖患者等,使传统的气道建立原则受到挑战。麻醉医师应遵循困难气道处理原则,术前制订详尽的应对措施,确保手术顺利进行与患者生命体征安全。

3. 通气困难　由于病变累及上呼吸道,常在术前就存在不同程度的通气困难;同时由于手术操作造成气管黏膜损伤、气道水肿、出血会加重通气困难。麻醉医师的围术期管理应重视、判别是否存在通气困难,制订应对措施,尤其应重视麻醉苏醒期的气道安全管理,不应轻易拔管。

(二) 控制性降压技术

耳鼻喉科手术术野小,手术精细,常要求"无血"手术野,因此全身麻醉复合控制性降压技术,已成为耳科手术、鼻内镜手术常规的麻醉技术。但也给围术期的麻醉管理带来诸多风险,尤其对高龄合并心脑血管疾病的患者。要求麻醉医师熟悉控制性降压技术,在配合手术的同时,要保障患者重要脏器的灌注。

(三) 心律失常与颈动脉窦反射

耳鼻喉科手术为减少术野出血,常在局麻药液中加入肾上腺素。肾上腺素本身可诱发心律失常,尤其在吸入麻醉时,某些吸入麻醉药会增加心肌对肾上腺素的敏感性,诱发顽固性心律失常。因此,肾上腺素的用量及浓度要严格限制,加强监测,注意预防。另外在喉颈部手术时,尤其是老年及动脉硬化患者,因压迫颈动脉易引起颈动脉窦反射,出现血压下降和心动过缓,严重时会心搏骤停。手术时应提醒术者操作轻柔,同时要保证麻醉深度。

(四) 笑气(N_2O)与中耳压力

中耳是一封闭的充气空腔,依靠咽鼓管的间隙性开放来平衡内外压力。如使用 N_2O 麻醉,因 N_2O 溶解度高于氮气 30 倍,当吸入高浓度 N_2O 时,其进入中耳腔的速度快于氮气的排出速度,导致中耳腔压力增高,30 分钟之内中耳腔压力上升 300 ~ 400mmHg,而当停用 N_2O 时,中耳内的 N_2O 又迅速弥散入血而使腔内产生负压,这种压力改变除增加术后恶心呕吐外,还可能引起鼓膜移植片的移位、鼓膜破裂等,影响手术效果。所以耳科手术应避免使用 N_2O,即使使用,N_2O 浓度也不应超过 50%。

(五) 气道烧伤风险

气管内 CO_2、Nd-YAG、钬激光等在内的激光手术在现代耳鼻喉科治疗体系占有重要地位,但此类手术存在气道烧伤的风险,麻醉前应做好激光防护,并高度警惕激光意外照射以及气道燃烧事件的发生。

(六) 声门上气道的应用

包括可弯曲喉罩在内的声门上气道在耳、鼻、咽喉科手术中已得到广泛应用,其安全性得到国内外大量临床病例的证实,成为现代耳、鼻、咽、头颈外科手术的一大特色。

二、麻醉前访视和麻醉前用药

(一) 麻醉前访视

对耳鼻咽喉科患者的术前访视工作除常规病史了解、体格检查、血液检验及心肺功能评估外,重点应关注病变是否累及气道、是否存在通气困难、声音嘶哑、吞咽困难等临床表现,通过间接喉镜检查及头颈部断层 CT 了解病变累及气道的严重程度,通过血气分析及肺功能检测判断呼吸困难的类型,通过既往手术史及治疗史了解气管切开、气管插管、放疗化疗病史。为困难气道判断,气管导管选择,气管插管路径、术中通气方式等做充分的准备;过敏性鼻炎患者常合并支气管哮喘,术前访视要重视哮喘治疗史,近期是否有发作,如果是哮喘发作期应暂缓手术。对鼻出血和扁桃体术后出血患者由于血液被吞入胃内,失血量不宜估计,要根据血红蛋白(Hb)、血细胞比容(HCT)结果正确估计失血量。对于外伤患者应了解是否存在脑脊液漏,以避免经鼻插管引起颅内感染。对合并心肺、血液慢性疾病的患者应积极控制原发疾病,根据手术决定其术前是否要停药或换药。

（二）麻醉前用药

吗啡类用药因抑制喉保护性反射,故不主张术前应用于鼻咽喉部手术患者;气道阻塞患者,镇静药的应用要慎重,严重气道阻塞的患者术前禁用镇静药。抗胆碱药可减少呼吸道分泌,如无特殊禁忌,可用于所有患者。耳科手术易引起恶心呕吐,术前可预防性应用止吐药。

三、麻醉选择

耳鼻喉科手术根据疾病与手术方式可在局部麻醉和全身麻醉下完成。

1. 局部麻醉　仅适用于时间短、操作简单、能合作的成人患者,包括表面麻醉、局部浸润、神经阻滞麻醉。鼻息肉、声带小结、扁桃体肥大等鼻、咽、喉部的小手术常用2%～4%的利多卡因或1%～3%的丁卡因进行表面麻醉,必要时1%～2%利多卡因局部浸润或神经阻滞;外鼻手术需阻滞鼻外神经、滑车神经及眶下神经。耳廓及外耳道手术可在局部浸润麻醉下完成,耳道及鼓室成形手术则需在神经阻滞麻醉下完成,一般需阻滞耳颞神经鼓室支、耳颞神经耳支、迷走神经耳支、耳后耳大神经。局部麻醉时根据患者一般情况及手术部位需注意局麻药的浓度及用量,谨防局麻药中毒。

2. 全身麻醉　近年随着耳鼻咽喉科手术的进展及对舒适麻醉的倡导,耳鼻咽喉科手术全身麻醉的比例逐年增高。全身麻醉的优点是不受手术范围及时间的限制,气管内插管可控制气道,防止血液及脓液的误吸;但因常与手术共用气道,气管导管的固定及通畅度会受到影响,术中气道管理风险增加。气管插管方式及插管路径应根据患者手术部位、手术要求及患者咽部阻塞情况而定。对估计插管困难者应采用纤维支气管镜或电子纤维喉镜、可视喉镜等引导下保留呼吸插管,必要时需做气管切开。为减少局部出血、手术野解剖清晰,全身麻醉常复合局部麻醉及控制性降压技术。全身麻醉包括全凭静脉麻醉、吸入麻醉和静吸复合麻醉。

四、几种常见手术的麻醉处理

（一）耳部手术

耳廓及外耳道手术可在局麻下完成,耳小骨重建、镫骨切除、鼓室成形、乳突根治术、面神经减压等手术需在全身麻醉下完成。围麻醉期应关注:①患者头位摆放,维持术中气道通畅。耳科手术需将患者头转向健侧,注意避免颈部过度后伸或头颅过度扭转,可配合侧倾手术台减少头位旋转以提供满意的术野。耳显微手术一般将头部抬高10°～15°,以增加静脉回流,减少出血。麻醉状态下头转位动作务必轻柔避免颈部血管、神经压迫及寰枢关节脱位。应用喉罩通气时要避免喉罩移位,在体位变化过程应关注气道压力的改变,确保喉罩位置良好。②麻醉期避免使用高浓度 N_2O 麻醉,应用 N_2O 麻醉时应权衡 N_2O 对中耳压力及手术效果的影响。③适当应用控制性降压技术,减少手术野出血,同时应保障重要脏器的灌注。④如若进行面神经监测应减少肌肉松弛剂的应用,以免影响监测结果。⑤对实施镫骨植入术或鼓膜成形术的患者,为减少植入物移位或其他耳内重建结构改变,应避免麻醉苏醒期患者躁动、呛咳及拔管后面罩正压通气,如应用喉罩通气,减少气管刺激,加强术后镇痛,预防恶心呕吐等方法改善苏醒期质量,保障手术治疗效果。

(二) 鼻腔和鼻窦手术

随着鼻内镜技术的发展,传统的鼻、鼻旁窦和颅面外科手术发生新的变革。功能性鼻内镜手术已成为涉及鼻及鼻旁窦手术的主要手段,使以往以局部麻醉为主的鼻腔与鼻旁窦手术逐步被全身麻醉取代,其麻醉处理要点:①伴发鼻腔出血的患者常常局部应用收缩鼻腔黏膜血管的药物,如去氧肾上腺素或肾上腺素等,围麻醉期要注意其对患者潜在心血管疾病以及麻醉用药的影响;②鼻息肉患者常合并过敏性鼻炎或哮喘,术前要抗过敏治疗,围术期要注意气道的高反应,预防支气管痉挛的发生;③术前接受局部放射治疗的鼻咽癌患者常常导致颞颌关节僵硬,张口困难,存在困难气道,需要制订详尽的气道建立方案;④控制性降压技术可减少鼻腔与鼻窦手术出血,保证术野清晰;⑤为减少术后鼻腔出血,防止误吸带来的呼吸困难应力求麻醉苏醒期血流动力学稳定,避免患者躁动,加强术后镇痛,提前预防恶心呕吐。

(三) 咽部手术

常见咽部手术有会厌肿物切除术、扁桃体切除术、小儿腺样体摘除术、悬雍垂腭咽成形术等。简单咽部手术并且可以合作的患者可以在局部麻醉下完成手术。复杂咽部手术、小儿、不能合作的患者均需在全身麻醉下完成手术。围术期麻醉处理要点:①儿童扁桃体、腺样体肥大,术前常存在上呼吸道感染,通气阻塞,在全麻诱导期间可能发生面罩通气困难,要备好紧急气道处理方案。可行气管内插管或可弯曲喉罩通气。术中要防止气管导管扭曲、脱出或喉罩移位,严密监测气道阻力、呼吸末 CO_2 压力,及血氧饱和度。②扁桃体术后出血患者,术前需纠正低血容量,全身麻醉时需执行饱胃处理原则,防止胃内积血呕出引起误吸。③行悬雍垂咽腭成形术的成人患者常合并睡眠呼吸暂停,存在通气困难,麻醉前应做好气道评估,术前禁用镇静药。在全身麻醉时主张行慢诱导,保留呼吸,纤维支气管镜或其他可视喉镜引导下气管插管,做好困难气道的应对措施。此类患者由于长期慢性缺氧,可能合并高血压、冠心病、糖尿病等内科疾病,术前应积极调整血压、血糖水平,改善心脏功能及纠正心律失常。围术期力求血流动力学平稳,控制血糖水平。术毕应延迟拔管,以防不良事件发生。④会厌肿物患者,插管时容易出现声门暴露困难,术前应仔细评估气道,做好紧急气道应对的准备。⑤预防术后并发症:咽部手术术后常见并发症有喉痉挛、气道梗阻、误吸及呕吐;延迟并发症有出血、咽部水肿、疼痛等。

(四) 喉部手术

喉部位居颈前正中,在舌骨下方,上通咽喉,下接气管,后邻食管入口。有呼吸、发声、保护、吞咽等功能,位置极其重要。喉部病变尤其声门病变由于直接影响呼吸,常会迅即造成危及生命的不良事件,所以应特别重视。喉部良性病变如声带息肉、声带小结、囊肿、乳头状瘤等可通过支撑喉镜下切除、电子喉内镜下冷冻以及激光手术治疗。喉癌等恶性肿瘤的外科治疗也越来越重视喉功能的保护,包括全喉或半喉切除术。喉部手术大都需要在全身麻醉气管内插管下完成,其围术期麻醉处理要点包括:①喉部手术由于和外科医师共用气道,术中应重视气道管理,谨防气管导管脱出,气道阻塞等恶性事件发生。②声带手术患者可能同时涉及声门上和声门下,麻醉医师术前需和外科医师讨论气管插管外的备选气道处理方案。通常选择小号气管导管,如成年男性选择导管内径为 5.5~6.5mm,女性选择导管内径 5.0~6.0mm。术中应维持较深的麻醉深度,加强监测,防止缺氧,迷走神经反射等带来的不良事件发生。部分声带手术围术期需要保留自主呼吸,以观察声带、喉室、及气道的运动功能。可以通过吸入麻醉或静脉持续丙泊酚(propofol)泵入复合小剂量阿片类药物完成手术。近年新型镇静剂右美托咪定(dexmedetomidine)的临床应用给保留自主呼吸的气道手术带来了便利。同时声带手术还要高度重视麻醉恢复期管理,应待患者保护性反射完全恢复后再拔出气管导管,同时应预防呛咳引起的喉痉挛。③喉癌切除手术患者术前往往存在通气困难,一般在全麻诱导前会做颈部气管造口。围术期要加强监测,手术操作要轻柔,注意颈动脉窦反射的发生。此外还应警惕颈部大血管的破裂,可能发生气栓。一旦发生应立即用湿纱布局部加压止血,以防止空气继续进入静脉,并将患者置于头低左侧卧位;气栓量大时,应置入心导管至右心房抽吸空气;同时纠正气栓引起的血流动力学变化。④激光手术注意事项:a. 全体手术内人员注意眼睛保护,根据激光类型选择相应的防护眼镜,患者闭眼并用湿纱布覆盖或戴金属眼罩;b. 安全使用激光,在非连续模式下间断使用功能激光,限制能量输出、留出散热时间,非靶组织和气管内导管套囊要用湿纱布覆盖;c. 防止气道内燃烧,采用耐燃材料气管导管如橡胶、硅胶气管导管、双套囊并覆盖一层硅的金属导管;发生气道内激光燃爆应立即停用激光刀,停止通气供氧,并终止麻醉;更换气管导管或改用口咽通气道及面罩吸入纯氧;采用冷生理盐水冲洗咽部;取头高位减轻局部水肿;根据灼伤程度决定是否行低位气管造口术,维持机械通气。

(五) 支气管异物取出术

呼吸道异物常发生于小儿,尤其是 1~3 岁小儿。小儿喉、气管黏膜娇嫩,黏膜下组织疏松,一旦误吸异物,气管易发生各种严重并发症,常被误诊为难治性肺炎。根据吸入异物的位置、大小、性质等患儿临床表现为剧烈的痉挛性咳嗽,面部潮红,憋气,阵发性呛咳,喉喘鸣,严重者可有呼吸困难,甚至窒息;较长时间异物留存会引起感染,出现发热,气管、支气管炎,肺炎。体格检查:患儿会有呼吸急促,肺患侧呼吸音弱或无。X 线检查可发现明确的异物影或气管内软组织和气道狭窄。肺部可能有纵隔摆动、肺不张、肺气肿等征象。一般需在全身麻醉硬质支气管镜下行异物取出术。围术期麻醉处理要点包括:①因支气管异物大多是急诊手术,术前准备多不充分,患儿可能存在呼吸困难、缺氧、二氧化碳蓄积,甚至心功能衰竭。要明确诊断积极应对。大的气道异物由于情况紧急,禁食时间可能不够,麻醉时应按饱胃处理。②手术前应常规使用抗胆碱药,预防气管镜操作引起的迷走神经反射,同时减少气道分泌物。③小儿患者合作性差,开放液路通路可能需要在氯胺酮麻醉或吸入麻醉下进行。④麻醉药物选择一般为丙泊酚复合氯胺酮或阿片类药物。由于手术时间短,可以不使用肌肉松弛药,保留自主呼吸。但使用肌肉松弛药可以麻醉深度,对气管镜检和异物取出有益。⑤置入硬质支气管镜前可实施气管内表面麻醉,减少支气管痉挛的发生。⑥术中通过硬质支气管镜连接高频喷射呼吸机通气,可保证围术期麻醉安全。术中应始终监测生命体征,氧饱和度,积极和外科医生沟通,保证有效通气,谨防缺氧,二氧化碳蓄积以及迷走神经反射。⑦术毕应待患儿意识、呼吸、保护性反射完全恢复才能返回病房;如若术中损伤气道黏膜或气管、支气管黏膜出现水肿,手术结束应更换合适气管导管,维持机械通气,延迟拔管。

(张瑞林)

第二十二章 | 口腔颌面外科病人的麻醉

口腔颌面外科学是一门在牙外科基础上发展起来的医学分支学科,近年来发展迅速。口腔颌面外科手术内容广泛,麻醉也具有其独到之处。简单的手术如智齿拔除一般在局麻下即可完成,而诸如唇腭裂畸形整复、颞下颌关节疾病的治疗以及颅颌面联合切除治疗口腔颌面恶性肿瘤,同时使用显微外科技术对肿瘤切除后缺损进行游离组织移植修复等一些复杂的口腔颌面外科操作的麻醉要求很高,需要严格的气道管理、围术期监测和麻醉后管理。

第一节 口腔颌面外科病人与手术特点

一、口腔颌面外科病人的特点

(一) 病人的年龄跨度大

口腔颌面部疾病可发生于任何年龄,小儿与老人比例高,包括从出生1周的新生儿到一百多岁的超高龄老年人。

1. **小儿** 总体上说,在口腔颌面外科中,小儿多因先天性颅颌面畸形而实施手术。许多先天性口腔颌面畸形如唇裂、颅狭症等都主张在1~2岁以内实施早期手术,除了改善外形和功能以外,还能获得术后较佳的发育条件。小儿颞下颌关节强直可导致张口困难甚至完全不能张口影响进食,仅能通过磨牙后间隙处塞入小块的软固体食物或吸入流质、半流质以维持生存。长此以往将严重影响其生长发育并造成营养不良,往往需要早期手术治疗。小儿各时期的解剖生理特点随年龄增长而不断变化,年龄愈小,与成年人之间差别愈大。必须注意采用合适的方法和监测手段以尽可能减小手术麻醉的不利影响,维持其生理内环境的稳态。

2. **青壮年** 青壮年病人以颌面部外伤、炎症治疗以及正颌整复手术居多,气道问题比较突出。近年来,青壮年人群中因阻塞性睡眠呼吸暂停综合征而接受手术治疗的病人也日益增多。这类病人多由于长期间断的低氧及高碳酸血症可引起体循环、肺循环高压,进而引起心脏损害、动脉硬化及血液黏滞度增高。

3. **老年** 老年病人则以各种肿瘤性疾病为主。因年龄增长,老年人全身各器官的生理功能发生退行性变化甚至出现病理性改变,常伴有高血压、缺血性心脏病、慢性阻塞性肺疾病、水电解质酸碱平衡失调以及体内药物生物转化和排泄能力下降,对手术和麻醉的耐受力显著降低。老年恶性肿瘤病人全身状况很差,加上摄食障碍,常出现消瘦,并伴有贫血、营养不良和低蛋白血症,术前也应尽可能予以改善和纠正。

(二) 困难气道十分常见

口腔颌面外科病人中,困难气道十分常见且程度严重。易发生气道困难的常见疾患有先天性口腔颌面畸形、口腔颌面肿瘤、颞下颌关节强直、阻塞性睡眠呼吸暂停综合征、外伤、感染、肿瘤造成口腔颌面畸形或缺损、手术或放疗引起气道附近解剖结构改变、颌颈部肿瘤压迫致气管移位等。其他的如肥胖颈短、颈椎病变、小下颌、门齿前突或松动、高喉头、巨舌等也会给气管插管带来困难，术前应准确预测并选择好合适的诱导方法和插管技术。

（三）口腔颌面畸形与综合征

对于那些同时出现全身各部位多处畸形的，临床上通常采用"综合征"来命名。许多先天性畸形均可有口腔颌面部的表现，其中最常见的是 Pierre-Robin 综合征和 Treacher-Collin 综合征，病人表现为小颌、舌后坠等畸形，患儿出生后即表现出明显的气道问题。Goldenhar 综合征的病人表现为一侧面部发育不良、下颌骨发育不良和颈部脊髓畸形。Klippel-Feil 综合征则表现为外耳和眼部畸形，包括脊柱融合、颈胸椎侧凸和高腭弓等畸形特征，脊柱融合往往造成颈部后仰受限。Apert 综合征除有突眼、眶距增宽、腭裂外，还伴有脑积水、心血管畸形、多囊肾等。由于先天性多发畸形继发的各种病理生理改变将使其病情变得更为复杂。麻醉医师应充分认识到其不仅存在口腔颌面部畸形，而且可能伴有其他重要脏器的畸形以及这些缺陷所引起的严重生理功能紊乱。多方面病因的影响无疑会使麻醉处理的难度大大增加，麻醉医师应针对各类病人不同的解剖、生理、病理特点作综合考虑。

（四）多伴有严重心理问题

口腔颌面外科疾病与心理问题密切相关。一方面精神和内分泌因素可诱发口腔颌面肿瘤；另一方面，对于已患肿瘤的病人，在实施肿瘤手术前，也常会因大面积组织切除后可能造成的头面部外观畸形和诸如咀嚼、吞咽、语言、呼吸等生理功能改变，而存在明显的心理障碍。先天性口腔颌面畸形的病人往往因颜面丑陋或生理功能障碍而产生各种心理的异常变化。对已接受了多次手术治疗的病人而言，手术麻醉的痛苦体验与不良回忆则会使其在再次手术前存在极度恐惧甚至拒绝心理。老年病人可因对病情发展和健康状况的过分关注而产生焦虑、抑郁等情绪改变。因此，对于可能出现的诸多心理问题，麻醉医师应予以高度重视，术前应做好耐心细致的解释工作，与病人及家属建立起良好的医患关系，尽可能地取得他们的合作。不良心理活动的抑制与阻断，无疑对减少麻醉用药量、维持生理状态稳定和减少术后并发症都有着重要意义。

二、口腔颌面外科手术的特点

（一）根治性外科与功能性外科

手术仍是口腔颌面部肿瘤的主要有效治疗手段。根治手术和整复手术相辅相成而存在，只有在完全根治肿瘤后才有必要实施整复手术。总之，应以肿瘤根治手术为主，与整复手术相结合，既使得肿瘤得到根治，又能在功能和外形上获得一定程度的恢复。如今，头颈肿瘤外科、整复外科和显微技术的飞速发展，使肿瘤根治术后大面积缺损和功能障碍的修复成为可能，从而可为术后病人生存率和生存质量的同时提高提供前提保障。

对晚期恶性肿瘤、复发癌瘤和多原发癌瘤也应持积极态度，能一次切除者应给予一次切除，不能一次切除者应予以分次切除。另外，对恶性肿瘤的颈淋巴结处理，不应待临床上已查明有癌瘤转移时才进行颈淋巴清扫术以避免降低手术治疗效果。根据不同情况可采用选择性颈淋巴清扫术或治疗性颈清扫术、功能性颈淋巴清扫术或根治性颈清扫术。

（二）综合与序列治疗

目前趋向于在口腔颌面部的肿瘤病人中应用放疗、化疗等其他方法与外科手术合并进行综合治疗，以取得较好的疗效。放疗和化疗可在术前或术后使用。口腔颌面外科中，序列治疗概念的提出是由唇腭裂治疗开始的。无论序列也好，综合也好，都是多学科的排列有序的治疗。它应依托于多学科之间的密切协作，由一个以口腔颌面外科医师为主的协作组来完成，其他有关的还包括麻醉科、耳鼻喉科、放射科等医师。

（三）牙颌面畸形与正颌外科

对牙颌面畸形病人的治疗，可通过正颌外科手术矫正其牙颌面畸形，实现重建正常牙颌面三维空间关系和恢复其牙颌正常功能，使其达到和谐、相对满意的容貌。由于正颌手术多经口内途径施行，在狭窄而又较深的部位进行操作、止血困难，软组织切口和骨切开线均要求十分准确，以免损坏众多的重要解剖结构。由于骨切开的创伤部位难以按常规止血，手术后可能会有渗血出现。术后张口困难和口内渗血可使病人在麻醉恢复期内发生上呼吸道梗阻的风险大大增加。对这类病人，麻醉恢复期和术后早期均须加强监测，谨防意外发生。

（四）显微外科技术的广泛应用

显微外科技术已广泛应用于口腔颌面外科的手术中，尤其是小血管吻合游离组织瓣移植手术的成功，使口腔颌面部大面积缺损后施行立即修复成为可能。

显微外科手术具有一定的特殊性，其技术条件要求高、操作精细复杂、手术时间长，手术操作和围术期管理过程中的各环节都会直接影响到手术最终的成败。手术过程中必须使病人保持合适体位并严格制动以利长时间手术的实施，还应保持充足的循环血容量并根据情况给予扩血管和抗凝处理。术后应尽可能使颈部制动，防止血管受压形成血栓、压迫静脉导致回流受阻等。此外，维持正常的体温，对预防吻合小血管痉挛、提高游离组织的成活率也十分重要。在小血管吻合重建血循环游离组织移植手术后，不仅要进行全身循环、呼吸等重要系统的监测，而且应加强对局部移植组织的严密观察和护理。

第二节　口腔颌面外科病人的麻醉选择与常用麻醉方法

一、麻　醉　选　择

口腔颌面外科手术的常用麻醉方法包括局部区域神经阻滞和全身麻醉。选择麻醉时应以病人能接受，手术无痛、安全，术后恢复迅速为原则，根据病人的年龄、体质、精神状况，手术的部位、范围、时间长短等综合考虑。

二、常用麻醉方法

（一）局部麻醉

一般由手术者自行操作。局部麻醉对生理干扰小、易于管理、恢复快，多用于智齿拔除或短小手术，也可以在全身麻醉时复合应用，以减少术中的全身麻醉药用量，缩短麻醉恢复时间。它的缺点在于手术区疼痛感受器的阻滞不易完善。对于精神紧张、焦虑者，可在局部麻醉的基础上,经静脉辅助应用镇静、镇痛药物以完善麻醉效果。

（二）全身麻醉

由于口腔颌面部手术的解剖部位特殊,多数手术时间较长且操作精细,而手术区域又毗邻呼吸道甚至颅底、眼眶、颈部重要的神经血管的附近,术野周围血流丰富渗血较多。有些复杂的手术还涉及重要组织和器官。因此,气管内插管全身麻醉应是最为理想的麻醉选择。全身麻醉优点在于能完全消除手术的疼痛与不适,解除病人的焦虑感,较好地控制机体反应,并适合于术中使用低温、控制性降压和机械通气等技术,为外科手术提供最理想的手术条件。常用的全身麻醉包括以下几种:

1. **氯胺酮麻醉**　氯胺酮麻醉实施相对简单,对药物输注设备要求不高。氯胺酮麻醉对骨骼肌张力的影响小,也可维持上呼吸道反射,术中基本能保持自主呼吸,不产生明显的呼吸功能抑制,不影响对二氧化碳的反应性。给药2~3分钟后可引起呼吸频率减慢,当快速大剂量给药或与阿片类药合用时可产生明显的呼吸抑制。以往被广泛用于小儿短小手术的麻醉,由于缺乏气道保护和有效呼吸支持,这种方法目前已减少使用。

2. **全凭静脉麻醉**　多种静脉麻醉药、麻醉性镇痛药复合非去极化肌松药是比较理想的全凭静脉麻醉药组合。全凭静脉麻醉不刺激呼吸道,无手术时污染和燃烧爆炸的危险,起效快、麻醉效果确切。气管内插管有助于维持气道通畅,便于清理气道、实施人工通气。静脉麻醉药首选异丙酚,起效迅速可控性好。麻醉性镇痛药常选芬太尼、舒芬太尼和瑞芬太尼,镇痛作用强大。肌松药首选中、短效非去极化类,如维库溴铵、罗库溴铵和阿曲库铵等,不仅可有助于呼吸管理,而且能松弛口咽部肌肉以利于手术操作。

3. **静吸复合全身麻醉**　方法多样,如静脉麻醉诱导,吸入麻醉维持;或吸入麻醉诱导,静脉麻醉维持;抑或静吸复合麻醉诱导,静吸复合麻醉维持等。由于静脉麻醉起效快,病人易于接受,而吸入麻醉便于管理,麻醉深度易于控制,故临床普遍采用静脉麻醉诱导,而吸入或静吸复合维持麻醉。

（三）全身麻醉复合外周神经阻滞

口腔颌面部外周神经阻滞可以提供超前及延迟的镇痛。一般在麻醉诱导后、手术开始前是实施神经阻滞的最佳时机。全身麻醉诱导后可行眶下神经阻滞。一旦神经阻滞起效,将减少全身麻醉药物的用量。眶下神经是三叉神经的终末支,支配上唇、下眼睑、两者之间直至鼻旁的皮肤和黏膜的感觉。它从眶下孔穿出,位于颧骨突出部位(鼻外侧的骨性突起)的内侧,所以很容易被阻滞。阻滞成功可麻醉上唇、鼻翼、鼻中隔、下眼睑和面颊的中部。

三、麻醉期间病人的管理

（一）病史和体格检查

麻醉医师在术前必须进行全面的病史采集和体格检查。常规的术前实验室检查包括:血常规、尿常规、血生化、肝肾功能、胸片和心电图等。麻醉前访视时,应仔细复习病史资料,了解病人是否合并其他的先天性畸形,评估有无气道困难存在、有无呼吸和循环代偿功能减退、有无营养不良和发育不全,是否存在呼吸道感染和严重贫血等。

（二）气道评估

了解有无喉鸣、打鼾、鼻出血史;有无气道附近手术外伤史;有无头颈部放射治疗史;有无麻醉后发生气道困难史等。检查有无肥胖、鼻腔堵塞、鼻中隔偏曲、门齿前突或松动、颞下颌关节强直、小下颌、颈短粗,检查有无口腔、颌面及颈部病变,气管是否移位等。特殊检查包括张口度、甲颏间距、颈部活动度、Mallampati 试验。Mallampati 试验和 Cormack-Lehane 分级密切相关。

有些综合征伴有颌骨畸形则会明显影响气道的显露,如 Pierre-Robin 综合征和 Treacher-Collin 综合征,由于病人下颌骨过小,呈小颌畸形,正常情况下行气管插管时暴露气道十分困难,因而对该类病人的麻醉需要做好充分的困难气管插管的思想准备和器械准备,要避免因准备不充分而导致的急症气道出现。

(三) 术前准备

1. **小儿病人** 年龄越小,手术麻醉风险也越大,婴儿施行选择性手术的安全年龄被定为出生前孕龄+出生后年龄大于 44 周。伴急性上呼吸道感染和严重贫血的患儿,应暂缓手术。检查先天性颌面畸形患儿有无并存的重要脏器畸形及其功能改变。检查先天性唇腭裂患儿有无喂养困难造成营养不良、发育迟缓。

2. **中老年病人** 对原已有内科合并疾病的病人,需着重了解其脏器功能损害的严重程度,与内科医师共同制订术前治疗方案,包括控制高血压、改善呼吸功能、治疗心律失常、安置临时起搏器、纠正水、电解质紊乱以及酸碱平衡失调和营养不良等,以提高病人的手术麻醉耐受力。恶性肿瘤病人全身状况差,加上摄食障碍,常出现消瘦,并伴有贫血、营养不良和低蛋白血症,术前也应尽可能予以改善和纠正。

3. **阻塞性睡眠呼吸暂停综合征病人** 应注意从病史、症状、体征上给予判断,明确引起上呼吸道阻塞的病因,评估其上呼吸道阻塞程度和肺通气功能状况,检查有无低氧血症和高碳酸血症以及心肺并发症等。遇肥胖病人,麻醉前还应了解其肥胖的严重程度以及在心血管、呼吸和代谢等方面可能出现的异常变化,以能采取合理的麻醉处理手段。

(四) 麻醉管理的注意事项

1. **麻醉前用药** 请参阅第三章、第二十七章。对困难气道病人术前镇静药的使用要特别谨慎。

2. **插管路径和气管导管** 插管路径常根据手术需要而定,如无特殊禁忌原则上应避免妨碍手术操作。颅底、眼眶、鼻部、上颌骨、上颌窦手术宜采用经口插管,口腔内、腮腺区、下颌骨、颈部手术宜采用经鼻插管。相对而言,经鼻插管在口腔颌面外科麻醉中更为普遍,但有鼻出血、鼻甲切割伤、鼻骨骨折以及鼻翼缺血坏死等并发症的报道。

根据不同手术的需要选择合适的气管导管:RAE(Ring-Adair-Elwyn)导管常被用于口腔颌面及颈部手术中,口插管外露的近端向下弯曲,鼻插管外露的近端向上弯曲,能最大限度地暴露手术野;钢丝螺纹加强型导管弯曲后不变形,用于头位常需变动的手术中,可避免导管发生折叠和阻塞。激光手术导管在制作中添加箔、不锈钢、铝等金属材料,使导管能耐受激光,避免在喉、气管激光手术中发生导管熔化、断裂;喉切除术导管直接经气管造瘘口插入气管,外露的近端向下弯曲,在喉切除手术操作过程中,可将导管近端置于手术野外;气管切开术导管长度较短,直接经气管切口处插入气管,其远端开口呈圆形,可减少气管黏膜的损伤。

3. **插管方式** 一般来说,非手术方式插管具有操作简便、成功率高、风险性小、并发症少的优点,常被作为建立气道管理的首选方法。

在口腔颌面外科病人中困难气道的比例高,程度严重,情况复杂。对于严重的困难气道病人往往考虑采用清醒插管,以策安全。清醒插管法具有以下优点:①保留自主呼吸,维持肺部有效的气体交换;②气道反射不被抑制,降低了误吸引起窒息的危险;③保持肌肉的紧张性,使气道解剖结构维持在原来位置上,更有利于气管插管操作;④不需要使用吸入麻醉剂和肌松药,在某些高危病人中可避免这些药物引起的不良反应。清醒插管没有绝对的禁忌证,除非病人不能合作(如儿童、精神迟缓等病人),或者病人对所有局部麻醉药有过敏史。对于不合作或同时患有颅内高压、冠心病、哮喘的病人,则应权衡插管困难与清醒插管的风险,给予全面考虑。

但在某些情况下需施行气管切开术后麻醉,具体如下:①口、鼻、咽部有活动性出血;②会厌及声门部炎症、软组织肿胀或异物阻挡而妨碍显露声门;③出现上呼吸道梗阻无法维持通气;④全面部骨折(上、下颌骨和鼻骨复合骨折)者在手术复位过程中需多次改变气管导管径路。

4. 气管导管固定　在口腔颌面手术中,口内的操作或搬动头部均会引起导管移位。小的移位增加导管和气管黏膜之间的摩擦和喉水肿的危险;大的移位有可能造成手术中导管滑出,或进入一侧支气管内。另一方面由于气管导管经过手术区域,常被手术巾所覆盖,导管的移位、折叠不易被发现,所以导管固定非常重要。

在进行口腔颌面外科手术时意外拔管是手术的真正危险。麻醉医师应充分认识到这种可能性,并保持与外科医师的不断沟通,共同避免意外拔管的发生。当记录下导管距门齿的刻度后应该将导管牢固的固定,以防导管意外滑出。一般经鼻插管比经口插管易于固定。RAE 导管和异型导管的特殊弧度能限制气管导管的移动,有利于术中气道管理。为了使导管固定更安全还可用缝线固定导管于鼻翼、口角或门齿上,或使用手术贴膜固定导管于皮肤。

5. 术中监测　除常规监测项目外,在某些情况下,麻醉医师可根据需要增加其他的监测项目如测定中心静脉压、有创动脉压、颅内压、肺动脉压、心排血量、体温及其他指标,最好兼有波形及数字显示,尤其要注意动态变化过程及时处理。使用肌松药时,需监测神经肌肉功能。由于手术医生占据了病人的头端位置,而麻醉机远离头部。术中应严密观察有无气管导管或静脉输液管的扭曲、折叠、脱出,以及麻醉呼吸回路的脱落等异常情况。

6. 控制性降压　目前在口腔颌面手术中控制性降压技术的运用非常普遍。由于整个手术时间相对较长,故只需在截骨、肿瘤切除等出血多的步骤时,实行严格的控制性降压,而在血管吻合等显微操作时,可控制血压略低于基础,待血管吻合结束后要立即复压,一方面有助于移植物的血液供应,另一方面也有助于外科医生判断和止血。

四、麻醉后病人的处理

(一) 麻醉和拔管

麻醉后拔除气管内的导管在大多数情况下是顺利的,但在有些特殊病人甚至比插管的挑战更大。由于术后组织的水肿、颜面部结构的改变以及术后的包扎使得面罩通气变得困难甚至无法通气。并且由于担心会破坏修补后口咽和鼻咽的解剖,通气道或喉罩可能也无法使用。为了确保拔管安全,麻醉医师应首先考虑两个问题。第一,套囊放气后导管周围是否漏气?第二,如果病人在拔管过程中出现气道梗阻,紧急通气包括外科建立气道是否可行?如果以上答案是肯定的则可尝试拔管。

拔管前应做好困难气道处理准备。充分供氧并吸尽病人气道分泌物和胃内容物。拔管前可静脉注射地塞米松并将病人头稍抬高,有可能缓解气道水肿。可以应用少量气管扩张剂和短效 β_1 受体阻滞药如艾司洛尔有助于改善病人呼吸和循环情况。确认病人已完全清醒并且没有残留肌松作用,潮气量和每分通气量基本正常,SpO_2 维持 95% 以上方可拔除气管导管。

只要没有外科特殊禁忌,拔管时可让病人半卧,以增加功能残气量和减少气道梗阻。如果拔管后有舌后坠的可能应先将舌牵出并用缝线固定。拔管前将气管引导管或其他类似导管如高频喷射通气管、气道交换导管或纤维支气管镜等留置于气管导管中。这样,拔管后保留的气管引导管还可引导再次插管。拔管动作要轻柔,先试将气管导管退至声门上,观察有无气管狭窄或塌陷,然后再将气管导管缓慢拔除。少数病人可能出现短暂的喉水肿或喉痉挛,通过加压供氧,肾上腺素雾化吸入等处理,症状一般都能缓解。如症状持续加重甚至出现呼吸困难应考虑再次插管或气管切开。

(二) 预防性气管切开和留置气管导管

某些手术可能需要在术后行预防性气管切开,如:①涉及舌根、咽腔和喉等声门上组织的手术,术后咽腔壁失去支撑,气道易塌陷;②同期双侧颈淋巴结清扫,术后可有明显的喉头水肿;③大范围的联合切除,下颌骨截骨超过中线;④大面积的口腔内游离组织瓣;⑤术前有呼吸功能不全的病人。选择性气管切开的目的是保障气道的通畅,5~7天后肿胀消退再行堵管,最后拔除气管切开导管。但术后的预防性气管切开也有一定风险和并发症,如气管切开也增加了肺部感染的风险;气管切开后不能说话,会影响到病人的心理康复等。

除非有明确的预防性气管切开适应证,通过留置导管1~2天也能有效维持气道通畅,降低术后气管切开的比例。术后留置气管导管24~48小时并不明显增加插管相关并发症的发生,可以显著缩短住院的时间。留置气管导管时需注意的是:①尽可能选择经鼻插管,因为病人对经鼻的气管导管耐受较好且容易固定和管理。②给予适当的镇静和镇痛,避免过度吞咽增加导管和气道之间的摩擦和喉水肿的发生。③要加强气管导管的护理,避免导管部分堵塞,造成低通气。套囊间断放气,避免对气管壁的长时间压迫。④对需要长期呼吸机治疗的病人,应及时气管切开。

(三) 急性喉痉挛的处理

喉痉挛为拔管后严重的气道并发症,多见于小儿,处理必须争分夺秒,稍有贻误即可危及病人的生命。应立即吸除声门和会厌附近的分泌物,然后可进行如下处理:①用100%氧进行持续气道正压,同时应注意将下颌托起,以除外机械性梗阻因素,直至喉痉挛消失;②小剂量的异丙酚(20~50mg)加深麻醉,直至喉痉挛消失;③如果上述处理无效,可应用短效肌肉松弛药来改善氧合或协助进行气管插管。

(四) 术后恶心呕吐

很多因素均会造成术后恶心呕吐(post-operative nausea and vomit,PONV),如术前过度的焦虑,麻醉药物的影响、缺氧、低血压以及术中大量的血液、分泌物刺激咽部或吞入胃内。由于呕吐物可能污染包扎敷料和创面从而增加感染机会。对术后吞咽功能不全的病人,也增加了误吸的机会。因此,控制PONV对口腔颌面部手术显得尤其重要。

对于PONV的高危病人,可采取一些预防措施,如:①术后清除咽部的分泌物和血液,术后常规胃肠减压;②避免术后低氧和低血压;③预防和治疗可给予三联抗呕吐药,如昂丹司琼、氟哌利多和地塞米松。

(五) 术后镇静和镇痛

术后镇静、镇痛可减少病人的躁动,减少头部的移动,避免血管蒂扭曲,游离皮瓣坏死。术后镇静、镇痛还有助于病人对留置气管导管或气管切开的耐受。

　　用于术后镇静和镇痛的药物包括：①咪达唑仑；②异丙酚；③芬太尼，目前认为 4 岁以上的小儿，只要有人监护，即可给予自控镇痛；④非甾体类镇痛药对口腔颌面外科病人可提供有效的镇痛，并有抗炎作用，可经静脉患者自控镇痛（patient-controlled intravenous analgesia，PCIA）给药，但对有亚临床肾损害、出凝血时间延长及使用环孢素、甲氨蝶呤等抗肿瘤药治疗的病人需慎重。

（姜　虹）

第二十三章 | 腹部外科与泌尿外科手术的麻醉

腹部外科与泌尿外科手术为临床所常见，包括以消化器官为主的胃、肠道、胆道、肝、脾、胰以及女性生殖系统有关的各种有关的腹、盆腔脏器手术，手术及麻醉的数量大，病人情况互不相同。腹部外科与泌尿外科手术的麻醉与其他手术的麻醉原则一样，最重要的是保证病人安全、无痛、舒适及腹肌松弛，避免腹、盆腔神经反射等。

第一节　腹部外科与泌尿外科手术的麻醉前评估及处理

腹部外科与泌尿外科手术主要涉及腹、盆腔内脏的器质性疾患。腹、盆腔内脏器的主要功能是消化、吸收、代谢、排泄，同时参与机体的免疫功能，分泌多种激素调节全身的生理功能。这些脏器发生病变会导致相应的生理功能改变及内环境紊乱，因此病人需要在麻醉手术前接受良好的术前准备，尽可能使其病理生理变化得到纠正后再行麻醉和手术，以增加安全性。

1. 腹部手术中急腹症多见，病情危急，需要立即手术治疗，麻醉前往往无充分时间进行全面检查并作足够的准备工作。应以控制感染、补充血容量和纠正水、电解质紊乱，治疗休克为主。要求在短时间内对病情作出全面评估和准备，选择适宜的麻醉方法与术前用药，尽量降低麻醉并发症，使急症病人能顺利手术。

2. 呕吐或反流误吸是腹、盆腔手术麻醉常见的并发症和死亡原因之一。消化器官的胃液、血液、胆汁与肠内容物等可导致急性呼吸道梗阻、吸入性肺炎或肺不张。尤其是饱胃病人在创伤、疼痛和焦虑紧张的情况下，胃排空显著延迟，麻醉前应采取有效的预防措施，如给予胃肠减压、抗酸药物抑制胃液分泌等，积极处理和预防围麻醉期呕吐和误吸。

3. 胃肠道每日可分泌大量含有一定量的电解质的消化液，若发生肠蠕动异常或肠梗阻，消化液不仅大量存留在胃肠道内，还因呕吐、腹泻使大量的体液丢失，导致水和电解质含量锐减（尤其 Na^+、K^+），酸碱平衡失调。另外，腹部外科择期手术前可能需要机械性肠道准备（mechanical bowel preparation，MBP），目前使用最广的两种药物是聚乙二醇和磷酸钠，可引起腹部绞痛、恶心、呕吐，后者还可引起水样泻和一过性的 pH、镁、钙、钾的下降，因此 MBP 可能会导致液体负平衡、低血容量。术前根据血气生化结果，纠正体液、电解质、酸碱失衡，维持体液平衡是麻醉手术前准备的一项重要内容。腹、盆腔大手术病人术前补液种类可首选晶体溶液，如醋酸复方电解质溶液（Plasma-Lyte A，勃脉力 A），其 pH 接近生理值，或采用乳酸林格溶液。

4. 消化道的肿瘤、溃疡及食管胃底静脉曲张的病人，往往因大出血而需要手术。除有呕血、便血症状外，胃肠道内潴留大量的血液，使术前失血量难以估计，并可继发低蛋白血症，严重者可出现失血性休克。这类病人因伴随胃肠消化液的丢失，可能存在血液浓缩，导致血红蛋白、血细胞比容等指标假性正常。麻醉前应综合考虑生命体征、血红蛋白、血细胞比容、尿量等指标，及时纠正贫血和低蛋白血症，补充血容量，维护与改善肝、肾、心、肺等重要器官的功能，提高病人对手术与麻醉的耐受性，以保证围术期的平稳与安全。

5. 术前评估病人时还应重点询问心血管系统和呼吸系统合并症。缺血性心脏病及心力衰竭会大大增加手术风险,应进行心电图、心脏彩超、运动负荷试验等了解心脏病变,必要时请心内科会诊,争取控制在最佳状态再行手术。腹、盆腔巨大肿瘤或大量腹水病人,术前常因腹压过高使膈肌运动受限,或因腹腔感染引起反应性胸膜炎、胸腔积液,导致限制性呼吸功能障碍;老年病人还可能并存支气管炎、慢性阻塞性肺疾病等,因此术前应行胸片检查,必要时进行肺功能、痰液的检查,力争在允许的时间内将呼吸功能调至最佳,并在术前开始理疗。

6. 行腹部外科大手术需要联合应用椎管内麻醉的病人,术前应排除区域麻醉的禁忌证,如病人拒绝、硬膜外穿刺点周围感染、凝血障碍等,有严重高血压、心脏病、脊柱外伤手术史、神经系统疾病或全身感染的病人应慎用椎管内麻醉。考虑行术后镇痛的病人,术前应被告知镇痛方式及风险,并签署镇痛治疗同意书。腹部外科的手术可选择阿片类药物复合局麻药的硬膜外连续镇痛。若病人有椎管内麻醉的禁忌证,则手术后应改行静脉镇痛方式。

第二节 腹、盆腔手术常用的麻醉方法

腹、盆腔手术病人具有年龄范围广,病情轻重不一及合并疾病不同等特点。对麻醉方法与麻醉药物的选择,需根据病人全身状况,重要器官损害程度,手术部位和时间长短,麻醉设备条件以及麻醉医师技术的熟练程度作综合考虑。

一、局部麻醉

局部麻醉适用于下腹部的中小手术如疝修补术、痔、瘘切除术的病人。局麻方法有局部浸润麻醉、区域阻滞麻醉和肋间神经阻滞麻醉等。其优点是安全,对机体生理影响小,但麻醉不完善,肌松不满意,术野显露差,内脏牵拉反射剧烈,使用上有局限性。局部麻醉药采用0.25%~1%利多卡因、0.25%~0.5%左旋布比卡因或0.25%~0.5%罗哌卡因,应注意各局麻药的安全使用剂量。

二、椎管内麻醉

1. 蛛网膜下隙阻滞(腰麻)适用于下腹、肛门及会阴手术,起效快、阻滞完善、肌松效果好,由于应用细穿刺针(G25或G27),可使术后头痛并发症明显减少,目前仍广为应用。目前国内局部麻醉药采用0.5%~0.75%布比卡因,应注意各局麻药的腰麻安全使用剂量(单次腰麻布比卡因的剂量为9~15mg)。目前临床已开展连续腰麻阻滞,具有单次腰麻的优点,同时具有可控性强(剂量和麻醉时间),可根据病人的病情调节腰麻的局麻药的剂量以及麻醉时间,可以满足手术时间长短不一的要求。

2. 连续硬膜外阻滞是国内目前腹、盆腔手术中最常用的麻醉方法。其痛觉阻滞完善,肌肉松弛满意,对呼吸、循环、肝、肾功能影响小,麻醉作用不受手术时间限制,并可用于术后硬膜外镇痛。但对上腹部手术、一般情况衰弱、休克、病情危重及需作广泛探查的病人应慎用或不用。局麻药浓度影响麻醉效果,高浓度起效快,扩散广,易阻滞运动神经。为增强麻醉效果,减轻内脏牵拉反应,麻醉平面要达到手术需求。如果病人过度精神紧张,需辅用适量镇静、镇痛药。腹、盆腔手术实施硬膜外阻滞的用药量,对每对脊神经节段而言,腰部多,胸部少,骶部用量最大。阻滞每对脊神经节段的硬膜外用药量随年龄增长而减少,60岁以上平均用量为20岁的1/3~1/2,因此对老年人用较低浓度局麻药,且剂量要相应减少。

3. 腰硬联合麻醉结合了腰麻和硬膜外阻滞的优点,目前国内许多医院已对下腹部手术广

泛采用腰硬联合阻滞麻醉的方法。

三、全 身 麻 醉

临床常用的全身麻醉(全麻)方法有吸入全麻、全凭静脉全麻和静吸复合全身麻醉。由于病情不同,重要器官损害程度不同以及代偿能力存在差异,故腹、盆腔手术的全身麻醉方法和药物的选择应因人而异。临床上也可采用全身麻醉联合硬膜外阻滞应用于操作复杂或手术冗长的腹、盆腔手术。气管内插管全身麻醉适用于各种腹、盆腔手术,尤其适用于手术困难以及老年、体弱、体格肥胖、病情危重或有硬膜外阻滞禁忌证的病人。全麻的优点是麻醉可控性强,围术期给氧充分,有肝损害者应禁用氟烷。麻醉诱导方式需根据病人有无饱胃而定,急症饱胃者(如进食、上消化道出血、肠梗阻等),为防止胃内容误吸,可选用按压环状软骨条件下快速诱导插管或清醒插管。

第三节　常见腹、盆腔手术的麻醉处理

一、胃肠手术麻醉

1. 胃肠手术病人的特点与麻醉前准备　胃肠外科疾病以溃疡和肿瘤多见,常伴便秘、呕吐、腹泻、便血、肠梗阻等消化系统功能紊乱,不少病人伴有贫血和营养不良。因此术前应纠正严重贫血及低蛋白血症,需少量分次输注浓缩红细胞或补充白蛋白,尽可能使血红蛋白达100g/L、血浆总蛋白达 60g/L 以上。适当补充水、电解质和调整酸碱平衡失调,如发生休克应积极纠正,力求围术期的麻醉平稳和减少术后并发症。对全麻的病人应了解术前应用抗生素的情况,对于曾用过链霉素、新霉素、卡那霉素、多黏菌素等药物的病人,应注意肌肉松弛药与之协同可导致呼吸延迟影响复苏。

2. 麻醉选择及处理原则　胃、十二指肠溃疡行常规胃大部切除术的病人宜选择全身麻醉,既安全又效果好。肠梗阻病人、结肠和直肠手术部分病例也可选用硬膜外阻滞。通过硬膜外导管分次少量注药,使阻滞平面控制在胸 4 节段以下,对呼吸、循环影响相对较小。为了消除术中内脏牵拉反应,可应用局麻药行胃小弯和肠系膜等部位神经阻滞,也可使用适量镇痛、镇静药物。硬膜外阻滞下行降结肠或直肠手术,由于骶部副交感神经被阻滞,加用辅助性麻醉药后,肌松与镇痛效果满意。痔、肛瘘、肛裂、直肠肛管周围脓肿等会阴部的手术,可选择鞍麻、骶麻、腰硬联合麻醉(穿刺间隙为腰 3 ~ 4),以后者的肌肉松弛效果最佳。全身麻醉或全身麻醉联合应用硬膜外麻醉适用于复杂手术或病情较重病人,尤其是创伤大的胃癌、直肠癌根治术。

麻醉时除常规监测项目外,休克病人可行有创动脉压(ABP)、中心静脉压(CVP)、血气分析、尿量、体温等监测。一般胃、十二指肠手术失血量不多,对术前无贫血的病人,术中出血量若在许可范围内应采用等量血浆代用品或 3 ~ 4 倍于失血量的晶体溶液如醋酸复方电解质溶液或乳酸林格溶液补充,即可维持有效循环血容量。

二、胆道手术麻醉

1. 胆道手术病人的特点与麻醉前准备

(1) 胆道系统疾病病人的病情和体质差异很大。单纯胆囊结石病人多半与常人无异,但胆总管结石,尤其是反复炎性发作和有梗阻性黄疸的病人,常伴有不同程度的肝功能损害和血

内胆红素、胆酸增多。①血清胆红素>40mmol/L 的严重梗阻性黄疸病人,术后肝-肾综合征的发生率较高。术前都应给予消炎利胆、护肝治疗、经肠道合理使用抗生素和在围术期适当给予利尿药。②阻塞性黄疸可导致胆盐、胆固醇代谢异常,维生素 K 吸收障碍,致使由维生素 K 参与合成的凝血因子(FⅡ、Ⅶ、Ⅸ、Ⅹ)减少,发生出凝血异常、凝血酶原时间延长,故麻醉手术前应补充维生素 K 和凝血因子(新鲜冰冻血浆或冷沉淀),以促使凝血机制的恢复,减少术中失血和术后渗血。③阻塞性黄疸病人多半呈现迷走神经张力增高,使血压、脉搏的测定值往往不能确切反映病人的循环功能状况,这类病人术中也易因富有迷走神经分布的胆囊、胆道部位受手术刺激而出现强烈的迷走神经反射(胆-心反射),导致血压骤降、心动过缓,甚至心脏停搏。因此,术前用药应给予足量的抗胆碱药阿托品。

(2) 胆囊、胆道疾病多伴感染,急性胆囊炎可影响冠状动脉血流,使心绞痛症状加重,急性胆囊炎与冠心病的症状易于混淆,术前应仔细了解病人的心脏情况,若心脏病变与胆道疾患并存,则对病情的估计应分轻、重、缓、急,作出相应的处理。

(3) 胆道蛔虫症可能出现恶心、呕吐,甚至吐出蛔虫,应想到一旦在全麻诱导或拔管时有蛔虫吐出,可有堵塞气道引起窒息的可能。

(4) 胆囊、胆道疾病病人常有水、电解质紊乱及酸碱平衡失调、营养不良、贫血、低蛋白血症等病理生理改变,术前应作全面纠正。

2. 麻醉选择及处理原则 胆道手术的麻醉选择与处理视手术性质和病人的情况而定。胆道手术的麻醉提倡首选全身麻醉,尤其对过于肥胖的病人、难度大的再次胆道手术、老年或有严重心血管并存症的病人。胆囊切除,胆道探查手术可在硬膜外阻滞下进行,经 $T_{8\sim9}$ 或 $T_{9\sim10}$ 间隙穿刺,向头侧置管,阻滞平面控制在 T_4 以下。

无论选用何种麻醉方法,术中均应注意对迷走神经反射的防治:①加强术前检查和准备,麻醉前应用足量抗胆碱类药;②术中出现心动过缓应及早静注阿托品,伴有血压下降时加用麻黄碱;③必要时应暂停手术刺激;④还可采取预防措施,例如用利多卡因局部作表面麻醉或行腹腔神经丛阻滞。

胆道手术可导致纤维蛋白溶酶活性增强,纤维蛋白溶解而发生异常出血,术中应观察出凝血变化,遇有异常渗血,应及时检测纤维蛋白原、血小板等,有适应证时给予抗纤溶药物如 6-氨基己酸(EACA)、去氨加压素等处理。阻塞性黄疸伴肝损害者,应禁用对肝肾有损害的药物,如氟烷、甲氧氟烷等。围麻醉期密切监测 ECG、血压、脉搏、呼吸、尿量,必要时作血气分析,检查血红蛋白、血细胞比容,根据检查结果给予纠正。单纯胆囊切除或胆总管探查 T 管引流术,出血一般不多。胆总管癌切除涉及十二指肠、胃及空肠等脏器,创伤大,出血多,应根据血红蛋白监测结果适量输入血制品,维持循环稳定。危重病人或感染中毒性休克未脱离危险期者,应预先联系好 ICU,手术后进行严密监护治疗。

三、胰腺手术麻醉

1. 胰腺手术病人的特点与麻醉前准备 胰头癌和十二指肠壶腹癌病人多伴有阻塞性黄疸和肝功能损害,体质衰弱及营养不良。这类病人常需行胰十二指肠切除术(Whipple 术),手术侵袭范围广,时间冗长,术野渗出较多,血浆和细胞外液丢失严重,容易导致循环血容量减少、血液浓缩。因此术前应作好充分准备工作,以调整病人一般状态,提高耐受手术与麻醉的能力。手术前应加强支持治疗,给予高蛋白、高糖、低脂膳食,纠正水、电解质紊乱和酸碱平衡失调;病人显著消瘦时,可伴有贫血及血容量不足,应少量多次输血。有凝血功能障碍者,使用新鲜冰冻血浆 5~6ml/kg,并进行维生素 K 治疗,有适应证时用抗纤溶药物,使凝血酶原时间接近正常。

2. **麻醉选择及处理原则**　胰腺深藏腹内,手术操作困难,要求肌松完善、术野干净,因此首选全身麻醉,也可考虑全麻复合硬膜外阻滞,于 $T_{10\sim11}$ 间隙穿刺,使阻滞尽量不引起低血压。对出血性、坏死性胰腺炎及复杂胰腺手术,有循环功能紊乱和呼吸衰竭等并发症的病人,应注意急性坏死型胰腺炎引起呕吐、肠麻痹、胰腺出血和腹腔内大量渗出,而脂肪组织分解形成的脂肪酸与血中钙离子起皂化作用引起血清钙偏低,要补充一定量的钙剂。另外,脂肪组织分解还可释放出一种低分子肽类物质,称心肌抑制因子(MDF),有抑制心肌收缩力的作用,使休克加重。术中应监测血压、CVP、SpO_2、心率、呼吸频率、尿量和体温等,及时发现血流动力学变化及其他并发症,补充血容量,强心利尿,应用血管活性药物、皮质激素等并补充电解质和纠正酸碱失衡,积极抗休克治疗。病情危重的急性坏死性胰腺炎病人,手术后可带气管导管送 ICU 行呼吸治疗,预防急性呼吸窘迫综合征。另外应注意静脉给予补充营养、水和电解质,保护肝肾等重要器官功能。

胰岛肿瘤属胰腺内分泌肿瘤,以 β-细胞瘤(胰岛素瘤,insulinoma)为多见,胰岛素瘤表现为低血糖,且反复发作,可出现休克。明确诊断后,手术切除有分泌胰岛素功能的肿瘤是唯一治疗手段。胰腺血管造影、CT 检查和术中 B 超探查等技术的应用,使胰岛素瘤的诊断、定位准确性显著提高,手术的难度便随之减小,多数病例可在硬膜外麻醉下完成。胰岛细胞瘤因肿瘤切除前表现为低血糖,切除后又立即转为高血糖,所以术中要根据血糖变化输糖或给予胰岛素降糖处理。为防止严重低血糖导致昏迷、惊厥等中枢神经损害,术中要加强血糖监测,当血糖降至 2.8mmol/L 时即需应用葡萄糖治疗。麻醉期间,应注意对并存有糖尿病的手术病人,适时进行血糖监测,适当处理勿使血糖过高。

四、肝脏手术的麻醉

1. **肝脏手术病人的特点与麻醉前准备**　肝脏是人体重要的实质性器官,本身具有多种生理功能,其血运供应极为丰富,组织脆弱,因此肝脏手术时,控制失血和保护肝功能,是提高手术与麻醉安全性的关键。肝手术主要包括肝癌、肝血管瘤以及其他良性肿瘤、肝包囊虫病等疾患的手术。对肝功能有损害者,术前应给予高糖、高热量、低脂肪以及多种维生素营养,以增加肝糖原合成,改善肝功能。对腹水病人注意补充白蛋白,纠正低蛋白血症、贫血和电解质紊乱。有凝血功能障碍者术前 2 周开始补充维生素 K,必要时可在术前输新鲜冰冻血浆补充凝血因子。

2. **麻醉选择及处理原则**　行右半肝、右后叶及肝脏广泛切除术,因需要充分暴露肝门,控制出血,此类手术麻醉应选用全身麻醉。要求镇痛完全,肌肉松弛满意,防止长时间低血压及缺氧,尽量保护肝功能免受药物损害。此外,肥胖者、小儿、老年人、呼吸功能障碍等病人也宜选择全麻。

全身麻醉可用吸入麻醉或静吸复合麻醉。麻醉药选择及用量,均以对肝功能损害最小为原则。静脉麻醉药宜用丙泊酚、芬太尼等。异氟烷和七氟烷可使心排血量或血压下降,但对肝动脉血流无影响,氟烷则有肝损害作用,应避免使用。肌松药宜选择经肝代谢少的药物,顺阿曲库铵不依赖肝脏代谢,并且无明显组胺释放作用可考虑首选,也可选择维库溴铵。原则上麻醉诱导以静脉麻醉为主,麻醉维持以吸入麻醉为主,静脉麻醉为辅。因静脉麻醉药毕竟都经肝脏代谢而产生影响,用于肝叶切除术时应酌情减量。

肝脏手术中的麻醉处理应重视以下几点:

(1) 肝脏大部分位于右季肋部及上腹部,深藏于肋弓下及膈肌穹窿内,手术时只有良好的肌松,才能使肝门充分暴露。因此,麻醉要求镇痛完善,肌肉松弛满意。

(2) 肝对低血压及缺氧的耐受性差,麻醉期间应注意充分给氧和防治低血压。术中若需阻断门静脉和肝动脉血流,常温下阻断时间不宜超过 30 分钟。肝门阻断前应静脉输注明胶制剂或羟乙基淀粉溶液 500 ~ 1000ml,醋酸复方电解质溶液或乳酸林格溶液 500ml,使血容量充足,以保护血液和预防阻断后血压下降过猛。肝门阻断后如血压严重下降,应调整阻断钳位置,防止阻断引起腔静脉受压或扭曲,加快输血输液,并可静脉泵注多巴胺 2 ~ 10μg/(kg·min)以维持循环稳定,如仍不能使血压回升应暂停手术。肝门阻断和阻断开放过程宜进行有创动脉压、CVP、血气分析、血糖及尿量的测定。开放阻断时,应逐步缓慢开放阻断钳,以免突然开放使过量血液回流增加心脏负担而致心衰。肝门阻断前适当应用地塞米松或乌司他丁,可减轻肝缺血再灌注损伤。术中加强保温,有利于残留肝组织功能发挥,并减少凝血异常。

（3）由于术中有下腔静脉受压或误伤的可能,对术中的失血和输血应有充分的估计和准备。术前应备好足量血源,术中作相应补充。尽管近年肋缘自动拉钩和氩气刀的应用以及手术方式的改进已使肝的暴露和手术操作比以前有了根本的改善,但肝断面创伤大、止血困难、大量渗血和短时间内大量出血有时仍难避免。此时可能需要快速补容治疗。快速补容的先决条件是开放充足的静脉通路。

（4）肝脏切除术时维持较低的中心静脉压可明显减少输血量,虽然理论上会增加空气栓塞的风险,但目前尚无不良后果的报道。降低中心静脉压的方法有硬膜外隙给药扩张硬膜外、胃肠道静脉丛以减少回心血量,也可以采用适当增加麻醉深度、限制补液、头高位以及应用扩张静脉的血管活性药物等方法。

（5）肝包囊虫病手术时,包囊破裂可造成腹腔污染,甚至即刻发生过敏性休克,应注意避免。为此,有的作者建议先抽吸囊液,然后注入 3% 过氧化氢溶液,既可杀死致病胞芽,又能防止变态反应发生。

五、门静脉高压症和脾切除术麻醉

1. 门静脉高压症和脾切除术病人的特点与麻醉前准备　门静脉压力超过 $25cmH_2O$ (2.45kPa)时可表现出一系列临床症状,称门静脉高压症。其主要的病理生理改变为:①肝硬化及肝功能损害;②容量负荷及心脏负荷增加,动静脉血氧分压差降低,肺内动静脉短路和门、体静脉间分流;③纤维蛋白原缺乏,血小板减少,凝血酶原时间延长,凝血因子Ⅴ缺乏,血浆溶纤维蛋白活性增强,导致出血倾向和凝血障碍;④发生低蛋白血症,易出现腹水、电解质紊乱;⑤脾淤血肿大、脾功能亢进,全血细胞减少加重贫血和出血倾向;⑥重症门静脉高压症病人还常并发肾功能障碍,导致氮质血症、少尿、代谢性酸中毒和肝肾综合征。此外,长期门静脉高压必有侧支循环形成,出现食管下段静脉曲张,部分病人曲张静脉破裂出血,可致严重休克。这些病理生理改变与麻醉关系密切。术前要评估病人贫血程度,检查肝功能及血小板计数。术前应给高糖、高热量、低脂肪饮食及多种维生素,改善肝功能,有出血倾向给维生素 K,必要时输新鲜血或新鲜冰冻血浆。腹水多者应在纠正低蛋白血症基础上,利尿、补钾、并限制入水量,纠正水、电解质与酸碱失调。

门静脉高压症的手术方式有单纯脾切除术或兼作门奇静脉断流术或胃冠状静脉结扎术、脾肾静脉或门腔静脉吻合术等。门静脉高压症手术麻醉适应证主要取决于肝损害程度、腹水程度、食管静脉曲张程度及有无出血或凝血障碍等。门静脉高压症多有不同程度的肝损害,肝功能损害越严重,死亡率也越高,这是手术与麻醉的关键问题。按照肝功能分级(表 23-1),肝功能Ⅲ级的病人死亡率极高,不宜手术。此外,糖耐量试验对评价肝细胞的储备能力也有一定价值,若 90 ~ 120 分钟值高于 60 分钟值,则提示其储备力明显低下,麻醉手术死亡率增高。因此,即使肝功能Ⅰ ~ Ⅱ级的病人,术前也必须进行良好准备,特别要加强护肝治疗和改善全身情况。

表 23-1　Child 肝功能分级

	肝功能分级		
	I	II	III
血清白蛋白(g/L)	≥35	26～34	≤25
凝血酶原时间(min)	1～4	4～6	>6
谷丙转氨酶　金氏法(U)	<100	100～200	>200
赖氏法(U)	<40	40～80	>80
腹水	无	少量,易控制	大量,不易控制
肝性脑病	无	无	有

2. 麻醉选择及处理原则　凝血功能正常或已得到纠正和全身情况尚好的门静脉高压症病人,可以选择硬膜外麻醉进行脾切除。巨脾切除术、脾破裂修补术及多数分流手术须采用气管内插管全身麻醉为宜,全麻维持可用吸入麻醉,也可用静脉复合麻醉。全麻应选择对循环影响较小的药物,尤其是脾破裂伴休克者。血压应维持在 80mmHg 以上,才能保证肝脏不丧失自动调节能力和不加重肝细胞损害。应选择对肝脏影响较小的药物,恩氟烷、异氟烷、地氟烷、氧化亚氮对肝功能影响都较轻微,均可选用,乙醚和氟烷损害肝功能,应避免应用。肌松药阿曲库铵能在血中自然降解,应首选。临床常用的镇痛、镇静药物多半在肝内代谢,应酌情减量。注意在气管内插管和中心静脉穿刺的过程中,凝血功能障碍者可能因反复插管造成咽喉出血、颈部血肿等。

肝硬化门静脉高压症病人麻醉管理中的关键是避免肝缺氧、缺血。为此,麻醉期间应给予高浓度氧气吸入,并积极防治低血压。术中如有大量失血、渗血,应监测凝血机制,作针对性处理。如在 CVP 指导下输新鲜全血,输注新鲜冰冻血浆增加凝血因子,及时补充血小板或纤维蛋白原,在有适应证时应用抗纤溶药物。脾功能亢进病人长期服用糖皮质激素,术中如出现不明原因的低血压或休克,可能是发生了急性肾上腺皮质功能不全,在抗休克的同时应考虑给糖皮质激素静脉注射,必要时可重复使用。伴有腹水的病人,术中禁忌一次性大量放腹水,以防发生休克或肝性脑病。

减少肝硬化门静脉高压症病人出血量主要依靠细致的手术和改进手术的操作技术。也可以采用低中心静脉压技术以达到减少术中出血。若术中采用低中心静脉压,更应重视心排血量(CO)和体血管阻力(SVR)的调节。从麻醉控制而言,适当的血压和低中心静脉压,可以在一定程度上减少出血量。低中心静脉压技术在肝脏手术中的应用已日趋增多。病人合并明显的门静脉高压症状,通过降低中心静脉压达到增加肝静脉回流,减轻肝脏淤血,减少术中分离肝门和曲张静脉的出血。病肝分离期中心静脉压可控制在 3～5cmH$_2$O。当降低 CVP 却又要维持正常血压,就应在术中用血管活性药物增加 CO 或 SVR。采用低中心静脉压处理技术时一定要具有快速补容条件及快速输注系统(RIS),如大口径的静脉通道和快速输液仪或输液加压袋,以便于突发大出血情况下能及时有效维持有效血容量。影响平均动脉压(MAP)有三个主要因素:心肌收缩力、前负荷、后负荷。根据欧姆定律(Ohm law)就可以知道平均动脉压与心肌收缩力、前负荷、后负荷的关系,即 MAP = CO×SVR+CVP。这公式给临床麻醉医生提供了保持循环稳定的清晰思路,即在维持正常范围中心静脉压的前提下,平均动脉压的稳定主要依靠心排血量和全身血管阻力。希望短时间增加中心静脉压以达到明显增高平均动脉压是危险的处理,而且效果不确切。临床麻醉的处理是首先应维持正常范围中心静脉压(CVP)。麻醉期间可以在维持 CO 一定正常范围之后,酌情使用 α 受体激动药类血管活性药(如麻黄碱、去甲肾上腺素或去氧肾上腺素)。

六、肾、输尿管手术麻醉

1. 肾、输尿管手术病人的特点与麻醉前准备　病人常常由于肾肿瘤、先天性畸形、病理性梗阻或作为移植供体而行肾脏、输尿管切除术。术前除常规检查外,应特别注意病人的肾功能,如肌酐、尿素氮的升高程度和速度,是否有伴发的肾性贫血和高血压、糖尿病。最好能明确疾病的病理性质,如果是肿瘤要了解是否已有肺、脑的转移,肾肿瘤还可能引起抗利尿激素(ADH)的异常分泌。

肾、输尿管手术多数需特殊体位,如侧卧位、侧卧肾垫升起位、膀胱截石位等,对呼吸循环影响甚大。术前应注意体位对外周神经的牵拉,对眼、耳、生殖器等重要器官的压迫,提前做好保护措施。暗室对泌尿外科医师使用尿道内镜检查和手术有利,但对麻醉医师观察病情不利,故要使病人头部、麻醉机及监护仪有一定的照明度。

2. 麻醉选择及处理原则

(1) 一般的肾切除、输尿管切开取石或肾移植等手术均可在硬膜外麻醉下完成,硬膜外麻醉不仅能满足手术要求,而且交感神经阻滞后,肾血管扩张,血流增加,有利于保护肾功能。如果不发生严重的低血压,麻醉对肾功能的影响是很小的。肾脏和输尿管的伤害性刺激通过 $T_{10} \sim L_1$ 的交感神经传入脊髓,膀胱、前列腺的交感神经来自 $T_{11} \sim L_2$,泌尿器官的副交感神经主要来自 $S_{2 \sim 4}$。因此实施硬膜外麻醉时,宜选择 $T_{10 \sim 11}$ 椎间隙穿刺,向头端置管注药,使阻滞范围达 $T_5 \sim L_2$。局部麻醉药物多选择 1.5% 利多卡因或 0.75% ~ 1% 罗哌卡因,尤其 0.75% ~ 1% 罗哌卡因可以产生良好的麻醉效果,也可选用局麻药的复合液。为使麻醉满意和减轻牵拉反应,术中可辅以适量镇痛、镇静药物。

(2) 对接受复杂肾、肾上腺手术,或老年和合并严重心肺疾患的病人,宜选择气管内插管全身麻醉,麻醉用药应注意其对肾功能的影响。肾手术中可发生胸膜损伤导致气胸,围术期低氧血症的原因多是手术导致的气胸和液气胸。应注意观察病人手术情况及呼吸状况,发生气胸时应尽早作胸膜修补或闭式胸腔引流。术前应建立通畅的静脉通路,以保证随时可以大量快速输血、输液,防治肾蒂附近腔静脉意外撕裂导致大出血。围术期应加强心电图监护,警惕肾癌特别是右侧肾癌手术时易发生癌栓脱落造成肺动脉梗死导致心脏停搏。经皮肾镜碎石手术通常用于巨大肾结石而无法碎石的病人,要求俯卧位,避免体动或咳嗽可能导致的肝、脾、肾脏、结肠、胸膜的损伤,如发生则需开腹手术探查,因此,为减少体位、冲击波带来的严重不适和术中翻转体位插管的不便,全身麻醉是更安全、有效的选择。

(3) 随着微创技术的发展,泌尿外科越来越多的开放手术可被内镜手术代替。膀胱镜手术的病人通常可在局部麻醉复合或不复合镇静术下完成,若需全身麻醉,喉罩通气通常为气管插管的有效替代方法。输尿管镜检查和经尿道前列腺切除术通常需要椎管内麻醉。具体术中处理原则见第三十五章。

七、盆腔手术麻醉

1. 盆腔手术病人的特点与麻醉前准备　盆腔脏器深藏于小骨盆内,其外科疾病以肿瘤居多,经腹手术为其主要途径。盆腔手术的难度和病人的情况也是差异悬殊,子宫、膀胱肿瘤病人常因慢性失血而有严重贫血。妇科盆腔疾病发病年龄多以中年为主,手术多为择期手术。宫外孕、子宫穿孔、会阴部外伤等急症应充分备血。子宫与附件皆位于盆腔深处,无论从腹部或经阴道实行操作,对手术区的暴露均比较困难,加之肠曲干扰,可妨碍手术的进行,这要求麻醉要有充分的镇痛和良好的肌松。妇科手术病人因其生理特点,对麻醉药的耐受性比一般成年男性低,因此其术前用药和麻醉药物的剂量应相应比男性酌情减少。

2. 麻醉选择及处理原则

(1) 腰麻联合硬膜外阻滞或连续腰麻可满足下腹、盆腔操作的要求。腰麻起效快、效果确切、腹肌松弛、骶神经阻滞完善,硬膜外置管可以延长手术时间并可进行术后硬膜外镇痛,在国内该麻醉方法已经成为这类手术的主要麻醉选择。实施时,辅以适量镇痛、镇静药物,麻醉效果更好。低位硬膜外阻滞常需较大容量的局麻药液才能获得预期的麻醉范围。因此,当硬膜外阻滞平面不够理想时,不要盲目追加过量麻药,以免发生局麻药逾量中毒。手术期间要注意特殊体位如头低位或膀胱截石位对呼吸循环功能的影响。凡有明显的心脏疾病、高血压或肺功能不全的病例,均应避免头低位。此外,术中还要注意预防周围神经和肌肉的压迫性损伤。

(2) 在一些创伤大的手术,例如宫颈癌扩大根治术、全膀胱切除、结肠(或回肠)膀胱成形术或直肠癌根治术等,宜选用气管内插管全身麻醉。经腹前列腺和膀胱全切术中如遇到大量渗血时,须彻底电凝或压迫止血,密切注意失血量及准备好通畅的静脉通路,可输新鲜血或血液成分,必要时给予止血药,防止失血性休克的发生。

(3) 近几年来,椎管内麻醉下经尿道前列腺切除术(简称 TURP)具有安全性大、侵袭小、出血少及恢复快等优点,已有逐步取代经腹切除的趋势。由于手术在电切镜下进行,视野小,膀胱灌注大量充盈液,故病人可能发生水中毒、低温寒战、膀胱穿孔等并发症,麻醉者应全面观察,早期发现,及时提醒术者并协同处理,确保病人术中的安全。

八、急腹症病人手术麻醉

1. 急腹症病人的特点与麻醉前准备　常见的急腹症有消化道出血、穿孔、腹膜炎、急性阑尾炎、急性胆囊炎、化脓性胆管炎、急性胰腺炎、肠梗阻、肝、脾破裂、宫外孕破裂出血等。急腹症手术的特点是病情紧急而又危重复杂,术前常无充裕时间进行全面检查和麻醉前准备,需急症手术,麻醉的危险性大,麻醉并发症发生率高。急腹症病人多伴有失血和失液,因血容量急剧丢失,可能导致低容量性休克,应重视循环、呼吸的变化,作好复苏准备工作。对急腹症腹痛病人,不要过早盲目给予止痛药,以防延误诊断,可输液、供氧,为手术作准备。麻醉前应争取在短时间内对病情和心、肺、肝、肾等重要生命脏器作尽可能多的全面评估和准备,选择合适的麻醉方法和药物,对可能出现的意外、并发症采取防治措施,使急症病人能顺利手术。饱胃、肠梗阻、消化道穿孔,出血或弥漫性腹膜炎病人,麻醉前必须进行有效的胃肠减压。对休克病人必须施行综合治疗,待休克改善后再麻醉,但有时由于病情发展迅速,应考虑在治疗休克的同时进行紧急麻醉和手术。对伴有血容量不足、脱水、血液浓缩、电解质及酸碱失衡或伴严重并存疾病以及继发病理生理改变者,麻醉前应予以适当纠正。

2. 麻醉选择及处理原则

(1) 胃、十二指肠溃疡穿孔:除应激性溃疡穿孔外,多有长期溃疡病史及营养不良等变化。腹膜炎病人常伴剧烈腹痛和脱水,部分病人可继发中毒性休克。若穿孔系早期,病情尚未恶化,可慎用硬膜外阻滞,但需小量分次用药,严格控制阻滞平面。如病情恶化,手术复杂或体位难以搬动者,应选择气管内插管全身麻醉,以保证充分给氧,有利于休克治疗。对严重营养不良,低蛋白血症或贫血者,术前宜适量补全血、白蛋白或血浆。麻醉中继续纠正脱水、血浓缩和代谢性酸中毒,防治内脏牵拉反应和使用抑制胃酸分泌药物。

(2) 上消化道大出血:食管静脉曲张破裂、胃肠肿瘤或溃疡及出血性胃炎,经内科治疗仍难以控制出血者常需紧急手术。麻醉前多伴有不同程度的出血性休克,严重贫血,低蛋白血症,肝功能不全及代谢性酸中毒等。麻醉前应补足血容量,维持血流动力学相对稳定,使血细胞比容提高到25%～30%。对出血性休克或继续严重出血的病人,为预防误吸,应施行按压环状软骨后快速麻醉诱导,也有学者提倡清醒慢诱导气管内插管全麻。麻醉中密切根据血压、心电图、脉搏、血压、中心静脉压、血气分析、尿量等监测情况,维护有效循环血量,避免缺氧和二氧化碳蓄积,纠正酸碱失衡,使尿量在1～2ml/(kg·h)以上。

(3) 急性肠梗阻或肠坏死:麻醉前对休克、酸碱与水电解质紊乱给予处理。无继发中毒性休克的病人,可选用连续硬膜外阻滞,休克病人以选择气管内插管全麻较安全。如果病情危急,手术刻不容缓,可用局麻先行手术,边手术边抗休克治疗再行麻醉。麻醉诱导、维持和苏醒期需特别注意防止胃内容物误吸入肺。常规置入鼻胃管施行胃肠减压,使用甲氧氯普胺刺激胃排空,应用H_2受体拮抗剂或抗酸药升高胃液pH,这些措施都有利于术后胃肠功能恢复。补液以平衡液为主,或给血浆代用品,以提高血浆胶体渗透压,维持血流动力学相对稳定;维护心、肺、肾功能,预防急性呼吸窘迫综合征(ARDS)、心力衰竭和肾衰竭。麻醉后需待病人完全清醒,呼吸交换正常,循环稳定,血气分析正常才停止呼吸窘迫治疗。

(4) 急性坏死性胰腺炎:循环呼吸功能稳定者,可选用连续硬膜外阻滞。已发生休克经综合治疗无效者,应选用对心血管系统和肝肾功能损害小的全身麻醉。麻醉处理要点:①因呕吐、肠麻痹、出血、体液外渗往往伴有严重血容量不足,水、电解质紊乱和酸碱平衡失调,应加以纠正;②胰腺酶可将脂肪分解成脂肪酸,与血中钙离子起皂化作用,因此病人可发生低钙血症,需补充氯化钙;③胰腺在缺血、缺氧情况下可分泌心肌抑制因子抑制心肌收缩力,甚至导致循环衰竭,可使用乌司他丁或参附注射液进行预防性心肌保护;④胰腺炎继发腹膜炎,导致大量蛋白液渗入腹腔影响膈肌活动,且使血浆渗透压降低,容易诱发肺间质水肿,呼吸功能减退,甚至发生ARDS。麻醉中应在血流动力学监测下,输入血浆代用品、血浆和全血以恢复有效循环血量。此外,应加强呼吸管理,维护肝功能,防治ARDS、肾功能不全。此外,应注意生长抑制肽类和乌司他丁的使用。

(5) 宫外孕:异位妊娠(宫外孕)以输卵管妊娠最为常见,可达95%以上,一旦破裂可发生严重的出血,甚至引起休克。如果宫外孕病人失血严重甚至休克,麻醉处理重点是在迅速补充血容量的同时实施麻醉,立即准备手术。如无血源可快速补充醋酸复方电解质溶液或乳酸林格溶液或血浆代用品。对宫外孕休克病人,首选全身麻醉,若紧急情况下可行局部浸润加静脉复合麻醉,也可用对心血管抑制较轻的依托咪酯、芬太尼、琥珀胆碱行气管内插管吸入麻醉复合静脉泵注瑞芬太尼,并间断注射肌松剂。若是陈旧性宫外孕(即失血量在500～600ml)且病情相对稳定,基础血压不低,可考虑用硬膜外阻滞或腰硬联合麻醉。

九、加速康复外科技术在腹、盆腔手术中的应用

当今的麻醉管理不仅仅是使病人无痛、满足手术需求、监测和维持生命体征,还应致力于加速病人术后康复和良好的远期预后。丹麦Henrik Kelhet教授于1999年提出加速康复外科(enhanced recovery after surgery,ERAS)的理念,其核心是减少创伤和应激。近年来这一理念逐步得到关注与推广。ERAS主要是在围术期各个阶段,通过各项措施,减少手术病人心理和生理的应激反应,缩短住院时间,减少并发症的发生,降低再入院风险,降低死亡率和医疗费用等。ERAS已广泛应用于普外科、泌尿外科、骨科等手术,已经制订了结直肠手术、胃切除术、根治性膀胱切除术、胰十二指肠切除术、根治性盆腔手术、肾切除术、骨关节术等多种手术的ERAS指南。指南建议在术前、术中、术后各个阶段实施ERAS措施,包括术前的宣教、优化病人身体状况、肠道准备、术前禁食方法的改进、多模式镇痛,术中麻醉方式的选择、体温管理、液

体管理、引流管和鼻胃管的放置、术后恶心呕吐的防治、抗血栓治疗、预防性抗生素应用、营养支持、尽早活动、血糖控制等多方面。ERAS 的成功需要多科室的良好协作,包括外科医师、麻醉科医师、护士、营养师、理疗师等。麻醉医师在其中的作用至关重要,很多措施需要借助麻醉医生得以实施。

(黄文起)

第二十四章 | 烧伤病人的麻醉

烧伤是指热力、电能、化学物质、放射线等所引起的组织损害,主要是指皮肤和(或)黏膜的烧伤,严重者也可伤及皮下和(或)黏膜下组织,如肌肉、骨、关节甚至内脏。在严重烧伤病人的多学科治疗团队中,麻醉医师发挥着极其重要的作用。麻醉医师必须熟悉此类病人的麻醉处理原则,以便在急诊条件下救治严重烧伤病人,或者在非急诊情况下为需要后期处置的该类病人实施麻醉。本章将围绕上述目标,介绍烧伤病人的早期救治,并重点讨论相关外科手术的术前评估和准备以及围术期麻醉管理原则。

第一节 烧伤病人的早期救治

一、现 场 急 救

正确的急救措施包括设法迅速终止烧伤过程(例如去除燃烧衣物),并用温水(15℃左右)冲洗至少20~30分钟。该方法已被证明可以有效限制最终的烧伤深度和烧伤面积。

二、初步诊察及治疗

应尽可能向伤者亲人或急救人员获取完整病史,了解烧伤发生的具体细节,尤其是致伤原因,以便为后续治疗提供帮助。

(一) 初步诊察

1. **气道和颈椎** 最初导致疑似气道受损的原因往往并非烧伤本身,而是由于昏迷。导致昏迷的原因可以是创伤、药物或酒精,也可以是一氧化碳或烟雾吸入。如果有创伤史,颈椎即应制动,必要时应使用简单手法或辅助装置保持气道通畅。此后,可面罩给予高流量氧气。

2. **人工气道和控制呼吸** 创伤、烟雾吸入或环胸壁烧伤可导致伤者虚脱而需进行呼吸支持。需要辨别的是,吸入一氧化碳所造成的碳氧血红蛋白(COHb)水平增高会给已经严重缺氧的病人提供错误的脉搏血氧饱和度(SpO_2)值。检查时还应格外注意气管的位置,排除创伤以及爆震伤造成的张力性气胸。

吸入性损伤是火灾现场以及入院后病人死亡的最常见原因。一旦发现气道受累,应立即实施清醒气管插管术,可在表面麻醉下静脉辅以阿片类镇痛药和小剂量镇静药(咪达唑仑或丙泊酚)来完成。条件允许时可以在纤维支气管镜导引下完成气管插管,同时也可由此评估吸入烧伤的严重程度。如果怀疑有吸入性损伤而暂无气道受累表现,则可在快诱导程序下完成气管插管。注意应尽量选择管径较大的气管导管,以方便分泌物吸引和纤维支气管镜检查。

烧伤发生后的最初数小时内可以使用琥珀胆碱,但随后即应禁忌使用,以避免急性高钾血症造成心律失常和心搏骤停。

3. **控制出血和循环管理** 应迅速对循环状况包括血压、脉搏和末梢灌注作出判断。烧伤本身可引起肢体呈低灌注表现,故应注意对比烧伤和未烧伤肢体的差异。对于浅表出血应给予压迫止血。如果烧伤后迅速出现心动过速、低血压、未烧伤肢体毛细血管充盈时间延长等低血容量休克表现,应该寻找其他可能并存的创伤。

应该迅速建立静脉通路,抽取血标本送检以了解血红蛋白基础值和 COHb 水平。儿童伤者尤应测定血糖水平。尽量选择未烧伤皮肤处建立两条较粗大的静脉通路。对静脉穿刺有困难的患者,可以选择隐静脉切开、股静脉置管(即使严重烧伤病人,腹股沟处皮肤仍可能完好)建立静脉通路。6 岁以下的小儿伤者若静脉难以显露,还可进行骨髓内输注。存在低血容量休克时,应在寻找病因的同时输注加温的乳酸林格液;相反,若生命体征稳定,此阶段补液应尽量减慢,直到烧伤面积计算完成。某一孤立肢体发生环周的全厚皮层烧伤且存在不良灌注时,需紧急实施焦痂切除术。

4. **判断意识水平** 在急救治疗开始时即应对伤者的意识状态作出判断,包括对言语指令的应答和对疼痛刺激的反应,并应检查瞳孔对光反应。对于无意识的伤者,应迅速判明循环状况并给予相应处理。

5. **烧伤面积和烧伤深度估计** 在完成基本生命体征的判定和急救处理后,伤者应完全暴露,移除手表、珠宝及其他所有饰物,利用"中国九分法"或"手掌法"估计烧伤面积,并利用三度四分法判断烧伤深度。

(1) 中国九分法估计烧伤面积:将全身体表面积划分为若干9%的等分,便于记忆。成人头颈部占体表面积的9%,双上肢各占9%,躯干前后(各占13%)及会阴部(占1%)占3×9%,臀部及双下肢占5×9%+1%(46%)。

小儿的躯干和双上肢体表面积所占百分比与成人相似。特点是头大下肢小,并随年龄的增长而变化,可按下列简易公式计算:

$$头颈部面积\% = 9\% + (12 - 年龄)\%$$
$$双下肢面积\% = 46\% - (12 - 年龄)\%$$

(2) 手掌法判断烧伤面积:无论成人或儿童,其五指并拢后的手掌面积大约等于体表面积的1%。

(3) 三度四分法判断烧伤深度:分为Ⅰ度、Ⅱ度(浅Ⅱ度和深Ⅱ度)、Ⅲ度。

6. **烧伤严重程度分类** 我国将烧伤严重程度分为4级。

(1) 轻度烧伤:烧伤总面积在9%以下的Ⅱ度烧伤。

(2) 中度烧伤:总面积在10%~29%之间,或Ⅲ度烧伤面积在10%以下。

(3) 重度烧伤:总面积在30%~49%,或Ⅲ度烧伤面积在10%~19%之间;或烧伤面积不足30%,但有下列情况之一者:①全身情况较重或已有休克;②复合伤;③中、重度吸入性损伤。

(4) 特重烧伤:总面积在50%以上,或Ⅲ度烧伤面积在20%以上。

(二) 液体治疗及监测

成人烧伤面积在15%以上或儿童烧伤面积在10%以上均需进行液体复苏治疗。烧伤的液体复苏治疗强调应用晶体液,特别是乳酸林格液,优于白蛋白、羟乙基淀粉、高渗盐水和血液。国内通用的成人烧伤补液公式为:伤后第 1 个 24 小时补液总量=烧伤面积(%)×体重(kg)×1.5ml+2000ml。公式中烧伤面积指Ⅱ、Ⅲ度面积之和;1.5ml 为胶体溶液和晶体溶液之和,两者的比例按 0.5:1,重者按 1:1;2000ml 为基础水分摄入量,包括经口摄入和5%葡萄糖溶液静脉输入。如果是儿童病人,公式中的 1.5ml 改为 2ml,基础水分摄入量则根据儿童年龄和体重计算。国外著名的烧伤补液公式为 Parkland 公式,伤后第 1 个 24 小时补液总量=烧伤面积(%)×体重(kg)×4ml,输液种类全部为乳酸林格液。相对而言,后一公式补液量较大,如果应用需要注意可能发生的肺水肿。根据经验,以前一公式为妥。

伤后的前 8 小时输入计算液体总量的 1/2,后 2 个 8 小时各输入总量的 1/4。由于上述公式都是经验性公式,补液期间应及时根据血压、尿量和中心静脉压(CVP)等临床监测指标进行调整。

在进行液体复苏治疗时应常规置入导尿管监测尿量,成人不应低于 $0.5ml/(kg \cdot h)$,儿童则应达到 $1ml/(kg \cdot h)$ 以上。如果尿量没有达到上述要求,则应增加复苏液体量(可增加最初计算液体量的 50%)。

在复苏治疗初期,一般不主张行有创监测。一方面因为液体丢失量可以预计,另一方面创伤性操作有可能导致深部感染。对于需要液体复苏的严重烧伤病人,即使快速补液,CVP 仍然很难超过 $3cmH_2O$。

(三) 其他处理

有其他创伤存在的患者,如果情况允许,应行颈椎、胸部以及骨盆等部位的 X 线检查。大面积烧伤病人常规要求放置胃管,以便能及时发现应激性溃疡和进行营养支持。如果已确认为单纯烧伤,且无创伤性休克发生,则应静脉给予阿片类镇痛药镇痛。镇痛药物必须从小剂量开始,逐渐加量,防止发生严重呼吸抑制。对烧伤病人一般不主张皮下或肌内注射镇痛药物,原因是其吸收程度不确定且起效缓慢。

(四) 后续处置和转运

完成上述基本诊察和处置后,应根据病人的伤情和生命体征稳定情况确定下一步治疗方案。首先,应根据末梢灌注情况和对疼痛的感知程度,来判断创面的确切深度,并确定是否需要急诊行焦痂切除术。所有伤者均应预防性注射破伤风疫苗。烧伤创面应予无菌或清洁被单覆盖,避免因创面及受损神经末梢暴露于空气中而加重疼痛,并降低创面水分蒸发。对于儿童伤者,应在救治初期即开始有效的保温措施。在上述处理的基础上,应根据主客观情况决定将病人留院或就近联系有救护能力的专科治疗中心,以使伤者得到最及时和有效的治疗。

第二节 烧伤病人的麻醉

一、与麻醉有关的病理和生理改变

(一) 气道

如果急性热烧伤累及上呼吸道,伤者可能由于进行性软组织肿胀而逐渐出现气道梗阻。肿胀可能持续数日,并可能因为结痂和挛缩而加重。除非吸入大量特殊物质如高温蒸气,下呼吸道很少发生烧伤。但一旦烟雾吸入损伤下呼吸道,则可导致炎症、黏膜糜烂以及气道激惹和全身炎性反应综合征(SIRS)。这种严重热吸入损伤可在较短时间导致肺内大量渗出、支气管痉挛和急性呼吸窘迫综合征(ARDS)。

气道损伤和低氧血症的严重程度还与吸入烟雾的成分有关。例如,含有聚氯乙烯(PVC)、聚四氟乙烯(teflon)或聚亚胺酯(polyurethane)的燃烧物品,烟雾中含有氯化氢、光气、氰化氢以及异氰酸酯等剧毒的化学品。除了损伤气道,这些剧毒化合物还可作用于细胞呼吸链,进一步加重低氧血症。而且,即使这些化学品的作用已经消除,所导致的气道反应性增高仍可能持续数月。

（二）循环

烧伤不仅直接破坏局部血管的完整性而影响其功能,同时对毛细血管的通透性和血流有着广泛影响。发生全层皮肤烧伤的区域,血管已栓塞或毁损,热损伤的直接效应使局部组织渗出增加,而全身炎性反应的激活将导致更广泛的血管渗出和全身水肿。众多介质参与了热损伤后的血管反应,已经证实的包括组胺、前列腺素（PGE_2和PGI_2）、白三烯（LTB_4和LTD_2）、血栓烷A_2、白细胞介素-6、儿茶酚胺、氧自由基、血小板聚集因子、血管紧张素Ⅱ以及血管加压素等。烧伤后短时间内即出现缓激肽和5-羟色胺水平增高,但应用其拮抗剂并不能减轻随后发生的组织水肿。吸入性损伤、低蛋白血症以及脓毒症均会进一步加重血管渗出。即使给予液体复苏来弥补上述丢失,烧伤早期仍然难以避免发生低血容量和组织低灌注。随着病程进展,可能出现脓毒症,病人心血管系统将出现"高排低阻"的表现,即心排血量增加、血管扩张。在此期间,肾脏灌注和功能也可以因为循环波动以及全身炎症反应的影响而受到不同程度损害。

（三）肌肉

任何烧伤都会损害肌肉,导致肌红蛋白释放,后者沉积于肾小管可损害肾功能。随着病程进展,肌肉组织出现更为广泛的结构改变,其中与麻醉管理最为相关的是乙酰胆碱受体表达增加所带来的受体密度增加,导致神经肌肉接头功能发生改变,这对烧伤病人肌松药的选择和使用有着重要意义。

烧伤后心肌抑制的确切机制尚不清楚。自由基清除剂超氧化物歧化酶能增加烧伤病人的心肌收缩力,提示氧自由基对烧伤后心肌抑制可能具有一定作用。电烧伤可能直接损害心肌,因此更容易导致心肌功能障碍和心律失常。

（四）药理学

大量体液转移、房室容积改变和应激导致机体代谢率增加,可影响许多药物的药动学特性。大量渗出所导致的低蛋白血症,使酸性药物如磺酰脲类（降糖药）和抗惊厥药物的游离部分增加;相反,烧伤病人血浆纤维蛋白原和α_1-酸性糖蛋白含量增加,局麻药和肌松药的游离部分相应减少。多数实验室由于仅测定药物的总浓度而非其游离部分,因此容易对这些药物的血清浓度产生误解。此外,烧伤可引起与某些药物结合的受体数量和其药效学也可能发生不同程度的改变,使病人对许多麻醉药物的需要量和效应与普通病人有显著差别。

二、术前评估和准备

烧伤病人的术前访视与评估与一般病人既存在共性,又有特殊要求。这些特殊要求主要包括了解烧伤面积、烧伤严重程度、烧伤部位、烧伤病人所处病程阶段及手术方法、有无并发症、是否有并存疾病等,据此对病人循环、呼吸及肝肾功能等做出正确评估,从而制订相应的个体化麻醉方案,确保病人安全接受麻醉和手术,并利于病人的恢复。

（一）烧伤面积、深度及严重程度

烧伤面积和烧伤深度是确定烧伤严重程度的两个最重要因素,麻醉处理的难易程度在很大程度上取决于烧伤面积的大小和烧伤深度。一般烧伤手术的大小与病情严重性一致,烧伤面积越大,手术切痂、植皮范围越广,对病人创伤越大,出血多,同时伴随的循环和呼吸系统的病理生理改变也越剧烈。

（二）烧伤部位

不同部位烧伤对麻醉选择和处理产生不同的影响。腰背部、臀部、下肢后部等需要在俯卧位下进行手术,如同时伤及身体的腹侧部位术中还需要翻身。肢体的烧伤可能会影响血压监测,胸部烧伤及焦痂形成会影响呼吸运动。头部及颈部烧伤常伴有吸入性损伤,引起呼吸道梗阻、呼吸困难等。即使不伴有吸入性损伤,也可因头面部、颈部肿胀致麻醉时建立气道困难。

（三）烧伤病程

根据病理生理过程,将烧伤分为体液渗出期、感染期和康复期。各期之间有密切联系,相互交错,有时很难截然分开。体液渗出期对小面积烧伤病人影响不大,而大面积烧伤,因大量体液的丢失可引起休克。这一时期的治疗措施着重在补充血容量、纠正水和电解质紊乱、防治肾功能不全、镇痛和保暖等。感染期出现于渗出期后或交错在渗出期内。烧伤病人局部和全身的防御能力下降,容易出现局部和（或）全身感染,此期常需要进行多次手术,术中渗血较多。康复期包括残余创面或残余肉芽创面的修复,创面愈合后产生不同程度的瘢痕增生、挛缩,使肢体及其他功能障碍。

（四）是否有合并疾病

烧伤病人是否有合并疾病及合并疾病的种类和严重程度,对病人麻醉的风险有很大影响,如冠心病、高血压、糖尿病、哮喘、肝肾功能不全等。部分情况下,合并疾病成为烧伤病人麻醉的主要风险,如糖尿病可因烧伤引起酮症昏迷。

（五）循环功能评估

严重烧伤的体液渗出期,病人常处于低循环血流动力学状态,甚至休克。随着复苏治疗及病程的病理生理变化,一般在烧伤48小时后,病人处于高代谢及高血流动力学状态。通过对烧伤病情及是否有心血管系统并存疾病的了解,结合临床症状及辅助检查,从而对病人的心血管功能进行全面评估。

（六）呼吸功能评估

烧伤病人术前呼吸功能评估是麻醉前评估的另一重要方面。评估的重点包括:①有无明确的吸入性损伤,头面、颈部烧伤时应高度警惕;②有无中枢性通气功能障碍,如有则围麻醉期易发生呼吸暂停;③有无外周性通气功能障碍,主要为胸部焦痂的形成限制胸廓运动;④建立气道的难易程度,面、颌颈部烧伤引起的水肿、焦痂及瘢痕形成,都会引起气管插管、置入喉罩等气道建立的困难;⑤能否有效维持自主呼吸,必要时行气管切开、吸氧或辅助通气治疗。

（七）其他脏器功能评估

大面积烧伤尤其是并发严重感染的病人,易出现多脏器功能障碍。术前要注意病人尿量、血清肌酐水平的变化以了解肾功能变化。如合并肝功能障碍可能会影响麻醉药物的代谢。烧伤病人容易出现水、电解质紊乱和酸碱平衡失调,并可能存在精神障碍。

（八）术前准备

烧伤早期及时进行液体复苏,并纠正电解质紊乱及酸碱平衡失调。合并吸入性烧伤的病人同样应尽早手术,但术中可能需要具备复杂通气模式的呼吸机来提供合适的通气模式和通气参数。烧伤病人存在高代谢状态,如病人不能摄入足够的热量,常通过管饲补充能量。有研究认为,在严密监测胃残余容积情况下,麻醉前 1 小时停止管饲是安全的。严重烧伤常伴有肌红蛋白和血红蛋白尿,导致急性肾功能不全,应注意碱化尿液。大面积烧伤病人通常十分焦虑,因此清醒病人应在手术前一晚给予必要的镇静治疗。如果排除危及生命的其他创伤,只有在液体复苏充分(依靠血流动力学参数和尿量来证实)并且不存在低氧血症的前提下,才能将烧伤病人送往手术室。术前应建立大口径的输液通路以应对大量血液丢失。穿刺导管应缝扎固定,避免转运和术中体位变化而导致管道脱出。对于接受加强监护的病人,转运期间必须具备监护和呼吸支持设备。在病人到达手术室前即应将室温调到 26~28℃,并应对所有将要输入体内的液体进行加温。

三、麻醉药物选择

(一) 麻醉诱导与维持

氯胺酮具备镇痛、交感兴奋并且保留气道反射的特性,静脉注射 1~2mg/kg 可用于烧伤病人的麻醉诱导;其不足之处在于苏醒质量不甚满意。由于丙泊酚的出现,近年来氯胺酮的应用已越来越少,丙泊酚或依托咪酯联合阿片类镇痛药物是目前临床常用的诱导方案。而选择何种麻醉维持方案并不影响烧伤手术的预后。

(二) 镇痛

烧伤初期,病人感知疼痛的能力可因意识水平降低、酒精、药物、低氧血症以及低血压等而有变化,镇痛方案亦应相应调整。制动、冷却或创面覆盖等简单的措施都可能成为缓解疼痛的有效措施。阿片类药物仍是目前疼痛管理的主要手段,但应强调通过静脉途径滴定给药,而不应从皮下或肌内注射,原因是后两种途径下药物的吸收量很难预测。

经过初期的复苏治疗后,可以将疼痛分为背景疼痛(background pain)和操作疼痛(procedural pain)。对于背景疼痛的管理,应该从静脉注射阿片类药物开始。泵注阿片类药物和病人自控镇痛已成功应用于成人和儿童病人。恢复进食后,背景疼痛即可通过口服镇痛药物来控制。由于镇痛需要量因病人和病情而异,加之阿片类药物耐受性的迅速形成,因此应根据病人和病情的不同调整剂量。由于烧伤病人均有发生肾功能不全和应激性溃疡的可能,使用非甾体类抗炎药应格外谨慎。

操作疼痛是指清创或换药等操作所造成的疼痛,由于程度相对剧烈,需要静脉注射阿片类药物加以控制。所需剂量往往差别很大,其影响因素除了个体差异,还与体位、烧伤面积以及是否存在局部感染等因素有关。为安全起见,应该采用滴定给药,逐渐满足病人的镇痛需要。

(三) 肌松药

烧伤后早期(48 小时)内进行气管插管时可以应用琥珀胆碱。严重烧伤(>20% TBSA)患者神经终板受损,导致乙酰胆碱受体上调。在大面积烧伤 48 小时后,注射琥珀胆碱可能引起潜在致命的高血钾。研究表明,烧伤后发生高钾血症的最早时间是烧伤后第 9 天,进而导致的心搏骤停最早出现在烧伤后第 21 天,这一现象可以持续到烧伤后第 10 周。有建议认为,烧伤后 1 年内均应避免应用琥珀胆碱。

烧伤病人对于非去极化肌肉松弛药有抵抗现象。在一项研究中,烧伤病人组维库溴铵的 ED_{50} 是对照组的 3 倍。这种抵抗现象在烧伤后 1 周形成,通常将持续 8 周。这种抵抗现象的确切机制目前并不十分清楚,乙酰胆碱受体表达合成增加可能只是部分原因。但是,由于烧伤患者血浆胆碱酯酶水平降低,导致米库氯铵药效延长。

（四）局部麻醉药

体表应用局部麻醉药可以为烧伤创面和供皮部位提供镇痛。恩纳乳膏（含利多卡因和丙胺卡因的混合物）可单独应用于 10% 烧伤面积的衰弱患者取皮。相对于安慰剂或 0.5% 布比卡因，取皮部位喷洒 2% 利多卡因可减少术后 24 小时内阿片类药物的需要量。

（五）其他药物

从 1:1000 到 1:500 000 的肾上腺素溶液表面或皮下浸润，通常用来减少创面和供体部位的血液丢失。烧伤后静息状态下血中的儿茶酚胺浓度升高，肾上腺素的吸收可能会引起一定的心血管副作用。

失去皮肤屏障保护的烧伤病人十分容易发生感染。已经证明，预防性应用抗生素并无益处，而仅仅带来耐药菌种类的增加。由于药物血浆清除率的增加，氨基糖苷类、头孢菌素类以及 β-内酰胺类抗生素的需要量有所改变，临床上应该监测血药浓度，以选择合适的药物剂量。

四、麻醉管理

小面积烧伤病人的麻醉管理并无特殊。严重烧伤病人因创面广泛，加之切痂取皮时手术野范围大，出血多及监测困难等，给麻醉管理带来很大困难。

（一）建立有效输液通道

广泛性烧伤由于浅表静脉损伤，常给静脉穿刺带来困难，然而烧伤病人大面积切痂手术创面暴露大、渗血多、止血困难，尚需加压输液、输血，才能及时得到容量补充，术前应尽量开放足够数量和流量的静脉。深静脉穿刺置管常是建立静脉通路的有效方法。

（二）呼吸管理

即使没有明显的气道损伤，麻醉医师也应该高度警惕任何可能发生的气道问题。如果有任何疑问，应准备清醒或纤维支气管镜引导下气管插管。气管插管可保证气道，并允许纤维支气管镜进行气道损伤评估。已经插管的病人应确认导管位置并在手术开始前将其良好固定。喉罩目前已成功应用于成人和儿童烧伤病人，可应用于术中不需要变换体位的烧伤病人。

气道烧伤或大面积烧伤的病人需要人工通气支持。由于基础代谢率增加以及气体交换可能受损，这些病人常常需要较大的分钟通气量。由于无效腔的增加，呼气末二氧化碳分压（$P_{ET}CO_2$）可能并不反映动脉血 CO_2 水平，因此需要依赖血气分析来调整通气参数。大面积烧伤后，烟雾吸入和随后 ARDS 的形成可能使病人十分依赖于呼气末正压通气（PEEP）。如果存在大量血液丢失和置换，术后可能需要延迟拔除气管导管。

（三）循环管理

烧伤初期可发生心排血量和动脉压降低，这与循环中抑制心肌收缩力的因子及低血容量有关；烧伤后期病人可有营养不良、毒素吸收甚至脓毒症或脓毒性休克。因此，术中输液需在有效循环功能监测（如血压、尿量、中心静脉压等）下进行，必要时使用心血管活性药物。

清创术不可避免会有大量血液丢失，且丢失速度快，很容易造成低血容量。据估计，每 1% 烧伤面积的切开，所丢失的循环血液占总量的 3%～4%。即使采用止血带以及较严格的输血方案，每 1% 烧伤面积平均的失血量仍达 20ml。有报道显示，儿童烧伤病人切痂手术的出血量为每 1% 烧伤面积丢失 2.8% 的循环血容量。术前应该备有足够的血液制品。由于皮肤天然屏障的损害,体表蒸发量的增加,术中液体的需要量也相应增加。

烧伤手术中,失血常隐藏在纱布、铺巾等上,难以确切判断失血量,肾上腺素止血纱布的应用又使血压升高,掩盖了低血容量的真相。术中应根据多项监测及时发现和判断血容量情况,及时予以补充。液体管理适当的标志是血流动力学稳定和尿量合适,同时也应避免液体过负荷,当静脉补液量超过血流动力学承受力,会引起液体转移,导致腹腔间隔综合征和肺部并发症。

（四）术中体温的变化及处理

烧伤患者的体温调节功能丧失,加之大量液体进出和大范围体表暴露更易造成术中低温,不利于改善低氧血症、减少创面渗血、保护心肺功能以及减少药物不良反应。有证据显示,低温与烧伤病人的不良预后有关。术中应采取升高室温、输液加温、使用保温毯等综合性的保温措施。

（五）病人体位

烧伤手术时,常因创面或取皮等原因,麻醉中需变换体位,常以矢状轴为中心180°转身。体质衰弱的病人可在翻身后出现血压下降,预防措施包括翻身前纠正血容量不足并维持血压和心率在比较稳定的状态,在翻身前的短时间内不能过度抑制病人的循环,尤其是大面积烧伤病人。变换体位前注意整理气管导管、静脉通道、监护仪导线等,防止脱落。同时应避免体位相关的并发症。

五、术 中 监 测

术中应常规监测 ECG、动脉血氧饱和度、EtCO$_2$、CVP、尿量和血压,由于浅表皮肤的完整性破坏,常规检测可能面临许多困难,需要根据实际情况加以解决(表24-1)。

表 24-1　烧伤病人常规监测中所遇到的困难和解决方法

项目	困难	解决方法
ECG	普通凝胶电极不能通过受损皮肤来获取 ECG	应用皮针电极
SpO$_2$	导线干扰手术部位 末梢烧伤或血管收缩导致信号不佳 COHb 升高导致错误结果	避开清创或取皮部位 应用替代部位,如口唇或舌体 动脉血血气分析,必要时测定 COHb
血压	监测无创压还是有创压?	有创血压监测的危险与普通病人相同,但动脉置管可能困难。但是,压力波形可提供额外的信息,并且动脉置管有利于动脉血标本的抽取
EtCO$_2$	损伤引起呼吸无效腔增加,EtCO$_2$ 不能良好反映 PaCO$_2$	应用动脉血血气分析结果调整通气参数
CVP	置管部位难于选择	考虑长导管,如经外周作中心静脉置管

六、烧伤手术常用麻醉方法

（一）氯胺酮静脉麻醉

通常首次静注氯胺酮 1～2mg/kg,以后静脉滴注 0.1%～0.2% 氯胺酮维持麻醉,用量为

$2\sim5mg/(kg\cdot h)$。低龄儿童也可肌内注射氯胺酮进行麻醉诱导,剂量通常为$6\sim8mg/kg$。氯胺酮单独应用尤其多次反复使用时不良反应较多,为克服其缺点,可与依诺伐、苯二氮䓬类、丙泊酚等复合应用以减少用量,但应严密监测,防止呼吸抑制。

(二) 丙泊酚静脉麻醉

丙泊酚良好的苏醒特性使其成为全凭静脉麻醉中最受人关注的药物,但其用于烧伤麻醉却因为镇痛作用弱和循环抑制强而受到较大限制。丙泊酚复合阿片类镇痛药物或者小剂量氯胺酮是临床上两种常用的配伍。在没有可靠气道保障的情况下,应避免单独应用丙泊酚行烧伤手术的麻醉。

(三) 静-吸复合麻醉

静脉全麻诱导、气管插管后采用吸入药物维持是目前最常用的全麻方法之一,术中可间断静脉注射阿片类镇痛药,必要时静脉注射肌松药。其优点在于解除了呼吸道管理等诸多忧虑。

(四) 局部和区域麻醉

常用于烧伤面积较小的病人,或者取皮时采用。应注意各种局部麻醉药物的安全剂量。各种神经阻滞麻醉均可应用,前提是穿刺注射点皮肤完好。由于穿刺部位烧伤以及强迫性体位等限制,椎管内麻醉较少应用于烧伤病人的早期手术。

(李金宝)

第二十五章 | 脊柱、四肢手术的麻醉

第一节 脊柱、四肢手术病人的麻醉特点

脊柱、四肢手术可见于任何年龄。先天性疾患多见于小儿;骨关节病和骨折多见于老年人。手术涉及骨骼、肌肉及相关软组织,其中许多手术可在椎管内麻醉或神经阻滞下完成,部分手术必须在全身麻醉或复合麻醉下完成。椎管内麻醉既可提供良好的麻醉效果,又可提供术后镇痛。这类手术往往失血量较多,有时需监测脊髓功能。麻醉医生既要掌握一般的麻醉操作程序,为不同的手术选择安全有效的麻醉方法,还需要熟悉一些特殊的技术,譬如对困难气道的处理、控制性低血压、血液稀释、术中自体血回收、有创血流动力学监测及诱发电位监测等技术。虽然手术时间长短不一,但术中均应注意患者的手术体位,避免发生潜在性损伤;还要注意保护凝血功能、维持正常体温、维持体液平衡及保持正常的周围血管灌注等。引起该类手术围术期病死率增加的原因可能与其他专科不同,麻醉医生除应掌握一般麻醉管理原则外,还应特别注意严重并发症的发生,这些并发症包括脂肪栓塞、肺栓塞、深静脉血栓及骨黏合剂反应等。

第二节 麻醉前病情评估与麻醉选择

麻醉前访视病人应重点了解病人体格情况、有无并存其他疾病以及既往麻醉手术史、药物过敏史等,应仔细评估病人气道及其对手术的耐受能力。向病人或其亲属介绍麻醉方法及麻醉危险性,了解病人的心理顾虑及精神状态并予以必要的解释和安慰。同时还必须了解手术的方式、手术体位及术者的特殊要求,以制订完善的麻醉计划。

一、麻醉前病情评估

(一) 老龄病人

老龄病人(>65 岁)的机体各器官已有不同程度变化,脏器储备功能低下。由于全身性生理功能降低,并可能同时并存多种疾病而对麻醉和手术的耐受能力降低,故术前对病人的生理和病理状态应作全面评估,对异常情况尽量予以纠正,使其尽可能在最好生理状态下接受麻醉和手术,这是降低并发症和死亡率的重要环节。

(二) 冠心病病人

此类病人麻醉前评估的重要性在于了解冠心病的类型、严重程度以及心脏代偿功能状态,应在围麻醉期处理中充分考虑冠心病患者的特殊性。因此,麻醉前应详细了解病史和各项检查结果,并应注重心脏功能状态,以往心绞痛或心肌梗死的详细情况,还应了解药物治疗史,特

别是近期用药史。心肌梗死与手术间隔时间对心肌再梗死关系密切,最安全期还是 6 个月以上,若 6 个月内手术应慎重权衡利弊。

（三）高血压病人

对高血压病人的麻醉前评估应常规了解病情经过和进展情况以及平时维持的血压水平和出现症状时的血压水平以备术中参考。术前经抗高血压药物系统治疗后应控制病人血压于满意水平,而非片面的追求降至正常水平。还应重视重要脏器尤其是心脏的受累情况。目前主张术前抗高血压药物应用至手术当天。

（四）类风湿性关节炎病人

类风湿性关节炎是由不同病因引起的自身免疫性关节滑膜疾病。具有关节畸形、破坏且不稳定的病人对麻醉医生是巨大的挑战,因为颈椎、髋、肩、膝关节及肘、踝、腕掌关节均可能受累,也可能累及心脏瓣膜、心包及肺间质。另一方面,该类病人常接受激素治疗,可能会使心脏病事件的发生率增高。

（五）脊柱、四肢创伤病人

由于疼痛和应用吗啡类镇痛药可导致胃排空延迟,麻醉处理时应视为饱胃病人。对不稳定性颈椎损伤或同时合并高位截瘫者须格外小心,防止加重损伤,并保证气道通畅。高位脊髓损伤病人可出现气管反射异常,刺激气管易出现心动过缓,可致心搏骤停,因此气管内吸引时须特别慎重。

（六）手术麻醉史及家族史

凝血机制障碍者应避免采用椎管内麻醉的方法。此外,还应了解有无遗传性疾病,如血浆胆碱酯酶缺乏、恶性高热家族史等,以便于麻醉选择和处理。

（七）气道评估

对困难气道者须做好充分准备,必要时使用纤维支气管镜插管。此外,还须注意区域阻滞穿刺部位有无感染和解剖异常,有无关节活动受限或体位习惯造成的手术体位困难。

二、麻醉方法选择

脊柱、四肢手术可采用区域阻滞、全身麻醉或两者复合麻醉,主要决定于患者的全身状况、手术时间及方式以及患者和手术医师的要求等。区域阻滞的优点包括:对呼吸循环抑制轻,有利于患肢血供,减少静脉血栓形成的可能,便于安放体位,术后镇痛效果好。采用长效局麻药或者留置导管行外周神经阻滞可达到完善的术后镇痛,术中辅以适度镇静可减轻患者的恐惧和焦虑。联合使用神经阻滞和全身麻醉(如喉罩通气),不仅具有区域阻滞的优点,还能确保气道通畅和充分镇静。神经阻滞存在不完善和失败的可能,麻醉前须考虑到补救措施。对区域阻滞失败或有区域阻滞禁忌证的患者、复杂手术的患者及大多数小儿患者应选用全身麻醉。

许多脊柱、下肢手术均可在椎管内麻醉下完成。椎管内麻醉可以提供有效的镇痛效果和一定程度的肌肉松弛,辅助静脉麻醉药还可提供术中镇静及遗忘。椎管内麻醉包括蛛网膜下腔麻醉(腰麻)、硬膜外腔麻醉、腰硬联合麻醉(CSEA)和连续腰麻阻滞等。对于术前应用抗凝剂的患者,椎管内麻醉有发生硬膜外血肿的风险,美国区域麻醉学会发表的关于使用抗凝剂与区域麻醉的会议共识推荐意见认为:全量使用抗凝剂是区域麻醉的禁忌证。因此推荐如下:使用常规剂量的低分子肝素后与实行椎管内阻滞的间隔时间应为 12 小时,拔除硬膜外导管应在最后一次使用肝素后至少 8~12 小时及下次使用肝素前 1~2 小时进行。

第三节 四肢手术的麻醉

一、肩部和上肢手术的麻醉

(一) 肩部手术的麻醉

可选择神经阻滞或全身麻醉的方法。由于肩关节的深部组织结构由 $C_{5\sim6}$ 脊神经支配,所以肩部手术可在肌间沟臂丛神经阻滞下完成,如果手术部位涉及肩胛骨时,应补加局部皮肤的浸润麻醉或辅助静脉麻醉。为便于术中气道管理,多选用全身麻醉或全身麻醉与臂丛阻滞联合应用。全身麻醉联合臂丛阻滞的优点是可以减少术中全身麻醉药的用量,有利于术后早期恢复。

肩部手术的麻醉处理及手术体位有其特殊性。手术可用"沙滩椅位"(beach chair),上臂和下肢自然放松,下肢抬高 10°~20°,有利于静脉回流,将病人头、颈、臀部固定好,以防术中体位移动而导致臂丛神经牵拉和损伤;由于手术靠近头部,应特别注意防止眼睛受压损伤。侧卧位的手术宜选择全身麻醉。由于术中不能使用止血带,所以出血量可能较多,可考虑行有创动脉压测定以加强对血流动力学的监测,术中应监测血红蛋白(Hb)或血细胞比容(HCT),以便针对性地指导输血。理论上,由于肩部手术部位较右心房位置高,因而有空气栓塞的危险。

(二) 上肢手术的麻醉

上臂中上 1/3 交界处以下手术可选用经锁骨上臂丛神经阻滞;上臂中上 1/3 以上手术可选用肌间沟臂丛神经阻滞;肘部手术可选用经锁骨上或锁骨下入路的臂丛神经阻滞,以阻滞正中神经、尺神经、桡神经和肌皮神经;肘关节以下部位手术可选用腋路臂丛神经阻滞。经锁骨上或锁骨下入路的臂丛神经阻滞有发生气胸的危险,气胸症状一般发生于术后 6~12 小时,可通过胸部 X 线检查确诊,胸腔积气≥20% 时应行胸腔闭式引流。经腋路臂丛阻滞气胸风险较低,但不能有效阻滞肌皮神经。手掌($C_{7\sim8}$,T_1 支配)手术使用腋路臂丛神经阻滞可能阻滞得更完善,肌间沟法有时阻滞不全。对术前已有臂丛神经功能损害者不主张选用臂丛神经阻滞。除腋路臂丛神经阻滞外,其他常用方法均有可能发生同侧膈神经阻滞,术前有严重肺疾患者应慎用臂丛阻滞。

长时间的手术可采用持续臂丛神经阻滞法。臂丛置管常选择腋路。用穿刺针(可选择小儿硬膜外穿刺针)引导出感觉异常或借助神经刺激仪、超声证实针尖确在神经鞘膜内后,置入导管(可选择硬膜外导管)约 5cm,经导管注入局麻药,一般可产生良好的镇痛效果。手术结束后可留置导管行术后镇痛,同时也有利于防止血管痉挛,改善断指再植病人术后的末梢循环。

其他常用的上肢神经阻滞:

1. 桡神经阻滞 桡神经由臂丛神经分出后在肱骨上端与肩胛下肌腱、背阔肌腱和大圆肌腱之间下行,绕至肱骨干背侧,在肱三头肌长短头之间,紧贴肱骨干的螺旋沟下行,在肱骨外上髁 6~7cm 处,穿过外侧肌间隔到达肘前方,在肱骨外上髁前方分出骨间背支,继续下行于桡动脉外侧与桡动脉伴行。

(1) 适应证:手背、虎口处小手术。

（2）阻滞方法：病人仰卧位，上肢轻度外展，前臂伸直，在肱骨外上髁上方约 4 横指处穿刺，向肱骨干方向进针，当出现异感并传导至拇指和手背后，注射 1% 利多卡因 10～20ml 或 0.5% 罗哌卡因 10～20ml。

2. 正中神经阻滞　正中神经由 $C_{6\sim8}$ 和 T_1 的神经纤维组成，在肘部位走行于肱动脉内侧。

（1）适应证：手掌桡侧小手术。

（2）阻滞方法：①肘部阻滞：上肢外展前臂旋后位，将肱骨内、外上髁连一条线，在此线上触摸肱动脉的搏动，在肱动脉内侧约 0.7cm 处是正中神经的走行部位，在此点远端 2.5cm 处进针，向上约 20° 斜刺，发现异感后注入 1% 利多卡因 10～20ml。②腕部阻滞：由尺骨茎突画一条垂直于前臂的线，让病人握拳，可以看到掌长肌肌腱。在掌长肌肌腱的线上，即为正中神经通过的部位。将腕和手指伸开并放于手术台上，然后垂直进针穿刺，发现异感后注射 1% 利多卡因 10ml 或 0.5% 罗哌卡因 10ml。

3. 尺神经阻滞　尺神经由 C_8 和 T_1 的神经纤维组成，约有 86% 的尺神经接受 C_7 的神经纤维。

（1）适应证：小指或小鱼际部位手术。

（2）阻滞方法：①肘部阻滞：病人仰卧位，患肢外展、外旋，肘关节屈曲，找出尺神经沟，将尺神经用拇指固定后，进行穿刺，当发现小指、小鱼际肌出现异感时，注入 1% 利多卡因 10ml 或 0.5% 罗哌卡因 10ml；②腕部阻滞：在尺骨茎突处画一条垂直于前臂的线，让病人握拳并屈曲手腕，找出尺侧屈腕肌腱，在此线上的尺侧屈腕肌腱桡侧就是尺神经的走行部位，在此处进行穿刺注药。

二、下肢手术的麻醉

（一）下肢手术常用麻醉方法

全身麻醉及椎管内麻醉均可用于下肢手术。与全身麻醉相比，椎管内麻醉具有减少失血量，降低深静脉血栓和肺栓塞发生率的优点。连续硬膜外阻滞还可用于术后镇痛。随着神经刺激器和超声技术的发展，神经阻滞技术被广泛应用于下肢手术的麻醉和术后镇痛。常用于下肢手术的神经阻滞包括：

1. 腰丛阻滞　腰丛位于腰大肌间隙内，由 T_{12} 神经前支的一部分、$L_{1\sim3}$ 神经前支、L_4 神经前支的大部分组成。有时 L_5 神经前支的小部分也会加入。腰丛发出股神经、股外侧皮神经、闭孔神经、生殖股神经、髂腹下神经和髂腹股沟神经。

（1）适应证：与近端坐骨神经阻滞复合可完成髋部远端整个小腿的复杂手术。

（2）阻滞方法：病人侧卧，患肢在上，患侧髋屈曲约 40°～50°，膝屈曲 90°，健肢伸直，腰 4 棘突向尾端 3cm，后正中线旁开 4cm。10cm 长 22 号针保持矢状面方向进针，接触到腰 5 横突将针回退，将针压低，将针"跨"送过横突 2cm。采用外周神经刺激仪或超声引导定位明确后注射 0.375%～0.5% 罗哌卡因 30～50ml。

2. 坐骨神经阻滞　坐骨神经来自腰骶神经丛，由梨状肌下孔出骨盆，经股骨大转子与坐骨结节之间沿股后中线下行，止于腘窝部，分成胫神经和腓总神经至小腿。

（1）适应证：小腿、足部手术。

（2）阻滞方法：病人侧卧，患肢在上，患侧髋屈曲 40°～50°，膝屈曲 90°，健肢伸直，摸到髂后上棘与股骨大转子后，两点做一直线，连线中点向下做一垂直线，在垂直线上 4～5cm 处（垂线与股骨大转子至骶裂孔连线的交点）作一标记为穿刺点，以 10cm 长 22 号针垂直向下刺入 5～10cm，出现异感或采用外周神经刺激仪或超声引导定位明确后注射 1% 利多卡因 15～20ml

或 0.5% 罗哌卡因 15～20ml。

3. 股神经阻滞 股神经由 $L_{2\sim4}$ 神经组成,从腰大肌外缘穿出,走行在腰大肌与髂腰肌之间,并分支至该二肌内。股神经经腹股沟韧带下方进入股部,位于腹股沟的股动脉外侧,出腹股沟韧带后分布于大腿前方及内侧的皮肤与肌肉。

(1) 适应证:适用于下肢前内侧手术、髌骨骨折切开复位、内踝骨折复位等。

(2) 阻滞方法:在腹股沟韧带下方,摸到股动脉搏动,在其外侧进针,采用外周神经刺激仪或超声定位明确后注入 1% 利多卡因 5～10ml 或 0.5% 罗哌卡因 5～10ml。

4. 股外侧皮神经阻滞 摸到髂前上棘,在其下方约 1.5cm 处,腹股沟韧带下方穿刺,有异感或采用外周神经刺激仪定位明确后注射 1% 利多卡因 5ml 或 0.25% 罗哌卡因 5ml。

5. 趾神经阻滞 于患趾根部两侧进针,碰到骨面后退出少许,注射 1% 利多卡因 2～4ml 或 0.25% 罗哌卡因 2～4ml,切忌加用肾上腺素,以免引起趾端坏死。此麻醉方法适用于肢趾小手术。

(二) 股骨颈骨折内固定术的麻醉

1. 特点 多发生于老年人,60 岁以上者约占 80%;因创伤引起的血肿、局部水肿及入量不足,是导致术前低血容量的主要原因;对创伤的应激反应可引起血流动力学的改变,血液多呈高凝状态。

2. 麻醉方法与注意事项 可选择全身麻醉或椎管内麻醉,后者镇痛效果好,并可减少术后深静脉血栓的发生率;也可选择腰硬联合阻滞的方法,后者起效快且镇痛效果更完善。术前的低血容量及术中的失血易导致麻醉期间发生低血压,术中应及时补充血容量,必要时监测中心静脉压(CVP)、血细胞比容(HCT)及尿量。术前血液高凝状态是引起血栓形成和肺栓塞的重要原因,术中应行适当血液稀释。

(三) 全髋关节置换术的麻醉

1. 特点 多数全髋关节置换术病人活动能力受限,心肺功能难于评估,而这些老年人多有潜在的系统性疾病;手术创伤大,失血量多;长期服用激素或其他药物者,有可能发生肾上腺皮质功能低下或其他药物相互作用;合并类风湿性关节炎或强直性脊柱炎者,可增加麻醉穿刺或气管内插管的难度;术中骨黏合剂的使用,可能引起低血压。

2. 麻醉方法与注意事项 多主张在椎管内麻醉下手术,可选择蛛网膜下腔阻滞、硬膜外阻滞、腰-硬联合阻滞。对椎管内麻醉禁忌者,可选择全身麻醉。

大多数全髋置换术在侧卧位下进行,这增加了肺血流/通气比例失常的可能性,有肺部疾患的病人可引起低氧血症。由于脂肪及骨水泥栓塞造成的肺泡内皮细胞损伤与肺泡血流/通气比例的不匹配,病人有发生低氧血症和肺水肿的可能,必要时可行有创血流动力学监测及血气分析。

侧卧位还可引起受压侧的血管神经损伤,以及前方固定区对腹股沟三角的压迫,这些可通过腋下放置小垫枕并小心摆放体位加以解决。

放置骨水泥固定的假体曾有引起低血压而导致心搏骤停的报道,而在非骨水泥固定的假体植入时,少有这种现象发生。低血压常发生在股骨固定及髋关节重新复位后,有效的处理措施是及时使用麻黄碱,若发生心搏骤停及时行心肺复苏术。

(四) 膝关节、踝关节手术麻醉

这类手术包括膝关节镜、膝关节置换术、下肢截肢以及踝关节手术,体位常为仰卧位。

麻醉方法及注意事项:这类手术可应用椎管内麻醉的方法,包括蛛网膜下腔阻滞、硬膜外阻滞、腰硬联合阻滞。硬膜外阻滞宜用连续法,并用于术后镇痛,有利于早期活动。腰硬联合阻滞效果更理想。与上肢手术的麻醉不同,周围神经阻滞在下肢手术中的应用难度较高,其原因是下肢神经位置较深且常需分别阻滞,但超声引导神经阻滞的技术使得下肢神经阻滞的应用也日渐增多。

全膝关节置换术的病人多有类风湿性关节炎或退行性关节炎,合适的血流动力学监测和良好的术后镇痛是极为必要的。由于止血带的使用,术中出血很少,但术后每侧关节仍可有500~1000ml 不等的出血量,所以术后监测是很必要的。考虑到止血带充气使血液纤溶活性增强,故术后常使用抗纤溶止血药。膝关节置换术后的疼痛明显强于髋关节置换术,术后持续被动运动和早期活动也增加了疼痛程度,硬膜外镇痛或静脉镇痛可有效缓解疼痛。

三、断肢(指)再植术的麻醉

(一) 断肢(指)再植术病人的手术特点

断肢(指)再植者多为创伤病人,有的合并多处创伤,所以应注意对全身的检查和处理。合并失血者,术前要补充血容量,给予适量镇静镇痛药。此类手术时间长,操作精细,要求麻醉平稳,镇痛完善,术野干净。

术中常用抗凝药,为防止吻合口血栓形成,吻合血管两端时要用肝素液冲洗(肝素 25mg加入生理盐水 500ml)。在吻合小血管时需全身肝素化,术中预防性使用肝素或低分子肝素,肝素用量一般为 0.5~1mg/kg 静注,3 小时重复一次,同时加强病人凝血功能监测(APPT 或 ACT)。

创伤刺激和防御反应可诱发血管痉挛,故应加强预防;寒冷、疼痛和手术刺激也可引起血管收缩。应注意患肢保温,麻醉镇痛要完善,必要时应用罂粟碱等血管扩张药,椎管内麻醉具有阻滞交感神经作用,可扩张阻滞范围内的血管。

为提供再植肢体的良好血液灌注,改善微循环,术中应避免发生低血压,要求收缩压不低于 100mmHg。也可在手术开始前行适当血液稀释,以降低血液黏稠度,以利于恢复组织的血运。术中可应用多普勒血流仪或脉搏容量记录仪,监测吻合口血流情况。

(二) 麻醉选择

上肢(指)再植术,一般可选用臂丛神经阻滞。使用 0.25%~0.375% 布比卡因 30~40ml或 0.25%~0.5% 罗哌卡因 30~40ml 行腋路臂丛阻滞,能维持麻醉 4~6 小时。对于复杂的需要更长时间的手术,可选用连续臂丛阻滞,且可将导管保留至术后用于镇痛和防止血管痉挛。

断肢位置达上臂上 1/3 者,或双侧上肢同时手术,则选 $C_7 \sim T_1$ 颈段硬膜外阻滞,采用低浓度布比卡因或 0.25%~0.375% 罗哌卡因小剂量分次注射。但操作技术要求较高,需严格麻醉管理,目前已较少使用。

下肢断肢再植术可选用腰段连续硬膜外阻滞或腰硬联合阻滞,并保留导管用于术后镇痛,可改善患肢血液灌注。

伴有多处伤或休克的病人,以及不能合作者,行断肢再植术时应选用全身麻醉,有利于充分供氧,且不受手术时间的限制。

(三) 术后处理

1. 术中再植组织常不断用冷的肝素水冲洗,使其温度显著降低,引起血管痉挛,影响吻合口血流通畅。术后要使再植组织复温,采取保暖或用电热毯,并要求室温在 25℃ 以上。但要防止温度过高,造成局部充血、组织肿胀,影响血液循环。

2. 血管吻合后常因疼痛等引起交感神经兴奋而发生痉挛,也可因术中对血管外膜分离等机械刺激、术后炎症化学刺激,而引起血管平滑肌痉挛。处理方法:除保温外,要补充血容量,维持血压,稀释血液,增加血液流速。

3. 术毕搬运病人时,手术部位要适当固定,防止不当搬运而使吻合血管牵拉或扭曲受压,影响血液循环。应将患肢抬高,一般略高于心脏水平。

4. 断肢(指)再植后,需每 1~2 小时观察一次再植肢体的血液循环,如局部肿胀、皮肤色泽、温度、毛细血管充盈等。

5. 抗感染和抗凝是术后处理的重要环节,除术中强调无菌技术外,术后要加强抗感染治疗。由于创伤和手术,均可使血管内膜损伤,致吻合血管的血栓发生率较高。术后需采用抗凝治疗,常用肝素、低分子右旋糖酐等。

第四节　脊柱手术的麻醉

一、脊髓外伤

(一) 脊髓外伤病人的特点

脊髓外伤约一半发生于颈椎水平,通过对受伤机制的了解和对病人的检查,可初步判断脊髓损伤的水平,经 X 线、CT、MRI 等辅助检查可确定损伤的类型与受损程度,尽快做出明确诊断。术前必须详细了解病人病情特点,做好术前病情评估。

1. 呼吸系统　急性脊髓损伤若位于 $C_{2~3}$,因呼吸肌麻痹而出现无力呼吸,甚至呼吸困难,随时有死亡的可能;若损伤在 $C_{4~5}$ 水平则提示膈肌部分麻痹,肋间肌受累,通气功能明显减少;若损伤在 C_6 以下,虽膈肌功能得以保存,但肋间肌受累,通气量也减少。若合并肺水肿或血气胸,则随时可发生呼吸衰竭,应紧急处理以保证有效通气。

2. 循环系统　急性脊髓损伤早期血压可以升高,但随即表现为低血压、心动过缓、心律失常。这与颈胸髓损伤阻断了高级中枢对心脏交感神经的支配使心脏代偿功能受到抑制等因素有关,故出现心率减慢,心肌收缩力降低,心排血量减少。

3. 对疑有脊髓损伤的病人应快速检查神经系统功能,并对其他系统的可能损伤作出评估。颈椎损伤常伴有头部外伤,胸椎骨折可并发肺和心血管损伤,腰椎骨折可并发腹部损伤。同时应立即检查有无呼吸功能不全、气道梗阻、肋骨骨折、胸部和颌面部外伤。

4. 其他方面　急性脊髓损伤病人因通气功能不良甚至无通气功能,常导致呼吸性酸中毒。脊髓损伤 72 小时后可出现高钾血症。截瘫病人的肢体呈变温状态。

5. 手术部位与体位　术前应了解手术部位及采用何种体位。多数手术者可以在侧卧位下完成手术,也有需要俯卧位者。对已确诊无颈椎损伤的病人,麻醉前必须检查颈部活动度,估计气管插管的难度,术前强迫头位的病人应尽可能保持在相对合理的头位,使颈部不至于过度后仰。

(二) 麻醉管理

1. **麻醉方法选择**　脊髓手术创伤较大,应激反应强,手术体位对呼吸亦有影响,为保证患者安全,首选全身麻醉。病变部位位于延髓与颈髓交界或高颈髓损伤,术前呼吸循环功能均差,在麻醉与手术中一般应慎用麻醉性镇痛药。

2. **麻醉诱导**　若存在潜在困难气道,可用安全剂量阿片类镇痛药(芬太尼或瑞芬太尼)及小剂量镇静药(如咪达唑仑)镇静处理,并在充分表面麻醉下保留自主呼吸完成气管插管。若病人术前无明显呼吸功能不全,无强迫头位,或是胸段以下的脊髓病变,可在快速诱导下行气管插管。

3. 麻醉维持　可选用吸入全身麻醉、静脉全身麻醉或静吸复合麻醉等方法,应以短效麻醉药为主,以防对呼吸功能的干扰。由于脊髓损伤72小时后病人有发生高血钾的危险,故应避免使用琥珀胆碱,可选用非去极化类肌松药。

4. 麻醉操作中的注意事项　急性的高位颈髓损伤,常伴颈椎不稳定,气管插管中若将头颈部过伸,势必加重脊髓的伤害。麻醉医生在气管插管的操作中,最好能保持术前的自然头位,采用轴向牵引,绝对禁止将头过度后仰,以免加重对脊髓的损伤。气管插管困难时,应采用纤支镜引导下气管插管。

麻醉与手术中搬动病人时,为避免人为的脊髓损伤,需按脊髓损伤病人移动的操作常规执行。若搬动病人时,仅托起病人肩背部,让头部任意下垂,可造成颈椎脱位、椎间盘破裂、脱出,严重时造成高位截瘫。

5. 术中呼吸管理　中高平面脊髓损伤患者术前肺通气功能已受影响,手术中常采用俯卧位或侧卧位及侧卧+头低位,肺活量和潮气量均减少,术中若不进行有效呼吸管理,则病人将面临严重的缺氧和二氧化碳蓄积。在手术中应随时观察通气量与$PaCO_2$的变化,并及时纠正。

6. 维持循环功能稳定　急性脊髓损伤患者术前已有循环功能的紊乱,如脊髓外伤后的脊髓休克期之初,由于交感神经的张力降低而出现低血压、心律失常及心肌收缩力降低、心排血量减少;手术中麻醉药物的应用又可使血管舒张功能进一步受到影响;加上改变体位而引发循环的变化,可使体内静脉系统血流重新分布而影响回心血量;不恰当的扩容又可导致肺水肿,甚至于突然搬动病人时诱发循环虚脱。因此,术中应严密监测病人的动脉压、中心静脉压和尿量。为保证脊髓的灌注,舒张压不应低于70mmHg。亦应避免过度通气致$PaCO_2$严重降低而减少脊髓血流。对自主神经功能不稳定的病人应根据需要给予血管收缩药、血管扩张药或正性肌力药治疗。

7. 控制体温　脊髓损伤平面以下体温变化与交感张力分离,即当体温下降时,缺乏交感缩血管反应,导致体温随环境温度而变化。这类病人需注意保温,通过适当提高手术室的室温,采用充气式加温仪对皮肤加温,静脉输液加温及吸入气体湿化而保护机体温度正常。

8. 术中特殊监测　脊髓病人术中除必须监测血压、潮气量、分钟通气量,呼吸次数、呼气末CO_2、尿量及心电图等常规指标外,有条件者还应监测与脊髓功能相关的项目,如应用激光多普勒流速仪或微机系统线性描记脊髓血流量,可观察到有无脊髓缺血现象。可应用躯体感觉诱发电位(SEP)监测脊髓功能。虽然吸入麻醉药可使诱发电位波幅降低,但脊髓手术中应用诱发电位监测可具有以下功能:确定神经传导通路上的急性损伤部位,指导术者迅速去除诱因并及时纠正;确定脊髓肿瘤及其他神经组织病变范围;高危病人监测;监测麻醉药对脊髓功能的抑制情况。

二、脊柱侧弯

脊柱矢状面有四个生理弯曲,额状面不应有任何弧度,一旦向两侧出现弧度,则称为脊柱侧弯(scoliosis),可分为功能性脊柱侧弯及结构性脊柱侧弯。脊柱侧弯原因不明者约为80%,多数为姿势性,好发于6~7岁的女孩,早期畸形不明显,易于矫正,却易被忽视。10岁以后,椎体第二骨骺发育迅速,1~2年侧凸明显。严重者可继发胸廓畸形,胸腔容积缩小。诊断除了临床表现外,还应包括家庭史、生理检查,尤其是呼吸、心脏和神经肌肉系统检查。

1. 呼吸功能　脊柱侧弯病人呼吸和心血管系统功能明显受损,未加治疗的病人45岁便可发生呼吸衰竭而死亡。肺活量是围术期呼吸储备的指标,较正常值降低60%以上预示术后需行呼吸支持。脊柱侧弯手术的远期效果是为治疗呼吸功能降低,但术后7～10天可发生呼吸功能急性损害。

该类病人呼吸功能改变主要为通气/血流比例失调,导致低氧血症。然而随着年龄增长,由于代偿功能下降,而出现二氧化碳分压升高,长期低氧血症、高二氧化碳分压使肺血管收缩,导致肺血管不可逆性改变和肺动脉高压。伴有神经肌肉疾患的脊柱畸形病人预后更差,这些病人术后常需行呼吸支持。

2. 心血管功能　尸检研究发现,这类病人常合并右心室肥厚,肺血管发生高血压性改变。这类病人还可伴有先天性心脏疾患,如二尖瓣脱垂、主动脉缩窄和发绀性心脏病。

3. 术前评估　主要是为发现并存的心肺疾患和病变程度。可通过运动耐量、肺活量和动脉血气分析了解呼吸储备。行心功能检查以了解心血管功能情况。应检查有无神经功能缺陷,还应检查颈部活动以及上呼吸道解剖情况,以了解有无气管插管困难和是否需用纤维支气管镜引导行气管插管。应鼓励病人术前自体血储备,通常术前1个月内可储存3～4单位自体血。

4. 麻醉方法　目前常选择静吸复合麻醉的方法。吸入麻醉药可选择低浓度的异氟烷、地氟烷或七氟烷。静脉麻醉药可选择阿片类镇痛药(如芬太尼和瑞芬太尼)复合丙泊酚,间断使用非去极化类肌松药如维库溴铵或罗库溴铵。采用低浓度吸入麻醉药有助于减少阿片类镇痛药的用量,以维持血压平稳,且不干扰躯体诱发电位监测。

5. 术中监测　①血流动力学监测:常用桡动脉穿刺直接监测血压;放置中心静脉导管监测CVP,并指导液体治疗;对于有严重肺动脉高压或合并严重心肺疾患病人可放置肺动脉导管(Swan-Ganz导管),以了解肺动脉压、心排血量等情况。②行血气分析以维持内环境的稳定。③脊髓功能监测:包括用躯体感觉诱发电位(SEP)和运动诱发电位(MEP)监测来替代传统的唤醒试验(wake-up test),以避免增加气管导管脱落的机会、术中出血量增加、疼痛、记忆和不能重复试验等弊病。MEP有时比SEP更敏感,这是由于SEP仅观察脊髓上行纤维的情况,不反映运动束的变化,SEP无变化时仍有可能出现运动功能受损,因此MEP近年被不断采用。在缺乏诱发电位监测的条件下,唤醒试验仍是常用方法;唤醒试验也可作为诱发电位监测的补充。④尿量监测。⑤体温监测。⑥Hb监测以指导输血。

6. 术中注意事项　围术期考虑还应包括体位调整、减少出血、保温、防治静脉气栓及保护凝血机能等措施。经后入路手术时病人常需俯卧位,应垫好病人受压部位,以防长时间压迫损伤或缺血。

适当的行控制性低血压可减少术中出血,并可缩短手术时间。但控制性低血压也有引起脊髓缺血和神经功能损害的报道,其影响因素包括术前高血压、术中二氧化碳分压过低、平均动脉压低于60mmHg、血压下降过快和贫血。减少出血和输血的措施还包括合适体位、术中自体血回收、术中血液稀释等,合理使用止血药物。当然,减少术中出血的重要手段是手术医师的手术技术。

静脉气栓是脊柱手术严重并发症之一,发生原因是大量骨组织的暴露,加之手术部位高于心脏水平,虽然其确切发生率并不明确,不过确有致死的报道。静脉气栓表现为无法解释的低血压、呼气末二氧化碳($ETCO_2$)水平降低。麻醉医师应警惕这一并发症的发生,早期诊断和处理可提高病人存活率。一旦怀疑发生静脉气栓,应立即将伤口注以生理盐水覆盖,避免使用N_2O吸入及应用血管收缩药。大量气栓则需将病人平卧,行心肺复苏术。

7. 术后处理　多数脊柱融合术病人如术前肺活量基本正常,术后可拔除气管导管。阿片类镇痛药和肌松药的残余作用可引起通气不足或呼吸暂停,尤其是伴有神经肌肉疾病的病人,术后应强化呼吸治疗和物理性治疗预防肺不张和肺炎。术后还应注意有无出血,注意中心静脉压、尿量和伤口敷料监测,同时还应密切监测神经功能的变化,预防出血或组织水肿导致脊髓受压。

三、退行性脊柱疾患

椎管狭窄、强直性脊柱炎、椎关节滑脱等均为退行性脊椎病,有些可以同时发生,从而加速神经系统症状的发生。

1. **体位** 颈部椎板切除术可在俯卧位、侧卧位或坐位下手术,而胸腰部椎板切除术通常在俯卧位完成。颈部椎板切除术病人手术应检查颈部活动情况,以及在前屈、后伸、旋转时神经系统的症状。对颈部活动严重受限的病人,可选择清醒插管或在纤维支气管镜引导下气管插管,以免加重脊髓或脊神经的损伤。术中要求麻醉平稳,维持头部稳定,避免病人移动。

坐位行颈部椎板切除术的优点为手术部位血流减少,手术野清晰及暴露清楚。坐位手术病人需予以头、上肢、胸支撑,在受压部位应小心垫好,以防神经、皮肤损伤。术中血压不宜维持过低,以免发生脑供血不足。注意颈部过度前屈导致阻塞气道。给病人以适当液体补充,再逐渐改变体位有助于防止低血压。坐位手术的缺点为静脉气栓的危险性增加,术中应监测呼气末二氧化碳分压,有条件可采用经食管超声监测。术前行中心静脉穿刺也是必要的手段。

2. **麻醉处理** 胸、腰部手术应选用全身麻醉。椎管内麻醉的优点为可使硬膜外血管收缩来减少失血,使手术野清晰,但要考虑椎管内麻醉操作会有较大困难和风险。多数脊椎手术仍主张选用全身麻醉,尤其是颈部、胸部手术。此外全身麻醉能很好维持气道通畅,病人易于接受,可用于时间较长的手术。对合并神经肌肉疾病的病人,应避免应用琥珀胆碱,因其有引起高钾血症的危险。

第五节 脊髓、四肢手术常见并发症

一、止血带问题

止血带用于上、下肢手术以最大限度地减少出血并提供良好的手术条件,防止恶性细胞、脂肪栓子和骨水泥扩散。但止血带是非生理性过程,有许多不利因素。

(一)血带充气时的局部反应

血带充气后 8 分钟,细胞线粒体内的氧分压降至零,从而引起无氧代谢。在随后的 30 ~ 60 分钟内,烟酰胺腺嘌呤二核苷酸(nicotinamide adenine dinucleotide,NAD)降低,磷酸肌酸酶明显增高且在肌肉中积蓄,很快产生细胞内酸中毒(pH<6.5),缺氧和酸中毒导致肌红蛋白、细胞内酶和钾离子的释放。如果止血带时间超过 60 分钟,血管内皮完整性受到损害,会产生组织水肿,以致切口缝合困难。随时间延长肢体温度下降,可与室温相同。由于止血带下面的肌肉受压,可能延迟病人康复。

(二)松解止血带的全身反应

松解止血带后肢体得到灌注,代谢产物进入血循环。静脉氧饱和度在 30 ~ 60 秒内下降20% ,中心体温在 90 秒内降低 0.7℃,呼气末二氧化碳明显增高。但除非有显著的肺内分流,一般很少发生动脉血氧饱和度下降的现象。

（三）血流动力学反应

血流动力学改变发生在止血带充气、持续充气及放气后。

1. 充气时 肢体驱血和止血带充气时,回心血量增多,外周血管阻力增加,临床上表现为中心静脉压或动脉压轻微增高。然而当病人有严重的静脉曲张或心室顺应性极差时,肺动脉压会显著升高。若双侧下肢止血带同时充气,可导致中心静脉压力明显增高。

2. 放气时 止血带放松时缺血的肢体发生再灌注,通常会导致中心静脉压和动脉压降低。若血压下降极其明显时可导致心搏骤停,发生因素包括外周血管阻力突然下降,急性失血以及代谢产物对循环的抑制。

3. 持续充气期 全身麻醉时持续充气45~60分钟可引起高血压,其原因尚不清楚,有人认为这可能反映了肌肉或神经细胞缺血已达临界水平。有时,加深麻醉也不能使血压降低,需加用血管扩张剂如肼屈嗪、硝苯地平、拉贝洛尔等才能起效。

（四）止血带疼痛

蛛网膜下腔或硬膜外阻滞的病人,止血带使用超过1小时后,可感到远端肢体疼痛或烧灼感,有时静脉使用吗啡类镇痛药也无效,但放松止血带后便可缓解,这可能与细胞内酸中毒有关。用长效局部麻醉药进行完善的臂丛神经阻滞,即使3~4小时的手术也不引起止血带疼痛。等比重较高比重麻醉药行腰麻时发生止血带疼痛的机会少。

（五）神经损伤

止血带使用超过2小时或压力过大会产生神经损害。止血带使用30分钟内神经传导就会中断,说明轴索缺氧或止血带下面的神经过度受压。为减少神经损伤,必须在每90~120分钟内放松和重新充气。另外,当患者收缩压在90~100mmHg时,止血带的压力可降低到250mmHg,止血压带和收缩压之间的压力梯度为150mmHg。这样既可以完全阻断肢体血流,也减轻了对神经的压迫损伤。

二、脂 肪 栓 塞

所有长骨骨折的患者都会产生不同程度的肺功能障碍,但临床上出现明显脂肪栓塞症状者仅占10%~15%,表现为低氧血症、心动过速、意识改变以及在结膜、腋下、上胸部有出血点。尿中查出脂肪滴尚不能诊断脂肪栓塞,胸片显示肺浸润者基本可诊断为脂肪栓塞。

脂肪栓塞的病理生理特点是毛细管内皮细胞破坏导致毛细血管周围出血渗出,主要表现在肺部和脑部。肺血管渗出造成肺水肿和低氧血症,脑缺氧和脑水肿可导致神经功能障碍。

比较严重的脂肪栓塞常发生于股骨和胫骨骨折术后,延迟骨折固定和大幅度扩髓可增加其发病率和严重性。脂肪栓子可通过未闭的卵圆孔或肺循环进入体循环,导致心脑血管栓塞。因此,适当降低肺动脉压可减少通过肺循环的栓子数量,限制肺毛细血管的液体渗出量。

麻醉处理包括及早发现,充分供氧和控制输液量。大剂量激素在严重创伤后短期内应用可减轻脂肪栓塞的临床症状,但大多数患者只要适当输液并充分通气以保障氧供,其预后通常良好。

三、深静脉栓塞

骨科手术常发生深静脉栓塞,肺栓塞是造成术后死亡的主要原因。上肢手术、脊柱手术和膝关节镜手术深静脉栓塞发生率约3%；全髋置换术深静脉栓塞发生率则明显增加，为30% ～ 50%；全膝置换时为40% ～60%；下肢创伤时为20% ～50%。全髋置换后容易发生近端深静脉（股静脉和髂静脉）栓塞（10% ～20%），且容易产生肺栓塞。

血栓可在手术时的血流淤滞期形成。全膝置换术的病人在止血带充气后，患肢血流完全停止，放气后血中凝血物质急剧增加，同时在右心室可监测到血栓。全髋置换术时股静脉回流受阻，髋关节重新安置时股静脉再通，血中凝血物质增加，血流中出现血凝块。术中预防血栓形成的措施包括缩短手术时间，增加下肢血流量，给予抗凝药物等。在股骨、胫腓骨手术前先使用15 ～20U/kg肝素可使深静脉血栓发生率降至6%。硬膜外或蛛网膜下腔阻滞下行全膝置换术和全髋置换术时，深静脉血栓发生率可分别降低20%和40%。

术后预防深静脉血栓形成的措施有间歇气体压迫下肢，活动足部，早期下床活动，手术后当天就开始给予阿司匹林或华法林等。对于膝关节镜和脊柱手术，一般不主张术后使用抗凝药物。硬膜外镇痛有利于患肢的早期活动，从而避免下肢深静脉血栓形成。对于易发生深静脉血栓的高危病人，可在术前安置腔静脉过滤器。

（李金宝）

第二十六章 内分泌病人手术的麻醉

临床中常遇到内分泌功能异常的病人需进行手术治疗,手术可能与内分泌功能异常直接有关,也可能是内分泌功能异常病人行其他手术。这都给麻醉管理带来特殊的问题,麻醉医生应熟悉常见内分泌疾病的病理生理改变及相关治疗,并能根据不同病情及手术来制订麻醉方案,以保证围术期的患者安全。本章仅涉及甲状腺功能亢进症手术、嗜铬细胞瘤切除术、皮质醇增多症手术及合并糖尿病病人手术中的麻醉处理问题。

第一节 甲状腺功能亢进症手术的麻醉处理

甲状腺功能亢进症是一种常见的内分泌疾病,年轻女性多见,表现为甲状腺分泌过量所致的功能亢进综合征。根本病因尚不清楚,治疗手段主要是控制甲状腺激素分泌过多的环节,调节维持甲状腺的正常功能,控制症状。处理方法分为内科和外科治疗两大类,内科治疗有抗甲状腺药物治疗及放射性同位素碘治疗两种,外科治疗为甲状腺部分切除术。

一、手术前准备

甲状腺功能亢进症病人围术期最大的危险是发生甲状腺危象,术前准备需控制甲状腺功能尽量接近正常水平。主要通过口服药物解决,同时规律监测临床体征和实验室检查结果,以确定手术时机。为减少手术中松软充血的甲状腺组织出血,还应口服给予碘液。

二、麻醉前用药

对这类病人来说,术前避免紧张及情绪波动更显得重要,可以适当给予镇静药物,如拟行气管内插管全身麻醉还可考虑使用抗胆碱药等。保持病人麻醉前处于中等镇静状态。同时应注意避免用量过大导致呼吸抑制,尤其对巨大甲状腺肿的病人、已有气管移位及压迫症状者更应注意用药剂量。

三、麻醉方式

手术多在颈丛神经阻滞或全麻下完成,但对一些特殊病人,如甲状腺明显肿大、胸骨后甲状腺肿、有气管压迫症状者、甲亢症状控制不满意等,最好采用气管内插管全身麻醉。术前应对患者进行细致的气道评估,明确是否存在困难通气或困难插管的风险,准备合适的气道工具,避免意外发生。

四、围术期意外及并发症的防治

（一）甲状腺危象

术前准备不充分,甲状腺功能亢进症状控制不理想是危象发生的根本原因,诱因包括精神紧张、创伤、手术刺激、急性感染、麻醉等。随着治疗概念及药物的更新,术前准备工作已有很大进步,甲亢危象发生已明显减少。

围术期甲状腺危象可在术中或术后发生,术中发生的特点为突然高热、体温迅速达到40℃以上、心动过速、血压增高,严重者可出现心律失常,如室性期前收缩、心房纤颤等。如病人是在局部麻醉或区域阻滞麻醉下,还常合并呼吸深快及烦躁不安。术后发生的危象多在术中已有预兆,早期表现是体温急剧升高、心动过速,心率可达 140~200 次/分,常并存心律失常,常在术后 6~18 小时发生。多数病人的危象以心血管症状为主,个别以胃肠症状为主。危象如不及时缓解或控制,常使病人迅速衰竭或死亡。术中监测体温有助于早期识别甲亢危象发作。静脉滴注 Lugol 液仍是人们常用的治疗甲状腺危象的措施之一,理论上是企图借此抑制甲状腺素的分泌,实际上效果有限。因此,根本上治疗甲亢危象仍应以对症处理为主,包括吸氧、物理降温、镇静冬眠疗法、使用降压药物、β 受体阻滞药等。如有心衰,可用强心药物及肾上腺皮质激素。也有利用丹曲林(dantrolene)治疗取得较好疗效的报道。

（二）出血

功能亢进的甲状腺组织血运丰富,极易导致术中出血。术中应轻柔操作,细致止血,预防意外出血。手术后伤口早期出血是围术期严重并发症,如不及时发现处理,伤口内张力巨大的血肿常导致病人窒息死亡。如术后早期病人伤口突然肿胀、渗血、呼吸困难进行性加剧,应考虑出血,需及时松解伤口,清除血肿,止血,必要时行气管插管,维持呼吸道通畅。这部分病人术后床旁应备气管插管及气管切开装置。

（三）呼吸道梗阻

甲亢手术围术期的呼吸道梗阻是极为严重的并发症。甲亢患者容易发生呼吸道梗阻的原因主要包括腺体较大压迫气管、全麻诱导时或局麻下手术时的体位不当、气管软化引起的塌陷、喉返神经麻痹或损伤、喉水肿、术后早期的伤口严重出血等。

1. **气管软化**　肿大的甲状腺组织长期压迫气管致气管壁软化,术前因两者之间共存的关系仍可维持呼吸道通畅,当甲状腺被切除后,软化的气管失去组织的牵拉而发生萎陷,导致窒息。虽然气管软化在术前不能准确判断,但根据临床体征及 X 线检查多可做出初步判断。为此,凡怀疑气管软化者应给予充分准备,最好选择气管内插管全麻,手术中应处理软化的管壁,并将其与周围组织缝合悬吊。术后待病人完全苏醒后拔除导管,应在恢复室观察,直至排除气管梗阻的可能,并准备再次插管及气管切开工具。采用局麻或颈丛阻滞的手术病人,应给予更密切的观察,术者与麻醉医生保持良好的沟通,以便及时发现处理。

2. **喉返神经麻痹与损伤**　喉返神经麻痹除手术引起外,还可能是局麻药的作用。颈深丛阻滞常可影响喉返神经功能,所以临床上不主张同时行双侧颈深丛的阻滞。手术引起的喉返神经麻痹与损伤应以预防为主,一旦发生治疗困难,预后较差。如全麻下发生则在术后拔管时出现症状,应及时准确判断,立即插管或行气管切开术。

3. 喉水肿　除插管粗暴或选择导管过粗引起的喉水肿外,颈部甲状腺手术操作的局部牵拉挤压等均可造成黏膜损伤,形成水肿。常于拔管后逐渐发生。在严密的观察下,可先用超声雾化吸入激素等处理,如呼吸困难不能缓解,应及时行气管切开。

第二节　嗜铬细胞瘤切除术的麻醉处理

嗜铬细胞瘤由嗜铬细胞形成,主要见于肾上腺髓质,其他含有嗜铬细胞的组织,如交感神经节,均有可能发生,异位的嗜铬细胞瘤还可能出现在肠系膜下静脉、膀胱等部位。内源性儿茶酚胺分泌过多是嗜铬细胞瘤的基本病理生理变化,由此可产生一系列临床症状,主要以循环系统改变为主。多以阵发性高血压为特点,病程较长者也可呈现持续性高血压,伴有阵发性加剧,如超高血压。长期恶性高血压可继发心肌劳损、冠状血管供血不足、肾功能障碍、视网膜炎、糖尿病等。手术中的精神紧张、创伤刺激、肿瘤部位的挤压等均可诱发儿茶酚胺的释放,出现严重高血压危象,甚或心力衰竭、脑出血等,而一旦肿瘤血流完全阻断后又会出现完全相反的表现,儿茶酚胺急剧下降会导致严重低血压等循环紊乱。循环系统的急剧变化是麻醉与手术危险性的根本原因,如处理不当,患者会面临生命危险。近来由于人们提高了对其病理生理变化的认识,注重术前准备、术中管理、术后监护治疗等各环节,已使病人获得相当良好的手术治疗效果。

一、术前准备

不论哪一型嗜铬细胞瘤,术前准备或治疗中均会用到肾上腺素能抑制药,目的是调节和维持围术期血流动力学的稳定。酚妥拉明是常用的短效 α 受体阻滞药,起效快,作用时间短,用于嗜铬细胞瘤的诊断及控制突发高血压或危象。酚苄明是长效 α 受体阻滞药,作用时间较长,主要用于术前准备以解除末梢血管床的张力、控制高血压。另外,在外周血管张力缓解情况下可补充血容量,使因血管痉挛引起的体液相对不足得以纠正和改善,并对术中肿瘤切除后儿茶酚胺分泌骤降的低血压有一定预防作用。其他使用的药物还有压宁定等,可根据病情与个人的临床经验选用。

β 受体阻滞药主要用于控制心动过速、心律失常等。因多数嗜铬细胞瘤以分泌去甲肾上腺素为主,β 受体阻滞药并不需要常规使用,只在 α 受体阻滞药发挥作用后,而 β 受体处于相对兴奋,表现为心动过速或心律失常时使用。往往从小剂量用起,如普萘洛尔 1~2mg 即可有效,短效的 β 受体阻滞药艾司洛尔也是突发心动过速的应急药物。术前准备中 α、β 受体阻滞药常需相互配合使用,以维持血流动力学平稳。术前准备充分的患者术中心率较稳定,循环系统波动相对较小。

多数患者的嗜铬细胞瘤以分泌去甲肾上腺素为主,常合并严重高血压,长期血压升高导致外周血管收缩,血管床缩小,循环血容量比正常减少 20%~50%,临床表现为血液浓缩、血细胞比容及血红蛋白增加。为降低术中肿瘤切除后的低血压程度,术前对病人的体液容量准备也非常重要,体重逐步增加往往是准备有效的标志。

二、麻醉管理

全身麻醉是合适的麻醉方式,患者麻醉后可避免紧张焦虑造成的儿茶酚胺分泌增多,减轻各种有创血流动力学监测的刺激程度,方便对患者的呼吸循环进行管理,并且可为外科医师提供良好的手术条件。适当的术前用药可缓解患者术前的紧张焦虑。患者入室后应常规监测ECG、脉搏氧饱和度及无创血压。由于麻醉诱导过程中可发生剧烈的血流动力学波动,故应在诱导前建立有创动脉压监测。丙泊酚、苯二氮䓬类药物及依托咪酯均可用于嗜铬细胞瘤患者的麻醉诱导。足量的阿片类药物可降低气管插管时的刺激程度,推荐选用芬太尼或舒芬太尼。尤其舒芬太尼对体内儿茶酚胺的浓度没有影响,更适合使用。吸入麻醉药常用于术中维持合适的麻醉深度,可抑制循环系统对体内儿茶酚胺的反应程度,降低血压和心率。但需注意氟烷在血儿茶酚胺浓度较高时易诱发心律失常,应避免使用。

(一) 高血压危象的处理

高血压危象是指收缩压高于33.3kPa(约250mmHg),持续1分钟以上的高血压状况,嗜铬细胞瘤切除术中常见于以下情况:①麻醉诱导期,常与术前用药不适当,导致诱导前精神紧张恐惧,诱发高血压危象,另外与麻醉实施过程中的不良刺激直接相关,如静脉穿刺、气管内插管、体位变动等均可诱发高血压发作,严重者可致高血压危象;②手术期,多与术者操作有关,如分离、牵拉、挤压肿瘤及周围组织时,常引起儿茶酚胺分泌增加诱发高血压危象;③当病人合并严重缺氧或 CO_2 蓄积时也可诱发高血压危象。

手术麻醉过程中应密切观察血压、脉搏、心电图的变化,一旦血压升高超过原水平的1/3或达到26.7kPa(200mmHg),除分析与排除诱发原因外,应采取降压措施,根据情况采用酚妥拉明 $1\sim5mg$ 静脉注射也可用硝普钠持续静脉输注,从 $0.5\sim1.5\mu g/(kg\cdot min)$ 的剂量开始,根据血压变化调整输注速率,直至将血压维持在合理水平。其他药物如硝酸甘油、乌拉地尔、拉贝洛尔等也可用于控制血压。

通常在发生高血压时合并心率增快,首先要排除儿茶酚胺的作用及其他各种增加心肌应激性的不利因素,故应使用降压药如酚妥拉明降低血压,然后再根据情况考虑使用 β 受体阻滞药降低心率。短效的 β 受体阻滞药艾司洛尔因其起效快、作用时间短、相对安全性高而常用。其他药物如普萘洛尔、利多卡因等抗心律失常药也可使用。同时应除外麻醉深度不足、缺氧及 CO_2 蓄积等其他因素,必要时作适当调整。血压波动时如引发心律失常,则血流动力学将发生剧烈变化,应马上对症采取有效措施控制,否则后果严重,常成为死亡原因之一。

(二) 肿瘤切除后低血压的处理

肿瘤切除后的低血压,主要原因是儿茶酚胺的分泌随肿瘤切除迅速降低,引起外周血管扩张,再加上血容量不足,导致低血压甚至休克。另外,麻醉药物的影响、心脏代偿功能不全、肾上腺素能阻滞药的作用等均可诱发及加重低血压,通常在肿瘤血管被阻断时即开始。随着对嗜铬细胞瘤病理生理改变的深入认识,人们已非常重视对这类病人的术前准备,如使用 α、β受体阻滞药可改善病人血管床的条件,增加儿茶酚胺分泌降低后的耐受性。术中有意识的预防性扩容同样可以降低血管扩张后低血压的发生率与程度。对嗜铬细胞瘤手术的病人不应"循规蹈矩"的去遵守"量出而入"的原则,在监测心功能的情况下尽量在肿瘤切除前均匀"逾量"补充,一般多于丢失量 $500\sim1000ml$,有些病人需要量更大。对术中血压偏高者还可在血管扩张药的帮助下进行"逾量"补充,整个过程需对心功能进行严密观察,以防出现体液过量的负面效应,如肺水肿等。大多数病人经过这种处理,发生严重低血压的概率降低。但仍有部分病人需根据肿瘤分泌儿茶酚胺的成分比例给予相关的血管活性药物,尤其是合并儿茶酚胺性心肌病者会表现出顽固性低血压,通常需使用去甲肾上腺素静脉持续输注,并根据血压调整输注速率,可延续到术后的一段时期,帮助心肌对儿茶酚胺依赖的戒断,直至心功能完全恢复正常。

(三) 低血糖的处理

嗜铬细胞瘤由于分泌大量儿茶酚胺可引起糖原分解,并抑制胰岛 B 细胞分泌胰岛素导致血糖升高。因此,嗜铬细胞瘤病人通常合并高血糖表现,不应就此诊断为糖尿病。即使有明确糖尿病病史的病人在术前或术中使用胰岛素也应慎重,以免使嗜铬细胞瘤切除后的低血糖情况复杂化。一方面由于肿瘤切除后儿茶酚胺分泌量急剧减少,糖原和脂肪的分解随之下降,另一方面胰岛素分泌升高,常可导致严重的低血糖性休克,多发生在术后数小时内。如病人清醒,临床上可见到病人大汗、心慌、低血压等,如病人仍处于全麻恢复期,则主观症状较少,多表现为循环抑制,且对一般处理反应迟钝,一经输入含糖溶液,症状立即改善。对这类病人围术期管理中,凡疑虑有低血糖发生时应立即行快速血糖测定。对已确定合并糖尿病的嗜铬细胞瘤患者,必须使用胰岛素时,在围术期的用量应减半,并同时加强血糖监测。许多病人需要专门为此制订治疗方案,以维持体内糖代谢的相对稳定。

三、麻醉后处理

嗜铬细胞瘤病人在麻醉后仍可能发生复杂的病情变化,出现各种严重症状,如高血压、心律失常、心功能不全、代谢异常等。因此,在术后仍应密切观察血流动力学的变化,如血压、心律、心率、中心静脉压等。最好的方式是将病人自手术室直接转运至 ICU 由专人监测、治疗。及时采取有效措施,维持循环系统稳定性,直至病人完全恢复正常。

第三节　皮质醇增多症手术的麻醉处理

肾上腺分为髓质与皮质两部分,它们在组织形态学与功能上完全不同。胎儿时期肾上腺髓质分泌去甲肾上腺素,出生后肾上腺素的合成迅速上升,成人期肾上腺髓质主要分泌肾上腺素,约占 80%,其余 18% 为去甲肾上腺素,2% 为多巴胺。肾上腺皮质内的结构与功能都较髓质要复杂得多,其最外层又称为小球区,分泌的激素主要是醛固酮,影响机体电解质的代谢。醛固酮异常增多可引起高血压、低血钾、肌无力等,临床上又将其称为原发性醛固酮增多症。肾上腺皮质的最内层称为网状区,在促肾上腺皮质激素作用下产生性激素。在内、外两层之间的一层称为束状层,生成糖皮质激素,主要为氢化可的松。临床上如糖皮质激素生成过多则形成皮质醇增多症,或称"库欣综合征"。如糖皮质激素生成不足则形成"Addison 病"。本节只论及皮质醇增多症病人的麻醉问题。

一、术 前 准 备

皮质醇增多症可直接由肾上腺皮质肿瘤引起,也可由垂体或其他器官病变致分泌过多的促肾上腺皮质激素间接诱发。

(一) 病因及特征

临床发病原因多为双侧肾上腺皮质增生,可伴有或不伴有垂体肿瘤。肾上腺皮质瘤约占

1/4,多属良性腺瘤,单侧单发多见。恶性肿瘤少见。病人的临床特点是多在青壮年期发病,女性病人多见,约是男性的两倍。体征极具特色,主要表现为向心性肥胖、满月脸、水牛肩、多血质、痤疮及腹部皮肤紫纹等。症状表现为高血压、糖尿病、高钠、低钾、骨质疏松、肌萎缩无力等。少数病人也可表现为精神症状、代谢亢进等。

(二)　麻醉前准备

肾上腺皮质醇增多症的病人由于代谢及电解质紊乱,对手术耐受性差,肾上腺切除后又常使功能亢进骤然转为低下或不足,机体生理状况变化较大,给麻醉管理带来困难。因此需在术前做一些准备,主要从以下几个方面考虑。

首先,需纠正机体的代谢紊乱,治疗合并症。最常见的是低钾血症,除加重病人的肌肉软瘫外,还可引起心律失常。应适当补充钾。血糖增高或已有糖尿病者应做相应的处理,如饮食控制或口服药物等,必要时可用胰岛素治疗。但应注意肾上腺切除后的低血糖,需严密监测血糖水平。一些病情严重者,呈现体内负氮平衡,常表现有严重的肌肉无力、骨质疏松,可考虑给予丙酸睾酮或苯丙酸诺龙以促进体内蛋白质的合成。合并高血压者应给予降压药,控制血压在相对正常、稳定的水平。有感染者应积极治疗。

其次,这类病人体内皮质醇浓度在手术前后将从高至低有较大变化,如不及时补充,会发生皮质功能低下或危象,因此,在术前、术中、术后均应适当补充肾上腺皮质激素。术前一日可肌注或口服醋酸可的松类,手术时常经静脉给予氢化可的松100mg。

肾上腺皮质醇增多症病人对麻醉药物耐受性较差,加之多有肥胖,因此,不能按照实际体重常规剂量用药,麻醉前用药一般仅及正常人的1/3~1/2即可,病情非常严重者可以不用术前药,待病人到手术室后再根据情况进行麻醉诱导。

二、麻 醉 管 理

由于此类病人应激能力差,因此麻醉药物的用量较一般病人小,尽可能减少麻醉药物对循环、呼吸功能的影响。

目前常用于全身麻醉中的静脉药、吸入药、肌肉松弛药均没有绝对禁忌用于皮质醇增多症病人的手术中,但有些药物会对肾上腺皮质功能有一定影响。吸入药中氟烷与甲氧氟烷对肾上腺皮质功能有抑制作用,以氟烷最强,甲氧氟烷次之,安氟烷、异氟烷对其基本没有影响。静脉麻醉药中除依托咪酯有研究证实在长期使用时对肾上腺皮质功能产生抑制作用外,其他如硫喷妥钠、咪达唑仑、地西泮、丙泊酚等影响均较小。总之,麻醉期短时间的使用这些药物不会引起肾上腺皮质功能的明显变化,常用的复合麻醉可用于皮质醇增多症的病人。全身麻醉的优点是适合于腹腔镜微创手术及小儿或不合作的成年病人;可消除病人在手术探查时及侧卧折刀体位下的不适感;行气管内插管则可以保持呼吸道通畅,便于呼吸管理,增加了手术中的安全性;麻醉手术中血流动力学较稳定,血压降低较硬膜外麻醉时轻。同时需注意的是皮质醇增多症病人面颊肥胖、颈部短粗,可能发生插管困难,导致局部损伤,如牙齿脱落、口咽部软组织挫伤血肿等,并因氧储备能力低,易发生低氧血症;诱导期易发生呕吐误吸等严重呼吸系统并发症;麻醉恢复期拔管时因肥胖和肌力减弱,易出现呼吸道梗阻、缺氧发绀,即使按正常手法托起下颌,也很难维持呼吸道通畅,需准备并及时置入口咽通气道或鼻咽通气道来维持气道通畅;全麻后的皮质醇增多症病人应转运至术后恢复室,待其完全恢复才可返回病房。

根据临床经验,硬膜外麻醉也可以满足手术要求。优点是方法较全身麻醉简单,减少不良反应,麻醉并发症少,对肾上腺皮质功能影响也较全身麻醉要小,病人恢复较快。但需注意的是,要充分考虑到因病人肥胖造成的穿刺困难,尽量避免穿刺过程中对组织,尤其是对神经组织的损伤;麻醉过程中应调整适当的麻醉平面,过低不能满足手术需要,过高则影响呼吸功能,尤其在特殊的侧卧折刀式体位下,会加重对呼吸的抑制,加之这类病人因肥胖本身造成氧储备降低,往往会因此引发严重不良后果,手术中应常规经面罩给氧;如为减轻病人术中的不适感需给予镇静药物时,切忌过量,以免导致严重呼吸抑制;对于肾上腺位置较高的病人,在分离腺体过程中有可能碰破胸膜发生气胸,这将给麻醉管理带来很大困难,在胸膜修补前,需用面罩加压给氧或采取其他辅助呼吸方式,以确保解除呼吸困难。另外,对有精神症状的病人、硬膜外穿刺部位感染的病人、合并明显心血管疾患及呼吸功能明显低下的病人均不宜采用硬膜外麻醉。

不论使用何种麻醉方式,此类病人对失血的耐受性均很差,即使出血量不多,也常见血压下降,加上体位因素等影响甚至会有休克表现。对此,除正确判断并及时补充血容量外,还应考虑肾上腺皮质功能不全的可能性,如碰到原因不明的低血压、休克、心动过缓、发绀、高热等,且对一般的抗休克治疗如输液、使用升压药等效果不佳时,应考虑经静脉给予氢化可的松100～300mg,并应在术后每8小时经肌内注射醋酸可的松50～100mg,逐渐减少,根据病情可持续1～2周或更长时间。

对皮质醇增多症的病人我们还应该注意一些其他情况。他们的皮肤菲薄,皮下毛细血管壁变脆且薄,呈多血质,有出血倾向。需注意静脉穿刺的手法及置入针时的力度,以免损伤血管,一旦穿刺成功,应用柔软的敷料覆盖包扎。晚期的病人骨质疏松,麻醉手术过程中注意保护肢体,以免造成病理性骨折。皮质醇增多症病人抗感染能力差,应用肾上腺皮质激素后,更抑制炎症反应,围术期的呼吸系统感染或手术部位的感染症状常不明显,在临床上易给人以错觉,炎症容易扩散,应合理使用抗生素及加强其他抗感染措施。

第四节　糖尿病病人的麻醉处理

糖尿病是指胰岛素相对缺乏或绝对缺乏引起的一系列功能紊乱,主要特点包括由激素水平变化诱发的多种代谢异常、广泛的微血管病变及长期血糖异常导致的靶器官病变。糖尿病主要分为两种类型。1型糖尿病与自身免疫性疾病有关,患者胰岛素缺乏,停用胰岛素时易出现酮症酸中毒。2型糖尿病与遗传因素密切相关,生活方式和体育锻炼会影响基因表达,患者存在外周胰岛素抵抗现象,胰岛素不足时通常不易发生酮症酸中毒。无论何种类型的糖尿病,麻醉和手术刺激可能促使原有病情恶化,增加围术期的危险性和并发症。如果糖尿病经过适当治疗得以控制,糖及其他代谢紊乱得以纠正,并发症经治疗得以改善,则围术期相对安全。

一、生　理　学

正常成年人胰岛的 B 细胞每天大约分泌50单位胰岛素。胰岛素分泌主要受血浆葡萄糖浓度影响。胰岛素是最重要的一种合成代谢激素,具有多种生理作用,包括将葡萄糖和钾转移至肌肉和脂肪细胞内,增加糖原、蛋白质和脂肪酸合成,降低肝糖原分解、糖异生、酮体生成、脂肪分解及蛋白质分解代谢。总体来说,胰岛素增加合成代谢,如果缺乏胰岛素,会发生分解代谢,导致负氮平衡。胰岛素的生理作用见表26-1。

表 26-1　胰岛素的生理作用

肝脏
　合成代谢
　　促进糖原合成
　　增加甘油三酯、胆固醇和 VLDL 合成
　　增加蛋白合成
　　促进糖酵解
　抗异化作用
　　抑制肝糖原分解
　　抑制酮体生成
　　抑制糖异生

肌肉组织
　合成代谢
　　增加氨基酸转运
　　增加蛋白合成
　抗异化作用
　　增加葡萄糖转运
　　增加糖原合成酶活性
　　抑制糖原磷酸化酶活性

脂肪组织
　促进甘油三酯储存
　　诱导脂蛋白脂肪酶将脂肪酸吸收进脂肪细胞
　　促进葡萄糖转运至脂肪细胞内,增加甘油三酯生成
　　抑制细胞内脂解作用

二、糖尿病的临床表现

糖尿病主要表现为胰岛素绝对或相对缺乏引起的糖代谢紊乱,主要是高血糖症和糖尿。空腹血浆葡萄糖水平升高(超过 7mmol/L),或糖化血红蛋白(HbA1c)水平超过 6.5% 可诊断为糖尿病。有时测定的是全血葡萄糖水平,这个值比血浆葡萄糖水平低 12% ~15%。即便测定的是全血葡萄糖水平,许多新的血糖仪会将其换算为血浆葡萄糖水平。

最常见的糖尿病分型为 1 型糖尿病(内源性胰岛素缺乏)和 2 型糖尿病(胰岛素抵抗)。糖尿病酮症酸中毒(diabetic ketoacidosis,DKA)多见于 1 型糖尿病患者,极少有 2 型糖尿病患者会发生 DKA。常见的糖尿病长期并发症包括视网膜病变、肾脏疾病、高血压、冠状血管疾病、外周及脑血管病变及外周神经病变。

糖尿病患者有三种危及生命的并发症:DKA、高渗性非酮症性昏迷和低血糖发作。糖尿病会增加某些急性危重症(如脓毒血症)的治疗处理难度。胰岛素活性降低时,游离脂肪酸会分解为酮体(乙酰乙酸和 β-羟丁酸),它们都是弱酸性的,蓄积后就会发生 DKA。DKA 需要与乳酸酸中毒鉴别,二者有时会同时发生。乳酸酸中毒时,血浆乳酸水平>6mmol/L,血和尿酮体为阴性。酒精性酸中毒的患者通常有大量饮酒史,血糖水平正常或轻度升高,β-羟丁酸与乙酰乙酸不成比例地升高。

感染是导致 1 型糖尿病患者发生 DKA 的常见诱因。DKA 的临床表现包括呼吸加快、腹痛、恶心呕吐和意识改变。治疗 DKA 时需要纠正潜在的低血容量状态、高血糖及低钾血症,通常需要持续输注等渗液体、钾及胰岛素。纠正酮症酸中毒时,血糖下降速度建议控制在4.17 ~

5.56mmol/L 或每小时 10%。静脉输注胰岛素的起始速度为 0.1U/（kg·h）。DKA 患者也可能存在胰岛素抵抗，当血糖水平不降低时需增加胰岛素用量。当葡萄糖转移至细胞内时，钾同时也转移至细胞内，如果不及时纠正，会迅速导致严重的低钾血症。而如果补钾过于积极，高钾血症同样是致命的。因此，治疗 DKA 时需要频繁地监测血糖和血钾水平。

成年 DKA 患者需要输注大量的生理盐水来纠正脱水状态，第 1 小时输注 1~2L，随后每小时 200~500ml。当血糖降低至 13.89mmol/L 后，需要改为输注 5% 葡萄糖溶液和胰岛素，维持细胞内正常代谢，避免发生低血糖。监测尿量有助于 DKA 患者的容量管理。随着患者的容量状态和血糖水平趋于正常，很少需要使用碳酸氢钠纠正严重酸中毒（pH<7.1）。

高渗性非酮症性昏迷的患者通常不会发生酮症酸中毒，他们的胰岛素水平足够防止生成酮体。高血糖的渗透性利尿作用会导致患者处于脱水和高渗状态。严重脱水可能造成肾衰竭、乳酸酸中毒、容易形成血栓。高渗状态（渗透压常超过 360mOsm/L）会导致神经元脱水，诱发精神状态改变和癫痫发作。严重高血糖还会导致隐性低钠血症，血糖每升高 5.56mmol/L 会使血钠水平降低 1.6mEq/L。高渗性非酮症性昏迷的治疗包括使用生理盐水扩容、相对小剂量的胰岛素治疗和补钾治疗。

糖尿病患者胰岛素补充过多时会发生低血糖，而且糖尿病患者很难通过自身分泌胰高血糖素或肾上腺素调整血糖水平。由于脑组织只能使用葡萄糖作为能量来源，因此发生低血糖时最容易受到损伤。发生低血糖后，精神症状由轻到重为焦虑、头晕、神志不清、抽搐和昏迷。低血糖发作时的全身表现，由于儿茶酚胺分泌增加，包括大汗、心动过速和精神紧张。低血糖的大多数症状和体征都会被全身麻醉掩盖。通常血糖水平低于 2.78mmol/L 时，会出现典型的低血糖症状。常静脉补充 50% 的葡萄糖溶液治疗低血糖发作，每毫升 50% 葡萄糖溶液可使 70kg 的成人血糖水平上升约 0.1mmol/L。清醒患者可口服葡萄糖或蔗糖溶液纠正低血糖。

三、术 前 准 备

糖化血红蛋白 A1c 水平升高常意味患者近期血糖水平控制不佳。患者围术期高血糖、相关并发症及不良预后风险增加。糖尿病患者围术期死亡率与患者已经存在的靶器官受累水平密切相关。常有半数的 2 型糖尿病患者对自身的血糖水平控制不严格。

术前胸部透视常可发现心脏扩大、肺部淤血及胸腔积液。糖尿病患者常有心电图异常，包括 ST 段异常及 T 波改变。许多既往史阴性的患者能在心电图上发现心肌缺血或陈旧心梗的证据。合并高血压的糖尿病患者有 50% 会并存糖尿病性自主神经病变。随着患者年龄增长、糖尿病病程超过 10 年、合并冠心病或使用 β 受体阻滞药，自主神经系统功能紊乱的概率增加。

糖尿病性自主神经病变会导致患者对血管内容量变化的反应性降低，加剧患者的循环波动，尤其是诱导后低血压。术前服用血管紧张素转换酶抑制剂（angiotensin converting enzyme inhibitor, ACEI）类及血管紧张素受体拮抗剂（angiotensin receptor antagonist, ARB）类降压药物会增加糖尿病患者的循环波动。同时，自主神经系统功能紊乱会导致胃排空延迟，所以经常需要给肥胖的糖尿病患者术前服用抑酸药物和甲氧氯普胺。

糖尿病肾病最初表现为蛋白尿，随后会出现血清肌酐水平升高。1 型糖尿病患者常在 30 岁时就出现上述改变。由于免疫系统受累，糖尿病患者感染风险增加，因此应严格注意无菌原则。

慢性高血糖会导致组织蛋白糖基化，从而出现关节活动受限。术前应着重评估糖尿病患者的颞下颌关节及颈椎活动度，避免未预计的困难插管。约有 30% 的 1 型糖尿病患者可能出现插管困难。

四、麻醉管理

术中血糖控制的目标是维持血糖水平低于10mmol/L,同时避免低血糖发作。严格控制血糖水平在正常范围并不可取,过于宽松的血糖管理(>10mmol/L)也会带来风险。高血糖会导致血浆高渗透压、感染、伤口愈合不良,并增加病死率。严重高血糖还会导致脑缺血后神经损伤加重,及急性心梗后心脏手术预后不佳。1型糖尿病患者尤其需要控制高血糖状况,否则做重大手术或危重疾病时代谢状况就会失控。体外循环心肺转流患者控制血糖<10mmol/L时,感染相关并发症明显减低。手术中或在重症监护病房内,严格控制血糖水平<8.33mmol/L并未显示出更好的效果。麻醉医师应该参考患者的实验室检查结果和患者日常的血糖控制方案,个体化调节围术期血糖管理水平。对于妊娠期糖尿病患者,控制血糖水平可改善新生儿预后。

1型糖尿病患者有多种围术期血糖管理方案。最常见的(但并非最有效的)是患者在手术日使用相当于常规早晨半量的短效胰岛素。为避免低血糖,应在建立静脉通路和检测晨起的血糖水平后用药。例如,一个每天早晨注射30U NPH(中性鱼精蛋白锌胰岛素,中效)和10U常规或赖脯人胰岛素(短效)的患者,其血糖水平常不低于8.33mmol/L,则应在术前接受15U(平素30U早晨胰岛素的一半)的NPH皮下注射,并静脉输注5%的葡萄糖注射液[1.5ml/(kg·h)]。皮下注射或肌内注射胰岛素的起效时间取决于组织的灌注状态,但这在术中常难以估计。使用单独小口径的静脉通路输注葡萄糖溶液,可以避免术中其他液体或药物干扰。当患者出现低血糖时(<5.56mmol/L),应额外补充葡萄糖。通常术中会依据血糖的变化情况,静脉注射胰岛素调节血糖水平。对于成年患者,1个单位的普通胰岛素大约可使血浆葡萄糖浓度降低1.39~1.67mmol/L。应强调的是,这只适用于普通患者,并不包括代谢状态异常(如脓毒血症、发热)的患者。

还有一种方法是持续输注普通胰岛素。与皮下或肌内注射NPH胰岛素相比,这种方式的优点是可以更加精细地控制胰岛素输注,尤其适用于皮肤和肌肉灌注不良的患者。用生理盐水将普通胰岛素稀释至1U/ml,起始输注速度为0.1U/(kg·h)。当血糖水平发生波动时,可以调节输注速度。需要的剂量可参考以下公式计算:

$$U/小时 = \frac{血浆葡萄糖浓度(mg/dl)}{150}$$

通常术中控制血糖水平的目标为不超过10mmol/L。1型糖尿病患者更适合使用静脉连续泵注胰岛素的方法严格控制血糖水平。由于胰岛素会将钾离子转运至细胞内,应该在静脉持续输注胰岛素的手术患者的静脉液体内适当加入KCl。患者对胰岛素的需求个体差异很大,上述公式仅供参考。

如果患者术前口服降糖药,可以服用至手术当日。但由于磺脲类药物和二甲双胍的半衰期都较长,多数医生会让患者在术前24~48小时停止服用。患者术后恢复饮食时再继续服用。术后重新开始服用二甲双胍时,要注意患者的肝肾功能是否正常。当出现术后肾功能不全时,许多口服降糖药的作用时间会延长。因此,许多平时口服降糖药物的患者在术中及术后需要使用胰岛素控制血糖水平。手术应激会导致患者多种升糖激素(如儿茶酚胺、糖皮质激素、生长因子等)及炎症介质(如肿瘤坏死因子和白介素)分泌增加,这些因子都会造成应激性血糖增高,导致胰岛素需要量增加。一般来说,2型糖尿病患者行小手术时可以不增加外源性胰岛素用量,但其实很多术前未明确诊断糖尿病的患者在接受大手术或危重疾病期间都需要接受胰岛素治疗。

无论采用哪种方案控制血糖,关键是需要频繁测定血糖水平。术中静脉输注胰岛素的患者每小时都应该测定血糖水平。尤其是 2 型糖尿病患者,他们自身分泌内源性胰岛素的水平及对胰岛素的反应性有很大个体差异,需要每 2~3 小时测定血糖水平。同时,手术范围和大小也影响治疗用胰岛素用量。测定血糖可以使用便携式血糖测定仪,从患者指尖或动静脉通路采血。这种仪器测定的原理是试纸条中的葡萄糖氧化酶与患者血糖发生反应,使试纸条的颜色发生改变。为增加测定准确性,应严格按照仪器的使用说明进行操作。尿糖水平仅能反映患者是否存在糖尿,不能作为指导胰岛素治疗的依据。

平常使用 NPH 或其他含有鱼精蛋白成分胰岛素制品的患者,对鱼精蛋白过敏的风险增加,严重时有生命危险。糖尿病患者经常要在手术中肝素化,然后使用鱼精蛋白中和。有些医生会在给予全量鱼精蛋白前,先给予 1~5mg 试验量,给药时间超过 5~10 分钟。有些 1 型糖尿病患者皮下埋置胰岛素泵,用于泵注基础量的普通胰岛素或甘精胰岛素。这个基础量是在进食条件下计算出来的。如果患者行门诊小手术,可以不必调节泵的设置,但如果患者拟行重大手术,仍需要停用胰岛素泵,使用上述胰岛素输注方案控制围术期血糖。

五、麻醉后处理

术后患者仍需严密监测血糖水平。一方面是患者在术后康复期仍存在应激因素会升高血糖水平;另一方面是患者使用胰岛素的个体差异很大。皮下注射普通胰岛素的起效时间通常不超过 1 小时,而个别患者可能会持续 6 小时。NPH 胰岛素的起效时间应在 2 小时内,但个别患者会持续超过 24 小时(表 26-2)。

表 26-2　常用胰岛素制品的作用时间

	胰岛素种类	起效时间	达峰时间	持续时间
短效	赖脯人胰岛素	10~20 分钟	30~90 分钟	4~6 小时
	普通胰岛素	15~30 分钟	1~3 小时	5~7 小时
	速效胰岛素锌悬液制剂	30~60 分钟	4~6 小时	12~16 小时
中效	NPH	2~4 小时	8~10 小时	18~24 小时
	中效胰岛素锌悬液制剂			
长效	甘精胰岛素	4~5 小时	8~14 小时	25~36 小时
	超慢胰岛素			

(叶铁虎)

第二十七章 | 小儿麻醉

小儿年龄范围自出生至12岁。1个月以内者称新生儿,1个月~1岁称婴儿,2~3岁称幼儿,4~12岁为儿童。小儿与成人在解剖、生理、心理及药理方面存在着巨大的差异,年龄愈小,差异愈明显,至年龄达10~12岁时,才逐渐接近成人。熟悉小儿与成人之间的差异,有针对性的采取相应措施,方能确保小儿麻醉的安全。

第一节 小儿发育的生理学特点

一、呼 吸 系 统

婴幼儿的气道解剖学特点使得呼吸管理尤为困难。鼻孔大小约与环状软骨处相等,气管导管如能通过鼻孔,一般均能进入气管。婴儿的舌头相对较大,容易阻塞气道。喉头位置较高,加上会厌粗短,形态各异,可妨碍气管内插管时暴露声门,必要时应采用直型喉镜片。婴儿的喉部呈漏斗状,最狭窄处在环状软骨平面。6岁以后儿童,喉头最狭窄部位在声门。

新生儿肺泡发育不完善,肺泡壁厚,数量约为成人的10%。随年龄增长,肺泡数量逐渐增加,直至8岁始接近成人。小儿气道相对狭窄,气道阻力增大。气道及胸壁的顺应性虽较好,但周围组织对其支撑性较差,胸内负压难以维持。因此,小儿呼气末易发生功能性气道闭合,导致肺泡动脉氧分压差($A\text{-}aDO_2$)较大。婴幼儿肺泡表面积为成人的1/3,基础代谢率高,组织氧消耗率高,呼吸功能储备有限,围麻醉期容易发生低氧血症。早产儿的呼吸功大约是成人的3倍,寒冷刺激或部分气道阻塞时,呼吸功增加,表现为呼吸频率增加,正常婴儿的呼吸频率是成人的2倍,每分肺泡通气量较大。功能残气量与成人类似,所以吸入麻醉诱导及苏醒均较成人快。

婴幼儿的潮气量较小,生理无效腔量约占潮气量的30%,任何器械导致的机械性无效腔增加对小儿呼吸的影响都很大。麻醉期间,应尽量避免增加机械通气无效腔量和气道阻力。人工呼吸时潮气量不宜过大,以免肺泡过度扩张或产生气压伤。婴幼儿外周呼吸道阻力占总阻力的百分比较大,且阻力分布不均匀。由胆碱能神经兴奋所致的分泌物增多或上呼吸道感染均容易引起气道阻力增大。

新生儿及婴儿的膈肌及肋间肌含Ⅰ型肌纤维少,此纤维具有重复运动的能力。通常在2岁左右,Ⅰ型肌纤维才逐渐发育成熟。由于Ⅰ型肌纤维缺乏或不足,任何导致呼吸做功增加的因素均会引起呼吸肌疲劳,从而导致呼吸暂停、二氧化碳蓄积甚至呼吸衰竭。婴儿通常经鼻呼吸,当鼻腔阻塞时,部分年龄不足5个月的婴儿不能转为经口呼吸。故麻醉期间还应注意保持鼻腔通畅。常用新生儿呼吸参数见表27-1。

表 27-1 新生儿的呼吸参数

潮气量(ml/kg)	6	顺应性(ml/cmH₂O)	5
肺泡通气量[ml/(kg·min)]	100~150	气道阻力[cmH₂O/(L·S)]	30
死腔量(ml/kg)	2.1	PaO₂(mmHg)	50~70
呼吸频率(次/分)	40	PaCO₂(mmHg)	32~35
功能残气量(ml/kg)	30	pH	7.36
肺活量(ml/kg)	40		

二、循 环 系 统

新生儿出生后,肺循环建立,体循环压力迅速增加超过肺循环。体、肺循环间的分流通道首先发生功能上闭合,右向左分流停止。但是,应急情况下,婴儿可迅速转回胎儿式循环,表现为肺动脉压增高超过体循环压力,使血液通过未闭的卵圆孔分流至肺循环,或动脉导管重新开放,血流在导管水平分流,引起严重的低氧血症。早产、感染、酸中毒、缺氧、二氧化碳蓄积、低温以及先天性心脏畸形是胎儿循环重新形成或持续存在的原因。

婴儿的心肌结构发育不完善,心室的顺应性较差。不成熟的心肌对容量治疗敏感,但不能耐受后负荷明显增高。由于代谢率高,心排血量大,所以婴儿的心率较快,心脏对心率增快的耐受较好,心率达 200 次/分也不会导致心排血量下降。如无心脏疾病,一般不易出现心律失常。缺氧或迷走神经刺激时,常出现心动过缓,需给氧或用阿托品紧急处理。新生儿外周血管阻力较低,动脉血压较低(约 80/50mmHg),数月后达 90/60mmHg,16 岁时,达成人水平,约120/70mmHg。

婴儿的血容量在出生时约为 90ml/kg,而后逐渐减少至 80ml/kg,6~8 岁时达 75ml/kg。大多数小儿能耐受占血容量 20% 以下的失血量。血细胞比容 25% 是避免输血的最低水平。新生儿大部分血红蛋白是胎儿型(HbF),HbF 比成人型血红蛋白(HbA)有较高的氧亲合力,使氧解离曲线左移。6 个月后 HbF 由 HbA 替代,血红蛋白也降至 110g/L,故 6 个月以内的婴儿,血红蛋白携氧能力显著下降。不同年龄组小儿的循环参数见表 27-2。

表 27-2 小儿循环参数

年龄	收缩压 (kPa/mmHg)	心率 (次/分)	心脏指数 [L/(min·m²)]	血容量 (ml/kg)	血红蛋白 (g/L)
新生儿	8.7/65	130	2.5	85	170
6 个月	12.0/90	120	2.0	80	110
1 岁	12.7/95	120	2.0	80	120
5 岁	12.7/95	90	3.7	75	125
12 岁	16.0/120	80	4.3	70	130

三、肾脏及液体平衡

由于肾脏灌注压低,且肾小球、肾小管功能未成熟,新生儿的肾功能也未完善。出生后 5个月肾小球滤过功能及肾小管的重吸收功能才逐渐发育成熟。肾脏功能完全成熟须至 2 岁左右。由于新生儿肾功能发育不完全,通过肾脏分泌的药物的半衰期可能延长。

新生儿体液占体重的比例较大,其细胞外液比细胞内液多,随着年龄增长,此比例逐渐降低。小儿水转换率比成人大,婴儿转换率达 100ml/(kg·d),故婴儿容易脱水。

四、肝　脏

新生儿肝脏功能尚未成熟,与药物代谢有关的酶系统虽已存在,但药物的酶诱导作用不足,随着年龄增长,肝血流增加,酶系统发育完全,肝脏代谢药物的能力迅速增强。新生儿的药物结合能力差,易导致黄疸。药物降解能力较差,药物清除半衰期较长。

早产儿肝脏糖原储备少,且处理蛋白的能力差,故早产儿有低血糖和酸中毒倾向,当喂养食物中蛋白含量太高时体重并不增加。新生儿比婴儿血浆中蛋白含量低,清蛋白浓度低时蛋白结合力低,致使血浆中游离药物的浓度高。

五、胃肠系统

出生时,胃 pH 呈碱性,出生后第 2 天 pH 即达到年长儿的正常生理水平。婴儿的吞咽协调能力直至 4~5 个月后才发育完全,所以新生儿的胃食管反流发生率较高。如有胃肠道系统发育异常,通常可在出生后 1~2 天内发现,肠道系统近端畸形表现为呕吐及反流,而远端畸形则表现为腹部膨隆及排便障碍。

六、体温调节

新生儿体温调节机制发育不全,皮下脂肪少,而体表面积相对较大,热量容易散发。故需要加强保温,早产儿需室温 34℃,新生儿 32℃,热量丢失及能量消耗较少。不足 3 个月的婴儿在寒冷的环境中,不能通过寒战反应产生热量,而依赖于非寒战性产热,主要通过增加颈、上胸部及血管周围的棕色脂肪代谢产生热量,这种代谢受交感神经支配。全身麻醉可能影响棕色脂肪代谢,导致术中体温降低。体温降低时全身麻醉易加深,易引起呼吸及循环抑制,药物代谢延长,增加术后通气不足、反流及误吸的危险。所以手术时需采取相应措施维持体温,如电热毯或加温输液,必要时可对吸入气体加温加湿。

七、中枢神经系统

新生儿的神经元在出生时已发育,传导痛觉的神经末梢存在,但髓鞘不完整。新生儿的血脑屏障通透性强,使用阿片类药物时应注意减量。胆红素也容易进入血脑屏障,导致脑损伤(胆红素脑病)。由于代谢率高,中枢神经系统相对未成熟,使小儿的吸入麻醉药最低有效肺泡浓度(MAC)增加。新生儿对疼痛刺激存在生理及生化反应,故手术时要采取完善的麻醉及镇痛措施。

第二节　小儿麻醉药理学特点

婴幼儿对药物的反应受很多因素影响,如身体组成成分(脂肪、肌肉及水的比例)、蛋白结合、体温、心排血量的分布、血脑屏障成熟度、肝肾相对大小及成熟度。随着年龄增长,身体组成成分不断发生变化。出生时,体液总量相对较高,脂肪和肌肉含量相对较低。水溶性药物分布容积较大,需较大剂量方能达到所需的血药浓度(如琥珀胆碱)。新生儿及婴儿由于脂肪含量少,应用依赖于脂肪再分布来终止其作用的药物,其作用时间延长(硫喷妥钠)。同样,应用再分布至肌肉的药物,作用时间也延长(芬太尼)。新生儿出生时血脑脊液屏障未发育完全,故许多药物在脑内的浓度比成人高。婴幼儿未成熟的肝肾功能及较低的蛋白结合率均可导致药物代谢延迟。早产、营养不良、败血症及充血性心力衰竭也影响药动学及药效学。

新生儿肝药酶活性较低,在肝脏代谢的药物如地西泮、苯妥英钠、洋地黄毒苷等半衰期延长,因此,新生儿及幼儿期应慎用或减量使用。学龄期儿童对某些药物的肝脏代谢能力增强,如茶碱、地西泮及苯妥英钠等血浆半衰期较成人短。随着年龄增长,肝肾功能逐步完善,蛋白质、肌肉及脂肪含量逐渐接近于成人水平。

一、吸入麻醉药

小儿肺泡通气量相对较大,且血管丰富,吸入麻醉药在肺泡及大脑中的浓度迅速升高,吸入麻醉起效快。由于血药浓度迅速升高,可能导致动脉血压及心排血量显著性降低,吸入麻醉药的麻醉效应与呼吸循环抑制之间的治疗范围较小,术中须密切监测,谨慎使用。

(一) 氧化亚氮

氧化亚氮(N_2O)有强大的镇痛和遗忘作用,高浓度时可增加挥发性麻醉药物的肺泡摄取,加速麻醉诱导。由于其溶解性较低,可导致含气间隙的体积增大,新生儿可能因此而致肺部损害,如气胸、肺气肿等。先天性膈疝或脐膨出的患儿由于胃肠膨胀使危险性增加。坏死性肠炎的患儿应用 N_2O 后,肠内气体可能进一步膨胀,使病情恶化。

(二) 恩氟烷

恩氟烷(enflurane)对呼吸道无明显刺激,不增加气道分泌,可扩张支气管,较少引起咳嗽及喉痉挛。小儿的恩氟烷 MAC 较高,应用时也可能出现呼吸循环抑制。恩氟烷麻醉后数小时,脑电图显示出现中枢神经系统兴奋及癫痫样发作,有癫痫病史的患儿不宜选用。

(三) 异氟烷

异氟烷(isoflurane)的血/气分配系数较低,麻醉诱导及苏醒迅速,肝肾毒性小。异氟烷有刺激性气味,易导致屏气、咳嗽及喉痉挛。也可抑制新生儿的压力感受器反射,从而削弱对血压变化的代偿能力和对低血容量的反应。对心血管及呼吸抑制作用类似于恩氟烷,不增强心肌对儿茶酚胺或茶碱的敏感性。异氟烷可明显增强非去极化肌松药的作用,可减少肌松药的剂量。

(四) 七氟烷

七氟烷(sevoflurane)具有特殊芳香味,对呼吸道无刺激性,诱导快且平稳,易为小儿所接受,是小儿麻醉常用吸入麻醉药。由于血/气分配系数低,不仅起效快,而且恢复也快。七氟烷的麻醉效能较低,MAC 在小儿为 2.45,故小儿麻醉诱导时吸入浓度较高,6 岁以上儿童吸入 8% 七氟烷可进行平稳且迅速的诱导。对呼吸和循环系统的其他作用均与异氟烷相似。

七氟烷约有 3% 被代谢,体内代谢为无机氟约 5%,停止吸入后 2h 达最高水平。然而,所达到的血药浓度低于引起肾毒性的阈值,其浓度在儿童下降迅速。七氟烷也可被钠石灰或钡石灰水解成 5 种化合物,化合物 A(有强大的肾毒性)最多见。

（五）地氟烷

地氟烷（desflurane）的血/气分配系数极低，对呼吸道有较强的刺激性，据报道有 30% 的病人可导致喉痉挛，不适合用于小儿麻醉诱导，而适合于氟烷及七氟烷或静脉麻醉诱导后的麻醉维持。地氟烷沸点较低，需特定的温度控制蒸发器，且需要吸入高浓度来维持麻醉。在婴幼儿麻醉时，由于交感神经兴奋，偶有血压升高及心动过速的报道。

二、静脉麻醉药

（一）丙泊酚

丙泊酚（propofol）脂溶性强，迅速在血管丰富的器官中进行分布及再分布，故起效快，恢复也快，适合于麻醉诱导。由于小儿中央室分布容积大，且清除快，故小儿丙泊酚剂量比成人大，需 2.5～3mg/kg 达到诱导效果。丙泊酚抑制气道反射，利于进行气管插管，并在恢复期保持良好的气道状态。使用丙泊酚加肌松药气管插管时的高血压反应少。丙泊酚在小儿使用时易引起注射疼痛，可选用较大的静脉给药，或在丙泊酚内加入 1% 利多卡因可有效减轻注射痛。由于使用丙泊酚苏醒快，且苏醒质量高，常用于日间短小手术的麻醉。

（二）氯胺酮

氯胺酮（ketamine）是具有镇静、镇痛和麻醉作用的静脉麻醉药。可产生强大的镇痛，意识消失，木僵状态和遗忘。静脉注射剂量为 1～2mg/kg，肌内注射 4～10mg/kg。静脉诱导给药后，可能出现呼吸抑制、屏气，严重者可出现血氧饱和度降低，应及时给予辅助呼吸。氯胺酮能增加呼吸道分泌物，应注意预防性使用抗胆碱药及清理呼吸道，以免发生气道梗阻。氯胺酮对支气管平滑肌有松弛作用，可用于哮喘的患儿。

氯胺酮有强大的镇痛作用，适合于烧伤换药等体表手术及其他对镇痛要求高的手术病人。成人应用氯胺酮后引起的精神异常在小儿并不多见，术前应用镇静药物可减少此并发症。氯胺酮可引起颅内压升高，术前有颅内高压的患儿禁用。

（三）依托咪酯

依托咪酯（etomidate）起效快，不抑制呼吸循环，但引起注射疼痛及呛咳。由于代谢快，常用作全凭静脉麻醉的药物，但因麻醉深度不容易控制且输注容量较大，很少用于小儿麻醉。

（四）咪达唑仑

咪达唑仑（midazolam）为水溶性，是美国 FDA 批准的唯一能用于婴儿的苯二氮䓬类药物。已经用于小儿麻醉前用药、内镜检查时镇静和全身麻醉。静脉给药无疼痛。给药后能很快吸收，且清除半衰期较短（约 2 小时），对呼吸循环影响较少，适合于小儿镇静。但和阿片类镇痛药合用时，可能增加其呼吸抑制作用。

三、阿片类镇痛药物

吗啡是 μ 受体激动药的典型代表药物，镇痛作用强，常用于术中及术后镇痛。小儿的血脑屏障更易透过,故小儿对吗啡的耐量小。吗啡在新生儿的蛋白结合率为 18% ~22%,显著低于成人(30% ~35%),易引起血药浓度增高。新生儿对吗啡的通气抑制作用较敏感。停药后血药浓度下降可能在小婴儿产生延迟作用。吗啡收缩胃肠道平滑肌和括约肌,易致便秘,并可使胆道、输尿管、支气管平滑肌张力增加。1 岁以内婴儿应避免应用吗啡。

芬太尼是婴幼儿最常用的镇痛药物。起效快,作用时间中等,效价是吗啡的 50 ~100 倍。临床剂量心血管反应小,但大剂量芬太尼其作用时间延长。3 个月以上的婴儿对通气抑制敏感性低,且药物代谢更迅速,应用芬太尼时呼吸暂停发生率比成人低。芬太尼的剂量与患儿的年龄、手术方式、健康状况及麻醉辅助药物的应用有关。芬太尼可致心动过缓,需要给予阿托品等药物。

阿芬太尼的清除时间比芬太尼更短,其药动学与剂量相关,剂量愈大,清除愈多,所以应用更为安全。阿芬太尼作用恢复非常迅速且完全。小儿的清除率可能比成人更高。对新生儿及肝功能损害的患儿,阿芬太尼的药动学及药效学有很大的个体差异。然而,该药作用强度高,用于小儿应密切观察,注意其残余作用及呼吸抑制。阿芬太尼常引起呕吐,应预防性使用止吐药。

舒芬太尼对心血管功能影响小,对通气功能抑制微弱。主要用于小儿心脏手术麻醉,其药动学与年龄有关,小儿对舒芬太尼的清除能力比成人强。在婴儿心血管手术中,大剂量舒芬太尼可抑制手术引发的代谢和内分泌反应。

瑞芬太尼是一超短效的阿片类药物,是新型阿片类药物代表,可持续输注。静注负荷剂量为 0.5 ~2.0μg/kg,维持剂量为 0.05 ~2.0μg/(kg·min)。瑞芬太尼的代谢动力学比较特殊,其消除半衰期 3 ~10 分钟,与剂量和注射时间无关,通过与组织中的非特异性酯酶结合后水解而失效。其作用强度与芬太尼相似。瑞芬太尼的副作用与其他阿片类药物相似,如心动过缓、呼吸暂停、胸壁僵直和呕吐等。

四、肌肉松弛药

新生儿对非去极化肌松药敏感,对肌松药的反应性也有很大的个体差异。术毕肌松效应残留可能与酸碱失衡或温度过低有关,纠正这些异常可助于肌张力恢复正常。婴幼儿琥珀胆碱的分布容积较大,所需剂量较成人大,静注剂量为 1.5 ~2mg/kg,30 秒即产生作用,维持 3 ~6 分钟。琥珀胆碱静脉注射后可引起心动过缓,给药前需用阿托品。

泮库溴铵为长效的非去极化肌松药,推荐剂量为 0.1mg/kg。泮库溴铵很少引起组胺释放,副作用为给药后引起心动过速,对心率快的小儿不利。

阿曲库铵 0.3 ~0.5mg/kg 静脉注射,起效迅速,可维持肌肉松弛作用约 30 分钟以上,适用于大多数儿科手术。阿曲库铵应用时心血管系统稳定,但有组胺释放及过敏反应的报道,禁用于哮喘患儿。

顺式阿曲库铵为阿曲库铵的光学异构体,肌松作用为阿曲库铵的 4 倍。不引起组胺释放,无心血管不良反应。建议插管剂量为 0.15 ~0.2mg/kg。和阿曲库铵一样,通过 Hofmann 消除,不为血浆胆碱酯酶水解。

维库溴铵为中时效的非去极化肌松药,剂量 0.1mg/kg,起效时间及作用时间类似于阿曲库铵,无明显心血管副作用,尤其适用于持续 20 ~30 分钟的手术,过敏反应较少见。

罗库溴铵为中时效的非去极化肌松药,主要优点为起效迅速,适合于小儿麻醉诱导及短小的手术,插管剂量 0.6mg/kg。心血管副作用及组胺释放反应罕见。

第三节　麻醉前准备

一、术前访视

手术前应进行访视,对患儿及家属进行详细的解释,以减少患儿的心理恐惧。尚需了解患儿的病史及进行有关的体格检查。病史包括患儿变态反应史、有无先天性畸形、出血倾向、呼吸困难及缺氧发作史,还应了解小儿特殊用药史及手术麻醉史。

体格检查注意牙齿有无松动、扁桃体有无肿大、心肺功能情况以及有无发热、脱水等症状。小儿上呼吸道感染非常常见,如呼吸道有脓性分泌物,不宜施行择期手术。术前应了解各种辅助检查结果,尤其是有无贫血、低血糖、低血钙及低血钾等情况,有无凝血障碍、有无急性感染等。

根据术前访视结果,即患儿的病史、体格检查及实验室检查资料,结合麻醉手术的危险程度,进行综合性分析,对患儿的全身情况和麻醉耐受力作出较准确的估计。

二、术前禁食

术前禁食的目的是减少术中胃内容物反流、误吸。小儿术中胃内容物误吸的发生率并不高,而长时间的禁食可能导致脱水及低血糖,尤其是代谢率较高的婴儿,所以小儿应尽量缩短禁食时间(表 27-3)。

表 27-3　小儿术前禁食时间(小时)

	固体食物、牛奶	糖水、果汁
6 个月以下	4	2
6~36 个月	6	3
>36 个月	8	3

三、麻醉前用药

麻醉前用药目的是产生术前镇静和抗焦虑,抑制呼吸道黏膜分泌,阻断迷走神经反射以及减少全麻药需要量。给药途径包括:口服、鼻内、肌注及直肠给药。但每一途径均有其缺点,口服起效慢;鼻腔给药尽管吸收快,但刺激鼻黏膜,小儿常感不适;肌注存在注射疼痛;直肠给药操作不便,患儿有不适感,目前应用较少。

镇静药的给予须根据患儿病情、手术时间、麻醉诱导方式及患儿的心理状况而定。6 个月以下的婴儿通常不给予镇静药。对大多数手术患儿来说,术前应给予足量的抗胆碱药,目的是减少口咽和呼吸道分泌物,并预防气管插管操作及手术过程中牵拉可能出现的迷走神经反射。

第四节 麻醉管理

一、麻醉诱导

（一）诱导方法

可通过吸入、静脉、肌肉或直肠给药进行麻醉诱导。目前面罩吸入七氟烷麻醉诱导在小儿麻醉中最常用。合作的小儿在入手术室后面罩吸入氧气（1～2L/min）加七氟烷，逐步升高七氟烷的吸入浓度（最大浓度为8%），直至患儿睫毛反射消失，维持浓度控制在4%以下。紧张或不合作患儿可坐位或抱着进行面罩吸入，开始即吸入高浓度的麻醉药（氧气6～8L/min+8%的七氟烷），一旦意识消失即可改平卧位进行静脉通路开放和完成麻醉诱导。诱导期间，患儿常有屏气，在进行加压辅助通气之前，须明确有无气道阻塞及喉痉挛存在。若患儿吸入麻醉诱导期间出现了严重的呛咳和喉痉挛，应给予肌肉松弛药。

静脉诱导是最可靠、最快速的方法。通常适用于年龄较大、已开放静脉通道或因饱胃须行快速诱导的患儿。静脉诱导的最大问题是静脉通道开放和维持困难，尤其是对于年龄较小和不合作的患儿。可先肌注氯胺酮、咪达唑仑等药物，待患儿入睡后再开放静脉通道。

（二）饱胃患儿的处理

饱胃患儿行麻醉诱导时，处理原则与成人相似。由于小儿的氧耗量相对较大，快速诱导时，氧饱和度迅速下降，诱导前需充分吸氧去氮。意识消失后，可按压环状软骨，以防止胃内容物反流。为避免引起胃内压力增高，快诱导气管插管时，禁忌按压上腹部，肌肉松弛药的选择以非去极化为宜。

（三）困难气道的处理

由于头面部及呼吸道解剖结构的特殊性，小儿困难气管插管的发生率较高。对严重困难气道的小儿，可选择光导纤维喉镜辅助插管，也可使用喉罩通气或经喉罩插管。会厌炎、气管支气管炎、喉内异物常表现为吸气喘鸣，激惹或哭闹时可能导致气道塌陷，从而加重气道梗阻，导致低氧血症及呼吸衰竭。此类患儿，在麻醉诱导时尽量减少刺激，经面罩吸入七氟烷是比较安全的麻醉诱导方法。诱导期间，尽量维持自主呼吸，待患儿入睡后再行静脉穿刺。诱导期间，一旦喘鸣加重或发生喉痉挛时，应立即关闭逸气活瓣，适当增加气道压力。如患儿有气管支气管炎或会厌炎，通常选择无气囊的导管，导管的内径也要相应减少0.5～1mm，使用导管芯有助于气管插管。如气道完全堵塞、面罩通气困难或气管内插管困难，需紧急行气管切开术。

（四）气管导管的选择

适当的导管口径是以能通过声门及声门下区的最粗导管为准，加压呼吸时，允许导管周围有轻度的漏气。小儿气管导管的选择及插入深度见表27-4。

1岁以上小儿还可用下述经验公式计算出导管口径及导管插入深度：

导管口径（F）= 年龄（岁）+18

导管内径（ID,mm）= 年龄（岁）/4+4

导管插入深度（从中切牙至气管中段距离,cm）= 年龄（岁）/2+12

表 27-4　不同年龄小儿气管导管的选择及插入深度

年龄	导管号码 (F)	内径 (ID,mm)	插入深度(cm)	
			经口	经鼻
早产儿	10 ~ 12	2 ~ 2.5	8 ~ 10	10 ~ 12
足月儿	12 ~ 14	2.5 ~ 3	10	12
1 ~ 6 个月	16	3.5	12	14
6 ~ 12 个月	18	4.0	12	14
2 岁	20	4.5	13	15
4 岁	22	5.0	15	17
6 岁	24	5.5	16	18
8 岁	26	6.0	17	19
10 岁	28	6.5	18	20
12 岁	30	7.0	20	22
14 岁	32	7.5	22	24

二、小儿通气装置

婴儿因气道阻力相对较大,一旦气管插管,最好选择控制呼吸。短小手术可选用喉罩通气(见第四章第六节)。婴幼儿的生理无效腔量较小,麻醉环路中无效腔量增加,会使整个呼吸环路的无效腔量大为增加,导致环路中呼吸气体的大量重吸入。理想的小儿麻醉装置应具备重量轻、呼吸阻力低、无效腔量少、顺应性低,适合于自主、辅助或控制呼吸。目前改良的循环回路已广泛用于小儿麻醉。

目前绝大多数麻醉机都可以用于小儿。定容型及定压型呼吸机均可用于小儿通气。体重10kg 以下的小儿常用定压型呼吸模式,尤其是气道阻力较高的患儿更适合选用此模式,以避免气压伤。

三、小儿区域麻醉

在合理应用基础麻醉后,小儿也可在区域麻醉下进行手术。区域麻醉包括椎管内阻滞及各种神经阻滞,常用药物有利多卡因、丁卡因、布比卡因及罗哌卡因。施行小儿区域阻滞时,应准备麻醉机、氧气及急救用品。

四、麻醉期间监测

术中最简单也是最重要的监测就是麻醉医师的密切观察。麻醉期间应持续观察患儿的皮肤黏膜颜色是否发绀或苍白,呼吸幅度、呼吸节律以及脉搏强弱等。听诊器是最简单最有价值的监测仪,应在诱导前置于胸前,可持续监测心率、心音、心律。婴儿心音的强弱与每搏出量有关,可间接反映心排血量。另外,听诊器可通过双肺呼吸音的比较来证实气管导管的位置。必要时可放置食管听诊器。心电图可反映有无心律失常、传导阻滞及心肌缺血,是麻醉中不可缺少的监测项目。麻醉期间均应监测血压,袖带宽度应为患儿上臂长度的2/3。直接动脉测压仅用于大手术或预计出血量较多的手术,动脉内置管引起的并发症在婴幼儿发生率较高,主要为缺血损伤及血栓形成。中心静脉压监测可通过颈内静脉或锁骨下静脉置管,操作时应避免损伤邻近组织。小儿锁骨下静脉穿刺气胸发生率较成人高。麻醉期间应连续监测体温,长时间手术应监测中心温度,可选择鼻咽部、直肠、食管或鼓膜等部位。脉搏血氧饱和度(SpO_2)、呼气末二氧化碳($P_{ET}CO_2$)浓度已成为小儿麻醉中常用的监测手段。大手术及危重病人应监测尿量及动脉血气分析。

五、围术期液体管理

小儿的体表面积相对较大、代谢率高,每消耗418.4J(100cal)热量需消耗100ml水。估算小儿的液体需要量时,需考虑代谢因素。基于体重考虑,各年龄组每天液体维持量有所不同(表27-5)。

表27-5　小儿液体维持量的估算

体重(kg)	每小时液体需要量	每天液体需要量
<10	4ml/kg	100ml/kg
11～20	[40+2(体重-10)]ml	[1000+50(体重-10)]ml
>20	[60+(体重-20)]ml	[1500+20(体重-20)]ml

上述为小儿正常液体维持量。围术期输液尚应包括术前丧失量及术中损失量。术前丧失量主要由禁食所致,其估计量为:禁食时间×每小时液体维持量。术前丧失量的50%应在第1小时内补充,第2、3小时内各补充25%。术中损失量包括麻醉及手术创伤引起的损失量。麻醉引起的损失量与麻醉装置有关。高流量麻醉、吸入气体无加温加湿,经呼吸道损失液体较多。手术引起的液体损失量与手术部位、手术时间及出血情况有关,从$1ml/(kg \cdot h)$至$15ml/(kg \cdot h)$不等。

输入的液体种类也非常重要。由于发现缺氧性脑损伤的患儿血糖水平较高,对于术中葡萄糖的输入应慎重。所有的损失量应补充平衡盐溶液(如乳酸林格液),正常维持量以5%葡萄糖加入生理盐水中输入,这样可最低限度地减少血糖水平异常。

对于小儿术中是否需要输血,应考虑失血量占总血容量的比例。通常早产儿的总血容量估计为100～120ml/kg,足月儿为90ml/kg,3～12个月为80ml/kg,1岁以上为70ml/kg,可根据下列公式推算出最大允许失血量(MABL):

$$MABL = \frac{估计血容量(EBV) \times (初始血细胞比容 - 可耐受的血细胞比容)}{初始血细胞比容}$$

在呼吸循环功能正常的情况下,患儿能耐受的血细胞比容为25%～30%。对于3个月以内的婴儿,其血细胞比容应保持在35%以上。根据MABL决定输液的选择,如失血量<1/3MABL,输平衡液即可;失血量>1/3MABL,需补充胶体液;失血量>1MABL,需要进行输血。输注平衡液量与失血量之比应为3:1,输注胶体液量与失血量之比为1:1。

如患儿有先天性凝血因子缺乏或手术创面异常渗血且PT超过15秒或APTT超过60秒,需输注新鲜冰冻血浆来补充凝血因子。如患儿术前合并特发性血小板减少性紫癜或化疗等原因使血小板计数降至$1.5 \times 10^9/L$以下,或由于术中血液稀释使血小板计数降至$5 \times 10^9/L$以下时,需外源性补充血小板。

第五节　麻醉后处理

手术麻醉结束后,患儿的呼吸功能逐渐恢复,应充分清理呼吸道分泌物,待完全清醒后,拔除气管导管,送至恢复室进行密切观察。主要监测项目包括呼吸、循环及体温。

缺氧是小儿麻醉后苏醒期最常见的并发症。上呼吸道梗阻、通气不足导致缺氧和二氧化碳蓄积。舌后坠是术后呼吸道梗阻主要原因。垫高患儿肩部并使头偏向一侧,有利于解除梗阻并使分泌物流出口外,也可将患儿置于侧卧位或放置口咽通气道。术后切口疼痛,限制患儿呼吸,以及术后胃肠胀气均可导致术后通气不足,应引起注意。喉痉挛是引起上呼吸道梗阻的常见原因,多见于吸入麻醉后,分泌物、血液及异物刺激声门引起。轻度的喉痉挛应托下颌给予面罩加压纯氧通气。如缺氧症状不能缓解,应重新加深麻醉后迅速气管插管,待小儿完全清醒后拔管。小儿呛咳时或未完全清醒时不应拔管。拔管前应充分清理呼吸道,可减少喉痉挛的危险。

小儿术后疼痛较难评估。小于 3 岁的患儿可以采用行为学和生理学参数来评估疼痛的强度,5 岁以上儿童可以使用视觉模拟评分法(VAS)。轻中度疼痛适合采用口服药物治疗。9 岁以上患儿可应用病人自控镇痛(PCA),9 岁以下的患儿开展护士控制镇痛(nurse controlled analgesia,NCA)。另外尚可通过皮下或静脉给予阿片类药物,推荐的吗啡剂量为 $20\mu g/(kg \cdot h)$。虽然给药方案比较安全,仍需要训练有素的医护人员参与,并密切监测呼吸功能。如阿片类药物不能使用,可采用周围神经阻滞或硬膜外阻滞持续给予局麻药,长时间镇痛可使用非甾体类药物。

(田玉科)

第二十八章 妇产科麻醉

第一节 妇科手术麻醉

一、妇科手术麻醉的特点

1. 为便于盆腔底部和阴道手术的操作,要求麻醉有充分的镇痛和肌肉松弛。注意特殊体位(如头低足高位、截石位)对呼吸和血流动力学的影响。预防周围神经和肌肉长时间受压,引起损伤和深静脉血栓形成。

2. 妇科病人以中老年为多,常并存有高血压、冠心病、糖尿病、慢性阻塞性肺病或继发贫血、低蛋白血症、电解质紊乱等情况,麻醉前应予以治疗和纠正。

3. 妇科麻醉除宫外孕、卵巢囊肿蒂扭转、会阴部外伤、子宫穿孔外,多属于择期手术,麻醉手术前应做好充分的准备。

4. 近年来随着微创手术的发展,腹腔镜下妇科手术数量日益增多,术式趋于复杂,要充分考虑术中 CO_2 气腹和体位对呼吸和血流动力学的影响。

二、麻醉选择

椎管内麻醉和全身麻醉均可应用于妇科手术。应注意在椎管内麻醉下行子宫全切除术或经阴道实施手术时要求阻滞全部骶神经,腰麻-硬膜外联合麻醉因其起效快、镇痛完善、肌肉松弛好和骶神经阻滞充分等优点,可满足妇科经腹手术的要求。妇科腹腔镜手术首选全身麻醉。

三、常见妇科手术的麻醉

(一) 子宫及附件切除术

手术病人如为中老年人,可能伴有循环和呼吸系统疾病及糖尿病,因长时间慢性失血而有贫血,各重要器官因慢性贫血可能有不同程度的损害。因此,应重视麻醉前处理和准备工作。血红蛋白低于 70g/L 者,应认真纠正,待达 80g/L 以上方可施行择期手术。经腹手术可选择腰-硬联合阻滞或连续硬膜外阻滞,也可选择全身麻醉。高血压病同时伴有冠心病、心绞痛史或有左/右束支完全性传导阻滞者宜选用全身麻醉。腹腔镜下行子宫或附件切除术者常首选全身麻醉。

宫颈癌根治术由于手术范围大、创伤及出渗血较多、手术时间较长,应选用全身麻醉或椎管内麻醉联合全身麻醉。对老年人或并存有心肺疾病者,围麻醉手术期应加强生命体征监护,注意体液动态平衡,维护心、脑、肺、肾等器官功能。

（二）巨大卵巢肿瘤切除术

麻醉的难易度与肿瘤大小有直接关系。巨大肿瘤可引起膈肌上升,胸廓容积明显缩小,呼吸运动和肺通气功能受限,病人可能长时间处于低氧和二氧化碳蓄积状态;又因呼吸运动受限,易并发呼吸道感染。麻醉前应常规检查肺功能及动脉血气分析,必要时行抗感染治疗。巨大肿瘤可能压迫下腔静脉,导致下肢静脉回流障碍,发生下肢水肿和深静脉血栓形成。围术期需要防治静脉血栓栓塞症。巨大肿瘤也可压迫腹主动脉,使心脏后负荷增加,对心功能不良的病人不利。麻醉前应常规检查心电图、超声心动图,了解心功能代偿程度。腔静脉长时间受压,可使硬膜外间隙血管丛扩张淤血。硬膜外阻滞穿刺置管应注意避免血管损伤和硬膜外腔出血。用药量应相对减少,防止阻滞平面过高。巨大肿瘤压迫胃肠道,可使病人营养不良,消瘦虚弱,或继发贫血、低蛋白血症和水电解质紊乱,麻醉前应予以调整纠正。

麻醉方法与药物的选择应依心肺功能代偿情况全面权衡。在脐以下中等大小肿瘤,可选用腰麻-硬膜外联合麻醉或连续硬膜外阻滞,麻醉前应作补偿性扩容,以减少阻滞区域交感阻滞后引起的循环剧烈波动。巨大肿瘤使病人难以平卧者,如为良性囊肿,麻醉前可试行囊肿穿刺缓慢放液,同时静脉补充血容量,再实施全身麻醉。术中检查、放囊液及搬动肿瘤等操作时,应严密监测血流动力学变化,搬出肿瘤后应立即行腹部加压,以防因腹内压骤降引起内脏血管扩张,大量血液淤积而引起回心血量突然减少,导致有效循环血容量相对不足而出现严重低血压。预防的方法是在肿瘤搬出前进行适当扩容,必要时可使用麻黄碱、多巴胺等缩血管药物。当然也要避免过度扩容引起容量负荷过重,导致急性肺水肿的发生。因此,术中要准确判断心脏前后负荷的增减,及时调整容量平衡。

（三）宫外孕破裂

为最常见的妇科急症,麻醉抢救措施主要取决于失血或休克的严重程度与时间长短。麻醉前要对病人的失血量和全身状态作出迅速判断,做好输血输液的充分准备,积极处理失血性休克。病人处于休克前期时,估计失血量在 600ml 左右;轻度休克,失血量为 800～1200ml;中度休克失血量为 1200～1600ml;重度休克时约为 2000ml。休克前期和轻度休克时,对存在休克的患者以选择全身麻醉为宜。严重休克的患者,生命处于垂危状态或存在其他不允许选择全身麻醉的情况下,可以在积极抗休克的同时选择局部浸润麻醉进腹止血,待休克好转后再寻求进一步的治疗措施。对有心功能不全的患者,全麻时宜选用对心血管系统影响较小的药物,如依托咪酯、小剂量氯胺酮等,与肌松药、镇痛药行复合全麻。由于宫外孕破裂发病紧急,部分病人可能存在饱胃情况,麻醉诱导时要严防呕吐误吸。术中依据失血量补充成分血、代血浆和平衡液,及时纠正代谢性酸中毒,维护肾功能。麻醉后应继续严密观察,预防感染及肺、心、肾的继发性损害。

（四）宫腔镜检查与手术的麻醉

1. 宫腔镜检查与手术麻醉的特点 宫腔镜检查与手术过程中要使用膨宫介质,了解常用的宫腔镜检查与手术及其对机体的可能影响,有助于麻醉安全。膨宫介质的基本要求为膨胀宫腔,视野清晰,能减少子宫出血和便于操作。常用的有:

（1）二氧化碳:其折光系数为 1.00,显示图像最佳,但有气栓的危险,出血可影响观察效果。目前临床较少使用。

（2）低黏度液体:有生理盐水、乳酸林格液、5% 葡萄糖等。因其黏度低而易通过输卵管,缺点是检查操作时间过长时有体液超负荷和电解质紊乱的危险。

（3）高黏度液体:有 32% 右旋糖酐-70 和羟甲纤维素钠液等。因黏度高,不溶于血,故视野比较清晰。少见的不良反应有过敏、肺水肿和出血性紫癜,羟甲纤维素钠可能引起肺栓塞。

2. 麻醉选择 单纯宫腔镜检查和取活检时,可无须麻醉。在宫腔镜下进行手术时,依病人情况可分别选用硬膜外阻滞、蛛网膜下隙阻滞、腰麻-硬膜外联合阻滞或全身麻醉,目前以静脉全身麻醉为最多。术中可发生迷走神经紧张综合征,临床表现为恶心、出汗、心动过缓、低血压,严重者可致心搏骤停,故宫颈明显狭窄和心动过缓者尤应注意预防。

3. 麻醉管理 除常规管理与输液外,主要应注意膨宫介质的不良反应和可能发生的并发症。椎管内阻滞范围应达 $T_{10} \sim S_5$;全身麻醉应有一定的镇痛强度或麻醉深度;阿托品有一定的预防和治疗迷走神经紧张综合征的作用。以晶体液为介质者,应注意有无体液超负荷或水中毒的问题,应注意出入量的观察,密切监测血流动力学和电解质。

4. 麻醉后管理 麻醉手术后常规监测心电图、血压、脉搏、指脉搏氧饱和度,待生命体征平稳、意识恢复后,方可离开 PACU 或送返病房。

第二节 产 科 麻 醉

产科麻醉与其他专科的麻醉相比有以下特点:①妊娠妇女机体发生一系列生理变化,各器官功能发生相应改变,必须针对这些改变进行麻醉处理,既要满足手术要求,又要保证母子安全。②妊娠妇女可并存有心脏病、糖尿病、病毒性肝炎等疾患,或并发病理妊娠,如妊娠子痫等。分娩过程中并存疾患易于恶化而威胁母子安全,同时给麻醉管理带来困难。③产科麻醉须全面考虑术前用药与麻醉用药对母子的影响,麻醉方法应力求简单、安全。④产科急症手术,麻醉医师应了解病理产程的经过,全面估计母子情况。⑤呕吐、误吸是产妇死亡的主要原因之一,应强调作好麻醉前准备和各种急救措施。因胎儿呼吸窘迫、早产、双胎需行剖宫产手术时,应避免使用对胎儿有抑制作用的药物。对宫内死胎、内倒转术或毁胎术等,应全力保障产妇生命安全。

一、麻醉药对母体和胎儿的影响

麻醉药和麻醉性镇痛药都有程度不等的中枢抑制作用,且大部分可通过胎盘屏障进入胎儿血液循环。因此在用药时必须慎重考虑用药方式、方法、剂量、用药时间以及胎儿和母体的全身情况,对于未足月分娩的产妇更应该特别慎重。如果胎儿在药物抑制高峰时娩出,则可能发生新生儿窒息。

1. 麻醉性镇痛药 临床上常用的麻醉性镇痛药有吗啡、哌替啶、芬太尼类等都极易透过胎盘,对胎儿产生一定影响。

(1)哌替啶:常用于产科镇痛。通常肌内注射 50～100mg,或静脉注射 25～50mg。妊娠期哌替啶的药动学与非妊娠期无明显差别。肌内注射后 40～50 分钟,或静注后 5～10 分钟达到镇痛作用高峰,作用时间 3～4 小时。母体静脉注射 50mg 后,2 分钟内胎血中即可检出,6 分钟后母、胎血内浓度达平衡,对胎儿的影响与用药剂量呈正相关。肌内注射时,脐静脉血药浓度出现延迟,且浓度低。胎儿娩出前 1 小时肌内注射 50～100mg,娩出的新生儿与未用药者无明显差异;但娩出前 2 小时肌内注射,新生儿呼吸抑制发生率明显增高;注药后 4 小时内娩出者,呼吸性酸中毒的程度增加。哌替啶的分解代谢产物去甲哌替啶、哌替啶酸及去甲哌替啶醇导致新生儿的呼吸抑制作用是哌替啶本身的 2 倍,此类药物在胎儿肝内形成。哌替啶生物降解需要 2～3 小时,因此在胎儿娩出前 2～3 小时用药,则可发生新生儿呼吸抑制,故哌替啶应在胎儿娩出前 1 小时内或 4 小时以上使用为宜。由于临床对于胎儿的娩出时间不易正确估计,所以用药以越接近娩出越好。哌替啶有促进宫缩作用,宫缩频率及强度增加,故可使第一产程缩短。胎儿娩出后一旦出现呼吸抑制,可用拮抗剂处理,如纳洛酮 0.01~0.04mg 经脐静脉注入或肌内注射拮抗。

（2）吗啡:肌注后达到镇痛作用的高峰时间为 1~2 小时,静注后为 20 分钟,维持时间 4~6 小时。该药对新生儿的呼吸抑制作用大于等效剂量的哌替啶。极易透过胎盘。妊娠期吗啡的代谢较非孕期加快。该药透过早产儿血脑屏障的浓度大于哌替啶,故禁用于早产。分娩早期用药可使子宫活动性降低,产程延长,新生儿呼吸抑制。还可引起母体发生直立性低血压、恶心、呕吐、头晕、胃排空延迟,故目前吗啡主要用于产后硬膜外镇痛。

（3）芬太尼:用于分娩的常规剂量为肌内注射 50~100μg 或静注 25~50μg。静注后 3~5 分钟达到作用高峰,维持 30~60 分钟。临床常用剂量的芬太尼,在胎儿娩出前静脉注射,可迅速透过胎盘,使新生儿发生呼吸抑制。使用小剂量芬太尼 5~15μg 在产程早期蛛网膜下腔注射,可提供满意的第一产程镇痛,而不产生运动阻滞,对新生儿亦无不良影响。分娩期间使用小剂量芬太尼或舒芬太尼复合低浓度局麻药 0.0625%~0.25% 的罗哌卡因行患者自控硬膜外镇痛（PCEA）,可缩短第一产程,亦不影响产力,目前已在临床上广泛使用。在第二产程经硬膜外注入 100μg 芬太尼可获得良好镇痛,并使宫缩增强。

（4）瑞芬太尼:瑞芬太尼是纯 μ 受体激动药,静脉注射后迅速起效,药效消失快,是真正的短效阿片类药物。其临床效价与芬太尼相似,低于舒芬太尼。瑞芬太尼脂溶性高,极易通过胎盘,但因其半衰期短,仅为 9 分钟,进入胎儿循环后可迅速被酯酶代谢,长时间使用无蓄积,所以对新生儿不会造成不良影响,适用于不能行椎管内分娩镇痛的产妇。瑞芬太尼分娩镇痛时,新生儿 Apgar 评分均正常,但可引起部分产妇轻度镇静及胎心变异减小等不良反应。

（5）曲马多:具有双重镇痛机制,一方面可与 μ、κ 和 δ 等阿片受体结合,但亲和力很弱;另一方面还可抑制神经元突触对去甲肾上腺素和 5-羟色胺的再摄取,增加神经元外 5-羟色胺浓度。曲马多镇痛效价约为吗啡的 1/10,生物利用度约为 65%,显著高于阿片类药。血浆蛋白结合率仅约为 4%,可通过胎盘,但治疗剂量不抑制宫缩和产程,亦不抑制呼吸,可用于产科镇痛。

2. 非巴比妥类镇静药

（1）地西泮:易于透过胎盘,静脉注射 10mg 后 30~60 秒内,或肌内注射 10~20mg 后 3~5 分钟内即可进入胎儿。母体肌内注射 10mg,40 分钟后母胎血内浓度达平衡,其后胎血浓度又复增加,此与胎儿血浆蛋白对地西泮有较强亲和力有关。地西泮在新生儿的半衰期为 30 小时±2.2 小时,4~8 天后仍可检出其代谢产物去甲西泮。地西泮可引起新生儿血内游离胆红素浓度增高,易诱发胆红素脑病。对新生儿 Apgar 评分中肌张力的影响以及对神经行为评分的影响与用药量呈正相关,可表现为新生儿嗜睡、吸吮力减弱、对周围反应能力低下、低体温、低血压等。

（2）咪达唑仑:为水溶性苯二氮䓬类药物。口服后吸收迅速,30~60 分钟母体血药浓度达峰值。肌内注射后 30 分钟血药浓度达峰值,静脉注射后 15~30 秒即可进入胎儿。由于该药与血浆蛋白结合度高达 94%,故其透过胎盘量较地西泮少。在母体与新生儿的消除半衰期为 2.4 小时±0.8 小时,约为地西泮的 1/10。该药对呼吸的抑制作用与剂量有关,母体静脉注射 0.075mg/kg 不影响 CO_2 的通气反应,而 0.15mg/kg 即可产生不同程度的呼吸抑制,甚至发生短时间的呼吸暂停,故产期应慎用。

（3）氟哌利多:主要用于先兆子痫和子痫病人,以达到解痉、镇静、镇吐及降压作用。氟哌利多的安定作用相当于氯丙嗪的 200 倍,氟哌啶醇的 3 倍;镇吐作用相当于氯丙嗪的 700 倍。静脉注射后 3~5 分钟即可在脐静脉血中检出,最佳效应时间约 3 小时以上。肌内注射 12.5~25mg 后 1~2 分钟可通过胎盘,可引起新生儿中枢神经系统抑制。该药对子宫张力无影响,过量可产生中枢抑制,临产妇应慎用。可影响新生儿 Apgar 评分和神经行为评分。少数敏感者可出现一过性黄疸,患有严重肝损害者慎用。有较强的 α 受体抑制作用,可引起直立性低血压。

3. 巴比妥类镇静药 巴比妥类药物均可迅速通过胎盘。该类药物在胎盘移行中受 pKa(50% 解离时的 pH)的影响比脂溶性因素更大。如戊巴比妥的 pKa 为 8.02,异戊巴比妥的 pKa 为 7.78,两者脂溶性相同,但前者的胎盘移行速度比后者快。

硫喷妥钠为常用的产科全身麻醉诱导药。用于妊娠期时其半衰期比非妊娠期长 2~3 倍。它不影响子宫收缩,可迅速通过胎盘。静脉注射 45 秒后,脐静脉血中可检出,但胎儿摄取量与母体所用剂量不呈正比关系。健康新生儿的 Apgar 评分与所用剂量及脐静脉血中浓度无直接关系。大剂量硫喷妥钠可能抑制新生儿呼吸,故应限制剂量不超过 7mg/kg。硫喷妥钠用于剖宫产麻醉诱导时,很少出现新生儿睡眠,因为硫喷妥钠静脉注射后,移行到新生儿脑内浓度较低。而对早产儿、宫内窘迫窒息缺氧者,应慎用。

4. 全身麻醉药

(1) 氯胺酮:该药具有催产、镇痛、增强子宫肌张力和收缩力的作用。分子量小,脂溶性高,可迅速透过胎盘,用药量超过 2mg/kg 时对新生儿有抑制作用,偶见肌张力增高和激动不安。静脉注射氯胺酮 1.5mg/kg 可行全麻诱导,或在胎头娩出时静注 0.25mg/kg,或在会阴侧切时静注 0.6~0.7mg/kg,可获得明显的镇痛效果。该药用于分娩镇痛有一定的危险,其不良反应主要为血压升高、幻觉和谵妄等精神作用,以及胃内容物的反流、误吸等,故禁用于有精神病史、妊娠高血压综合征或先兆子痫、子宫破裂的孕妇。

(2) 丙泊酚:起效快,维持时间短,苏醒迅速。丙泊酚是美国 FDA 确认的对孕妇和胎儿不良影响比较小的一种麻醉药物,其催眠效能较硫喷妥钠强 1.8 倍,起效快,维持时间短,苏醒迅速。该药可迅速透过胎盘,脐静脉血药浓度与母体血药浓度比值(UV/MA)为 0.7。常规剂量时,对母体、胎儿、新生儿没有影响。静注 2~2.5mg/kg 丙泊酚对新生儿的影响,与静注 4~5mg/kg 硫喷妥钠相比无明显差异。如持续静脉输注速度为 2.5~5.0mg/(kg·h)或静脉推注 2.5mg/kg 时,不会出现新生儿神经行为改变;与硫喷妥钠相似,该药也可透过胎盘,大剂量使用(静注超过 2.5mg/kg)或注射速度达 9.0mg/(kg·h)则出现新生儿抑制,对新生儿 Apgar 评分将有影响。丙泊酚用于全麻诱导或维持,可引起低血压,故应仔细调整剂量。

(3) 依托咪酯:对心脏的抑制作用小,在产科中仅用于需要维持血流动力学稳定的患者。依托咪酯诱导后,新生儿体内皮质醇有所下降,6 小时后可无明显变化。

(4) 氧化亚氮:可迅速透过胎盘,母胎间血浓度差为 55%~91%,且随吸入时间延长而成比例增加。吸入 70% 氧化亚氮 20 分钟内胎儿抑制较轻,但随麻醉时间延长则新生儿抑制发生率增加。氧化亚氮对母体的呼吸、循环、子宫收缩力有增强作用,使宫缩力与频率增加。产科多采用半紧闭法间歇吸入,可在第一产程宫缩前 20~30 秒吸入,氧化亚氮与氧吸入浓度各占 50%,氧化亚氮浓度最高不超过 70%。行剖宫产时也可与其他全麻药物复合应用。

(5) 恩氟烷与异氟烷:其镇痛作用比氟烷稍强,低浓度吸入对子宫收缩的抑制较轻,麻醉诱导较氟烷慢。异氟烷可引起与剂量相关的子宫收缩抑制,浅麻醉时对子宫抑制不明显,对胎儿也无明显影响;深麻醉时对子宫有较强的抑制,易引起子宫出血;同时可降低子宫血液灌流而对胎儿不利。

(6) 七氟烷与地氟烷:七氟烷与地氟烷的血液溶解度较低,因而诱导迅速,麻醉后清醒较快。依七氟烷的理化特点,该药较氟烷更易透过胎盘,对子宫收缩的抑制强于氟烷。国内外研究认为七氟烷用于剖宫产麻醉时对新生儿 Apgar 评分无明显影响。地氟烷对血流动力学影响弱于异氟烷,肌松作用在相同 MAC 条件下,强于异氟烷和氟烷,故对子宫的抑制强于异氟烷,且可迅速透过胎盘。

5. 肌肉松弛药

（1）琥珀酰胆碱：起效快、完善且时效短，如无禁忌，可作为产科麻醉诱导的首选肌松剂。该药脂溶性较低，且迅速被胆碱酯酶分解，故其常用剂量极少向胎儿移行，新生儿体内亦无此药；但用量在300mg以上或一次大量使用，仍会移行至胎儿，3.5分钟时与母体血浓度达平衡。当孕妇胆碱酯酶活性异常，使用该药后可引起母婴呼吸抑制时间延长。

（2）非去极化肌松剂：种类较多，如泮库溴铵、阿曲库铵、顺式阿曲库铵、维库溴铵、哌库溴铵、米库氯胺、罗库溴铵等。上述药均属高水溶性，不易（但非完全不能）透过胎盘。产科使用的理想肌松药应该具有：起效快，持续时间短，极少透过胎盘，新生儿对其排出迅速等。顺式阿曲库铵与米库氯胺属大分子量的季铵离子，脂溶性低，50%与蛋白结合，所以透过胎盘量少。顺式阿曲库铵在体内通过非特异性酯酶水解和Hofmann消除自行降解，而不依赖肝肾功能。研究认为剖宫产时应用0.3mg/kg的阿曲库铵，仅有微量透过胎盘，胎/母间比值为12%，娩出新生儿Apgar评分正常，但出生后15分钟时的神经学和适应能力评分（NACS）有45%较差，说明使用阿曲库铵后新生儿的自主肌张力较差，表现为颈部屈肌和伸肌主动收缩力于出生后15分钟时仍有残存肌松现象，这些对不足月的早产儿应予重视。与非妊娠相比，妊娠期维库溴铵的起效时间明显缩短，持续时间明显延长。罗库溴铵是起效快的中等时效非去极化肌松药，是迄今为止临床使用的起效最快的非去极化肌松药。与维库溴铵相似，妊娠期作用时间较非孕期时延长。

6. 局部麻醉药

局麻药均可透过胎盘作用于胎儿，并影响新生儿的肌张力，使其略有下降。局部麻醉药注入硬膜外间隙后，母体静脉血药浓度在20分钟左右达峰值，脐静脉血药浓度在30分钟时达峰值。不同的局麻药透过胎盘的移行速度不同，其影响因素有：①局麻药的蛋白结合度：血浆蛋白结合度高的，透过胎盘量少，进入胎儿血的药量亦少。局麻药的蛋白结合度分别为：布比卡因84%~85%，罗哌卡因(94±1)%，利多卡因51%~46%。因胎儿缺少α酸性糖蛋白，故胎儿血浆蛋白与局麻药的结合度与母体不同，仅为母体的1/2。如布比卡因为51%~66%，利多卡因为14%~24%，罗哌卡因为(45±2)%。②局麻药的分子量：分子量在350~450以下的物质容易透过胎盘。目前应用的局麻药分子量都在400以下，故较易透过胎盘。③局麻药的脂溶度：脂溶度高的较易通过胎盘。溶解度取决于局麻药的pH和油/水分配系数。如利多卡因pH为7.20时，分配系数为30.2，较易透过胎盘。④局麻药在胎盘中的分解代谢：酯类局麻药多经血浆或肝内假性胆碱酯酶水解，在胎盘内亦水解，因此移行至胎儿的量少，故较安全。酰胺类局麻药的代谢依赖于肝血流量和肝酶活性，且不被胎盘分解，其代谢过程远比酯类局麻药缓慢。但由于酰胺类局麻药渗透性强，作用可靠，作用时间长，临床应用浓度和剂量的不良反应少，仍用于产科。罗哌卡因因其具有明显的感觉运动阻滞分离现象和毒性小的药理特点更适用于产科麻醉和镇痛。

（1）利多卡因：用于硬膜外阻滞注射药物3分钟后，胎儿血药浓度约为母血浓度的1/2，加用肾上腺素可延缓吸收速度，降低母胎血内浓度，但不延缓透过胎盘的速率。

（2）布比卡因：作用时间长。胎儿娩出时脐静脉血药浓度为母血浓度的30%~40%，由于其心脏毒性作用较强且难复苏，故有被罗哌卡因取代的可能。

（3）左旋布比卡因：是布比卡因的纯S-异构体，心脏毒性和神经毒性均明显低于布比卡因。可通过胎盘，胎/母血之间比率为0.3。左旋布比卡因与布比卡因用于剖宫产手术麻醉和分娩镇痛时，效能相似，对新生儿Apgar评分均无明显影响，但左旋布比卡因较布比卡因对运动神经阻滞的程度轻，时间短。

（4）罗哌卡因：是新型长效酰胺类局麻药。其pKa为8.0，与布比卡因的pKa 8.1相近，血浆蛋白结合率为(94±1)%，高于布比卡因。经择期剖宫产观察，硬膜外间隙给予0.5%罗哌卡因150mg后,其母体血浆最大浓度(C_{max})与布比卡因相近,而消除半衰期($t_{1/2}$)明显短于布比卡因,其毒性为布比卡因的1/8。对运动神经阻滞强度和持续时间比布比卡因弱且短。对运动阻滞程度与其浓度存在明显相关性,低浓度时能产生明显的运动阻滞和感觉阻滞分离现象,是目前椎管内分娩镇痛的常用药物。罗哌卡因具有周围血管收缩作用,使硬膜外间隙血流量减少,因此减少药物吸收速率,无须加用肾上腺素。上述药理特点更适合于产科麻醉。

二、胎盘屏障对麻醉药的影响

(一) 胎盘的运输功能

胎盘的主要功能是向胎儿运送氧和营养物质,并将二氧化碳和其他代谢产物运回母体。根据物质的性质与胎儿的需要,有不同的运输方式,可概括为以下四种。

1. **单纯弥散** 是胎盘物质交换中最重要的方式之一。物质分子从高浓度区域移向低浓度区域,直至平衡。通过单纯弥散从母体进入胎体的物质有两类:一类是维持体液平衡的物质,如水、电解质、氧、二氧化碳等;另一类为外来营养物质。

单纯弥散受多种因素的影响,如:①浓度梯度:弥散的速度与胎盘两侧的物质浓度差呈正比,而与膜厚度呈反比。药物通过单纯弥散通透胎盘。有的药物在一般剂量下转运率极低,但用药量过大而形成大的浓度差时,有可能大量通过胎盘进入胎儿体内。②分子量:物质分子量小于500的,容易通过胎盘,分子量大于1000的物质较难通过。③脂溶性:胎盘膜为脂质屏障,主要成分由磷脂构成。凡脂溶性高、电离度低的物质均易通过胎盘,许多麻醉药和镇静药即属此类,如易溶于脂肪的硫喷妥钠能很快透过胎盘,2分钟后母胎浓度即相等;吸入麻醉药,由于分子量小,脂溶性高,也能迅速进入胎体。难溶于脂肪、电离度高的物质,如琥珀胆碱、筒箭毒碱、加拉碘铵等则较难透过胎盘。④蛋白结合率:麻醉药物透过胎盘作用于胎体的能力与其蛋白结合率有关,与蛋白结合越多,透过胎盘的量越少。⑤胎盘功能:发生胎盘老化、胎盘早剥等情况时,由于交换面积减少,转运能力下降。

2. **异化扩散** 是由载体携带进行的扩散,有些物质通过胎盘运输的速率如以分子量计算超过单纯弥散所能达到的速度。目前认为是由载体携带进行的扩散,对某些物质的弥散起加速作用,如天然糖、氨基酸、大多数水溶性维生素等。

3. **主动转运** 由于胎体内某些物质浓度较母体高,故不能用弥散规律解释,目前认为由主动传递运输,该方式需要消耗一定的能量,通过胎盘屏障细胞线粒体内有高度活力的ATP酶进行,如抗代谢药、无机铁、氨基酸等的跨胎盘屏障转运都属此类。

4. **特殊方式** 主要为免疫物质的运输,有以下两种方式:①细胞吞饮:胎盘微绒毛通过阿米巴式运动,能将极小的母体血浆微滴包裹而吞入,送入胎儿的毛细血管。运输极少量大分子物质如免疫活性物质及球蛋白。②渗漏:通过胎盘绒毛较大的微孔或小缺口,完整的母体细胞能进入胎血。

(二) 胎儿及新生儿药物代谢特点

从胎盘经脐静脉进入胎体的药物,约有50%经过胎肝时被逐渐代谢,其余部分则从静脉导管经下腔静脉进入体循环。经过肝脏的药物可逐渐被摄取和代谢,阻止了高浓度的药物直接进入心脏和中枢神经系统。待到达脑循环时药物已经稀释,因此,脑组织中麻醉药浓度已较低。而胎儿和新生儿血脑屏障的通透性较高,药物较易通过,尤其当呼吸抑制发生二氧化碳蓄积和低氧血症时,膜通透性更大。胎儿和新生儿的肾小球滤过率为成人的30%～40%,肾小管排泄量比成人低20%～30%,药物排泄能力比成人低,对巴比妥类药物排泄尤其缓慢。胎儿肝的重量占体重的 4%（成人为 2%），胎儿肝内的细胞色素 P450、NADPH-细胞色素还原酶、葡萄糖醛酸转移酶等的活性较成人为低，因而某些药物的消除半衰期延长，应减量或不用。

三、产科手术的麻醉

（一）术前准备

多数产科手术属于急症性质，麻醉风险高，麻醉医师应全面而有重点地快速了解产妇病情，对母胎情况做出正确评估，选择合适的麻醉方法，保障母胎安全，减少手术创伤和术后并发症。

1. 术前评估

（1）病史采集：了解孕期产检保健情况，有无妊高症、先兆子痫、HELLP 综合征等产科并发症，有无围产期大出血可能，有无慢性心肺疾患等合并症。了解术前用药的种类、剂量和用法。询问既往孕产史和手术麻醉史，特别是剖宫产麻醉方式、麻醉过程是否顺利、有无麻醉并发症和麻醉药物过敏反应，为本次麻醉方式和麻醉药物的选择提供参考。

（2）体格检查：重点包括体重指数、基础血压的测量、气道和心肺检查。如拟行椎管内麻醉者，还应注意腰背部体检。

（3）辅助检查：包括血常规、尿常规、出凝血时间、血型检验和交叉配血等。血小板计数检查对患有妊娠高血压综合征、先兆子痫、HELLP 综合征和其他凝血障碍疾病的产妇具有重要的临床意义。对拟行椎管内麻醉或镇痛的产妇，应常规检查血小板。

（4）对于高危产妇，术前麻醉医师、产科医师以及其他相关学科成员应进行充分的交流，并在术中术后随时保持沟通。

（5）麻醉医师也需向产科医师了解胎儿情况，特别是在急诊剖宫产时，麻醉前后有专人进行胎心监护，有助于判断危急程度，指导麻醉决策。

2. 设备准备和监护
麻醉设备和技术条件准备齐全。备好常用的升压药物麻黄碱和去氧肾上腺素。常规开放 16～18G 针头的上肢静脉输液，特别是拟行椎管内麻醉的患者预防性扩容可降低仰卧位低血压综合征和麻醉后低血压的发生率。产科手术监护至少包括脉搏氧饱和度、心电图和无创血压监测。做好异常出血和急救的准备。

3. 术前禁食
产妇呕吐、反流误吸风险高，一旦发生吸入性肺炎甚至低氧血症，将给母胎造成致命后果，必须重点预防。择期剖宫产手术麻醉前严格禁食 6～8 小时，没有并发症的产妇禁饮（水和清饮料）2 小时，肥胖、糖尿病、困难气道等误吸风险增加者禁饮时间需延长。自然分娩时可适量进食无渣的流质饮食，禁止摄入固体食物，对可能改行剖宫产的产妇应尽早开始禁食禁饮。手术前给予 H_2 受体拮抗剂等抑酸药和（或）甲氧氯普胺；对饱胃者（原则上产妇均应作为饱胃者对待）应尽量避免全身麻醉；必须全麻者，首选清醒气管插管或 Sellick 手法按压环状软骨以预防反流误吸。

4. 预防仰卧位低血压综合征
产妇最好采用左侧倾斜 30°体位，减轻巨大子宫对下腔静脉及腹主动脉的压迫，预防仰卧位低血压综合征的发生。该体位应尽量维持到胎儿取出、子宫压迫解除为止。

（二）剖宫产手术的麻醉

1. 椎管内麻醉
对于大多数剖宫产手术而言，椎管内麻醉是首选方式。椎管内麻醉相对全麻具有许多优点，包括降低窒息和胃内容物反流误吸的风险，避免全身应用镇静镇痛药物对胎儿的影响，使产妇保持清醒，体验生产过程。椎管内麻醉操作时产妇采用侧卧位可能更加舒适,并且有利于胎心监测,但过度肥胖的产妇采用坐位更容易识别脊柱中线。

（1）脊麻（蛛网膜下腔阻滞）：脊麻应用于产科麻醉充分发挥了其即刻起效、成功率高、麻醉效果确切、镇痛完全、下腹部肌肉松弛良好的优点,并且由于所用局麻药剂量小,局麻药中毒等不良反应发生率低,通过胎盘进入胎儿体内的药量少。单次脊麻操作简单方便,易于掌握,在许多医院作为首选。脊麻的缺点是容易发生低血压,单次脊麻作用时间有限。前者可通过预先静脉补液扩容,左侧30°卧位使子宫左移以及给予缩血管药物来预防。局麻药物中加入肾上腺素可延长脊麻持续时间。选择笔尖式较细型号（25G及以下）的穿刺针可减少脑脊液外漏,显著降低了硬膜外穿破后头痛的发生率,使得脊麻后头痛概率与硬膜外麻醉后相比无明显差异。较细的脊麻针可能需要配合破皮针或引导针使用。

在剖宫产手术中施行脊麻时,穿刺多选择 $L_{3\sim4}$ 间隙,也有麻醉医师选择 $L_{2\sim3}$ 间隙。最常使用的药物为0.75%重比重的布比卡因,有效时间为1.5～2小时,与多数剖宫产手术所需时间相当。0.75%布比卡因感觉阻滞的强度可能优于0.5%布比卡因。脊麻阻滞平面的高低和局麻药药量明显相关,与患者身高、体重无明确关系,增加局麻药用量可升高阻滞平面。孕妇脊麻所需药量比非妊娠患者小,对于一般的剖宫产手术,布比卡因10mg甚至7.5mg即能产生完善的麻醉效果,超过15mg低血压的发生率则明显升高。采用重比重的药物有利于麻醉平面的调节,起效更快,感觉平面更高,但阻滞时间更短。脊麻较硬膜外麻醉出现运动-感觉-交感神经分离阻滞的区段更广。有研究认为,触觉平面达 T_6 可保证大多数产妇在无痛的情况下完成剖宫产手术。然而,由于手术操作可能刺激到膈肌腹腔面和迷走神经,部分产妇尽管阻滞平面已高达 T_4,仍有内脏牵拉的不适感,此时局麻药中加入肾上腺素或阿片类药物有助于改善麻醉效果。

（2）硬膜外麻醉：与脊麻相比,硬膜外麻醉起效较慢,阻滞失败和阻滞不完全发生率较高,但同时低血压发生率和严重程度较低,麻醉平面容易控制。对于时间可能较长的剖宫产手术,首选硬膜外留置导管多次给药。另外,对于已行硬膜外置管分娩镇痛的产妇,需要改行剖宫产时通过该硬膜外导管给药可快速获得满意的麻醉效果。

产妇硬膜外血管处于怒张状态,穿刺置管应小心,以免误入血管。由于硬膜外导管可能移动,因此即使采用负压回抽试验也不能完全排除导管进入鞘内或血管的可能,加之硬膜外麻醉所需局麻药量较大,应警惕局麻药中毒等不良反应。

剖宫产硬膜外麻醉穿刺点多选择 $L_{1\sim2}$ 或 $L_{2\sim3}$ 间隙。常用的药物有2%利多卡因、0.5%罗哌卡因以及左旋布比卡因。0.75%布比卡因因为循环系统毒性作用的风险不适宜产科硬膜外麻醉。正式给药前先予1%～2%利多卡因3～5ml试验剂量。麻醉平面应达到 $T_{6\sim8}$,用药剂量可比非孕妇减少约1/3。局麻药中添加一定剂量的芬太尼（50～100μg）或舒芬太尼（10～20μg）能提供更完善的麻醉效果。

（3）脊麻与硬膜外腔联合麻醉（CSEA）：CSEA技术综合了脊麻和硬膜外麻醉的优点,既有脊麻起效迅速、阻滞完善的特点,又保留硬膜外置管,能随意延长麻醉时间,是目前剖宫产麻醉最常用的方法。硬膜外留置导管还可用于术后镇痛。

CSEA普遍使用针内针技术,针芯更细,减轻了硬膜的损伤程度,同时避免了和皮肤的直接接触,减少了感染的机会。使用较小剂量

CSEA中也存在一些潜在问题,应引起重视。由于首先使用了蛛网膜下腔阻滞,因此无法测试硬膜外腔导管是否进入蛛网膜下腔。另外,经由硬膜外腔给药时局麻药可能通过硬脊膜扩散进入蛛网膜下腔。

2. 局部浸润麻醉　目前较少采用,主要适用于突发的、严重、持续性胎儿宫内窘迫或疑为子宫破裂,需要立即处理同时不允许实施其他麻醉的产妇。缺点为难以达到完全镇痛,宫缩仍存在且腹肌不松弛,不能达到满意的麻醉效果。局麻药用量过大有引起母胎中毒的可能,对子

痫和高血压产妇尤应注意预防。术中有疼痛刺激,易诱发子痫。

3. 全身麻醉 与椎管内麻醉相比,全麻可能增加产妇和胎儿的并发症。妊娠增加了困难气道和反流的风险,大多数产科麻醉相关的死亡是困难气道、插管失败和反流误吸引起的低氧血症所致,因此全麻一般不作为剖宫产麻醉的首选。临床研究发现,与椎管内麻醉相比,全麻中胎儿娩出后 1 分钟和 5 分钟 Apgar 评分较低,脐动脉 pH 无明显区别。尽管如此,在产妇大出血、凝血功能障碍、腰背部皮肤感染、胎儿生命危急以及产妇拒绝椎管内麻醉或因精神障碍等原因无法配合手术等情况下,仍然需要选择全身麻醉。全麻缩短了麻醉开始至手术切皮的时间,具有气道易于控制、血流动力学稳定的优点。急诊剖宫产患者全麻均应按饱胃处理。全麻对新生儿的抑制和宫缩的抑制等问题,可通过良好的麻醉管理来有效地预防。虽然全麻没有绝对禁忌证,但对于恶性高热、困难气道的产妇,更适合选择椎管内麻醉。

剖宫产全麻的管理措施包括:①术前给予抑酸药;②产妇采用左侧倾斜 30°体位,准备好吸引器和困难气道工具;③诱导前充分去氮给氧;④手术消毒铺巾的准备措施完成后才开始麻醉诱导以尽量减少胎儿暴露于全麻药下的时间;⑤诱导选择起效快对母胎影响小的静脉麻醉药和肌松药,压迫环状软骨直至确认气管导管位置、气囊充气为止;⑥胎儿取出后给予阿片类药物;⑦产妇清醒后拔管。

实际临床工作中,麻醉医师应根据麻醉危险因素、产科危险因素、胎儿危险因素(如择期或急诊)、麻醉医师技术熟练程度和仪器设备条件,个体化选择麻醉方式。

(三) 高危妊娠产科麻醉

妊娠期存在的某些病理因素,可能危害孕产妇、胎儿、新生儿安全或导致难产,称为高危妊娠(high risk pregnancy)。而与麻醉关系密切的高危妊娠,主要为各种妊娠并发症和合并症。合理有序的产前检查和产期保健有助于早期识别各种危险因素,由产科医师进行相应治疗。当继续妊娠将严重威胁母亲安全或影响胎儿生存时,需要适时人工终止妊娠,即引产或剖宫产。妊娠继发疾病如妊娠晚期出血或子痫前期等,多为急诊手术;而妊娠合并其他疾病,如妊娠合并心脏疾病、糖尿病等,多为择期手术。

妊娠期高血压疾病包括子痫前期、子痫、妊娠期高血压和慢性高血压,占妊娠妇女总数的 7% ~10%。重度妊娠期高血压疾病对母婴危害极大,是孕产妇和新生儿死亡的主要原因之一。

1. 子痫前期的麻醉 子痫前期的诊断标准为妊娠 20 周之后开始出现高血压和蛋白尿,是导致早产的主要原因之一,胎儿及胎盘娩出是唯一有效的治疗方法。约 75% 的子痫前期都是轻度的,但妊娠 34 周前发病常意味着疾病更严重,母亲及胎儿预后更差。子痫前期导致孕妇死亡的原因包括脑卒中、肺水肿和肝脏坏死或破裂。

子痫前期的发病机制尚不明确,但目前认为是胎盘没有充分植入,胎盘灌注不足引起缺氧反应,释放多种物质进入母体循环损伤母体内皮功能,引起多系统表现的母体综合征。HELLP综合征,即溶血、肝酶升高和血小板减少综合征,是重度子痫前期的一种特殊情况,表现为病情短时间内急剧恶化,产妇可出现 DIC、胎盘早剥、急性肾衰竭、肺水肿、脑水肿、肝被膜下血肿,甚至导致产妇死亡。

子痫前期的治疗包括卧床、镇静、使用药物控制血压(拉贝洛尔、肼屈嗪等)及使用硫酸镁预防惊厥。静脉应用硫酸镁,常给予 4g 负荷量,然后 1 ~3g/h 维持。硫酸镁的治疗浓度为 0.42 ~0.75mmol/L,临床上常通过观察孕妇的腱反射避免硫酸镁过量。当血清镁离子>3mmol/L 时腱反射消失,3.75 ~5mmol/L 时呼吸抑制,>6.25mmol/L 时心跳停止。产科医师常在术前 2 小时停用硫酸镁,防止术中宫缩乏力。产科医师会通过不断评估母亲和胎儿的情况决定期待治疗或终止妊娠。

　　轻度子痫前期的患者麻醉与健康产妇无明显区别,但要求麻醉医师仔细观察患者,警惕其迅速发展为重度子痫前期。麻醉评估时应集中在气道检查、母亲血流动力学和凝血功能及液体平衡方面。①气道:孕妇全身性水肿会累及气道,在行全麻剖宫产时可能会发生困难插管。②血流动力学监测:重度子痫前期的孕妇疾病进展及使用降压药物调节血压,均可导致全身动脉压急剧变化。持续动脉血压监测可方便监测血压变化、血气分析和评估容量状态。连续的中心静脉压力监测可指导液体管理。③凝血状态:轻度子痫前期的孕妇通常是高凝状态,不应禁止椎管内镇痛或麻醉。重度子痫前期孕妇,尤其是有 DIC 风险存在时(如胎盘早剥、HELLP 综合征等),会存在血小板减少,在实施椎管内操作前必须做血小板计数检查及凝血功能检查。若血小板计数$<50\times10^9/L$,禁用椎管内麻醉;若产妇血小板计数在 $50\times10^9\sim80\times10^9/L$ 之间,需权衡椎管内麻醉与全身麻醉的利弊,凝血因子相关指标也应作为重点考虑。④静脉补液:重度子痫前期患者发生肺水肿的风险增加,需要密切注意补液速度。

　　子痫前期产妇行剖宫产时,如果临床条件允许,常选择椎管内麻醉。硬膜外麻醉的优点包括产妇血压较平稳,能为子宫胎盘提供较好的血供,可以通过硬膜外逐步注射局麻药缓慢调定麻醉平面,减少快速静脉补液造成液体超负荷及肺水肿。对于血小板计数在 $50\times10^9\sim80\times10^9/L$ 之间的产妇,单纯腰麻比硬膜外麻醉更合适,因为穿刺针直径更细,可降低硬膜外或蛛网膜下隙出血的风险,避免椎管内血肿导致的永久性神经损伤。但应注意重度子痫前期的产妇常对血管收缩药物产生过度反应,导致血压急剧上升,应从小剂量开始给药。同时强调在拔除硬膜外导管前也必须确认血小板计数恢复至正常水平。

　　全身麻醉剖宫产的指征包括孕妇严重出血、持续胎心减速、严重的血小板减少、其他凝血疾病及 HELLP 综合征。一旦决定实施全身麻醉,麻醉医师需要面临三个挑战:①保证气道安全;②直接喉镜检查和气管插管造成的高血压反应;③硫酸镁对神经肌肉传递和子宫张力的影响。表 28-1 列出了重度子痫前期患者实施全身麻醉时推荐应用的技术。硫酸镁抑制神经肌肉接头处乙酰胆碱的释放,延长多种非去极化肌松药的作用时间并增加其效能,因此应减少非去极化肌松药剂量,最好在肌松监测下用药。应避免同时使用钙通道阻滞药硝苯地平与硫酸镁,因其会导致严重低血压。

表 28-1　重度子痫前期患者实施全身麻醉时推荐应用的技术

1. 在严重高血压患者放置桡动脉导管进行连续动脉压监测
2. 再留置一条静脉内导管
3. 备好较小号的气管导管、喉罩、困难气道处理装置
4. 在麻醉诱导前 30~60 分钟,静脉使用 H_2 受体拮抗剂和甲氧氯普胺
5. 在麻醉诱导前 30 分钟内,口服 0.3mol/L 的枸橼酸钠 30ml
6. 充分去氮给氧
7. 静脉使用拉贝洛尔,10mg/次,在麻醉诱导前达到理想效果
8. 在使用拉贝洛尔时持续监测胎心率
9. 如果对拉贝洛尔反应不佳,可考虑其他降压药物。包括瑞芬太尼(单次剂量 $1\mu g/kg$),静脉输注硝普钠或硝酸甘油
10. 使用丙泊酚或硫喷妥钠和琥珀酰胆碱或罗库溴铵进行快速顺序诱导
11. 使用 50% N_2O 和吸入麻醉药维持麻醉。胎儿娩出后,可考虑使用阿片类药物复合或不复合苯二氮䓬类药物
12. 手术结束时,拮抗神经肌肉阻滞作用,并静脉给予拉贝洛尔 5~10mg,预防紧急情况和拔管时高血压

　　重度子痫前期的风险并不会在分娩后立即终止,分娩后的产妇仍有发生肺水肿、脑卒中、惊厥等风险,应转入重症监护病房,持续监护与严密管理。

　　2. 子痫的麻醉及救治　　子痫是在妊娠期或产后新发的惊厥抽搐或不能解释的昏迷,伴有

子痫前期的症状或体征。子痫的发生率为 2.7/10 000 ~ 5.5/10 000,大多发生在产时或产后 48 小时内。多数子痫的产妇都有重度子痫前期的证据,不过也有 10% ~ 15% 无典型症状。典型的惊厥是从面部抽动开始,接着是 15 ~ 20 秒的强直相,伴有持续约 1 分钟的呼吸停止的阵挛相,之后进入伴有不同程度昏迷的发作后状态。

一旦发生子痫,即刻目标是终止惊厥,建立有效的气道,并预防严重并发症(如低氧血症和误吸)。在惊厥抽搐的过程中,可通过简易呼吸器和面罩进行补充供氧,软的鼻咽通气道可改善供氧。监测母亲的脉搏氧饱和度。使用硫酸镁防止子痫患者再次惊厥。严格控制液体摄入量,每小时不超过 100ml,降低发生脑水肿的风险。必要时使用药物控制血压。麻醉前必须进行凝血功能检查。

3. 产前出血的麻醉　产前出血,又称为妊娠晚期出血,原因很多。只有少数孕妇发生危及胎儿或自身生命的产前出血,包括前置胎盘、胎盘早剥、前置血管及子宫破裂等。

(1) 前置胎盘的麻醉:前置胎盘是指胎盘附着的位置低于胎儿先露,发生率约为 5%,常发生于前次剖宫产史或既往行子宫肌瘤剔除术的孕妇,其他危险因素包括经产妇、多次人流史、高龄产妇、胎盘过大等。前置胎盘的典型症状是孕中期和孕晚期出现无痛性阴道出血。出血常可自行终止,但随时都可能发生严重出血。当孕周<37 周,且出血为轻到中度时,常嘱患者卧床,密切观察。孕周>37 周时常行剖宫产终止妊娠。

患者伴随活动性阴道出血或全身情况不稳定时常需行急诊剖宫产。麻醉前应注意评估循环功能状态和贫血程度。若产妇无休克表现,胎儿心率正常,可选择椎管内麻醉;若产妇无休克表现,胎儿有宫内窘迫,可在局麻、脊麻或全麻下完成手术;若产妇已有休克表现,全身麻醉是唯一安全的选择。由于出血来源为胎盘附着部位,只有胎盘娩出,子宫开始收缩后出血才会减少。术前需要开放两条粗大外周静脉用于补液,同时检查血型,完成配血。另外进行快速顺序诱导时,需具备能立即使用的输血装置和液体加温设备。子宫下段的收缩性不及子宫基底部,因此全麻时避免使用高浓度的挥发性吸入麻醉药。如果出现胎盘不易剥离的情况可能是胎盘植入,要做好大量输血和切除子宫的准备。动脉穿刺置管可用于血流动力学监测和复测血红蛋白水平及血气。

(2) 胎盘早剥的麻醉:胎盘早剥是指胎儿娩出前,胎盘全部或部分从蜕膜基底剥离。由于母体与胎儿之间交换氧气和营养物质的胎盘面积减少,常导致胎儿缺氧甚至死亡。胎盘早剥发生率为 0.4% ~ 1%,危险因素包括高血压、子痫前期、高龄产妇、孕妇或配偶吸烟、外伤、胎膜早破、既往胎盘早剥病史等。典型的临床表现为疼痛性阴道出血、子宫局限压痛和宫缩增加。隐匿性胎盘早剥可能没有阴道出血,常导致产妇出血程度被低估。胎盘早剥的主要并发症是失血性休克、急性肾衰竭、凝血功能障碍、胎儿缺氧或死亡。胎盘早剥是孕期发生 DIC 最常见的原因,死胎将增加凝血功能障碍的发生率。

麻醉方式的选择取决于剖宫产的紧急程度、母体的血流动力学稳定性及是否存在凝血功能障碍。胎盘早剥时坏死组织、胎盘绒毛和蜕膜组织可大量释放组织凝血活酶进入母体循环,激活凝血系统导致 DIC。中度胎盘剥离时,母体纤维蛋白原水平可能仅轻度降低(0.44 ~ 0.735mmol/L)。胎儿死亡后母体纤维蛋白原水平常低于 0.44mmol/L,血小板计数和凝血因子水平降低,纤维蛋白降解产物水平升高。多数情况如病人血流动力学不稳定、有凝血功能异常、出现低血容量临床表现或者胎心异常,紧急剖宫产时更倾向于采用全身麻醉。丙泊酚和硫喷妥钠会加重低血压,而氯胺酮和依托咪酯可用于血容量不足患者的诱导。围术期积极的液体复苏至关重要,放置中心静脉导管和动脉置管可指导容量复苏。要做好大量输血的准备,包括补充凝血因子、纤维蛋白原和血小板。保证肾脏灌注,有效的容量复苏和输血治疗均可预防肾脏功能不全的发生。

(3) 子宫破裂的麻醉:子宫破裂总发生率为 1/(1000 ~ 3000),常与既往剖宫产或子宫手术后子宫瘢痕破裂有关,其他危险因素包括外伤、子宫内操作、缩宫素使用不当、子宫畸形等。一旦发生子宫破裂,常伴随发生大量失血、胎儿窘迫、子宫收缩节律消失和低血压。治疗包括及时的液体复苏和紧急剖腹手术。麻醉方法应选择全身麻醉,并进行有创血流动力学监测。为控制腹腔内出血,产科医师可能结扎髂内动脉,必要时切除子宫。

(4)妊娠合并心脏疾病的麻醉:随着医疗水平的发展,妊娠期严重心脏疾病的发病率逐年下降至1%~2%,但对于纽约心脏协会(NYHA)心功能分级为Ⅲ级或以上的孕妇,由于妊娠期心血管系统面临巨大负担,围产期死亡率仍高达5%~15%。孕妇合并的心脏疾病中,约60%左右为各种经过治疗或症状不明显的先天性心脏病,另有12%左右为各类风湿性心脏瓣膜疾病,其他还包括缺血性心脏病、特发性心肌病、原发性肺动脉高压、心律失常和感染性心内膜炎等。

麻醉医师需要应用各种技术减轻分娩过程中的应激反应。多数妊娠合并心脏疾病需要手术麻醉的患者可分为以下两类:一类患者在椎管内麻醉后,全身血管阻力下降,心脏状况有所好转。这类患者包括二尖瓣关闭不全、主动脉瓣关闭不全、慢性心衰及有左向右分流的先心病患者。无论腰麻还是硬膜外麻醉,都能降低交感神经张力,减低患者的前负荷和后负荷,改善肺淤血,有些患者的心排血量也得到改善。另一类患者在全身血管阻力降低后,心脏状况无法得到改善。这类患者包括主动脉瓣狭窄、有右向左分流或双向分流的先心病患者及原发性肺动脉高压患者。她们常不能耐受前负荷或后负荷减低。椎管内单独给予阿片类药物及阴部神经阻滞常用于这类患者的分娩镇痛。麻醉时要避免血流动力学的剧烈波动,尤其避免下腔静脉压迫,维持足够静脉回流血量,谨慎地使用血管活性药物。不管采用哪种麻醉技术,这些患者在分娩后由于子宫收缩引起产后自身输血,常发生容量过负荷,引起心功能不全。

(5)肥胖产妇的麻醉:孕妇的体重指数(BMI)≥30kg/m²称为肥胖,BMI≥40kg/m²称为病态肥胖。肥胖将加重孕妇的生理功能变化,增加围术期风险。肥胖孕妇高血压、冠状动脉疾病、脑血管疾病、糖尿病等并存疾病的发生率明显升高,产前必须进行麻醉会诊。麻醉医师需仔细全面地评估患者的气道状况。巨乳、胸部前后径过大、气道水肿等因素均可导致插管困难。需要准备合适的监护设备(粗的血压袖带)和麻醉设备(超长的硬膜外或腰麻穿刺针)。

当肥胖产妇行分娩镇痛或椎管内麻醉剖宫产时,硬膜外穿刺一次成功的概率相对较低。由于肥胖患者硬膜外腔深度较深,更容易导致穿刺针偏离中线。超声定位或引导下行硬膜外穿刺可增加成功率。另外,患者采取坐位屈曲可减少皮肤与硬膜外腔的距离。但需注意患者坐位穿刺成功置管后变换体位,会由于背部皮肤与软组织重新分布导致硬膜外导管脱出。要在确认硬膜外导管位置正确后,再椎管内给予局麻药和阿片类药物。

当肥胖产妇需行全麻剖宫产时,在麻醉诱导前将产妇头部和肩部下用体位垫垫高,使患者外耳道与胸骨颈静脉切迹成水平直线,可使患者口、咽、气管轴呈直线,改善血流动力学和呼吸参数。麻醉诱导后面罩通气困难常导致产妇胃胀气,增加反流误吸的风险。因此肥胖产妇术前需要积极的药物治疗减少误吸风险,如服用0.3mg枸橼酸钠溶液可增加胃液pH,服用H_2受体阻滞药和甲氧氯普胺也有保护作用。对于肥胖产妇,快速顺序诱导前充分去氮给氧很重要,推荐采用3分钟潮气量法或60秒内8次深呼吸法。使用可视化插管工具可提高气管插管成功率。术中可采用增加吸氧浓度、增大潮气量、增加呼气末正压(PEEP)等方式改善肥胖产妇的氧合状态。拔管后要警惕气道梗阻、术后低氧和呼吸睡眠暂停的风险。术后持续氧饱和度监测可预防气道梗阻和低氧血症的发生。

(6)多胎妊娠的麻醉:近年来随着辅助生殖技术的发展和妇女推迟怀孕,多胎妊娠的比例明显上升,其中双胎多见,3胎以上少见。多胎妊娠的孕妇在孕晚期,明显增大的子宫将导致总肺活量和功能残气量下降,增大子宫将胃向头侧挤压而增加误吸风险,且孕30周后孕妇体重增长迅速,将增加困难通气和插管的风险。多胎产妇的血容量较单胎产妇增加500ml左右,常常发生相对或绝对贫血。且由于胎儿体重增加和羊水量增加,多胎妊娠的孕妇更易发生仰卧位低血压综合征。

多胎妊娠可增加产妇的并发症和死亡率,常见的母体并发症包括早产、产程延长、更为严重的妊娠期高血压疾病、DIC、宫缩乏力及产前产后出血增加。双胎妊娠本身不是经阴道分娩的禁忌证,硬膜外镇痛可提供理想的镇痛效果,且具有极大的灵活性,可为产科医师行胎儿处理或改为剖宫产提供条件。但多数产科医师会直接选择剖宫产,硬膜外麻醉、腰麻或全身麻醉均可用于择期剖宫产,麻醉前需要开通粗大的静脉通路。全身麻醉时,由于多胎妊娠进一步增加氧耗,且母体氧储备减少,充分地去氮给氧至关重要。分娩两个或多个胎儿需要的时间增加,从切皮到最后一个胎儿娩出的时间延长,会降低脐带血的 pH,导致新生儿抑制的风险增加。椎管内麻醉的新生儿抑制发生率较全麻低。但无论采取何种麻醉方式,均需做好新生儿复苏的准备。

第三节　新生儿窒息与抢救

新生儿窒息是指出生时呼吸抑制或无呼吸,是新生儿死亡及致残的主要原因之一,常为胎儿宫内窘迫的延续。

(一) 新生儿窒息的评估

1. **症状**　出生后无规律自主呼吸。

2. **Apgar 评分**　系用五项指标(心率、呼吸、肌张力、神经反射、皮肤色泽)作为窒息程度的判断:7~10 分为正常,4~6 分为轻度窒息,0~3 分为重度窒息。Apgar 评分应在出生后 1 分钟及 5 分钟各进行一次。评分越低,酸中毒和低氧血症越严重,通过脐动脉血气分析测定 pH、$PaCO_2$、BE 可验证。1 分钟评分表示窒息程度,5 分钟评分为判断预后的指标。

Apgar 评分的不足:出生时严重窒息应立即进行复苏,不应等 1 分钟评分结果。此外,心率、呼吸和肌张力的评分意义超过 Apgar 总评分,故该三项的情况是决定复苏的重要指标,见表 28-2。

表 28-2　Apgar 新生儿评分法

项　　目	0 分	1 分	2 分
心率(次/分)	无	<100	>100
呼吸情况	无	浅表,哭声弱	佳,哭声响
肌张力	松弛	四肢屈曲	四肢能活动
神经反射(足底或口咽反射)	无反应	有动作,皱眉	哭,喷嚏
皮肤色泽	青紫或苍白	躯干红,四肢紫	全身红润

3. **血气分析**　通过新生儿血 pH、血氧分压、CO_2 分压可了解缺氧及酸中毒的程度。

(二) 新生儿复苏术

复苏的原则为分秒必争。常按以下方案实施:

A(airway)——建立通畅的呼吸道;

B(breathing)——建立呼吸;

C(circulation)——建立正常循环;

D(drug)——药物治疗;

E(evaluation)——评价与监护。

1. 复苏步骤

(1) 初步复苏措施:生后立即放置于远红外线或已预热保暖台上,适宜温度为 27 ~ 31℃,以保暖防止热量过分散失致低体温;肩部以布类垫高 2 ~ 3cm,摆好复苏最佳体位;立即用一次性吸管或吸球,吸除口腔、鼻腔内黏液;如仍无呼吸,可拍打足底和摩擦儿背等触觉刺激,促使出现呼吸。以上步骤在 20 秒内完成。

(2) 评价:根据呼吸、心率、肤色三项体征评价,作出下一步处理决策:①出现正常呼吸,心率>100 次/分,黏膜肤色红润可停止复苏;②如无自主呼吸或仅有喘息,心率<100 次/分,立即用气囊复苏器加压给氧;③心率<80 次/分,加用胸外心脏按压,如仍无好转,行气管插管、人工呼吸、药物治疗。人工呼吸系用新生儿球囊,手指加压,潮气量 20 ~ 40ml,呼吸比 1.5∶1,频率 30 ~ 40 次/分,前两次加压的压力可为 30 ~ 40cmH$_2$O,其后压力为 10 ~ 20cmH$_2$O 即可。胸外按压以采用拇指手掌法为最佳。操作者将两手拇指并排于患儿胸骨中下 1/3 交界处,其余手指围绕胸廓托在后背,用两拇指向下按压,每分钟 120 次,按压深度为 1 ~ 2cm,有效按压可摸到股动脉搏动。当心率>120 次/分,血压>80/20mmHg,瞳孔缩小并于中间位,指示心脏复苏满意,否则应加用药物治疗。

(3) 复苏时常用药物:重度窒息、心脏停搏或加压给氧人工呼吸、胸外心脏按压 30 秒后,仍无恢复者,应立即给药。首选药物为肾上腺素,每次 0.1 ~ 0.2mg/kg,气管导管内滴入。根据患儿酸中毒程度,有无血容量不足,给予纠酸、补容治疗。如母体用过麻醉性镇痛药而致新生儿呼吸抑制,可用纳洛酮 0.01 ~ 0.05mg/kg 气管内滴入。呼吸兴奋剂弊多于利,不主张应用。常用药物与适应证见表 28-3。

表 28-3 常用药物与适应证

药物	适应证	剂量	用药途径	并发症
阿托品	心动过缓	0.03mg/kg	静脉注入	心动过速
氯化钙	心排血量低	30mg/kg	静脉注入	心律失常
肾上腺素	心脏停搏	0.1 ~ 0.2mg/kg	气管内滴入	高血压、室颤
多巴胺	低血压	5 ~ 50μg/(kg·min)	静脉滴注	心律不齐
纳洛酮	呼吸抑制(镇痛药引起)	0.01mg/kg	静脉或气管内	
异丙肾上腺素	低血压、心排血量低	0.5mg 加入葡萄糖 250ml	静脉点滴	心律失常、心动过速

(4) 低血容量的治疗:窒息、早产儿、脐带钳夹过早(可损失血液 30ml/kg 以上)、胎盘早剥、产前及产时出血过多,应注意有无低血容量。诊断依据为病儿皮肤黏膜苍白、四肢末梢冷、毛细血管充盈时间延长、脉细弱、动脉压及中心静脉压低。血压可用超声血流仪测定,必要时脐动脉及脐静脉插管测压、输液,行血气分析。

处理:先静脉注射 25% 葡萄糖液 2ml/kg,后用 10% 葡萄糖液 4ml/kg。亦可用 5% 白蛋白(1 ~ 2g)、平衡盐液(10 ~ 15ml/kg)、全血或血浆(10ml/kg)输注。容量治疗时应加强监测,以防扩容过度。因为窒息的新生儿血脑屏障通透性增强,脑血管调节功能失调,血容量过多可造成颅内压升高,脑水肿及脑出血。

(5) 纠正酸中毒:对呼吸性酸中毒应加强通气。对出生后 1 分钟时 Apgar 评分<2 分,5 分钟时<5 分者可给碳酸氢钠 2mmol/kg 缓慢静注(5% 碳酸氢钠 1ml = 0.6mmol),然后依血气

分析结果补充。碳酸氢钠需要量(mmol)计算公式＝[0.6×体重(kg)×(正常 BE–实测 BE)]/ 4,碳酸氢钠输注速度不宜超过每分钟 1mmol/kg,同时应加强通气,保持 $PaCO_2$ 正常。纠正酸中毒的同时应加强对原发病的治疗。

(6) 注意保暖:室温应维持在 34℃,减少室温与皮温的温差。复苏时新生儿应放置于远红外线或已预热的保暖台上进行,以预防低体温的不良影响。

2. 复苏后监测 主要监测体温、呼吸、心率、血压、尿量等。监测各器官功能,完善各项化验检查,治疗并发症。安静、保暖、保证营养供给、预防感染是复苏后处理的主要原则。

(赵　晶)

第二十九章 | 老年病人手术的麻醉

随着社会的发展,人均寿命不断的提高,我国与世界其他一些国家一样将面临人口老龄化的问题。据统计,2013 年底我国老年人口已达到 2.02 亿,老龄化水平达到 14.8%,到 2020 年将达到 2.48 亿。65 岁以上的老年人中,半数以上在去世前至少要经历一次手术治疗。年龄并不是手术和麻醉的禁忌证,但是由于自身并存的疾病,衰老过程发生器官生理构造、功能改变的影响,老年病人(elderly patient)围术期的并发症及死亡率显著地高于青壮年。如何降低老年病人的手术麻醉并发症及死亡率,保证病人的安全成为日常麻醉中的一大挑战。

第一节 老年生理及药理特点

WHO 的划分标准规定 49~59 岁为中年,60~74 岁为较老年,75~89 岁为老年,90 岁以上为长寿老年,较能反映老年的生理变化。目前大多国家以 65 岁为老年人的年龄界限,实际上 65 岁左右生理变化及对药理的影响多在正常范围。70 岁以上的生理改变才较显著,对麻醉的影响也大。一般地说,人体各项生理功能于 30 岁左右到达顶峰,此后开始逐渐衰退或"老化"。但不同的人与人之间,甚或同一个人的各系统器官之间,"老化"的过程往往各不相同。到目前为止,还没有测定"老化"程度的客观指标。

从麻醉角度看,同样年龄的年轻人,其生理功能情况和对麻醉手术的耐受力,往往比较相近;而相同年龄的老年人之间,则常有很大的差异,因而更需强调麻醉处理的个别化。麻醉医师在对老年病人进行评估时,除参照其实际年龄外,应根据其病史、化验和特殊检查、体格检查等对其全身情况、脏器功能做出评估。要理解对耐受麻醉来说重要的是其体内各器官的代偿功能如何,亦即"生理年龄"较之实际年龄更为重要。

一、生 理 特 点

衰老过程的机制迄今仍未明确,但是衰老的原则仍是器官功能储备低下、机体活力降低及易损性增加。衰老的生理进程有很大的个体差异,就算在同一个体上,各器官的功能衰退速度也不同,不同的系统器官有其特有的衰老模式。几乎所有衰老发生的器官系统改变都与麻醉相关,但是循环系统、呼吸系统和中枢神经系统显得尤为重要。有关生理改变在麻醉生理学中已有介绍,现就几个方面予以强调。

(一)循环系统

与其他年龄组相比,老年人更易患心血管疾病,必须区分老年人正常的生理改变与疾病常见的病理生理改变。老年性心血管系统改变包括血管和心脏顺应性及自主反应能力下降。迷走神经张力升高及肾上腺素能受体敏感性下降导致心率减慢,心脏传导系统的纤维化和窦房结功能下降增加心律失常的风险。老年人心室顺应性下降,充盈压升高,易引发心室舒张障碍。心脏储备减少在麻醉期间极易出现血压的剧烈波动。

随着年龄增加,老年人血浆生化成分发生一系列变化,主要表现为纤维蛋白和纤维蛋白原的含量增加、高脂血症、凝血因子浓度增高而且易于激活,同时血液抗凝能力减弱,因而血液黏滞性增加,呈高凝状态,有血栓形成倾向。另一方面,血浆蛋白和血脂成分的异常还造成红细胞变形能力低下,容易堵塞微循环。因此,老年病人围术期发生心脑血管意外的可能性增加。

老年人的心血管功能除受衰老进程的影响外,还常受到各种疾病的损害,如高血压、冠心病和脑血管硬化等。在评估其心血管功能状态时应特别重视其储备功能,在围术期要特别注意对心功能的支持、维护和及时处理。

(二) 呼吸系统

高龄通常引起呼吸系统功能明显的改变,表现为残气量和功能残气量增加,从 30 岁到 90 岁,残气量增加几乎 100%,功能残气量增加 50%,最大通气量减少,到 60 岁时仅为青壮年的 50%;而呼吸功能储备减少,肺活量减少,气体交换受限。任何增加呼吸肌负担或降低其能量供应的因素均可使老年人受到呼吸衰竭的威胁。老年病人术后肺部并发症增加的原因包括:年龄大于 64 岁、慢性阻塞性肺疾病、睡眠呼吸暂停综合征、营养不良、上腹部或胸部手术。

(三) 神经系统

脑萎缩是老年人常见而又最明显的解剖改变,已经被证实与认知功能下降程度相关。自主神经的兴奋性下降,对循环系统的调节减弱。保护性喉反射亦明显的迟钝。这些改变使老年人对手术和麻醉应激的适应能力下降,对麻醉药的敏感性升高。

尽管对年龄与智能之间的关系还存在争论,但普遍公认,老年人对全麻药、镇痛药、镇静催眠药的需要量减少,各种吸入全麻药的 MAC 随增龄而降低。这一方面是由于老年人的药动学改变(见后),但也难以否认存在着药效学改变的因素,即上述中枢神经系统的老年性改变,增加了它对中枢抑制药物的敏感性。

老年人周围神经纤维也有退化和萎缩。老年人的自主神经系统的退行性改变过程与中枢神经系统和外周神经系统类似,老年人不易维持血流动力学稳定,代偿能力差,在迅速改变体位或血容量不足时往往出现收缩压明显下降。在麻醉状态下,使用能降低血浆儿茶酚胺水平或能阻滞肾上腺素能受体的麻醉药物或麻醉方法,以及麻醉后摆体位时体位的迅速改变,都可能导致低血压。

(四) 老年人身体成分和解剖改变

年龄相关的机体组成改变主要包括肌肉减少、脂肪增多和体内含水量减少。女性改变比男性大。

老年人易发生不同程度的骨质疏松症,骨折发生率增加。解剖上的改变如骨质增生、韧带钙化,致脊柱畸形或关节僵直挛缩,椎间孔与椎管狭窄等,给实施椎管内麻醉造成一定困难,口腔牙齿脱落可能对气管插管造成困难。

(五) 消化系统和肝脏

胃肠道的改变包括胃肠道血流量降低,胃黏膜发生萎缩,基础胃酸和最大胃酸排泌量减少,胃排空时间延长,肠蠕动减弱。老年人肝功能减退主要表现为肝脏合成蛋白质的能力下降,血浆蛋白减少,白蛋白与球蛋白的比值降低。老年人脂肪肝、肝硬化的发生率较高,血浆胆碱酯酶活性常常明显降低,加上肝血流量减少和血浆白蛋白含量低,对于经肝脏代谢的药物可能出现药效增强或作用时间延长。

（六）肾脏

老年人的肾脏发生萎缩,重量减轻,肾单位数量呈进行性下降,肾浓缩功能降低,保留水的能力下降。遇有对水摄入的限制或因口渴感缺乏而摄入不足可出现高钠血症;另一方面,应激反应所致 ADH 过度分泌或某些药物影响水的排出,也使老年人有发生水中毒的危险。老年人肾功能的改变对血浆电解质的影响是使肾脏对电解质的调节能力降低。

肾脏老龄化的改变,对麻醉影响主要为两方面:一是影响水、电解质平衡的维持,使水、电解质平衡的维持更为困难;二是老年性肾功能不全或处于临界状态,使经肾排泄的药物半衰期延长。老年人的肾功能改变对麻醉管理有两点提示:①老年人维持水、电解质、酸碱平衡的能力差,要进行适当的监测,补充水电解质时计算要精确;②经肾排泄的药物消除减慢、药物作用时间延长,要注意调整剂量,避免使用有肾毒性的药物。

（七）内分泌系统

高龄对糖的耐量降低,易并存糖尿病。其他有些内分泌功能也随增龄而改变。如老年人肾素浓度或活性减低 30% ~50%,导致血浆醛固酮浓度降低。这种变化使老年人容易出现高血钾,尤其在静脉应用钾盐时必须高度警惕。老年人尤其女性甲状腺功能减退发生率较高。老年人甲状旁腺素升高 20% ~40%,而降钙素则降低,骨质疏松发生率高。

健康的老年人在中等程度的应激状态下仍能正常地增加 ACTH 和皮质醇的分泌,也就是说可以耐受中等程度的应激。偶尔有肾上腺皮质功能低下,机体免疫和应激能力减弱,易出现低血压、心动过缓或心动无力。

（八）基础代谢和体温调节

由于甲状腺功能减退和交感系统活性下降,老年人基础代谢率较低,体温调节能力也降低,麻醉期间要采取保温措施,如尽量减少裸露的体表面积,适当提高室温,吸入温湿气体等,必要时对输血补液和冲洗体腔的生理盐水事先加温,同时对胸腹部较大手术应监测体温。另一方面,在温热的环境下其外周血管扩张反应也减弱。

（九）凝血与抗凝系统

随着年龄增加,老年病人围术期发生心脑血管意外的可能性增加。

1. 年龄是最大的易发血栓危险因素　老年人的静脉血栓形成的可能性比儿童高千倍。可能的原因包括老年人活动减少、肌张力减低、慢性病增多、静脉受损及凝血因子活性增高。

2. 老年人在不同程度上都存在凝血功能亢进,主要原因如下:

（1）血管内皮损伤:随着年龄的增加,血管壁老化现象日趋严重,动脉表现为粥样硬化与内膜凹凸不平;静脉表现为血管内膜粗糙与静脉瓣萎缩。

（2）血小板改变:老年人血小板数量与一般成人并无显著差异,但血小板质量发生了明显变化。老年人血小板对肾上腺素的亲合力并未增强,而结合容量大大增加,这主要是老年人血小板肾上腺素能受体数量改变所致。

（3）血浆纤维蛋白原含量随着年龄增加而升高,这可能是老年人血管内皮损伤,存在慢性隐性血管内凝血,从而导致纤维蛋白原代偿性增多所致。

3. 老年人抗凝系统机制减弱　一般在 40 岁以后,随着年龄增长,抗凝血酶Ⅲ降低。血管内皮受损不仅可使抗凝血酶Ⅲ合成与分泌减少,而且可通过慢性隐性弥散性血管内凝血使抗凝血酶Ⅲ消耗过多。凝血-抗凝系统不平衡是诱发老年性血栓的重要原因之一。

4. 血液流变性改变　老年人全血黏度和血浆黏度均较青年人为高,这可能与老年人血浆

361

第二十九章　老年病人手术的麻醉

纤维蛋白原含量增高和血浆脂质的老年性改变有关。血浆蛋白和血脂成分的异常还造成红细胞变形能力低下,容易堵塞微循环。

5. 严重的肝脏疾病和长期慢性疾病状态也可导致凝血因子合成减少,引起获得性凝血功能障碍。

二、药 理 特 点

高龄的病理生理改变常导致麻醉用药的药动学和药效学的变化。前者使药物进入机体作用部位的浓度发生变化;后者使药物对机体及其感应组织产生效应的剂量显著下降,较为重要的是药动学方面的改变。

药动学的研究对象包括药物的吸收、分布、代谢和排泄。老年人胃肠的吸收功能与年轻人相比变化甚小,因此年龄因素对口服吸收影响很小,因此老年人在药动学方面的改变主要是药物在体内的分布容积和消除速率的改变,而这两者又主要取决于机体的构成成分和肝、肾功能情况。

药物的分布和排泄随增龄而显著改变,老年人药物的排泄半衰期明显延长。药物的消除半衰期 $t_{1/2} = (0.693 \times V_d)/Cl$。影响药物半衰期的主要因素是分布容积 V_d 和清除率 Cl。老年人脂肪组织相对增加,脂溶性高的药物麻醉如硫喷妥钠、芬太尼和苯二氮䓬类等在老年人体内 V_d 增大,从而延长半衰期和苏醒时间。老年人体液总量减少,水溶性药物如右旋筒箭毒碱、泮库溴铵等非去极化肌松药的 V_d 有所减少。老年人肝肾功能降低,药物的代谢和排泄减慢,药物的清除率下降,作用时间延长。

老年人血浆蛋白质与药物的结合率减低,使静脉麻醉药及麻醉性镇痛药的非结合(游离)分子增加一倍以上,导致大脑中药物浓度与血浆浓度更为接近,即显著增加药效,延长消除半衰期。老年人的药动学特点可归纳如下:①老年人脂溶性药物分布容积大,药物作用时间延长;②老年人血浆蛋白降低,静脉麻醉药和麻醉性镇痛药非结合分子增加1倍以上,使血浆内游离型药物浓度增加;③肝脏的酶水平降低,肝血流量减少,可影响药物代谢速度;④肾脏的排泄功能减退,可使药物作用时间延长。

效应器官对药物的敏感性也可能随增龄而改变,这可能与受体数量减少和性能改变有关。一般而言,老年人对兴奋性药物的反应性较差,而对抑制性药物相对比较敏感。老年人药效学的变化主要由于神经系统的改变引起,神经系统的退行性改变使中枢神经系统对全麻药物的敏感性增高,药效增强。还可能与老年人细胞和组织的相对低功能状态有关。同时,老年人的身体情况差异很大,使其药动学和药效学方面也有很多差异,故需特别注意观察,以防不良反应。现列举一些常用的麻醉药。

(一) 吸入麻醉药

老年人功能残气量增加,使吸入麻醉加深较慢,苏醒过程也延长。吸入麻醉药最低肺泡有效浓度(minimum alveolar concentration,MAC)随年龄增长逐渐降低,40 岁以后大约每 10 年减低 4%,使作用于中枢神经系统的麻醉抑制效应增强。如氟烷、恩氟烷及异氟烷 MAC 在年轻人分别为 0.84%、1.68% 及 1.15%,而老年人分别降至 0.6%、1.2% 及 0.8%。

(二) 静脉麻醉药及阿片类药

老年人对静脉麻醉药、苯二氮䓬类、麻醉性镇痛药的敏感性均增加。硫喷妥钠使意识消失的半数有效剂量为 2.8mg/kg,而老年人降至 1.8mg/kg,使催眠剂量减少近 30%,抑制 EEG 的剂量也随年龄增加而下降。高龄对依托咪酯及地西泮的药效也显著增强。同时消除半衰期延长,如硫喷妥钠、依托咪酯及咪达唑仑的消除半衰期分别延长至13~15小时、7~8小时及4.1小时。在80岁时地西泮的半衰期可延长至90小时之久,较年轻人增加近4倍。增龄对丙泊酚用量的影响与硫喷妥钠相似,一般成人诱导用量为2.25~2.50mg/kg,而60岁以上老人则仅需1.50~1.75mg/kg。老年人对丙泊酚的清除率也降低,故维持用量宜减少。

在阿片类药物中舒芬太尼、阿芬太尼、芬太尼在老年人中的效力接近成人的2倍,这是由于随着年龄增长,大脑对其敏感性增加而非药动学改变所致,而瑞芬太尼的药效学和药代学均随年龄的增加而改变,表现为只需成人的半量就达到其临床效果,只需1/3输注速率即可维持血浆有效浓度。吗啡不但存在药效学和药代学的年龄性相关改变,同时其代谢产物吗啡-6-葡萄糖醛酸依靠肾脏清除,因此同样剂量的吗啡在老年患者的镇痛作用更强、持续时间更长。

老年人较慢的循环使静脉麻醉药和肌松药到达靶器官的速度减慢,麻醉者常误认为初量不足而重复给药,导致药物过量引起呼吸循环的严重抑制。血管功能的减退使较小剂量的静脉麻醉药即可引起血压明显下降。由于交感神经张力下降,氯胺酮的交感兴奋活性减弱,其心肌抑制作用可能表现出来。呼吸中枢的改变使老年人对静脉麻醉药引起的呼吸抑制更加敏感。

（三）局部麻醉药

一般都认为老年人局麻药用量宜适当减少,可能是由于细胞膜通透性的改变、脱水、局部血流减少和结缔组织疏松使药物易于扩散所致。老年人硬膜外阻滞时因药液不易向椎间孔外泄而易于在椎管内扩散,故硬膜外局麻药液需要量减少。

（四）肌肉松弛药

高龄对肌松药的影响主要决定于各自的药动学和药效学,如果药物依靠肝、肾代谢,则其作用时间延长。如维库溴铵、泮库溴铵、罗库溴铵在老年人群中显示出药动学和药效学的改变,血浆清除率降低,维持时间延长,然而主要依赖肾脏清除的长效肌松药杜时库铵和哌库溴铵,用于老年人其药动学和药效学并无明显不同,对于不经肝、肾代谢的药物,其药动学和药效学应当不受年龄影响。如阿曲库铵、顺式阿曲库铵为Hofmann消除,肌松作用时间不受增龄的影响。值得注意的是高龄需用肌松药拮抗药时不应减少剂量,又要防治其副作用。另外,依酚氯铵(艾宙酚)显效时间可延至3.6分钟,新斯的明维持时间也有所延长。原有心血管疾病的老年病人,预注阿托品拮抗新斯的明的胆碱能效应时,易产生心律失常,应改用长效抗胆碱能药如格隆溴铵。

总之,老年人的药理学改变表现为老年人对麻醉药物的反应性增强、作用时间延长。对老年人用药应该减小剂量,减慢给药速度,加强监测,密切观察病人用药后反应,尽量避免药物过量引起的意外。

第二节　老年病人的麻醉特点

麻醉前必须对病情及并存病给以足够的评估及治疗,麻醉中给以充分的监测及妥善的处理,术后积极防治可能发生的并发症,是老年病人麻醉及手术安全的重要保证。

一、麻醉前准备及评估

麻醉前详尽而正确地评估病情并做好充分的准备,是老年人麻醉成败安危的首要关键。

（一）老年人麻醉手术的风险因素

老年人围术期并发症发生率和病死率高于青壮年,麻醉手术风险的因素需要考虑生理年龄,而非单纯时间年龄。老年人风险增大的原因,主要在于年龄相关性疾病,其次才是增龄引起的功能减退。与围术期风险关系最大的是缺血性心脏病、心绞痛、心力衰竭、肾功能不全、糖尿病和痴呆。ASA分级及病人年龄可以初步预测围术期死亡率(表29-1)。年龄大于80岁的老年病人接受大中型非心脏手术时,年龄每增加1岁,围术期死亡率增加5%。老年人颅内、胸内和腹腔内手术比四肢和体表手术风险大;急症手术的风险比择期手术大。

表 29-1　ASA 分级与围术期死亡率的关系

ASA 分级	I	II	III	IV	V
围术期死亡率	0.06% ~0.08%	0.27% ~0.40%	1.82% ~4.30%	7.8% ~23.0%	9.4% ~50.7%

（二）老年人麻醉前病情评估和准备

麻醉前病情评估的目的在于全面了解病人的身体情况,包括将行手术治疗的疾病和其他并存疾病,各系统的功能状态,精神状态和营养状态以及目前应用或还在起作用的药物等对围术期可能产生的影响,据以制订并尽快执行麻醉前的各项准备措施,以期充分治疗并存疾病,改善各系统功能,力求使病人的身体状况能在预定麻醉和手术时达到他所能达到的最佳水平,从而预防麻醉和手术的并发症,缩小风险,提高成功率和安全性。

老年病人术前评估的关键是判断器官系统功能储备情况和鉴别器官系统并存的疾病情况。除一般检查外,还应重点评估老年人重要脏器的功能状态及其代偿情况,必要时应借助特殊检查作出评估。老年人最常见和对病人术中安全威胁最大的情况是心血管系统、呼吸系统及内分泌系统疾病。术前评估和准备应着重于这几个方面。

1. 心血管系统的评估和准备　心血管系统疾病是老年人中最常见的并存症。行非心脏手术的老年病人、充血性心力衰竭失代偿、严重心律失常、严重瓣膜疾病以及急性心肌梗死对围术期威胁最大,除非是对生命构成威胁的急症手术,否则通常应取消或延期手术,使病情得到良好的控制或缓解。冠心病是老年人麻醉中最常见的并存疾病。术中心肌缺血与心率过快、血压波动及冠状血管痉挛有关。冠心病的麻醉前诊疗,宜在循环科医师主持下进行。药物治疗主要应用β受体阻滞药、硝酸盐和钙通道阻滞药。冠心病人麻醉前用药应消除疼痛和焦虑,以免心率增快和血压升高。必要时给予吸氧、硝酸甘油含服。原来应用的降压药,抗心律失常药和抗心绞痛药均不宜突然停用。

对高血压病病人,最重要的是评估平时的血压及其控制程度,了解靶器官功能受损的程度,近期血压控制是否平稳。必要时行24小时动态血压监测,确保围术期血压平稳是提高手术安全、降低并发症的发生和死亡最重要的措施。高血压病人围术期血压易于波动,平时血压越高,麻醉中血管扩张或心肌抑制时越容易引起低血压,且其程度越严重;在浅麻醉下气管插管或受其他刺激时也容易血压升高而且较严重。一般说舒张压达14.6kPa(110mmHg)应延期施行计划性手术。抗高血压治疗应持续到麻醉前,停止降压药是有害无益的。

老年人多有心动过缓,如术前心率经常低于60次/分,应作阿托品试验了解窦房结功能。对阿托品无反应者,注意病窦综合征的可能性,术前应考虑安置心脏临时起搏器。对心律失常的病人可进行动态心电图检查,明确心律失常发生的频率及与心率的关系、发作的规律、心律失常发作时对血流动力学的影响,尤其要警惕频发室性期前收缩、多源性室性期前收缩及伴有血流动力学明显影响的其他心律失常。

2. **呼吸系统的评估和准备**　麻醉前评估应查找危险因素,如吸烟、肥胖、原有呼吸疾病等,75 岁以上老人麻醉前应常规进行胸部 X 线检查。有下列情况者宜行肺功能和动脉血气测定:①大量吸烟史;②咳嗽或呼吸困难;③70 岁以上;④有肺部疾病;⑤有术后并发症史;⑥肥胖;⑦胸或腹腔内手术;⑧严重神经肌肉或胸壁疾病。

对存在呼吸系统疾病的老年人,麻醉前准备的目的在于改善呼吸功能,提高心肺代偿功能,提高病人对手术和麻醉的耐受。准备的重点是控制呼吸道感染,术前戒烟并进行适当呼吸训练。

3. **中枢神经系统的评估和准备**　老年人神经系统呈退行性变,另外老年病人常合并不同程度的脑血管疾病,尤其多见于患有高血压、糖尿病或颈椎病病人。对这类病人麻醉前应对其神经系统、血管系统和肾功能进行详尽的评估和适当的治疗。麻醉期间宜尽力使血压维持在平时的水平,力求减少波动。帕金森病症状严重者可产生限制性通气障碍和阵发性膈肌痉挛。伴随的自主神经功能障碍可导致呼吸道分泌增多、直立性低血压等。

4. **糖尿病病人的评估和准备**　所有老年人糖耐量均降低,应引起重视。糖尿病是老年人常见的内分泌系统疾病,部分老年人合并隐匿性糖尿病。糖尿病病人往往伴有脑动脉,冠状动脉和周围动脉的硬化,中枢或周围神经及视网膜病变等并发症,白细胞功能受损而易受感染,还可并发慢性肾功能损害。术前应积极控制血糖,但不宜使血糖过低,可使血糖保持在稍高于正常水平,以免术中发生低血糖休克。这类病人应尽可能安排在上午手术,空腹不要超过 8 小时。单纯饮食控制的糖尿病人施行小手术可不必采取特别措施来控制血糖。口服降糖药者,宜在前 1 天晚上服后停药,围术期改用胰岛素。术中应连续监测血糖水平,过低时应及时补充葡萄糖,并按比例同时给胰岛素(1U:2~4g 葡萄糖),当血糖超过 14mmol/L 时,可静注胰岛素 5~10U。

5. **抗凝治疗与围术期应对策略**　老年人常因合并静脉血栓栓塞症、机械性瓣膜置换术后、房颤、血管疾病、急性冠脉综合征或冠脉支架置入术后,需要长期服用抗凝药物或抗血小板药物。抗凝治疗可能增加围术期出血的发生率,但中断治疗可能会增加血栓形成的机会,而术后过早恢复抗凝治疗又会增加术后出血的风险。

对服用抗凝药物治疗的患者根据可能增加的手术出血、手术的种类及血栓栓塞的后果决定实施围术期应对保守策略还是积极策略。保守策略是指术期停用华法林 3~5 天,术后尽快恢复华法林治疗。积极策略是指停用华法林期间,使用肝素替代治疗(表 29-2)。当凝血酶原时间所对应的国际标准化比值(INR)≤1.5 时,大多数外科手术可安全实施。对于 INR 在 2~3 的病人,口服维生素 K 1~2mg 可在 24 小时内纠正凝血状态。

表 29-2　低分子肝素替代治疗方案

术前 5 天	停用华法林
术期 3 天	皮下注射低分子量肝素,100IU/kg 每 12 小时,或 200IU/kg 每天
术前一天	若为每天给药,则减量为 100IU/kg,若为每 12 小时给药,则停用夜间剂量
手术当天	复查 INR,评估手术部位出血情况,如果病人可以口服液体且止血满意,则在当晚恢复口服华法林
术后 1~3 天	若无出血风险,恢复低分子量肝素注射
术后 5~6 天	如果 INR 在治疗范围内,停用低分子量肝素

对于择期手术病人,是否停用阿司匹林还存在争议。目前认为:如果在推荐剂量范围,单独使用阿司匹林或氯吡格雷,非心脏手术可以不停药;如果病人将要接受心脏手术尤其可能需要体外循环,且冠心病病情稳定,可以考虑停用阿司匹林 7 天,但在术后 48 小时内尽快恢复抗

血小板治疗;若患者接受的是不停跳冠状动脉旁路移植术,术后应立即恢复抗血小板治疗。由于缺乏特效的抗血小板药物拮抗剂,在急需恢复血小板功能的情况下,输注血小板可能是唯一的选择。

6. 骨关节病变 老年人中退行性骨关节病变极为普遍,类风湿关节炎也不少见。颈椎病妨碍颈部活动,颞颌关节和环状杓状关节病变妨碍张口和声门暴露,会给气管插管带来困难。关节病常用治疗药物,如消炎止痛药和肾上腺皮质激素,前者可影响凝血功能,后者可影响抗感染能力和创口愈合,并有诱发肾上腺皮质危象的可能。

术前还应注意病人的营养状况,贫血者应予输血,使血红蛋白达 100g/L 以上;血浆蛋白低者补给血浆或白蛋白。老年人常因进食不足易致脱水和电解质紊乱,应根据脱水程度补充。低血钾在临床上经常遇到,应特别注意并予纠正。

二、麻醉前用药

一般情况下,老年人麻醉前用药避免使用麻醉性镇痛药,镇静催眠药的剂量应减少。抗胆碱药物如东莨菪碱、阿托品类药物已列为影响术后认知功能的慎用药物;术前服用作用于中枢神经系统的药物如地西泮等,也可能诱发术后谵妄或认知改变。

老年人常因患有多种疾病而长期服用多种药物,麻醉前访视时应重点查明肾上腺皮质激素、降压药、抗凝药、β 受体阻滞药、单胺氧化酶抑制剂、三环类抗抑郁药和降糖药等用药情况。为了避免相互作用引起的不良反应,对于非必需的药物,宜在麻醉前适当时间停用。但对治疗并存疾病所必需的药物,尤其是治疗心血管疾病必需药物,仍应维持到麻醉时。

三、麻醉处理及选择

老年病人一般反应迟钝、应激能力较差,对中枢性抑制药如全麻药、镇静药、催眠药及阿片类镇痛药均很敏感,所以麻醉剂量均较年轻人为少。尽量使用生理干扰少、停止麻醉后能迅速恢复生理功能的麻醉方法。具体的麻醉选择不仅决定于病人情况及手术方式,还要根据麻醉医师的经验及技术进行选择。既要考虑麻醉方案尽量简单以减轻麻醉本身对疾病的侵袭,更要考虑麻醉方案能否有效地抑制手术中强烈刺激引起的过度应激反应。尽管既往研究表明全身麻醉与椎管内麻醉对于病人的转归没有差别,但最近的国际共识认为,出于对于老年病人脆弱的脑功能的保护,推荐在能够满足外科麻醉水平的基础上,优选使用神经阻滞技术,包括椎管内麻醉、外周神经阻滞麻醉等方式。如果选择全身麻醉,有证据表明全静脉麻醉对于老年病人的术后认知功能保护有优势。

局部浸润麻醉对机体的干扰最小,对老年人可以说最安全,但是作用较局限,麻醉效果较差;神经阻滞麻醉常用的有颈丛、臂丛神经阻滞,实用范围有限;椎管内麻醉对下腹部、下肢、会阴部的手术麻醉效果较好,而且术中可保持病人清醒,有利于术后精神神经功能恢复,但对循环功能有一定程度的影响,当阻滞平面过高时,对呼吸功能也有影响;气管内全麻易于维持术中呼吸循环稳定,但因老年人对药物反应性的改变,掌握不好易致术后呼吸抑制和中枢神经功能紊乱。因此,应根据具体情况选择对机体生理干扰轻、安全性最有保障的麻醉方法。一般而言,对体表、颈部、上肢手术可考虑选用局部浸润麻醉和神经阻滞麻醉;下腹、下肢及外阴部手术可考虑脊麻或硬膜外麻醉;上腹、胸内、颅内手术等应选择气管内插管全麻;全身情况较差者以及估计术中可能发生异常情况如大出血、手术范围和难度大、对麻醉质量要求高者,以选择气管内全麻为佳。

老年病人手术不论采用全麻或硬膜外麻醉,甚至局麻,更应重视术中监测,除了密切观察血压、脉搏及呼吸外,心电图及脉搏血氧饱和度可以及早提示心律失常及严重缺氧危险。较大手术应监测体温。全麻病人宜监测通气功能和呼吸气体成分。由于老年病人对失血时增快心率反应较差,甚至在血压下降时出现心动过缓,使麻醉者判断失误,因此对老年病人估计出血较多的手术应采用中心静脉压监测及尿量测定,对输血补液量的控制很有帮助。

(一) 局部麻醉

采用局部麻醉包括肢体神经丛阻滞对行短时间小手术的老年病人有较大优势。全身生理功能干扰极少,术后不致有中枢神经系统功能障碍,早期离床还有助于防止深静脉血栓及肺部并发症。但是手术稍复杂时,往往镇痛不全,手术操作引起的应激反应使老年病人不能维持内环境稳定,甚至诱发冠心病病人的心肌梗死等意外,不能不引起注意。另外老年人对局麻药吸收较快,需要剂量相应减少。单位时间内注射过快,极易发生中毒反应,故使用时应减少剂量,采用最低有效浓度。麻醉前用药应给苯二氮䓬类药以防止中毒反应。

(二) 椎管内麻醉

老年病人行下肢及下腹部手术更宜采用椎管内麻醉。特别对髋关节置换术及经尿道前列腺电切术还可降低术中渗血、术后肺部并发症及深静脉血栓的发生率。由于老年病人多有韧带纤维化或钙化还合并椎体肥大和骨质增生,椎管穿刺可能比年轻人困难,但对有经验的麻醉医师来说,只要耐心操作,绝大部分都能成功。

老年人硬膜外麻醉时血流动力学改变比全麻明显,尤其是患有高血压老年病人施行中胸段硬膜外阻滞时更易出现低血压,加用辅助药后易导致呼吸抑制。主要由于老年人硬膜外间隙变窄,药液易向头侧扩散,阻滞每一节段所需的药液容量在中年以后随增龄而减少。此外,老年病人的蛛网膜绒毛显著增大,使硬脊膜通透性增高,硬膜外间隙局麻药有可能弥散到蛛网膜下隙,以致 5ml 的试验剂量有可能出现硬膜外阻滞所需效应。因此必须强调在严密观察下分次小量给药。中胸段以上阻滞更需谨慎。椎管内麻醉平面过高,会对循环和呼吸系统造成严重影响,导致血流动力学的剧烈波动和(或)呼吸抑制,老年人本身循环和呼吸功能已有损害,如在储备功能较低的情况下应用十分危险。老年人选用椎管内麻醉,应该将麻醉平面严格控制在 T_6 以下,绝不能超过 T_4。对老年人椎管内麻醉效果不全的情况下使用辅助药时应尤其谨慎,必要时宁愿改行气管插管全身麻醉,以策安全。

老年人行脊麻时有如下特点:起效快、扩散广、作用时间延长,因此用药剂量应酌情减少。老年人脊麻后头痛较少,对下肢和肛门会阴部手术,采用细针(25~26G)穿刺作蛛网膜下腔阻滞,或脊麻-硬膜外联合阻滞,有一定优点。蛛网膜下隙阻滞的麻醉效果完善,虽然对血流动力学的影响较硬膜外麻醉大,但通过积极补液和控制平面,适当应用血管活性药物,仍然可以安全应用于下肢、肛门、会阴部手术。

(三) 全身麻醉

老年病人采用气管内全身麻醉特别适于心、胸、颅脑和上腹部大手术,既能全面抑制手术刺激的强烈反应,又便于呼吸管理,以确保供氧。特别对并存冠心病、高血压及呼吸功能较差的肺疾患病人使用气管内全麻不但有效地抑制各种不良反射,还可保持良好的通气。现代吸入全麻药如恩氟烷、异氟烷、七氟烷及地氟烷等对呼吸道不仅刺激很小,对手术刺激及疼痛的抑制也较完善,还能解除支气管痉挛。这些吸入麻醉药体内分解很少,大部分原形经肺排出,苏醒也很快,更适应老年病人的麻醉。芬太尼静脉麻醉较少抑制心脏功能,更适应于老年病人心血管手术或心功能障碍病人的手术。当然在阿片类麻醉术后常需要有一段时间机械通气辅助。另外静脉麻醉药不同于吸入麻醉可迅速经肺呼出,多数静脉麻醉药入血后必须经肝脏代谢及肾排泄,老年病人清除率降低,麻醉时间延长,苏醒延迟,宜尽量选用短效药物如丙泊酚等,同时麻醉中各种药物的用量应该做适当的调整,更要警惕药物蓄积作用。全麻中使用肌松药时,术终更应监测通气情况,必须恢复足够通气量及血氧饱和度才能拔管。

1. 全麻诱导和气道处理 老年人心血管功能减退,多并存有高血压和动脉硬化,血流动力学不易保持稳定。老年人循环时间较慢,静脉麻醉诱导时作用出现相对延缓,加上老年人对药物敏感性的个体差异大,诱导用药宜缓慢推注,少量递增,严密观察,适可而止。老年人的气道处理常较困难。牙齿松动脱落较多,牙槽骨萎缩,面罩密合度较差,必要时放置口咽通气道可有改善。极度松动的牙齿和体积较小的义齿宜事先取出,以免脱落堵塞呼吸道或造成损伤。体积较大而固定较好的义齿不妨保留在口腔内,有利于保持较大的口腔空间。老年人颞颌关节活动障碍和颈椎僵硬者较多,易致喉镜插管困难,事先要有所了解和准备,必要时作好盲探插管或用纤维支气管镜引导插管的准备。颈椎病病人,颈部不可过度伸展,防止基底动脉受压导致脑部血供不足。环状软骨加压时,避免压迫颈动脉,以防止动脉内斑块脱落。此外,应努力减轻气管插管时的心血管应激反应,同时还要防止麻醉药物用量过大引起的严重循环抑制和缺氧。

对于插管时心血管反应,除掌握好插管时机外,还应采取相应措施。完善的咽喉、气管内表面麻醉对减轻插管时心血管反应作用肯定。静脉注射少量芬太尼或利多卡因抑制反射,或用少量艾司洛尔等,可酌情选用。老年病人多存在血容量不足、自主神经调控能力降低,诱导后摆体位时体位的迅速改变容易引起剧烈的血压波动,应高度警惕。

老年人常有骨质疏松,脊柱后凸,长期卧床或肢体活动受限者往往关节挛缩或强直,做过人工关节置换手术者关节活动度也常受限。安放体位时应事先了解其关节活动度,动作轻柔,肢体外展外旋等不可过度,以免造成损伤。此外,老年人皮肤弹性减退,皮下结缔组织减少,受压点要注意加垫。枕头高低要适当,以免影响脑部血流。最好在清醒时先试放手术体位,以确保病人能较好耐受。

2. 麻醉维持 麻醉维持要求各生命体征处于生理或接近生理状态,注意维护重要器官功能,满足手术操作需要,抑制由于手术创伤引起的有害反射。一般而言,老年病人麻醉维持不宜太深,但应做好充分的镇痛,同时也应避免过浅的麻醉引起术中知晓。

呼吸和循环的管理在全麻维持中很重要,老年病人对缺氧耐受能力差,应密切观察,保持呼吸道通畅,保证足够的通气量和氧供,避免缺氧和二氧化碳蓄积。由于老年人对血容量不足和容量过度负荷的耐受都比较差,心肾功能不全者更甚,应精确计算其需要量,必要时应行中心静脉穿刺置管,监测中心静脉压,既要及时补充失液,又不可过量。有疑虑时采用"滴定法",即在较短时间内以较快速度输入一定量的液体,同时密切观察血流动力学改变,借以决定一段时间内输液的速率和数量,有时需反复"滴定"。如估计容量已补足而循环仍不稳定,可用静脉滴注小剂量多巴胺或多巴酚丁胺支持。在胶体和晶体液的选用方面,老年人和年轻人并无差异,必要时也可使用高渗液。

麻醉期间输血需根据具体情况个体化地作出决定。大多主张对一般老年病人,如能保持血细胞比容在30%～32%以上,血红蛋白在100g/L以上,就可不输血或少输血。但对心室功能不全的老年病人,在血液稀释时难以增加心率和心肌收缩力来增加心排血量作为代偿,故宜尽可能使其血红蛋白维持在正常范围内。对老年贫血而心功能不全病人,偶尔还可考虑在输血的同时用利尿剂防止容量负荷过度。

老年人对肌松药的敏感性改变不大,首次剂量应不变或稍减。但因肝肾功能减退,肌松药作用时间明显延长,维持剂量应酌减,给药间隔也相应延长。在满足手术需要的前提下,应及早停肌松药,争取在手术结束前有一个较长的肌松恢复期。

避免发生术中低体温,尤其在全身麻醉的老年病人。低体温不仅使术中失血增多,而且有可能诱发心肌缺血,因此要注意术中的保温的实施。

3.　**术毕苏醒期**　此期发生意外的可能性较高。最常见的是由于呼吸功能恢复不全引起的通气不足、呼吸道梗阻、缺氧等一系列并发症,其次是疼痛等不适引起的血流动力学改变。

老年人由于对麻醉药物的敏感性增高、代谢降低,术毕苏醒延迟或呼吸恢复不满意者较多见,最好进入麻醉恢复室继续观察和行呼吸支持,尤其是并存高血压、冠心病等心血管疾病及肺功能不全者。虽然完全清醒并不是拔管的必要条件,但对老年人来说,最好等完全清醒后再拔除气管导管为妥。由于麻醉药物残余作用而未清醒或呼吸恢复不满意者,可考虑给予拮抗药物,如新斯的明可拮抗非去极化肌松药的作用,纳洛酮可拮抗阿片类药物的作用。一般来说不主张常规给予拮抗药,待其自然清醒为佳。

病人清醒后往往因为手术疼痛等不适以及不能耐受气管插管而出现血压升高、心率增快,严重者甚至出现心肌缺血、心律失常,应给予适当镇静镇痛药以减轻或消除其心血管反应,以免出现心血管意外。老年病人苏醒期多模式镇痛有助于提高拔管的成功率。

(四) 全麻-硬膜外阻滞联合麻醉

近年来将硬膜外麻醉与全身麻醉联合应用取得了良好效果,优点是可以实现二者的优势互补,减轻心脏负荷,改善冠脉血流,减少全麻用药量,减轻全身麻醉药对机体的不良影响,手术结束后保留硬膜外导管可作术后镇痛。但需加强监测,妥善管理。

必须指出,不存在一种特别适合老年人的麻醉方法,各种麻醉方法都有其优缺点,麻醉者的技术能力和对出现异常情况的反应、处理能力显得更为重要。无论选用什么麻醉方法,对老年病人来说,都要做到镇痛完善,重视术中的监测,及早发现和处理各种意外情况。

四、麻醉处理原则

1.　做好术前评估,正确了解其重要器官的功能状态。
2.　积极术前准备,最大限度改善疾病造成的生理改变。
3.　在保证病人安全和满足手术需要的基础上,选择对其生理功能扰乱最小的麻醉方法。
4.　选择对呼吸循环影响小的麻醉药物,用药剂量应酌减,给药间隔应延长。
5.　诱导期注意维持血流动力学稳定,避免缺氧时间过长。
6.　维持期注意维持呼吸循环功能稳定,保持呼吸道通畅,控制输液量。
7.　苏醒期注意防止呼吸功能恢复不全引起的一系列并发症。

第三节　术后常见并发症

老年病人对术后并发症的防御反应显著降低,往往在年轻人微不足道的术后并发症发生在老年人身上就有可能发生连锁反应导致致命后果,其中呼吸道感染发展成脓毒症及冠心病病人发生心肌梗死常为老年人术后死亡最多见的并发症。所以麻醉后护理对术后并发症的防治不容忽视。

一、呼吸系统功能障碍

常见并发症有呼吸抑制、呼吸道梗阻、反流误吸、感染及呼吸衰竭等。老年病人呼吸道反射活动低下,对异物误吸的保护能力极差,容易产生反流、误吸导致肺水肿、感染及梗阻。舌后坠、分泌物过多更易使老年病人造成严重缺氧和二氧化碳蓄积,由于老年病人呼吸中枢对二氧化碳的反应减弱,削弱了通气反应,容易出现急性呼吸衰竭。特别近年来术中辅助应用芬太尼,虽然术终作用消失,但回病房后 30 ~ 45 分钟有可能再出现呼吸抑制,称为双相性呼吸抑制,即术中切口疼痛使二氧化碳反应曲线维持正常,而回病房后不再有切割疼痛刺激,出现迟发性呼吸抑制或呼吸遗忘。另外,老年病人对镇静药的呼吸抑制也较敏感,均是导致术后急性呼吸衰竭的原因,也是导致术后死亡的重要并发症,应引起高度重视。除麻醉药物因素外,还应考虑其他生理功能紊乱造成的影响。例如,病人因伤口疼痛不敢用力呼吸可造成通气不足,电解质紊乱特别术中输血较多造成低血钙时,因呼吸肌力量不够也可致通气不足。这种肌力不足应用新斯的明通常无效,给予钙剂可获良效。

在术后护理上应争取在通气不足时尽早给以气管插管及辅助通气,务必使血氧饱和度维持在 94% 以上,不能低于 92% ,不可在血氧饱和度很低、甚至呼吸停止后才行气管插管,丧失抢救时机。

老年人免疫力低下,加上分泌物增多,术后因疼痛等原因活动减少,容易产生肺部感染,应积极预防。充分排痰是解决缺氧及防止肺内感染发展的关键手段。老年人手术后应经常翻身拍背,分泌物较多者应采用吸痰管吸痰,吸痰过程中应严格无菌操作,吸痰管不可反复应用,以免逆行感染。一旦发生肺部感染应积极采用敏感抗生素治疗,以避免病情进一步发展。

二、循环系统功能障碍

最常见的是血流动力学紊乱和心律失常。多由于术前并存的心血管疾病和手术失血、疼痛和不适引起。

1. 高血压 在老年人麻醉手术期间经常可见。术中麻醉深度不足和术后镇痛不全是血压升高的常见原因,原有高血压的病人停了降压药也可使高血压失控。高龄病人多并存高血压或冠心病,术后更应维持心血管系统稳定,使心肌供氧/需氧取得平衡。但老年人基础血压常较高,评估时要和年轻人有所区别。加深麻醉或给予血管扩张药一般均可控制。术毕麻醉清醒期,由于伤口疼痛和气管内吸引刺激,尤其对原有高血压病人,此时高血压更常见。气管内吸痰和拔管前,静脉滴注硝酸甘油可有效防止高血压的发生,也可使用拉贝洛尔分次静脉注射,每次 5mg,到血压控制满意为止。由于潜在的冠心病诱发心肌梗死多在术后 24 小时或 72 小时内,很少在全麻中发生,所以术后数天内的心血管监测非常重要。原有高血压者应争取尽早恢复麻醉前的降压药治疗。

2. 低血压 最常见的原因是血容量不足,其次是心排血量降低或广泛的周围血管扩张,关键在于及早发现。积极补液即可纠正血容量不足诱发的低血压。对心排血量降低引起的血压下降,应及时找到原发病因并加以处理,如心衰、心肌梗死等。在尽力解除诱因的同时,如收缩压低于 10.0kPa(75mmHg),为防止心肌缺血,应立即给予升压药支持。如果心排血量低,宜使用加强心肌收缩力的药物,如多巴胺 2 ~ 5μg/(kg·min),对老年人具有强心和缩血管作用。

3. 心律失常 术中心律失常多由于血压上下波动过剧造成心肌供血不足,或因为通气不良造成缺氧和二氧化碳蓄积所致。麻醉过浅或平面不够时遇伤害性刺激,特别在牵拉内脏时,易发生心动过速或心动过缓及其他心律失常。对原发病因作相应处理,心律失常一般可逐渐消失。对于消除诱因后仍不恢复正常心律者,可给予抗心律失常药物。

出现窦性心动过速时,为防治心肌缺血,首先要控制心率在 100 次/分以下。治疗窦性心动过速最有效而常用的是 β 受体阻滞药,如艾司洛尔 50mg 静脉慢注或每分钟 50 ~ 300μg/kg 静脉滴注。如有支气管哮喘则宜改用钙通道阻滞药。治疗目标是心率减慢的同时 ST-T 改善。

心动过缓常见于病态窦房结综合征、低温、心肌缺血、结性节律和长期服用 β 受体阻滞药的病人。如属窦性而且血压正常,心率在 40 次/分以上,并不必定要立即处理。若伴有室性节律或低血压,则必须及时治疗。一般用阿托品静脉注射 0.5~2.0mg,大多能奏效,必要时采用体外或经静脉起搏。

如室上性心动过速可给予胺碘酮、心律平等;对频发室性期前收缩给予利多卡因或心律平等;如有充血性心衰或心房纤颤伴心室率过速者可给予洋地黄类药物治疗。

4. 心功能不全 由于老年人心功能储备降低,在过度应激和输血输液不当等扰乱下,易发生充血性心力衰竭,表现为颈静脉怒张、心动过速、呼吸急促和急性肺水肿。麻醉中应努力避免过度的血压波动、咳嗽、屏气缺氧和液体输入过多,这是防止心衰的重要环节。发生心衰时应严格控制输液量,除应用洋地黄增强心脏收缩力和给利尿剂减低心脏的前负荷外,血压过高病人可静滴硝酸甘油,以控制血压、降低外周血管阻力和减轻左心的前后负荷。对明显肺水肿和呼吸困难者,可作气管插管和呼气末正压通气。

三、中枢神经系统功能障碍

中枢神经系统功能障碍在老年病人很常见。然而,传统的中枢神经系统并发症,如脑卒中,在术后阶段发生率相对较小,更为常见的是术后谵妄(postoperative delirium,POD)和术后认知功能障碍(postoperative cognitive disfunction,POCD)。POD 和 POCD 是老年病人手术后最常见的两个术后并发症,其发生率远高于诸如心肌梗死和呼吸衰竭等严重术后并发症。POD 与各种术后不良结果相关,包括死亡、严重并发症、住院时间延长以及治疗费用的增加。早期的 POCD 与呼吸和感染并发症的风险增加相关,但其远期的影响尚未明确。近年来,POD 和POCD 愈来愈受到人们的重视。

1. 定义 谵妄是一个已经正式确认的精神病学诊断,是由意识状态不稳定所造成的紊乱,注意力不集中是其表现之一,认知和感知功能发生改变但与痴呆无关。有一定证据表明这一病态是由全身疾病状态所导致。全身麻醉后意识恢复不久即发生的谵妄称为急症谵妄。POD 不是在术后阶段立即发生,可在术后数小时至数日内发生,可能持续超过一个星期。POD存在两种类型:一类是活动增高型,不常见但易于识别;另一类是更为常见的活动减少型,很容易被忽视。

当老年病人手术后出现中枢神经系统并发症,表现为精神错乱、焦虑、人格的改变以及记忆受损。这种手术后人格、社交能力及认知能力和技巧的变化称为 POCD。另有学者认为POCD 表现为手术后记忆力和集中力下降的智力功能的退化,其特征是由一般的医疗处理引起,又不属于谵妄、痴呆、遗忘障碍等临床类型。与 POD 不同,POCD 的患者通常神志清楚,定向力正常。

2. 病因和危险因素 POD 和 POCD 的病因尚不明确,两者似乎是由于年龄相关的中枢神经系统改变和疾病导致患者认知功能下降,再受到急性外科手术创伤所产生的结果。术中处理(如局部麻醉和全身麻醉)对 POD 和 POCD 的形成作用甚微。

POD 可能与中枢神经多种不同的神经通路和神经递质紊乱、炎症反应及脑栓塞性损伤有关。POD 的危险因素包括:①术前因素:高龄、明显的功能损害和认知障碍、失眠、制动、视觉和听觉损害、脱水、酗酒、电解质紊乱、抗胆碱能药物、复合用药、苯二氮䓬类药物及手术种类;②术中因素:失血、需要输血、严重的电解质及葡萄糖异常、低氧和低血压,麻醉方式对 POD 的影响还未定论,尚无研究证实局部麻醉可以降低 POD 的发生率;③术后因素:术后疼痛及应用苯二氮䓬类药物。

有研究认为麻醉药是 POCD 的主要原因,而手术和麻醉并发症有促进作用。但更多人倾向于多因素的综合作用。可能参与的因素包括过度通气、低血压、缺氧、代谢异常等因素,具体机制尚有争论。

3. 预防和治疗　POD 的预防包括：术前确认病人的风险；术中维持足够的氧供和灌注，慎用或避免使用中枢抗胆碱能药物及苯二氮䓬类药物；术后胃肠足够的氧供、液体和电解质平衡、简化药物治疗方案、保持肠道和膀胱功能、营养、早期诊断和治疗严重并发症及适当的镇痛。积极治疗疼痛的同时应避免使用与 POD 有关的药物，合适的局部镇痛可能有一定意义。治疗 POD 包括：确诊和治疗器质性病因；采取措施恢复患者神志；若患者处于焦虑的威胁中，可应用氟哌啶醇。

四、疼　　痛

疼痛也是术后并发症之一。良好的术后镇痛有利于防止其他并发症，加速康复。老年病人术后镇痛方式包括全身给药镇痛法和局部给药镇痛法。环氧化酶抑制药包括非选择性 COX 酶抑制药和选择性 COX-2 酶抑制药，单独用药时，可对轻中度疼痛产生有效的镇痛作用，与阿片类药物联合可减少单独用药的剂量及其相关副作用。环氧化酶抑制药镇痛药由于具有抗炎镇痛、运动镇痛及靶向镇痛的优点，是老年病人术后多模式镇痛的基础用药，但需密切关注其消化道、心脑血管、肾脏等副作用。局部浸润、外周神经阻滞和硬脊膜外隙阻滞技术可有效用于老年病人的术后镇痛，使用时应注意适应证，尤其是合并使用抗凝剂的老年病人。

根据不同类型手术术后预期疼痛的强度可实施不同的多模式镇痛方案。轻度疼痛：对乙酰氨基酚和切口局部浸润；NSAIDs 药物与前者的结合；区域阻滞加弱阿片类药物或必要时小剂量强效阿片类药物。中重度疼痛：对乙酰氨基酚和切口局部浸润；NSAIDs 药物与前者的结合；单次或连续外周神经阻滞配合曲马多或阿片类药物 PCIA；病人自控硬膜外隙镇痛；不论何种途径用药，老年人的用药量都要比年轻人减少，最好能同时监测呼吸功能。

（王俊科）

第三十章 | 肥胖病人手术的麻醉

随着社会经济的发展和饮食结构的不断变化,目前我国成人超重率已达 22.8%,肥胖率为 7.1%,儿童肥胖率已达 8.1%。肥胖人群可发生多种并发症,包括冠心病、高血压、高血脂、糖尿病、胆囊疾病、骨关节退行性疾病、阻塞性睡眠呼吸暂停综合征以及各种社会心理疾病等。近年来,治疗肥胖的外科技术不断发展,如腹腔镜减重术、胃减容术、空回肠旁路术等;另外,大量并发症的发生使肥胖患者接受心血管手术、骨关节手术及腭咽成形等手术的比例显著增加。因此肥胖患者经历外科手术的概率也日益增加,而肥胖患者围术期并发症的发生率和死亡率显著高于正常体重患者,其麻醉管理有其特殊性。麻醉医师必须对肥胖病人的病理生理改变、手术方式和特殊体位对心肺功能的影响以及术中、术后并发症的预防和处理等有深入的了解,做好充分地术前评估和准备,熟练运用相关的麻醉原则与技术,才能保证此类患者手术麻醉安全。

第一节 肥胖的生理改变

一、肥胖的定义

WHO 将超重和肥胖定义为"可损害健康的异常或过量脂肪积累"。临床和流行病学调查发现,体重指数(BMI)及腰围是目前公认最简单方便、与疾病相关性最好的评价肥胖的指标。

(一) 体重指数

体重指数(body mass index,BMI)是成人超重和肥胖最常用的衡量指标,其计算方法是:$BMI(kg/m^2)=$ 体重$(kg)/[$身高$(m)]^2$。研究表明,大多数个体的体重指数与身体脂肪的百分比含量有明显的相关性,能较好地反映机体的肥胖程度。因此,根据 BMI 将人群分为以下等级:低体重,$BMI \leqslant 20(kg/m^2)$;正常体重,$BMI=20\sim25(kg/m^2)$;超重,$BMI=25\sim30(kg/m^2)$;肥胖,$BMI=30\sim40(kg/m^2)$;病态肥胖,$BMI>40(kg/m^2)$。其中,$BMI=25\sim30(kg/m^2)$ 者为低危组,$BMI>40(kg/m^2)$ 者为极高危组。但在具体应用时,BMI 仍然具有其局限性,如对肌肉较很发达的运动员或有水肿的病人,可能会过高估计其肥胖程度,肌肉组织相对脂肪组织减少较多的老年人,BMI 可能会过低估计其肥胖程度。相等 BMI 值的女性体脂百分含量一般大于男性。

(二) 腰围

腰围(waist circumference,WC)指腰部周径的长度,是衡量脂肪在腹部蓄积(即中心性肥胖)程度的最简单、实用的指标。WHO 建议男性腰围>94cm、女性>80cm 作为肥胖的标准,但这一标准适宜于欧洲人群。亚太地区建议男性>90cm、女性>80cm 作为肥胖的标准。提出了中国人肥胖诊断 BMI 界值,并结合腰围来判断相关疾病的危险度(表 30-1)。

表 30-1　中国成人超重和肥胖的体重指数和腰围界限值与相关疾病危险的关系

分类	体重指数（kg/m²）	腰围（cm）		
		男：<85 女：<80	男：85~95 女：80~90	男：≥95 女：≥90
体重过低	<18.5	—	—	—
体重正常	18.5~23.9	—	增加	高
超重	24.0~27.9	增加	高	极高
肥胖	≥28	高	极高	极高

相关疾病指高血压、糖尿病、血脂异常和危险因素聚集；体重过低可能预示有其他健康问题

二、肥胖患者的病理生理改变

（一）肥胖对呼吸功能的影响

肥胖患者胸腹部堆积大量脂肪，肺和胸壁的顺应性均降低，呼吸系统总体顺应性可降低35%，膈肌抬高，补呼气量（ERV）、功能余气量（FRC）、肺活量（VC）及肺总量（TLC）减少，而闭合容量（CC）不仅不减少反而可能增加，严重时 FRC<CC，部分小气道提前关闭，肺血流增加，当远端无通气肺泡仍有灌注时，便可产生通气/血流（V/Q）失调。肺功能测定若发现肺容量降低，则提示患者已存在限制性肺疾病。肺功能测定指标中，ERV 可能是肥胖患者肺功能检测最敏感的指标。

皮下、胸腹部和内脏器官周围大量脂肪组织堆积，常使患者腹部膨隆，胸椎后伸、腰椎前凸，导致肋间肌运动受限，胸廓相对固定，限制了胸式及腹式呼吸运动。由于呼吸系统顺应性降低，气道阻力明显增加，肥胖病人呼吸做功大于正常人群。

肥胖患者头颈部脂肪堆积，口咽部软组织增生，肌肉松弛等因素导致其上气道尤其是咽腔部位的狭窄，患者发生阻塞性睡眠呼吸暂停、低通气综合征以及困难气道的风险明显高于非肥胖患者。5%~10% 的患者可在静息下出现嗜睡、低通气量和高碳酸血症及发绀诱发的红细胞增多症，即所谓睡眠呼吸暂停综合征（sleep apnea syndrome，SAS）。

另外，体位变化对肥胖患者肺容量的影响更为严重，尤其在仰卧位时，腹腔内容物可明显压迫膈肌，使膈肌运动受限，造成 FRC 下降、肺总顺应性下降和明显的 V/Q 比失调，导致 PaO₂ 低下。少数病态肥胖并伴有心功能障碍的患者根本无法耐受仰卧位，可导致心脏储备失代偿、低氧血症、高二氧化碳血症和呼吸性酸中毒。

（二）肥胖对心血管功能的影响

肥胖患者的心血管改变主要与以下四个因素有关：①绝对血容量增加；②高血压；③冠心病；④心功能下降。

肥胖患者的绝对血容量增加，且与体内脂肪量和静息状态下心排血量的增加呈正相关。血容量的增加也与体重成正比，因此由于前负荷增加，心排血量以及左室舒张末压的增加，可导致心脏结构的改变。阻塞性呼吸睡眠暂停综合征（obstructive sleep apnea syndrome，OSAS）患者由于伴有慢性低氧血症/高碳酸血症和（或）肺血容量增加，可致慢性肺动脉高压，导致右心室扩大和室壁肥厚，最终导致充血性心力衰竭，使心肌收缩力减弱及舒张功能异常，因此充血性心力衰竭与体重有直接关系。肥胖同时是冠心病的独立风险因素，而高血压、糖尿病以及高脂血症可使冠心病病情进一步加重。肥胖患者发生低氧血症时可反射性致交感神经兴奋性

升高,使外周血管阻力升高,重者甚至发生左心衰。病态肥胖患者需氧量增加,降低了心血管储备能力,运动的耐力也受到限制。

肥胖患者心律失常的发生率增加,其诱发因素为:心肌肥厚、低氧血症、心脏传导系统的脂肪沉积、利尿剂所致的低钾血症、冠心病发病率增加、儿茶酚胺增加以及合并 OSAS 等。而脂肪组织浸润心脏传导组织,可继发传导阻滞,也是猝死的重要因素。

(三) 内分泌系统

BMI>35kg/m^2 的肥胖患者患糖尿病的危险性,女性比男性高 2 倍以上,如果腰围>102cm,糖尿病的发病危险可提高 3.5 倍。①胰岛素:肥胖患者胰岛素受体数量及亲和力均降低,存在胰岛素不敏感性和抵抗性;②糖皮质激素:单纯性肥胖者可有一定程度的肾上腺皮质功能亢进,血浆皮质醇正常或升高;而在继发性肥胖中,皮质醇增多症者血浆皮质醇明显增高,血糖升高,引起胰岛素升高,脂肪合成过多,形成肥胖;③生长激素:如果生长激素降低,胰岛素作用相对占优势,可使脂肪合成增多,造成肥胖。

(四) 其他脏器

肥胖患者的胃液分泌量大,胃酸 pH 低,加上腹腔内脂肪堆积,腹内压明显升高,其在围术期发生反流误吸及吸入性肺炎的风险增加。

另外,流行病学调查显示,肥胖与脂肪肝的发生及其严重程度关系最为密切,90% 的肥胖患者合并非酒精性脂肪性肝病,而丙氨酸氨基转移酶(ALT)升高是最常见的肝功能异常。但多数单纯性肥胖患者的肝脏清除功能一般不受影响。

肥胖患者合并肾脏疾病时,有显著性蛋白尿,多数有局限性肾小球硬化症及(或)糖尿病性肾病。

第二节　肥胖病人的麻醉处理

由于肥胖患者往往并存糖尿病、高血压、冠心病、胃食管反流、OSAS 以及心肺功能不全等并发症,其围术期并发症的发生率和死亡率较正常体重者显著增加,为确保良好的手术预后,对所有患者都应该制订严格而完善的麻醉治疗计划,包括全面的术前评估、术前合并症的治疗以及精细的术中及术后管理等。

一、麻醉前评估、准备和用药

(一) 麻醉前评估

麻醉医师的术前访视和评估对降低肥胖病人手术麻醉的风险具有重要作用。麻醉前评估的重点在于心肺系统的变化,可按下列步骤进行评估:

1. **常规进行插管困难的评估**　颜面畸形,如小下颌畸形、下颌后缩畸形等,上呼吸道解剖异常,口咽腔狭小、扁桃体腺样体肥大、舌体肥大等,检查颈围大小、头后仰度、枕寰活动度、颞颌关节活动度、甲颏距离、Mallampati 评分、张口度等(见第二章　麻醉前对病情的评估)。

2. **是否伴有 OSAS**　通过询问患者是否有夜间打鼾、呼吸暂停、睡眠中觉醒以及日间嗜睡等病史,明确患者是否伴有 OSAS 及其严重程度。筛选可通过"STOP 问卷"及"BANG 问卷"(表30-2),存在 2 个以上 STOP 问题或 3 个以上 BANG 问题则是 OSAS 高危人群。同时也可进行睡眠呼吸监测,用多导睡眠仪评价患者的 AHI(表30-3,表30-4)。对于已确诊并进行呼吸睡眠治疗的 OSAS 患者,若需用持续正压通气压力>10cmH$_2$O,则提示存在面罩通气困难。

表 30-2　STOP-BANG 问卷

S—打鼾(snoring)。是否有很响鼾声?隔壁房间也能听到吗?
T—日间嗜睡(tiredness)。容易疲劳吗?常在白天嗜睡吗?
O—呼吸暂停(observed apnea)。有人观察到您睡眠时呼吸暂停吗?
P—高血压(blood pressure)。是否高血压,经过治疗吗?
B—体重指数(BMI)>35kg/m^2
A—年龄(age)>50 岁
N—颈围(neck circumference)>40cm
G—性别(gender)是男性

表 30-3　2009 年中华医学会耳鼻喉头颈外科学分会 OSAS 病情程度与诊断依据

OSAS 严重程度	AHI(次/小时)	最低血氧饱和度(%) SaO$_2$(%)
轻度	5～15	≥85
中度	15～30	65～84
重度	>30	<65

AHI 即呼吸暂停-低通气指数:睡眠中平均每小时呼吸暂停+低通气数

表 30-4　2007 年中华医学会耳鼻喉科学分会儿童 OSAS 病情程度与诊断依据

OSAS 严重程度	AHI 或 OAI (次/小时)	最低血氧饱和度 SaO$_2$(%)
轻度	5～15	≥85
中度	15～30	65～84
重度	>30	<65

AHI 为呼吸暂停-低通气指数:睡眠中平均每小时呼吸暂停+低通气数;OAI 为阻塞性呼吸暂停次数,即睡眠中平均每小时呼吸暂停次数

对于准备行手术的肥胖患者,判断有无 OSAS 的重要性有两方面:一方面,OSAS 患者对催眠药的呼吸抑制作用和阿片类药物的呼吸道肌肉张力影响作用都更加敏感。患有 OSAS 的肥胖患者术后经静脉或椎管内使用阿片类药物可能引起致命性的呼吸系统意外。因此,在术后存在睡眠呼吸暂停症状和体征时,以及需要经静脉或椎管内使用阿片类药物镇痛时,应予严密监护。另一方面,OSAS 可能引起喉镜插管困难以及面罩通气困难,加上此类患者氧储备降低,极有可能导致此类患者出现呼吸系统意外事件。

3. **肺功能检查、动脉血气检查以及屏气试验**　评估患者的肺功能及其储备能力,术前动脉血气基础值的测定有助于判断患者 CO$_2$ 清除能力,有利于指导术中和术后的通气治疗。另外,对所有肥胖患者可通过了解吸烟史和相应体征,如咳嗽、喘鸣或劳累后呼吸困难,判断的是否并存肺部疾病,如合并慢性阻塞性肺疾病(chronic obstructive pulmonary disease,COPD)会严重影响此类患者的气体交换和肺功能。

4. **常规心电图检查及动态心电图及心脏彩超等检查评估心血管功能**　询问有无高血压、肺动脉高压、心肌缺血等病史或症状。肥胖患者的 ECG 通常表现为 QRS 波低电压、左室肥厚或劳损、左房异常及下壁和侧壁导联 T 波低平。肥胖患者在日间的慢性低氧血症对于提示肺动脉高压和肺源性心脏病的意义重大。测定吸空气时的脉搏氧饱和度是判断慢性低氧血症的

一种无创且有效的方法。血细胞比容也可提示慢性低氧血症存在。

5. 术前用药史 尤其询问是否服用减肥药物以及采用过的减肥治疗措施等。部分新型减肥药安非他命和氯苯吲哚具有一定的拟交感作用或(和)内源性儿茶酚胺耗竭作用,使患者在麻醉诱导和维持中,其循环功能的变化难以预料,出现严重低血压或高血压的风险性增加。

(二)麻醉前准备和用药

1. 麻醉前用药 口服苯二氮䓬类药物可发挥有效的镇静和抗焦虑作用,且较少引起呼吸抑制。患者入室后也可静滴小剂量的咪达唑仑,以达到充分镇静、抗焦虑作用,但应注意保持呼吸道通畅,并严密监护。

2. 准备合适大小的手术床 普通手术床的承重量及宽度可能不适合部分肥胖患者的手术需要,而需要特制的手术床或将两张常规手术床拼在一起才能进行手术麻醉,注意防止褥疮,防止跌落,特别要在所有可能的受压点放置弹性凝胶垫或承重的软垫,防止神经损伤及皮肤破损。

3. 肥胖患者监测的特殊要求 当周围静脉置管困难时可考虑在超声引导下放置中心静脉导管以减少穿刺引起的并发症,并利于术中及术后的液体管理。如无法找到合适的袖带测量无创血压,可考虑使用有创动脉压监测,也有利于监测动脉血气。

4. 预防误吸、静脉或肺栓塞 由于肥胖患者胃内容和酸度增加,术前使用 H_2 受体阻滞药可减少误吸的风险,尤其在饱胃、合并食管裂孔疝或 2 型糖尿病时必须要使用。术前应用制酸剂和 H_2 受体的拮抗剂可提高胃液的 pH,减轻误吸的危害,可在术前给予患者西咪替丁、雷尼替丁、双枸橼或甲氧氯普胺。深静脉血栓形成(deep vein thrombosis,DVT)的发生是病态肥胖患者术后早期猝死的主要原因。因而学者都建议患者术前即应开始肝素皮下注射,每 12 小时重复给药至患者能活动自如,可有效预防 DVT 的发生。由于低分子肝素的生物利用度较高,近年来的使用也日益普及。另外,还可加用下肢(推荐膝以下)充气加压袋包扎。

5. 体位与麻醉诱导的准备 病人入手术室后,应采用斜坡卧位或反屈氏位(30°),患者清醒状态下吸入纯氧 30 分钟(O_2 流量 4~6L/min),以改善仰卧位对患者呼吸及循环功能的影响,并增加插管前的氧储备。肥胖患者的麻醉诱导还需具备困难气道处理的相关知识和设备。

二、围术期麻醉处理原则

1. 麻醉诱导和气管插管 肥胖患者颈短、脖粗、舌体肥大及明显过多的咽部软组织,常导致插管困难及面罩通气困难。因此,无论有无疑似困难气道,均按困难气道准备,包括纤维支气管镜引导插管、可视喉镜、喉罩通气、气管-食管联合通气导管、双人手法通气以及紧急气道处理的各种准备措施等。对术前评估面罩通气和气管插管均有困难者,考虑在一定镇静剂表面麻醉下行清醒气管插管。在实施清醒气管插管时,上呼吸道完善的表面麻醉是麻醉插管前准备的必要措施,采用纤维支气管镜明视插管可降低插管损伤和意外。

肥胖患者 FRC 相对减小,SpO_2 比正常人更易下降,一旦下降,即使面罩通纯氧,其上升速率也较正常体重者缓慢,且平卧位的潮气量低于小气道闭合容积,导致出现肺不张以及氧合障碍,因此,如采用静脉诱导插管,预先充分给氧去氮对此类患者是非常重要的。诱导期间面罩给予 100% 纯氧,停止通气后,肥胖患者 SpO_2 跌至 90% 的时限常短于 3 分钟,而正常 BMI 人群则可达 6 分钟。延长肥胖患者无通气时间的方法包括:面罩通气使用 $10cmH_2O$ CPAP 或 PEEP,有利于减少插管后的肺不张;25° 或 30° 头高位,或同时头高脚低位,对肥胖患者施行快速诱导气管插管应尽量在 2 分钟内完成。

肥胖患者气管插管操作时,易将导管误入食管,呼气末 CO_2 监测是早期发现导管误入食管最为灵敏的指标。如采用听诊法做鉴别,可能因胸腹部脂肪过厚而难于及时发现,甚至有导致心搏骤停的风险。另外,行腹腔镜减重手术的肥胖患者与开腹手术相比,更易发生术中气管导管移位,这种移位多在气腹充气或改变头部位置时发生。术中应严密监测患者气道压力和通气量的变化,积极鉴别并纠正,纤维支气管镜可便于术中明确气管导管的位置。

2. 麻醉维持

(1) 全身麻醉药的药动学及药效学特点:肥胖影响麻醉用药物的分布、蛋白结合和排泄。肥胖患者血容量、心排血量和肾小球滤过率增加,肌酐清除率正常或增加。高脂溶性药物在肥胖患者的表观分布容积增加,特别是常用的麻醉药物苯二氮䓬类和巴比妥类。

丙泊酚是一种亲脂性药物,但其在肥胖病人体内的分布容积并未增加。药物的清除率和稳态分布容积与病人的总体重(total body weight,TBW)相关。建议丙泊酚给药时先按照理想体重(ideal body weight,IBW)决定初始剂量,再根据 TBW 决定持续输注剂量。尽管丙泊酚具有亲脂性,但由于脂肪组织的灌注相对较差,而且相当部分是在肝脏外代谢,因此丙泊酚蓄积较少。阿片类药物中,芬太尼和舒芬太尼在脂肪组织和瘦肉组织中均有分布,其分布容积较大,应基于 TBW 给药。瑞芬太尼虽为高脂溶性药物,但分布容积与 BMI 无明显相关,用药剂量应根据患者的 IBW 计算。对于水溶性骨骼肌松弛药维库溴铵、罗库溴铵及顺式阿曲库铵,剂量应根据 IBW 计算,再按肌松阻滞的程度调整。肥胖患者的假性胆碱酯酶和细胞外液量增多,琥珀胆碱需根据 TBW 给药。在常用吸入麻醉药中,七氟烷、地氟烷的脂溶性较异氟烷低,恢复基本类似。但有研究认为,地氟烷比七氟烷或丙泊酚苏醒更迅速、平稳,是肥胖患者较理想的吸入麻醉药。

总之,肥胖病人全身麻醉时麻醉药物的选择应遵循如下原则:应选用起效迅速、作用时间短的强效吸入麻醉药(如七氟烷、地氟烷)、静脉麻醉药(如丙泊酚)和麻醉性镇痛药(如瑞芬太尼),辅助中等作用时间的非去极化肌松药维持麻醉。

(2) 术中通气管理:由于肥胖患者腹内压升高,引起 FRC、肺顺应性及氧合降低,全身麻醉诱导后会出现与此相关的肺萎陷及肺不张(从 1% 增加到 11%),因此需要良好的通气策略,预防肺不张的发生。一般设定潮气量 8 ~ 10ml/kg,也可用小潮气量 6ml/kg。建议使用中等氧浓度的气体通气(FiO_2 0.3 ~ 0.4)。如出现低氧血症,需适当增加吸入氧浓度(FiO_2 0.5 ~ 1),间断采用肺膨胀(气道峰压 $40cmH_2O$,持续 7 ~ 8 秒)加上 5 ~ $10cmH_2O$ PEEP 可减少术中肺不张的面积和肺内分流量,并改善氧合。但是采用肺膨胀的方法提高氧饱和度维持的时间较短,且可能会导致明显的低血压,因此实施过程中要加强血流动力学监测,补充一定的血容量或使用血管活性药物进行对症处理。腹腔镜下减重手术时应用压力控制通气较容量控制通气能更好提高氧合,且能有效预防气压伤。

3. 部位麻醉

区域阻滞和镇痛技术常用于肥胖病人,这样可以降低与管理气道和使用全身麻醉药或阿片类药物诱发呼吸抑制相关的风险。因此,腰麻或者硬膜外麻醉复合浅全麻被广泛地用于此类人群。此外,在外科手术允许的前提下进行外周神经阻滞,可以进一步降低肥胖病人围术期的相关并发症发病率。

部位麻醉应用于肥胖患者有如下优点:①可以避免全身麻醉时的困难插管和反流误吸;②提供术后安全有效的镇痛方法,减少术中和术后阿片类药物的用量;③降低呼吸系统相关并发症。

注意事项:①大量脂肪堆积和解剖标志不明显,使得神经阻滞和椎管内麻醉的实施非常困难。一般阻滞失败概率随 BMI 的增加而增加,往往需要辅助全身麻醉;②神经阻滞时采用周围神经刺激仪或超声引导定位,可提高阻滞的成功率和麻醉效果;③椎管内麻醉可能需用加长的 15cm 穿刺针;④肥胖患者腹内压增加,硬膜外腔静脉丛怒张,穿刺易致硬膜外腔出血;⑤无论是蛛网膜下腔还是硬膜外腔注射常规剂量的局部麻醉药都会产生比正常人更广泛的阻滞，因此局部麻醉药的用量只需正常人的 2/3；⑥平面不宜超过 T_6，否则易产生呼吸抑制。阻滞不全时，应避免辅助应用大剂量镇痛药和镇静药。

三、全麻后拔管与镇静镇痛

（一）全麻后气管拔管

由于所有具有中枢性抑制作用的药物均可抑制咽部扩张肌群的运动，使肥胖患者发生咽壁塌陷的可能性增加，另外，反复气管插管引起的喉头水肿等原因可使肥胖患者在拔管后易发生呼吸道梗阻，因此应该严格掌握肥胖患者的拔管指征：①患者完全清醒；②骨骼肌松弛药及阿片类药残余作用完全消失；③吸入 40% 氧气时，$PaO_2 > 80mmHg$ 或 $SpO_2 > 96\%$，$PaCO_2 < 50mmHg$，呼吸机现实的最大吸气力至少达到 $20cmH_2O$，潮气量 $>5ml/kg$；④循环功能稳定。对于病态肥胖患者术后都应在 ICU 或 PACU 中拔管，并至少监护过夜。拔管后一般需放置口咽和鼻咽通气道，并做好面罩通气的准备。如不能确定拔管后是否能良好通气，是否需要重新插管时，应通过气管导管交换导管或纤维支气管镜拔管以保证安全。拔管时的体位应采取反屈氏位或半卧位，可减轻腹腔内容物引起的膈肌压迫。拔管后仍应鼻导管吸氧，维持 $SpO_2 > 95\%$。

（二）术后镇静与镇痛

对于术后需要镇静的患者，咪达唑仑与丙泊酚都有可能导致呼吸道梗阻倾向，但丙泊酚的呼吸抑制消失得更快。右美托咪定是一种无交感神经性呼吸抑制的高选择性 α_2-肾上腺素受体激动药，具有镇静、遗忘、镇痛作用，可提供镇静、镇痛。

肥胖患者术后由于疼痛、排痰困难、呼吸不敢用力，使肺活量、潮气量及最大通气量进一步降低，术后易并发肺部感染、肺不张。术后镇痛有益于改善呼吸功能，减少术后呼吸系统并发症。术后镇痛需要重点管理的是那些需要开腹开胸手术的患者。对胸部、腹部切口较大、预计术后疼痛较明显者，四肢手术后可施行外周神经阻滞镇痛。未采取硬膜外镇痛或其他神经阻滞镇痛的患者，进行静脉给药镇痛。目前一致认为应避免对 OSAS 患者使用阿片类药物，尤其是接受上气道手术的患者。

第三节　特殊肥胖病人的麻醉

一、阻塞性睡眠呼吸暂停综合征病人手术的麻醉

美国 OSAS 的发病率为 5% ~25%。我国尚缺乏大样本的流行病学资料，但根据已有数据估算，OSAS 的发病率为 4%。61% ~90% 的 OSAS 患者为肥胖者，可伴有高血压或心脏病，明显增加患者气道处理和麻醉管理的难度，故无论所实施的手术是否与矫正 OSAS 有关，该类患者应被列为麻醉的高危患者。

（一）OSAS 的病理生理特点

成人咽腔的前壁和侧壁没有骨性组织支撑，仅靠咽腔壁上的肌肉张力保持其开放。睡眠时由于肌肉松弛、舌后坠，可不同程度地使咽腔变窄。如果咽腔显著变窄，则吸气时气流迅速通过悬雍垂、舌根和会厌，而产生鼾声和低通气状态。当咽腔壁肌肉完全失去张力时，咽腔塌

陷,由于舌后坠,形成上呼吸道完全梗阻,出现虽用力通气但无气流通过、无声音的窒息状态。

窒息时间如超过 10 秒,就将引起低氧和高碳酸血症。低氧和高碳酸血症会触发用力通气和气道负压进一步增加,并导致患者睡眠减浅和微觉醒,脑电呈现睡眠减浅的相应变化,出现肢体活动、翻身、憋醒,咽部肌肉张力增加、咽腔部分开放、伴有鼾声。患者气道开放后缓解了低氧和高碳酸血症,复又进入深睡状态。如此循环反复。

上述 OSAS 病理生理基础可对机体造成如下损害:

1. 由于 OSAS 患者睡眠结构的紊乱和反复发生的憋醒可致中枢神经系统的损害及自主神经系统功能紊乱,造成深睡不足,白天困倦嗜睡,晨起头疼,记忆力减退,个性和认知改变。

2. 睡眠时反复出现不同程度的低氧和高碳酸血症,可引起肺动脉高压、肺心病、高血压、心绞痛、心律失常甚至夜间猝死。

3. 窒息时呼吸道负压增加,可引起轻度负压性肺水肿。

4. 缺氧刺激促红细胞生成素增高,可产生继发性红细胞增多症,使血液黏滞度增加,促发或加重血栓形成。

(二) OSAS 的诊断标准

1. 在睡眠过程中,间断的上呼吸道部分或完全阻塞,周期性发生的睡眠觉醒和低氧血症、高碳酸血症、心血管功能紊乱,白天嗜睡。具体是指:成人于 7 小时的夜间睡眠过程中,在努力通气的情况下,如呼吸气流停止(较基线水平下降≥90%),持续时间≥10 秒/次,当每小时睡眠时间内发生 5 次或以上,伴有 SpO_2 下降至少 4%,即可诊断 OSAS。

2. 儿童睡眠过程中阻塞性呼吸暂停指数(OAI)≥1 次/小时或呼吸暂停-低通气指数(AHI)≥5 次/小时,每次持续时间≥2 个周期;最低 SpO_2<92%;儿童满足以上两者即可诊断OSAS。

3. 目前多以多导睡眠记录(PSG)的结果作为 OSAS 的诊断金标准,尤其是其中的指标AHI(见表 30-3、表 30-4)。

(三) 麻醉前评估与准备

1. **对 OSAS 的严重性和其围术期风险的评估** 麻醉医师应当与外科医师合作,在术前对疑似 OSAS 患者进行详细评估,包括病史回顾、与患者或家属了解患者睡眠情况、体格检查等,必要时进行 PSG 睡眠监测。根据 OSAS 的严重程度、致病原因,以及手术部位、创伤程度和术后镇痛等情况,来确定其围术期风险,制订详细的麻醉、监测和术后镇痛方案。重度 OSAS 患者接受需要全身麻醉的胸、腹部手术以及气道手术时,术后均需有效镇痛,使围术期风险显著增加,术前应详细告知患者、家属及手术医师。

2. **困难气道的评估** OSAS 患者围术期的最主要危险是不能确保呼吸道通畅,麻醉诱导后通气困难,插管困难甚至不能维持有效通气;拔管后立即出现呼吸道部分或完全梗阻;术后镇痛或镇静加重原有的 OSAS,导致严重缺氧和高碳酸血症、脑缺氧性损害,甚至死亡。因此,麻醉医师在麻醉前需对 OSAS 患者气道进行全面细致的评估。

严格意义上讲,对所有 OSAS,均应将其视为困难气道患者。对拟行气管插管全身麻醉患者,应精心设计气道处理方案,了解双侧鼻孔的通畅情况,并准备好相应的困难气道管理器具,如经鼻异型气管导管、可视喉镜、喉罩、特殊气管插管设备、紧急气管切开装置等。

3. **重要脏器功能评估** 应注意对心、脑血管系统(合并高血压、心律失常、冠心病及脑血管疾病等)、呼吸系统(呼吸储备功能下降、右心室肥厚、肺动脉高压等)和肾脏功能等受累的严重程度进行评估,同时进行相应的治疗,使受损器官达到较好的功能状态。

4. **麻醉前用药** OSAS 患者术前应慎用镇静剂或麻醉性镇痛药,以避免发生呼吸暂停、上呼吸道阻塞、过度镇静等危险。成人麻醉前用药可考虑应用抗胆碱药东莨菪碱 0.3mg 或盐酸戊乙奎醚 0.5mg 静脉注射。应用镇静剂时应在已做好气管插管准备后可给予小剂量(如咪达唑仑 1mg 静脉注射)且需密切监测 SpO_2 和通气状态。

(四) 麻醉的选择

OSAS 患者行悬雍垂腭咽成形术(urulo palato pharyhgo plast,UPPP)应首选气管内插管全身麻醉。如行非 OSAS 相关矫正手术,如可满足手术需要,包括局部浸润、外周神经阻滞或椎管内麻醉等应列为首选。使用区域阻滞时,如需应用镇静药,应严密监测患者的通气和氧合状态。必须认识到区域阻滞复合深度镇静对 OSAS 患者带来的危险远高于气管内插管全身麻醉。对于手术创伤大、操作复杂、出血多、伴有大量体液丢失及转移的手术以及对患者呼吸和循环功能影响大的手术(心、胸和神经外科手术),仍以选择气管内插管全身麻醉为宜。

(五) 手术中监测

手术中应加强监测患者的呼吸、循环功能的监测。围术期须持续监测 SpO_2 以确保氧合正常,气管插管期间须监测 $P_{ET}CO_2$,以确保导管在气管内并通气正常,必要时行动脉血气分析。围术期还应持续监测 ECG、无创血压。全身麻醉下施行较复杂、估计血流动力学波动较大的手术,应考虑行有创动脉压与中心静脉压监测,必要时还可考虑行特殊血流动力学监测如 SVV 等。

(六) 麻醉中应注意的问题

1. 需行气管内插管的 OSAS 患者均应视为困难气道。关于困难气道的处理详见第四章气管和支气管内插管。

2. 全身麻醉时可选用起效迅速、作用时间短的强效吸入麻醉药(如七氟烷、地氟烷),静脉麻醉药(丙泊酚)和麻醉性镇痛药(瑞芬太尼),辅助中等作用时间的非去极化肌松药维持麻醉。

3. 麻醉中呼吸道管理非常重要。深度镇静需要确保呼吸道通畅,潮气量满意。行 OSAS 矫正术时可选择钢丝加强气管导管,术中需注意开口器可挤压气管导管,头部移位导致气管导管扭曲、移位,尤其是气管导管出鼻孔处极易打折,须及时与术者沟通,调整导管位置,共同管理好气道。手术中应持续监测 $P_{ET}CO_2$。

4. 咽喉部的刺激和手术对交感神经系统影响最大,极易引起血压升高、心率增快及各种心律失常,术前高血压患者更为明显。因此须保证足够的麻醉深度。

5. OSAS 患者矫正术后,因麻醉药的残留作用、口腔内分泌物、创面渗出、出血和水肿,导致拔管后发生气道阻塞的危险增高,尤其是鼻部手术后局部包裹的患者,更应注意。

拔管时的注意事项:①拔管时应准备好合适的口咽或鼻咽通气道,做好面罩通气的准备,且应常规做好再次气管插管的准备;②体位采用头高位为宜;③拔管指征:a. 定向力完全恢复;b. 对指令有反应;c. 呛咳和吞咽反射恢复和神经肌肉传导功能恢复($T_4/T_1>0.9$、抬头试验>5 秒、$V_T>8ml/kg$、最大吸气峰压<-25cmH_2O 和 $P_{ET}CO_2<45mmHg$);④对于 OSAS 矫正术患者,在拔管前还必须吸尽咽喉部的分泌物和残留物,且确保手术野无活动性出血。

6. OSAS 患者至少手术当日宜在 ICU 或 PACU 过夜,尤其是接受术后镇痛、重度 OSAS 患者或接受 OSAS 矫正术者。

7. 术后管理应注意有效镇痛、维持氧合正常、注意体位和必要的监测,积极有效防治气道梗阻和致命性呼吸暂停。

二、小儿肥胖患者的麻醉

我国肥胖儿童的年龄增长率为 0.5%。对于儿童肥胖的诊断,除 BMI 外,还需联合其他工具如疾病预防控制中心制定的性别特异性与年龄相关的 BMI 生长曲线图作出判断。

(一) 病理生理特点

一旦儿童肥胖已持续若干年,尤其是已处于病理性肥胖阶段,儿童肥胖者已经与成人肥胖者一样存在与肥胖相关的并发症。

1. 呼吸系统　除前述成人肥胖患者的呼吸系统改变外,小儿肥胖患者的哮喘发病率增加到 30%,且 BMI 的增加与哮喘的发生率及其严重程度之间存在着明确的正相关。另外,儿童肥胖患者 OSAS 的发病率达 15%~33%,异常的呼吸可导致患儿夜间缺氧、呼吸性酸中毒、肺动脉高压、红细胞增多症,最终诱发心力衰竭(即 Pickwickian 综合征)。

2. 循环系统　肥胖儿童往往伴有心率加快、血压升高、心排血量和血容量的增加,严重肥胖的青少年(BMI>40),由于长期的氧耗量增加加剧心脏负荷,会处于进行性心力衰竭和心源性猝死的危险。

3. 内分泌系统　肥胖青少年罹患 2 型糖尿病的百分数在增加,其中一些患有典型 2 型糖尿病的病人正逐渐变得依赖胰岛素,这使病情变得更加复杂。肥胖儿童 50%~61% 存在非酒精性脂肪性肝病,是导致小儿慢性肝脏疾病的最常见病因。

(二) 麻醉原则

小儿肥胖患者麻醉处理原则和方法基本参照成人肥胖者。熟悉并掌握小儿肥胖者病理生理特点,也是成功应对的关键。

(王海英)

第三十一章 血液病病人的麻醉

血液病病人手术种类包括:①诊断血液病的手术,如淋巴结、机体各种组织活检或外科手术探查获取病变组织做病理检查而诊断疾病,如淋巴瘤、恶性组织细胞病等;②治疗血液病的手术,如巨脾及脾功能亢进引起血小板减少或全血减少,以脾切除作为治疗的手段;③血液病病人并发的各种外科疾病而需要进行手术治疗;④围术期发生血液系统并发症,又分为消耗性凝血病(严重肝病、病理产科、创伤、手术中和手术后发生急性出血等原因导致的凝血功能异常)和稀释性凝血病(输入大量液体或库存血后导致的凝血功能异常)。

第一节 麻醉前病情评估和术前准备

病因错综复杂,但血液病可概括为:①红细胞疾病,如各种原因所致贫血、红细胞增多症等;②白细胞疾病,其中最多见的是恶性血液病,如白血病、恶性淋巴瘤、多发性骨髓瘤和恶性组织细胞病等;③出血性疾病,如遗传性或获得性血管壁异常、血小板数量减少或功能异常、遗传性或获得性凝血因子异常以及原发病引起纤维蛋白溶解系统功能亢进或产生抗凝物质等导致的出血性疾病。而临床上外科手术中常遇到的血液病主要是红细胞系统的贫血、出凝血功能异常和一些恶性血液病。因此麻醉医师除了掌握人体正常的出血和凝血机制,临床上常用的出、凝血检测指标及其意义,还必须熟悉这些常见血液病的病理生理变化和临床特点,才能根据不同手术对不同血液病病人进行正确的评估和处理,使病人顺利度过围术期。

一、贫 血

贫血不是一种疾病,而是各种红细胞疾病最常见的临床症状,是指循环血液的血红蛋白量、红细胞数和血细胞比容低于正常的病理状态。常见的贫血包括:①缺铁性贫血:系铁缺乏使血红蛋白合成减少,引起低血色素性贫血。同时引起含铁酶活性降低,使红细胞易于在脾内破坏,寿命缩短。临床特点是儿童可出现发育障碍,行为异常,体力减退;黏膜组织变化如口腔炎、口角皲裂,皮肤干燥、萎缩,指甲扁平、脆薄甚至反甲;部分病人有异食癖,肝、脾、淋巴结及腮腺肿大。缺铁性贫血病人常无明显的血容量减少和凝血功能障碍。②巨幼细胞贫血:系维生素 B_{12} 或(和)叶酸缺乏引起 DNA 异常合成所致。此外,抑制 DNA 合成有关酶类的一些抗肿瘤药物也可引起巨幼细胞贫血,其临床特点除贫血一般症状外,尚有神经精神异常如抑郁症、幻觉、焦虑不安、行为异常等。神经精神异常与血液学异常的存在和程度无关,但神经精神异常的程度与贫血程度呈明显相关。③再生障碍性贫血:各种致病因素导致造血干细胞异常、造血微环境缺陷或免疫功能异常,从而引起造血功能衰竭,以致红骨髓被脂肪代替,呈现出全血细胞减少的一组综合征。临床特点是进行性贫血、出血和反复感染。感染和出血是急性型早期突出症状;慢性型常表现为倦怠无力、劳累后气急、心悸、头晕,而出血轻微,感染出现较晚。

二、凝 血 异 常

凝血异常分为遗传性和获得性,常见疾病见表31-1。

表31-1 凝血异常病分类

遗传性凝血异常	获得性凝血异常
血友病甲	弥散性血管内凝血
血友病乙	围术期抗凝
血管性血友病	手术时抗凝异常
低(无)纤维蛋白原血症	稀释性血小板减少
V因子缺乏	凝血酶原稀释
Ⅷ因子缺乏	大量输血
遗传性出血性毛细血管扩张症	手术种类(体外循环、脑外伤、矫形手术、泌尿科手术、产科分娩)
蛋白C缺乏	药物性出血
抗凝血酶Ⅲ缺乏	药物性血小板功能障碍
	血栓性血小板减少性紫癜
	维生素K缺乏

遗传性凝血异常常见的包括:①血友病:是一组遗传性凝血因子缺陷所引起的出血性疾病,包括血友病甲和血友病乙,分别由因子Ⅷ(FⅧ)和因子Ⅸ(FIX)缺陷所致,其中血友病甲占80%。临床特点主要为持续而缓慢的渗血,常因轻度外伤、拔牙、局部注射或小手术等而诱发,另有1/3病人出血为自发性的。出血形式有皮肤黏膜出血、深部肌肉血肿、关节出血及内脏出血等。②血管性血友病(vWD):又称von Willebrand病,是一种遗传性vW因子(vWF)基因缺陷,使血浆中vWF数量减少或质的异常所引起的出血性疾病。临床表现主要为出血倾向。皮肤紫癜,黏膜出血特别是牙龈出血和鼻出血最为常见,有些病人外伤或手术后出血不止才发现本病。

获得性凝血异常较遗传性者多见,也更为复杂。遗传性凝血异常常是单个凝血因子缺乏,而获得性者常是几个因子同时缺乏,并伴有血小板减少、血小板功能异常、异常的凝血抑制物及血管壁异常。除特殊情况外,出血一般较遗传性者为轻,临床上常伴有基本疾病的症状和体征。常见的获得性凝血异常包括:①维生素K依赖性凝血因子缺乏:维生素K是凝血因子Ⅱ、Ⅶ、Ⅸ、Ⅹ、蛋白C、蛋白S合成时所需的辅因子,在肝内通过相应的羧化酶,使有关的凝血因子前体中的谷氨酸羧基化。当体内维生素K缺乏或有其拮抗剂存在时,依赖维生素K的凝血因子以及蛋C与蛋白S的合成将受到影响,即可引起4种凝血因子,蛋白C与蛋白S含量减少,进一步使凝血过程发生障碍。病人一般出血较轻,一般当Ⅱ、Ⅶ、Ⅸ、Ⅹ因子活力降到正常的5%以下,会有自发性出血。②肝脏疾病的凝血异常:肝脏几乎能制造所有凝血因子以及纤溶酶原和纤溶酶,还可清除循环中被激活的凝血因子及纤溶酶原的活化物。严重肝脏疾病时,使凝血因子的合成减少,首先是因子Ⅶ,其次是因子Ⅹ,其他因子依次是因子Ⅸ、纤维蛋白原、因子Ⅱ、因子Ⅴ;严重肝病时因子Ⅻ和ⅩⅢ轻度减少。其次使凝血因子消耗增加以及血小板减少及其功能异常,同时又使类肝素物质、纤维蛋白降解产物和凝血活酶抑制物等抗凝物质增多。严重肝病时,虽有多种止血机制的异常,但并无严重出血。通常以皮肤和黏膜出血为多见,但自发性出血较少发生。若病人同时伴有血小板减少及其功能明显异常,可有出血倾向。③病理性凝血抑制物的产生:病理性的凝血抑制物是异常的内源性血液成分,可作用于凝血的任何阶段,直接抑制某些凝血因子的活性或与凝血因子相互反应而抑制正常的凝血。最常见的病理性抑制物是FⅧ抗体,其他有药物或疾病引起的因子Ⅴ、Ⅸ、Ⅺ、Ⅻ或ⅩⅢ等抑制物,以及系统性红斑狼疮的抑制物。FⅧ抗体所引起的出血与血友病的出血表现相同,且可能更严重,轻微外伤就可有大出血,严重可致死。轻型血友病可因存在抗体而产生像严重FⅧ缺乏的严重出血,替代治疗也无效。系统性红斑狼疮的抑制物单独存在很少产生症状,但有的病人在手术过程中可能出现出血并发症。这些出血病人常同时伴有其他凝血功能的障碍及凝血酶原活性降低和/或血小板减少。

血小板异常引起的止血异常而导致异常出血。血小板异常包括血小板减少和功能缺陷。①原发性血小板减少的特点是外周血小板减少,急性发作期可低至 10×10^9/L,慢性型(30～80) $\times 10^9$/L;血小板寿命缩短,其表面相关 IgG、IgM 和 C3 增高;骨髓巨核细胞正常或增多,脾脏无明显肿大;②继发性血小板减少有引起血小板减少原发疾病症状,血小板数明显减少、出血时间延长、血块收缩不佳,但凝血正常;③血栓性血小板减少特点是血小板减少,微血管病性溶血,并有神经系统症状;④血小板无力症特点是出血时间延长,血小板计数、大小、形态及寿命均正常,自发性出血少见,严重出血可表现为新生儿紫癜、儿童期鼻出血、牙龈出血及月经过多等,外伤、手术及分娩也常引起严重出血;⑤巨大血小板综合征的特点是出血时间延长、轻中度血小板减少伴巨大血小板、凝血酶原消耗不良、血块退缩正常;⑥血小板型血管性血友病临床特点与血管性血友病类似。

抗凝血酶缺陷或降低则引起肝素抵抗。表现为输注肝素的过程中对肝素产生快速的减敏,从而需要更大剂量的肝素才能使 APTT 达到所需要的治疗范围,或在肝素抗凝进行体外循环时,降低激活凝血时间(ACT)对肝素的反应。

三、恶性血液病

恶性血液病包括白血病、恶性淋巴瘤、多发性骨髓瘤和恶性组织细胞病等。①急性淋巴细胞白血病系淋巴细胞在某一分化阶段的异常克隆性扩增,致使正常骨髓造血功能紊乱,肝、脾及淋巴结等器官不同程度的浸润。主要表现为发热、出血和贫血,淋巴结及肝脾大。骨剧痛、骨梗死也多见。中枢神经系统的白血病可发生在病程的任何阶段,但一般多发生在缓解期。血液学检查显示贫血及血小板减少,白细胞可正常、减低或增高。血片中见原始和幼稚淋巴细胞,骨髓中原始、幼稚淋巴细胞占 30% 以上。白细胞形态异常。②慢性淋巴细胞白血病系单株的免疫无能的淋巴细胞恶性增殖与蓄积性疾病。主要表现为疲乏无力、消瘦、体重减轻、出汗或发热等全身症状。淋巴结、肝、脾肿大。血象为白细胞增多,形态似正常小淋巴细胞,偶见少数幼淋巴细胞。早期轻度贫血,晚期贫血明显及血小板减少。骨髓象显增生明显至极度活跃。③淋巴瘤分为霍奇金病和非霍奇金淋巴瘤。霍奇金病是淋巴系统恶性增殖性疾病,与免疫功能低下及病毒感染有关。非霍奇金淋巴瘤的发生与病毒、遗传、免疫功能紊乱等多种因素有关。淋巴瘤首发症状常为浅表淋巴结肿大,不同部位淋巴结肿大及其对周围的压迫而出现相应症状。其次是肝脾大及向全身淋巴结外各组织器官侵犯,全身症状有发热、盗汗、体重减轻等。

第二节　术前准备及麻醉前用药

一、术　前　准　备

术前应全面了解病史、家族史、体格检查及实验室检查,在对患者血液病及手术疾病做出评估的前提下,根据血液病类型、严重程度及手术的急缓进行相应的术前准备。

1. 贫血　贫血病人进行择期性手术时,术前应除去引起贫血的原因,同时尽可能纠正贫血。缺铁性贫血病人口服硫酸亚铁或静脉补充铁剂,巨幼细胞贫血需补充叶酸、维生素 B_{12}。严重巨幼细胞贫血在开始治疗的 48 小时内,可发生血钾突然下降和心肌缺氧变性而导致病人猝死,应同时补钾;另外巨幼细胞贫血病人常有胃肠道症状,易因呕吐、腹泻等造成低血容量及电解质紊乱、酸碱平衡失调,术前应予以纠正。急性再生障碍性贫血病人一般禁忌手术。慢性再生障碍性贫血需进行治疗,改善贫血症状、减少出血倾向和积极防治感染。对需长期用糖皮质激素病人,术前应增加用量;术前经治疗或输全血、红细胞、血小板等,使白细胞>4×10^9/L,中性粒细胞>1.5×10^9/L,血红蛋白 Hb>80g/L,血小板>50×10^9/L。其他类型的贫血需经治疗或术前分次输全血或红细胞,使 Hb 纠正至 80g/L、HCT 为 30% 左右较为安全。但慢性贫血病人体内有一定的适应性改变,即使 Hb 为 60g/L,也能满意接受一般手术。

2. 凝血异常 ①血友病病人必须手术时,术前应充分补充所缺乏的凝血因子,达到止血要求。合理安排术前有创检查和手术时间,减少重复昂贵的凝血因子替代治疗。一般择期性手术前一周能提供理想的凝血因子的实验分析。轻、中度血友病甲病人仅用 1-去氨基-8-D-精氨酸加压素(DDAVP),就可使 FⅧ的凝血活性增加 2~4 倍,但重型病人对用 DDAVP 无反应。择期性手术前,应试验性应用 DDAVP 来证实适宜的 FⅧ浓度,当用 DDAVP 不能满足需要时,用替代疗法。替代疗法增加血浆 FⅧ或 FⅨ因子,可用新鲜血、新鲜冰冻血浆、冷沉淀剂、高纯度浓缩和重组基因凝血因子。FⅧ输入体内的半衰期约 9~18 小时,FⅨ为 18~24 小时。一般当 FⅧ(或 FⅨ)提升到正常凝血活性的 15%~20%,即可达到止血水平。如做大手术或出现严重出血时,FⅧ浓度需提高到 30%~50%,FⅨ需达到 25% 以上。②血管性血友病病人术前禁用阿司匹林、双嘧达莫、吲哚美辛、保泰松、前列腺素 E_1 及右旋糖酐等药物,以免促发本病发作或加重出血症状。Ⅰ型血管性血友病对 DDAVP 治疗反应良好,用药后血浆中 vWF 升高,止血功能恢复。Ⅲ型病人血浆中 vWF 几乎缺如,FⅧ明显降低,DDAVP 治疗无效。术前替代治疗可选择新鲜血、新鲜冰冻血浆、冷沉淀物及浓缩 FⅧ。③获得性凝血异常的术前准备主要包括:积极治疗原发疾病,如补充维生素 K,改善肝功能;对于凝血功能明显障碍而有出血症状,可输注新鲜冰冻血浆、血小板或凝血酶原复合因子浓缩制剂,以补充凝血因子的不足,改善凝血功能。新鲜冰冻血浆中含有全部的凝血因子。肝病出血时,无论哪一种因子减少,均可输全血或新鲜冰冻血浆;肝病伴发 DIC 时,关键是控制诱发病因,改善肝功能,慎用肝素。输新鲜血应加肝素。继发性纤溶亢进,可用抗纤溶制剂,但应慎重,以免引起肾衰竭。出现类肝素物质时,可用鱼精蛋白或甲苯胺蓝对抗。对原发性纤溶应先用抗纤溶药,如 6-氨基己酸、对羧基苄胺或氨甲环酸等。若获得性血小板病为主要原因时,可用皮质激素或新鲜冰冻血浆以及血小板;病理性的凝血抑制物有些抑制物是抗体,尽量避免用替代疗法。用异种如牛或猪的浓缩 FⅧ治疗 FⅧ抑制物引起的出血,较少与病人的抗体起反应。免疫抑制剂与大剂量 FⅧ联合治疗,以及用凝血酶原复合物均具有较好疗效。④血小板异常所致止血异常的术前准备,需针对不同原因引起的血小板减少进行相应治疗。原发性血小板减少用肾上腺皮质激素抑制抗体生成、改善毛细血管的脆性和刺激骨髓造血;对用皮质激素无效则可用免疫抑制剂。继发性血小板减少主要是去除或治疗原发病。血栓性血小板减少主要用肾上腺皮质激素及抗血小板凝聚药。血小板<50×10^9/L,手术、创伤可有异常出血。一般手术要求血小板>50×10^9/L,脑部、眼科手术血小板>100×10^9/L。术前尽可能使血小板达到所需浓度。对于血小板功能缺陷的治疗主要是输注血小板。其他原因引起的血小板减少必要时也需输注血小板。由于反复输注血小板可产生血小板抗体,如需反复输注血小板,尽可能输去除白细胞的 ABO 及 HLA 配型一致的血小板。术前如无明显出血可尽量减少血小板的输注,而于手术开始前或术中输注血小板。

3. 恶性血液病 恶性血液病由于原发病的特殊性,白细胞和血小板常极度低下,术中出血及术后感染的可能性很大。另外,长期应用糖皮质激素及抗 DNA、抗 RNA 代谢剂导致伤口愈合困难,从而使手术适应证及手术时机的掌握成为临床上的一个难题。白血病除非急诊、必须手术治疗的疾病,一般不宜进行手术。此类病人最常实施的手术是阑尾炎、肠梗阻、软组织脓肿。曾用糖皮质激素治疗的白血病病人,术前应继续应用。同时针对出血、贫血、感染做积极处理,如输注红细胞、血小板等使血小板$>50\times10^9/L$, Hb$>90g/L$。如有凝血障碍可输注新鲜冰冻血浆、冷沉淀等。白细胞中度减少是安全的。

二、麻醉前用药

对全身情况较好或经全面治疗全身情况改善的病人,可按常规使用麻醉前用药,但用药应避免皮下或肌内注射,可采用口服或静脉注射。伴有脑出血、全身情况差或严重出血病人,应避免用吗啡类镇痛药。目前临床实践认为,除非术前十分紧张、焦虑的病人,麻醉前用镇静催眠药外,一般病人均可不必麻醉前用药,而改为病人入手术室开放静脉后,在生命体征实时监测的情况下,根据需要静脉用药,并且需要细致认真的观察,避免药物的不良反应。

第三节 血液病病人的麻醉及围术期处理

一、麻醉选择

1. 麻醉方法选择 选择原则是:有凝血异常的血液病病人均不宜选择需穿刺的麻醉方法,如局麻、神经阻滞、蛛网膜下隙阻滞、硬膜外阻滞,而应选择全身麻醉。有些血液病人即使没有明显凝血功能障碍,但如全身情况差或进行较大手术时,仍以选择全身麻醉为安全。对于血液病人进行需穿刺麻醉的顾虑是因凝血功能异常或白细胞减少等,引起穿刺局部血肿或感染。因此,血液病病人在进行外周神经阻滞、蛛网膜下隙或硬膜外阻滞时,宜操作轻柔、避免反复穿刺,严格无菌操作;全身麻醉时,避免经鼻腔插管,即使经口插管如声门暴露困难时,避免用暴力或反复操作,应改用经纤维支气管镜插管,或视频喉镜下的明视气管插管,以免损伤并引起上呼吸道出血。巨幼细胞贫血的病人,由于维生素B_{12}缺乏伴有严重神经系统病理改变者禁忌用椎管内阻滞,即使没有神经系统症状也应慎用椎管内阻滞。

2. 麻醉药物选择 目前临床上常用的局麻药、静脉麻醉药、吗啡类镇痛药、吸入麻醉药和肌肉松弛药对凝血功能都无有临床意义的明显影响。因此,可根据病情、手术特点和所具有的药物进行选择。由于氧化亚氮(N_2O)可氧化维生素B_{12}分子中的钴原子,从而抑制蛋氨酸合成酶的活性。故对于已存在维生素B_{12}缺乏的巨幼细胞贫血病人,吸入N_2O可导致术后巨幼细胞贫血加重和严重神经功能缺陷,全身麻醉时需禁用N_2O。对于获得性凝血异常的病人,应考虑麻醉药对原发疾病,或原发疾病对麻醉药的效应及代谢动力学等影响。如对严重肝功能损害病人,其肝脏对麻醉药的代谢消除作用减弱,对麻醉药的需要量减小、作用时间延长。

二、麻醉特点及处理原则

1. 贫血使血液携氧能力下降,对缺氧耐受性降低,术前应尽可能纠正贫血。慢性贫血可引起心脏代偿性扩大,管理不当易并发心衰。

2. 血液病人常继发心、脑、肺、肾等主要器官的病理生理改变,从而对麻醉的耐受性降低,应选择对机体影响小的麻醉药,并降低药物浓度、酌情减少用量。

3. 恶性血液病及部分出凝血异常的病人需长期使用糖皮质激素、抗肿瘤药或接受放射治疗等,病人的免疫功能下降,容易并发各种感染。

4. 目前常用的各种全身麻醉药对血液病人均可应用,但应注意部分病人对麻醉药的需要量减少。椎管内阻滞应避免高平面阻滞,宜少量多次用药,同时保证充分的氧供。对于深静脉穿刺等创伤性操作,尽可能在超声引导下完成,避免不必要的损伤。

5. 术中除了循环和呼吸功能等监测外,应加强凝血功能监测,并及时处理。

6. 对于血液系统疾病患者手术,麻醉管理方面需要完善监测,脑电图麻醉镇静深度监测能够避免药物过量或不足,脑氧饱和度监测可以反映重要脏器的灌注和血供,微创连续心排量监测有利于容量管理。体温监测可以避免手术麻醉的不良反应,促进患者术后快速恢复。

三、术 中 管 理

1. **贫血病人** ①贫血病人对麻醉的耐受降低,易引起循环抑制,对麻醉药需要量减少。椎管内阻滞要避免阻滞平面过高、过广,并常规吸氧。全麻应避免麻醉过深,巨幼细胞贫血病人禁用 N_2O。再生障碍性贫血如术前长期用糖皮质激素病人,术中如出现不可解释的血压下降,要及时补充糖皮质激素。②避免术中氧离解曲线左移而减少组织氧释放,如避免过度通气导致呼吸性碱中毒、体温降低。③严重贫血病人常可引起贫血性心脏病,血浆蛋白降低,毛细血管通透性增加,易造成组织水肿。术中应避免输液速度过快而加重心脏负担,避免晶体液过量而引起或加重组织水肿。④由于巨幼细胞贫血病人的神经系统病变本身存在肌张力减退和腱反射减弱等,肌肉松弛药用量明显减少。再生障碍性贫血病人常全血减少,免疫力下降,易发生感染,需严格无菌操作并预防性应用抗生素。⑤术中及时输入全血或红细胞,以补充失血。⑥术后应防止寒战或体温升高,避免机体对氧的需要量增加。

2. **凝血异常疾病病人**

(1) 血友病:①麻醉操作要避免损伤,关键是补充凝血因子,调整凝血状态,其他麻醉管理与一般病人无异。②血友病甲病人术中维持 FⅧ浓度>60%;血友病乙病人维持 FⅨ>30%。但国外文献要求血友病甲和乙病人术中分别维持 FⅧ浓度>80% 和 FⅨ>60%。③新鲜血、新鲜冰冻血浆、冷沉淀剂这些血制品的 FⅧ和 FⅨ含量少,可用于轻型血友病甲或血友病乙病人。凝血酶原复合物含有因子Ⅱ、Ⅶ、Ⅸ和Ⅹ等,术中也可以应用。对于中、重型病人或大手术,要将病人血浆 FⅧ和 FⅨ提高到目标浓度所需血制品量较大,应该使用浓缩或重组 FⅧ和 FⅨ。④每公斤体重输入 1U FⅧ,可使血浆中 FⅧ凝血活性增加 2%,而 FⅨ的生物利用度是 FⅧ的一半,每公斤体重输入 1U FⅨ只能使血浆 FⅨ活性增加 1%。FⅧ和 FⅨ需要量的计算方法见表31-2。⑤术中可根据情况联合应用抗纤维蛋白溶解药物。如口腔手术联用氨基己酸或氨甲环酸,以免血块阻塞气道。⑥血友病甲和乙的凝血障碍均主要是在内源性凝血途径,活化的部分凝血活酶时间(APTT)延长是较敏感的指标。术中反复检测凝血因子有困难,可监测APTT 指导凝血因子补充,术中要求 APTT 维持在 40~60 秒。

表31-2 血友病病人补充凝血因子的计算方法

	血友病甲	血友病乙
血浆活性	10%	5%
目标血浆活性	60% FⅧ	30% FⅨ
病人体重	60kg	60kg
计算方法	(60-10)×60kg×1U/2% = 1500U	(30-5)×60kg×1U/1% = 1500U

(2) 血管性血友病:①术中管理的关键在于改善凝血功能。术中需维持血浆 vWF 水平为 0.8~1.0U/ml。补充 1U/kg 体重浓缩 vWF,可提高病人血浆 vWF 0.02U/ml。如术前病人血浆 vWF 为 0,当输入 40U/kg 浓缩 vWF,则可达到 0.8U/ml 的目标水平。②孕妇由于妊娠第三

个月后,血浆中 vWF 浓度增加 3~4 倍,常不需治疗。分娩或剖宫产手术期间异常出血极少发生。但分娩或剖宫产手术后,由于 vWF 迅速下降,可导致产后出血。因此,需补充浓缩 vWF。③vWF 和 FⅧ的半衰期均为 12 小时,应注意安排好手术计划,并及时补充。

(3)获得性凝血异常:①获得性凝血异常术中管理除了要遵循凝血异常原发疾病麻醉的术中管理原则外,术中管理的显著特点是调整凝血功能异常。②术中根据需要随时检测血小板计数、PT、APTT、ACT、纤维蛋白原及其降解产物等,了解病人凝血功能状态。根据凝血功能监测指标选择相应的血制品:新鲜冰冻血浆含有全部凝血因子,凝血因子 V、Ⅶ、X、Ⅺ和Ⅷ缺乏,输入新鲜冰冻血浆 10~20ml/kg,一般可使凝血因子达到止血要求的浓度。1U 浓缩血小板内含血小板 $4.8×10^{10}$,单采血小板一般每袋含 $3.8×10^{11}$。每 10kg 体重输入 2U 浓缩血小板可增加血小板$(10~20)×10^9$/L;输 1 袋单采血小板可升高血小板数 $30×10^9$/L。一般要求术中维持血小板>$50×10^9$/L。如体内产生血小板抗体,可输注人工血小板。新鲜全血含有全部凝血因子,但其浓度有限,不是理想选择。凝血酶原复合物(PCC)含有依赖维生素 K 的凝血因子,如 PT 超过正常对照值的 2 倍时,可输注 PCC20U/kg,根据 PT 监测结果可重复给药。纤维蛋白降解增加,血浆纤维蛋白含量<1.0g/L 时,应补充纤维蛋白制剂,一般每 2g 纤维蛋白制剂可提高血浆纤维蛋白 0.5g/L。③血小板异常病人术前常需用糖皮质激素,术中需增加糖皮质激素用量,以防止发生肾上腺皮质危象。

3. 手术时凝血异常

(1)纤维蛋白溶解亢进:严重创伤或某些手术,如肺、胰腺、前列腺、产科手术或体外循环等,可引起大量组织激活因子进入血液循环,促使纤溶酶原转变为纤溶酶,纤溶酶使纤维蛋白溶解,从而不能形成凝血块。对于纤溶亢进可用抗纤溶药如氨甲苯酸等。

(2)大量输血:当快速输血量超过总血容量时,可引起凝血障碍,其主要原因是输入的库存血中 V、Ⅷ、血小板等凝血因子减少,以及大量失血时凝血因子丢失;其次血液保存液中的枸橼酸阴离子与 Ca^{2+} 结合,导致参与凝血全过程所需的 Ca^{2+} 下降。此外,枸橼酸钠可降低毛细血管张力,增加血管通透性;大量失血导致组织灌注不足、缺氧和酸中毒等,也可加重凝血障碍。术中需大量输血时,应尽可能用新鲜血以及新鲜冰冻血浆,并根据凝血功能监测指标补充冷沉淀物、血小板、凝血酶原复合物或凝血因子。

(3)稀释性凝血障碍:输入大量晶体液或人工胶体液,使血液稀释的同时也使血液中的血小板及凝血因子稀释,加之人工胶体如明胶液、羟乙基淀粉、右旋糖酐可不同程度地影响凝血功能,从而可引起术中出血增加。可根据凝血功能监测指标补充新鲜冰冻血浆、冷沉淀物或凝血酶原复合物等。

4. 恶性血液病病人 恶性血液病病人体质较衰弱,对麻醉耐受性显著降低,麻醉药需要量减少,并且易出现循环抑制。术中要加强监测,避免椎管内阻滞平面过广或全身麻醉过深。恶性血液病病人常需长期用糖皮质激素,术中应增加糖皮质激素的用量。此外这类病人因使用激素、抗肿瘤药或放射等治疗,免疫功能下降,容易并发各种感染,应严格执行无菌操作。术中监测血小板、凝血功能等,根据需要及时补充红细胞、新鲜血、新鲜冰冻血浆、血小板、凝血酶原复合物等,以维持血红蛋白、血小板及凝血功能在所需的水平。

四、麻醉并发症的预防及处理

血液病病人的麻醉并发症多因贫血、出凝血障碍、血容量变化或机体免疫力下降引起。预防麻醉并发症应从可能引起麻醉并发症的原因入手,贯穿于整个围术期。术前充分准备,根据病人具体情况选择合适的麻醉,操作尽量避免或减少损伤,良好的术中管理和全面的监测均是预防麻醉并发症的重要方面。

同样病人苏醒期及术后的管理也是预防麻醉并发症的重要环节。对出凝血功能异常病人苏醒拔管时，尽可能避免气管内及鼻腔吸引，确实需要时应降低吸引负压，以免损伤气管或鼻黏膜。口腔及咽部吸引也要避免负压过大或同一部位的反复吸引而致黏膜出血，甚至形成血肿。术后吸氧可采用面罩、硅胶或软质塑料导管，避免导管压迫鼻黏膜产生感染、溃疡或出血。应避免在明显凝血功能障碍时拔出硬膜外导管，而待凝血功能改善后再拔出。对免疫力低下的易感病人，应避免保留硬膜外导管用于术后镇痛。对于再生障碍性贫血、恶性血液病等一些免疫功能极差的病人，术后极易感染甚至引起脓毒血症，术后最好进入无菌隔离病房，并进行增强免疫和抗感染能力的治疗。术后根据检测结果及时纠正贫血、凝血功能障碍和血容量不足。如血友病病人术后凝血功能管理的要点是：继续替代治疗。血友病甲病人手术后 FⅧ应维持高于 30% 水平达 10 ~ 14 天；对于整形手术后推荐维持这一浓度达 4 ~ 6 周；血友病乙病人术后至少维持 20% 活性 10 ~ 14 天；如进行较大的整形手术还需维持更长时间。血管性血友病病人术后使血浆 vWF>0.4U/ml、FⅧ>0.4U/ml，至少维持 5 天，大手术或整形手术应维持更长时间直至手术创伤完全愈合。

第四节　围术期出、凝血功能监测及常用血制品和药物

一、围术期出、凝血功能监测

围术期凝血功能监测是血液病人围术期安全的重要保证，反映血液病的检测非常繁多，有些检测如凝血因子活性的测定等对于血液病的诊断和鉴别诊断具有重要意义。麻醉医生应在手术期间对出、凝血指标的变化做出正确的判断以指导治疗。术中根据血液病的不同，选择相应指标进行监测。表 31-3 列出的是临床最常用的出、凝血指标正常值及其意义。

表 31-3　临床常用出、凝血检测项目及其意义

检查项目	正常值	临床意义
血小板计数	$(100 \sim 300) \times 10^9/L$	减少：原发性和继发性血小板减少症 增多：原发性血小板增多症和反应性血小板增多
凝血酶原时间（PT）	11 ~ 13 秒	反映外源性凝血系统中凝血因子是否缺乏 延长：Ⅰ、Ⅱ、Ⅴ、Ⅶ和Ⅹ因子缺乏，肝病、维生素 K 缺乏、纤溶亢进等。缩短：先天性 Ⅴ 增多症、口服避孕药、高凝状态和血栓性疾病
活化部分凝血活酶时间（APTT）	32 ~ 43 秒，较正常对照值延长 10 秒以上为异常	反映内源性凝血系统中凝血因子是否缺乏 延长：Ⅷ、Ⅸ和Ⅺ因子缺乏，凝血酶原或纤维蛋白原严重减少，纤溶亢进使纤维蛋白原降解增加，应用肝素等抗凝药，循环抗凝物质增加 缩短：血液高凝血状态
纤维蛋白原（Fg）	2 ~ 4g/L	减低：纤溶亢进、DIC、重症肝病等 增高：糖尿病、急性感染、休克、大手术后、恶性肿瘤等以及血栓前状态
纤维蛋白降解产物（FDP）	1 ~ 6mg/L	增高见于原发或继发性纤溶亢进或溶栓治疗
凝血酶原激活时间（ACT）	70 ~ 130 秒	反映体内肝素和类肝素物质。如未用肝素情况下 ACT 延长，表示体内类肝素物质增多，如严重肝病

二、围术期常用血制品和药物

1. 红细胞制品

（1）浓缩红细胞：全血分离移去血浆，容量减半，具有全血同样的携氧能力，不良反应减少。血细胞比容为70%～80%。4℃保存期与全血相同，输用时黏稠，可加生理盐水稀释。主要适用于急、慢性贫血，术中出血，小儿、老人及心肾功能不全患者的输血。

（2）红细胞悬液：去血浆的浓缩红细胞加入适量的添加剂后制成，适应证同浓缩红细胞，黏度降低，保存期延长35天，临床应用最多。

（3）洗涤红细胞：将浓缩红细胞用生理盐水洗涤3～6次，除去白细胞和部分血小板，然后加上半量生理盐水配成红细胞悬液。适用于阵发性血红蛋白尿、自身免疫性溶血性贫血、有血浆蛋白抗体、高钾血症及肾功能不全的患者。

2. 血小板

浓缩血小板：①手工分离血小板，200ml新鲜全血离心分离制备，$\geqslant 2.4 \times 10^{10}$/袋；②血细胞分离机单采血小板，$\geqslant 2.5 \times 10^{11}$/袋（1治疗单位）。室温轻振荡保存，维持其均匀无悬浮状态，氧及二氧化碳均可通过，从而稳定pH，保护血小板功能。不同收集袋保存期为1～7天。血小板取回后一般要求以病人可耐受的最快速度输入。适用于各种原因引起的血小板严重减少，血小板计数$\leqslant 20 \times 10^{9}$/L伴活动出血应做治疗性输注，每次$2 \times 10^{11} \sim 3 \times 10^{11}$。手术、急性失血或创伤性检查者血小板计数$\leqslant 50 \times 10^{9}$/L，应治疗性或预防性输注。发热、感染、脾大、DIC时，需用量增加。

3. 血浆制品

（1）新鲜冰冻血浆（FFP）：采血后6小时内分离出血浆，将血浆速冻后置于-20℃（最好-30℃）保存。它含有所有的凝血因子，特别是不稳定的Ⅴ和Ⅷ因子，有效期1年。

（2）普通冰冻血浆：新鲜冰冻血浆保存期满1年后，继续冰冻保存即为普通冰冻血浆；或新鲜冰冻血浆提取冷沉淀后，继续冰冻保存，该血浆亦为普通冰冻血浆，在-20℃保存期为5年。临输用前需解冻融化。它主要含血浆蛋白和性质稳定的凝血因子。

（3）冷沉淀：将FFP置于1～5℃冰箱中融化后，在4℃离心分出血浆，余下的沉淀物即为冷沉淀。在-20℃保存有效期1年。它含有丰富的血管性血友病因子（vWF）、纤维蛋白原、因子Ⅷ、因子ⅩⅢ和纤维结合蛋白（Fn）。适用于血友病甲、血管性血友病、因子ⅩⅢ及纤维蛋白缺乏症、严重创伤、感染、重症肝病等。从200ml新鲜冰冻血浆制备1袋为1单位，可提高成年病人因子Ⅷ约2%，一般一次用1～3单位/10千克体重。输注前将血袋置37℃水浴箱不断融化，以病人可耐受的最快速度输入。

（4）冻干凝血酶原复合物（PCC）：含有维生素K依赖的在肝脏合成的四种凝血因子Ⅱ、Ⅶ、Ⅸ、Ⅹ。主要用于治疗先天性和获得性凝血因子Ⅱ、Ⅶ、Ⅸ、Ⅹ缺乏症。如维生素K缺乏症、肝功能损害、血友病、抗凝剂过量等。可用氯化钠注射液或5%葡萄糖注射液稀释静脉滴注。用量一般10～20血浆当量单位（PE）/kg体重，根据需要可重复使用。在出血量较大或大手术时应适当增加剂量。

（5）冻干人纤维蛋白原：系从人血浆中提制及病毒灭活处理，冻干而成。用于各种原因引起的纤维蛋白原减少症。如先天性纤维蛋白原减少、缺乏或功能异常。继发性如严重肝功能损害使其合成减少，DIC使其消耗增加。一般首次用量1～2g，根据需要可继续用药。大出血时，如胎盘早剥，需立即用4～8g。

（6）冻干人纤维蛋白微球：又称人工血小板，是血小板的代用品。以人血浆白蛋白和纤维蛋白原为原料制成微球，可代替人血小板的止血功能。用于各种原因引起血小板减少所致的出血，或预防血小板减少而致出血。

4. 常用药物

（1）维生素 K：促进凝血因子Ⅱ、Ⅶ、Ⅸ、Ⅹ在肝脏的合成。术中常用的是维生素 K_1，数小时即可发生作用。

（2）酚磺乙胺：不仅可使血小板数量增加，而且可使血小板的功能和黏合力增强，从而缩短凝血时间。术前或术中静脉注射。

（3）血凝酶（立芷雪）：血凝酶是以从巴西矛头蛇的毒液中分离、精制所得的一种巴曲酶制剂，是一种单链糖蛋白，具有类凝血酶样作用及类凝血激酶样作用，可缩短出血时间，减少出血量，常用于血小板性和凝血因子减少性出血，但要求有一定数量的血小板存在才具有促凝血作用。急性出血时，可静脉注射，一次 2 克氏单位（ku），5～10 分钟生效，持续 24 小时。非急性出血或防止出血时，可肌内或皮下注射，1 次 1～2ku，20～30 分钟生效，持续 48 小时。1 日总量不超过 8ku。

（4）凝血活素：促进凝血酶原转变为凝血酶，用于凝血酶原降低所致的出血。

（5）对羧基苄胺和氨基己酸：抑制纤溶酶原的激活物，使纤溶酶原不能被激活为纤维蛋白溶酶，从而抑制纤维蛋白溶解，达到止血作用。不适用于非纤维蛋白溶解所致的出血。

（6）氨甲环酸：止血原理与氨基己酸相同，对创伤性出血效果较好。

（于布为）

严重创伤是导致病人致残和死亡的主要原因之一。在创伤的救治过程中,无论是在初级救治阶段还是在手术进程中,麻醉医师对于生命体征监测和维护处于核心地位。准确的判断、正确的处理,把握"黄金时间",将最大限度地提高抢救成功率。严重创伤病人的麻醉处理包括以下五方面内容:①首先对病人病情严重程度进行正确与恰当评估,并仔细了解各系统与器官的功能状态;②术前采取相应治疗措施增强机体器官功能;③尽量选用病人能承受的麻醉方法与麻醉药;④麻醉全程进行必要监测,并随时纠正生命器官活动异常;⑤积极防治术后并发症。

第一节　严重创伤病人的分类与评估

一、严重创伤病人的分类

（一）按伤口是否开放分类

1. **开放性创伤**　常见的有:擦伤、撕裂伤、切伤和砍伤、刺伤等。
2. **闭合性创伤**　常见的有:挫伤、挤压伤、扭伤、震荡伤、关节脱位和半脱位、闭合性骨折、闭合性内脏伤等。

（二）按致伤部位分类

人体致伤部位的区分和划定,与正常的解剖部位相同,如颅脑伤、颌面颈部伤、胸部伤、腹部伤、骨盆部伤、脊柱脊髓伤、上肢伤、下肢伤。除了以上按解剖部位进行分类外,还有多个解剖部位出现的损伤。凡有两个或两个以上解剖部位出现的损伤,而其中一处可危及生命者称为多发伤。至于同一部位(如下肢或腹部)发生多个损伤,一般称为多处伤。

（三）复合伤

同时或相继遭受两种以上(含两种)不同性质致伤因素作用而引起的复合损伤,且有一处危及生命的伤害,称为复合伤(combined injuries)。爆炸事故或交通事故中,常发生冲击伤、烧伤和穿刺伤的复合伤;而在核事故中则可见到放射损伤与烧伤或冲击伤等的复合伤。

二、创伤的伤情分型与评分

创伤评分系统有助于医务人员准确把握伤情,正确的诊断和及时的治疗。目前根据损伤的解剖部位、生理学改变或综合评价等方法,提出了众多评分系统,但尚无一种评分系统可做到普遍适用。采用多种评分法可能对病情判断较为可靠。

（一）格拉斯哥昏迷评分伤情分型

目前国内外多根据格拉斯哥昏迷评分(Glasgow Coma Scale,GCS)法进行昏迷程度的评估

（详见第二十章第五节）。具体方法是根据病人睁眼、语言、运动三方面的能力进行记分，根据得分多少分型，分别为：

1. **轻型**　13~14 分，意识障碍在 20 分钟以内。

2. **中型**　9~12 分，意识障碍 20 分钟至 6 小时。

3. **重型**　3~8 分，伤后昏迷至少 6 小时以上或者伤后 24 小时内意识情况恶化再次昏迷者。有些单位进一步将其分为重型和特重型，即 6~8 分为重型，3~5 分为特重型。

（二）修正的创伤评分（RTS）

这是一种从生理学的角度来评价损伤严重性的数字分级方法。观察指标包括人体对创伤的生理和病理生理反应，主要观察呼吸频率、收缩压、格拉斯哥昏迷评分三个方面的状态，根据此评分可估计伤员的创伤严重程度。

RTS<11 分为严重损伤。评分越低创伤越重，麻醉风险越大（表 32-1）。

表 32-1　修正的创伤评分

计分	呼吸频率（次/分）	收缩压（mmHg）	GCS 评分
0	0	0	3
1	1~5	1~49	4~5
2	6~9	50~75	6~8
3	10~29	76~89	9~12
4	>29	>89	13~15

动脉收缩压主要判断患者的循环功能，严重失血、休克及心功能低下均可表现为血压下降；呼吸频率加快表明有缺氧、二氧化碳蓄积、循环功能低下、呼吸道梗阻、反常呼吸等。

（三）CRAMS 评分

1982 年 Cormican 用循环（circulation）、呼吸（respiration）、胸腹部（thorax and abdomen）、运动（motor）和语言（speak）5 个参数的英文字头，即 CRAMS 为名建立了 CRAMS 评分，后经 Clemmer 修订并提出分值≥7 的伤员属轻伤，死亡率为 0.15%；≤6 者为重伤，死亡率为 62%。本评分是生理指标和外伤部位相结合的方案（表 32-2）。

表 32-2　CRAMS 评分

分值	参数	分值	参数
	循环	1	腹、胸有压痛
2	毛细血管充盈良好或血压>100mmHg（收缩压）	0	腹肌紧张、胸或胸腹部穿透伤
1	毛细血管充盈迟缓或血压 85~99mmHg（收缩压）		**运动**
0	无毛细血管充盈或血压<85mmHg（收缩压）	2	正常
	呼吸	1	有疼痛反应
2	正常	0	无反应或体位固定
1	不正常		**语言**
0	无	2	正常
	胸腹部	1	答非所问
2	腹、胸无压痛	0	无或单音节

上述对严重创伤病人病情严重程度的评估方法，均与创伤性原因所致病情危重直接有关，

但对非创伤性原因所致病情危重者如何评估,目前尚无一致性意见,仅能以对各生命器官功能不全的评估为参考。

(四)严重创伤病人失血量的评估

失血量、失液量的估计和血容量的补充是严重创伤病人术前、术中及术后处理的重点问题之一。失血的多少一般与损伤程度和损伤部位有关,开放的较闭合的容易估计,一个手掌大小开放伤失血可按 50ml 计算,肝肾破裂、大血管损伤、骨盆骨折、股骨骨折、胸部或广泛皮肤撕脱伤等失血量可达 1000~1500ml。有人估计肠梗阻早期肠腔积液量即达 1500ml,肠梗阻发展到绞窄时,则可损失达 4000~6000ml,但血细胞比容或血红蛋白浓度在急性失血时下降明显,在肠梗阻、腹膜炎或烧伤等以失液为主的低血容量病人反而会升高。因此,对创伤失血量的判断不能以血压作为唯一依据,必须结合病人的表现和必要的检查作出全面分析和估计。表 32-3 所列检查项目对临床估计有一定的参考价值。

表 32-3　失血程度和分型

项目	分　型		
	I	II	III
呼吸抑制	无	轻度	严重
血气分析	正常	$PaO_2 \downarrow$ $PaCO_2 \downarrow$	$PaO_2 \downarrow\downarrow$ $PaCO_2 \uparrow\downarrow$
血压	无变化	下降	测不出
中心静脉压	正常或↑	↓	↓↓
脉搏	正常或↑	增快	显著增快
尿量	正常	减少	无尿
意识状况	清醒	定向障碍	昏迷、躁动
失血量估计	<10%	>30%	>50%

第二节　严重创伤病人的病情特点

严重创伤有闭合性创伤及开放性创伤两类,在这两类病人中,部分病人还合并心脏等重要器官器质性病变,从而增加了治疗的难度。严重创伤病人,特别是严重多发伤病人,病情紧急、危重、复杂,多数需急症手术治疗,因就诊时多已呈现休克,常需在抗休克治疗同时进行手术治疗,以挽救病人生命。对此类病人,麻醉处理结果将直接影响病人治疗效果和预后,麻醉医师不仅要正确及时处理麻醉问题,还要参与围术期心肺复苏、休克治疗、创伤后呼吸困难综合征或急性肝肾衰竭等方面的防治。

严重创伤病人的病情有以下五方面特点:

1. 病情紧急　对严重内出血者,须抓紧手术时机,不要无故拖延。由于病情紧急,术前没有充分时间了解病史和进行准备,须在手术的同时边了解边处理,如保护肾脏功能,纠正低血容量和酸中毒等。一旦患者由于严重创伤出现低体温、凝血障碍、代谢性酸中毒,死亡率大增,又被称为"死亡三联征"。

2. 病情严重　严重创伤均伴失血和失液,因急性血容量丢失常出现失血性休克,据统计其发生率可达 95%。大血管破裂时,往往来不及抢救即死亡。严重胸部创伤或颅脑创伤,有时发展迅速,可因窒息、缺氧而猝死。对严重创伤病人必须强调早期行循环、呼吸复苏,应在现场急救,转运途中更需不间断地行复苏处理,否则往往会丧失挽救生命的机会。

3. 病情复杂 严重创伤多为多发伤。据统计,胸部创伤者约有 80% 合并头部创伤;14% 合并腹部创伤;26% 合并四肢骨创伤。多发伤增加了病情复杂性,处理困难,死亡率也相应增加,单纯胸部损伤的死亡率约为 10% ,合并其他部位创伤的死亡率增至 15% ~20% 。创伤病人以年轻人居多,约占 71% ,但近年来老年病人也日渐增多,因其常并存心、肺疾病,给处理增添了困难,并发症发生率和死亡率也增高。

4. 疼痛剧烈 骨关节损伤的疼痛较软组织损伤者剧烈。疼痛不仅使病人痛苦,更可增高并发症发生率和影响康复。胸部创伤疼痛可显著减低肺通气量,促使肺分泌物潴留,增加肺部感染。因此,必须重视伤后或术后的良好镇痛。

5. 饱胃 创伤病人多非空腹,因此,防止呕吐误吸极为重要。疼痛、恐惧、休克和药物等因素可使胃排空时间延迟。进食与受伤间隔的时间短者,胃内容物存留更显著。麻醉诱导前应尽量明确病人进食与受伤的间隔时间,伤后 24 小时内都存在呕吐误吸危险。

第三节 创伤病人术前急救及治疗

创伤病人一旦进入手术室,紧急救治非常重要。手术前急救及治疗是提高麻醉、手术安全性的重要环节,若立即手术是挽救病人生命的唯一手段,则应在积极采取有效治疗措施的同时,立即进行手术。如无立即危及病人生命的病情,可先抓紧时间进行有效治疗,待病人一般情况改善后再行手术治疗,则麻醉危险可减少。

由于手术是重要的治疗措施,若过分强调术前充分处理,将会丧失最佳手术时机,导致严重后果。对严重创伤病人的术前治疗可概括为以下五方面:

1. 确保气道通畅及供氧 低氧血症直接威胁创伤病人的生命,应重点关注气道情况,严重创伤病人常伴有神志不清或昏迷,丧失主动调节呼吸道通畅的能力,加上呼吸道分泌物不断增多,呕吐物误吸以及舌后坠等,常引发呼吸道通气障碍。通气障碍加速了病情恶化,使病人丧失救治时机。

多发伤病人在诊断不明确前应假定存在颈椎损伤,气道操作前应将颈椎初步固定,保持头部正中位,同时清除气道中的分泌物、血液、呕吐物及其他异物(如脱落的牙齿、义齿)。如病人气道通畅,通气充分,可以考虑在严密监护下鼻导管或面罩辅助供氧,如因舌后坠阻塞咽部,可置口、鼻咽通气道或喉罩。$PaO_2 < 60mmHg$ 或 $SaO_2 < 90\%$ 是氧治疗的指征,目的是通过提高吸入气体氧浓度使 PaO_2 到 80mmHg 以上,SaO_2 达 96% 以上。

深度昏迷或脑疝病人,以及颌面部严重创伤病人,应紧急气管内插管。对烦躁的病人,在无禁忌证的条件下,快速诱导是最有效的方法。对估计昏迷时间长的病人,可考虑气管造口。病人于急诊室抢救时如已插入气管导管,入手术室后应听诊检查双肺呼吸音,检查气管导管位置、粗细、通畅度及有无漏气,若不够理想,应予以更换。

2. 确保静脉输液通畅及迅速补足血容量 严重创伤病人,由于身体多处外伤,或伴有内脏破裂出血、穿孔,使大量的细胞外液及血液存积于创伤部位或丢失体外,造成循环容量严重欠缺,使机体陷入低血容量性休克状态,如不及时补充血容量,难以争取手术救治的机会。一般至少需要建立两条大的静脉通路(16G 以上)以保证及时补足血容量。对腹部创伤和怀疑大静脉破裂的病人静脉通路应在膈肌以上建立。外周静脉置管失败应及时行中心静脉穿刺,可选择锁骨下或股静脉,如病人没有颈椎损伤,可考虑颈内或者颈外静脉。

严重创伤病人多有大量失血,因此血容量的补充应以血制品为主,在配血完成前应快速输注胶体和晶体液。在复苏过程中可能需要使用血管活性药物暂时维持灌注压,但不能取代容量补充。

3. 纠正代谢性酸中毒　严重创伤由于大量血液、血浆丢失到体外,或存积在创伤处,使循环功能受损,产生不同程度代谢性酸中毒。应根据血气检测结果及时补给 5% $NaHCO_3$ 液治疗。

4. 解除病人疼痛　严重创伤病人,常疼痛难忍,神经-内分泌系统产生一系列不良反应,消耗机体各系统、器官的储备能力,使机体走向衰竭。采取全身用药或受损部位神经阻滞解除病人疼痛,对机体是一种保护性措施,有利于病人恢复。

5. 监测　严重创伤病人的呼吸功能、循环功能、体温、出凝血功能监测应根据创伤严重程度和基础疾病进行,具体请参阅《危重病医学》有关章节。对血流动力学不稳定或需要经常行血气分析的病人应采用有创动脉测压;已经行中心静脉穿刺病人应监测中心静脉压。但须注意,切莫为完成某项监测而延误病人抢救。监测能随时了解病人生命器官功能状况,对及时调整治疗计划有指导作用,并能对病人预后作出估计。

第四节　创伤病人的麻醉处理

严重创伤病人,术前应给适当镇痛、镇静药,消除病人紧张及恐惧,但应注意所用药物以不使血压降低、不抑制呼吸为前提;对已昏迷或垂危病人只应用抗胆碱药;对处于休克状态病人,最好是小量、分次静脉给药。

此类病人的麻醉选择可根据病人情况、手术要求选用局部麻醉、椎管内麻醉或全身麻醉。全身麻醉可保证充分吸氧,有利于对呼吸进行控制,并能使麻醉医师有更多时间处理循环等方面的问题。

一、麻 醉 特 点

由于严重创伤病人的病情特点,使得对此类病人的麻醉处理明显不同于其他病人。可概括为以下六方面:

(一) 谨慎选用麻醉方法和麻醉药物

任何全身麻醉药都是机体各系统、器官的抑制剂,因而,选用麻醉药及掌握麻醉药用量非常重要。椎管内麻醉,尽管用药量少,其对血流动力学影响明显,因此选择使用时需小心谨慎。对于严重创伤伴有失血性休克的患者,任何静脉麻醉药均可抑制心血管系统,可能出现显著的低血压,甚至发生心搏骤停。因此,对于严重创伤伴有失血性休克的患者必须减少麻醉药剂量,或选用对心血管系统影响小的麻醉药。

(二) 难以配合

采用局部麻醉、神经阻滞麻醉和椎管内麻醉等麻醉方法,皆需病人合作。严重创伤病人多疼痛难忍,且由于严重循环障碍,病人多烦躁不安,难以保证满意的手术野,尽管这些麻醉方法简单易行,但有时却难以采用。

(三) 难以避免呕吐误吸

严重创伤病人,多处于饱胃状态,需警惕麻醉药及机械性刺激引起呕吐甚至误吸,严重威胁病人安全,此类病人的麻醉处理,必须做到确保消化道与呼吸道隔离,并要维持到术后患者完全清醒时为止,以策安全。

（四）麻醉药作用时间明显延长

由于循环系统功能障碍,肝肾功能继发性受损,而多数麻醉药物都需经肝肾代谢。因此少量麻醉药应用,便可使术后复苏时间明显延长,故应根据麻醉药的代谢特点来选用,必要时增加在麻醉复苏室的停留时间或转入 ICU 治疗。

（五）常伴有不同程度脱水、酸中毒

需手术治疗的严重创伤病人,均伴有不同程度脱水或全血丢失,严重影响机体通过有氧代谢途径获得能量来源,同时也使肾对代谢废物的排泄及再生 HCO_3^- 的功能受损,必然会出现代谢性酸中毒。脱水是原发的,酸中毒是继发的,这些病理生理情况的改变导致了其他系统、器官功能异常,使机体耐受麻醉能力明显减低,极易发生麻醉意外。

（六）常需支持循环功能

对严重创伤病人,为保证生理活动必需的循环功能,均需要行液体复苏。代血浆、平衡盐液是液体复苏的首选药,但因体液大量丢失及严重创伤后生成的有毒物质的影响,为使病情迅速逆转,常需即时应用血管活性药及正性肌力药。值得注意的是,这些药物的应用可使麻醉医师对麻醉药的循环影响作出错误估计,也许会使麻醉医师加大麻醉药用量,并对循环状态的恢复作出错误判断。

二、麻醉药与麻醉方法选择

（一）部位麻醉

局部浸润麻醉和神经阻滞对呼吸、循环的干扰最少,可以用于创伤及创伤性休克病人。位于肢体的手术,多可在局部浸润麻醉或神经阻滞下完成。腰丛与坐骨神经阻滞,用于单侧下肢任何部位手术,效果均满意。局部浸润麻醉对休克病人的局部小手术是一种安全、简便的方法,应当受到重视,特别对缺乏麻醉人员或设备简陋的基层医院,更应提倡此种麻醉方法。

在休克情况下,病人对局麻药物的耐量相应降低,应严格控制用量,以防中毒反应。

（二）椎管内麻醉

椎管内麻醉对人体的生理影响与阻滞范围直接有关。有的创伤及失血病人正处于休克代偿期,尽管血压“正常”,但血容量已明显减少,即使硬膜外阻滞范围小亦有致心脏停搏的危险。从原则上讲,在休克好转前,禁用椎管内麻醉。但对病情较轻、术前经治疗已使低血容量得到一定程度纠正,低、中平面的硬膜外阻滞仍可考虑,但应谨慎从事。置入硬膜外导管后,不宜立即注药,待平卧位建立输液通道后,再分次小量试探性注药。严格控制阻滞范围,加强动脉压监测,实施升压复苏措施。若循环变化明显,应立即放弃硬膜外阻滞,改用其他麻醉方法。

（三）全身麻醉

严重创伤如为多发骨折,头颈、躯干损伤病人,都应选用全麻下手术,但应避免深麻醉。

1. **吸入全麻** 绝大部分吸入全麻药高浓度时均抑制循环功能,其程度与全麻的深度成正比。对创伤患者应采用低浓度静吸复合麻醉以减少对循环的抑制。相比较氟烷和安氟烷,异氟烷与地氟烷的心肌抑制作用轻;七氟烷对心肌抑制作用较小,且对心、脑缺血再灌注损伤具

有保护作用。

2. 静脉全麻　依托咪酯理论上对交感神经和压力感受器影响小,可用于血流动力学不稳定病人的诱导,但也需注意掌握推注速度和剂量。丙泊酚虽可产生与剂量相关的心肌负性变力性作用,但较硫喷妥钠轻。氯胺酮具有兴奋循环作用,静脉注射 2.0mg/kg 后 5 分钟,心率增快 33%;动脉压上升 23%;心排血量增加 41%。注药后 30 分钟,动脉压略有降低,但仍明显高于用药前水平,明显优于氟烷、安氟醚及异氟醚。经大量病例观察,氯胺酮用于休克病人麻醉,效果满意,绝大部分病人在给药后动脉压均有不同程度升高。但需指出,氯胺酮兴奋循环主要是通过兴奋交感神经作用,增加内源性儿茶酚胺,它对心脏本身实际上有负性变力性作用,因此用于交感神经反应已削弱的危重病人,就显示出循环抑制效应。临床已有报道氯胺酮用于低血容量性休克病人发生严重循环抑制与心脏停搏者。在考虑是否将其用于休克病人时,应根据病人具体情况予以权衡。芬太尼家族的镇痛药镇痛效应强,可应用于严重创伤患者,芬太尼不影响容量血管与静脉回流,对心房压、心室压及左室舒张末期压亦无明显影响,即使用量增至 20μg/kg,动脉压仅降低 10%,若再加大剂量,动脉压并不继续下降。芬太尼、舒芬太尼、瑞芬太尼均可用于创伤性休克病人的麻醉维持。若与氧化亚氮合用,可减少药物的用量,获得满意的麻醉效果。

3. 麻醉诱导　麻醉诱导的关键之一是必须首先控制呼吸道,防止胃内容物反流和误吸,可采取下列措施:

(1) 放置胃管:放置粗胃管吸引,不能完全吸净胃内容物,但因胃管刺激有时诱发呕吐,切忌在病人处于昏迷、休克时施行。

(2) 西咪替丁为 H_2 组胺受体阻滞药,有降低胃液酸度、减少胃液分泌、减轻酸性液误吸综合征严重程度的功效。

(3) 表面麻醉:清醒气管插管是保证呼吸道通畅、避免误吸最安全的方法。静脉诱导插管应结合压迫环状软骨法进行,并由技术熟练者操作。可供参考的方法如下:①抽吸胃管尽量吸尽胃内容物;②吸纯氧去氮;③静注阿托品 0.5mg;④静注小剂量非去极化肌松药,如先静注泮库溴铵 1~2mg,以防止琥珀胆碱诱发的肌震颤;⑤静注异丙酚(1~2mg/kg)或氯胺酮(1~2mg/kg)或依托咪酯 0.3mg/kg 诱导;继之静注琥珀胆碱 1~1.5mg/kg;⑥施行控制呼吸,助手向脊柱方向压迫环状软骨以压瘪食管上口,防止气体进入胃内;⑦迅速暴露声门、插管,并将导管套囊充气。

呕吐、误吸不仅可发生于麻醉诱导期,也易发生于麻醉苏醒期,因此,创伤急诊手术后,必须等待病人咳嗽、吞咽反射恢复、呼之能应答后再谨慎拔管。

4. 麻醉维持　低血容量休克病人对全麻药的耐量减小,无论吸入、静脉或静吸复合用药仅需小量就足以维持麻醉,如辅以肌松药用量可更减小。氟烷容易抑制循环,在低血容量下不宜应用。低浓度安氟烷、异氟烷或七氟烷对循环影响均较小,可选用。异氟烷使心率增快,心排血量增加,外周血管阻力降低,适用于创伤休克病人。氧化亚氮—氧、镇痛药肌松药复合麻醉对循环影响轻微,但禁用于气胸、皮下及纵隔气肿或气栓等病人。

创伤病人的麻醉方法必须掌握多种麻醉药复合的平衡麻醉原则,以尽量减轻机体对麻醉的负担,尤其于长时间麻醉时,不宜使用单一的吸入麻醉药,否则麻醉药在组织中过饱和,易导致术后肺部并发症。有人认为长时间麻醉的固定体位,可致身体的低垂部位血液淤滞,例如侧卧位时,上侧肺的 VA/Q 比值增大,下侧者减少。由此可致下侧肺萎陷或肺不张。另外长时间麻醉为减少全麻药用量,宜尽量采用全麻辅助局麻或阻滞麻醉,例如胸、腹合并上肢组织损伤时,宜在浅全麻的基础上,同时施行臂丛阻滞以完成上肢手术。

三、肌肉松弛药的应用

休克病人应用肌松药,不仅能使麻醉保持在较浅水平,从而减轻全麻药对循环的影响,而且使体腔内手术区显露更好,有助于手术顺利施行。休克病人的循环功能低下,肝、肾功能有一定程度削弱,肌松药的选择和使用剂量均有别于一般病人。琥珀胆碱对循环系统影响较小,是休克病人快速诱导插管的常用药物,但它能促使钾离子自细胞内逸出,产生不同程度的血钾增高。大范围软组织损伤、大块肌肉坏死变性、严重创伤合并肾功能不全的病人,应警惕高钾血症。对已有高钾血病人,为避免发生心脏停搏,避免应用琥珀胆碱。琥珀胆碱还有升高胃内压作用,对饱胃病人能促使发生反流误吸。这类病人使用肌松药,宜选用非去极化肌松药。罗库溴铵、维库溴铵与顺式阿曲库铵在临床应用剂量范围内,不阻断交感神经节,不释放组胺,对心血管的影响轻微,麻醉诱导和维持均可应用。危重病人肌松药用量应酌情减少。

四、麻醉过程监测

监测的目的是便于对病情和疗效作出正确估计和判断,以利于指导和调整治疗计划,提高麻醉质量和安全性。常用的监测项目如下:

(一) 脉率与动脉压

严重休克时,由于外周血管极度收缩,袖带血压计难以准确测出血压,此时如经桡动脉穿刺置管直接测定动脉压,有助于判断病情,根据直接动脉压并参考中心静脉压值,决定继续补液抑或是使用血管活性药。放置桡动脉导管后,还可提供动脉血气分析的采血通道。

(二) 尿量

当每小时尿量低于 20ml 时,提示应继续加强抗休克措施,补足血容量后,尿量即可增多。若经大量输液尿量仍保持在较低水平,应警惕肾功能不全并发症。

(三) 中心静脉压与肺毛细血管楔压

当中心静脉压和动脉压均在低值时,常提示血容量不足,应继续加快补液。若经快速输血或补液后,病情无改善,动脉压仍在较低水平而中心静脉压已上升至较高水平,提示右心功能障碍,应减慢输液速度和使用心肌正性变力性药物支持心脏功能。左心功能受损时,左室舒张末期压将明显上升,但中心静脉压仍可保持正常。肺毛细血管楔压能准确反映左室舒张末期压,压力低于 8mmHg,提示有相对血容量不足;若超过 20mmHg,说明左心室功能异常;超过 30mmHg,提示已存在左心功能不全。

(四) 体温

在严重休克初期,病人的中心温度与外周温度差加大,经治疗组织灌流改善后,温度差即可减小。

(五) 血细胞比容监测

血细胞比容可了解组织供氧情况。血细胞比容达 30% 时,组织的供氧最好,若低于 25%,提示应补充全血或含红细胞的血液制品。

（六）动脉血乳酸盐

它是监测无氧代谢有价值的指标，是了解疗效和判断预后的重要指标。若病人呈现乳酸盐持续性升高，常提示预后不良。

（七）动脉血气

当病人 $PaCO_2 > 65mmHg$ 或 $PaO_2 < 50mmHg$ 时，需行气管插管和行机械通气治疗。根据 PaO_2 与 $PaCO_2$ 间关系，可推算肺泡动脉血氧分压差（$A\text{-}aDO_2$），用此评价呼吸功能，较单纯测定 PaO_2 与 $PaCO_2$ 意义更大。凡吸入空气时 $A\text{-}aDO_2 > 50 \sim 60mmHg$ 或吸纯氧时 $> 350 \sim 450mmHg$，提示需要用通气机行呼吸支持。根据动脉血气分析结果，还可鉴别体液酸碱紊乱的性质。

五、麻醉期间循环、呼吸管理

（一）循环管理

对严重创伤病人麻醉期间循环管理应做到以下四点：

1. **维持良好组织灌注**　良好的组织灌注应表现为周围温度接近中心温度，排尿量正常，血乳酸盐含量正常。麻醉期间为维持血压，常采用扩容方法，当术中大出血使动脉压剧降，情况紧急时，即使存在低血容量，亦可暂时使用升压药物以保护内脏重要器官，以挽救生命。有时在长时间休克后，血管张力减退，血液潴留于静脉系统，在补充血容量的同时，应用适量血管收缩药即可使动脉压上升。对有明显内毒素血症的病人，血容量的损失有限，可能存在血管张力下降或心肌收缩力减弱，可用去甲肾上腺素、多巴胺或多巴酚丁胺等药物支持心功能，提升血压。

2. **控制心律失常**　严重创伤病人，特别是已发展到休克状态时，由于内源性儿茶酚胺增多和酸中毒的影响，极易发生心律失常。严重心律失常可致心排血量降低，血压下降。治疗心律失常的首要措施是去除诱因，保证充分通气和供氧，然后根据 ECG 的诊断给予针对性抗心律失常药治疗。对代偿性及中毒性心率增速，不宜使用 β 受体抑制剂，以免心功能抑制导致严重后果。

3. **支持心泵功能**　引起严重创伤病人心功能障碍的因素有：酸中毒与电解质紊乱；大量快速输血的低体温；外周血管阻力增加所致的后负荷加大；心肌抑制因子及其他有毒物质对心肌的影响。应根据情况去除原因，并分别用胰高血糖素、速效洋地黄或 β_1 受体兴奋剂治疗，药理剂量的皮质激素对缺血性心肌损伤有一定保护作用，可根据病人情况应用。

4. **改善微循环**　严重创伤病人，特别是已进入休克状态时，都存在微循环障碍，严重影响能量代谢进行，特别是需氧能量代谢。当循环容量补足后，如反映组织灌流状态的各项指标未能恢复正常，应立即给解痉药解除血管痉挛，并应用低分子右旋糖酐疏通微循环，改善血液流变状态。用于改善微循环的药物有东莨菪碱及酚妥拉明。药理剂量的皮质激素也有良好效果。但需注意，使用 α 受体阻滞药改善微循环时，应以补足血容量为前提，否则常使血压难以回升，反使循环状态恶化。

（二）呼吸管理

严重创伤病人，如循环容量明显欠缺，其生理无效腔将倍增，如呼吸浅快，由于通气/灌流比例失常,可使肺内分流增加近 2 倍。当伴有胸部外伤时,这些病生理改变更明显。保持呼吸道畅通与充分供氧是呼吸支持的根本措施。对于采用气管内插管全麻进行机械通气的病人,能较好地满足这些要求。为检测供氧、通气与换气效果,应行 SpO_2 及 $P_{ET}CO_2$ 监测(详见第十五章相关内容)。

若病情危重,FiO_2 100% 间歇正压通气(IPPV)难以使 SpO_2 达 90% 以上,应加用呼气末正压(PEEP)通气治疗。

第五节　几种常见严重创伤病人的麻醉处理

一、胸部创伤病人的麻醉处理

据统计,送到医院之前即已死亡的严重创伤病人中,约 30% 为胸部创伤,胸部损伤如果合并颅脑、腹、四肢伤,则处理更加困难。胸部损伤无论是开放型或是闭合型,通气功能都受影响,即使单纯肋骨骨折,亦可因疼痛而妨碍呼吸。多发肋骨骨折可导致连枷胸,因胸壁塌陷可出现明显的反常呼吸。胸部伤合并颅脑外伤者,因中枢抑制,可进一步削弱通气而致严重低氧血症。气胸是胸部创伤常见的并发症,可因纵隔移位而严重干扰呼吸和循环,如系张力性气胸则影响更甚。麻醉前必须先施行胸腔穿刺闭式引流,否则可因正压通气而加剧胸腔积气和纵隔移位,甚至猝死。并存颈部皮下气肿和纵隔增宽者,要怀疑大气管破裂。经损伤的支气管漏出的气体可进入开放的肺静脉,发生气体栓塞。胸内大血管破裂,往往因急剧失血而病情危重,多处于严重休克、神志不清状态,必须立即手术止血,麻醉须密切配合,不能延误。心脏挫伤可致心律失常、心功能骤减。胸部损伤病人中约 5% 伴心肌挫伤,38% 伴 ECG 改变。

肺实质损伤者多伴有咯血,诱导插管时要避免呛咳,要警惕大量血液涌出造成窒息意外。可选用双腔气管插管或带有支气管堵塞管的单腔气管插管,实施单肺隔离通气。

如遇心音弱、失血量与低血压不相符、Beck 三联征(颈静脉怒张、低血压、心音低钝)、奇脉(自主呼吸时血压下降大于 10mmHg)、CVP 增高时,须考虑有心包填塞,其麻醉处理十分困难。心包腔积血越多,心排血量越少,麻醉诱导后越易出现严重低血压或心脏停搏。对疑有心脏压塞者,术前应先在局麻下行心包穿刺减压,然后麻醉诱导,诱导药物选用氯胺酮为宜。

胸部创伤常需在气管内插管静脉复合或静吸复合麻醉下急症开胸手术。麻醉处理总原则为浅麻醉,辅助肌松药,控制呼吸,改善呼吸功能。不宜应用 N_2O,宜常规辅用局麻或肋间神经阻滞,以维持浅全麻。

对并存肺挫伤者,应严格限制术中输血输液量,充分估计失血量,谨防输血输液过量导致肺水肿。输血输液过程中除严密观察临床表现外,应连续监测中心静脉压、SpO_2 和 ECG。

二、腹部创伤病人的麻醉处理

腹腔实质性脏器损伤以肝、脾破裂居多,且以脾破裂为常见。严重肝、脾破裂的出血量一般都在 2000ml 以上,肠系膜血管破裂出血亦较多见。对腹部创伤伴内出血者,治疗越早越好,同时应努力纠正失血性休克,当血压开始下降、脉压变小、脉搏增快时,提示失血量已达 1000~2000ml。在出血尚未止住前,应尽量输平衡盐液,当出血止住后再输血,以节省血液。当休克初步改善后,应立即在气管插管浅麻醉下手术,用静脉复合或静吸复合并用肌松药维持,不宜使用氧化亚氮,以免加重肠道扩张。切开腹膜时,谨防腹腔积血一涌而出,导致血压骤降意外。应缓慢放出积血并作好快速输血或自体输血准备。如已有肠道破裂污染,则不宜使用血液回输。

对单纯胃肠道损伤,如无明显失血症状,生命体征稳定,可选用连续硬膜外阻滞。低血容量休克前期病人,经输血、输液血压回升且趋于稳定者,可考虑用连续硬膜外阻滞,但必须慎重掌握以下要点:①正确判断循环功能;②根据手术要求选择最低穿刺点,如 $T_{11~12}$ 或 T_{12} ~ L_1 椎间隙穿刺,头端置管;③置管后改平卧位,测血压、脉搏无明显变化时再注射试验量,一般给2 ~ 3ml;④低血容量休克病人对麻药的耐量极小,极易扩散过广,有时仅试验量即可手术切皮,故应严格掌握分次、小量用药,如果仍有痛感,宜适当配合局麻,当进腹控制出血点后,再酌情经导管注入局麻药;⑤阻滞平面应尽量控制不超过 T_6,要警惕血压骤降的意外。

三、挤压综合征病人的麻醉处理

四肢或躯干严重创伤常合并挤压综合征,系肌肉长时间受压致大批肌肉缺血坏死所致,死亡率很高。近年来应用人工透析治疗,死亡率已明显下降。临床上除表现为皮肤肿胀、变硬、张力增加、水疱形成、皮下淤血、小血管阻塞和肢体缺血外,尚可因坏死组织释出毒素吸收后出现严重全身中毒症状和肾功能不全,表现为神志恍惚,呼吸深快,躁动,恶心,少尿或尿闭,脉快,高热,心律失常等;化验检查可见肌红蛋白尿、高血钾、贫血、酸中毒和氮质血症。

为阻止挤压综合征继续发展和促进受损肢体恢复功能,须施行手术治疗,早期行筋膜间隔切开减压以缓解症状;对肢体感染坏死、全身中毒严重者,需行截肢手术。因常并存肾功能不全,麻醉处理须极谨慎,麻醉选择及术中处理均应以不影响肾功能为前提。如果不存在休克,下肢截肢可选用硬膜外阻滞;如为多发损伤或伴低血容量休克,须采用气管内全麻,可用静注依托咪酯或异丙酚诱导,氯胺酮复合神经安定镇痛合剂、七氟烷或异氟烷吸入维持。伴高血钾者避免用琥珀胆碱。合理掌握输液量,维持出入相等,尽量不予输血,必需时应输新鲜血。对有高血钾者,可输高张葡萄糖液加胰岛素(按3 ~ 4g 加 1U 计算);10% 葡萄糖酸钙 40 ~ 80ml 静脉滴注。对有代谢性酸中毒者,用5% $NaHCO_3$ 治疗,同时可碱化尿液,防止肌红蛋白沉积堵塞肾小管。要维持一定的尿量,必要时静注利尿药以保护肾功能。

(金孝岠)

第三十三章 | 常见器官移植手术的麻醉

围绕器官移植开展的所有活动均应遵守相关的法律法规、条例、医学伦理学和医学原则。选择合法且合适的器官供者是器官移植成功的首要条件,器官移植供者分为尸体供者和活体供者。同种异体器官移植是机体重要脏器功能衰竭的最终治疗手段。近年来,随着免疫学理论研究的日益深入,高效免疫抑制剂在临床上的广泛应用,手术、麻醉技术的不断改进和围术期管理能力的加强,器官移植在临床上的开展日益广泛,其手术范围涉及心、肺、肝、肾、脾、胰腺及大血管等多个重要生命脏器。器官移植手术的麻醉是临床麻醉工作的重要组成部分,其中,临床上开展最为广泛的是肾脏、肝脏、心脏和肺移植,本章主要探讨这些脏器移植的麻醉处理。

第一节　肾移植手术的麻醉处理

一、肾移植病人的病理生理特点

(一) 水、电解质紊乱与酸碱平衡失调

1. **水代谢障碍**　慢性肾衰患者,特别是晚期尿毒症患者已丧失排尿功能,容易出现水中毒,严重时可引起心力衰竭、肺水肿、脑水肿。因此,肾移植前必须接受透析治疗。

2. **高血钾和低血钾**　慢性肾衰晚期肾小管泌钾功能障碍,可引起严重的高钾血症。有时血液透析不当也可引起浓缩性高血钾。血钾浓度接近 $6.5 \sim 8.0 \text{mmol/L}$ 时,可发生室颤等严重心律失常。厌食及大量利尿剂的使用可引起低钾血症。

3. **低钠血症和钠潴留**　慢性肾衰患者术前通常接受透析治疗,但频繁透析治疗以及呕吐和腹泻等原因可致低钠血症。当血钠低于 120mmol/L 时,神经肌肉兴奋性降低,可出现低血压。相反,如透析治疗不及时或钠摄入太多则可致高血压。

4. **酸中毒**　尿毒症患者肾脏泌氢功能严重受损,易引起代谢性酸中毒。

(二) 循环系统变化

1. 有 $10\% \sim 15\%$ 慢性肾衰患者合并高血压,其可能的原因有:①肾局部缺血;②水钠潴留;③肾素-血管紧张素系统活性增强。部分病人可经透析治疗缓解,然而更多的病人需借助抗高血压药才能控制。

2. 约1/3 的尿毒症患者可并发心包炎及心肌炎。

3. 潜在性充血性心力衰竭及肺水肿。

4. 常有心律失常。

(三) 血液系统变化

1. 贫血是常见的并发症,贫血程度与肾功能恶化程度相一致。主要原因是:①肾衰竭可

导致骨髓抑制及促红细胞生成素减少;②易溶解的畸形红细胞增多,寿命仅为正常细胞的一半;③出血倾向增多,如鼻出血、月经过多等。尿毒症性贫血,多数病人血红蛋白为 60 ~ 90g/L,血细胞比容为 20% ~ 25% 。由于贫血使心排血量代偿性增加,因此,病人血红蛋白虽低,一般仍可满足机体氧供需要。

2. 慢性肾衰竭病人多有凝血功能障碍,临床表现为出血时间延长。主要原因是:①尿毒症使凝血功能发生异常;②透析时所用肝素的影响;③肝脏功能下降使凝血因子合成减少。但有时亦可出现血液凝固性增高导致动静脉瘘阻塞。

（四）其他变化

1. 胃肠道功能紊乱,表现为恶心、呕吐、腹泻、腹水及胃扩张、胃排空时间延长等。

2. 尿毒症时,白细胞生成及其功能的变化导致容易并发感染。50% ~ 90% 的肾衰病人并发感染。肺、尿道及手术切口等是常见感染部位。

3. 尿毒症患者常因长期恶心、呕吐、蛋白质摄入不足以及大量蛋白尿等原因,导致严重的低蛋白血症。这将影响药物与血浆蛋白结合。尿毒症患者血中存在胰岛素拮抗物质或胰高血糖素升高,可引起血糖升高。

二、麻醉前准备

（一）麻醉前评估

应全面了解患者病史、检查结果、各项肾功能化验数据以及全身各器官功能状态,客观评定 ASA 分级并参与手术前讨论,认真估计患者对手术的耐受性。麻醉前评估重点考虑以下方面:

1. 肾衰竭引起的病理生理变化的纠正情况。

2. 重要器官并存疾病,如合并心血管、肺、脑、肝等重要器官疾病,麻醉的风险性将大大增加。

3. 免疫抑制状态与感染　术前使用免疫抑制剂常易并发感染,可直接影响肾移植术的实施。近期发生的动静脉瘘管局部感染,呼吸道、泌尿系感染等都将影响肾移植的实施。

4. 活体供肾供者术前应进行全面的生理、心理检查和评估,其禁忌证包括严重认知功能障碍或精神疾病,中重度心、肝及肺功能不全、肾脏疾病、凝血功能障碍、病毒感染活动期等。

（二）麻醉前准备

1. **充分透析**　充分透析是尿毒症病人术前最重要的一项准备。透析可以纠正水、电解质紊乱和酸碱平衡失调,排出有毒代谢产物,也可明显改善高血压和不适当的血容量状态。尿毒症患者常规透析为每周 3 次,肾移植前 24 小时内需增加一次。手术前应使血钾降到 5.5mmol/L 以下,尿素氮降至 7mmol/L 以下,血清肌酐降到 133μmol/L 以下。术前透析病人易发生出血倾向,主要继发于血小板功能障碍,包括血小板第Ⅲ因子减少、血小板凝聚功能减退和数量减少等。透析后肝素反跳也易导致出血。对有出血倾向患者的治疗,除改善透析技术,停用抗血小板功能药物外,近年来采取冷沉淀、血管加压素结合雌激素综合疗法较为有效。

2. **纠正严重贫血**　肾衰竭患者特别是晚期尿毒症患者血红蛋白较低。术前可应用叶酸、多种维生素及促红细胞生成素等药物改善贫血,必要时可间断输新鲜血液,尽量使血红蛋白升至 70g/L 以上。

3. **控制高血压和改善心功能**　慢性肾衰并高血压的患者术前 2 周应进行抗高血压治疗,

严重高血压患者术前不宜停药。心功能不全失代偿期患者手术危险大,术前应积极治疗,尽可能改善心脏功能。除减轻心脏前后负荷外,还应加强心肌收缩力,药物宜选择主要在肝脏分解代谢的洋地黄毒苷。

4. 控制感染 肾衰病人易合并感染,而感染又是术后死亡的主要原因之一。因此应注意无菌操作,如需用抗生素,则应选用对肾功能影响最小的药物。

5. 禁食 慢性肾衰患者胃排空时间延长,肾移植前应适当延长禁食时间。

6. 麻醉前用药 阿托品约50%以原形经肾排泄,而东莨菪碱在体内完全分解,仅约1%自尿中排泄。故麻醉前抗胆碱药以选用东莨菪碱为佳。此外,还可给予地西泮口服或肌内注射,以缓解病人紧张情绪。

7. 护理注意事项 为保护动静脉瘘,应在非动静脉瘘一侧的上肢置放测血压的袖套及建立静脉通道。术前留置导尿管。

三、麻醉处理原则

(一) 麻醉药物的选择

肾移植术麻醉药的选择有三个原则:①药物的代谢和排泄不在肾脏或不主要依赖肾脏;②无肾毒性;③药物作用时间短。

1. 静脉麻醉药 丙泊酚、依托咪酯、咪达唑仑、芬太尼、舒芬太尼、瑞芬太尼等均可。

2. 吸入麻醉药 可选用地氟烷、异氟烷、七氟烷或氧化亚氮,禁用具有肾毒性的甲氧氟烷。

3. 肌肉松弛药 慢性肾衰病人除肾功能受损外,常伴有肝功能不全,故肌松药应首选不依赖于肝肾代谢或排泄的顺式阿曲库铵或阿曲库铵,该药主要经 Hofmann 降解途径消除。罗库溴铵和维库溴铵主要由肝脏消除,对肝功能尚好的病人可以选择。但应注意它们仍部分依赖肾脏清除,反复或长时间使用后同样可能造成蓄积,使患者术后恢复延迟。如果血钾浓度正常,可应用琥珀胆碱($1.0 \sim 1.5mg/kg$)。

4. 局麻药 可用利多卡因、罗哌卡因、布比卡因,均不宜加肾上腺素,以防导致恶性高血压等意外情况。另外还要避免局麻药过量所致的毒性反应。

5. 术后镇痛药 可肌注哌替啶、布桂嗪或曲马多。病人自控镇痛(PCA)包括病人自控静脉镇痛(芬太尼、舒芬太尼)和病人自控硬膜外镇痛(芬太尼、吗啡、罗哌卡因、布比卡因),具有安全、镇痛时间长、效果好等优点。

(二) 麻醉方法的选择

麻醉方法选择的原则是保证无痛、肌肉松弛、术中经过平稳及并发症少。可选用全麻或连续硬膜外麻醉。

1. 全身麻醉 是肾移植术最常采用的麻醉方法。全身麻醉能保持呼吸道通畅,供氧充分,可满足各种手术条件,麻醉效果确切、安全。

2. 连续硬膜外麻醉 硬膜外麻醉对全身影响较少,如果阻滞平面足够也可取得良好的肌肉松弛效果。它避免了肌松药的副作用和气管插管可能引起的肺部感染。若阻滞平面低,对呼吸和心血管系统抑制作用也较轻。不足之处是不能确保麻醉效果,遇病情突变或麻醉效果欠佳时,麻醉处理较为被动。临床上遇此情况应立即改为气管插管全身麻醉,以确保手术顺利进行和患者麻醉安全。凝血功能障碍、伴有严重贫血、低血容量、肾衰竭未透析治疗以及急症肾移植患者均不宜选用硬膜外麻醉。

（三）麻醉实施

1. **全身麻醉**　一般选用静吸复合全麻。

（1）全麻诱导：麻醉药可选用丙泊酚、依托咪酯、咪达唑仑、芬太尼、舒芬太尼、顺式阿曲库铵、罗库溴铵、阿曲库铵、维库溴铵等。

（2）全麻维持：常选择静吸复合麻醉。机械通气宜轻度过度通气，保持二氧化碳分压（$PaCO_2$）于 $32 \sim 35mmHg$（$4.3 \sim 4.7kPa$）。术毕一般不用肌松药拮抗剂，宜继续进行辅助或控制呼吸，直至自主呼吸恢复。为防止术后肺部感染，推荐尽早拔出气管导管。

2. **连续硬膜外麻醉**

（1）穿刺点：多采用两点穿刺，上点选择 $T_{11 \sim 12}$ 或 $T_{12} \sim L_1$ 间隙，下点选择 $L_{2 \sim 3}$ 或 $L_{3 \sim 4}$ 间隙。

（2）麻醉平面：麻醉范围应覆盖下腹部和盆腔，上达 T_{10} 不超过 T_8，下至 S_5。

（四）麻醉管理的要点

1. **保证移植肾的血液灌注**　肾功能不全病人多伴有高血压，术中既要控制高血压，又应避免发生低血压。尿毒症病人常合并心、脑、肝等重要器官损害，对低血压的耐受性很差，因此术中一般宜维持血压在相对较高水平。特别是在血管吻合完毕开放血管前，为使移植肾有足够滤过压，促进移植肾功能的恢复，必要时可通过静注多巴胺或快速补液以使血压适度提升，此时收缩压不能低于术前的 85%。

2. **监测血钾**　受体术中发生高血钾可致严重心律失常。引起血钾升高的常见原因包括：①琥珀胆碱引起血钾升高；②供肾灌注液进入循环；③输注大量库血；④通气不足诱发酸血症时使细胞内钾外移。麻醉过程中应注意高钾的心电图表现。怀疑有血钾升高者应及时检查。出现高钾血症时，可予以髓袢利尿剂、碳酸氢钠、氯化钙或葡萄糖酸钙、葡萄糖与普通胰岛素输注、适当过度通气等治疗，降低血钾。

3. **注意尿量**　移植肾循环建立后，应重新记录尿量，如尿量偏少或无尿可用呋塞米、托拉塞米或甘露醇。术中可监测 CVP，失血过多时应输新鲜血。

4. **配合手术步骤用药**　移植肾血管吻合开放前，依次给予甲泼尼龙（methylprednisolone，MP）$6 \sim 8mg/kg$ 静注、环磷酰胺 200mg 静注、呋塞米 100mg 静注、20% 甘露醇 100ml 静脉滴注及多巴胺 $2 \sim 3\mu g/(kg \cdot min)$ 静脉滴注。

四、术中监测

术中监测包括血压（可选择桡动脉直接测压）、ECG、SpO_2、呼气末二氧化碳分压、体温、CVP、血气分析、血电解质等，详细记录各项监测结果，重点注意体温、循环及酸碱平衡的变化。

五、术后监测治疗

（一）术后监测指标

1. **体温、脉搏、血压、呼吸**　体温是观察排斥反应和感染的敏感指标；脉搏增快及血压下降，在术后早期提示出血可能；脉搏增快而血压升高，提示有左心衰竭发生的可能；如呼吸频率增快、困难，应警惕术后肺萎陷和肺炎。

2. 液体出入量　液体过多可致心力衰竭,过少则影响移植肾的血液灌注,故应严格掌握液体出入量,最好记录 24 小时出入量。尿量测定不仅对调节水平衡是重要的,也是观察移植肾功能最直接的指标。

3. 血常规、尿常规及血生化功能测定　术后 10 天内每天测定一次。

4. 超声监测　超声监测移植肾是不可缺少的项目,尤其是彩色多普勒超声检查可以提示移植肾脏血供和排斥情况,诊断确诊率达 95% 以上。

(二) 术后治疗

1. 加强抗感染治疗。

2. 加强各项监测,及时诊断和防治排斥反应。

3. 积极进行术后镇痛,以减少并发症,促进早日康复。

4. 尽快恢复移植肾的功能　术后 48 小时应持续应用多巴胺 $2\sim3\mu g/(kg\cdot min)$ 静脉滴注,以增加肾脏血流。移植肾早期如仍无功能,应及时施行透析治疗。

5. 免疫抑制药的使用　常规使用"免疫三联":环孢素 (ciclosporin)、硫唑嘌呤 (azathioprine,Aza) 及 MP。CsA 因具有肾毒性,宜待肾脏功能基本恢复正常后给予。

第二节　肝移植术的麻醉处理

一、肝移植病人的病理生理特点

(一) 神经系统

急性肝衰竭最主要的问题在于神经损害。由于肝脏对蛋白质和其他降解产物的代谢功能受损,血氨、硫醇、抑制性神经递质、短链脂肪酸增加可致肝性脑病;葡萄糖、水、电解质代谢紊乱及缺氧可干扰脑的能量代谢而加重脑病。约有 80% 的暴发性肝衰竭患者出现颅内压升高,进而可形成脑疝。

(二) 心血管系统

慢性肝病可导致高动力循环状态及体循环血管阻力降低。由于此时常存在低血容量,所以心排血量和心脏充盈压是评价血管内容积更好的指标。腹水不利于心脏充盈,可降低心排血量,通过放腹水可改善静脉回流,使心排血量增加。

急性暴发性肝衰竭并肝性脑病时心血管功能常不稳定,表现为低血压和心律失常。低血压可继发于出血、低血容量、感染等。

(三) 呼吸系统

低氧血症在慢性肝病时很常见,多由肺血管系统紊乱合并肺实质病变引起,主要是肺毛细血管前血管床舒张导致弥散-灌注障碍。肝硬化患者因气道过早闭合导致通气-血流灌注比例失调是引起低氧血症的另一个因素。其他可致低氧血症的原因包括:大量的胸腔积液压缩肺组织而影响氧合、腹水干扰膈肌运动使通气受限等。某些慢性肝病患者可能有特发性肺动脉高压,但其发生率在 1% 以下。

(四) 凝血功能

慢性肝功能不良时凝血功能障碍的原因众多,包括凝血因子合成减少、凝血蛋白合成异常、维生素 K 缺乏、纤维蛋白溶解活性增强及弥散性血管内凝血等。尽管慢性肝病时血浆纤维蛋白原水平常常是正常的,但其结构多异常,因此凝血酶时间多延长。在慢性肝病患者,血浆纤溶酶原激活物水平的升高也常提示纤溶活性增强,但纤溶作用在出血倾向中所起作用甚小。脾功能亢进可使血小板破坏增多致血小板数量减少,乙醇对骨髓的抑制或叶酸缺乏将加重血小板减少血症;同时血小板的质也下降,可能是由于血小板体积减小、血栓素 A_2 的产生障碍、胆固醇含量的改变、不良性纤维蛋白原血症及纤维蛋白与其降解产物比例增高等原因所致。

（五）肾功能

急性肾衰竭是急性肝功能衰竭最常见的死亡原因。肾衰竭的原因 50% 为功能性衰竭,表现为低钠尿、低渗尿,而肾细胞学正常;急性肾小管坏死亦占 50% ,表现为高钠尿、等渗尿、及肾小管坏死;可能与严重肝细胞坏死,库普弗细胞不能清除内毒素有关。此外,利尿剂使用不当或胃肠道出血导致有效循环血容量降低也可引起肾衰竭。

肝肾综合征是一种功能性肾衰竭,伴有少尿及显著的钠潴留,并无原发性肾疾患。肝肾综合征的发病机制尚不清楚,但它常合并肾血管收缩和肾内血流再分布及肾素、血管紧张素和醛固酮水平增高。

（六）代谢

急性暴发性肝功能衰竭常出现代谢紊乱,如低钠血症、水潴留、低钾血症、低钙血症和低镁血症。因肝脏糖原贮备功能受损及糖原异生和分解障碍等可致肝源性低血糖;低血糖昏迷可加重肝性脑病,并可引起不可逆转的脑损害。此外,呼吸性碱中毒和代谢性酸中毒亦常见。

腹水的出现常提示慢性肝病的预后不良。腹水的病人通常都要限制水、钠的摄入并行利尿治疗,特别是使用螺内酯和呋塞米,患者多出现水、电解质的失衡。因此,慢性肝病患者常发生低血容量、低钠、低镁、氮质血症、低钾或高钾、代谢性碱中毒或酸中毒。

（七）其他

门静脉高压被认为是慢性肝病最严重的并发症。一般认为门静脉压>10mmHg 即为门静脉高压,多由肝硬化造成。如压力超过 16mmHg,则出血和死亡率明显增加。主要表现为侧支静脉形成、食管-胃底静脉曲张、出血和腹水等。出血常因曲张的静脉糜烂或破裂所致。

二、麻醉前准备

肝脏的合成和代谢功能很多,终末期肝脏疾病必然影响体内各重要器官和系统,麻醉前需作仔细的评估和准备。

（一）麻醉前评估

1. 一般情况　测量身高、体重和肝脏大小对选择合适的供体十分重要。肝移植后的排斥反应较肾移植轻,组织配型一般只基于 ABO 血型相配。血清巨细胞病毒(CMV)阴性的受体,最好接受 CMV 阴性的供体。

2. 肝脏和胆道系统　需明确肝脏的原发病变、排除恶性肿瘤的存在。常规检查乙型和丙型肝炎病毒血清学标志、抗核抗体(ANA)、抗线粒体抗体(AMA)、抗平滑肌抗体(ASMA)、EB病毒抗体、CMV 抗体、HIV 抗体、甲胎蛋白(AFP)和癌胚抗原(CEA)。对于 Budd-Chiari 综合征、酒精性肝硬化及其他原因不明的肝病病人,需要行肝脏活检病理检查。肝硬化病人需行 B

超、CT 或 MRI 检查,以明确有无肝癌的存在。硬化性胆管炎可能合并胆管癌,CEA 检查有助于明确诊断,有时需要行逆行胰胆管造影或经皮肝穿刺胆道造影及胆管脱落细胞学检查来明确胆道系统是否正常。

3. 心血管系统　肝移植病人术前尽管血浆容量降低,但却呈高动力循环状态,体循环阻力降低,心排血量增加,血压较低。心脏瓣膜病已引起肺动脉高压者不宜进行肝移植手术。

4. 呼吸系统　怀疑弥散性肺功能异常者应作动脉血气分析,$PaO_2 < 80mmHg(10.7kPa)$,需行肺活检。原发性进展性肺病、肺功能不能纠正者不宜行肝移植术。

5. 肾功能　血清肌酐大于 $265.2\mu mol/L$ 者死亡率明显升高,合并严重肾实质病变者应行肝肾联合移植。

6. 血液系统　肝病病人术前都有凝血功能障碍,术中可输注凝血因子予以部分纠正。对部分病人来说,肝移植术后,凝血功能的异常可以立即得到纠正。

7. 胃肠功能　原发性硬化性胆管炎合并溃疡性结肠炎时,有发生结肠癌的危险,术前必须加以排除。年龄大于 45 岁以及大便隐血试验阳性的病人应常规行结肠镜检查。

8. 活体供肝供者术前应进行全面的生理、心理检查和评估,其禁忌证包括严重认知功能障碍或精神疾病、肝脏疾病、中重度心、肝及肺功能不全、凝血功能障碍、病毒感染活动期等。

(二) 麻醉前准备

1. 麻醉前治疗　麻醉前应控制食管胃底静脉曲张破裂出血,治疗大量腹水、自发性细菌性腹膜炎、细菌性胆管炎、肝性脑病及肝肾综合征。改善贫血和低蛋白血症,纠正酸血症,补充凝血因子。术前 3 天起口服硫唑嘌呤 200mg/d,手术当天给环磷酰胺 200mg 和甲泼尼龙 200mg 静脉滴注。

2. 麻醉前用药　可用东莨菪碱、地西泮或咪达唑仑(有脑病并发症者禁用)。

三、麻醉处理原则

(一) 麻醉选择

主要采用静吸复合全身麻醉。麻醉诱导药物可选丙泊酚 1.5 ~ 2mg/kg 或依托咪酯 0.3mg/kg,舒芬太尼 0.5 ~ 1μg/kg,顺式阿曲库铵 0.1 ~ 0.2mg/kg 或阿曲库铵 0.3 ~ 0.6mg/kg 或罗库溴铵 1mg/kg。麻醉维持多用七氟烷吸入或丙泊酚、瑞芬太尼或舒芬太尼持续输注;肌肉松弛药可选用顺式阿曲库铵、阿曲库铵或罗库溴铵。无肝期及新肝期肝功能暂时失代偿,麻醉药用量宜减少。

(二) 麻醉管理要点

1. 无肝前期　分离病肝时因肝有丰富的侧支循环和粘连,容易发生出血和渗血,术前存在的血液稀释、纤维蛋白溶解或凝血因子缺乏可加重出血。此外放腹水、手术时静脉回流障碍都可致低血压。为减少出血应及时输注凝血因子、钙离子以及补充血容量。少尿是无肝前期较常见的症状,此时可用多巴胺 2 ~ 5μg/(kg·min)。补足血容量后,可使用强效袢利尿剂或渗透性利尿剂。

2. 无肝期　无肝期可能出现血压下降、低血糖、低血钙、酸血症、凝血功能障碍及低温、少尿等。因此当下腔静脉阻断后,应从上肢静脉输血或补液,力求保证动脉血压在 70mmHg (9.3kPa)以上,但应避免容量过多,必要时可考虑用多巴胺;可给碳酸氢钠以纠正酸血症,低血糖时可补充 10% 葡萄糖。还应及时处理体温下降及凝血功能障碍。

3. **新肝期** 移植肝门静脉开放作为此期开始的标志。门静脉开放后,由于淤血所致的胃肠道内大量酸性产物及肠道内毒性物质进入体循环,可能出现酸血症、高血钾、凝血功能障碍、心律失常及低血压等。因此,应严密观察心电图的变化,如有高血钾表现,立即静注 10% 葡萄糖酸钙,同时静滴 5% 碳酸氢钠。通常在开放门静脉几分钟后才解除肝下下腔静脉血管夹,此时由于下肢淤血大量回心,可引起血压升高,甚至可能出现急性心衰、肺水肿等。若出现血压过高,可减慢输液输血速度,同时静注呋塞米或血管扩张药如硝普钠或硝酸甘油。注意观察吻合口、肝血管床及腹壁切口的渗血情况,治疗凝血障碍,必要时输入纤维蛋白原、冷沉淀和血小板。同时,血流再通后肝细胞开始工作,乳酸盐、柠檬酸盐经代谢易致碱血症。因此,先前纠酸不宜过度。8% ~30% 的病人中,开放门静脉后可发生再灌注综合征,其定义为:移植肝血流再通后 5 分钟以内,平均动脉压急剧下降 30% 以上或下降幅度大于 30mmHg(4.0kPa),并持续超过 1 分钟。其原因与吻合口处内源性前列腺素释放、急性高血钾、反射性体循环血管扩张及低温有关,有时会出现严重的心动过缓或窦性停搏,可使用小剂量肾上腺素、去甲肾上腺素、多巴胺等,必要时需行心脏按压。

4. **保温** 无肝期常出现体温下降,开放下腔静脉后体温可进一步下降,可能原因包括:冷藏的供肝使病人体温下降;大量输冷藏血;长时间手术的散热。可采用电热毯、暖风机、输入加温的血液及液体、提高手术室温度等措施,尽可能保持术中体温在 35 ~37℃ 之间。

5. **特殊用药** 门静脉开放前使用免疫抑制剂,常用环孢素、甲泼尼龙加硫唑嘌呤的三联用药。

四、术 中 监 测

监测项目包括凝血功能、酸碱平衡、代谢紊乱、液体转移、失血、体温、尿量、血糖、血流动力学指标、肾功能等,患者应行有创动脉压监测、中心静脉压或肺动脉压监测以对其血流动力学状况作出整体评价,进行管理。术中应及时监测动脉血气指标,一般在手术开始前、术中每隔 1 小时、无肝期开始 5 分钟后、无肝期每 30 分钟、再灌注 15 分钟前、再灌注 5 分钟和 30 分钟后以及之后的每隔 1 小时抽血进行检测。运用血栓弹力图评价凝血功能。术中床边彩色多普勒超声可及时了解移植肝血流情况。

五、术后监测及管理

肝移植手术结束后,应将病人送入重症监护病房(ICU)。在 ICU 对病人的生命体征进行严密观察,包括心电图、直接动脉压、中心静脉压、尿量、体温、血气分析、水电解质平衡状况以及腹腔引流量及颜色的改变等。

1. **呼吸系统的支持** 严密消毒隔离,如果移植的新肝功能良好,血流动力学稳定,血气监测提示呼吸功能良好,保持 $PaCO_2 < 35mmHg(4.7kPa)$,$PaO_2 > 80mmHg(10.7kPa)$,24 小时内可拔除气管导管。如果术前病人有明显的全身衰竭,气管插管的保留时间应适当延长。应加强雾化吸入及胸部理疗,以防发生肺不张及肺炎。

2. **镇痛** 可经静脉内应用阿片制剂或曲马多行 PCA。

3. **肾功能的维护** 终末期肝病病人常常伴有肾功能不全,要注意观察尿量。尿量保持在 $1 ~2ml/(kg·h)$ 以上。如尿量低于此水平,应注意血容量是否正常,血容量不足时应予以纠正。在血容量正常时发生少尿,可应用小剂量多巴胺 $3 ~10\mu g/(kg·min)$,以提高肾血流的灌注,也可以给予呋塞米。新肝功能不全可持续滴注前列腺素 E_1 以改善肝功能,同时也可使肾血管扩张。

4. **抗感染治疗** 肝移植手术创伤大,加之病人术前一般情况均较差,手术后感染是影响肝移植效果的重要因素之一。严格做到消毒隔离及各种无菌操作,定时将痰液及引流液进行培养并做药敏试验,针对性使用抗生素。

5. **加强营养支持** 终末期肝病病人常伴有营养不良和肌肉消耗。肝移植病人手术后机体处于高代谢状态,每天消耗蛋白质约100g,手术结束72小时后可开始静脉内营养。并可根据情况给予流质饮食,逐渐恢复正常饮食。

6. **免疫抑制治疗** 原则上宜用最小有效剂量。

(1) 手术当日开始:CsA 2mg/kg 于 1.5~2 小时内静脉滴注完毕,8 小时一次,若有肾功能损害,应减量。

(2) 术后头 5 天同时静脉滴注 MP 200mg/d。

(3) 第 6 天改为口服 MP 20mg。

(4) 进食后,CsA 改口服,剂量为 17.5mg/(kg·d)。

(5) 出现急性排斥危象时,应用第 2 次激素冲击治疗(持续 5 天),MP 逐渐减至 30mg/d,同时用抗淋巴细胞球蛋白,效果更佳。

第三节　心脏移植手术的麻醉处理

一、心脏移植病人的病理生理特点

(一) 心血管系统的变化

主要表现为心排血量减少、心脏指数降低、心肌收缩和舒张能力减弱;动脉血压下降,组织灌注量减少,严重者发生心源性休克;静脉淤血,静脉压升高;循环血量增加等。

(二) 呼吸系统的变化

表现为劳力性呼吸困难、端坐呼吸或夜间阵发性呼吸困难以及急性肺水肿等。

(三) 其他变化

消化系统变化:消化不良、恶心、呕吐等症状。肝肾功能变化:肝淤血肿大、肝肾功能不全等。

二、麻醉前准备

1. 病人在术前均存在严重的心力衰竭,应严格卧床休息,限制钠盐摄入,积极治疗改善心脏功能。

2. 纠正心律失常。

3. 必要时施行球囊反搏、人工心脏等机械辅助循环,一直维持直至获得供心。

4. 一般可不用术前用药。

三、麻醉处理原则

(一) 麻醉诱导

1. 诱导前应在局麻下行动脉穿刺监测有创动脉血压。

2. 常用的静脉麻醉药为依托咪酯、咪达唑仑、舒芬太尼、芬太尼、罗库溴铵和顺式阿曲库铵等。

3. 给药速度应缓慢,密切注意心率和血压的变化。

(二) 麻醉维持

1. 常采用静吸复合麻醉,以麻醉性镇痛药为主。

2. 建立体外循环前应预防和治疗低血压,适量补充液体,常用的药物包括多巴胺、多巴酚丁胺和去氧肾上腺素。

3. 体外循环基本方法和心脏直视手术相似。

4. 体外循环后的管理　右心衰竭见于术前存在肺动脉高压的病人,或由继发性肺血管收缩所致的急性肺动脉高压引起,治疗方法有过度通气、正性肌力药物治疗、肺血管扩张药治疗、右心辅助、人工心脏等。

四、术中监测

常规监测包括有创动脉血压、ECG、SpO_2、$P_{ET}CO_2$、体温、CVP、血气分析、血电解质等,此外还可行 Swan-Ganz 导管、TEE 等监测。

五、术后监测及管理

1. 术后转送过程中必须连续监测 ECG、血压,并维持输注正性肌力药物。一般术后正性肌力药物需持续数天至 2 周,心率、血压稳定后再逐渐减量。由于移植心脏失去神经支配,应从术中心跳恢复开始应用异丙肾上腺素直至术后一切情况稳定时为止。

2. 用心脏彩色多普勒超声心动图监测心功能。

3. 回病房后吸入氧浓度应降低至 50% ~60%,如条件允许应尽早拔除气管导管。

4. 术后常规经右颈内静脉穿刺行心内膜活检,术后 2 个月内每 5~7 天一次,如确诊急性排斥反应,应给予甲泼尼龙 500mg/d 冲击治疗 3 天。

5. 积极进行术后镇痛,以减少并发症。

6. 预防感染。

第四节　肺移植手术的麻醉处理

一、肺移植病人的病理生理特点

病人一般都有慢性呼吸功能衰竭,临床上表现为呼吸功能障碍,低氧血症和高碳酸血症。肺移植术分为单肺移植术和双肺移植术,伴有严重心、肺联合病变的病人可考虑行心肺联合移植。

1. PaO_2 低于正常(60mmHg),伴有或不伴有 $PaCO_2$ 增高(50mmHg)。

2. 严重的缺氧和 CO_2 滞留可直接抑制心血管中枢和心脏,扩张血管,导致心肌收缩力下降,血压下降,心律失常等。

3. 酸碱平衡失调和电解质紊乱　混合性酸碱平衡失调常见。

4. 神经系统症状包括头痛、头晕、嗜睡、惊厥、抽搐等。

二、麻醉前准备

1. 应详细询问病史,包括吸烟史、有害物质接触史和疾病家族史。
2. 肺功能检查、纤维支气管镜检查、胸部正侧位片和 CT。超声心动图评价肺动脉压力。
3. 积极控制呼吸系统感染,保持呼吸道通畅,合理给氧,改善和维护肺功能。
4. 选用合适的麻醉机。
5. 不用术前用药。

三、麻醉处理原则

(一) 麻醉诱导

1. 局麻下行动脉穿刺监测有创动脉血压。
2. 缓慢诱导,密切注意心率和血压的变化。
3. 常用的静脉麻醉药为依托咪酯、咪达唑仑、舒芬太尼、芬太尼和顺式阿曲库铵等。
4. 插入双腔支气管导管后以纤支镜对位。摆好体位后再次纤支镜对位以确保双肺通气良好。

(二) 麻醉维持和管理

1. 常采用静脉复合麻醉,以麻醉性镇痛药为主。
2. 采用小潮气量(6~8ml/kg)、快频率(15~20 次/分)的通气方式,避免过度膨肺。
3. 摆好体位后尽早施行单肺通气。
4. 术中要经常吸引,避免分泌物积聚,应注意无菌操作。
5. 双肺移植常采用序贯式移植术,先移植病变严重的一侧肺,待移植肺吻合完恢复通气后再移植另一侧肺。
6. 使用正性肌力药和肺血管扩张药维护心肺功能,常用药物有多巴胺、多巴酚丁胺、前列腺素 E_1、米力农或氨力农、硝酸甘油等。
7. 围术期应控制液体入量,以胶体液为主。
8. 必要时施行体外循环。

四、术 中 监 测

常用监测包括 ECG、SpO_2、$P_{ET}CO_2$、有创动脉血压、CO、CVP、血气分析、体温、尿量等,以及放置 Swan-Ganz 导管监测 PAP 和 PCWP,还有 TEE 监测。

五、术后监测及管理

1. 严格保持监护室无菌。积极抗感染,及时吸痰,保持呼吸道通畅。
2. 术后常规机械通气。应尽早停用呼吸机,拔管后要定时监测动脉血气直至病人呼吸状态平稳。

3. 肺移植术后早期易发生肺水肿，术后 3~5 天应严格控制液体平衡。

4. 术后正性肌力药物需维持至心率、血压稳定后再逐渐减量。

5. 积极进行术后镇痛，以减少并发症。

（田玉科）

　　我国高原辽阔,高原和高山地区占全国面积的六分之一,其中青藏高原有"世界屋脊"之称,平均海拔在 3000m 以上,是人类生存条件最严酷的自然环境之一。近年来青藏高原医学研究取得重大进展,建立和形成了我国高原医学理论体系,正在逐步揭开低氧环境下生物医学的奥秘。医学将海拔 2500m 以上的地区称为高原地区,医学上的高原概念是以高原环境对人类生存所产生的影响来定义的。在高原地区,部分人会出现高原适应不全的症状和体征而产生具有高原特征的疾病。高原病(mountain sickness)是高原地区独有的特发病,是人体暴露于低氧环境下产生的各种病理性反应,引起呼吸、心血管、神经、血液系统等功能的变化或障碍,造成人体器官和细胞损伤,严重时会危及生命。在高原工作的麻醉科医师,以及在高原工作的或急进高原的医务工作者应深刻地认识到高原低氧对机体的严重影响,了解并掌握常见高原病的预防、诊断和治疗。在高原低氧特殊环境下安全实施手术麻醉,救治伤员或病人,应高度重视在病人诊疗过程中及围术期低氧血症所造成的风险,采取相应的积极的预防和应对措施,这对保证病人的医疗安全至关重要。

第一节　我国的高原分布及气候特征

　　我国的高原地区有青藏高原、云贵高原、内蒙古高原、黄土高原。而青藏高原包括西藏高原和青海高原,面积最大,海拔最高。随着海拔的增高,大气压和氧分压逐步降低,海拔 2500m以上大气氧分压进一步降低可造成机体低氧性缺氧(表 34-1)。

表 34-1　在不同海拔高度时大气压、氧分压、肺泡氧分压、动脉血氧饱和度的变化

海拔高度 (m)	大气压力 (mmHg)	吸入氧分压 (mmHg)	肺泡氧分压 (mmHg)	动脉血氧饱和度 (%)	水沸点 (℃)
0	760	155	105	95	100
1000	680	140	90	94	97
2000	600	125	70	92	94
3000	530	110	62	90	90
4000	460	98	50	85	87
5000	405	85	45	75	84

中度海拔(中度高原)1500～2500m,高海拔(高原)2500～4500m

　　高原地区自然环境恶劣,缺氧、寒冷、冬季漫长、昼夜温差大。寒冷和缺氧可使高原病的发病率增加并使病情加重。高原气候干燥易致机体缺水,鼻黏膜及呼吸道黏膜干燥,易引发鼻出血。高原强烈的紫外线使白内障患病率高于平原。

第二节　高原低氧对机体的影响

一、高原习服与适应

1. **高原习服**（acclimatization）　指平原人进入高原后，经过一段时期的适应，通过机体代偿，习服高原环境，能在高原正常的生活和劳动。实践证明人类通过创造条件、改善条件以及良好的保护措施及医疗保障，适应性的锻炼，能提高对高原低氧的适应能力，从而习服和适应高原。在 3000m 以上的高原建造青藏铁路以及青海玉树抗震救灾及重建新玉树所创造的奇迹，显示了我国人民征服高原的能力和智慧。

2. **高原适应**（adaptation）　指高原人经世代自然选择后所保留的解剖、生理和生化改变，这种改变具有遗传特征。青藏高原的世居藏族人已在高原居住 25 000 年之久，他们有显著的低氧耐力，胸廓及肺发育良好，有较大肺活量，强大的心脏储备能力，红细胞数和血红蛋白浓度保持在平原正常值范围内，无红细胞增多症，无或轻度肺动脉高压，这反映了青藏高原的藏族获得了最佳的高原适应性，因而具有良好的劳动能力和较低的高原发病率。

二、高原低氧对机体的影响

1. **低氧对中枢神经系统的影响**　人体在高海拔地区受低氧环境影响，可出现头痛、头昏、嗜睡、失眠、乏力与疲劳、运动协调障碍、记忆力减退等神经系统症状。

2. **低氧对心血管系统的影响**　初入高原最早出现的循环反应是心率加快，心率增快的机制是低氧使交感神经兴奋，刺激心脏的肾上腺素能 β 受体而引起。久者居因低氧可影响窦房结功能，使窦房结兴奋性传导减慢，而致心动过缓。高原缺氧使肺血管收缩，肺血管结构发生改变，肺动脉压力升高，可使右心负荷过重，心电图显示电轴右偏或不完全右束支传导阻滞。

3. **低氧对呼吸系统的影响**　高原低氧刺激颈动脉体的外周化学感受器，使肺通气量增大，肺活量增大，呈现过度通气。随海拔升高，吸入空气中氧分压降低，机体动脉氧分压和氧饱和度降低，致使高海拔地区人体的动脉血气值低于平原（表 34-2）。

表 34-2　不同海拔地区机体动脉血气值对照表

海拔（m）	拉萨 3658	西宁 2260	兰州 1517	乌鲁木齐 653.5	北京 31.2
大气压（mmHg）	488.93	582.90	634.40	703.10	760
大气氧分压（mmHg）	110.40	121.48	133.22	147.65	159
pH	7.443	7.451	7.422	7.401	7.405
$PaCO_2$（mmHg）	24.40	31.22	32.80	38.40	38.30
PaO_2（mmHg）	59.24	70.45	75.30	80.20	82.00
SaO_2（%）	91.36	94.49	95.50	95.80	95.50
HCO_3^-（mmoL/L）	18.90	22.89	22.60	23.60	24.60
BE（mmoL/L）	-4.5	-1.73	-2.4	-0.7	-0.29

4. 低氧对血液系统及凝血功能的影响　高原红细胞增多是机体缺氧代偿的适应性机制，使红细胞数量增多，血红蛋白浓度增高，以增加血液携氧能力。但是，红细胞增多导致血液黏滞度增大，微循环淤滞，血液会呈现"浓、黏、聚"综合征。缺氧损伤血管内皮细胞功能，削弱内皮细胞固有的抗凝、抗血栓功能，易造成血栓。血小板数量随海拔增高而有下降趋势。

5. 高原缺氧可使肝、肾血量减少，药物的代谢及排泄降低；高原缺氧使子宫血液供应不足，加重了妊娠病理改变，因而易发生妊娠高血压综合征；缺氧使胎盘代偿性增大，产后胎盘剥离不全致产后大出血较平原为多；高原缺氧影响胎儿的发育，新生儿中低体重儿的发生率较平原为高。

第三节　常见高原病的救治

一、急性高原病

急性高原病指从平原急进3000m以上的高原暴露于低压低氧环境下所产生的各种病理性反应。急性高原病又分为急性高原病、高原肺水肿和高原脑水肿。

1. 急性高原病

（1）病因及发病率：高原低氧是急性高原病发病的直接原因，过度的体力劳动、精神紧张、寒冷、上呼吸道感染等是急性高原病的诱发因素。多发生在进入高原数小时或1~3天内，一般经过3~10天的习服后症状逐渐消失，发生率为35.6%~92.9%。如2010年4月14日青海玉树（海拔3700m以上）发生地震，来自平原的数十名救援人员乘飞机急进救灾，多数队员在1~2天内出现了不同程度的急性高原病。

（2）症状：头痛、失眠、心慌、食欲减退、恶心、呕吐、眩晕、倦怠、呼吸困难、尿少。

（3）体征：心悸、呼吸加快、口唇、指（趾）甲床发绀、面部及下肢水肿。

（4）预防及治疗：①阶梯性进入高原，避免过度劳累、防寒保暖；服用醋氮酰胺、地塞米松、红景天等药物；②注意休息，食易消化的食物，补充维生素和水，低流量吸氧。

2. 高原肺水肿（high altitude pulmonary edema，HAPE）

（1）病因及发病率：急进高原后因缺氧引起肺小动脉收缩而产生肺高压和相应的临床综合征。上呼吸道感染和过度劳累，紧张、饱餐亦可能为诱因，发病率0.15%~9.9%。

（2）发病机制：①高原急性缺氧使肺小动脉收缩导致肺动脉压升高，这种肺微循环压力突然升高可直接损伤血管内皮细胞和/或肺上皮细胞导致血管通透性增加，液体漏出；②急性缺氧引起交感神经兴奋使外周血管收缩，血液重新分布，肺血流量增加，出现肺内高灌注，导致肺毛细血管的机械性损伤，血管通透性增加。

（3）症状：多在进入高原后24~72小时内发病，发病急、病情进展迅速、极度疲乏、严重头痛、发绀、呼吸困难、咳出泡沫样粉红色痰、尿少、低氧血症和低血压，重者可出现昏迷。

（4）体征及检查：双肺可闻及湿啰音，胸部X线双肺或单肺呈点片状或云絮状阴影，肺门阴影增大，肺动脉段凸出，心电图为心动过速，不完全右束支传导阻滞，肺型P波。

（5）预防与治疗：预防见急性高原病；治疗：①及时将病人转移到低海拔地区；②保暖；③吸入高浓度高流量氧4~8L/min；④保持呼吸道通畅，必要时气管插管行机械通气；⑤药物可用呋塞米、氨茶碱、毛花苷丙、肾上腺皮质激素、酚妥拉明等；⑥高压氧治疗。

3. 高原脑水肿（high altitude cerebral edema，HACE）

（1）病因及发病率：高原脑水肿是急性缺氧引起的中枢神经系统功能严重障碍，使脑细胞损伤,脑循环障碍而发生脑水肿。急进海拔3700m以上高原脑水肿的发生率为1.8%。

（2）发病机制：①严重缺氧引起脑细胞能量代谢障碍,高能氧化磷酸化过程减弱,导致钠泵功能失常,钠离子在细胞内潴留,使细胞内渗透压上升,产生脑细胞内水肿；②缺氧引起脑组织乳酸堆积,pH下降,使脑血管通透性增强,导致脑细胞肿胀和脑间质水肿。

（3）症状：剧烈头痛、呕吐、嗜睡和惊厥。并有呼吸困难,可出现意识丧失或昏迷。

（4）体征及检查：发绀,心率增快,视网膜水肿和视乳头水肿,CT检查为脑水肿。

（5）预防与治疗：预防见急性高原病；治疗：①及时将病人转到低海拔地区；②绝对卧床休息,高浓度、高流量吸氧；③降低颅内压,头部低温,改善脑细胞代谢；④高压氧治疗。

二、慢性高原病

第六届国际高原医学和低氧生理大会上（2005年）颁布了慢性高原病国际诊断标准,即"青海诊断标准"。这是国际高原医学会对慢性高原病的预防、诊断、治疗的新指南。

1. 慢性高原病（chronic mountain sickness,CMS）

（1）定义：慢性高原病是长期生活在2500m以上高原的世居者或移居者,对高原低氧环境逐渐失去习服而导致的临床综合征,主要表现为红细胞增多。

（2）发病机制：①长期居住高原的人群对低氧反应减弱,使呼吸驱动减弱,造成肺泡低通气,导致低氧血症,红细胞增生过度；②慢性缺氧刺激肾脏分泌红细胞生成素引起骨髓红细胞生成增加,而致红细胞,血红蛋白增高,以增加携氧能力来适应低氧环境；③高原红细胞增多患者红细胞内2,3-二磷酸甘油酸合成增加,使氧解离曲线右移,Hb和氧的亲和力的降低,使血氧饱和度下降,组织缺氧,红细胞增多。

（3）症状：头痛、头晕、心悸、气喘、乏力、失眠、嗜睡。

（4）体征及检查：①发绀,眼结膜高度充血,下肢水肿；②红细胞增多,女性Hb≥190g/L,男性Hb≥210g/L,HCT≥60%；③血气分析为严重低氧血症和高碳酸血症。

（5）治疗：①间断吸氧；②血液稀释；③口服己烯雌酚、复方丹参及红景天等。

2. 高原肺动脉高压（high altitude pulmonary hypertension,HAPH）

（1）定义：是指生活在海拔2500m以上地区的成人和儿童,由于高原缺氧,肺小动脉持续收缩,使肺动脉压升高,右心功能受损。

（2）发病机制：①长期持久的低氧性肺血管收缩使肺动脉高压升高,右心后负荷加重；②缺氧刺激内皮细胞合成并释放内皮素使肺血管收缩,缺氧可使肺血管内皮细胞合成血管紧张素转化酶,加速血管紧张素Ⅰ转化为血管紧张素Ⅱ及降解舒血管物质而使肺血管收缩；③缺氧使肺血管形态学改变,表现为肺小动脉中层肥厚及平滑肌的细小动脉肌性化,使肺动脉压增高。

（3）症状：呼吸困难、咳嗽、发绀、失眠、右心衰。

（4）体征及检查：肺动脉瓣第二音亢进或分裂。心电图电轴右偏,右心室肥厚。右心导管或超声心动图测定平均肺动脉压>30mmHg或肺动脉收缩压>50mmHg。胸部X线片为心脏增大,右室、右房增大,肺动脉段突出。

（5）治疗：①间断吸氧,降低肺动脉高压,纠正心衰；②心功能不全者转移到平原治疗。

第四节　高原地区手术病人的麻醉

近年来随着麻醉新设备、新技术、新的麻醉药品不断引进及应用,麻醉理念的更新,监测技术的完善,加强了对麻醉科医师的培养,促进了高原地区麻醉学科的发展。在中度高原地区低氧环境下成功地开展了心脏移植、肝移植等高难度外科手术及麻醉,许多危重病人在麻醉科医师积极治疗下顺利度过围术期,麻醉质量和手术病人的安全性在进一提高。但鉴于高原地区的临床医疗及手术麻醉是在低氧环境下实施的,应认识到高原低氧是导致围术期麻醉意外发生的高危因素。同时,高原地区的一些手术病人合并慢性高原病、红细胞增多症、肺动脉高压,使麻醉的风险增加。因此,应加强围术期管理,在围术期造成一个"富氧"的环境,防止低氧血症的发生,保证手术麻醉病人循环和呼吸功能的平稳,提高麻醉的安全性。

一、麻醉前准备

1. 麻醉前病情评估 麻醉前详细全面了解病人的身体状况,并进行评估,评价麻醉的风险。完善病人心肺、肝肾功能、凝血功能、血常规、血电解质等检查。根据外科手术方式、术中出血量、手术时间制订合适的麻醉方案做好术前准备。对合并呼吸系统感染、COPD、高血压、糖尿病、冠心病等的患者,术前应得到相应治疗使病情得到控制,改善全身情况,可提高麻醉和手术的安全性。此外,还要评估手术病人对高原环境的适应程度,对已诊断为急、慢性高原病、红细胞增多症、肺动脉高压、右心功能不全的病人,术前应给予积极治疗。为保证手术病人的安全须选择恰当的麻醉方法,考虑到高原低氧对麻醉药物代谢的影响,应合理使用麻醉药物,做好麻醉中的监测和生命体征的调控。鉴于长期生活在高原地区的居民存在不同程度的早老、早衰,因此在高原地区对老年病人的麻醉选择和处理、麻醉用药更要慎重。

2. 麻醉前病人紧张、焦虑会加重氧耗,可酌情应用镇静剂,但须慎重。

3. 麻醉前要充分准备供氧设备,麻醉机、简易呼吸器、面罩、气管插管、吸引装置、监护仪及常用急救药品。术前检查必须完善,如心电图、血常规、肝功能、肾功能、肺功能、凝血功能,动脉血气分析等。

4. 注意事项

(1)禁食:高原地区居民习惯高脂肪的饮食,胃排空的时间长,择期手术的病人应严格禁食。对饱胃病人,麻醉时要注意反流和误吸。

(2)保暖:高原气温常年较低,基层医院更要监测手术病人的体温,麻醉中或术后低温易致患者寒战,心肌耗氧量增加,易诱发心肌缺氧。输入液体、血液应加温,以防体温过低。

(3)吸烟:是术后发生低氧血症的危险因素之一,对合并呼吸系统疾患及有吸烟史的患者,术前戒烟,并进行积极的治疗,做深呼吸锻炼,指导咳痰训练,这有助于病人的康复。

(4)高原地区人群由于红细胞增多,血液黏滞度高,手术、创伤、肥胖、妊娠、长期卧床等可易发生围手术下肢深静脉血栓或造成肺栓塞,因此在围术期应给以足够的重视。

二、高原地区围术期"富氧"环境的建立

1. **高原地区"富氧(rich oxygen)"环境建立的意义** 高原手术病人麻醉的实施及危重病人的抢救和治疗,要紧密结合低氧环境对人体各系统器官的影响。高原低氧对人体的物质代谢系统、循环系统、呼吸系统、神经系统、血液系统和内分泌系统有显著的影响,可使机体各系统功能和结构发生改变。研究显示在海拔3000m以上的高原地区的空气含氧量仅为海平面的60%,机体氧分压明显下降。低氧使心肺功能储备低下,围术期可因手术、创伤、麻醉、感染等多因素影响通气功能更易导致低氧血症(hypoxaemia),容易发生循环功能、呼吸功能紊

乱,从而增加手术和麻醉的危险。美国加州大学麻醉科 Severinghaus 教授研究发现生活在高海拔地区(3810m)的成人颈动脉化学感受器对低氧的敏感性显示钝化,因此如何防治围术期低氧血症引起的一系列并发症是麻醉科医师值得重视的问题。

临床血气分析显示高原地区 60 岁以上的老年手术病人术前有明显的低氧血症,如海拔 3700m 的玉树 PaO_2 53mmHg、SaO_2 86%,海拔 2260m 的西宁为 PaO_2 56mmHg、SaO_2 88%。因此在高原老年人围术期低氧血症更是值得重视的问题。所以为了降低高原低氧环境下手术麻醉的风险,以保证手术麻醉病人循环和呼吸功能及内环境的稳定,须在高原地区围术期中建立"富氧"环境。

有研究支持围术期"富氧"环境的建立及吸入高浓度氧可提高肺泡动脉氧分压,促进氧在肺泡中的弥散和交换,增加血浆内物理溶解的氧量以提高动脉血氧含量,从而改善氧供应,增加脑血流,提高血液及脑血氧饱和度,降低围术期低氧血症引起的并发症,有利于手术麻醉病人的康复。围术期富氧治疗,可改善肠道手术时肠黏膜氧供而降低术后恶心呕吐发生率。有研究表明吸入高浓度氧还能调节炎症反应和宿主的防御功能,激发修复反应和提高细胞抗氧化的能力。围术期给予高浓度氧不仅能减轻麻醉对器官造成的损害,还能显著减少伤口的感染。在组织缺血或缺氧的条件下,给予高浓度氧可能会增加治疗的机会窗。Balestra 等认为短期暴露在纯氧中可引起内源性促红细胞生成素的增加,促红素有很好的脑保护、心脏和肾保护的作用。

2. 高原地区"富氧"环境建立的方法　手术病人住院后即开始氧治疗直到手术日;术中全身麻醉给高浓度 100% 氧供,区域麻醉中持续中-高流量吸氧;术后手术病人从手术室转移到病房或监护室的途中仍给吸氧治疗,并保证术后持续进行氧治疗到出院,全程做好脉搏氧饱和度的监测。术前、术中、术后氧治疗应采用吸氧面罩给氧,氧流量控制在 6~8L/min,氧浓度(FiO_2)可在 0.45~0.55。用面罩给氧时,由于氧的储备腔增大,较鼻导管更能提高吸入氧浓度。建议术前、术后吸氧时间每天不少于 6~8 小时。围术期"富氧"的建立可改善高危手术病人的转归,这需要麻醉科医生和外科医生,护士的团队协作精神。

三、麻醉选择及实施

1. 生命体征监测　必须重视麻醉期间的监测,如心电图、血压、SpO_2、$P_{ET}CO_2$、CVP、体温、尿量、动脉血气、麻醉深度监测及肌松监测等。对危重、重大手术包括严重创伤,心血管、肝脏、肺部手术要有有创动力学监测,监测心排量、肺动脉压等,以及应用食管超声心动图。在高原麻醉中血气、血乳酸、血细胞比容的监测能及时判断麻醉中机体氧耗氧供的情况,判断术中的失血量,指导术中合理用血。

2. 全身麻醉

(1) 在高原地区进行各类手术的麻醉,原则是预防围术期发生低氧血症,有良好的通气,保证手术中充分供氧,故气管插管全身麻醉方法为首选。特别是中、上腹部手术、开胸手术、腔镜手术、头面部及颈部手术、脊椎手术、颅脑手术及小儿手术等。

(2) 全身麻醉可选全凭静脉麻醉或以静脉为主的静吸复合麻醉,吸入麻醉药可选用恩氟烷、异氟烷、七氟烷等。氧化亚氮由于增加肺循环血管阻力不推荐用于高原地区的麻醉,也不推荐用于肺动脉高压的麻醉。氯胺酮可增加肺血管阻力使肺动脉压升高,对合并肺动脉高压的病人慎用。在高原临床麻醉中须注意人体长期暴露于慢性低氧环境,外周化学感受器对低氧敏感性是降低的,呼吸中枢对二氧化碳的敏感性也是降低的,如果术中芬太尼用量过大,术后再次释放出现第二次高峰,会加重抑制对低氧通气的反应,引起术后延迟性的呼吸抑制,呼吸频率减慢、潮气量减少,导致麻醉意外,因此在麻醉中应掌握芬太尼的用量。另外术后肌松药的残留作用也会进一步降低颈动脉体对低氧状态的敏感性,引起呼吸中枢驱动不足,造成术后呼吸抑制,上呼吸道梗阻,加重低氧血症的发生。因此麻醉中针对病人的手术及病情特点,合理使用肌松药。术后须清醒拔出气管导管的病人应常规拮抗肌松药,用新斯的明 0.015 ~ 0.025mg/kg 拮抗较适宜,并逐步推广使用神经肌肉传递功能监测。

在 3000m 以上高原,人体对静脉麻醉药丙泊酚及依托咪酯的敏感性增加,在麻醉诱导及维持中掌握药物的用量以维持循环稳定,芬太尼在体内代谢可能延迟,注意术后苏醒期的管理。瑞芬太尼和舒芬太尼消除半衰期短,停药后苏醒迅速,可安全用于高原地区的麻醉,较芬太尼有明显的优势。在高原地区对于胸科和上腹部手术推荐使用全身麻醉联合硬膜外麻醉。

(3) 气管插管宜选择口腔插管,选用鼻腔插管时考虑到高原气候干燥,易损伤鼻腔黏膜导致鼻出血,故插管时应轻柔或导管表面涂润滑剂。短小手术提倡选用喉罩。

(4) 局部浸润麻醉的应用:在部分外科手术中推荐全身麻醉联合切口部位局部浸润麻醉,如颅脑手术、脊椎手术、胸科手术、腔镜手术打孔处等,局部浸润麻醉可增强镇痛效果,减少全麻药的用量,并使病人在全麻苏醒期更加平稳。可使用 0.3% ~ 0.5% 盐酸罗哌卡因 10 ~ 25ml。这种麻醉方式需和外科手术医生进行沟通,得到他们的医疗配合。

3. 椎管内麻醉

(1) 在高原地区可选用硬膜外隙阻滞,蛛网膜下隙阻滞或蛛网膜下隙阻滞联合硬膜外隙阻滞,可用于下腹部、下肢、会阴部和妇产科手术的麻醉,要严格掌握适应证,但在麻醉中严防平面过高,以免出现呼吸抑制、血压下降发生意外。在椎管麻醉时应掌握镇静和镇痛药物的用量,警惕发生呼吸抑制,并应有人工呼吸支持的准备,麻醉中必须持续高流量面罩吸氧 6 ~ 8L/min。高原地区 60 岁以上的老年病人选择高位硬膜外麻醉行上腹部手术时对呼吸的影响较大应引起重视。如果选择高位硬膜外阻滞行上腹部手术应减少局部麻醉药的浓度和剂量,以减轻对呼吸的影响防止低氧血症的发生。在上腹部手术硬膜外麻醉中不推荐使用罗哌卡因,以免阻滞范围较广而影响呼吸。腰麻与硬膜外联合阻滞起效快,镇痛与肌松完善,适于高原高龄手术患者。剖宫产麻醉推荐选用腰麻联合硬膜外隙阻滞,这种麻醉方法可以减少局麻药的用量,并且对骶神经阻滞较完善,镇痛效果好,阻滞平面控制在 T_8 以下,对产妇和胎儿的呼吸、循环影响小,是高原地区剖宫产首选的麻醉方法,局麻药可选用 0.75% 布比卡因 1.0 ~ 1.5ml,或 1% 罗哌卡因 0.8 ~ 1.0ml。

(2) 久居高原者因低氧可影响窦房结功能,使窦房结兴奋性降低传导减慢,而致心动过缓。应在手术开始前给予抗胆碱药阿托品,预防心率减慢。

(3) 高原地区手术病人血小板计数较平原低,因而有椎管内穿刺置管可能引起出血并发血肿的顾虑,建议血小板计数低于 $8×10^9$/L 的手术病人不主张选择硬膜外麻醉。

4. 神经阻滞
臂丛、髂腹下神经阻滞,腰大肌肌间沟神经阻滞等对呼吸、循环影响小,可在高原安全应用。神经阻滞可在病人清醒下单独应用,也可与全麻联合应用。通过用神经刺激器或超声显像来定位所要阻滞的神经更准确、成功率高,麻醉效果确切而且可减少局麻药的用量。在高原不推荐 12 岁以下儿童单独采用神经阻滞。

5. 高原心血管手术的麻醉
于 20 世纪 70 年代末首先在海拔 3000m 的青海海西州建造的专用于心脏手术的高压氧舱内进行了低温全麻体外循环下先心病心内直视手术,继而在中度高原西宁开展了复杂先心病、风心病瓣膜置换术、冠状动脉旁路移植术及麻醉,并在高海拔的拉萨开展了先心病心内直视手术麻醉。高原低氧使先心病发病率高于平原,并以 PDA、

ASD、VSD 居多,且先心病患儿多有营养不良、发育差、体重低、反复呼吸道感染、动脉导管未闭多合并中-重度肺高压。

麻醉采用气管内插管全身麻醉,常用芬太尼、咪达唑仑、依托咪酯或丙泊酚、维库溴铵做全麻诱导。婴幼儿采用七氟醚诱导,发绀性先心病复合氯胺酮诱导。全麻诱导要慢,充分给氧,注意循环功能稳定,用 100% 的纯氧机械通气。采用中-大剂量芬太尼或瑞芬太尼维持全麻。体外循环采用中度血液稀释,中度低温,高流量动脉灌注的方法,加强心肌保护。后并行体外循环采用超滤,使血液浓缩,减少库血的输入。在高原不推荐快通道心脏手术麻醉。动脉导管未闭合并重度肺动脉高压患者,在深低温微流量体外循环下闭合动脉导管,提高了手术的安全性。在高原心血管手术结束时不宜过早拔除气管导管,送 ICU 监护治疗,继续机械通气保证良好的氧供。

6. 高原血液保护及节约用血

(1) 高原地区血源常有困难。但高原低氧代偿使移居高原或在高原出生的平原人血红蛋白一般都高于平原人。这种适应机制也是高原手术麻醉中实施自身输血,节约用血的有利条件。在中度高原对于估计术中出血大于 800ml,术前血红蛋白高于 130g/L 的无严重心肺疾患的非肿瘤手术病人,术前或手术麻醉当日采集自体血 400～600ml,低温储备,同时补充胶体液及晶体液补充血容量进行血液稀释,在术中需要时再将自体血回输。也可在术中采用洗涤式血液回收机,以达到血液保护,节约用血的目的。

(2) 在中度高原对于心血管、脊椎、神经外科等估计出血较多的手术,可实施控制性降压,应用药物使血管扩张,降低血管压力,减少出血,改善术野环境,是一种较好、较安全的血液保护方法。常用的药物有硝普钠、酚妥拉明、硝酸甘油以及吸入麻醉药等。在控制性降压中要监测有创动脉压、CVP,注意血压、心率的变化,掌握降压幅度和时限,还要考虑心、脑等重要脏器的保护及氧供,以保证病人安全。

四、高原红细胞增多症的麻醉

1. 高原红细胞增多症(高红症) 是长期生活在 2500m 以上的居民,对高原低氧失去习服的独特综合征。红细胞过度增生、血液黏滞度高。临床表现为口唇、面颊部、指等部位发绀、严重低氧血症、高碳酸血症,可伴有肺动脉高压,右心功能不全。Hb≥190g/L,HCT≥60%,红细胞计数≥$6.5×10^{12}$/L。凝血和纤溶功能障碍,血小板可有减少。因此,高红症手术病人的麻醉及围术期管理有独特之处,并存在高危风险。

2. 麻醉前详细了解病情,评价心肺、肝肾功能的代偿情况,进行相应的术前准备 对于伴有中-重度肺动脉高压、右心功能不全的手术病人先行内科治疗,再择期手术。根据手术部位,病情可选择神经阻滞,椎管内麻醉。但椎管内麻醉必须控制麻醉平面以免影响呼吸,并要保障呼吸道通畅,面罩高浓度氧吸入。较大的手术采用气管内插管全身麻醉。全麻诱导气管插管时可用咽喉、气管内表面麻醉,或静注小剂量利多卡因、芬太尼减轻心血管应激反应。由于血液黏滞度高,臂脑循环时间延长,诱导给药要缓慢,少量递增,防止用量过快,过大引起循环呼吸抑制。麻醉时至少建立 1～2 条外周静脉通道和一条中心静脉通道。以全凭静脉麻醉为宜,高红症病人体质较弱,对麻醉的耐受性降低,注意麻醉药的用量,麻醉不宜过深,但镇痛要完全。尽量选用短效麻醉药物,如丙泊酚、瑞芬太尼等,肌松药选用顺式阿曲库铵或维库溴铵。低氧加重肺血管的收缩,增加肺血管的阻力,因此麻醉中用 100% 纯氧机械通气,必要时可采用呼气末正压通气。麻醉中纠正高碳酸血症,处理心动过缓。应建立有创动脉压和

CVP 的监测,因为 CVP 主要反映右心室前负荷,其值的高低与血容量、右心功能有关,根据 CVP 值来调节输液的量及速度。高红症病人血液黏滞度高、心脏后负荷增加、心排血量降低,术中低血压会加重冠脉供血不足可发生心肌缺血和心律失常,应及时纠正低血压。术后提供良好的镇痛,带气管导管送 ICU 监护治疗,并重视术后随访。

3. 针对高红症血液学的特点,围术期采用自体放血、血液稀释的措施。以达到降低血球压积血细胞比容,降低血液黏滞度,改善微循环和心肺功能的目的。其方法是分次静脉放血,术前静脉放血 300 ~ 400ml,也可在麻醉时从中心静脉放血 400 ~ 500ml,同时输入放血量的 1.5 ~ 2 倍的胶体、晶体液、右旋糖酐补充容量进行血液稀释。成年人总放血量限制在 500 ~ 800ml,血液稀释后 HCT 可维持在 135 ~ 150g/L 较高的水平。自体血是否回输视术中出血量及 Hb 的值而定。术中动态观察 HCT 和 Hb,严格控制异体血的输入。注意凝血功能的监测,对于术中出血,渗血较多的病人及时输入新鲜冰冻血浆,冷沉淀因子改善凝血功能。在高原高红症病人自体放血、血液稀释后术中及术后 HCT 维持在何值较为安全尚无定论,还需进一步临床研究。

五、手术麻醉后的处理

1. **麻醉后监测治疗** 由于低氧环境、高原病、高龄、手术创伤、麻醉等因素的影响,术后易发生呼吸抑制或呼吸道梗阻,低氧血症发生的概率明显高于平原地区,应加强术后监测治疗。麻醉恢复室的任务是监测治疗全麻后未苏醒患者或麻醉手术后全身情况尚未稳定的患者,以保障手术患者在麻醉恢复期间的安全。全麻术后待患者意识完全清醒,循环功能稳定,有足够潮气量,呼吸频率正常,脱机后在吸氧情况下 SpO_2 维持在 90% ~ 93% 以上方可拔出气管导管,送麻醉恢复室,观察病情稳定后送回病房。病情危重、重大手术、严重创伤患者、高红症患者、术后呼吸和循环不稳定患者,应送入 ICU 继续机械通气治疗提供充足的氧供,降低术后呼吸相关并发症,加强循环功能稳定和全身器官功能稳定,使患者安全度过围术期。

2. **术后镇痛** 术后镇痛不仅减轻患者术后痛苦,降低氧耗,而且有利于减少术后并发症。术后疼痛治疗可采用口服止痛药、静脉自控镇痛、皮下自控镇痛、硬膜外自控镇痛及多模式镇痛。硬膜外镇痛可选用阿片类药和局麻药罗哌卡因,静脉镇痛和皮下镇痛可联合阿片类舒芬太尼和非甾体类抗炎药帕瑞昔布钠,都能达到很好的镇痛作用。联合经皮神经电刺激、针灸行多模式镇痛,减少了阿片类药的用量,减轻了对呼吸抑制的副作用,更适合在高原地区应用。

总之,由于高原低氧环境影响而使高原麻醉有许多不同于平原的特点及风险。从麻醉安全考虑高原地区手术病人的麻醉以气管插管全身麻醉为首选,也可以根据手术部位选用椎管内麻醉或神经阻滞,具体的麻醉方法选择不仅取决于病人的病情、手术部位、麻醉科医师的经验、麻醉科技术及设备等条件,更要考虑不同海拔高度低氧环境对围术期病人的影响。手术的创伤、麻醉药物对呼吸循环的影响较平原更易导致低氧血症的发生。人们多认为神经阻滞或椎管麻醉方法及操作较全麻简便,但没有认识到高原低氧环境下这种麻醉方法可能影响通气功能,如果麻醉效果不好并应用麻醉辅助药,对呼吸和循环的管理不妥,可能会导致严重的低氧血症、低血压和心动过缓,会给手术病人带来危险,因此,高原地区麻醉更应注意围术期"富氧"环境的建立,麻醉方法的选择,麻醉机和监测设备的保障,监测麻醉深度,合理使用麻醉药物,加强呼吸功能监测及调控,维持氧供/氧耗平衡,维持血流动力学稳定。要加强与外科医生的相互协作,改进高原手术病人围术期的管理,这对改善手术患者的术后转归至关重要。要不断加强学术带头人及人才的培养,加强与内地的学术交流,进一步提高高原基层医院麻醉科的质量和管理,不断总结高原地区麻醉的经验和教训,减少不良事件的发生,确保手术麻醉病人的安全。

高原地区工作的麻醉科医师除了临床麻醉工作外,担负着医院内的急救任务,也担负着高原自然灾害发生时的救治工作。在掌握了急、慢性高原病救治的基础上,结合麻醉科医师在心肺脑复苏,急救和围术期危重病人监护治疗的特长和优势,以及应急反应能力,会在高原地区救治病人方面发挥更大的作用。

(王祖谦)

随着视频影像技术和手术器械的进步,内镜(endoscope)技术不但可以完成各种诊断性检查,还能通过内镜进行各种手术。内镜手术较传统直视手术而言,有创伤小、对机体内环境干扰轻、手术并发症和死亡率低、住院时间短和节省医疗费用等优点,临床应用日趋增多,应用范围越来越广泛。临床上常见的内镜手术有腹腔镜手术、胸腔镜手术、经尿道内镜手术等,由于这类手术有不同的手术要求(如二氧化碳气腹)和病理生理改变,其麻醉管理具有不同的特点,现分别叙述如下。

第一节　腹腔镜手术的麻醉

腹腔镜除可完成腹腔镜胆囊切除术(laparoscope cholecystectomy,LC)外,已逐步扩展到胃肠、肝脏、脾、肾脏等手术。妇产科腹腔镜除用于诊断,还用于卵巢肿瘤切除术、子宫肌瘤剔除术和子宫切除术等。腹腔镜手术常需人工气腹和特殊体位,造成心血管和呼吸等系统发生一系列病理生理改变,处理这些改变是腹腔镜手术麻醉管理的关键。

一、腹腔镜期间病人的病理生理改变

(一) 腹腔镜手术对呼吸功能的影响

腹腔镜手术时需向腹腔内充入 CO_2 造成人工气腹,以扩大手术空间,方便手术操作,会引起病人通气功能的改变。肺胸顺应性下降和动脉血 CO_2 分压($PaCO_2$)升高是腹腔镜手术病人主要的呼吸系统病理生理改变。

1. **肺胸顺应性下降**　原因是人工气腹引起的腹内压(intraabdominal pressure,IAP)增高和腹内高压引起的膈肌上移。表现为气道阻力增加、吸气峰压增高、功能残气量(FRC)下降,导致通气血流比例(V/Q)失调、肺内分流增加、肺不张、低氧和 $PaCO_2$ 增高,反流误吸的风险也增大。胸肺顺应性可减小 30%~50%,但呼吸压力-容量环的形态可不发生改变。人工气腹建立稳定后,胸肺顺应性一般不再受头低位和调节潮气量的影响,如 IAP 不变,胸肺顺应性进一步下降和呼吸压力-容量环的形态发生改变,提示发生了呼吸道压力增高的其他并发症,如支气管痉挛、气管导管滑入支气管、肌松程度改变和气胸等。

2. **$PaCO_2$ 增高**　原因:①CO_2 通过腹膜吸收入血是 $PaCO_2$ 增高的主要原因;②严重的头低位、IAP 增高、心排血量和通气量下降、生理无效腔增加等所致 V/Q 失调;③病人自主呼吸时麻醉药物对呼吸的抑制;④浅麻醉时应激引起的代谢增加;⑤其他意外事件:如气管导管位置改变、皮下气肿、CO_2 肺栓塞等。

CO_2 吸收与其分压差、弥散性能、腹膜面积和腹膜血流灌注情况有关,IAP 增高影响腹膜血流灌注(包括心排血量下降和血管受压),所以 IAP 增高对 CO_2 的吸收起延缓作用;手术结束腹

腔降压后,残留的 CO_2 吸收加快,引起一过性 CO_2 呼出增加,加之组织内潴留的 CO_2 逐渐释放进入血液,所以术后短期内 $PaCO_2$ 仍偏高,此时麻醉药、肌松药的残留作用对呼吸仍有抑制,故应注意呼吸监测和支持。

（二）腹腔镜手术对循环功能的影响

腹腔镜手术对循环功能造成的影响主要取决于麻醉因素、CO_2 通过腹膜吸收引起的高 $PaCO_2$、人工气腹所致的高 IAP、病人体位、血管容量状态和病人本身心肺功能状况。腹腔内充气使 IAP 超过 $10 \sim 12mmHg$ 就会引起较为明显的血流动力学改变,表现为心排血量（CO）下降、外周血管阻力（SVR）增加、肺血管阻力（PVR）增加、平均动脉压增高及肺动脉高压。

1. 心排血量的变化　病人头低位和头高位的体位改变可使 CO 下降 10% ~ 30%,正常人可耐受。腹腔镜手术病人 CO 下降的原因有高 IAP 引起下肢血液淤积、下腔静脉、静脉容量血管和动脉阻力血管受压迫、胸膜腔内压增加所致回心血量减少。以上因素导致的回心血量减少使左室舒张末容积（前负荷）减少,心排血量下降。尽管左心前负荷下降,但由于胸膜腔内压增加,监测的中心静脉压（CVP）和肺毛细血管楔压（PCWP）是增高的。因此,人工气腹时监测反映心脏充盈压的右房压和肺动脉压并不能客观反映左室舒张末压和心排血量。一般情况下病人头高位即可使心脏指数（CI）下降 30%,腹腔镜手术人工气腹时 CI 可进一步降低至 50%,而在腹腔充气后 10 分钟逐渐恢复到正常,CI 的下降程度与 IAP 增高的程度密切相关。

2. 外周血管阻力的变化　气腹时外周血管阻力增高,原因是①IAP 增高使腹主动脉和腹腔内小动脉受压;②气腹引起腹膜牵张反射机械刺激腹膜上的受体,儿茶酚胺、前列腺素、肾素-血管紧张素、加压素等神经体液介质释放;③CO 下降反射性引起交感神经兴奋。正常心脏可以耐受生理范围内的 SVR 增加,心脏病患者则不能耐受。异氟醚、硝酸甘油、硝普钠、尼卡地平等扩血管药物以及可乐定、右美托咪定等 α_2 受体兴奋剂可缓解 SVR 增加。这种心血管反应的严重程度与腹腔内充气的压力成正比,为避免心血管反应,应将 IAP 控制在 12mmHg 以下。另外,绝大多数麻醉药对心肌均有抑制作用而降低 CO,而头高位也可使 SVR 增加和 CO 降低。

3. 对局部血流的影响　IAP 增高可引起如下局部血流变化:下肢静脉血流淤滞,增加了血栓形成的可能性;肾血流减少,肾小球滤过率和尿量降低;除肾上腺外,肠系膜、肠黏膜、脾脏等腹腔内器官的血流均降低,如肠黏膜缺血,还可导致肠黏膜 pH 降低以及延迟肠功能的恢复;气腹和头低位对脑血流的影响较小,但颅内压升高,眼压变化不大。

健康病人可较好耐受人工气腹引起的循环功能改变,主要表现为腹腔镜手术时动脉血氧饱和度和血浆乳酸可维持在正常水平,但心功能受损、贫血和低血容量病人则不能耐受这种循环功能的改变。为预防心脏病人由于高 IAP 引起的 SVR 增加、MAP 增高及 CO 下降等血流动力学变化,可静脉应用硝酸甘油、尼卡地平和多巴酚丁胺;血容量不足的病人术前应进行扩容。

（三）体位改变对呼吸和循环功能的影响

腹腔镜手术病人的体位有头低体位（盆腔手术）、头高体位（胆囊切除术）和截石位（直肠手术）,这些体位改变与高 IAP 协同产生不同的病理生理改变,其严重程度受体位倾斜度、血容量、病人年龄、麻醉用药、心脏疾病和通气模式的影响。头低位加重 IAP 增高对呼吸系统和心血管系统的影响,而头高位可减轻 IAP 增高对呼吸系统和心血管系统的影响并可改善肺循环。如腹腔镜手术中发生低氧,可能的因素有:①人工气腹和头低体位导致的肺通气不足;②FRC 降低、V/Q 失调、肺不张、气管导管插管过深、腹膜外充气、肠胀气、反流误吸及气胸;③下腔静脉（IVC）压迫致 CO 下降、心律失常、失血、心肌抑制、静脉气栓和腹膜外气体。

（四）二氧化碳溶解吸收的影响

二氧化碳（CO_2）由于对腹腔表面相对无害及在血中溶解度高而用于腹腔镜手术中建立人工气腹。但 CO_2 可透过腹膜吸收入血而影响循环，其吸收量及速率与其溶解度、腹腔内压力和手术时间长短有关。在腹膜毛细血管不严重受压的情况下，腹腔内压力越大，手术时间越长，CO_2 吸收入血则越多。高 CO_2 血症可直接抑制心肌、扩张末梢血管；同时刺激中枢神经系统，增加交感活性，增加儿茶酚胺的释放，间接兴奋心血管系统。对血流动力学的影响是根据二者整合的结果。

二、腹腔镜手术的麻醉及处理

（一）麻醉前的评估与准备

1. 麻醉前评估　麻醉前应了解患者病情，评估不同手术、不同体位对患者生理功能的影响。对于高龄、肥胖、高血压、冠心病等病人，术前应仔细检查，对并存疾病进行治疗，以调整到最佳状态。对有较严重高血压、心功能不全、阻塞性肺部疾患的病人，经治疗后，对选择充气的腹压应十分慎重。对较严重的心肺疾病而内科治疗不满意的病人，术中可能难以耐受气腹和 CO_2 吸收所引起的呼吸循环改变，应考虑施行开腹手术。对颅内压增高和青光眼病人最好选用无气腹腹腔镜手术或开腹手术。

2. 麻醉前准备与用药　一般情况下，腹腔镜手术大多需在全麻下完成。麻醉前准备及用药与普通外科、妇科手术要求大致相同。麻醉前应严格禁食禁饮，入手术室前放置胃管与导尿管。术前应用抗酸药和 H_2 受体拮抗剂可提高胃液 pH，减轻误吸的危害。应避免使用可导致奥迪（Oddi）括约肌痉挛的麻醉性镇痛药。麻醉前开放静脉时应选择上肢静脉，因术中腹压增高可影响下腔静脉回流。

（二）麻醉选择

腹腔镜用于诊断时可采用局部麻醉，腹腔镜下手术多选用全身麻醉或区域麻醉。

1. 全身麻醉　气管内插管全身麻醉是腹腔镜手术最为常用和安全的麻醉方法。麻醉诱导和维持原则与一般手术的全身麻醉基本相同，但有其特点：

（1）全麻药物的选择上，心血管功能较差的病人应避免应用直接抑制心肌的麻醉药，选择扩血管为主、快速清醒、术后副作用较少的麻醉药更为有利，如七氟醚、丙泊酚等。小肠和结肠的腹腔镜手术应避免使用氧化亚氮。

（2）术中严密监测 IAP，上腹部手术的人工气腹不宜超过 15mmHg。

（3）腹腔镜手术并不需要很深的肌肉松弛，但良好的肌松可在不增加 IAP 的情况下提供更大的手术空间。

（4）术中要有足够的通气量，使维持 $PaCO_2$ 在正常范围。人工气腹期间通气量一般应增加 15% ~ 25%，同时以增加呼吸频率的为主来加大通气量，COPD、有自发性气胸病史等病人更应如此。无论采用何种通气模式均应维持呼气末 CO_2 在 35mmHg 左右。

（5）可谨慎选用喉罩代替气管导管行辅助通气。腹腔镜手术中应用喉罩有利有弊。有利的是喉罩易于插入、喉部刺激小、术后咳嗽等并发症发生率低；不利的是 IAP 增高后气道压超过 $20cmH_2O$ 时喉罩有漏气，难以进行控制呼吸，不能保护气道避免反流误吸，故腹腔镜手术中喉罩通气的应用仅限于保留自主呼吸和较瘦的健康病人短时间控制呼吸。

（6）妇科腹腔镜手术后恶心呕吐（PONV）发生率高，有必要预防性应用止吐剂。因 IAP 增高引起的腹膜牵张能增加迷走神经张力，术中要做好应用阿托品的准备。

（7）因气腹压下降后有一段 CO_2 高吸收期，术毕不能急于拔气管导管，等到 $PaCO_2$ 平稳且在正常范围内后再拔管。

（8）未行气管插管或未插喉罩而保留自主呼吸的全身麻醉仅用于低 IAP、体位倾斜度不大、短小腹腔镜手术或腹腔镜检查。

2. 局部麻醉　主要用于非常短小、精确、刺激小的腹腔镜手术操作，如输卵管结扎手术、诊断性操作、不孕症的检查等，其优点是循环影响小、早期发现并发症、早期恢复、减少 PONV 的发生、避免了全身麻醉的并发症。但局部麻醉下腹腔镜手术的成功还要取决于病人良好的配合、人工气腹的腹腔内压力低、外科医师手术技术娴熟。局部麻醉下腹腔镜手术常需使用镇静药，会引起氧饱和度下降，因此要严密观察病人氧合情况。

3. 椎管内麻醉　用于腹腔镜手术的椎管内麻醉主要指蛛网膜下腔麻醉和硬膜外麻醉，其利弊与局部麻醉用于腹腔镜手术相同，用于比局部麻醉要求时间更长、适合采用椎管内麻醉的腹腔镜手术，椎管内麻醉还能提供较好的肌松，比局部麻醉对镇静要求少。椎管内麻醉下完成腹腔镜手术的关键因素是病人配合、外科医师有经验、对 IAP 的要求不高、头高位和头低位倾斜度不大，鉴于此，虽然硬膜外麻醉用于输卵管结扎等妇产科腹腔镜手术有较多报道，但仍不能作为主要的麻醉方法。胆囊手术则因为牵拉膈肌，麻醉平面要达到胸$_{4\sim5}$，而且腹腔脏器受操作影响，往往病人有明显不适，要求镇静。高平面的硬膜外麻醉、人工气腹、镇静和特殊体位的综合影响，使上腹部腹腔镜手术的硬膜外麻醉应用受限。

（三）术中监测

由于人工气腹等因素对呼吸和循环有较大影响，术中和术后必须有相应的有效监测，及时发现生理功能的紊乱。术中监测主要包括动脉压、心率、心电图、SpO_2、呼气末 CO_2、心血管功能不稳定的病人，需中心静脉压监测，必要时监测血气，有心脏或肺部疾病的病人呼气末 CO_2 和动脉 CO_2 可能存在较大差异。

三、并发症及其防治

（一）心血管系统并发症

对于高血压病人及术前紧张的患者，人工气腹后可引起血压升高。而心肺功能不全的老年病人，如果腹腔充气量大、时间长，过分头高足低位，术中可出现低血压。充气过快可引起心动过缓。而高 CO_2 血症可引起心动过速。情况严重时均可导致急性心功能不全，甚至心脏停搏。故应在人工气腹、体位改变时密切监测循环情况，控制充气速度与压力，亦可根据情况暂时放气减压，待循环稳定后再重新充气。血压升高时可加深麻醉，如血压不易控制可应用抗高血压药物，如缓慢静脉滴注硝酸甘油使血压控制在满意水平。低血压和心动过缓时可使用麻黄碱和阿托品。维持血中 CO_2 浓度在正常范围及使用 β_1 受体阻滞药可控制心动过速。一旦出现心脏停搏应立即进行心肺复苏。

（二）低氧血症、高二氧化碳血症与酸中毒

人工气腹腹内压过高、病人肺功能不全或病态肥胖、术中不适当的体位、机械通气不当及气管导管误入支气管等，均可导致术中低氧血症。术前应充分了解肺功能、术中根据脉搏血氧饱和度及血气分析结果及时处理。对术中高气道阻力并顽固性低氧血症，应考虑从腹腔镜手

术转为开腹手术。同样在上述因素影响下,腹内压高、手术时间越长,二氧化碳吸收入血增加,可导致高二氧化碳血症和呼吸性酸中毒。术中应加强呼吸管理,根据 $P_{ET}CO_2$ 的变化调节通气量。对肺功能较差的老年病人应注意控制气道压力,采用增加呼吸频率或同时减少潮气量增加每分通气量,以达到过度通气的目的。

(三) 二氧化碳栓塞

其原因主要是 CO_2 通过开放的小静脉以及气腹针误入血管所引起。临床表现取决于气体进入血管的量与速度。表现为术中突然出现严重的低血压、发绀和苍白,应及时诊断处理。$P_{ET}CO_2$ 能及时发现 CO_2 栓塞的早期征象,可观察到 $P_{ET}CO_2$ 呈双相变化,栓塞前由于 CO_2 吸收 $P_{ET}CO_2$ 升高,栓塞后由于心排血量下降和生理无效腔增加而 $P_{ET}CO_2$ 降低。胸前或食管听诊可闻及"汩汩样"杂音,中心静脉抽出气体或泡沫都是其诊断依据,经食管超声多普勒(TEE)监测更为敏感。一旦发生 CO_2 栓塞,应立即停止手术,停止充气和解除气腹。如果全麻应用 N_2O 时,应停用并改纯氧人工通气。其他措施按空气栓塞处理。

(四) 反流与误吸

腹内压增高和体位改变可增加胃内容物反流误吸的危险,特别是采用非全麻时,全麻中采用喉罩通气亦难完全避免。术前放置胃管可减少反流并能抽吸减压。全麻中采用带套囊气管插管能防止误吸。

(五) 恶心呕吐

恶心呕吐是术后最常见的并发症,发生率高达40%～75%。因腹腔镜手术住院时间短,该并发症尤受重视。除在女性患者、肥胖、上腹部手术(胆囊手术)更为突出外,也与腹腔镜气腹技术和麻醉性镇痛药的使用有关。预防的措施有:放置胃管减压,术前服用 H_2 受体拮抗剂(西咪替丁、雷尼替丁),术中使用氟哌利多兼有镇静与止吐作用。使用丙泊酚减少阿片类药物用量也可降低恶心呕吐的发生率。目前预防性使用恩丹司琼(枢丹、枢复灵,ondansetron)收到良好疗效。

(六) 其他术中并发症

术中可因穿刺针和手术引起腹腔内出血,意外的腹腔外充气或某些必须进行腹腔外充气的腹内镜手术如腹股沟斜疝修补术、肾脏手术以及盆腔淋巴结切除等可引起皮下气肿。气胸、纵隔气肿、心包积气和食管裂孔疝的发生率低,仍应引起高度重视。

第二节 胸腔镜手术的麻醉

电视胸腔镜手术(video assisted thoracoscopic surgery,VATS)能完成较为复杂的肺、纵隔、心包和脊柱的手术,与传统的开胸手术相比,VATS具有许多的优点。VATS要求在单肺通气下进行,应用双腔支气管插管在手术过程中进行单肺通气使手术侧的肺完全萎陷是施行VATS的关键。单肺通气下的呼吸生理学改变见胸科手术的麻醉章节。

一、麻醉前的准备与评估

对于吸烟、肥胖、高龄、冠心病、肺功能受损等胸腔镜手术患者,麻醉前应进行充分的准备和适当的治疗。胸腔镜手术后肺部并发症是患者围术期主要的死亡原因之一。因手术中需要单肺通气,胸腔镜手术患者术前应常规检查肺功能来了解肺功能状况以及评价患者对手术的耐受力。总肺功能较差的患者还需要进一步测定单肺功能,肺功能状态能否耐受手术主要取决于健侧肺的功能状况。一般情况下若健侧肺的 FEV_1 >800ml,患者可耐受全肺叶切除术在内的各种胸腔镜手术,单肺功能的测定使部分按常规肺功能指标有手术禁忌证的患者获得了胸腔镜手术治疗的机会。

二、麻醉选择

VATS 用于某些诊断时可采用局部麻醉和区域麻醉,VATS 用于手术治疗时多选用双腔支气管插管全身麻醉。

(一) 局部麻醉和区域麻醉

由于病人保留自主呼吸病人,有不同程度的反常呼吸和纵隔移位而影响气体交换,仅限用于时间短和较简单的检查和手术。局部浸润麻醉自胸壁到壁层胸膜进行逐层浸润,是提供镇痛最简单的方法,但不少病人因阻滞不全而出现不适。肋间神经或胸部硬膜外阻滞则提供更为完全的镇痛。常辅以同侧星状交感神经节阻滞,抑制肺门操作刺激引起的咳嗽反射,同时还需吸入高浓度氧气以防止气胸的影响。

(二) 全身麻醉

双腔支气管(double-lumen tube,DLT)插管全身麻醉是 VATS 最常用的麻醉方法,优点是间歇正压通气可减轻纵隔移位与防止反常呼吸、手术侧肺塌陷有利于手术操作、便于观察有无漏气及胸膜粘连等。虽然 VATS 与剖胸术对病人生理影响、术前评估、麻醉选择、术中监测相似,但 VATS 在围术期处理上仍有其特殊性。

1. **低氧血症的处理** 手术中单肺通气是低氧血症的常见原因之一,若患者术前有呼吸功能不全、支气管内插管位置不当、健侧肺通气不良时更容易发生。主要临床表现为动脉血氧分压和血氧饱和度持续下降,预防措施包括:①单肺通气时健侧肺行纯氧机械通气;②手术侧肺与大气相通,吸入 1~3L/min 的氧气或行持续气道正压(CPAP);③单肺通气时潮气量不小于 10ml/kg,并适当增加呼吸频率;④健侧肺施以适当的呼气末正压(PEEP),一般不超过 7.5mmHg,以免影响健侧肺的血流;⑤经以上处理后不能纠正低氧血症者应及时恢复双肺通气,有时需要单、双肺通气交替进行才能保证血氧饱和度在正常范围内。

2. **VATS 时的肺萎陷** 手术侧肺萎陷是 VATS 肺切除的基础,促进非通气侧肺萎陷是麻醉医师的职责,主要方法有:①手术侧肺萎陷前充分去氮;②单肺通气(OLV)时避免空气进入非通气侧肺;③OLV 前低压($-20cmH_2O$)吸引 DLT 非通气侧管腔或支气管封堵器封堵的非通气侧支气管。

3. **残端支气管漏气的判断** 开胸手术的情况下常采用膨肺的方法来检查残端支气管是否漏气,VATS 时膨肺会影响手术视野,不能观察残端支气管情况,影响手术进程。一般由麻醉医师使用纤维支气管镜来判断残端支气管闭合情况。

4. **肺隔离** DLT 的应用一直被认为是实现 OLV 的"金标准",然而,无论通过插入 DLT 还是支气管封堵器来实现 OLV,均是在平卧位下定位,手术侧卧位时部分病人仍难以完全隔离左右两肺,需重新调整导管位置。支气管封堵器在重新定位和调节时更为方便、简单。

5. **单肺通气的管理** OLV 时气道压峰值一般不超过 $35cmH_2O$ 。气道压突然增高在容量模式控制呼吸时反映 DLT 和支气管封堵器的位置改变;压力模式时则表现为潮气量很低。设置潮气量为 6~7ml/kg、PEEP 为 5cmH$_2$O、氧浓度(FiO$_2$)为 1.0,并调整呼吸频率使 PaCO$_2$ 维持在 32~38mmHg,PaO$_2$ 维持在 150~210mmHg。

三、手术中监测

基本的监测包括心电图、动脉血压和持续脉搏氧饱和度测定,必要时在全麻过程中还应有二氧化碳监测、体温监测和血气分析。

四、并发症的处理

(一) 复张性肺水肿

复张性肺水肿是指继发于各种原因所致的肺萎陷,在肺迅速复张后发生的肺水肿。引起复张性肺水肿的可能原因为气胸或胸腔积液长时间压迫肺组织使肺组织受压萎陷引起组织缺氧,肺血管通透性增加,表面活性物质生成减少,一旦压迫因素解除,受压的肺组织迅速复张后毛细血管静水压与组织间隙静水压的梯度突然增大,液体外渗造成肺水肿。另外胸腔镜手术中持续的胸腔内吸引使胸腔内的负压增大,回心血量增加造成肺循环血量增加漏出增多。缺血后的再灌注损伤也可以使肺毛细血管通透性进一步增加而加重肺水的漏出。

复张性肺水肿的临床主要表现为气道分泌物增多,典型的可出现粉红色泡沫痰,气道压明显增高,心率增快,血氧饱和度下降,双肺听诊有明显的湿啰音,X 线胸片有肺部渗出性改变。主要的治疗包括控制呼吸行 PEEP 正压通气,保持气道通畅,强心、利尿、激素等治疗同肺水肿的处理。防治的措施包括:①对术前有胸腔积液或气胸的患者术前应分次少量的排气放液使肺缓慢的复张;②插入双腔气管导管后先行健侧肺单肺通气,然后缓慢分次低潮气量作患侧肺通气,使萎陷的肺组织缓慢复张;③胸腔内吸引时保持胸腔与大气相通,避免胸腔内负压增加;④术中严密观察,一旦发生及时治疗。

(二) 心律失常

心律失常是胸腔镜手术常见的并发症。手术中单肺通气时低氧血症、二氧化碳潴留及纵隔的下移可导致心动过速,术中刺激迷走神经可以发生心动过缓。如果手术中操作在心脏周围可能诱发室颤,所以手术中应尽量避免刺激心包、膈神经和心脏。

第三节 经尿道内镜手术的麻醉

随着泌尿外科手术技术和纤维内镜设备的进步,经尿道手术的麻醉越来越多,约占麻醉总量的 15%。这类手术病人多为合并症多的老年患者,手术中需截石位,应用冲击波、激光等,使麻醉管理更加复杂。临床常见的经尿道内镜手术有膀胱镜检查、经尿道前列腺电切术(transurethral resection of prostate,TURP)及尿道内碎石术。除了进行充分的麻醉前评估外,还应了解手术步骤、相关知识(如激光技术等),掌握尿道、膀胱及输尿管的神经分布以及交感、副交感神经在其中的作用。本节重点介绍 TURP 的麻醉。

TURP 是用一特殊的、通电钢丝圈套进行切割,需持续膀胱冲洗液使膀胱充盈,才能保持手术视野清晰,利于切下的组织冲出。由于要在膀胱持续灌注冲洗液,可能引起 TURP 综合征,使 TURP 的麻醉及管理上变得更为特殊。

（一） 麻醉前评估

前列腺的良性和恶性增生均可进行 TURP。这类病人多为老年男性,常表现为反复的尿路感染、持续性的血尿甚至肾功能损害,同时大多数病人合并心、肺及肾脏疾病。至今为止 TURP 仍有 0.5% ~7% 的死亡率,因此,充分的麻醉前评估和最大限度改善病人的状况对这类手术至关重要。

（二） 麻醉选择

首选的麻醉方法是腰麻或联合腰麻硬膜外麻醉（CSEA）,麻醉平面均应达 T_{10} 才能满足手术要求。仅在出现椎管内麻醉的禁忌证时才选用全身麻醉。值得注意的是:①与全身麻醉相比,腰麻或硬膜外麻醉不掩盖 TURP 综合征和膀胱穿孔等并发症的临床表现;②腰麻或硬膜外麻醉可降低术后静脉血栓的发生率;③一旦发生 TURP 综合征,低钠血症可使全身麻醉苏醒延迟。

（三） TURP 综合征

1. **TURP 综合征的病理生理** 前列腺有非常丰富的网状静脉窦,TURP 时由于体内吸收大量非电解质灌流液后所引起的术中或术后早期一系列的症状和体征,称为 TURP 综合征,如不及时处理将导致严重后果甚至死亡。主要病理生理改变如下:

(1) 体循环容量超负荷:其严重程度取决于灌注液吸收的量,影响灌注液吸收的因素有手术时间、灌注液的成分和冲洗量、灌注液的静水压即灌注高度、前列腺静脉窦开放的数量、开放静脉的大小及静脉压力、外科医生的手术技巧等。

(2) 水中毒:为避免电切时引起导电,膀胱冲洗灌注液中不含电解质,水吸收后引起水中毒。

(3) 血液渗透压和张力降低:低渗的水吸收后导致血液渗透压和张力降低。

(4) 溶血:水吸收后导致的低渗可引起红细胞溶解。

(5) 灌注液的溶质毒性:为增加渗透压,灌注液除纯水外,还加入了甘露醇、甘氨酸、山梨醇、右旋糖酐和尿素等,而这些溶质及其代谢产物也具有毒性。

2. **TURP 综合征的临床表现**

(1) 中枢神经系统表现:清醒病人烦躁不安、焦虑、恶心呕吐、头痛、定向障碍、视力模糊、惊厥甚至意识障碍等脑水肿症状。

(2) 循环系统的表现:初期表现为血压高(收缩压、舒张压均升高),中心静脉压升高及心动过缓,后期血压下降、缺血性 ECG 改变、胸痛、充血性心衰、发绀及心律失常等。

(3) 呼吸系统表现:呼吸困难、呼吸急促和发绀缺氧等肺淤血和肺水肿的表现。

(4) 肾水肿则可引起少尿或无尿。

(5) 低钠血症:血钠是一项重要的诊断指标。当血钠下降至 120mmol/L 时,表现为烦躁和神志恍惚。低于 110mmol/L 时可发生抽搐和知觉丧失、休克,甚至心搏骤停而死亡。

3. **TURP 综合征的预防和治** 一旦怀疑 TURP 综合征,除及时测定电解质,了解血钠水平外,应立即采取治疗措施,使病人转危为安。预防 TURP 综合征的发生非常重要。

(1) 预防措施:①缩短手术时间,不超过 1 小时可避免发生 TURP 综合征;②椎管内麻醉比全身麻醉便于早期发现和处理 TURP 综合征;③麻醉所致低血压的处理首选缩血管药,避免大量输液;④TURP 期间输注的晶体液主要选择生理盐水;⑤低压冲洗,即压力(或灌注液高度)低于 40 ~60cmH_2O,随时排空膀胱中灌洗液;⑥术中避免前列腺被膜以及静脉窦破裂;

⑦手术中密切观察,及时处理。

（2）治疗原则及措施:①充分供氧,避免发生低氧血症:可采用面罩给氧,严重病人可行气管插管辅助通气。②纠正低钠血症:这是预防中枢神经系统临床表现的主要措施。肾功能正常时,静脉输注3%～5%高渗盐水,为避免循环容量过负荷、脑出血及脑脱髓鞘,其输注速度应低于100ml/小时,总量决定于血钠水平;肾功能不全时应立即进行透析。③纠正水潴留:静脉推注呋塞米。④高甘氨酸血症及高血氨症:无须特殊处理。⑤其他:必要时应用强心药及激素。⑥保持低压灌洗,尽快结束手术。

（高　鸿）

诊断性检查与介入性诊断治疗通常在手术室外进行,随着临床诊疗技术的飞速发展,特殊的或新开展的检查诊断和治疗手段日益增多,手术室外麻醉配合的需求也随之增加。为了减轻病人的痛苦,减少生理干扰,保障病人安全,保证检查治疗的准确性和成功率,许多检查与治疗需要在麻醉下进行。对一些特殊体位的需求病人难以坚持、小儿和意识障碍者难以配合的检查和治疗,均需要在麻醉下完成。对于手术室外麻醉,不仅麻醉要求和病人状况因地点变化而有所改变,而且实施麻醉的条件也因为周围的环境与可用空间及设备的不同而变化,同时大型放射设备、辐射危害、强磁场、辅助人员对麻醉配合的相对不熟悉等,使得麻醉风险变得更大。

第一节　手术室外麻醉的特殊性与麻醉工作指南

一、工作环境的特殊性

1. 诊断性检查通常需要在 X 线、B 超、CT 或 MRI 等场所进行,室内光线暗或能见度差,给麻醉操作和病情观察带来很多不便,甚至会影响麻醉和急救操作的顺利进行。

2. X 线机为高电压装置,应禁用易燃、易爆的麻醉药。

3. 在 X 线曝光的瞬间与 CT 检查时,麻醉医师应注意辐射安全,穿戴防护衣和甲状腺护围,尽可能避免辐射暴露,在确保病人安全的情况下,可短暂避让,但必须加强对病人的监测,高度警惕和预防意外事故的发生。

4. 诊断性检查与治疗场所的麻醉监护、急救设备及工作条件和各种药品通常不如手术室齐备。必须严格按照手术室条件准备麻醉机和各种急救设施,并采取针对性预防措施,确保病人发生意外时的急救需要(给氧、吸引、除颤等)和人员配备(2 人以上)。

5. 检查和治疗场所一般面积窄小、封闭,室内空气易被吸入麻醉药污染,须配备废气清除装置。

6. 检查治疗中有时病人需长时间固定于某种姿势,或多次大幅度挪动病人躯体或身体的某些部位。在麻醉状态下,体位改变可严重干扰呼吸和循环功能的稳定,有时亦可发生呼吸道梗阻、气管导管扭曲或移位(误入支气管或脱出声门)等,造成各种意外事故。

二、造影剂或其他药物的不良反应

造影剂通常用于放射学诊断以辅助成像。造影剂不良反应的发生比例约为 1 : 40 000,其中有 5% 属严重反应。近年来,由于制药工艺的改进,其发生率和死亡率已有所下降。

造影剂不良反应主要包括两个方面:①造影剂本身的毒副作用:不同的造影剂的不良反应

各有差异。以碘造影剂为例（表36-1），主要包括刺激性、脸红、恶心、呕吐、胸痛、皮肤瘙痒、皮疹以及严重的过敏性休克等，也可能出现造影区域缺血，干扰甲状腺素的合成与释放，以及影响其他脏器的功能等。②造影剂与麻醉药物和其他治疗用药之间的相互作用。对于全身情况较差，肝肾和循环系统功能不稳定的患者，尤其应该加强监测。如碘造影剂可能会导致短暂性肾功能不全，最常见于糖尿病相关肾功能减退患者，对于服用二甲双胍降糖药的肾功能减退的糖尿病人可发生危及生命的乳酸血症。作为预防，在使用造影剂前48小时应停服双胍类降糖药，在肾功能稳定后再恢复用药。

表36-1　碘造影剂的不良反应

轻度	重度	威胁生命
恶心、干呕	呕吐	声门水肿/支气管痉挛
燥热	寒战/无力	肺水肿
头痛	胸痛	威胁生命的心律失常
发痒的皮疹	重度风疹	心搏骤停
轻微的风疹	支气管痉挛	惊厥/意识丧失
	呼吸困难	
	腹痛/腹泻	
	肾衰竭	

三、技术操作的危险性

某些检查与介入治疗，有可能造成相关脏器的损伤，如心导管检查可能引起大血管损伤，而致严重出血，亦可能引起气栓和严重心律失常；快速加压注射造影剂可能发生并发症等。在麻醉管理中，应密切观察机体生命体征的变化。

四、手术室外麻醉指南

美国麻醉医师学会（American Society of Anesthesiologists，ASA）在非手术室麻醉指南中就手术室外麻醉应该具备的条件有以下建议：

1. 可靠的备用供氧。

2. 吸引装置。

3. 废气清除装置。

4. 适当的麻醉药品、器械和设备，能满足基本麻醉监测标准的监测仪和一个能够在正压通气条件下提供至少90%吸入氧浓度的简易人工呼吸器。

5. 充分安全的和足够的电源插座。

6. 具有蓄电池的照明设备能清楚地观察患者和麻醉机。

7. 可提供足够的空间放置设备和人员操作，提供足够的空间以便必要时麻醉医师能迅速靠近患者、监护仪和麻醉机。

8. 备有除颤仪、急救药品及其他急救设备的急救车。

9. 在场工作人员应受过专业训练，能辅助麻醉医生工作，具有良好的沟通和协同救助能力。

　　10. 遵守设备使用安全规定并建立规范。

　　11. 应有安全合理的麻醉后处理。

第二节　麻醉处理原则

　　诊断性检查与介入性诊断治疗的麻醉处理原则,主要是在保障病人安全的前提下解除病人痛苦和不适,最大限度地避免检查与治疗过程的干扰因素。①麻醉前需解除病人的紧张恐惧心理,尽力避免引起交感-肾上腺髓质系统的一过性兴奋。②术前应对病人的主要病理生理改变和并存疾病有全面了解,充分评估器官损害程度和代偿能力,特别是心、肺、肝、肾等重要脏器功能状况。对麻醉和检查治疗中可能发生的并发症与意外,要有充分的认识和应急处理准备。③麻醉技术的选择取决于所需麻醉的深度、病人的机体情况和所拟实施的术式,此外还应适应考虑检查的环境与条件,可分为局麻、镇静/镇痛和全身麻醉;手术室外麻醉绝大多数可在局部麻醉、轻中度镇静/镇痛(清醒镇静)下完成,对于成人的一线药物通常是苯二氮䓬类与阿片类药物的联合使用,咪达唑仑和芬太尼是最常用组合。丙泊酚可使病人快速达到深度镇静/麻醉状态,常用于临床作为病人短时的深度镇静或麻醉维持。④麻醉医师应熟悉各种检查的主要操作步骤,麻醉深度的维持须与检查步骤相配合,适时调节麻醉深度以适应手术需要并力争术后快速清醒。⑤整个麻醉过程中必须有训练有素的麻醉医生在场,并持续监测病人氧和、通气、循环与体温变化,常规监测项目包括血压、呼吸、心率、心电图、脉搏氧饱和度(SpO_2)和呼气末二氧化碳分压($P_{ET}CO_2$);急救药品与设备必须具备,否则不能从事该项麻醉。

第三节　常用的诊断性检查及介入性诊断治疗的麻醉

一、血管造影与心血管检查及操作

　　一般血管造影患者无须麻醉。介入放射操作为解除患者不适,可选择镇静或全麻。由于患者禁食和造影剂的渗透性利尿作用,麻醉中应根据患者情况充分补充液体,必要时留置尿管。

　　1. **脑血管造影术**　脑血管造影是注射造影剂到颈内动脉以观察脑部血管解剖异常情况。一般分为择期造影和急诊造影两类。择期造影多是疑诊为颅内肿瘤、脑血管瘤或动静脉畸形的病人,全身情况多数较好;急症常见于颅脑外伤或颅内占位性病变、病情恶化出现脑疝者,多属紧急危重病人,可伴昏迷、颅内压增高、呕吐、误吸、脱水、电解质紊乱,有的病人呼吸已停止,需行人工呼吸。麻醉处理除确保注入造影剂时病人安静不动外,要保持呼吸道通畅,维护呼吸和循环功能稳定,避免颅内压继续升高。

　　(1) 麻醉前准备:病人准备同全身麻醉。

　　(2) 麻醉选择和麻醉管理注意事项:神清合作的成年人可在局麻下施行脑血管造影术。由于注入造影剂的瞬间常引起病人头部短暂的轰然感觉或出现明显的眼球后疼痛,导致病人精神紧张,激起头部活动,可能影响摄片效果。因此,也可在造影前应给予适量镇静催眠药或神经安定镇痛合剂;儿童和浅昏迷不能合作者,需采用基础麻醉或全身麻醉。基础麻醉下行颈动脉或椎动脉穿刺时,应辅助采用局部浸润麻醉。药物的选择应视病情和全身状况决定,尽量选择短效,便于术后很快唤醒的麻醉药,颅内压增高者禁止单独使用氯胺酮;全身情况极差和呼吸近于停止的病人,均应在气管插管全身麻醉下行脑血管造影,酌情采用静脉复合麻醉或静吸复合麻醉。全麻管理中应避免一切使颅内压增高的因素,维持循环功能稳定,保持正常气体交换,必要时行辅助或控制呼吸。

（3）并发症:①颈动脉血肿:大的血肿可压迫气道,引起呼吸困难,应做相应处理,必要时需行气管造口术;②失血:对婴幼儿应注意失血量的补充;③注射造影剂可导致血管扩张引起暂时性低血压,一般静脉注射高渗葡萄糖均能恢复。高浓度造影剂快速注入,可诱发急性脑水肿,有时可见暂时性意识丧失和颜面潮红,颅内动脉血栓形成致失明或长时间呼吸抑制,甚至发生心脏停搏。

2. 血管栓塞治疗　血管栓塞治疗是注入异物到血管内,刺激血管内血栓形成。常用的栓塞物有聚合塑料、硬化剂等。血管栓塞治疗适用于无法夹闭的颅内动脉瘤、动脉瘤蛛网膜下腔出血后继发脑血管痉挛、对急性卒中进行超选择性栓塞治疗及中枢神经系统肿瘤的手术前减少血供。由于栓塞可以引起疼痛,因而常常需要麻醉或使用镇痛剂,密切监测下使用清醒镇静有助于在术中及时发现和避免神经系统并发症。镇静可单独用药也可以联合用药,如苯二氮䓬类、阿片类、右美托咪定或者丙泊酚等。全麻可以使用吸入麻醉或全凭静脉麻醉,原则是保证患者苏醒迅速平稳,有利于神经功能的评定和避免并发症的发生。

麻醉注意事项包括:

（1）预防性给予止吐药是必要的,要避免术中咳嗽与躁动,防止栓塞物脱落和颅内出血发生。

（2）对于术中不必进行唤醒和神经功能评估的,麻醉方法同神经外科全麻。对需要进行术中唤醒和神经功能评价的手术,需要对患者进行术前宣教与训练。

（3）手术中除了常规监测外,通常需要进行直接动脉压的监测,以利于术中及时准确调整和控制性血压。

（4）为防止栓塞并发症,术中常给予肝素治疗。

（5）一旦发生严重并发症,如栓塞物进入其他部位、脑水肿和颅内出血等,有紧急行脑外科手术的可能。

3. 心导管检查与治疗　经动脉或静脉放置导管到心脏或大血管可以检查心脏的解剖、心室的功能、瓣膜和肺血管的解剖及心室内的压力和血管的结构,注射造影剂还可以观察更多结构。心导管检查和心血管造影是对先天性和后天性心脏病及血管疾患,特别是冠状血管疾患的诊断、治疗与术前检查的必要手段,它已经成为目前临床上常见的检查和治疗手段。

心导管检查分右心和左心导管检查两类。右心导管检查是先天性心脏病术前检查的重要手段,多为小儿和青少年。左心导管检查主要为后天性心脏病、血管疾患,为确定病变部位、损害程度的重要检查手段,且多需同时进行连续造影术,冠状动脉溶栓与扩张术多数为成年人。该类病人多有心血管功能异常,而检查治疗本身又可有诸多并发症的风险,如心律失常、血管穿刺部位出血、导管造成心腔和大血管穿孔、血管断裂或血肿形成以及栓塞、心力衰竭、肺水肿等,甚至发生心脏停搏。麻醉医师必须有充分的准备。

心导管检查对患者的要求包括:绝对安静配合,无兴奋挣扎和随意活动,检查中必须保持呼吸和心血管状态的相对稳定,维持动脉血氧分压和二氧化碳分压正常,保持麻醉平稳。对于成人,手术大多可在局麻下完成,小儿和不能配合者则必须在镇静/镇痛法联合局麻或全麻下完成。

（1）麻醉前准备：按照全身麻醉要求进行。成人在检查前1小时，可口服地西泮或肌内注射咪达唑仑，同时可复合使用适量镇痛药。4岁以下小儿和婴幼儿，可不用术前药或口服水合氯醛（<4个月者25～50mg/kg，>4个月者50mg/kg）以达到镇静，4岁以上小儿可给予适量术前药，如口服咪达唑仑糖浆（0.25～1.0mg/kg）等，一般不用阿托品，以防引起窦性心动过速。肺动脉高压者可用吗啡为术前药（0.1mg/kg）。

（2）麻醉处理：采取镇静/镇痛法或全麻的深度必须适当，既要预防心动过速、高血压和心功能改变，又要避免分流增大、高碳酸血症和低碳酸血症。成人通常在局麻下进行，但适当的镇静和镇痛对患者有益。常用麻醉药物有芬太尼和咪达唑仑，有时加用丙泊酚。对于小儿、婴幼儿一般采用全麻，可用七氟烷或氧化亚氮吸入进行麻醉诱导后建立静脉通道，也可以肌内注射氯胺酮（4～6mg/kg）后建立静脉通道，选择咪达唑仑、氯胺酮、依托咪酯或丙泊酚进行麻醉诱导辅以非去极化肌松剂行气管插管。

（3）心血管造影特别是左心造影，可由于造影剂在高压下快速注入而引起病人不适，甚或发生严重并发症，麻醉者可在造影前先给病人吸氧数分钟，然后静注氯胺酮2mg/kg，同时给予面罩辅助呼吸，以提高胸膜腔内压和肺循环阻力，使回心血流减慢，造影剂存在心腔内的时间延长。无论是选择性造影或直接造影，只要造影剂浓度恰当，曝光开始时间适宜，一般均可在自主呼吸下完成，不必作加压控制呼吸，即使是主动脉造影亦能取得满意效果。

（4）常见并发症包括：①心律失常：心导管检查，特别是左心导管和冠状动脉造影较常见，多因导管或造影剂直接刺激心内膜所致。处理方法是迅速将导管撤离心律失常的诱发点，并依心律失常的性质予以处理。较常见的心律失常为窦性心动过速和室上性心动过速，亦可因导管持续刺激而转为窦性心动过缓，继发血压下降，此时应静注阿托品。频发室性期前收缩或二联律亦常见，如出现持续性室性心动过速、多源性室性期前收缩或三度房室传导阻滞，极易发展成心室颤动或心脏停搏。故在偶见室性期前收缩或二联律时，除静注利多卡因外，应暂停检查，待心律失常消失后再继续检查。如发生频发室性期前收缩或室性心动过速，必须立即停止检查，并给予相应药物治疗。同时，密切观察血压和呼吸变化，吸入高浓度氧，维持生命体征稳定。一旦发生室颤，应立即除颤并按心肺复苏处理。②低血压：缺氧、麻醉过深、造影剂刺激可引起的周围血管扩张，当失血和心律失常时，皆可使血压下降，应依原因相应处理。③心力衰竭、急性肺水肿：心功能不全病人可因精神过度紧张、导管刺激、加压注入造影剂而促使左室舒张末压急剧上升，诱发左心衰和急性肺水肿。尤其是有充血性心力衰竭伴发绀的婴幼儿，可因心导管输入的液体过多而诱发心力衰竭和肺水肿。并发急性肺梗死的病人，对任何原因所致的周围血管扩张和右心负荷减轻都特别敏感，容易发生心力衰竭。④心肌梗死：冠状动脉造影术中，心肌梗死的发生率约为0.5%，近期心肌梗死或不稳定型心绞痛病人，心肌梗死发生率可更高。术前应尽可能纠正电解质紊乱、心肌缺血、已存在的心律失常，检查中需维持血压、心率稳定，并充分供氧。⑤导管相关并发症，如冠脉破裂和血栓栓塞事件（包括脑卒中）。⑥血管穿刺相关的并发症，如出血、感染或缺血。⑦晕厥、急性脑缺氧：肺动脉高度狭窄、法洛四联症、法洛三联症，可因导管通过狭窄的右心流出道堵塞血流，或因缺氧诱发漏斗部痉挛，引起急性脑缺血性晕厥。晕厥也可因迷走神经反射引起，临床表现为神志模糊、面色苍白、出汗、血压下降、脉搏弱、心动过缓和瞳孔散大。处理应立即将导管撤出心脏并停止检查，头低位，吸纯氧，心动过缓时静脉注射阿托品。脑缺氧而致抽搐可用巴比妥类药控制。

冠脉造影和心导管术发生明显并发症不到2%，严重并发症的风险在如下患者会增加：心源性休克、急性心肌梗死、不稳定型心绞痛、肾衰、心肌病、心脏瓣膜病、充血性心衰、高血压及住院患者所在的医院状况。病情较重、考虑有较大风险行心脏手术的不稳定患者，应作好开胸心脏手术的准备。

二、气管、支气管镜检查与支气管造影的麻醉

1. **气管、支气管镜检查** 气管、支气管镜检查有急症和择期两类,择期主要用于肺和呼吸道疾病的诊断,急症主要以治疗和急救为目的,多为气道异物的取出,多用于小儿,危险性较大,也见于咯血患者的局部止血等。气道内异物对通气功能的影响取决于异物的大小、位置、性质和异物存留的时间,可继发窒息、肺不张、肺炎等并发症。病人表现为:发绀、鼻翼扇动、吸气性"三凹"征象,严重者随时都有死亡的可能性。

(1) 麻醉前准备:同全身麻醉,术前强调禁食禁饮。术前药除给阿托品外,镇静镇痛药以不抑制呼吸为原则,并应保持呼吸道通畅。

(2) 麻醉处理:大部分成人均可在镇静/镇痛和表面麻醉下完成检查。小儿和耐受性差的成人则需进行全身麻醉。镇静/镇痛麻醉目前常用的药物为苯二氮䓬类和阿片类药(常用咪达唑仑和芬太尼),持续静脉注入丙泊酚也可安全用于镇静和全麻。全身麻醉辅以完善的表面麻醉可以减少全麻药物用量,提高麻醉效能和麻醉安全。

表面麻醉的使用药量,如用 1% 丁卡因成人应不超过 6ml;小儿不超过 3ml,否则可发生中毒反应。

镜检开始后,应同时于气管镜侧管持续供氧或给予高频喷射通气,以免缺氧发生。镜检过程中,一旦出现呛咳、青紫或其他严重缺氧体征,应立即将支气管镜退到总气管,并充分供氧,适当喷入表面麻醉药或静脉滴入利多卡因(1mg/kg),待情况改善后再继续检查。

(3) 并发症:①心律失常:多见于危重病人,且多为在严重缺氧基础上出现迷走神经反射而引起。镜检过程中应监护心电图(ECG)或心音,以随时发现心律失常并及时处理。②喉水肿:小儿喉头细小,且组织疏松,淋巴丰富较易发生喉水肿,继发窒息。应予积极防治。③呕吐误吸:多见于急诊饱胃病儿,尤其是麻醉诱导与恢复过程中,应准备好相应的预防和处理措施。

2. **支气管造影** 支气管造影是直接观察支气管病变的检查方法,它能确定病变的部位、范围及病变的性质,为临床选择有效的治疗方法提供依据。但检查中患者有一定痛苦。

(1) 麻醉前准备:湿肺痰多者,需于术前控制炎症和行体位引流排痰,待炎症基本控制后进行造影。2 周内仍有咯血者,应暂缓造影。造影前按全麻准备,术前药除用阿托品外,其他镇静镇痛药可依病情适量给予。麻醉前应检查麻醉机、氧气、吸引器。

(2) 麻醉处理:成人一般均可在表面麻醉下进行。小儿则需全麻行气管内插管。麻醉处理的要点为保持呼吸道通畅,有足够的通气量。所用麻醉剂对呼吸道黏膜应无刺激性,不引起分泌物增加,造影时要避免咳嗽反射,拍 X 线片时病人应保持不动。

小儿支气管造影的麻醉选择,必须结合造影室的设备条件,依情况选用静脉麻醉或吸入麻醉。较安全的方法为,静脉全麻加表面麻醉行气管内插管,先吸除气道内分泌物,然后经气管导管送入细塑料管于造影侧总支气管,行单侧造影。该管亦可作吸痰、血或造影剂用。为避免发生呼吸道梗阻,以分侧造影为安全。造影时应适当控制麻醉深度,以插入导管及注入造影剂不发生呛咳为适度。造影一侧后应吸除造影剂及分泌物,并经胸透证明支气管内残留的造影剂已大部分排出后,方可行另侧造影。

小儿支气管造影亦可采用硫喷妥钠或氯胺酮加琥珀胆碱诱导,先将塑料造影管插入造影侧支气管,然后再插入气管导管。造影管位于声门前半区,气管导管居声门后半区,后者接上 T 形管和呼吸囊,供吸入全麻和呼吸管理用。造影剂注入前可用短效非去极化肌松剂后行控

制呼吸,该法即使行两侧支气管分别造影,也可不受时间限制。

(3)拔除气管插管的指征:①透视下证实支气管内造影剂已大部排出;②呼吸交换已恢复正常,且无呼吸困难;③咳嗽、吞咽反射已恢复正常。

(4)并发症:①气道阻塞窒息:多因造影剂、痰、血阻塞引起,偶也见于严重支气管痉挛,应作好预防;②心脏停搏:主要继发于呼吸道梗阻,在严重缺氧、二氧化碳蓄积的基础上发生,为此应避免缺氧及二氧化碳蓄积。

三、消化内镜的检查与治疗

消化内镜的检查与治疗是目前临床上广泛开展的新兴诊疗项目,它可分为诊断性检查与治疗性检查,前者仅作一般性检查,对可疑和不能确定的病变通过内镜取材作病理诊断以明确诊断,一般创伤小,疼痛轻,检查时间短,如胃镜和结肠镜检查等;后者则相对复杂,其创伤和疼痛程度较高,时间也比较长,如逆行性胆胰管造影(ERCP)等。

消化内镜检查与治疗的镇静/麻醉是通过应用镇静药和(或)麻醉性镇痛药等以及相关技术,消除或减轻患者在接受消化内镜检查或治疗过程中的恐惧感、疼痛、腹胀、恶心呕吐等主观痛苦和不适感,尽量避免检查中诱发的咳嗽、心率增快、血压升高、心律失常等,甚至诱发心绞痛、心肌梗死、脑卒中或心搏骤停等严重并发症,最大限度地降低操作过程中发生的损伤和意外的风险,同时为内镜医师创造更良好的诊疗条件。

(一) 消化内镜诊疗中镇静/麻醉深度的评估

消化内镜诊疗操作过程中应用镇静/麻醉药物可使患者意识水平下降或消失。根据患者意识水平受抑制的程度,镇静深度可分为四级:轻度镇静、中度镇静、深度镇静和全身麻醉(表36-2)。理想的状态是患者安全、舒适、无记忆,能满足内镜操作的要求并易于实施。

表36-2 消化内镜诊疗的镇静深度/麻醉及其评估要点

	轻度镇静	中度镇静	深度镇静*	全身麻醉*
Ramsay 镇静评分	2~3分	4分	5~6分	
反应	对语言刺激反应正常	对语言或触觉刺激存在有目的反应	对非伤害性刺激无反应,对伤害性刺激有反应	对伤害性刺激无反应
通气功能	无影响	足够,无须干预	可能不足,可能需要干预	常不足,常需干预
心血管功能	无影响	通常能保持	通常能保持	可能受损

*深度镇静、全身麻醉必须由麻醉医师实施

(二) 常见消化内镜诊疗的镇静/麻醉

1. 胃镜诊疗的镇静/麻醉

(1)检查前准备:胃镜常规检查时间短、刺激轻微,多数患者均可在表面麻醉和适当镇静下进行,检查前需消除患者恐惧,做好耐心的解释和安抚,同时做好胃肠道的准备(需空腹,禁食至少6小时,若胃排空延迟或幽门梗阻禁食时间还应延长)。

(2)麻醉处理:一般能够合作的患者,咽部表面麻醉即可,对于不能耐受的患者则需要进行镇静/麻醉。丙泊酚用于深度镇静或静脉全身麻醉是无痛胃镜的首选药物,咪达唑仑、芬太尼辅助或静脉给予依托咪酯、氯胺酮等也常用于临床,以减少丙泊酚用量及所带来得循环系统波动。

（3）并发症与注意事项:①呼吸抑制与呼吸暂停常因胃镜置入操作的刺激和呼吸道压迫引发,而导致低氧血症,一般为轻度短暂,并且多在充分吸氧、完善局部麻醉和加深镇静/麻醉情况下纠正;②对于有心血管系统和呼吸系统合并症和并存疾病的患者,尤其是老年患者要特别注意术中诱发心绞痛、心肌梗死、心律失常以及严重低氧血症;③还应注意胃镜操作本身可能导致的意外,如穿孔和出血等。

2. 食管镜诊疗的镇静/麻醉　多为取出异物和明确诊断用,检查时对呼吸功能多无影响。成人均可在咽喉表面麻醉下完成,应注意恶心呕吐的发生。

小儿则需全麻,具体方法可依病儿年龄、检查所需时间、病儿全身情况及有无饱胃等情况决定。检查中应注意器械压迫气管而影响通气,操作不当可损伤黏膜或喉返神经,甚至能穿破食管继发纵隔气肿或炎症。

3. 结肠镜诊疗的镇静/麻醉　结肠镜检查多选用静脉麻醉,常以丙泊酚复合小剂量芬太尼或依托咪酯等药物运用,术中持续吸氧,因检查不会干扰到呼吸道的通畅,一般无须气管插管。

4. ERCP 的镇静/麻醉　接受 ERCP 的患者多为老年,常伴有焦虑,且合并症较多;在操作过程中需要患者侧俯卧或俯卧,患者胸部与腹部受压,对呼吸产生明显影响;同时 ERCP 操作时间较长,刺激较强,因此术中应当给予充分镇静,以减轻患者痛苦,提高患者配合度,从而减少术后并发症。可在常规气管内插管全身麻醉下实施 ERCP,也可在非气管内插管下采用丙泊酚,或丙泊酚复合芬太尼或瑞芬太尼的方法,如靶控输注丙泊酚($1.5 \sim 3.0 \mu g/ml$)与瑞芬太尼($1 \sim 2ng/ml$)。实施非气管内插管全身麻醉行 ERCP,宜使用鼻咽通气管,这类患者选用右美托咪定复合瑞芬太尼可能也有较大的优势。

四、CT 与 MRI 检查的麻醉

（一）CT 检查

1. CT 检查的原理和要求　CT 应用 X 线探测、发现组织的密度变化而产生图像。CT 检查虽然无痛,但每一个断层扫描需要数秒,为了取得高质量的图像,在扫描时要求病人保持不动。扫描过程中会产生噪音,也会产生热量,病人有可能会发生幽闭恐惧或被惊吓,儿童和部分成人需要镇静才能耐受检查。CT 最早用于头部扫描,现在已应用于全身。CT 扫描还可用于立体定位指导手术,颅内占位常用立体定向进行活检。由于检查部位不同对麻醉要求的差异也非常大。

在 CT 检查时经常使用造影剂以提高图像质量。如果要将造影剂注入麻醉或是镇静状态病人的胃肠道,通常要插鼻胃管,而气道保护不当,就有可能发生误吸。CT 检查时与造影剂有关的不良后果的发生率比一般 X 线检查高,主要由于在 CT 检查时医师难以靠近病人进行密切观察和紧急处理。

2. 麻醉处理注意事项

（1）氯胺酮使用后患者有大量唾液和呼吸道分泌物,并有不可预见的不自主运动,可能会影响扫描质量。依托咪酯也有类似的情况,所以一般不单独用于 CT 检查的麻醉。

（2）脑立体定向时,为减少操作时损伤邻近结构,需在头部外周放置透射线的固定架。

在插入固定架钢针时,常用局麻加深度镇静或全麻。但疑有颅内高压的病人慎用深度镇静,因其可导致二氧化碳蓄积而进一步增高颅内压。一旦固定完毕可确保病人头部位置精确不动,但使麻醉医师更难以靠近病人及控制气道,所以可选用轻度镇静加局部麻醉,病人常能耐受并配合手术,要防止镇静过度造成呼吸抑制或呼吸道不畅。

(3) 小儿 CT 检查常需要镇静或全麻。操作期间由于对位和扫描仪机架移动可引起麻醉环路的扭曲或脱开,全麻或镇静时,要注意气道管理和持续监测病人的氧合情况,急症病人口服或鼻胃管用造影剂时要考虑病人饱胃情况的存在,防止呕吐、反流和误吸。

(4) 由于扫描室温度一般低于 25℃,小儿全麻时要注意监测体温和保暖。

(二) MRI 检查

1. **原理和临床应用** MRI 检查的原理是组织在强大的外部静磁场和动态磁场作用下成像。MRI 除了可观察静态的组织成像外,还可以检查血流、脑脊液流动、组织的收缩和舒展。MRI 检查颅内、脊柱和软组织优于 CT 扫描,主要用于中枢神经系统特别是用于颅后窝肿瘤的诊断。椎管内 MRI 也优于脊髓造影,可以提供直观无创的影像。MRI 利用血液流动产生的特殊信号,用于心脏和大血管的造影而无须使用造影剂。由于其软组织分辨力强,可用于软组织损伤特别是肌肉和韧带损伤的诊断以及胸内、腹内疾患的诊断,病人几乎不需要特殊准备。MRI 本身不产生辐射、无创伤,无有害生物学效应,但 MRI 检查时采集的射频信号强度极弱,易受到电子辐射(如 FM 收音机)以及其他电子设备和监护仪器的干扰。

在 MRI 检查时对医生和病人的最大危险是铁磁性物品快速吸到 MRI 机器上,在 MRI 检查时应注意:

(1) 金属物品如剪刀、钢笔、钥匙、听诊器、氧气筒等,均可以飞向扫描仪造成病人和工作人员的伤害。

(2) 置入体内的含有铁磁性的生物装置或其他物品也可能发生移位和功能异常,包括弹片、加强气管导管、植入式自动心脏除颤仪以及植入式生物泵,体内安装起搏器、动脉瘤夹闭的金属夹、血管内有金属丝和子宫内放置金属节育环的病人是 MRI 的绝对禁忌证,妊娠前 3 个月的妇女也应避免进行 MRI 检查。

(3) 某些眼部化妆品和文身会在扫描时造成伪影,有些永久性的眼线在强磁场下会造成对眼睛的刺激作用。

(4) 病人有义齿或牙齿矫正器可能影响图像质量。

(5) 计算器、手表、手机、寻呼机和带磁条的信用卡均不能接近磁场。

2. **麻醉处理** MRI 麻醉处理的特殊问题主要包括三个方面:①禁忌金属、磁性物品进入检查室;②监护仪和 MRI 仪器的相互干扰;③病人自我感觉的压抑感和麻醉医师难以靠近病人。

麻醉处理要着重注意:

(1) 镇静或全麻均可用于 MRI,如选用镇静则与 CT 相同,由于 MRI 扫描时间较 CT 长,通常需开放静脉便于间断或持续加用镇静药。

(2) 由于病人扫描时几乎处于无法靠近的情况,气道管理较困难,所以多数麻醉医师愿意选择全麻气管内插管或放置喉罩,从而减少由于深度镇静时气道管理困难所致的气道梗阻和通气量降低带来的危险。

(3) 无论选择镇静或全麻,最好在 MRI 室外进行诱导,远离磁场的影响,因大多数麻醉设备带有铁磁性物质,可受磁性的影响。在室内进行喉镜直视插管时必须使用锂电池和铝或塑料镜片。

（4）开放静脉后,病人麻醉诱导平稳、气道通畅,即可转运入扫描室。病人的监护应同一般手术室内监护一样,但许多电子监护仪均受磁场干扰,使用前必须确认监护仪适用于 MRI。

在磁场附近没有一种监测仪是完全可靠的,每一个监测仪在 MRI 中应用前均应事先了解其监测功能是否受到干扰及其受干扰的程度,在一个扫描室能正常工作的仪器并不代表其在所有的扫描室都能正常工作。

MRI 检查时病人监测的注意事项包括:

（1）由于心电图导联线穿过动态磁场造成信号失真,因而在 MRI 扫描时心电图对心肌缺血的诊断没有价值,用滤过或遥控心电图也不可能降低磁场的干扰。

（2）血压监测可用自动血压计,放置时如能避免磁场干扰则可使用,但管道延长可使读数低于测得值。

（3）与 MRI 相容的氧饱和度监测仪可用于大多数扫描仪,但需要进行适当防护,否则其内部的微处理器可遭到强磁场的损害。

（4）全麻或镇静的病人一般二氧化碳监测也有困难,而采用延长的采样管行呼吸气二氧化碳监测是判断通气是否恰当的最有效方法。但是取样管过长使信号的传导有明显的时间延迟。

（5）为保护计算机的功能,MRI 室内温度一般较低,婴幼儿在该环境中体温容易下降。另一方面,扫描过程中产生的热量又可增加病人的体温。因此 MRI 的病人均应监测体温。温度探头应使用滤波器,此外温度探头产热有可能造成病人局部烧伤。

设计用于 MRI 的不含铁磁物质的麻醉机和监护仪现已可供临床应用,包括氧动呼吸器、监测仪、麻醉机均可用于 MRI,氧气可以用软管与中心供氧连接,麻醉机离扫描仪可有 3m 以上的距离。

五、膀胱镜检查与治疗的麻醉

膀胱镜检查与电灼是泌尿外科常用的诊断和治疗方法。女性病人多可在表面麻醉下完成,男性多需采用硬膜外麻醉或骶麻、脊麻完成,也可采取镇静/镇痛和全身麻醉;小儿多采用基础麻醉联合骶管阻滞或鞍麻下完成,镇静/镇痛和全身麻醉也常用。

六、电痉挛治疗

电痉挛治疗(electroconvulsive therapy,ECT)是治疗精神分裂症的一种传统方法。随着全身麻醉应用于电痉挛治疗,大大减少了 ECT 引起的生理和心理创伤,使得这一技术近些年来又逐渐增加。ECT 的适应证包括严重抑郁症、躁狂症、某些类型的精神分裂症及震颤麻痹综合征,ECT 禁用于嗜铬细胞瘤患者。相对禁忌证包括颅内压升高、近期脑血管意外、心血管传导缺陷、高危妊娠、主动脉瘤及脑动脉瘤。

1. **麻醉前准备**　同全身麻醉。术前必须仔细评估,尤应注意是否合并神经系统疾病、心脏疾病、骨质疏松及其他导致骨质脆弱的疾病,以及患者正接受的治疗。

2. **电痉挛治疗的麻醉管理**　使用标准监测,预先静脉注射 0.2mg 格隆溴铵(glycopyrrolate)(它不透过血脑屏障),可以降低 ECT 时心动过缓的发生并减少口腔分泌物。给氧去氮后,通过外周静脉给麻醉药和神经肌肉阻滞药,使肌肉足够松弛并保证满意的面罩通气,放置电极并传入刺激来诱发痉挛。如果患者有食管裂孔疝或胃食管反流,可选择快速诱导下按压环状软骨进行气管插管。该治疗方法所需时间甚短,因而希望病人快速复苏,尽早满足常规离开标准。

常用静脉麻醉药包括美索比妥、硫喷妥钠、丙泊酚和氯胺酮,美索比妥(0.75~1.0mg/kg)是最常用于 ECT 麻醉的药物,并被认为是"金标准"。

肌松药中琥珀酰胆碱因其作用时间短、副作用发生率低,而被最频繁用于 ECT 期间的神经肌肉阻滞,初始量为 0.5mg/kg,随后根据患者反应调节剂量。此外米库氯铵(mivacuruum)也较为常用。由于琥珀酰胆碱和米库氯铵都经血浆胆碱酯酶代谢,当患者血浆胆碱酯酶缺乏时,需选用非去极化肌松药如维库溴铵、阿曲库铵及顺阿曲库铵,此类患者为避免发作引起创伤,需要适当延长神经肌肉阻滞时间。

(衡新华)

第三十七章 | 非住院手术与日间手术的麻醉

非住院手术(ambulatory surgery)或称门诊手术(outpatient surgery)是指不需住院治疗的门诊手术,一般属于手术较为单纯、病情较轻的小手术。

日间手术(也称 ambulatory surgery,或 day surgery)是指选择一定适应证的患者,在 1~2 个工作日内安排患者的住院、手术、手术后短暂观察、恢复和办理出院。日间手术介于传统的住院手术与门诊手术之间,是一种安全快捷、经济高效的手术模式,作为一种新型的手术模式,正日益受到人们的关注并得到迅猛的发展。日间手术的开展需要医疗机构具有更精细的管理流程,需要完善的术前检查与评估、术中麻醉技术的完美运用和手术人员的密切配合,日间手术对术后安全性的要求更高,常常需要更先进的手术室条件和设备、更专业的手术医生、麻醉医生和护理团队,以及更科学的和更完善的术后随访系统。

随着医学技术的发展,随着外科微创技术的成熟、麻醉方法和麻醉药理学的进展,日间手术在适应证范围与手术复杂性方面不断扩大与提高,手术病人的比例不断上升,一些发达国家日间手术量已达到总手术量的 60%~70%,在我国日间手术也正在如火如荼地开展和推广,日间手术的广泛开展给患者、医疗服务提供者、第三方付款者和医院都带来了诸多益处,对于降低医疗费用、节约医疗资源、降低医院获得性感染意义重大。与此同时,随着麻醉相关并发症防治措施的不断完善,日间手术病人的安全性、舒适度和满意度不断提升,其优越性愈加显现。

第一节 病人选择与麻醉前评估

非住院手术和日间手术的选择需根据病人的情况和手术的种类进行个体化的分析确定,健壮的成人可以接受较为复杂和较大范围的手术,而虚弱的老人则无法耐受。手术病人的选择还须依据麻醉医生、外科医生的技术水平,医院的设施以及费用等情况,同时还要考虑病人的社会心理状态,术前术后的护理条件和一旦紧急情况发生所能采取的应急措施等。合理选择非住院手术和日间手术病人有助于减少该类病人的意外住院率(unanticipated admission),而意外住院率及并发症的发生率与手术种类、手术麻醉时间和病人的年龄等相关状况相关。

(一)非住院手术和日间手术种类

常见的非住院手术和日间手术种类见表 37-1。

(二)不适合行非住院手术和日间手术的病人

1. 儿童 ①小于 36 周的早产儿,由于存在术后呼吸暂停的危险,无论采取何种麻醉方式,术后均应监测呼吸 12 小时,以防呼吸暂停;②患呼吸系统疾病的患儿,如严重支气管肺发育不全、窒息和支气管痉挛;③伴有心血管系统疾病的患儿,如充血性心衰、先天性心脏病伴明

表 37-1　常见的非住院手术和日间手术种类

普外科：	神经外科：
脓肿切开引流	肌肉活检术
肛瘘修补	神经活检术
动-静脉瘘手术	神经切除术
乳房活检	眼科：
疝修补	白内障手术
淋巴结活检	眼板腺切除术
趾甲手术	冷冻治疗
经腹腔镜胆囊切除术	眼球摘除术
外瘘切除术	眼睑手术
妇科：	斜视矫正术
巴氏腺囊肿切除术	眼压测量
活检术	骨科：
刮宫术	关节镜手术
息肉切除术	骨活检术
腹腔镜检查术	囊肿切除术
输卵管结扎术	腕管松解术
宫腔镜检查	闭合复位
泌尿科：	清创术
包皮环切术	截肢术
前列腺活检	神经节切除术
碎石术	口腔科：
睾丸切除术	下颌骨骨折复位术
经膀胱镜手术	牙齿矫形术
内科：	TMJ 关节镜检查
血管造影术	整形外科：
支气管纤维镜检查	乳房切除术
胃肠镜检查	基底细胞瘤切除术
皮肤科：	唇裂修补术
皮肤病变切除术	耳成形术
激光治疗	瘢痕切除术
耳鼻喉科：	植皮术
腺样体切除术	胸外科：
异物取出术	食管扩张术
喉镜检查	心脏起搏器换电池
乳突切除术	血液科：
鼓膜切开术	骨髓活检术
息肉切除术	腰穿
鼻成形术	儿外科：
扁桃体切除术	包皮环切术
鼓膜成形术	睾丸引降固定术

显血流动力学紊乱,如法洛四联症;④明显上呼吸道感染症状的患儿。

2. 成人 ①ASA Ⅲ～Ⅳ级病人,术后需较长时间术后监护和治疗;②伴有明显呼吸系统疾患的病人;③手术后需行复杂镇痛者;④伴有明显发热、喘息、鼻黏膜充血、咳嗽的病人。

3. 术后当晚家中缺乏可负责的成人来护理与照看的病人。

非住院病人和日间手术病人的麻醉前评估随着就诊患者健康情况越来越复杂而越显重要。其目的是要识别出患者是否合并健康问题、术前是否需要进一步诊断评估或治疗,例如有特殊麻醉顾虑的患者(困难气道和恶性高热易感等)或围术期麻醉和手术并发症风险高的患者(心脏病、肥胖症、哮喘、慢性阻塞性肺疾患等)。术前初步的评估和病例筛选主要根据手术类型、病史、体格检查和实验室及相关辅助检查而获取,而这些资料的获取大多可通过电子病历,也可通过麻醉门诊来实现。

第二节 麻醉前准备

1. **术前检查** 对门诊手术病人的术前检查主要由外科医生根据门诊手术病人术前检查标准进行必需的检查,其实验室检一般应包括血常规、尿常规,对 40 岁以上或伴有心血管或呼吸系统疾病者需行 ECG 或 X 线检查,对一些特殊病例还应行凝血功能、血清电解质、血尿素氮和肌酐等测定。

麻醉门诊的开设和对手术病人进行术前检查与评估是目前值得推崇的程序,也是开展日间手术的必要流程。术前应告知病人到达医院的时间、穿合适服装、禁食时间、手术持续时间和是否需要家属陪伴。

2. **术前准备**

(1)禁食:成人一般从前日午夜开始禁食。目前儿童术前禁食时间的标准推荐为:术前 2 小时可饮清水,术前 4 小时可喂食母乳,便餐和非人奶喂食后须禁食 6 小时,而 3 个月以内婴儿喂食婴儿配方奶后须禁食 4 小时(表 37-2)。

表 37-2 择期手术禁食指南

食物	最少禁食时间(小时)
清水	2
母乳	4
婴儿配方奶	4(<3 个月)～6(>3 个月)
非人奶	6
便餐	6

(2)用药情况:对于服用心血管系统药物、平喘、镇静、抗焦虑、抗惊厥和抗高血压等药物的患者,术前需告知患者继续服用上述药物至手术当日。抗凝药华法林(warfarin)应于术前数天停用,至凝血酶原时间恢复正常。一般主张手术当天早晨停用利尿药(用于抗高血压的噻嗪类除外)。应用普通胰岛素的病人应于手术的当天早晨停用。

(3)麻醉前访视:为了病人及家属方便,麻醉医生一般在手术前再评估病人并制订麻醉计划,并再次核实术前禁食情况以及用药情况。如术前认为病人存在潜在严重疾病,则应提前进行麻醉及相关会诊。对病人的评估除了常规询问病史和体检,注意有无发生新的疾病,如上呼吸道感染或难以解释的胸痛。

第三节　麻醉选择与麻醉管理

非住院病人和日间手术的麻醉应遵循安全、舒适、快捷满意与节约费用的原则,麻醉选择以监测下麻醉(monitored anesthesia care,MAC)、神经阻滞麻醉、椎管内麻醉和全身麻醉为主。

麻醉药物选择的原则是:①麻醉诱导迅速平稳;②麻醉易于维持并有良好的镇痛作用;③术后恢复迅速而完全;④无麻醉并发症或并发症发生率降至最低;⑤良好的术后镇痛作用。

1. 术前用药

(1) 抗焦虑药:术前良好的沟通,与患者建立良好的医患关系有助于消除病人的紧张情绪与焦虑,必要时可以使用小剂量镇静药物,如咪达唑仑(midazolam)、右旋美托咪定(dexmedetomidine)等。

(2) 预防呕吐与误吸:非住院患者手术麻醉的常见并发症是恶心呕吐,而高度紧张、焦虑的病人,由于胃内容物潴留,胃液 pH 降低,误吸的危险性增加。常用的麻醉前预防性药物有:①H_2受体拮抗剂如西咪替丁;②甲氧氯普胺;③非特异性抗酸药等。

(3) 镇痛药:术前可用芬太尼 50 ~ 100μg,或与非甾体类抗炎药(NSAIDs)等镇痛药物伍用。

2. 建立静脉通路　常应用 20G 静脉外套管针在肘前静脉建立静脉通路,以减轻注射丙泊酚、依托咪酯等药引起的疼痛。

3. 做好各项监测

(1) 全身麻醉的监测指标包括:ECG、血压(BP)、呼吸(R)、脉搏血氧饱和度(SpO_2)、呼气末二氧化碳分压($P_{ET}CO_2$)和吸入氧流量(FiO_2)。

(2) 区域麻醉的监测指标包括:ECG、BP、R 和 SpO_2。

4. 全身麻醉

(1) 诱导:由于丙泊酚半衰期短,呕吐发生率低,因而最常用于成人行门诊手术全麻的诱导。为减轻其注射疼痛,可在 200mg 丙泊酚中加入利多卡因 20mg,也可在推注前使用小剂量镇痛药物如阿芬太尼或芬太尼。其他诱导药物还包括硫喷妥钠、依托咪酯。儿童常用七氟烷吸入诱导。

(2) 气道控制:可根据手术部位、手术时间长短及病人气道情况选择面罩、喉罩或气管插管。对手术时间短者常用琥珀胆碱辅助气管插管,预先应用小剂量非去极化肌松药可减轻应用琥珀胆碱后引起的术后肌痛。对手术时间较长者,可用插管剂量的短效非去极化肌松药如罗库溴铵。全身麻醉一般需要在麻醉前或气管插管后放置胃肠减压以排空胃内容物。

(3) 麻醉维持:可用吸入麻醉药(如地氟烷、七氟烷等)或合用氧化亚氮(N_2O)维持麻醉,也可静脉滴注异丙酚加镇痛药或复合 N_2O 吸入维持麻醉。近年来,随着静脉靶控输注技术(target controlled infusion,TCI)的发展,异丙酚与瑞芬太尼靶控输注也成为麻醉维持的一种选择。此外,复合应用区域阻滞或局部浸润麻醉可减少全身麻醉药用量并提供术后早期镇痛。

5. 区域阻滞麻醉　理想的麻醉药应该是起效快、作用时间短的药物,有助于病人术后恢复和加快离院。另外,如果设有专门用于行神经阻滞操作的麻醉预备室,可以加快手术的周转。常用的神经阻滞方法包括蛛网膜下隙阻滞、硬脊膜外阻滞和周围神经阻滞。

(1) 蛛网膜下隙阻滞:特点为:①起效快,效果确切,可用于下腹部、腹股沟、盆腔、会阴和下肢的手术。麻醉时间长短可通过选择不同麻醉药物控制。②门诊手术的蛛网膜下隙阻滞最常用布比卡因或利多卡因(表 37-3)。③并发症:a. 脊麻后头痛(PDPH),发生率 5% ~ 10%,40 岁以下女性发生率较高。麻醉前应交代病人发生头痛的可能性。减少头痛的措施包括使用 24G 穿刺针。一旦发生头痛,应卧床休息,给予镇痛药,第一天最好给予液体治疗。如出现严重头痛或持续 24 小时以上,则考虑使用硬膜外自体血治疗。b. 尿潴留:膀胱张力的恢复较运动和感觉功能恢复晚 1~2 小时,如果需要应放置导尿管,未放置导尿管的病人术中应尽量减少液体入量。膀胱功能较长时间不能恢复的病人需住院治疗。

表 37-3 区域阻滞麻醉用药

麻醉方法	麻醉药	浓度（%）	维持时间（小时）	加肾上腺素维持时间（小时）	剂量范围（mg/70kg）
蛛网膜下隙阻滞	利多卡因（重比重）	5	0.75~1.5	0.75~1.5	60
	利多卡因（等比重）	2	1~2	1~2	60
	布比卡因（重比重）	0.75	2~4	2~4	9
	布比卡因（等比重）	0.5	2~4	2~4	15
	丁卡因（重比重）	0.5	2~3	3~5	12
	丁卡因（等比重）	0.5	3~5	5~8	15
	丁卡因（轻比重）	0.1	3~5	5~8	10
硬膜外阻滞	利多卡因	1~2	0.5~1.0	0.75~1.5	20~30
	布比卡因	0.25~0.75	1.5~3.0	2~4	20~30
	氯普鲁卡因	2~3	0.25~0.5	0.5~1	20~30
	甲哌卡因	1~2	0.75~1.0	1~2	20~30
	依替卡因	0.5~1.5	1.5~3.0	2~4	20~30

（2）硬脊膜外阻滞:为避免脊麻后头痛,门诊手术病人常选用硬膜外麻醉。对手术时间不能确定者,可采用连续硬膜外阻滞,常用药物为利多卡因和氯普鲁卡因（表 37-3）,布比卡因和罗哌卡因可用于时间较长手术。

（3）周围神经阻滞:①局部静脉麻醉:优点是操作简单、起效快、效果确切,不影响早期活动和出院。麻醉药物选择 0.5% 利多卡因。缺点为作用持续时间短,缺乏术后镇痛作用,一旦止血带松脱可发生局麻药中毒。②臂丛阻滞:用于上肢手术,穿刺入路包括腋路、锁骨上路和肌间沟。③股神经和坐骨神经阻滞:用于下肢手术。麻醉药通常选用利多卡因或利多卡因与布比卡因、罗哌卡因混合液。缺点是:阻滞起效时间较长,肢体感觉和运动功能暂时丧失,术后需小心保护肢体,直至功能恢复。

6. 监测下的麻醉管理（MAC） 是非住院手术中使用最广、副作用最少、出院时间最短的一种麻醉方式。术中麻醉医生给予一定的镇静药/镇痛药物并进行病人常规的监测,在局部麻醉的辅助下完成手术。麻醉中需作好全麻的准备。

第四节 术后管理

非住院手术和日间手术的开展得益于新型短效麻醉药、镇静药和肌松药物的研发应用,得益于现代麻醉技术、外科技术新理念新成果的运用,以及科学的系统化管理流程的建立。随着日间手术的不断拓展,手术类型和手术复杂性、精细度不断突破,形成所谓外科快速康复模式。这对整体医疗水平提出了更高的要求。要求麻醉管理更加高效而平稳、要求麻醉恢复更加快捷和舒适,同时要求最大限度地减少影响术后康复的因素。

1. 手术后疼痛 是影响术后恢复和延迟离院的主要因素,为了控制术后疼痛,使病人快速康复、安全尽早离院,目前多强调预防性镇痛,即采用持续的、多模式的、阻止疼痛敏感状态形成的预防性镇痛措施,以求取得完全的、长时间的、覆盖整个围术期的有效镇痛手段。所谓多模式,指联合使用作用机制不同的镇痛药物或镇痛方法,从而达到最大的效应/副作用比。围术期镇痛同时强调手术前、手术后及康复期不同阶段的疼痛控制策略,通过镇痛药物及镇痛方法的联合运用,给手术病人提供安全有效的术后疼痛控制。如术前、术后口服非甾体抗炎药(NSAIDs),如 COX-Ⅱ阻断剂、口服阿片类药物等,术中静脉给予芬太尼或吗啡联合局部麻醉等。

2. 术后恶心呕吐　是术后最常见的并发症之一,给病人带来严重的不适,剧烈呕吐还可能导致伤口裂开、血肿形成,并有误吸的风险。术后恶心呕吐(PONV)可延长离院时间并增加医疗费用,在对日间手术病人做的一项不满意调查问卷中显示,PONV 排列第二位,仅次于术后疼痛。

(1) 好发因素:①麻醉后呕吐或运动性眩晕病史者;②长期应用吗啡类药;③应用 N_2O;④胃胀;⑤严重疼痛;⑥腹腔镜手术、睾丸固定术及斜视矫正术后;⑦其他因素如直立性低血压或低氧血症。

(2) 治疗:PONV 的常用治疗药物包括 5-HT 拮抗剂、类固醇类药物、多巴胺拮抗剂等,有研究显示昂丹司琼 4mg、地塞米松 4mg 与氟哌利多 1.25mg 具有等效的 PONV 预防作用,上述三类药物均可独立使用,并均可将 PONV 发生风险降低 26%,但联合应用其效应并无叠加作用。

PONV 应按不同的风险采取相应的控制策略。对低危病人,可考虑仅使用一种药物,而对手术时间短、创伤小的甚至可考虑不用。对于中危病人,推荐两种干预措施,如地塞米松联合 5-HT$_3$ 受体拮抗药,或以丙泊酚为基础的麻醉联合地塞米松,同时限制阿片类药物的使用,在可能的情况下应用局部麻醉、非麻醉性镇痛药以降低风险。对高危病人,则需要联合多种预防治疗措施,如以丙泊酚和瑞芬太尼为基础的全静脉麻醉(TIVA)方式,多种抗呕吐药物联合应用,并在围术期尽可能降低阿片类药物使用量等。

(3) 严重恶心呕吐,有时需住院治疗。

3. 门诊病人麻醉后恢复　可分三个阶段:①恢复早期:麻醉结束至病人从麻醉中苏醒。这一阶段是麻醉后并发症的高发期,病人需平卧并严密监护;②恢复中期:清醒后至达到出院标准,如果病人在手术室即达到恢复中期,即称之为快速通道(fast tract,FT);③恢复晚期:出院后至完全恢复。改良 Aldrete 评分法是判定能否进入快通道的一种新的评分系统,包括:①清醒程度;②活动能力;③血流动力学稳定程度;④氧合状态;⑤术后疼痛评估;⑥呼吸稳定与否;⑦术后恶心呕吐症状。每项评分 0~2 分,最高分 14 分,任何一项不得低于 1 分,如高于 12 分可进入快通道。新型短效麻醉药可加快苏醒,有利于快通道恢复。

4. 出院标准
(1) 手术部位无明显肿胀、出血。
(2) 生命体征平稳。
(3) 能口服饮品而不伴恶心、呕吐。
(4) 能下地行走。
(5) 能以口服镇痛药控制疼痛。
(6) 尿道手术或椎管内阻滞病人能自行排尿。

5. 出院医嘱　当病人达到出院标准后,还应包括下列医嘱:
(1) 饮食:从清亮液体开始,逐步过渡到正常饮食。
(2) 用药医嘱:包括服用止痛药。
(3) 对存在肢体阻滞残余作用的病人,应给予小心保护,直至功能完全恢复。

（4）留下联系电话：以便随访麻醉后情况及对并发症处理。

（5）外科医生医嘱：包括联系电话、随访时间、可能出现的并发症。

6. 随访 非住院手术和日间手术这一模式决定了病人离院时仍未能达到完全康复标准，因此在病人离院后应进行有计划的随访，以确保病人院外期间严格遵循康复医嘱，确定病人受到良好的康复照料，预防可能出现的并发症，并对已出现的并发症进行及时的干预、治疗，以便病人顺利地完全康复。

既往的随访方式通常为面对面的随访，包括病人回到门诊接受随访，或医师到病人家中进行随访。但随着日间手术病人的日益增多，这一方式因经济及时间成本较高而无法在实际工作中运用，而电话随访以其简便、易行、成本低廉的优势日益成为日间手术病人随访的首选方式。

（衡新华）

第三十八章 | 药物依赖与戒断

药物依赖性(drug dependence)或成瘾(addiction)在精神疾病分类中被列入精神活性物质所致的精神障碍。常见的精神活性物质包括酒类、烟草、阿片类、大麻类、催眠镇静抗焦虑药、兴奋剂、致幻剂等,反复多次使用这些物质可形成依赖。药物依赖形成后,脑的功能及结构均随之改变,形成以失去控制地应用某种成瘾物质为特征的一种慢性、复发性脑病。药物依赖不仅直接危害依赖者个体身心健康,而且还可引发艾滋病传播、犯罪等医学和社会问题,已成为一种社会公害。药物依赖的脱毒治疗常需要辅助麻醉的方法,此外,这类人群的手术麻醉处理也具有特殊性,因此,应充分了解药物依赖的病理生理改变的特点,注重对药物依赖人群相关麻醉处理原则的把握,加强围术期的监测与管理,尽可能减少相关并发症的发生。

第一节 基 本 概 念

(一) 药物依赖性

根据世界卫生组织专家委员会的定义,药物依赖性是指药物与机体相互作用所造成的一种精神状态,有时也包括身体的生理状态,表现为一种强迫性地要连续或定期使用药物的行为和其他反应,为的是要感受它的精神效应,或是为了避免由于停药所引起的不舒适;可以发生或不发生耐受性;同一人可以对一种以上药物产生依赖性。药物依赖又可分为生理依赖性(physical dependence)和精神依赖性(psychological dependence)。大部分具有依赖性的药物如吗啡、海洛因、镇静催眠药等兼有生理依赖性和精神依赖性,一般是先产生精神依赖性后产生生理依赖性,生理依赖性一旦产生,会加重精神依赖性,有的毒品如麦角二乙胺只有精神依赖性而无躯体依赖性。

1. 生理依赖性 又称成瘾性,是指反复使用依赖性药物所造成的一种适应状态。机体必须在足量药物的维持下,才能保持正常状态,用药者一旦停药或使用药物作用的受体拮抗剂,将发生一系列生理功能紊乱即戒断综合征(withdrawal syndrome)。这是生理依赖性的重要特征,也是与精神依赖性的主要不同点,因为精神依赖停药后不出现戒断症状。

2. 精神依赖性 又称心理依赖性,是指多次用药后使人产生一种对药物欣快感的渴求(craving),这种精神上不能自制的强烈欲望驱使滥用者周期性或连续性地强迫用药,以获得满足和避免不适感。精神依赖性非常顽固,难以消除,是戒毒者复吸的主要原因,一直是彻底脱毒治疗的难点。

3. 交叉依赖性(cross dependence) 是指人体对一种药物产生生理依赖性时,停用该药所引发的戒断综合征可能为另一性质相似的药物所抑制,并维持已形成的依赖状态。交叉依赖性是可用于脱毒治疗的药理学和生理学基础。如丁丙诺啡、美沙酮与其他阿片类药物存在交叉依赖性,可用于阿片类药物依赖的脱毒治疗。

（二）药物耐受性

药物耐受性（drug tolerance）是指长时间使用某种药物后，药物的敏感性降低，效应逐渐减弱以至消失；或是如果要获得同样的药物效应，需要不断增加药物的剂量。产生依赖性的过程中多数伴有耐受性的产生，少数可不产生耐受性，产生耐受性的药物不一定引起依赖性。

（三）强化效应

强化效应（reinforcement effect）是指药物或其他刺激引起个体强制性行为。分正性和负性强化效应，引起强化效应的药物或刺激因子称为强化因子（reinforcer）。

1. **正性强化效应（positive reinforcement effect）** 又称奖赏（reward）效应，是指能引起欣快或精神愉快舒适的感受，促使人或动物主动的觅药（或寻求刺激）行为的强化效应。它是精神依赖性的基础。

2. **负性强化效应（negative reinforcement effect）** 又称厌恶（aversion），是指能引起精神不快或身体不适（如戒断症状），促使人或动物为避免这种不适而采取被动觅药（或寻求刺激）行为的强化效应。它是生理依赖性的基础，促进药物滥用。

（四）脱毒

脱毒（detoxification）指逐渐清除体内毒品，减轻主观难受，减轻可观察或可测量的戒断症状，预防突然中止体内毒品后产生健康风险的治疗过程。治疗目标有两个：首先，帮助病人去除毒品，从毒品依赖变成为无毒状态；其次，帮助病人长期处于操守状态。

（五）复吸

复吸（relapse）是指经临床脱毒治疗或以其他方式（如强制戒毒）停止使用依赖性药物一段时间后，依赖个体又重新滥用依赖性药物并形成依赖。

（六）药物滥用

药物滥用（drug abuse）是指长期反复地使用过量的具有依赖性的药物，这种药物与医疗目的无关，导致了成瘾性以及出现精神错乱和其他异常行为。

第二节 依赖性药物分类

根据国际禁毒公约及世界卫生组织关于物质滥用管理的建议，将依赖性药物分为麻醉药品、精神类药品和其他精神活性物质三大类。

（一）麻醉药品

1. **阿片类（opioids）** 包括天然来源的阿片生物碱，如从阿片中提取的吗啡、甲基吗啡（可待因）；将有效成分加工所得的半合成阿片衍生物，如二乙酰吗啡（海洛因）；人工全合成阿片物质，如哌替啶（度冷丁）、美沙酮、丁丙诺啡、芬太尼等。

2. **可卡因类（cocaines）** 包括可卡因、古柯叶、古柯糊。

3. **大麻类（cannabinoids）** 大麻的有效成分是大麻酚，有多种异构体，最主要的是 Δ9-四氢大麻酚。

（二）精神药品

1. 镇静催眠药和抗焦虑药（sedative-hypnotics and antianxiety）　如巴比妥类、苯二氮䓬类等。

2. 中枢兴奋药（central stimulants）　如甲基苯丙胺（冰毒）、哌甲酯（利他林）、咖啡因、3,4-亚甲基二氧甲基苯丙胺（摇头丸）等。

3. 致幻剂（hallucinogens）　如麦角酸二乙基酰胺（Lysergic acid diethylamide，LSD）、三甲氧苯乙胺（麦司卡林）、西洛西宾（psilocybin）等。

（三）其他精神活性物质

1. 酒精（乙醇，alcohol）
2. 烟草（尼古丁，nicotine）
3. 挥发性溶媒（volatile organic solvents）

除上述药物外，其他药物如氯胺酮（经加工得到的固体氯胺酮即为 K 粉）、羟丁酸钠、丙泊酚、麻黄碱、曲马多、布桂嗪等。

第三节　药物依赖的机制

（一）参与依赖形成和发展的神经解剖学基础

药物依赖的本质是神经环路的形态和功能的神经适应性改变，其形成和发展涉及弓状核，如蓝斑（locus ceruleus，LC）、腹侧被盖区（ventral tegmental area，VTA）、伏隔核（nucleus accumbens，NAc）、中脑导水管周围灰质、前额叶皮质（prefrontal cortex，PFC）、杏仁核、黑质、下丘脑等多个脑区。运用正电子发射显像（positron emission computed tomography，PET）和功能核磁共振（functional magnetic resonance imaging，fMRI）技术，可以观察到药物依赖者药物成瘾过程中不同时期脑区和神经回路的激活。如药物急性奖赏与皮层-纹状体-丘脑环路有关，药物的心理渴求与前额叶皮质、杏仁核和纹状体的代谢激活有关。

起源于中脑腹侧被盖区多巴胺（DA）能神经元，投射到伏隔核、杏仁核、嗅结节、前额叶皮层等区域，形成腹侧被盖区（VTA）-伏隔核（NAc）-前额叶皮层（PFC）通路，称为中脑边缘多巴胺系统（mesencephalon limbic dopamine system，MLDS），又称"奖赏"系统（rewarding system），是药物精神依赖性形成最主要的神经解剖学基础。

位于第四脑室底部的蓝斑核（LC），是脑内最大的去甲肾上腺素（NE）能神经核，已经被证实是阿片类药物生理依赖性形成最重要的调控部位，因而是药物生理依赖性形成的重要解剖学基础。

由于两个递质系统在介导药物依赖性形成过程中存在交互作用，因此，无法严格区分药物生理依赖性和精神依赖性各自对应功能的脑区。

（二）药物依赖的神经生物学机制

药物依赖性发生的确切机制还未完全阐明。药物依赖性的形成存在多种机制，涉及诸如多巴胺（DA）、去甲肾上腺素（NE）、5-羟色胺（5-HT）、谷氨酸等多个神经递质系统的参与，但普遍认为由 VTA-NAc-多巴胺递质系统及蓝斑核（LC）去甲肾上腺素递质系统所介导的药物依赖性形成的一系列过程是最主要的机制。虽然前者侧重于介导药物的精神依赖性，后者侧重介导了生理依赖性，但研究发现去甲肾上腺素系统和多巴胺系统间存在一定联系，慢性提高去甲肾上腺素水平能使大脑多巴胺能奖赏系统失调,伏隔核的多巴胺神经系统也参与了生理依赖性的形成。因此不能将两者截然分开。

绝大多数成瘾性药物都通过脑内的奖赏系统(MLDS)介导的奖赏效应引起药物依赖,在此过程中 VTA-NAc 多巴胺系统发挥了非常重要的作用。阿片类、可卡因、苯丙胺、尼古丁、大麻酚以及酒精等成瘾性物质都是通过各自的靶位直接或间接作用于 VTA-NAc 多巴胺系统而激活 VTA 区的多巴胺能神经元促使 NAc 区多巴胺递质(DA)的释放增加来介导奖赏效应,并且主要介导药物的精神依赖性。药物的其他机制参见表 38-1。阿片类药物除了直接作用于 μ 受体、κ 受体、δ 受体产生药物依赖外,还以两种方式通过 VTA-NAc 多巴胺系统介导了精神依赖性形成:①长期使用阿片类药物成 VTA 内 DA 能神经元结构改变,细胞骨架受损,使 VTA 到 NAc 的神经传导通路受损,导致酪氨酸羟化酶(TH)在 VTA 内,NAc 内 DA 合成减少,多巴胺转运体(DAT)也随之减少,从而引起停药后突触间隙 DA 浓度持续增高;②阿片类药物可通过激动 GABA 中间神经元上的 μ 受体,抑制该神经元活动,从而解除 GABA 神经元对 DA 神经元的紧张性抑制,由此激活 VTA 内的 DA 神经元,使其投射靶区 NAc 的 DA 释放量增加,从而产生奖赏效应。阿片药物还通过蓝斑核(LC)去甲肾上腺素递质系统产生生理依赖性。LC 的 NE 神经元上有 μ 受体,这些神经元投射到大脑皮质 I 层的神经末梢,这些末梢上有 μ、κ 和 δ 受体,阿片类药物激动这些受体均可抑制 NE 释放。此过程中反复长期给药后,这些脑区产生适应性变化,上述变化被代偿性调节至正常水平,即表现出耐受性;在停药后这些脑区失去阿片类的刺激,造成 DA 神经元功能低下和 NE 神经元亢进,产生戒断综合征。

表 38-1　成瘾性药物及物质作用机制及效应

物质	主要作用机制	耐受和戒断症状	长期使用
乙醇	增强伽马氨基丁酸的抑制作用,降低谷氨酸的兴奋作用,强化可能与增强中脑边缘多巴胺通路活性有关的效应	因肝中代谢增强和脑中受体改变形成耐受。长期使用后的戒断症状有震颤、出汗、虚弱、激惹、头痛、恶心、呕吐、痉挛大发作、震颤、谵妄	改变脑功能和结构,特别是前额叶皮质、认知损伤和脑体积变小
镇静催眠药	增强内源性抑制性神经递质的作用	因脑受体的改变,大多数效应(抗惊厥除外)的耐受性形成非常快。戒断症状主要表现为焦虑、觉醒、不安、失眠、兴奋和痉挛大发作	记忆损伤
尼古丁	激活烟碱样胆碱能受体,增加多巴胺的合成与释放	通过代谢和受体改变形成耐受。戒断症状主要表现为易怒、敌意、焦虑、烦躁不安、抑郁情绪、心率减慢和食欲增加	吸烟对健康的影响文献已充分证明。很难将尼古丁的效应与烟草中其他成分的效应分开
阿片类	激活 μ 和 δ 阿片受体。脑中应答精神活性物质的区域中这些受体非常丰富,如中脑边缘多巴胺通路	因短期和长期受体改变和适应细胞内信号机制的形成耐受。戒断症状十分严重,主要表现为流泪、流涕、打哈欠、出汗、不安、寒战、抽搐和肌肉疼痛	阿片受体和阿片肽长期改变;对奖赏、学习和应激反应的适应性

续表

物质	主要作用机制	耐受和戒断症状	长期使用
大麻酚	激活大麻酚受体,增加中脑边缘通路的多巴胺活性	大多数效应的耐受性形成非常快。戒断症状罕见,可能是其半衰期长的原因	长期使用大麻可造成永久性认知损伤。有导致精神疾病恶化的危险
可卡因	阻断递质如多巴胺的再摄取,延长其效应	可能会发生短期急性耐受。没有多少资料证明其产生戒断症状,但是对其依赖者停止用药后普遍出现抑郁情绪	认知缺乏,皮质特异区域异常,运动功能损伤,反应迟缓
苯丙胺类	增加神经末梢多巴胺的释放,抑制多巴胺及相关递质的再摄取	行为和生理效应耐受形成很快,戒断症状表现为疲乏、抑郁、焦虑和强烈的药物渴求	眨眼紊乱。焦虑、食欲下降,脑多巴胺受体改变,局部代谢变化,运动和认知损伤
摇头丸	增强5-羟色胺释放,阻断再摄取	有些人会出现耐受。最普遍的戒断症状表现为抑郁和失眠	损害脑5-羟色胺系统,造成行为和生理紊乱。出现长期精神和躯体问题,如损伤记忆、决策和自控能力,偏执,抑郁和恐惧等
吸入剂	类似于其他镇静催眠药,影响抑制性递质,激活中脑边缘多巴胺	有些有耐受形成,但很难评估,停用时出现痉挛大发作的可能性加大	多巴胺受体结合和功能改变,认知功能下降,出现精神病学和神经病学问题
致幻剂	该类中不同的物质作用于不同的脑受体,如5-羟色胺、谷氨酸盐和乙酰胆碱受体	躯体和精神效应耐受形成非常快。没有证据证明有戒断症状	急性和慢性精神病发作;停用后很长时间还会出现回闪或再次体验物质效应

腺苷酸环化酶-环磷酸腺苷-蛋白激酶 A-反应元件结合蛋白(AC-cAMP-PKA-CREB)、钙-钙调蛋白-钙调蛋白激酶-反应元件结合蛋白(Ca^{2+}-CaM-CaMK-CREB)以及钙-一氧化氮合酶-一氧化氮-环鸟苷酸(Ca^{2+}-NOS-NO-cGMP)等胞内信号通路是药物依赖性形成过程中重要的受体后传导通路,依赖性药物都是通过激活其中的某一通路,或引起几条通路的共同激活,来参与依赖的形成。

第四节　药物依赖的临床表现和诊断

一、临床表现

长期使用依赖性药物给滥用者精神、身体带来严重损害,其临床表现包括精神、心理障碍、戒断症状、中毒和其他相关并发症等。

(一)依赖综合征

WHO《疾病和有关健康问题的国际统计分类》第 10 次修订本(ICD-10)将依赖综合征定义为一组生理、行为和认知现象,使用某种或某类活性物质对特定的个人来说极大优先于其他曾经比较重要的行为。其特点是一种对使用精神活性药物(无论是否曾有过医嘱)、酒或烟的渴望(往往是强烈的,有时是无法克制的)。依赖者经过一段时间的禁用后重新使用该物质时较非依赖者更为迅速地再现本综合征的其他特征。

1. 精神障碍 吸毒所致的精神障碍是最主要和最严重的身心损害,可表现为幻觉、思维障碍,还会出现伤人或自杀等危险行为,精神障碍除与所滥用药物的性质、剂量有关外,还同社会、文化背景等有关。

2. 渴求与强迫性觅药行为 渴求是慢性药物滥用者当中使用药物一段时间后的一种体验,是精神依赖性的特征性表现。为了追求药物的精神效应和避免戒断症状的痛苦,滥用者常不顾后果获取药物,是药物依赖引起的强迫性觅药行为。

3. 人格改变和社会功能丧失 心理依赖性是各种药物滥用的共同的特征,主要表现为具有强烈的觅药渴求,以期重复体验用药时的欣快感,从而形成难以矫正的成瘾行为,人格也逐渐随之改变,不能维持正常的家庭和社会关系,丧失劳动能力,最终脱离社会,社会功能丧失。

(二) 戒断综合征

戒断综合征(withdrawal syndrome)是指在反复地、往往长时间和(或)高剂量使用某种精神活性物质后停用或减少此物质时发生的组合不同、严重程度不同的一组症状。此综合征可能伴有生理紊乱症状。戒断状态的开始和持续时间与停用或减少使用前服用的精神活性物质的类型和剂量有关。戒断综合征的特征往往与急性中毒的特征相反。

1. 酒精戒断综合征的症状是震颤、出汗、焦虑、躁动、抑郁、恶心和不适等。该综合征在停用酒精 6 ~ 48 小时后出现。如无并发症,在 2 ~ 5 日后消退。可以并发癫痫大发作,并可发展成谵妄(称为震颤性谵妄)。

2. 镇静剂戒断综合征的许多特征与酒精戒断综合征相同,还可伴有肌痛、抽搐、认知扭曲以及身体形象扭曲等。

3. 戒断类鸦片药物会出现流涕、流泪、肌痛、寒战、鸡皮疙瘩等症状,在 24 ~ 48 小时后,出现肌肉和腹部绞痛。觅药行为突出,且在身体症状减轻后继续有觅药行为。

4. 兴奋剂戒断的定义没有中枢神经系统抑制物质戒断所致的综合征那么明确;情绪明显抑郁,并伴有不适、乏力和不稳。

(三) 中毒反应

中毒是一种在使用精神活性物质以后造成的意识水平、认知、知觉、判断、情感或行为或其他精神生理学功能和反应紊乱的情况。这种紊乱与物质的急性药理学效应和习得反应有关。除非发生组织损害或其他并发症,否则它将随时间的推移以及完全恢复而消失。

ICD-10 强调具有临床意义的中毒症状。并发症取决于所用物质和使用方法,包括外伤、呕吐物吸入、谵妄、昏迷、抽搐等。

1. 阿片类药物 意识模糊,瞳孔缩小、对光反射减弱或消失;呼吸抑制;血压下降,心率减慢;体温降低;肌肉抽搐或无力;少尿或无尿;外周循环衰竭或休克。

2. 大麻 心率增快、眼结合膜血管充血扩张,体位性直立性低血压、意识不清,同时伴发错觉、幻觉与思维障碍。

3. 可卡因 心动过速、血压升高、瞳孔散大、肌肉抽搐、失眠及极端紧张,可出现幻觉、偏执、妄想等精神症状。超量服用会产生震颤、抽搐以及谵妄,甚至因心律失常、心力衰竭而死亡。

4. 苯丙胺类 高热、血压上升、盗汗、瞳孔放大,大剂量使用引起精神错乱。

5. 巴比妥类药物 共济失调、步态不稳、吐字不清、眼球震颤、思维困难、情绪不稳,可发生中毒性精神病。

6. 酒精 脸红、步态不稳、欣快、多动、多语、行为失态、反应迟缓、判断力受损、运动共济失调、麻木或木僵等。

（四）神经系统损害

长期滥用药物对中枢和外周神经系统的直接毒性作用，导致神经细胞或组织不可逆的病理性改变；还因毒品中混杂的其他有害物质而损害神经系统。如在静脉注射粗制海洛因后可发生弱视、横断性脊髓病变、突发性下肢截瘫，躯体感觉异常及末梢神经炎。病理检查可见侵犯灰质及白质的急性坏死病灶，其范围可纵深到胸椎、颈椎区。

（五）其他继发变化

1. 感染 各类毒品都可削弱机体免疫机能，长期的滥用毒品者各种机会性感染增加，且抗生素难以治愈。使用不洁注射器注射毒品，使吸毒者极易并发病毒性肝炎、注射部位脓肿、肢体坏疽、破伤风、血栓性静脉炎、动脉炎、肺结核、横贯性脊髓炎等；此外，吸毒人群中性病和获得性免疫缺陷综合征（AIDS）的发病率增高。

2. 对胎儿和新生儿的影响 许多滥用药物可以通过胎盘进入到胎体内，因此妇女在妊娠期间吸毒可因胎儿中毒而发生畸形、发育障碍、流产、早产和死胎。在妊娠期间滥用阿片、巴比妥、苯二氮䓬类和苯丙胺等麻醉药品和精神药物的母亲，其胎儿在出生后也会产生戒断综合征。其新生儿常有体重减轻、易于感染、各器官的畸形及身体和智力发育障碍等。

3. 药物依赖相关疾病 麻醉药品和精神药物除对人体精神、神经系统的损害以外，对心、肺、肝、肾等重要生命器官都有程度不同的损害。最常见的是诱发心血管疾病如心律失常、心衰、心肌缺血、心肌梗死、房室传导阻滞和肺炎、肺水肿、脑出血等。在慢性中毒中，最常见的是肝、肾功能损害，由此造成肝、肾衰竭；此外，挥发性有机物并可抑制骨髓造血机能而致再生障碍性贫血。

二、诊　　断

（一）病史采集

由于药物依赖者主动就诊率较低，有时会在其他疾病诊治过程中意外获得病史；对于强制戒毒者则往往需要借助其他诊断手段如实验室检查等。完善的临床诊断应该是医师在亲切、和蔼、耐心、热情地与病人交谈中获得。在病史采集过程中要特别注意病人的首次药物滥用时间、年龄、原因和相关背景、首次滥用药物的感受和经过；现阶段药物滥用的方式、途径、剂量、频率、是否为复合用药及身体和精神状况等；药物滥用后是否经过戒治，如有，应问清什么时间、采用什么方法、使用什么药物、在什么地方、疗效如何、失败的原因、复吸间隔时间等；是否有并存症及其他既往病史等。

（二）诊断标准

1. 根据《中国精神障碍分类与诊断标准第3版（CCMD-3）》，依赖综合征诊断标准为：反复使用某种精神活性物质导致躯体或心理方面对某种物质的强烈渴求与耐受性。这种渴求导致的行为已极大地优先于其他重要活动。

（1）症状标准：反复使用某种精神活性物质，并至少有下列2项：①有使用某种物质的强烈欲望；②对使用物质的开始、结束，或剂量的自控能力下降；③明知该物质有害，但仍应用，主观希望停用或减少使用，但总是失败；④对该物质的耐受性增高；⑤使用时体验到快感或必须用同一物质消除停止应用导致的戒断反应;⑥减少或停用后出现戒断症状;⑦使用该物质导致放弃其他活动或爱好。

（2）严重标准:社会功能受损。

（3）病程标准:在最近1年的某段时间内符合症状标准和严重标准。

2. CCMD-3 戒断综合征诊断标准　因停用或减少精神活性物质所致的综合征,由此引起精神症状、躯体症状,或社会功能受损。症状及病程与停用前所使用的物质种类和剂量有关。

（1）症状标准:因停用或减少所用物质,至少有下列3项精神症状:①意识障碍;②注意力不集中;③内感性不适;④幻觉或错觉;⑤妄想;⑥记忆减退;⑦判断力减退;⑧情绪改变,如坐立不安、焦虑、抑郁、易激惹、情感脆弱;⑨精神运动性兴奋或抑制;⑩不能忍受挫折或打击;⑪睡眠障碍,如失眠;⑫人格改变。

因停用或减少所用物质,至少有下列2项躯体症状或体征:①寒战、体温升高;②出汗、心动过速或过缓;③手颤加重;④流泪、流涕、打哈欠;⑤瞳孔放大或缩小;⑥全身疼痛;⑦恶心、呕吐、厌食,或食欲增加;⑧腹痛、腹泻;⑨粗大震颤或抽搐。

（2）严重标准:症状及严重程度与所用物质和剂量有关,再次使用可缓解症状。

（3）病程标准:起病和病程均有时间限制。

（4）排除标准:①排除单纯的后遗效应;②其他精神障碍(如焦虑、抑郁障碍)也可引起与本综合征相似的症状,需注意排除。

（5）说明:应注意最近停用药物时,戒断症状也可由条件性刺激诱发,对这类病例只有在症状符合症状标准时才可作出诊断。

（三）实验室检查

多使用薄层色谱分析法或扫描法、荧光分光光度法、气相色谱等方法对病人尿样进行定性和定量分析。

第五节　药物依赖的治疗原则

药物依赖的治疗不仅仅是将目标放在停止药物使用上,而是一个由临床脱毒治疗、后续康复巩固、重返回归社会三大基本环节组成的社会医学系统工程。涉及行为矫正、心理干预、替代治疗等多模式多系统的综合性治疗。在治疗过程中,对药物依赖者不能非难和歧视,遵循自主性原则,应给予足够的关爱并让他们感知和其他人一样有权利享有健康、接受教育、获得工作机会和融入社会。实践证明,加强药物依赖者的治疗能够促进其个人和社会功能的改善,能使通过吸毒方式导致艾滋病和丙肝传播以及毒品犯罪得到一定程度的控制,对保障公共健康和安全具有积极意义。

1. 预防　当前对药物滥用预防的策略包括两个方面:减少药物供应和降低对药物的需求。为此必须有社会方面及多学科的合作,对药物滥用问题进行广泛的干预。

2. 了解病史、正确诊断、全身体检和实验室检查。根据服用药物的种类和剂量确定治疗计划。

3. 临床脱毒治疗　脱毒治疗可以缓解或消除吸毒者在戒毒期间严重的戒断综合征,减轻和解除不适反应。临床脱毒治疗是药物依赖全程治疗的第一阶段和首要环节。作为脱离毒品的第一步,治疗目标有两个:首先,帮助病人从毒品依赖变成无毒状态;其次,帮助病人维持无毒状态。通过科学合理的治疗,使药物依赖所致的戒断症状降低到最低限度;由药物依赖造成的体内一系列病理生理改变及其引起的并发症得到有效治疗;通过心理治疗为后续康复打下基础。临床上常用的治疗方法有依赖性药物递减疗法、其他药物替代疗法、中西医结合疗法、针刺疗法等。

4. 康复治疗　在滥用者完成临床脱毒治疗后,应尽快让病人进入康复治疗程序,接受相当长时间的身体、心理等多方面康复治疗。治疗集体或治疗社区(therapeutic community,TC)是有效的康复治疗形式。TC 指的是在一种特定的居住环境中,居住成员通过治疗程序来改善自己的人格问题,改善人际关系,树立对自己行为负责的观念。成员通常在社区中住 6～12 个月,在这期间,他们接受各种辅导(如心理辅导、职业辅导、教育辅导等),学习各种知识,接受技能训练等,在治疗集体中重新社会化(re-socialization),完成治疗集体的基本康复治疗程序后,戒毒成功率明显增加。康复治疗关键是坚持长期用药维持性治疗及认知-行为疗法,否则难以有效地从脱毒治疗过渡到预防复吸和回归社会。康复治疗还可以采用中药治疗及免疫治疗等方法。

5. 复吸预防和回归社会　临床脱毒治疗一般只能基本解决躯体依赖性,改善生理状况,对心理、行为异常并未予以彻底干预。因此,部分人尚需接受心因治疗,亦称之为康复治疗或后续照管(after care),并进行回归社会的准备。复吸不是单因素作用的结果,而是多因素综合作用所致。因此,复吸预防应是药物治疗和康复治疗相结合。此外,在全社会范围内建立多层次的御毒防范体系,使反毒御毒运行机制更加社会化、规范化、制度化,逐渐形成一个全社会性御毒环境。

第六节　阿片类药物依赖性病人的麻醉处理

一、病理生理特点

1. **精神障碍**　药物依赖是一种使用成瘾性药物造成的脑功能障碍。这类药物影响脑的正常感知、情感和动机过程,因而大多数阿片类药物依赖性病人可出现不同程度的精神障碍。

2. **营养不良**　营养不良是阿片药物依赖病人最多见的并发症。吸毒可以引发呕吐、食欲下降,抑制胃、胆、胰消化腺体的分泌,从而影响食物的消化吸收,还容易并发获得性免疫缺陷、肝炎、淋病、梅毒等传染性疾病,出现虚弱、消瘦、脱水等类似恶病质的临床表现,病人的血浆蛋白浓度低下,对麻醉药耐受性降低。

3. **重要脏器功能的改变**

(1) 神经系统可发生不可逆性病理改变,如弱视、横断性脊髓病变、突发下肢截瘫、躯体感觉异常、末梢神经炎等。

(2) 阿片类药物本身对心血管系统有不同程度的抑制作用,长期滥用后,可导致循环功能低下。

(3) 感染可导致菌血症、脓毒症、心内膜炎、血栓性静脉炎和动脉炎等,还可诱发心肌梗死、心肌缺血、房室传导异常以及心功能不全。

(4) 毒品中大都掺入了滑石粉、咖啡因、淀粉等粉状杂质,吸食后可引起肺颗粒性病变、肺纤维化、肺梗死、肺气肿、肺结核等肺部感染。

(5) 由于海洛因具有镇咳作用,当吸毒者肺部病变时,并无明显咳嗽等表现,易掩盖病情,往往临床上发现吸毒者有肺部感染时,病情已经十分严重。

(6) 阿片类药物在体内依靠肝、肾功能消除和排泄,长期滥用大量药物,导致持续肝、肾功能超负荷,发生慢性中毒。而且病人容易并发肝炎、艾滋病等病毒性感染。因此,部分病人肝、肾功能存在不同程度损害,影响麻醉药物的消除和排泄,易引起效应增强,时间延长。

(7) 药物依赖的患者在围术期可能因停药发生戒断综合征,尤其阿片类物质成瘾的患者,其发生急性戒断综合征的主要病理生理学特征是交感神经核迷走神经兴奋。下丘脑-垂体-肾上腺皮轴兴奋,血中的皮质激素、促肾上腺素皮质激素和去甲肾上腺素增加,心率加快、血压升高;药物戒断导致迷走神经兴奋时则可出现一系列自主神经紊乱症状(见本章第四节临床表现之戒断症状)

4. 孕妇 阿片类药物依赖的孕妇容易发生流产、早产、死胎和胎儿畸形,即使侥幸胎儿发育成熟,分娩后也可出现新生儿戒断症状。表现为出生1~2天后,新生儿逐渐出现易激惹、呼吸快、哭闹不安、睡眠障碍、鼻塞、哈欠、打喷嚏、发热、呕吐、腹泻以及四肢出现粗大震颤或扑翼样震颤等,症状可迁延数周或更长,给予镇静剂和阿片类药物效果显著。这类患儿多半有体重不足或出生缺陷,抵抗力低下,死亡率高。

二、麻 醉 处 理

(一) 麻醉前准备

除详细了解现病史外,还要详细了解病人药物依赖性的成因、药物依赖的种类、时间、剂量及以往中毒及治疗经过;了解有无两种或以上药物依赖情况;详细询问近期戒断症状出现的情况及严重程度。重点了解病人有无呼吸系统感染和心脏功能受损情况,有无营养不良、低蛋白血症和肝肾功能损害及其严重程度。对存在明显感染、脱水及恶病质等全身情况不良的病人术前应尽量改善。有些病人可能会因为种种原因隐瞒药物依赖病情,术前访视时应充分与之沟通,打消顾虑,讲清利害关系,也可通过病人家属或亲戚了解真实情况。对高度怀疑阿片类药物依赖的病人,必要时可行尿液检查或纳洛酮试验。术前应足量应用抗胆碱药,尽量避免使用阿片类药物。

(二) 麻醉选择

1. 全身麻醉 阿片类药物依赖病人一般身体情况较差,且术中有可能出现戒断症状,不利于术中配合。因此,一般以选择气管内插管全身麻醉较为合适。对于正在使用依赖性药物者,仍可考虑选择使用阿片类药物,如芬太尼及其衍生物,且剂量应该适当加大;对于处于戒毒期的病人,则应尽量不使用阿片类药物,以免因正性"强化"效应而使病人术后重新出现或加重生理依赖性。该类病人术中镇痛的维持可以选择以丙泊酚辅助氯胺酮或辅助吸入麻醉为主。其他全身麻醉药、镇静药、肌肉松弛药的选择应尽量避免使用对心、肝、肾功能影响大者,并注意调整剂量。一般认为,药物依赖病人对镇静药和全麻药的耐受性增大,药物效应降低,应该增大剂量。但对于有肝肾功能不全和低蛋白血症等情况的病人,应相应调整剂量和追加时间。

2. 椎管内麻醉 对于时间不长的腹盆腔和下肢手术,如病人身体情况尚好,也可谨慎施行椎管内麻醉。但由于阿片类药物依赖性病人容易并发脊椎感染,麻醉前应仔细检查,尤其要注意有无穿刺部位的皮肤感染以及脊柱畸形和压痛。

3. 区域麻醉和神经阻滞 一般只在简单的清创手术或伤口缝合等短小手术时才采用,必要时改全身麻醉。

(三) 麻醉管理

1. 药物依赖病人对镇痛、镇静药的耐受性可能增加,导致难以维持合适的麻醉深度。可以借助听觉诱发电位和脑电双频谱指数等监测手段,结合严密的临床观察调整用药剂量和时间,防止病人术中知晓。若存在低蛋白血症和肝肾功能不良,则病人对肌肉松弛药的耐受性可能降低,有条件可在肌松监测仪指导下调整用药方案。

2. 阿片类药物依赖性病人一般心率较慢，严重依赖性病人术中心率可经常处于 50 次/分以下，且对阿托品反应差。由于病人常合并心肌损害，异丙肾上腺素的使用应特别谨慎，在血流动力学尚稳定的情况下，可以严密观察。

3. 病人术中如不明原因突然出现心率增快、血压升高、分泌物增多、流泪、流涕等表现，在排除麻醉过浅的情况下，应高度警惕戒断症状出现的可能。处理术中戒断症状哌替啶效果优于芬太尼类，也可用吗啡。若椎管内麻醉或神经阻滞下出现轻度戒断症状表现时，给予氯胺酮和丙泊酚辅助，可取得较好效果。

4. 手术结束时，若病人麻醉尚未清醒，不推荐使用拮抗剂，应送入麻醉恢复室或 ICU 病房继续支持，待病人自主苏醒。

5. 术后镇痛　药物依赖患者包括长期接受阿片类药物治疗的慢性疼痛患者，往往伴随有抑郁、焦虑及痛觉过敏（opioid-inducedhyperalgesia，OIH），这些患者的痛阈更低，对围术期的镇痛要求较高，在面对因各种原因需要接受手术治疗的药物依赖患者时，应在围术期制订相应的措施，采用多模式镇痛方法，如阿片类药物复合 NSAID 或 NMDA 受体拮抗剂镇痛，还可采用椎管内镇痛，也可采用神经阻滞镇痛等，避免戒断症状的出现，防止发生不良后果。

第七节　麻醉辅助脱毒

麻醉辅助脱毒（anesthesia-assisted opiate detoxification）主要是针对阿片类药物依赖性病人，这类病人在突然中断用药后，典型的自然戒断症状在 8~12 小时出现，48~72 小时达到高峰，然后缓解，持续 5~7 天。

用阿片类拮抗剂可使显著的戒断症状缩短至 4~6 小时，迅速完成脱毒过程。早期采用快速阿片类脱毒（rapid opioid detoxification，ROD）法：对清醒的阿片类药物依赖患者，用阿片类受体拮抗剂纳洛酮或纳曲酮催促戒断症状，以缩短阿片类药物戒断症状持续时间，从而缩短脱毒持续时间。为了减轻戒断症状，控制严重的全身反应，辅助使用止吐药（普鲁氯哌嗪）、苯二氮䓬类药物（地西泮）以及 α_2 受体激动药（可乐定）等，但该方法不能完全消除戒断症状，病人易产生抗拒心理，且大剂量辅助用药可导致呼吸抑制，脱毒时间仍较长（约需 5~7 天），于是催生了麻醉辅助脱毒（ultra rapid opioid detoxification，UROD）法：在全身麻醉下，用大剂量阿片类拮抗剂迅速拮抗阿片作用，诱发阿片类药物戒断症状，使阿片类药物依赖者在对戒断症状无知觉的情况下，迅速越过高峰期，并转入戒毒恢复阶段，麻醉维持时间约 6 小时，可于 24 小时内完成整个脱毒过程。它的主要优点是近期脱毒成功率高、时间短、病人痛苦少。

一、术前准备

遵循自愿的原则，帮助病人产生强烈的戒毒愿望并积极增强其戒毒的决心，同时做好与病人亲属及相关社会机构的沟通，确保病人有良好的家庭及社会的支持。

麻醉前要详细了解病人阿片类药物依赖的品种、时间、剂量、戒断症状发作情况以及先前的治疗情况。美沙酮的半衰期较长，可达 22 小时左右。因此，为保证脱毒效果，一般在术前一周改为短效阿片类药物替代治疗，如吗啡、氢化吗啡等。长期药物依赖的病人，常合并多种疾病，应进行详细的术前体格检查和实验室诊断。除行常规血、尿和大便检查外，应重点了解病人有无呼吸系统感染，有无严重心功能障碍、心律失常和传导系统异常，进行肝肾功能检查。此外，还应常规进行艾滋病、淋病、梅毒、肝炎等传染病的筛查，这既是术前评估的需要，也有利于医护人员的自我保护。

术前 12 小时给予可乐定 0.2mg 以缓解戒断症状，术前晚应停止所有阿片类药物的使用，

预防性应用 H_2 受体阻断剂或质子泵抑制剂以减少胃酸分泌,也可以视具体情况给予止吐药(氟哌利多或恩丹西酮),一般不选择甲氧氯普胺,因其中枢神经系统作用可能引起戒断症状加重。考虑戒毒过程中病人可能发生严重的腹泻,术前晚还可给予清洁灌肠。由于全麻辅助快速脱毒过程中需及时给予替代治疗用药及预防误吸,需放置胃管。为保证良好的监护条件和治疗措施,麻醉辅助脱毒一般在重症监护病房(ICU)施行。

二、脱毒过程

(一) 监测

常规监测心电图、血压、心率、氧饱和度、尿量、体温等指标。药物依赖病人对麻醉药和镇静药的耐受性可能发生变化,为维持合适的麻醉深度,最好能进行脑电双频谱指数、听觉诱发电位和肌松监测。

(二) 麻醉诱导

诱导前先给予可乐定 0.1~0.2mg 皮下注射,抑制交感神经活性,进一步控制症状。一般心率低于 60 次/分,收缩压低于 100mmHg 表明交感活性抑制良好。必要时可增加可乐定剂量,最大可达 0.5~0.6mg;给予足够的抗胆碱药,减少呼吸道分泌物;预防性使用生长抑素,以减少胃肠分泌,减轻术中腹泻的严重程度。麻醉诱导一般选择快速诱导法,行气管内插管后控制气道,以策安全。全麻诱导用药最常用者为丙泊酚,其次也可选择咪达唑仑,可辅助吸入麻醉药诱导,给予维库溴铵或哌库溴铵后行气管内插管。镇痛药一般并非必须,必要时可以用氯胺酮。由于脱毒过程时间较长,一般需 4~6 小时,为避免术中意外情况发生,确保控制气道和防止反流、误吸,应加强气道的管理。

(三) 麻醉维持

一般用丙泊酚静脉泵注维持,根据脑电监测结果调整给药速度,也可选用咪达唑仑或复合吸入麻醉药。若同时使用了氯胺酮,则应至少提前一小时停药。肌肉松弛药可按照一般全麻原则选用。由于每分通气量和肌肉收缩活动是观察戒断症状的重要指标,所以,术中也可不用肌肉松弛药,保留病人的自主呼吸,以便于观察。

(四) 诱发戒断症状

常用的阿片受体拮抗剂是纳洛酮或纳曲酮。麻醉诱导完成后,先静脉给予试验剂量的纳洛酮 1~2mg,若病人没有明显的心率增快,血压升高等表现,表明交感活性控制良好。静脉注射负荷剂量纳洛酮 2~3mg,在 10~15 分钟内注射完毕,或者负荷剂量纳曲酮 0.5~1.0mg/kg 经胃管给入,然后均以纳洛酮 0.4~0.8mg/h 速率泵注维持,总量 3~4mg。严密监测病人生命体征变化,调整合适的麻醉深度,观察戒断症状出现的情况。麻醉中戒断症状主要包括:血压升高,收缩压大于 140mmHg;心率增快,大于 90 次/分;瞳孔放大;流泪;流涕;体温升高;竖毛以及心电图变化等。如果可乐定抑制血流动力学效果不理想,还可复合使用 β 受体阻断药,如拉贝洛尔、艾司洛尔等。注意此期病人可有剧烈的胃肠运动亢进和腹泻,应注意补充液体和电解质,必要时行电解质检查和血气分析。戒断症状的高峰期一般约持续 4~6 小时(或 6~8 小时)。其判断标准是给予纳洛酮 2~3mg 静脉注射冲击,如上述戒断症状未明显加重,表明高峰期已过。可以考虑逐步减浅麻醉。在使病人清醒前,拔出导尿管。充分吸引胃内容物后,注入纳曲酮 50mg,拔除胃管。达到拔管指征后,可按一般全身麻醉程序拔出气管导管,并继续在 ICU 病房监护。

另一种术中激发戒断症状的方法是使用洛美芬,它是一种长效阿片受体拮抗剂,与纳曲酮维持时间相当,可达约 10 小时。用法是在纳洛酮试验剂量后,给予洛美芬 4mg 稀释后静脉泵注,在 2 小时内注射完毕。戒毒结束后仍以纳曲酮 50mg 灌胃维持。

戒断症状急性期过后,病人仍有不同程度的残留症状,一般仍需在 ICU 观察 12~18 小时,为减少痛苦,可继续使用丙泊酚或咪达唑仑行清醒镇静。术后用纳曲酮口服维持治疗,剂量为 50mg/d,持续 6 个月以上。

三、适　应　证

1. 病人主观上有要求脱毒的强烈愿望,家属支持,并签署麻醉辅助脱毒知情同意书。
2. 有阿片类药物滥用史,戒断症状严重。症状轻者一般可通过口服镇静药等常规方法戒除。
3. 传统脱毒方法失败。
4. 病人由于工作等客观原因,不能接受疗程较长的传统疗法,自愿选择麻醉脱毒。

四、禁　忌　证

1. 病人依靠阿片类药物镇痛,在没有其他有效的替代药物前,不应采用本方法。
2. 除阿片类药物外,同时依赖其他药物,例如苯二氮䓬类、酒精等。急性可卡因中毒者发生心律失常的可能性大,应列为绝对禁忌证。
3. 严重心脏病病人,或因药物依赖已并发严重心脏功能损害者。
4. 肝功能不全失代偿期。
5. 慢性肾功能不全。
6. 纳曲酮可影响胎儿发育,也可出现于乳汁中,因此,孕妇和哺乳期妇女禁忌。
7. 精神病病人。

五、并　发　症

迄今为止,有关麻醉辅助脱毒的并发症尚缺乏权威的统计数据。加上其具有商业性质,某些并发症的发生情况可能被掩盖。根据现有的资料,相关并发症主要有:

1. 呕吐和腹泻　是典型的戒断症状体征,一般在急性脱毒后其严重程度已大为减轻,但许多病人仍难以耐受。呕吐可通过服用制酸药和抗呕吐药来预防。由于雷尼替丁可以引起心动过速、呕吐、失眠和肝转氨酶升高(大剂量时),应避免使用;腹泻可用生长抑素处理,它通过抑制垂体前叶、胰腺和胃的分泌功能,降低 5-羟色胺、血管活性肠肽的水平,从而抑制胃肠运动。

2. 脓毒症　在病人不存在基础感染性疾病的情况下,发生率不高。一般认为建立静脉后应预防性使用抗生素,如头孢菌素类单次应用即可。

3. 心血管系统并发症　循环兴奋、QT 间期延长、心动过缓、二联律等,部分病人可有锁骨下静脉血栓形成。

4. 神经系统　言语困难、末梢神经麻木等。

5. 肾衰竭　偶见。

6. 胃溃疡　主要是应激引起。

7. 药物特异质反应。

8. 甲状腺激素抑制。

9. 精神病学并发症　烦躁不安、自杀倾向等,一般发生于脱毒术后 3～5 天。

10. 死亡　死亡率很低,常发生于术后 16～40 小时。最主要的原因是肺水肿,上消化道反流和误吸。

11. 颅内出血、血肿因脱毒过程中血压控制不好引起。

12. 戒断症状迁延　轻度或中度,包括恶心呕吐,腹泻,睡眠障碍,一般 3～4 天左右,严重者可持续数周至数月。

需要指出的是,戒毒是目前公认的医学难题,它是涉及多个学科的一项复杂的医疗工程。麻醉辅助下急性脱毒只是为了缩短戒断症状高峰期、减轻病人痛苦而采取的临时支持措施,它并不表示病人戒毒成功。其对远期效果的影响如何,尚有待于进一步研究。

(刘金东)

第三十九章 麻醉后监测治疗

麻醉后监测治疗室（postanesthesia care unit，PACU）亦称麻醉恢复室（recovery room），是手术和麻醉结束后，患者从麻醉和手术应激状态中逐渐恢复的场所。患者在此期间易出现一系列病理生理学变化和内环境紊乱，严重时可危及生命，需要对患者连续监护和治疗，以保障手术患者安全。同时，PACU 的设置也可加快手术间的周转效率，提高患者满意度。

PACU 的主要任务是监测治疗麻醉后的患者。这些患者大部分是全麻后未苏醒，或尚未从麻醉状态中完全恢复。另有少数椎管内麻醉或镇静下局麻的手术患者，生命体征尚不稳定，或在术后短时间内有并发症发生的风险，如阻滞平面过高、呼吸抑制、恶心呕吐等，也应进入PACU 治疗。因此，PACU 入室标准主要适用于以下几类患者：①全身麻醉手术后的患者；②椎管内麻醉平面在 T_6 以上，或术中病情不稳定的患者；③术后生命体征（呼吸、循环、体温等）不平稳者，内环境严重紊乱者。

经 PACU 恢复满意后，大部分患者均送回病房继续观察治疗。少数患者虽经 PACU 治疗，病情仍危重，则应转入重症监测治疗病室（ICU）进一步加强监测治疗。日间手术和门诊患者恢复满意后可在陪伴护送下回家。

第一节 麻醉恢复期

一、恢复期临床表现

麻醉恢复期（也称苏醒期）是指停止吸入或/和静脉输注麻醉药物到麻醉作用完全消失这段时间。全身麻醉恢复期（emergence）患者主要有以下表现：①感觉功能的恢复，对疼痛刺激有反应，如压眶、针刺等；②逐渐恢复自主呼吸；③各种反射恢复，如吞咽、咳嗽、瞳孔对光反射等；④清醒，呼之能应，能睁眼、握手，直至完全遵嘱活动。

二、影响全麻恢复的因素

麻醉恢复的程度取决于麻醉药和肌松药的血药浓度（或分压）下降的程度。吸入麻醉的苏醒速度主要取决于肺泡内吸入麻醉药分压下降的速度，受患者肺泡通气量、吸入麻醉药脂溶性和吸入时间的影响。静脉麻醉苏醒时间则取决于给药剂量和持续时间、药物的脂溶性、药物在体内的灭活或排泄速度等。术中使用肌松药者，肌肉收缩功能的恢复与肌松药在体内的代谢和排除有关，其恢复程度可用神经肌肉刺激仪器来检测。

在全麻恢复期，苏醒时间和肌力恢复还常常受到体温、电解质酸碱平衡、肝肾功能、贫血、缺氧等因素的影响。术前生理状况、术中手术创伤和应激、麻醉药物等均可能导致恢复期生理功能紊乱。因此，麻醉恢复期间必须严密监测生命体征，及时有效调控各项生理指标，防止恢复期并发症的发生，降低死亡率，使患者快速、安全地度过此期。

三、入室交接

手术结束后,应由麻醉医师、手术医师和手术室护士共同护送患者进入 PACU 并进行交接。与恢复室医师和护士的交接内容包括:①患者年龄、体重、手术名称、术前的病史和并存疾病、麻醉和术中特殊情况等。②对于保留气管导管进入 PACU 者,应立即连接呼吸机给予呼吸支持。拔管后送入 PACU 者,立即给予面罩吸氧。③监测建立后,麻醉医师还应详细交代麻醉药物使用情况,如术中失血量、输血输液量、尿量、正在使用的特殊药物(如血管活性药物)、目前存在的主要问题等。④手术室护士应向恢复室护士交接患者的各种特殊管道(如静脉通道、尿管、引流管等)、皮肤状况(动静脉穿刺点、受压部位)、相关物品(如病历、影像片、衣物、药品)等。

第二节　麻醉后监测治疗室的常见并发症及监测治疗

患者在麻醉恢复期可能发生一系列生理功能紊乱,根据大量临床研究和文献报道,恢复期麻醉和手术并发症发生率并不低于诱导和维持期。因此,为保障患者安全,在 PACU 应全面加强各脏器功能的监测、保护和调控。在第十四章全身麻醉期间严重并发症的防治中已有麻醉严重并发症的描述,本节内容重点介绍恢复期并发症的诊断和治疗。

一、呼吸系统并发症及监测治疗

在麻醉恢复期,随着麻醉药和肌松药的逐渐消除,自主呼吸的频率和潮气量逐渐恢复。呼吸系统主要监测包括呼吸道的通畅程度、呼吸频率、潮气量、每分通气量、血氧饱和度,血气分析以及患者皮肤、黏膜颜色等。

(一) 低氧血症

低氧血症是指患者在吸入空气时,动脉血氧分压(PaO_2)低于 60mmHg 或脉搏氧饱和度(SpO_2)低于 90%。由于患者在 PACU 常规给予吸氧治疗,因此通气量不足引起的低氧血症并不多见。全麻恢复期低氧血症最常见的原因是术后肺不张,常见于上腹部、胸科手术以及气腹手术后,此时功能残气量显著下降,肺内分流增加。针对这种情况,术中间断膨肺、呼气末正压通气,恢复期采用半卧位吸氧,避免长时间高负压吸氧,均有利于肺复张和功能残气量的恢复,纠正低氧血症的发生。

肺水肿和气胸也可导致恢复期低氧血症。肺水肿多见于心功能不全,容量负荷绝对或相对超负荷。临床表现为呼吸浅快、急促,听诊可闻及粗糙呼吸音、哮鸣音或细湿啰音。尽管恢复室气胸的发生并不常见,但对于合并肋骨骨折或肺大疱,行颈内静脉穿刺置管、颈胸部神经阻滞、长时间气腹手术、气管造口术、腹膜后手术的患者应尤其警惕。

恢复期低氧血症另一非常重要的病因是肺栓塞,其类型包括下肢深静脉血栓脱落致肺栓塞、脂肪栓塞、空气栓塞和羊水栓塞。因此,在清醒后出现难以解释的意识障碍,伴逐渐加重的呼吸困难和低氧血症,应高度警惕肺栓塞的发生。

吸氧和正压通气支持是恢复期低氧血症的首选治疗方案。吸氧浓度一般 40%～60%,心肺功能不全者氧浓度可适当增加。严重和持续的低氧血症可吸入 100% 纯氧,并给予机械通气支持。同时,应及时纠正引起低氧血症的原因,如确诊气胸者应胸腔穿刺排气或安置闭式引流。肺水肿患者应严密监测呼吸音、尿量、动脉血气,有条件者可行影像学辅助诊断,同时给予利尿剂和纠正心功能治疗。持续气道正压通气(Continuous positive airway pressure,CPAP)或呼气末正压通气(Positive end expiratory pressure,PEEP)通气有助于低氧血症的改善。

(二) 通气不足

麻醉恢复期通气不足通常由于麻醉和肌松药物的残余作用所致,可表现为呼吸频率减慢或浅快呼吸,潮气量降低,动脉血气常提示有 CO_2 潴留($PaCO_2 > 45mmHg$),未吸氧的患者易出现低氧血症。切口疼痛、呼吸道阻塞、术前限制性通气功能障碍者也容易在此期造成通气不足。治疗原则:密切监测,及时诊断,对因处理。

(三) 呼吸道梗阻

1. 上呼吸道梗阻　麻醉苏醒期,当患者拔除气管导管后,上呼吸道梗阻的临床表现:轻者可闻及鼾声,喉部可有痰鸣音。严重者可出现明显的吸气性呼吸困难和三凹征。发生喉痉挛时,典型表现为吸气时伴有高调的喉鸣音,声似“鸡鸣”。上呼吸道梗阻的处理:防止颈部敷料包扎过紧,清理气道分泌物和异物,托起下颌并放置口咽、鼻咽通气道,行面罩加压给氧。咽喉部水肿者可雾化吸入糖皮质激素(如布地奈德)。喉痉挛者若面罩加压通气失败,可镇静状态下给予肌松剂行紧急气管插管。

2. 下呼吸道梗阻　常见原因是呼吸道分泌物、血液和脓液等阻塞气道。支气管痉挛也可引起下呼吸道梗阻,好发于哮喘患者,或由误吸、炎性刺激等引起。表现为呼吸困难,闻及干湿啰音和哮鸣音。处理原则:去除诱因,清理气道,监测呼吸和血气,解除痉挛。

二、循环系统并发症及监测治疗

恢复期由于麻醉作用的消退,容量负荷、心功能、外周阻力等一系列变化均可导致循环波动,出现低血压、高血压、心律失常等。

(一) 低血压

恢复期低血压(hypotension)的常见原因是低血容量和低心排血量,少数由于外周循环阻力降低所致(详见第十四章第三节)。应强调的是,低血压往往是手术、麻醉以及患者生理状况三方面因素相互作用的结果,如术后活动性出血、容量负荷不足、围术期心功能不全、严重感染、内环境紊乱等。此外,外伤患者术后出现顽固性低血压还应警惕张力性气胸和心包填塞的发生。

低血压可致脏器灌注不足和功能紊乱,影响恢复速度和质量。监测除常规无创监测外,对于循环不稳定的危重患者,应建立有创血压、中心静脉压监测,血气监测,必要时放置漂浮导管。有条件者可应用超声辅助诊断。低血容量者应积极扩容,严重者适当应用缩血管药物,心功能不全患者可予以强心药物治疗,感染性休克和酸中毒患者应在抗感染治疗和纠正酸碱平衡失调的同时予以血管活性药物。

(二) 高血压

苏醒期高血压(hypertension)较常见。主要原因:术前合并高血压、疼痛、躁动、各种操作刺激、颅内高压、二氧化碳蓄积等。对过高的血压如果不及时处理,可致脑出血、心律失常、急性冠脉综合征等。恢复期高血压治疗强调对因处理,如防止术后躁动和镇痛不足,严密监测心脑功能,必要时使用扩血管药物,如尼卡地平、硝酸甘油、硝普钠等。

(三)心律失常

苏醒过程中可发生各种心律失常,疼痛、高热、低温、低血容量、低氧血症等均可引起,因此强调恢复期心电图的监测。治疗原则为去除诱因,及时对症处理。窦性心动过速者可选用β受体阻滞药(如艾司洛尔、美托洛尔)或钙通道阻滞药(如维拉帕米),心动过缓者可使用阿托品或异丙肾上腺素,室性心律失常者常使用利多卡因或胺碘酮治疗。出现室颤者应立即除颤并进行心肺复苏。

三、苏醒期躁动的观察和处理

苏醒期躁动(emergence agitation)是发生于全麻苏醒期的一种急性认知功能障碍,表现为记忆力缺失或紊乱、注意力不能集中和维持、妄想(delirium)或幻觉、语言和定向能力障碍,出现不适当行为,如肢体的无意识动作、语无伦次、哭喊或呻吟等,好发于小儿,部分成年患者也可发生。此类患者术前多无精神障碍,清醒后精神状态可完全恢复正常,对躁动发作过程无记忆或记忆不清。术前沟通不足、术中和术后镇痛不全、某些短效麻醉镇痛药物的使用等均可能增加躁动的发生。躁动的严重程度可参考 SAS 镇静躁动评级表评价(表 39-1)。

表 39-1 SAS 镇静躁动评级

分级	状态	描 述
1	极度镇静	对伤害性刺激无或仅有轻微反应,不能交流
2	深度镇静	物理刺激下可唤醒,但不能交流或服从指令,可本能的移动
3	一般镇静	难于唤醒,呼唤或摇动可以叫醒,但停止后又入睡,服从简单指令
4	安静合作	平静,容易唤醒,服从指令
5	躁动	焦虑或轻度躁动,尝试坐起来,可遵从口头指令
6	非常躁动	反复口头劝阻无效,需采取保护性束缚,咬气管导管
7	危险躁动	患者试图拔出气管导管或导尿管,翻过床栏,击打工作人员,在床上挣扎

躁动可造成诸多不良后果,如肢体损伤甚至骨折、伤口裂开、术后出血、疼痛加重、意外自行拔出气管插管、尿管或其他体腔引流管。苏醒期躁动还可诱发血流动力学的剧烈波动和心律失常、缺氧。因此,躁动发生后需及时处理。苏醒期躁动的防治包括加强术前沟通,围术期充分镇痛,减少各种不良刺激。躁动难以控制者,可适当给予镇静药物,如咪达唑仑、异丙酚、右美托咪定等。若患者出现严重而持久的术后谵妄可请精神科协助诊治。

四、苏醒延迟的监测和处理

全身麻醉患者手术结束后超过 90 分钟意识仍不恢复者,称为苏醒延迟。而患者在 PACU逗留时间超过 3 小时则称为 PACU 转出延迟,苏醒延迟是其常见原因之一。引起苏醒延迟的原因详见第十四章全身麻醉苏醒延迟的相关内容。

苏醒延迟的防治应强调在麻醉维持过程中提早进行。恢复期密切监测各项生命体征,以及心脑血管并发症的症状和体征。检查双侧瞳孔对光反射有助于明确是否存在中枢神经系统原发疾病。动脉血气检测可帮助判断呼吸、电解质和血红蛋白等情况。

五、体 温 监 测

麻醉后患者体温自控能力受到抑制,因此恢复期体温也容易受环境温度的影响。术中输血输液、感染等因素都可能使患者体温出现较大波动。

全麻和硬膜外麻醉后均可发生寒战,全麻后发生率更高。低温时常伴有寒战,但在麻醉药物、术后疼痛、输液反应、恐惧心理等因素的影响下,恢复期寒战也可在体温正常者中出现。低体温可影响全麻苏醒速度、凝血功能和重要脏器功能的稳定。预防和处理应强调手术患者体温的全程监测与调控,术中液体加温后输注,使用各种身体加温保温等恒温措施。目前将进入PACU后第一次测得的体温<35.5℃定义为PACU入室低体温,是反映麻醉质量的过程指标之一。

恢复期高热可见于感染性疾病、药物反应、术中过度加热、恶性高热等。可引起全身代谢和氧耗的增加,不利于恢复期脏器功能的稳定。苏醒期高热的处理原则为对因和对症处理。有关内容详见第十二章麻醉期间的体温管理。

六、术后恶心呕吐

术后恶心呕吐(postoperativenausea and vomiting,PONV)是最常见的术后并发症(其发生率可高达20%~30%),也是造成PACU转出延迟的常见原因之一。苏醒期恶心呕吐还会增加误吸和肺部并发症的风险,因此需要积极预防和处理。

目前认为PONV的高危因素为青年患者、女性、非吸烟者、既往有PONV或晕动病史、使用阿片类镇痛药、盆腔和胃肠手术、正在接受化疗等。PONV的防治原则是识别高危患者,积极预防,及时处理。常用的止吐药物主要有多巴胺受体拮抗剂(如异丙嗪、氟哌利多)、5-HT$_3$受体拮抗剂(如昂丹司琼、格拉司琼)、抗胆碱药(如东莨菪碱、盐酸戊乙奎醚)、苯甲酰胺类(如甲氧氯普胺)、地塞米松等。对于PONV的高危人群,术前使用一种或几种上述药物能有效防治PONV。对于药物预防失败,在苏醒期仍然出现PONV的患者,可追加不同作用机制的止吐药物。

第三节　离 室 标 准

手术患者经PACU的监测治疗后,根据手术患者恢复及手术需求的不同,出室后有三个不同的目的地:①大部分住院患者生命体征稳定,呼吸、意识完全恢复后可送返病房,由病房继续完成术后康复治疗;②部分患者虽经较长时间恢复,生命体征仍不稳定或伴严重并发症者,应转入ICU继续监测治疗;③门诊手术和特殊检查患者,术后先在PACU卧床休息区恢复,待生命体征完全稳定,意识完全清楚,无恶心呕吐,控制疼痛后再进入第Ⅱ恢复区(可提供坐位休息的区域),待直立行走和本体感觉完全恢复后,由家属陪伴下离院。离院前由医师判断离院标准是否达到并签字,同时开具离院后医嘱和治疗用药处方,需向家属详细交代回家后注意事项和联络方式。

由于患者从恢复室转出后目的地不同,其离室标准也各有特点,但都必须保障离室后的安全。患者苏醒程度评价可参考Steward苏醒评分标准(表39-2),离开恢复室的标准见表39-3。

表 39-2　Steward 苏醒评分表

患者情况	分值	患者情况	分值
1. 清醒程度		可自主维持呼吸道通畅	1
完全清醒	2	呼吸道需予以支持	0
对刺激有反应	1	3. 肢体活动程度	
对刺激无反应	0	肢体能做有意识的活动	2
2. 呼吸通畅程度		肢体无意识活动	1
可按医师吩咐咳嗽	2	肢体无活动	0

表 39-3　PACU 离室标准

1. 全身麻醉患者转出标准
（1）全麻患者 Steward 苏醒评分>4 分
（2）拔出气管导管后观察 1 小时以上，生命体征平稳
（3）凡术后在恢复室应用过镇静剂、镇痛药的患者，用药后至少观察 1 小时
（4）如病情不稳定或出现呼吸并发症，仍需呼吸支持或严密监测治疗者应在呼吸支持或监测的条件下转至 ICU

2. 椎管内麻醉转出标准
（1）生命体征平稳
（2）麻醉平面在 T_6 以下
（3）距最后一次麻醉用药超过 1 小时
（4）若术中辅助应用过镇静、镇痛药者，在恢复室至少应观察 30 分钟

3. 门诊手术和特殊检查患者离室标准
（1）生命体征平稳
（2）意识清楚，对答切题
（3）直立行走步态稳定，无眩晕和视物模糊
（4）无恶心呕吐
（5）无疼痛或轻微疼痛
（6）手术和检查部位无活动性出血或渗血

在患者离室后去往下一目的地的过程中，出现循环不稳定、严重心律失常、意识障碍、呼吸抑制等紧急情况时，护士和陪伴人员应及时联系麻醉医师并积极处理。住院患者送返病房后，应向病房护士详细交接患者术前、术中和恢复期情况、皮肤和各种引流管情况等。

第四节　设置和管理

一、PACU 的设置

PACU 的位置应紧邻手术室，以减少从手术间转送至恢复室的时间，也利于需紧急再次手术者及时送返手术室。原则上手术室内 PACU 床位数与手术台数的比例应达到 1∶（2～3），门诊手术间因周转较快，因此其 PACU 床位设置应高于此比例。对创口感染患者应设隔离床。PACU 建筑以大间为好，采用开放式设计，便于医护人员观察。PACU 应宽敞明亮，便于病床的进出，应有中心供氧、压缩空气和中心吸引等装置，各种规格的插座接头应牢固安置于床头旁的墙壁或相应部位。PACU 病床应具多种功能，有轮子能滚动，便于进手术间接患者和送患者

出手术室,能调整体位,便于清洁、消毒。

监测设备:每张床至少应备有无创血压、心电图、血氧饱和度和体温监测设备。可选择性配备肌松监测仪、呼气末二氧化碳分压监测仪或麻醉气体监测仪、中心静脉测定装置、有创血压监测装置等。

治疗用具:应配备相当数量的呼吸机,气管内插管用具,口咽、鼻咽通气管,面罩等。每个病床旁应配备鼻导管或鼻塞等吸氧装置、吸痰的无菌导管及抽吸器。应有各种常用的医疗消耗材料如注射器、各式导管针和静脉内置导管、加压输血器、引流器,以及输液和注药泵。还应有各种抢救设备如除颤器、心脏起搏器等心肺复苏装置。

PACU 应配备较齐全的急救复苏药品,并应排列有序,便于急用时拿取。常备药物有:

1. 各种拮抗药和呼吸兴奋药 目前主要有纳洛酮、氟马西尼、新斯的明、多沙普仑、尼可刹米、二甲弗林(dimefline)等。

2. 镇痛药、镇静药和肌松药 常用的有吗啡、芬太尼、哌替啶、咪达唑仑、丙泊酚、琥珀胆碱、维库溴铵、阿曲库铵等。

3. 血管收缩药和舒张药 麻黄碱、间羟胺、多巴胺、肾上腺素、去甲肾上腺素、异丙肾上腺素、硝酸甘油、硝普钠、尼卡地平等。

4. 强心药 毛花苷丙、地高辛、多巴酚丁胺和米力农等。

5. 糖皮质激素 氢化可的松、地塞米松、甲泼尼龙。

6. 抗心律失常药 利多卡因、普罗帕酮(心律平)、美托洛尔、艾司洛尔、维拉帕米、氯化钾、硫酸镁、阿托品。

7. 利尿脱水药 呋塞米、甘露醇等。

8. 抗组胺药和解痉药 苯海拉明、异丙嗪、氨茶碱、β_2 受体激动药等。

9. 其他 各种常用的静脉液体,10% 葡萄糖酸钙,10% 氯化钠、子宫收缩药等。

二、人员配置及管理

PACU 的人员主要由麻醉医师和护士组成。患者恢复期病情的快速诊治和所有医疗决策的制订均由麻醉医师负责。恢复室护士应具有一定护理经验,上岗前须接受麻醉专业技能培训,具备一定操作技术能力,了解患者麻醉恢复期的生理特点,其职责包括监测和记录患者恢复期生命体征变化,及时发现并汇报生命体征变化和并发症,执行麻醉医师医嘱,护理患者平稳度过恢复期。护士与病床的比例一般为 1:(2~3)。PACU 医师可由原麻醉医师继续担任,也可由麻醉科轮流派专职医师。患者离室时应由护士提出,由麻醉医师认真检查后决定。PACU 可视手术量大小和医护人员情况决定开放时间。

PACU 应建立各项规章制度,如交接患者制度、患者情况登记制度,离室时逐项检查患者并予以详细记录制度等,在完成任何有关患者交接和记录的程序后,麻醉医师、手术室护士、恢复室护士、病房护士必须在交接记录上签字并注明时间。

(闵 苏)

推荐阅读

1. 邓小明,姚尚龙,于布为,等. 现代麻醉学. 第 4 版. 北京:人民卫生出版社,2014.

2. 杨拔贤,李文志. 麻醉学. 第 3 版. 北京:人民卫生出版社,2013.

3. 黄宇光,Jian Hang. 围神经阻滞. 北京:人民卫生出版社,2012.

4. 闻大翔,欧阳葆怡,俞卫锋. 肌肉松弛药. 第 2 版. 上海:世界图书出版公司,2015.

5. Harmon D,Frizelle HP,Sandhu NS. Perioperative diagnostic and interventional ultrasound. St. Louis:Saunders,2007.

6. Lobato EB,Gravenstein N,Kirby RR. 麻醉并发症. 岳云,等译. 北京:人民卫生出版社,2009.

7. Hadzic A. 外周神经阻滞与超声介入解剖. 第 2 版. 李泉,等译. 北京:北京大学医学出版社,2014.

8. American Society of Anesthesiologists Task Force on Perioperative Blood Management. Practice guidelines for perioperative blood management:an updated report by the American Society of Anesthesiologists Task Force on Perioperative Blood Management. Anesthesiology,2015,122(2):241-275.

9. Navarro LH,Bloomstone JA,Auler JO Jr,et al. Perioperative fluid therapy:a statement from the international Fluid Optimization Group. Perioperative Medicine(Lond),2015,4:3.

10. 孙大金,杭燕南,王祥瑞,等. 心血管麻醉和术后处理. 第 2 版. 北京:科学出版社,2011.

11. 美国心脏病学会/美国心脏学会(ACC/AHA)指南:非心脏手术患者围术期心血管评估与管理,2014.

12. Hensley FA,Donald EM,Gravlee GP. 实用心血管麻醉技术. 李立环,等译. 北京:科学出版社,2011.

13. 王恩真,熊利泽,薛富善. 神经外科麻醉学. 第 2 版. 北京:人民卫生出版社,2012.

14. 巴塞姆·阿卜杜拉马勒克,D. 约翰·道尔. 耳鼻咽喉科手术麻醉. 李天佐,李文献,等译. 上海:世界图书出版社,2014.

15. American Society of Anesthesiologists Task Force on Perioperative Management of patients with obstructive sleep apnea. Practice guidelines for the perioperative management of patients with obstructive sleep apnea:an updated report by the American Society of Anesthesiologists Task Force on Perioperative Management of patients with obstructive sleep apnea. Anesthesiology,2014,120(2):268-286.

16. 王卫平. 儿科学. 第 8 版. 北京:人民卫生出版社,2013.

17. Chestnut D,Polley LS,Tsen LC,et al. 产科麻醉学理论与实践. 连庆泉,等译. 北京:人民卫生出版社,2013.

18. Frederick E. Sieber. Geriatric anesthesia. New York:The McGraw-Hill Companies,Inc. ,2006.

19. 盛卓人,王俊科. 实用临床麻醉学. 第 4 版. 北京:科学出版社,2009.

20. 中华医学会麻醉学分会. 2014 版中国麻醉学指南与专家共识. 北京:人民卫生出版社,2014.

21. Miller RD. Miller's Anesthesia . 8th ed. Philadelphia,PA:Elsevier Inc. ,2015.

22. Miller RD. 米勒麻醉学. 第 7 版. 邓小明,曾因明,等译. 北京:北京大学医学出版社,2011.

23. 叶铁虎,吴新民. 疑难合并症与麻醉. 北京:人民卫生出版社,2008.

24. Butterworth JF,Mackey DC,Wasnick JD. Morgan & Mikhail's Clinical Anesthesiology. 5th ed. New York:McGraw-Hill Education,2013.

25. Longernecker DE,Brown DL,Newman MF. 麻醉学. 范志毅,等译,北京:科学出版社,2010.

26. 陈孝平,汪建平. 外科学. 第 8 版. 北京:人民卫生出版社,2013.

27. 葛均波,徐永健. 内科学. 第 8 版. 北京:人民卫生出版社,2013.

28. 谢幸,苟文丽. 妇产科学. 第 8 版. 北京:人民卫生出版社,2013.

29. 郭曲练,姚尚龙. 临床麻醉学. 第 3 版. 北京:人民卫生出版社,2011.

30. McIsaac DI,Bryson GL,van Walraven C. Impact of ambulatory surgery day of the week on postoperative outcomes:a population-based cohort study. Can J Anaesth,2015,62(8):857-865.

31. 杭燕南,王瑞祥,薛张纲. 当代麻醉学. 第 2 版. 上海:上海科学技术出版社,2013.

中英文名词对照索引

中英文名词对照索引

Y

Z